国家“985”创新基地项目“新闻传播与媒介化社会”研究成果

中国媒体发展研究报告

2008年卷

本集刊为CSSCI收录刊源

武汉大学媒体发展研究中心
武汉大学新闻与传播学院 主办
武汉大学“新闻传播与媒介化社会”创新基地

WUHAN UNIVERSITY PRESS
武汉大学出版社

本刊实行匿名评审

目　　录

上卷　2007年中国媒体发展盘点与研究述评

中卷　重大项目专题研究报告

国家“985”创新基地“新闻传播与媒介化社会”重大研究项目——“新闻改革三十年研究”报告

国家社科基金项目——“市场经济条件下中国大众传媒新闻竞争力研究”报告

国家广电总局部级社科研究项目——“广播电视数字化发展研究”报告

教育部哲学社会科学重大攻关课题——《新闻传媒发展与建构和谐社会关系研究》报告

教育部人文社会科学基地重大项目——“西方传媒的社会控制”研究报告

下 卷 2007年中国媒体发展专题研究报告

Contents

Volume One An Overview & Research Commentary of China's Media Development in 2007

Volume Two Special Research Report of Major Projects

Major Project Named Journalism Communication & Media Society of National 985 Innovation Institute—Report of Journalism Reform in 30 years

National Social Science Funding Project—Report of "Research on News Competitiveness of China's Mass Media under the Condition of Market Economy"

Ministry-level Social Science Research Project of the State Administration of Radio Film and Television—Report of the Research on Digitization Development of Radio and Television

Major Project of Philosophy Social Science of the Ministry of Education—Report of "Research on the Relationship between Development of News Media and Construction of Harmonious Society"

Report for the MOE Project "Social Control of Western Media" of Key Research Institute of Humanities and Social Sciences of the Ministry of Education

Volume Three　Special Research Report of China's Media Development in 2007

上　卷

2007 年中国媒体发展盘点与研究述评

2007 年中国媒体发展盘点①

强月新　黄晓军

2007 年的媒体发展更趋激烈，媒体竞争合作意识越来越明显。传统媒体的数字化进入关键时期，新媒体向纵深发展，政府规制既注重放开，又不忽视规范整治。重大媒介事件的报道与时代同步，往往交织着不同媒介的舆论推动，创新和不足并存，共同推进社会和谐。

2007 年的中国报业广告经营整体上缺乏明确亮点，报业经营的重心已经由注重外延型增长转向注重内涵增长和规范化建设，报业于 2007 年终于突破上市坚冰。出版业资本运作渐入佳境，企业兼并重组整合，走出去战略步伐加快，传统出版向数字出版转型，营销方面有新的创新。广电业跨地区跨媒体发展表现明显，节目经营通过创新以求突破，广电事业通过内容整合，实现跨媒体运营并进军新媒体。中国电影市场已连续几年以两位递增的速度迅猛发展，2007 年更以引人注目的成绩冲入新一轮大牛市。2007 年中国互联网企业上演集体上市第三波，在线广告形式多样，即时通信市场被其他行业和国外竞争者瓜分，搜索引擎提供搜索之外的更多功能。

政府媒体规制建设方面，传媒产业内外开放力度加大，舆论监督得到有力保障，行业管理建设卓有成效。加强广电节目制作的管理，严格规范广电节目内容，加强群众参与的选拔类广播电视活动和节目的管理。报刊行业进一步规范报社记者站管理，对广告进行更加严格的监管。加快扶持动画产业，推动影视业发展。推进网络文化建设，大力推广国家域名应用，保障国家信息安全，开展具体整治活动，对互联网传播内容进行整理、查处非法网络电视台。电子商务转向务实发展阶段，颁布手机媒体新标准。

新媒体发展方面，互联网发展迅速，网络文化平台开始初步成型，国家加强网络管理，网络日益影响我国的民主化进程；博客作为个人新闻发布媒体日益扩展其影响力，“SNS”网站火爆、RSS 技术与移动 3G 的结合、网络自由标签——Tag、超文本系统 Wiki 技术标志着媒体发展真正进入 Web2. 0 时代。新媒体向纵深发展，视频网站进入高速增长期，第三次上市高潮来临，电子商务稳步发展。中国数字电视产业全面迈进发展新阶段。手机电视和楼宇电视仍然是较热的领域。手机报和多媒体报不断蔓延。

新媒介环境下新闻报道呈现出新的特点。党的十七大新闻报道方式有新的突破，各类媒体积极携手备战奥运新闻大战。成就报道充分利用背景材料。解读性报道注重说老百姓听得懂的话。灾难报道用温暖淡化血腥。民生新闻从好看到好用。茶水验尿事件、杨丽娟追星事件反映出舆论监督报道应强化责任意识。华南虎事件的报道则凸显网络与传统媒体联动的力量。纸包子事件的报道让我们警惕新闻策划给虚假新闻留下空间。重庆最牛钉子户事件、山西黑砖窑事件的报道，则体现出媒体把握主动权，积极引导舆论的能力。

---

① 本文系教育部社科重大攻关课题《新闻传媒发展与构建和谐社会的关系研究》（项目批准号：05jzd00026）资助。

1 媒介经营盘点

1.1 报业

对中国报业来说，刚刚过去的2007年是承载着太多产业思考、创新压力、负重前行的一年，2007年的中国报业广告经营整体上缺乏明确亮点。根据央视市场研究媒介智迅的广告监测数据，2007年1~10月全国电视、报纸、杂志、电台、户外五大传统媒体广告增长率为9.2%，比2006年下降了9个百分点；其中报纸与2006年同期比较下降0.98%，出现负增长，前10个月广告刊登规模为368亿元人民币，比2006年同期减少了3.65亿元人民币。如果扣除刊例提价因素，报纸广告经营的整体形势实际上更为严峻。① 2007年报纸广告主要支柱行业受冲击巨大，房地产广告增长继续下滑，仅增长1.3%，比2006年的增长率下降了16个百分点，这是多年来房地产广告增长率最低的一年。商业及服务业广告比2006年的增长率下降了15个百分点，出现了9.97%的负增长。这两个行业的广告占了报纸广告总量的47%，它们增长乏力对整个报纸广告的影响非常明显。除此之外，药品、食品、电脑及办公自动化类别的广告继续着负增长趋势。而值得关注的是，通信行业出现了17.44%的负增长。如果说2007年报纸广告市场还存在亮点的话，那就是汽车（交通）和金融类广告的增长，尤其是金融类广告出现了85%超高速增长。② 究其原因，媒体形态的不断扩充及新媒体的强势崛起，使广告商投放路径多元化，对传统媒体投放兴趣和信心下降，导致报纸广告增长乏力。一系列数据显示，报纸广告营业额仍在延续去年下滑颓势，广告市场份额进一步减少，报业困境仍未逝去，达摩克利斯之剑依旧高悬。

2007年中国报业读者市场规模萎缩暂时得到缓解，但男性读者、年轻读者离开报纸的趋势依然明显，报纸读者老龄化趋势更加显著。根据CTR市场研究在36个城市的读者调查（CNRS）数据显示，与2006年下降5.2%的结果相比，2007年全国城市报纸读者的到达率为65.7%，有0.3%的小幅增长。读者结构上，与2006年比较，男性读者稳定，女性读者提高0.6%，15~24岁读者下降18.5%，降幅比2006年多出3.6%。25~34岁读者下降12.7%，而55~64岁读者增长1.5%，65岁以上增长14.8%。由此可见，读者总规模稳定主要原因是女性读者略增以及55岁以上老年读者的增加，而24岁以下年轻读者流失相当严重。③ 随着互联网的勃兴，网络受到年轻读者及高学历读者的青睐，年轻人群的媒体接触习惯正在发生巨大变化，这对报纸等传统媒体形成强烈冲击。

新闻纸价格上升，部分报纸提价，《南方都市报》挑战低价发行死结。从2007年第四季度开始，国内新闻纸价格大幅上涨，目前每吨已冲破5100元人民币，最高已达到5400元人民币，比2007年第三季度每吨4500~4600元人民币的价格增长了超过13%，据中国报业协会数据，2007年我国新闻纸用量约350多万吨，2008年会增长到380多万吨。新闻纸在报纸生产成本中占到60%以上，其价格上涨无疑增加了报社成本。

3月10日，南京《扬子晚报》、《现代快报》、《金陵晚报》的每份定价由0.5元上调至0.7元。涨价原因即为新闻纸等原材料价格上升所致。（11月，《南方都市报》将其深圳地区的零售价提到每份2元，年订阅价提到每份720元，使得该报成为全国最贵的都市类报纸。该报主编庄慎之表示，《南方都市报》提价并非出于“经营不善”的被迫之举，而是希望能够在全国报业中率先扭转“价值与价格倒挂”现象，实现报纸价格向价值的回归和靠

① 陈刚、宋杰：《艰难的攀岩：2007年的报业广告经营》，《中国报业》，2008年第2期。

② 姚林：《2007，转型中的中国报业》，《中国报业》，2008年第1期。

③ 姚林：《2007，转型中的中国报业》，《中国报业》，2008年第1期。

拢。针对该报的提价，深圳和广州其他媒体持观望的态度。以上报纸提价举动，多数报纸态度谨慎。因而在目前的报业生态下，除非政府介入，各家报纸主动联合形成价格联盟，否则报纸发行难以从根本上扭转。① 从全国范围看，绝大多数都市报零售价格仍维持在 0.5 元，南昌、青海、昆明等地报纸零售价还低于 0.5 元。

报业跑马圈地式粗放发展模式已经终结，2007 年报业经营的重心已经由注重外延型增长转向注重内涵增长和规范化建设，全国各地报社掀起建设“和谐型”报社热潮。首先是以硬件建设促和谐，湖北日报社、洛阳日报社、锦州日报社和惠州日报社等先后迁入新的传媒大厦，为员工创造了和谐的工作环境。其次是以改善福利待遇促和谐，尤其注重改善报社内边缘弱势群体的生活状况。长期以来，基层发行员不仅报酬偏低，未享受养老、医疗和失业等社保福利，且无节假日休息机会。从 2007 年起不少报社大幅度提升和改善发行员的福利待遇：杭州日报社、宁波日报社等先后为基层发行员购买了社保；温州日报发行公司提高了发行员待遇，基层发行员平均月薪达到 1700 元，最高可达 3000 元……这些温馨实惠的人文关怀举措提高了基层员工的积极性，营造了“和谐发行”的新局面。同时，随着报刊经营压力越来越大，报社开始打造精益化管理模式。2007 年有三大举措：一是强力推进报纸“瘦身运动”，一方面继续推进报纸版面瘦身，《南方日报》推出了 680 型黄金报型，成为“史上最瘦省级党报”；另一方面推出“减版运动”，一些城市的都市生活类报纸掀起“减版潮”。在广告增长放缓的情况下，报纸瘦身运动旨在降低经营风险。二是设定最佳发行量杠杆，成都商报社将发行量控制在 60 万份左右，若发行公司未能有效控制发行量，超过了额定量，将受处罚；新华日报报业集团对其所属报纸实施“限量”发行政策，其发行公司总经理马培军称：“过去是担心发行量太小，现在担心发行量过大，‘限量’比‘少量’更难。”报刊发行由追求发行量最大化变为追求发行效益最大化，有效发行成为新时期的主要诉求。三是发行队伍合并，江苏等地报社开始收缩发行战线，同一报业集团内的多支发行队伍大多被合并整顿，《现代快报》等开始对基层发行人员进行辞退或分流，以优化发行队伍，提高报社利润空间。②

中国报业数字转型进入关键时期。2007 年中国数字报业实验室先后召开 4 次会议：1 月 27 ~ 28 日，中国数字报业实验室在广州举行“中国数字报业商业模式”研讨会。对数字报业框架内可能建立的其他收入模式进行了热烈的探讨。在研讨会开幕当天，作为报业数字化交流平台的“中国数字报业网”正式开通。3 月 3 日，中国数字报业实验室在宁波举行第二次常务理事会。这次会上确定报纸网站、手机报、多媒体数字报刊、数字化平台、手机二维码、电子商务、户外数字媒体、电子阅读器、移动采编系统等九大类为数字报业项目的创新方向。5 月 31 日 ~ 6 月 2 日，“数字报业新技术现状与应用前景”研讨会在北京举行。数字报业实验室发布了第一批中国数字报业创新项目共 45 项。9 月 15 ~ 17 日，“借奥运契机，发展数字报业”研讨会在北京举行。③

在主管部门的主导下，各报业集团和报社纷纷开始进行数字报业建设。2007 年 1 月，文汇新民报业集团与知名网络杂志平台 XPLUS 合作，推出电子《文汇报》，开始共同经营数字报纸领域。继 2006 年底开通《东南商报》网络版后，2 月起，宁波日报报业集团又相继推出《宁波日报》、《宁波晚报》、《东南商报》和《慈溪日报》等四家报纸的新型电子报，“中国宁波网”充分整合集团的 8 家报纸内容，着力打造《对话》、《天一论坛》、《宁波网视》等品牌栏目。3 月 2 日，《人民日报》手机报在北京创刊，面向全国手机用户正式发行。4 月 19 日，在推出“4i”战略后，解放日报报业集团又联合银河传媒、智高广告共

① 吴锋：《2007 中国传媒十大创新报告之报刊篇：平稳经营 融合创新》，《今传媒》，2008 年第 1 期。
② 吴锋：《2007 中国传媒十大创新报告之报刊篇：平稳经营 融合创新》，《今传媒》，2008 年第 1 期。
③ 闵大洪：《数字报业：2007 年的大亮点》，《新闻传播》，2008 年第 2 期。

同合资成立了“上海银翰解放广告有限公司”，宣告了解放日报报业集团的数字战略升级。5月，《中国国家地理》也在中国移动全网开通手机报。6月15日，《广州日报》创造性地推出了滚动INNEWS，它混合了报纸、互联网、手机等多种传媒，整合文字、图片、音频、视频等媒体形式的信息，使《广州日报》能24小时全天候报道并与读者互动，它将使《广州日报》由传统纸媒逐渐向多载体多终端的内容提供商转变。6月18日，作为发展数字报业战略的重要项目，宁夏日报报业集团与全球领先的网络杂志平台服务商新数通兴业科技有限公司合作开发的“多媒体数字报”亮相。8月，《成都商报》创立中国首个报网互动的新社区传媒平台——“社区金版”网站，深入开发社区资源，梳理全新的新闻传播模式。“社区金版”是《成都商报》Web2.0版本——EN传媒的切入点。E传媒，即《成都商报》所构筑的覆盖成都市区近800个楼盘的网上论坛和1000个业主的QQ群；N传媒，即随《成都商报》针对特定区域轮次发行的10份社区报。EN传媒在新闻报道中高度互动，是国内报业在媒体融合上的一次大胆尝试。11月30日，湖南首个完整展现报纸形态的数字化报纸——潇湘晨报数字报正式上线。该报数字报率先开通视频板块，读者在阅读采编人员的文字和图片稿库之外，还可以看到第一新闻现场的视频。这一多媒体新闻的手法克服了报纸信息“扁平化”的不足，将有效扩展读者与报纸的交互体验模式。12月14日，由南方报业传媒集团南方周末报系出品的南方周末报系网站——南方周末新闻社区正式上线。作为国内最具影响力媒体之一的官方网站，其目的是服务更多知识性读者，将南方周末报系的影响力向数字世界里延伸。

随着数字报业发展战略的全面推进，报业出版单位普遍加大数字报业投入。据新闻出版总署传媒研究所2007年中国报业竞争力检测报告显示，2007年，数字报纸和手机报纸数量激增，截至11月底全国多媒体数字报刊数量已达700多种（不包括通常意义上的PDF版），手机报增加到300多种。但从总体上看，报业数字化的转型尚处于发展初期，数字报业的盈利模式仍在探索之中。① 央视市场研究股份有限公司媒介产品研究顾问姚林指出：“数字报业转型的核心是找到适合报业的新的传播模式。”②

自2005年报纸媒体出现第一次报业联盟大潮后，2006年经历了短暂回落，2007年报业市场上又重新吹起了报业联盟的第二次热浪。1月，《中国气象报》与6家行业报签署合作协议，宣布7报联手“资源共享、优势互补、服务公众、宣传科学”。4月，《北京青年报》、《广州日报》、《钱江晚报》、《成都商报》、《大河报》等17家全国主流报纸宣告成立“中国城市第一媒体联盟”；同月，《南方都市报》、《京华时报》、《半岛都市报》等12家中心城市的主流媒体宣布成立“中国城市主流媒体联盟”。5月，深圳报业集团、广州日报报业集团签署协议，建立战略合作联盟，资源共享，优势互补，共谋发展。7月，青岛、烟台等6家市报宣布成立“鲁中南报业联盟”，共同创办《鲁中南新闻》专刊。11月，《青岛日报》、《珠海特区报》签约加入“五强联盟”，“中国东部城市党报广告联盟”成立。除此之外，还有全国法制报媒体联盟、全国奥运媒体联盟、全球商报联盟等。数量之繁多、性质之多样、跨度之广泛，在中国报业发展过程中史无前例。究其原因，随着新媒体的爆发成长，报纸媒体广告、读者面临被截流的趋势，为了应对新媒体挑战，传统报纸媒体纷纷战略结盟，开创共赢的竞合时代。

另一方面，面对新媒体高速增长的效益诱惑以及媒介融合的趋势指引，借奥运会临近的契机，报纸在跨媒体经营方面实现了重大发展，诸多报纸与网络、电视媒体联盟纷纷浮出水面。3月，15家报纸与拥有北京奥运采访权的搜狐网结成奥运媒体联盟，这是中国网络与平面媒体体育新闻全方位合作的一次尝试。同月，由北京奥组委官方授权的《体育新报》在

① 新闻出版总署传媒发展研究所：《2007中国报业竞争力检测报告》，《中国报业》，2008年第1期。

② 姚林：《2007，转型中的中国报纸产业》，《中国报业》，2008年第1期。

北京正式创刊，该报搭建起新媒体与传统媒体的桥梁。4月，新浪网与成都传媒集团在北京联合举行新闻发布会，宣布成立战略合作伙伴，双方将以期刊为起点，逐步延伸到新闻内容、市场活动、市场经营多个领域，展开广泛深入的合作。7月，TOM网联合20多家报纸成立"奥运报道联盟"，打造"报+网"一体化传播模式。9月，南方报业传媒集团旗下21世纪报系与中央人民广播电台旗下的经济之声频道合作，将在新闻资源共享、市场活动开发、广告经营方面共同合作。另外，浙江在线、深圳新闻网、荆楚网在内的20多家报业网站加盟新浪等门户网站，发起"奥运报道联盟"，共同打造丰富、一体化奥运报道内容。11月，内蒙古日报社《北方新报》与内蒙古电视台经济生活频道缔结战略联盟合作协议。12月，在整合了报刊、电视、网络等6家地产传媒之后，成都传媒集团旗下"地产系"正式启动，率先拉开了中国房地产跨媒体整合营销运作的序幕。

报业于2007年终于突破上市坚冰。2007年10月，国家新闻出版总署署长柳斌杰在接受采访时表示："允许新闻出版传媒的整体上市，而不是局限于过去将报纸的采编业务与广告等商业经营剥离开来的做法……" 此后短短一个月内，中国新闻出版业上市热潮迅速升温。① 1月16日，由广州日报报业集团控股的广东九州阳光传媒股份有限公司（证券简称"粤传媒"）在深圳证券交易所挂牌上市。首日涨幅207.08%，"粤传媒"是首家由代办股份转让系统（俗称"三板"）挂牌公司成功转主板的公司，也是第一只正式拿到国家新闻出版总署批文，并在主板上市的传媒股。11月19日，湖北日报传媒集团与上市公司武汉国药科技股份有限公司签署了《资产重组意向书》，准备借壳上市。若交易成功，湖北日报传媒集团将成为报业中实现整体上市的第一家。加之之前四川日报报业集团参股新华文轩登录港股市场，解放日报报业集团经营性资产注入新华传媒，实现部分经营业务上市。

报业上市有利于推进报业各项体制改革，有利于报业进一步做大做强，为报业未来跨越式发展提供强大动力，随着文化体制改革的深入，报业集团上市已是大势所趋。但就目前涌动的传媒业上市热潮中，传媒企业上市融资后的资金投向目前在传媒内部也存在颇多争议。一种观点主张传媒企业可以利用上市融资进行多元化业务拓展。但也有观点主张，媒体仍然要拿上市融来的资金提升媒体的核心竞争力，包括延揽精英人才、加大品牌推广力度、改善印刷质量、完善发行网络等。② 可见，未来上市以后的经营之路将会存在更多变数、更多风险，报人应理性应对上市后的经营之路。

正如原南方报业传媒集团董事长范以锦在12月11日《财经》年会上所说："中国报业要做大做强，必须解决两个问题，一个是报业跨区域、跨媒体、跨行业发展问题；另一个是报业企业的资本市场建设问题。"2007年的中国报业正一步一个脚印地朝这两个方向迈进，未来我国报纸媒体的发展也将会更加坚定地朝着预定远景前行。

1.2 出版

1.2.1 资本运作渐入佳境

2007年，在新的起点和高度上，书业借力资本市场，"上市"无疑是中国出版业最热的关键词。1月，新闻出版总署推荐了6家出版企业上市，中国出版业面临重新洗牌。4月，2006年底已借壳上市的上海新华传媒股份有限公司又向解放日报报业集团和上海中润广告有限公司定向增发股票，资产价值逾20亿元人民币。5月30日，四川新华文轩在香港上市，它是在港上市的第一家纯书店股。11月20日，中国证监会发行审核委员会批准了辽宁

① 《2007年度传媒界言论》，《传媒》，2008年第1期。

② 胡旭：《传媒业上市热潮中的冷思考》，《新闻战线》，2008年第2期。

出版传媒股份有限公司首次公开发行 A 股的申请，辽宁出版传媒股份有限公司成为中国第一家编辑业务与经营业务合并实现整体上市的出版企业。12 月 21 日，辽宁出版传媒股份有限公司在上海证券交易所挂牌上市，正式登陆 A 股市场。之后，又一家国有出版机构——江苏凤凰出版传媒集团也即将登陆资本市场。

新闻出版总署提出要推动有条件的出版、发行集团公司股份制改造、上市融资，通过吸引国有资本、民营资本、境外资本参股，建立规范的股份制公司，实现股权结构多元化。随着出版发行体制改革的进一步深入，上市融资将作为做大做强的重要途径。①

1.2.2　企业兼并重组整合

2007 年又被称作图书发行业调整年。2007 年，全国各发行单位间整合资源，调整结构也取得新的突破。8 月 8 日，安徽新华发行集团兼并重组安徽文化音像出版社，发行企业的兼并重组取得进展。11 月 20 日，由原深圳发行集团和海天出版社整合组建而成的深圳出版发行集团正式成立，成为目前中国内地出版发行业唯一集出版物生产、销售及多元文化产业于一体的企业实体。这也是“下游整合上游”的先例，是经新闻出版总署批准的首个真正整合上下游资源的企业实体。

同时，跨地域资源整合也有了新突破。区域之间的贸易壁垒是近几年出版物发行市场的明显特征之一。为了尽快实现统一开放竞争有序的出版物大市场，培育一批有一定规模和实力的出版物发行主体，新闻出版管理部门一直在鼓励组建跨区域的发行集团，实现跨区域经营。有代表性的是江苏省新华发行集团与海南省新华书店于 5 月 31 日签署了《联合投资意向书》，决定组建由江苏方面控股的海南新华发行有限责任公司。江苏发行集团控股 51%，海南将全部资产和业务整合进新公司，占股 49%。这标志着新华书店在进行跨地区战略重组方面又有了新的突破。12 月 7 日，江西出版集团联合中国宋庆龄基金会重组中国和平出版社方案获批准，我国出版业第一例真正意义上的跨地域兼并重组实现。② 2007 年以来，以新华书店为代表的跨区域合作渐入佳境。这些跨区域的联合、购并的尝试，有利于整合两者的市场和资本资源，探索了新华书店跨区域合作、资本合作、合作双赢，加快做大做强的新思路。③

1.2.3　走出去战略步伐加快

2007 年 4 月，商务部等六部委公布了《文化产品和服务出口指导目录》，新闻出版总署还出台了扶持出版“走出去”的 8 项政策措施。9 月，中国作为主宾国参加了第 20 届莫斯科国际书展，137 家出版社参加书展，成为莫斯科书展上的一大亮点。10 月 10 日，在 2007 年第 59 届法兰克福书展上，来自全国 100 多家出版单位的 270 多人参观了展览，这是继 2006 年之后，第二次在法兰克福书展上实现合同输出数量大于引进数量。中国国际出版集团也在法兰克福书展上与世界上最大的期刊出版商——桦榭集团下属意大利分公司签署了版权输出合同，以版税 9 万欧元授权该公司以分册出版的形式在意大利出版发行《互动汉语》意大利文版。这不但创下了我国同类出版物版权输出的版税收入之最，也创造了我国向单一对象国输出版权获得版税的最高纪录。

同时，一些颇具实力的出版集团采取和国际著名出版机构建立战略合作伙伴关系的策略，共同开拓海外市场，取得了不少突破。2007 年 4 月，由中国青年出版总社投资的中

---

① 陈华：《2007 出版集团 6 大看点》，《中国图书商报》，2007 年 2 月 9 日。

② 孙鲁燕：《2007 图书发行业调整年》，http://news.sina.com.cn/c/2008-03-20/092315187356.shtml.

③ 马莹、方菲 、郭虹、王东、吴妍、李雅宁：《2007 年中国书业大势大事》，《中国图书商报》，2007 年 12 月 18 日。

国青年出版社举行伦敦分社成立仪式，这是中国在英国注册的第一家以出版英文图书为主的专业出版社。北京国际图书博览会期间，中国出版集团公司分别与法国、澳洲出版社签订协议，注册成立三方合资出版社。随后又和培生教育集团共同合资组建“中国出版（纽约）有限公司”。这是中国出版集团公司在“走出去”实践中，灵活运用“借船出海”和本土化战略的重要举措。江西出版集团与美国长青书局合作在美国洛杉矶市成功地举办了“中国江西出版文化周”，可谓是机构与产品同时“走出去”的典型范例。①

1.2.4 传统出版向数字出版的转型

随着通信技术对出版业的影响，新型的产品、出版流程、销售渠道等都受到了互联网的深刻影响。数字技术正以不可阻挡之势“冲击”出版业。2007 年，中国数字出版也从“无意识”，走到了抉择的十字路口。

2007 年，出版集团的数字化和信息化建设可谓风生水起。长江出版传媒集团专门成立了数字出版部。山西出版集团专门成立电子书出版中心。四川出版集团在 2006 年成立的数字出版部门基础上，集中对成员单位的各种相关资源予以统一管理和调配，探索出一条适合大型出版集团推进数字化出版工作的思路。同时，集团报刊的数字化工作也已提上议事日程。凤凰出版传媒集团的内容数字化工程也取得较大进展，正努力建设数字化办公平台、数字化经营管理平台、内容平台，逐步实现“数字集团”和实现业态更新。山东出版集团启动信息化建设，第二批出版管理系统开始运转。②

就目前而言，传统出版向现代转型的途径或方式主要包括以下几个方面：第一，以纸介出版物为基础，推出与之相配套的光碟、光盘。第二，以纸质出版物的文本为依据，打造电子图书、网络杂志等延伸产品乃至电子书库、在线图书馆、网络书店等延伸平台。第三，集中资源和精力发展科技、医药等专业出版板块，因为这是目前乃至将来数字出版中发展和增值最快的部分。第四，以出版物为基础，利用互联网等现代传输技术和平台，为读者提供相关在线信息、咨询、辅导、培训等服务，尤其是在线教学、健康、财经等辅导服务。第五，充分利用出版品牌的影响和现代出版、传输等技术，广泛介入传媒、娱乐、教育、广告等领域，实现“跨行业”发展。③

1.2.5 营销方面的创新

2007 年网络营销成为各出版社市场部、发行部、编辑部日常运用的营销手段。2007 年有不少图书都选择了网络首发和预售。网络首发和预售为图书在地面书店的热销打下了良好基础。④ 利用网络论坛的低成本优势，多数出版社普遍选择利用强势网络论坛甚至自建论坛进行营销。广西科技出版社利用网络媒体中的网络论坛“零费用”的特色，对该社重点图书《LuLu 脊美瑜伽》进行论坛宣传，一个月内网友点击率达到 100 多万。北京大学出版社自建出版社网络平台。除了论坛，可以免费自建的博客空间和淘宝书店的利用也是 2007 年出版行业的营销亮点。浙江少年儿童出版社在淘宝网上开辟了该社的网上书店，销售出近万册图书，销售码洋十余万，信誉度达到了三钻的星级。通过网络寻找和发现潜力作者，也是 2007 年畅销书市场的突出特色。年度畅销书《山楂树之恋》、《致我们逝去的青春》等分别来自于网络论坛和个人博客。

---

① 田丽丽：《盘点 2007 出版集团年度表现》，《中国图书商报》，2007 年 12 月 11 日。

② 田丽丽：《盘点 2007 出版集团年度表现》，《中国图书商报》，2007 年 12 月 11 日。

③ 崔元和：《数字出版：出版革命的第三次浪潮》，《中国图书商报》，2008 年 1 月 4 日。

④ 《回眸 2007 营销 6 大趋势》，《中国图书商报》，2007 年 12 月 30 日。

1.3　广电

1.3.1　跨地区跨媒体发展表现明显

2007年，我国广电事业在跨地区合作方面颇为引人瞩目。9月，甘肃广电总台与贵州电视台举行了合作发展签字仪式，双方共同出资成立广告传媒股份有限责任公司，以合作公司作为联系的纽带，加强贵州电视台与甘肃广电总台的全面合作。10月，内地唯一粤语卫星电视频道——南方卫视在广西落地。12月，深圳广电集团联手桂林广播电视组建"深桂广播电视合作体"，合办桂林人民广播电台旅游音乐广播和桂林电视台科教旅游频道。目前我国广电事业的跨地区发展仍是以寻求合作伙伴合作联营为主，而非兼并重组。国内城市广播电视跨地域合作已有不少尝试，但大多局限于节目资源的交流共享、广告合作经营等模式。今年出现的"广播电视合作体"，将按照市场规律配置资源，探索国内城市广播电视跨地域合作与资源整合的新模式。① 这将有助于整合市场资源，实现规模效益，而且对于更好地开展舆论监督也大有裨益。

广电与新媒体的合作是2007年的一大亮点。传统的电视正在尝试与互联网建立一种共生的关系，双方的合作将取长补短，构成一个新型的互动新媒体。② 4月，优酷网与江苏卫视的选秀节目《绝对唱响》达成合作，优酷网成为该节目的网络赛场。此举表明选秀节目积极开拓第二战场。5月28日，全球最大中文搜索引擎百度与湖南卫视正式对外宣布，双方将以百度搜索社区为依托，在跨媒体平台及内容、产品及品牌等领域展开深层次的战略合作。湖南卫视各档电视节目和活动，将与百度贴吧、知道、空间等产品进行深度融合，以加强电视节目和网络社区之间的互动。8月，新浪网与陕西电视台达成战略合作伙伴联盟。双方将在交叉传播、延伸新服务、创造新价值等方面开展多方位的广泛合作。12月，北京电视台和中文视频搜索平台OpenV达成战略合作，借助OpenV的视频搜索技术，用户今后可以在北京电视台资料库里随时查找点播电视节目。这意味着，京视传媒将展开以点播权为核心的新媒体网络版权销售。11月，内蒙古电视台经济生活频道与内蒙古日报社北方新报缔结战略联盟。同地区的纸质媒体与广电的合作有利于优势互补，资源共享，共同打造媒体公信力。

随着政策的进一步开放，为了把握广播影视对外工作的形势和任务，抓住重点，进一步加大广播影视节目"走出去"工作的力度，2007年我国广电事业的对外交流与合作表现明显。4月，南方国际传媒控股有限公司新开办的首个关注大珠江地区的粤语电视媒体——点心卫视通过亚太6号卫星正式上星，同时在香港NOW宽带网开播，这是广东广播电视事业实施"走出去工程"的一个重要举措，该频道成为内地开办的第一家覆盖香港、澳门、广东的粤语电视媒体。4月起，经国家广电总局批准，上海东方卫视通过TVB收费电视在香港落地播出。4月，SMG节目通过版权合作，正式引进美国FOX版权，打造中国版《明星大练冰》。5月，"中国广西电视展播周"在印度尼西亚举办。6月，东南卫视与台湾高点电视台缔结合作同盟，此项合作将成为两岸文化的媒体交流的强韧纽带。中央电视台全面拓展海外信息网络，"走出去工程"实现跨越式发展。中文国际频道正式分为亚、欧、美三版，实现全天24小时播出。中央电视台海外落地项目不断增加。CCTV4个国际频道在137个国家和地区落地播出，覆盖海外用户总数约8400万。这为中国走向世界、让世界了解中国架构着沟通的桥梁。

---

① 来自深圳广电集团网。

② 中国经济网 http://www.ce.cn/cysc/cmcb/cuanmei/200705/30/t20070530_11536199.shtml。

1.3.2 节目经营通过创新以求突破

2007年，随着电视行业竞争的加剧，中央和各省级卫视纷纷积极采取对策，依靠创新来谋求发展。2007年可称得上是中国卫视的“改版年”，先后有10多家卫视进行改版，或是对内容结构进行大范围大强度的调整。1月，天津卫视改版，旨在实现“真实娱乐”品牌的全面升级。季度最好成绩曾跃居全国省级卫视第四名，全国收视人口突破5千万；广告收入同步成倍增长，是2007年上升幅度最大、最令人关注的省级卫视。3月，为更符合自身的“情感定位”，江苏卫视晚间推出全新情感类事件栏目“人间”，收视率增幅超过100%，成为所有卫视晚间收视增幅最大的节目。4月，安徽卫视腰斩6档节目，全力以赴打造综艺节目，希望能在火红的综艺节目市场分一杯羹，并为挽救电视剧的收视颓势，斥资3亿元人民币购买独播剧，1~9月，安徽卫视晚间时段电视剧收视居省级卫视首位。4月，央视2套两档节目《绝对挑战》和《今晚》因收视率和频道内容结构调整而悄然停播。10月，河北卫视改版，突出“快乐家+家”的主题，即以家庭和快乐作为吸引观众的手段。2007年，浙江卫视在电视剧营销上打出“月月有独播，时时有亮点”的口号，在编排上采用“系列剧”概念，即每季度电视剧都有不同主题。旅游卫视全新推出大型自助式出境游互动体验节目“环球DIY”。节目一改传统旅游节目“你玩我看”的制作手法，以观众作为旅行的主角，从主角遴选、路线设置开始，与场内外观众高度互动。湖南卫视独树一帜，主推独播剧、自制片，大力度进行节目营销。① 央视5套的体育频道大推奥运节目，为2008年改版为“奥运频道”埋好伏笔。从各家电视台的改版中，我们不难推测出其战略意图。随着行业竞争的加剧，各电视台都在求新求变，试图在不同角度、不同时间段打造自己的黄金优势。

2007年，选秀类节目层出不穷。3月18日，东方卫视选秀类节目《加油好男儿》启动，拉开2007年选秀类节目战幕。20日，湖南卫视获得批文，《超级男声》更名为《快乐男声》后得以批准举办。东方卫视的《我型我秀》，江苏卫视的《绝对唱响》，央视的《梦想中国》，北京卫视的《红楼梦中人》等都是这场选秀浪潮中的生力军。与2006年相比，2007年主要的三档选秀节目《快乐男声》、《加油好男儿》、《我型我秀》几乎都是以男选手为主角，媒体戏称选秀正式进入“男色时代”。2007年的选秀节目与2006年相比，虽节目数量有所增加，但整体来说有所降温，并且意外状况频频发生，风波不断。8月15日，国家广电总局下发通报，批评重庆电视台举办播出的《第一次心动》选拔活动严重违规。在此基础上，广电总局先后多次下发禁令，对选秀活动的时长、播出时间、赛区设置、选手评委的言行举止做出限制，进一步规范群众参与的选拔类广播电视活动和节目。但在限制的同时，广电总局在6月19日发布的《2007年中国广播电影电视发展报告》，正面评价选秀节目。

由于看到选秀类节目的前景趋势不容乐观，各电视台纷纷在节目样式上进行大胆创新。4月，SMG节目正式引进美国FOX版权，打造中国版《明星大练冰》，通过版权合作打造新节目。天津卫视打造的大型相声娱乐电视活动——《笑傲江湖》在强手如云的周末黄金时段崭露头角，不断闯入省级卫视栏目前60名。5月，贵州卫视推出高端对话节目《论道》，由龙永图担纲嘉宾，这是一档以龙永图为核心的多样化、开放式的演播室对话节目。12月10日，东方卫视首次转播诺贝尔颁奖礼。当晚8时，中央电视台10套科教频道推出5小时的大型特别节目《诺贝尔科学之夜》。11月，湖南卫视率先推出全新励志健康节目《瘦身魔方》，并获得不错的收视率。据了解，湖南卫视、东方卫视正在策划以奥运为题材的真人秀

① 付蓉：《2007年省级卫视传播突围策略分析》，http://media.people.com.cn/GB/40628/6754168.html。

综艺节目。

借奥运之机，中央电视台凭借自身强大资源，8 月 2 ~ 8 日，《奥运倒计时一周年特别节目》在央视新闻频道直播。中央电视台 1 套、5 套节目相继推出了《我的奥林匹克》、《奥运舵手》、《同一个世界同一个梦想》、《奥运档案》、《奥运 ABC》、《奥运进行时》、《奥运传奇》、《奥运岁月》、《奥运城市行》、《奥运经典》等节目；2007 年，央视在经营管理创新上的举动引人关注。4 月，央视扩充“黄金档”，开拓 18：00 ~ 24：00 “大黄金档”的概念，扩充时段强化其旗舰地位。12 月 6 ~ 9 日，中央电视台《新闻联播》连续推出四名新播音员，这是《新闻联播》开播近 30 年来第一次集中推出新面孔。12 月 20 日，冯小刚战争大片《集结号》上映，第二天在央视 1 套播出的《新闻联播》中，出人意料地出现了关于这部商业大片的报道。这些事件都引起广泛关注。

2007 年，全国 31 个省级卫视群体表现得异常活跃，实现总收视率比 2006 年同期增长 9.3%，市场份额同比扩张 10.4%。十强的名单基本保持稳定，依次为湖南、江苏、安徽、重庆、江西、天津、北京、四川、浙江、上海东方卫视。①

1.3.3 广电事业通过内容整合，实现跨媒体运营，进军新媒体

2007 年 2 月，北京电视台获得广电总局颁发的《信息网络传播视听节目许可证》。4 月，北京电视台获得国内第六张手机电视牌照，介入新媒体，经营手机电视在线宽频。同时北京电视台宣布了自己的新媒体战略，将分阶段全面进入网络电视、手机电视、SP 等新媒体领域，通过内容整合实现跨媒体运营。这是我国首家广电运营商杀入新媒体领域。4 月，中数传媒完成 10 万小时节目储备，央视正式进军视频点播，VOD 点播业务首先将在上海和杭州进行试点。5 月 1 日，我国第一个立体娱乐电视频道在上海正式开播。10 月 19 日，吉林省首个数字付费电视频道“东北戏曲频道”正式开播，覆盖东北三省及内蒙古自治区，全天 24 小时滚动播出。12 月，北京人民广播电台已实现全部在播节目向 DAB 数字多媒体广播平台平移，这标志着北京地区广播已进入全数字音频及数据广播时代。12 月 18 日，央视国际移动传媒有限公司宣告成立，央视涉足车载电视，这标志着央视新媒体布局迈出了重要的一步。这些事例传达着我国广电媒介的战略意图：将通过搭建新媒体运营平台，致力于成为多种新媒体平台的具整合力的跨媒体运营商。

1.4 电影

中国电影市场已连续几年以两位数递增的速度迅猛发展，2007 年更以引人注目的成绩冲入新一轮大牛市。② 据国家广电总局电影局局长童刚介绍，2007 年中国内地电影票房达到 33.27 亿元人民币，首次超过 1992 年 32 亿元人民币，创历史新高。较 2006 年增长 26%，连续 5 年保持了 20% 以上的增长率。其中国产影片票房为 18.01 亿元人民币，占总票房的 54.13%，比去年提高 2.4%，连续 5 年超过进口影片。同时，2007 年中国内地生产故事影片 402 部，比 2006 年多了 72 部，增长 22%，实现了连续 5 年的高速增长，再创国产影片年产量的历史纪录。③2007 年在全国城市电影院线发行放映的中外影片约 190 部。其中国产新片 140 部左右，占全年发行放映新片总量的 73%，比 2006 年增长 8.5%。④

中国电影征战海外市场，成绩依旧喜人。海外发行上，中国电影收入继续水涨船高。

---

① 付蓉：《2007 年省级卫视传播突围策略分析》，http://media.people.com.cn/GB/40628/6754168.html。

② 刘嘉：《盘点 2007 中国电影市场》，《中国广播影视》，2008 年 3 月（上）。

③ 文一：《2007 国产电影：产量和海外获奖创纪录》，《人民日报》（海外版），2008 年 1 月 21 日。

④ 刘嘉：《盘点 2007 中国电影市场》，《中国广播影视》，2008 年 3 月（上）。

2007 年共有 78 部内地影片销售到 47 个国家和地区，比 2006 年增加了 5 部；海外发行收入总计 20.2 亿元人民币，比 2006 年增加 1.1 亿元。2007 年，中国内地先后在美国、英国、俄罗斯、南非、澳大利亚、日本、韩国等 33 个国家及中国港澳台地区举办了 68 次中国电影展，展出国产影片 605 部次。同时，有 208 部次影片参加了 97 个国际电影节，其中 29 部电影在 19 个国际电影节上夺得 49 个奖项，创造了历年来最高纪录。① 其中王安全凭借《图雅的婚事》一举夺得柏林电影节金熊奖，随后又分别在芝加哥国际电影节和突尼斯国际电影节捧得评委会特别大奖。导演李安在威尼斯电影节上梅开二度，凭《色戒》成功突破重围，再次斩获金狮奖，这也是中国影人在威尼斯电影节上连续第三年问鼎金狮。

国产大片：票房口碑双飞。2007 年国产片票房过亿元的影片有三部，数量虽与 2006 年持平，但是单部影片平均产出有所提高。其中《集结号》以 2.6 亿元人民币拔得头筹，其次《投名状》2.2 亿元人民币，《色戒》1.3 亿元人民币。值得称道的是，同时在贺岁档上映的《集结号》、《投名状》票房均突破 2 亿元人民币，同一档期消化两部 2 亿元人民币票房的国产电影，这在中国电影市场还是第一次，这说明中国观众的电影消费需求和能力都在增长。与票房飘红相映成趣的是，《集结号》、《投名状》口碑反应良好，观众认可度都很高，这是自《英雄》、《无极》、《夜宴》、《满城尽带黄金甲》等诸多商业大片普遍“叫座不叫好”之后，国产商业大片首次摆脱高票房、低口碑的魔咒，赢得双重胜利。这也似乎预示着国产大片在经过初期的艰难与阵痛之后，已逐渐突破瓶颈，走向成熟。正如国内电影圈“航母”中影集团董事长韩三平宣告的那样：“大片策略”已经成功。

另一方面，中等投资的影片市场竞争力增强，中小成本影片票房大幅度提高。2007 年众多的中小成本影片开始突围，《宝葫芦的秘密》、《不能说的秘密》、《命运呼叫转移》、《太阳照常升起》等中小投资影片均实现票房突破，1000 万元人民币以上的影片达 20 部，较 2006 年增长超过 35%，超过 500 万元人民币票房影片也有 10 多部，比 2006 年增加 22%。利好数据的同时，我们仍需看到，2007 年的 400 多部电影中，最终进入院线的只有 80 多部，票房千万元人民币以上的 21 部电影数量只占整个国产电影年产量的几十分之一，更多中小成本国产电影仅能收回成本，甚至连成本都无法全部回收。业内有个说法叫“二八定律”，是指赚钱和保本的影片占 20%，赔钱的占 80%，尽管商业大片让人欣喜，但中国电影缺少的不是商业大片，最缺少、最薄弱的是中等投资规模、中等回报的主流故事电影。中国的电影市场呈现不健康的金字塔形状，而理想的市场结构应该是纺锤状的。② 因此，中小成本电影总体形势虽较去年有很大提高，但还不具备扬眉吐气的实力和中流砥柱的地位，“二八定律”在中国电影市场体现仍十分明显。从另外一方面讲，由于国产电影市场化起步晚、底子薄，它的上升空间巨大。中国电影发行放映协会副秘书长耿西林女士预计，未来 5 年内，中国的电影票房将突破 100 亿元人民币，成为继电视剧之后又一个获得市场成功的娱乐产业。③

2007 年的电影市场明显显现出档期金矿效应。暑期档、黄金周档、贺岁档成为影视吸金峰值时段的趋势已十分明晰。2007 年岁初，《满城尽带黄金甲》观影余温犹在，《门徒》便大张旗鼓、强势登陆，票房一揽 6500 万元人民币，加之《双子神偷》、《心中有鬼》、《爱情呼叫转移》众星捧月，使 2 月影视狂收 2.35 亿元人民币。年中，《变形金刚》、《哈利波特 5》等进口大片来势汹汹，《男儿本色》、《导火线》、《天堂口》众国产动作片以初生牛犊之士气成功虎口夺食，共同烘烤出炙热如夏日的暑期档影市。国庆黄金周前后，《兄弟之生死同盟》、《铁三角》、《太阳照常升起》、《C + 侦探》等片上映，均超过千万的票房为金秋

① 文一：《2007 国产电影：产量和海外获奖创纪录》，《人民日报》（海外版），2008 年 1 月 21 日。
② 王小峰：《中国电影市场化之路》，《三联生活周刊》，2008 年第 6 期。
③ 王小峰：《3527 块银幕与 51 亿元产值：中国电影收复失地》，《三联生活周刊》，2008 年第 6 期。

影市增添无限暖意。而年末贺岁档更是虎踞龙盘、兵家必争，《投名状》、《集结号》当仁不让，票房两亿之上；《命运呼叫转移》、《棒子老虎鸡》见缝插针、各得其所；《长江七号》、《大灌篮》横跨岁末年初，虽有风雪阻路，仍具青出于蓝之势。纵观2007年的贺岁档，国产影片以90%的比例独步天下，掀起2007年影市最高峰。

2007年电影市场持续繁荣，加速带动了国内影院发展。目前城市主流院线一共有34条，2006年只有“上海联”这一条院线年票房达到3亿元人民币，2007年有5条院线年票房超过了3亿元人民币，分别是中影星美、上海联合、北京新影联、北京万达、中影南方新干线，过亿元院线一共有8条。① 需要指出的是，前5位院线占了63%的市场份额，而前12位的院线则占到88%的市场份额，剩余的22条院线只能争夺仅有的12%的市场份额。这一数字表明全国院线发展趋势呈现“二八规律”，院线市场两极分化趋势显现。

院线建设方面，截至2007年底，国内新增影院102家，新增银幕数493张，全国院线电影院合计为1427家，银幕数3527张，发展速度迅猛。多厅影院的建设带来了大量资本流入电影行业。从投资主体看，除了2006年已有的国内房地产商、大型国企外，一些与电影相关的产业供应商也加入到影院建设投资中。如西安红叶电影城，投资商就是一家制作影院座椅的厂家。发行公司投资电影院的热情也渐渐看涨，国内最大的发行商——中影集团宣布要加大影院投资。从2007年全国每月前50家影院排行中观察，上位的新影院数量还不到1/3，新影院建成开业后如何缩短在市场的“磨合期”，快速上位，成为新影院亟待解决的问题。经营上，全国大型院线在创建品牌、差异化经营方面也有所表现。其具体做法基本上是参与电影的全国发行，从而积累自身品牌，形成院线经营风格与放映特色，使旗下院线有可能拥有更多放映内容。如上海联和院线参与发行影片《东方大港》，院线所获该片票房450万元人民币左右，占影片全国票房的56%。中影星梅发行影片《天下第二》，院线以230万元人民币票房占影片全部票房的60%。北京万达发行影片《夜袭》，院线以250万元人民币的票房占影片全国票房的62%。中影南方新干线发行影片《十分爱》，在广东地区以200万元人民币票房占影片全国票房的83%。②

随着中国电影产业不断发展壮大，2007年电影业有着一股异常强烈的资本冲动，私募股权动作频出，上市趋向明确表现。民营资本方面，6月，分众传媒联合其他几位境外投资者，向华谊兄弟投入2000万美元，这是华谊兄弟迄今为止进行的第三轮私募融资。8月，红杉资本和SIG海纳基金注资国内最大的民营电影发行公司保利博纳，首批注资规模约为1000万美元。国有资本方面，中影利用其相比民营资本独特的政策优势受准发行5亿元的资金债券。10月，北京市国资委与时代今典集团各为北京市电影公司注入2.4亿元人民币的资金，各自占有北京电影公司38%的股份，体现了国有资本与民营资本开展资本联姻的合作。海外资本方面，美国IDG携手中影集团签署中国媒体基金合作备忘录。该基金首批将注入资金5000万美元。事实上，IDG运作的“新媒体基金”在2007年上半年便投资了包括中博影视、中影集团、印象创新在内的3家影视业上游公司。另一方面，私募资本的融入早已满足不了那些规模较大的企业的胃口。诸多影业大鳄都在雄心勃勃地规划上市行动。10月31日，橙天娱乐购入嘉禾集团24.78%的股票及可换股债券，作价2亿多港元。自此，橙天成为嘉禾第一大股东，同时成功完成了借壳上市的行动。9月，中影集团宣布重启上市计划，争取2008年在国内A股上市。目前中影正在紧锣密鼓地为重组上市做准备。10月，横店集团为了适应上市需要，将其娱乐公司以及影视城进行重组，成立了横店影视娱乐股份有限公司。③ 同时，影业其他企业，如保利博纳、华谊兄弟也纷纷开始启动上市计划，可以

① 王小峰：《3527块银幕与51亿元产值：中国电影收复失地》，《三联生活周刊》，2008年第6期。

② 刘嘉：《盘点2007中国电影市场》，《中国广播影视》，2008年3月（上）。

③ 郭春：《电影：资本冲动》，《中国广播影视》，2008年2月。

预见，2008年，中国电影产业必将掀起一股上市风潮。

1.5 互联网

截至2007年12月，网民数已达到2.1亿人。中国网民数增长迅速，2007年一年增加了7300万，年增长率为53.3%。低收入人群开始越来越多地接受互联网；农村上网人群增长较快。目前中国16%的互联网普及率仍比全球平均水平19.1%低3.1个百分点。从接入方式上看，宽带网民数达到1.63亿人，手机网民数达到5040万人，这两种接入方式发展较快。

中国网站数量已有150万。这些网站中增长最快的是.CN下的网站数，目前的数量已经达到100.6万个。网络媒体方面，有73.6%的人半年内在网上看过新闻，相信网络新闻真实性的比例为51.3%；半年内更新过博客/个人空间的比例为23.5%，但表示相信博客内容真实性的网民比例仅有32.6%。中国互联网娱乐性较强。网络游戏使用率是59.3%，网民玩网络游戏的平均时长是7.3小时/周；半年内86.6%的网民收听过网络音乐，下载比例为71.2%；在线网络影视观看比例为76.9%，下载比例为40.5%。①

1.5.1 互联网企业资本运营

2007年中国互联网企业上演集体上市第三波，上市重心逐步由纳市向国内转移。7月27日，完美时空登陆纳斯达克；10月9日，软件企业金山在香港联交所挂牌；11月1日，巨人网络在纽约证券交易所挂牌；11月2日，网龙在香港上市；11月6日，阿里巴巴在香港联交所挂牌。中国互联网公司的股价总市值膨胀到近700亿美元。阿里巴巴创下香港股市有史以来冻资最高纪录（1600亿美元）、中国内地互联网公司融资之最（17亿美元）、中国内地最大市值互联网公司（200亿美元左右）等多项纪录。百度成为首家计入纳市100指数中国上市公司，中国股股价变动影响全球股市。但TOM在线正式从美国纳斯达克及香港联合交易所退市，成为首只退市的中国互联网概念股票。

在并购与重组方面，互联网企业依靠资本力量上演"大鱼吃小鱼"大戏。2007年，分众传媒加速跑马圈地，并购竞争对手，独占稀缺资源形成优势；对聚众传媒的合并，使自己拥有了市场份额的95%，确保了自己不再遭受同一领域内的任何竞争性风险。此外还有网盛科技并购中国服装网、华友与光线合并、掌上灵通被收购等。

1.5.2 互联网广告

网络广告被接纳和认可的程度更高了，发展速度也成为诸多广告类别中最高的一种。2007年广告主数量再次快速增长，仅前三个季度就达到4971家，超过2006年全年品牌广告主数量，同比增长62.7%，其中新增品牌广告主2496家，同比增长115%。

2007年中国在线广告的新形式主要有：

（一）精确投放

1. 即时通信软件

腾讯发布了网络广告的精准定向工具TTT（TencentMIND Targeting Tools），是中国互联网企业首次推出网络广告精准定向的技术，使得不同身份职业、偏好习惯以及不同地域场所的网民看到不同的、与他们更相关的广告信息。依托精准定向工具，广告主能摆脱过去大众营销的套路，准确寻找到其品牌或产品的目标消费群。精确的营销使广告效率大大提高，广告价格获得拉升。

---

① CNNIC《第21次中国互联网络发展状况统计报告》，http://www.cnnic.net.cn/index/0E/00/11/。

2. 视频网站

网络视频产业目前已经形成一条以内容提供商、网络平台运营商、技术提供商分销渠道，广告主和用户为主要构成的网络视频产业链，虽然目前这条链还有交叉竞合、链条边界模糊等特点，但是一些视频网站已经开拓出新的广告模式，来弥补这些缺陷。新兴在线短视频网站通过影音载入前后的等待时间播放广告，视频网站一方面引进节目源，丰富频道资源以吸引用户。另一方面则分析客户数据，通过有效投放吸引广告商注意。土豆网则发布了新的广告系统，与电视广告单向传播模式不同，新上线的3秒广告系统会根据用户提供的个人资料，以及用户在网站停留的时间、点击的视频等存储数据，分析视频观众的品位、收入、学历、爱好等，以准确投放广告。视频制作者也可从中得利。土豆网将按照视频的点击率，给其更好的推荐位，还能给版权所有者一定广告分成。

（二）Web2.0 新商业模式

2007年，一直受到赢利模式困扰的Web2.0网站在商业模式上也有一些动作。"博客中国"面对所有博客用户推出"博客金行"业务，博客用户只要提出"博客金行"申请，博客网将在申请者博客页面上挂出相应广告，每获得一个有效广告点击，用户写博客得到2/3收益，博客网得1/3提成。人人网采取的聚类广告精准投放方式，即根据厂商需求锁定目标受众，一对一传播，按地域投放，提供跨平台投放，从Web2.0的互动性加上一个地域，迎合网民对周边事物关注的兴趣，将当地人聚集起来再推广分类信息，从而聚合商业价值。

（三）网络游戏内置广告

根据iResearch艾瑞咨询最新的研究结果表明，2007年1~10月中国网络游戏内置广告的收入已经达到1.05亿元人民币，占整个网络广告收入的2.9%，而在2006年仅占1.3%，游戏内置广告（In Game Adverting，以下简称IGA）的收入正在快速增长中，预计在2008年IGA的市场规模将达到3亿元人民币，IGA作为一种新盈利模式的前景已经被越来越多的企业所认可，游戏平台的媒体价值正在被逐步挖掘出来。

据艾瑞咨询对部分IGA运营商的访谈数据中得出，IGA收入已经成为网游企业最重要的收入来源之一，以运营《跑跑卡丁车》的世纪天成为例，2007年他们的游戏服务收入约为5000万元人民币，而IGA的收入为2000万元人民币，占总收入的近三成。另一家同样经营休闲游戏的运营商天联世界的IGA也达到总收入的两成左右。由此可见，IGA已经成为部分运营商不可或缺的收入。①

1.5.3 即时通信市场被其他行业和国外竞争者瓜分

2007年，随着个人即时通信市场饱和度的不断提升，市场重心逐渐向移动即时通信和企业即时通信转移。中国移动携"飞信"的强势进入，不仅迅速拉升了整体市场规模，同时也为自己积累了4000万的用户群，成为移动即时通信市场的主导者，尽管腾讯、微软、PICA纷纷改善自己的产品，并寄望于合作来捍卫市场份额，但始终无法突破运营商的控制。相对于移动即时通信的突然爆发和个人即时通信的有条不紊，企业即时通信的应用市场尚未真正启动，不论是国际巨头还是国内新贵都处于同一起跑线之上。IBM Sametime逐步成为中国市场最具竞争力的企业级IM产品；腾讯RTX虽然早期霸占中国市场，但近年来缺乏对市场的关注，丧失了在该市场的先机；微软、通软联合和点击科技等，也同时在各自细分领域占据优势。这一市场的发展潜力不容忽视，尤其在产品功能完善以及与企业内部管理系统

---

① 赵旭枫：《网游行业将进入媒体化经营阶段》，http://media.people.com.cn/GB/22114/45733/114404/6780278.html。

整合方面，将有巨大发展空间。

1.5.4 搜索引擎提供搜索之外的更多功能

搜索引擎三大巨头对用户和市场的争夺在2007年逐渐转变成服务概念和服务模式的创新。在搜索需求日趋细分和专业化的影响下，雅虎、Google分别以“全能搜索”和“整合搜索”两大全新概念来引领新一轮搜索模式；百度则在世界大会上，赫然打出了“新媒体”的招牌，甚至还在年底宣布进入C2C市场，百度正在试图将其版图从搜索扩张到其他领域，在这一过程中也必然会诞生新的概念和模式。

2 政府媒体规制建设

2.1 传媒产业内外开放力度加大

经过数年的沉淀，继制造业“走出去”热潮之后，2007年，文化传媒产业也掀起了一轮“走出去”的热潮。2007年4月，商务部等六部委公布了《文化产品和服务出口指导目录》，新闻出版总署还出台了扶持出版“走出去”的8项政策措施。新闻出版总署扶持出版“走出去”8项政策措施分别为：对列入“中国图书对外推广计划”或实施“走出去”战略的出版项目所需要的书号不限量，给予充分保证；支持重点出版企业申办出口权；支持出版单位创办外向型外语期刊；制定“鼓励和扶持文化产品和服务出口的若干政策”的配套文件；协调国内金融机构提供外向型出版企业、工程项目加快发展的信贷支持；全力办好国际书展，重点扶持法兰克福、北京、莫斯科、香港等15个国际书展，提供更多的政府资金，打造中国图书推广的平台；为“中国图书对外推广计划”继续提供资金支持；适时表彰奖励图书“走出去”取得成绩的出版集团和出版社。

2007年10月17日，正值党的十七大召开的第三天，国家新闻出版总署署长柳斌杰在接受《光明日报》、英国《金融日报》等媒体采访时表示：“允许新闻出版传媒的整体上市，而不是局限于过去将报纸的采编业务与广告等商业经营剥离开来的做法……”他的这一表态被认为是中国政府已决定将文化传媒产业向资本市场谨慎开放。这一政策信号意味着中国传媒业的体制改革由此进入了一个全新阶段。①

2.1.1 外国记者自由采访开始实施

新华社报道，国务院及国台办、港澳办制定的《北京奥运会及其筹备期间外国记者在华采访规定》和《北京奥运会及其筹备期间台湾记者在祖国大陆采访规定》、《北京奥运会及其筹备期间港澳记者在内地采访办法》自2007年元旦至2008年10月17日施行。2月1日《南方周末》报道：“三规定最关键处，都是其在第6条所做的‘只需征得被采访单位和个人的同意’。”“这包含两层意思，一是上述几类记者在采访时不需向各自的主管部门申请；二是可以按规定离开驻地自由跨省采访”。外交部发言人刘建超说新规定“适用于中国各个省份”。报道透露，“中国1980年就批准外国媒体在华开设常驻机构，外国记者不能自由采访，这成为外界批评中国的‘口实’”。“新规定是在奥运采访名义下，与奥运会惯例接轨，但依然被视为中国对外开放过程中一项标志性事件”。国新办主任蔡武2006年12月28日在新闻发布会上说，“如这样一个暂行的规定在未来的一年多实践中证明是好的”，“我想

① 《2007年度传媒界言论》，《传媒》，2008年第1期，http://media.people.com.cn/GB/6786541.html。

一个好的政策就没有必要把它再变了”。①

2.1.2 两岸合拍电视剧将享受大陆产电视剧同等待遇

2007年11月7日，国家广电总局副局长田进在“两岸城市文化创意产业论坛”上发布了两项影视产业惠台政策：（一）大陆与台湾合拍的电视剧，经大陆主管部门核准后，可视为大陆生产的电视剧播出和发行。（二）广电总局将各省、自治区、直辖市所属制作机构生产的有台湾演职人员参与的大陆电视剧完成片的核准工作，交由省级广播电视行政部门负责。这两项政策措施于2008年1月1日起开始执行。政策调整后，两岸制作单位合拍的电视剧，享受“同等待遇”，并且核准程序会进一步简化，时效性也会明显提高，这必将会为两岸合拍电视剧和台湾影视从业人员带来新的发展机遇。同时，这也将为两岸影视业跨越意识形态的鸿沟，搭建文化平台，建立心灵沟通，探寻出一条新路。此外，它还为以文化为媒介的两岸关系的健康发展发挥重要作用。②

2.2 舆论监督得到有力保障

党的十七大政治报告，再次使用了“舆论监督”的概念。胡锦涛要求“落实党内监督条例，加强民主监督，发挥好舆论监督作用，增强监督合力和实效”。这次“舆论监督”概念的使用，强调的是对党的权力监督，可谓抓到了根本。“必须让权力在阳光下运行”。这是十七大政治报告对信息公开的十分形象的比喻，“保障人民的知情权、参与权、表达权、监督权”，“对干部实行民主监督，是人民当家做主最有效、最广泛的途径，必须作为发展社会主义民主政治的基础性工程重点推进”，“确保权力正确行使，必须让权力在阳光下运行”。

2.2.1 新闻立法进程加快

（一）知情权成为可诉权利

将于2008年5月1日施行的《政府信息公开条例》明确规定，政府机关应当主动公开涉及公民、法人或者其他组织切身利益的，需要社会公众广泛知晓或者参与的信息。公民、法人或者其他组织认为行政机关在政府信息公开工作中的具体行政行为侵犯其合法权益的，可以依法申请行政复议或者提起行政诉讼。③

（二）限制媒体“擅自”发布突发事件的规定被删除

2007年6月24日，全国人大常委会审议修改了《突发事件应对法草案》，删除了先前有关新闻媒体不得“违规擅自发布”突发性事件信息的规定。2006年6月提交全国人大常委会审议的《突发事件应对法草案》第57条曾规定：“新闻媒体违反规定擅自发布有关突发事件处置工作的情况和事态发展的信息或者报道虚假情况，情节严重或者造成严重后果的，由所在地履行统一领导职责的人民政府处5万元以上10万元以下的罚款。”草案在全国人大常委会首次审议后，广泛征求了各方意见后认为，信息的发布和透明是处理突发事件的关键，在这个问题上，媒体所起到的正面作用应该充分肯定。草案关于“违反规定”的表述含义不清，有可能成为某些地方政府限制媒体正常报道突发事件的借口，不利于媒体对其谎报瞒报开展舆论监督。④ 修改后的草案对于传媒界担心那些有意在突发事件中隐瞒事实真

---

① 孙正一、柳婷婷：《2007中国新闻业回望》，《新闻记者》，2007年第12期。

② 陈栋：《2007年中国传媒十大创新报告之广电篇》，http://media.people.com.cn/GB/22114/115219/115220/6836412.html。

③ 孙正一、柳婷婷：《2007中国新闻业回望》，《新闻记者》，2007年第12期。

④ 范以锦：《2007年国内十大传媒事件》，《新闻与写作》，2007年第12期。

相、抵制舆论监督的当权者借“违规”之名行打击报复媒体之实等问题十分有益。

（三）最高人民法院首次明确“虚假宣传”内涵

2007 年 1 月 18 日新华社报道，最高人民法院公布并于 2 月 1 日起施行“关于审理不正当竞争民事案件应用法律若干问题的解释”，首次明确：“经营者具有下列行为之一，足以造成相关公众误解的，可以认定为反不正当竞争法第九条第一款规定的引人误解的虚假宣传行为：一是对商品作片面的宣传或者对比的；二是将科学上未定论的观点、现象等当做定论的事实用于商品宣传的；三是以歧义性语言或者其他引人误解的方式进行商品宣传的。”并规定以明显的夸张方式宣传商品，不足以造成相关公众误解的，不属于引人误解的虚假宣传行为。①

2.2.2 党报本位回归

2007 年 1 月 1 日重庆开始施行涉及传媒改革的文件，4 月以来引起了各方面的广泛关注。该文件就加强和改进新闻工作提出了 40 条具体措施，其中 26 条规范三方面内容：进一步改进会议报道，规范文件刊播；加强对基层和群众的报道；精简领导同志活动报道。这三方面的内容占了 14 页中的 10 页。文件明确了这样的原则：会议报道原则上不以市领导是否出席作为报道与否和报道规格的唯一标准，也不绝对依照领导职务排序安排报纸版面和电视时段。其实，此次重庆市的这份文件以及《重庆日报》的大胆改革，恰恰是对党报传统的回归。《重庆日报》在党报头版改革中迈出了属于自己的一小步，但它对整体的党报改革来说，其示范意义远大于它本身的变化。②

2.3 行业管理建设卓有成效

2.3.1 加强广电节目制作的管理

（一）严格规范广电节目内容

2007 年，广电总局发出两个全国通报批评，批评重庆电视台《第一次心动》严重违规行为，通报批评四川电台和成都电台，禁止全国所有播出机构制作、播出低俗、下流和涉及性生活、性药功能内容的节目，禁止播出群众参与的整容、变性节目，以抑制低俗节目，强调和谐文化追求。同时，广电总局发布了《〈移动多媒体广播第三部分：电子业务指南〉一项广播电影电视行业标准的通知》、《关于加强车载、楼宇等公共视听载体管理的通知》、《关于进一步规范和发展有线电视视频点播业务的通知》等相关措施，配合对广电播出节目内容的整治活动。

（二）加强群众参与的选拔类广播电视活动和节目的管理

继连续停播一些低俗广播电视节目之后，国家广电总局又出台一系列具体管理措施和细则，进一步规范群众参与的选拔类广播电视活动和节目，这是国家广电总局近期进一步抵制低俗之风的又一重要举措。

广电总局在《广电总局进一步加强群众参与的选拔类广播电视活动和节目的管理》、《关于群众参与的广播电视直播节目必须延时播出的通知》中指出，近年来，群众参与的选拔类广播电视活动和节目，在创新广播电视形式、内容、手段等方面作了有益尝试，丰富和

---

① 孙正一、柳婷婷：《2007 中国新闻业回望》，《新闻记者》，2007 年第 12 期。

② 陈力丹、戴莉莉：《党报传统：按新闻价值而不依领导人职务编排版面》，《新闻记者》，2007 年第 5 期。

满足了人民群众多层次、多样化的精神文化需求。各广播影视行政部门和播出机构大多按照总局要求，对群众参与的选拔类活动和节目加强管理，取得了一定成效。但是，目前仍有一些群众参与的选拔类活动和节目在环节设计、评委选择、选手表现、表演内容等方面存在低俗问题，背离了积极、健康、向上的基本定位，损害了广播电视媒体的形象，观众反映强烈。

因此，广电总局在《通知》中有针对性地从播出时段、节目内容、投票方式等方面给选秀节目念了"紧箍咒"，连对于向来少受指责的主持人，也给予了"不得使用'哥、姐、弟、妹'等称谓"的细致规范。①

2.3.2　报刊行业进一步规范报社记者站管理

2007 年 3 月 30 日，新闻出版总署和中纪委驻总署纪检组联合发出的通知要求，未领取"新闻记者证"的人员不得在记者站从事新闻业务活动。聘用时间未满一年的人员从事新闻采访活动，应在持有记者证的记者带领和指导下进行。报社记者站人员须为报社正式在编人员或者与报社签有聘用合同的专职人员。记者站不得自行聘用工作人员。不得有以新闻报道为名要求采访对象订报纸、做广告，或以"曝光"要挟采访对象索取财物等行为。记者站人员变更后，报社应立即注销并收回变更记者（包括离任和新任记者）持有的原"新闻记者证"并在 15 日内将人员变更情况报所在地新闻出版行政部门备案。报纸记者站参加年度审核时，还应报送该站记者本年度发表新闻报道的目录和样报。7 月 8 日新华社报道，各地新闻出版管理部门对报社记者站人员进行重新登记，并建立记者站人员档案，通过当地主要媒体对所在地记者站的名称、地址、通信方式、站内人数、站长姓名等有关情况进行公告，接受社会各界监督。违规情节严重的，由所在地省级新闻出版行政部门撤销该记者站。②

2.3.3　对广告进行更加严格的监管

（一）清查医疗、药品广告

经国家工商行政管理总局和卫生部重新修订的《医疗广告管理办法》于 2007 年 1 月 1 日起实施。这意味着国家执法部门对医疗广告发布中的违法行为开始重拳出击。《医疗广告管理办法》规定医疗广告实施发布前的审查制度，要求医疗广告内容仅限于医疗机构第一名称、地址、医疗机构类别、诊疗科目、床位数、接诊时间、联系电话等 8 项。不得利用患者、医生、医学科研机构以及解放军和武警部队名义作广告，医疗广告不得隐含保证治愈内容。③

3 月 15 日，国家食品药品监管局、国家工商总局发布新修订的《药品广告审查办法》和《药品广告审查发布标准》，并于 5 月 1 日开始实施，我国药品广告管理进一步加强。在具体执行中，相关部门重点对药品、医疗器械、丰胸产品、减肥产品、增高产品等五类产品广告进行集中整治，加大曝光和审查力度，使 2007 年虚假违法医疗、医药广告明显减少，广告市场得以进一步净化。这些举措对于报业广告经营产生了较大影响。

（二）加强广告播放管理

2007 年 7 月 30 日，广电总局向全系统发出《关于进一步加强广播电视广告播放管理工作的通知》，要求各级广播电视播出机构一律不得播出虚假违法、内容不良、格调低下的医疗、药品、性保健品广告和各类性暗示广告。9 月 30 日，专门下发《广电总局关于清理整

---

① 《广电总局出台新规选秀主持人严禁"套近乎"》，http://ent.qq.com/a/20070923/000041.htm。

② 孙正一、柳婷婷：《2007 中国新闻业回望》，《新闻记者》，2007 年第 12 期。

③ 曹鹏：《新闻业需要调整重塑行业规则与职业规范》，《新闻记者》，2007 年第 2 期。

顿广播电视不良广告的通知》，重申各级广播电视播出机构严禁播出“八类涉性”广告，要求各级广播电视管理部门继续加强监管，严厉查处非法性药品广告的播出。《通知》和“禁播令”发出后，各级广电管理部门立即行动，积极贯彻清理整顿不良广告的工作要求，督促辖区内播出机构全面进行清理整顿。①

（三）开展打击非法广告专项活动

中宣部、国务院新闻办、公安部等12个部门于年底又联合发出通知，要求从2007年12月4日起到2008年1月30日前，在全国范围内集中开展一次针对网上非法发布“性药品”广告和性病治疗广告的专项治理整顿行动。

2.3.4 加快扶持动画产业

2007年给中国动漫产业注入无限生机。广电总局相继出台一系列优惠政策和措施，促进动画片生产和动画产业的发展，其中包括国产动画片实行制作备案公示管理制度、黄金时段禁播海外动画片、建立专门扶持动画片生产的专项资金、促进规模化发展和培养优秀动画人才。这些措施非常明确地体现了扶植国产动漫产业的决心，也促使我国动画片产量有了大幅度提高，据广电总局的统计数据，2007年我国电视动画片产量可望达到10万分钟。如今，一批优秀的国产原创动画片如雨后春笋般相继涌现，其中一些还走出国门打入了国际市场。但形成有效的动漫产业链，建立有效的赢利模式还需要业界学习、探讨和实践。②

2.3.5 推动广播影视业发展

2007年，国家广电总局颁布《电影管理条例》，发布《关于促进广播影视产业发展的意见》（以下简称《意见》）。《意见》分析了当前我国广播影视产业发展面临的形势，阐释了发展广播影视产业的指导思想和基本思路，提出了发展广播影视产业应该采取的相关措施。

《意见》的颁布对加快广播影视业的改革、发展具有重要的意义。随着《意见》内容的贯彻实施，必将全面推进我国广播影视产业的发展，使广播影视逐步成为国民经济的新型产业和体现先进文化精神产品的重要生产基地。

2.4 网络媒体建设发展

2.4.1 推进网络文化建设

2007年1月23日下午中共中央政治局进行第三十八次集体学习，主题为“世界网络技术发展和我国网络文化建设与管理”。中共中央总书记胡锦涛在会上强调了加强网络文化建设和管理的重要意义，指出：“我们必须以积极的态度、创新的精神，大力发展和传播健康向上的网络文化，切实把互联网建设好、利用好、管理好”。

6月1日，中共中央办公厅、国务院办公厅下发《关于加强网络文化建设和管理的意见》，这是今后在较长时间内指导我国网络文化建设和管理的纲领性文件。6月3～4日，“全国网络文化建设和管理工作会议”在北京召开，这是全面落实中央部署的重要会议。中央政治局委员、书记处书记、中宣部长刘云山在讲话中指出：“互联网已经成为重要的文化创作平台、文化产品传播平台和文化消费平台，网络文化已经成为人们精神文化生活的重要

---

① 《广电部门大力清理不良广告初显成效》，http://tech.sina.com.cn/t/2008-01-18/16501983206.shtml。

② 虞宝竹：《新技术新理念新方式——2007年变革中的中国广电业》，《中华新闻报》，2008年1月3日。

组成部分。”在10月召开的中共十七大上，“加强网络文化建设和管理，营造良好网络环境”再次写入大会报告，这充分显示了党中央和全党对这一领域的高度重视。①

2.4.2 大力推广国家域名应用，保障国家信息安全

自2007年10月8日起中国互联网络信息中心颁布实施了新的《中国互联网络信息中心域名争议解决程序规则》，保证域名争议解决程序的公正性、方便性及快捷性。以前解决网站大量注册使用的COM域名，都是由美国公司管理，这对我国信息安全构成了重大隐患的问题。“CN域名1元注册”活动，刺激国家域名CN在2007年实现爆发式增长。政府网站带头加强域名使用规范，省级政府网站域名有97%规范使用CN域名；国企500强集体启用CN域名。截至2007年6月，中国大陆地区CN域名总数达到615万个，占据中国域名总数的58.9%，年增长率高达416.5%，第一次全面超过境内用户注册的通用顶级域名。国家顶级域名的快速主流化，对于保障国家信息安全乃至主权安全有着积极意义。②

2.4.3 开展具体整治活动

（一）对互联网传播内容的管理

2007年2月，文化部、工商总局、公安部等14个部门联合印发《关于进一步加强网吧及网络游戏管理工作的通知》。中宣部、国务院新闻办等纷纷走向前台，做好网上正面宣传和舆论引导等工作。③ 8月，新闻出版总署联合发出《关于严厉查处网络淫秽色情小说的紧急通知》，国家广电总局于2006年12月底和2007年4月先后下发了有关依法查处非法“网络电视台”的通报。

12月20日，国家广播电影电视总局和信息产业部共同颁布《互联网视听节目服务管理规定》（第56号令）。该规定自2008年1月31日起施行，规定所称互联网视听节目服务，是指制作、编辑、集成并通过互联网向公众提供视音频节目，以及为他人提供上载传播视听节目服务的活动。④

（二）查处非法网络电视台

国家广电总局下发《关于依法查处非法“网络电视台”有关情况的通报》，曝光了7家在北京发现的擅自进行视听节目传播活动的非法“网络电视台”。4月2日《经济观察报》报道，2007年3月20日广电总局要求各地广电行政部门严惩第8家非法网络电视台——“中国国际中文电视台”网站。在广电总局公布的《获准开办网上传播视听节目业务的单位名单》中，只有66家网站获得了相关批准，基本都是电视台和有线经营者。并透露，目前公开提供视频播放服务的公司几乎都是采取与广电合作的方法，处于灰色地带。崔保国教授在第6期《中国报业》撰文指出，广电总局此举意义在提醒非国有资本的传媒市场开拓要注意最基本的政策底线。

2.4.4 电子商务转向务实发展阶段

相对国外电子商务发展的成熟度，中国的电子商务基本还处于探索成长阶段，但2007年表现已经不俗，从复苏转向务实发展，进入转型升级阶段。2007年6月，国家发展和改

① 闵大洪：《2007年的中国网络媒体》，人民网-传媒频道。
② 钱毅、何美：《2007中国新媒体：浓墨重彩的一年》，《传媒》，2008年第1期。
③ 钱毅、何美：《2007中国新媒体：浓墨重彩的一年》，《传媒》，2008年第1期。
④ 闵大洪：《2007年的中国网络媒体》，人民网-传媒频道。

革委员会、国务院信息化工作办公室联合发布《电子商务发展“十一五”规划》，作为我国首部电子商务发展规划，这部电子商务发展的指导性文件将促进电子商务协调发展，演绎新的精彩。

2.4.5 手机媒体

（一）颁布手机媒体新标准

随着手机用户的普及和第三代移动通信技术（3G）的发展，其高速上网、大容量的特点使手机在继网络之后，开始跻身数字出版产业，成为又一个数字阅读终端。数据显示，目前通过手机进行文学阅读的用户已经超过3000万，并且近两年来手机文学读者年均增加80%，用手机阅读文学，已成为部分手机用户的阅读习惯。而适于数字内容发布的大屏幕智能手机不断推出，也为手机阅读文学推波助澜。①

2007年6月7日，信息产业部发布手机媒体新标准《YD/T1607 数字移动终端图像及视频传输特性技术要求和测试方法》。该标准是由中国通信标准化协会（CCSA）组织会员单位研究制定，结合我国移动终端技术的发展与应用的实际情况制定的，标准中充分体现了移动终端照相摄像和彩色平板显示的功能特点和性能要求。对所有具有照相、摄像和彩色平板显示功能的数字移动终端提出了性能和测试要求。预计该标准即将成为数字移动终端取得电信设备入网、认证资格的依据。②

（二）清查信息服务业

2007年7月12日，国家广电总局相关负责人明确表示，某些电视台播出观众以手机短信、热线电话等方式参与的有奖竞猜节目，具有一定的博彩性质，广电总局近期将规范这一市场。③ 2007年8月7日，信息产业部发出通知，要求对通过媒体互动方式开展的信息服务业务进行重点清理和检查。信息产业部下发了《关于针对社会反映热点问题加强信息服务业务市场重点整治的通知》（信部电［2007］293号），针对当前信息服务业务市场存在的群发诱骗短信消费、不明扣费、未明码标价、不良信息内容、虚假宣传等五类问题，部署和开展了重点整治工作。

基于部分电信企业（包括基础电信企业和增值电信企业，下同）在与电视、广播等媒体合作开展互动性节目（如解析姓名、测星运、占卜、猜成语、猜字谜等）的过程中，利用虚假宣传、虚设中奖信息等方式诱骗用户使用的行为日渐突出，社会各界反映强烈。因此，信息产业部在信息服务业务市场重点整治工作中，对通过媒体互动方式开展的信息服务业务进行重点清理和检查。

对诱骗用户消费等情节严重的违规行为，要严格按照《关于严厉打击信息服务企业恶意侵害消费者利益行为的通知》（信部电［2007］236号）依法责令其停业整顿，并追究相关基础电信企业的责任，同时要密切跟踪市场情况，对新问题、新情况要及时研究解决，以切实维护广大电信用户的合法权益，促进电信行业健康、和谐发展。④

---

① 冯晓芳：《手机跻身中国数字出版行业》，http://news.xinhuanet.com/newmedia/2007-05/31/content_6177391.htm。

② 邓梅：新浪网-科技频道，http://tech.sina.com.cn/,2007年6月7日。

③ 肖克锋：《有奖竞猜节目有博彩性质广电总局近期将规范》，http://media.people.com.cn/GB/40606/5982034.html。

④ 《广播电视互动信息服务四大骗术被重点清理》，http://media.people.com.cn/GB/40606/6079441.html。

3 新媒体回望

3.1 互联网发展迅速，网络文化平台开始初步成型，国家加强网络管理，网络日益影响我国的民主化进程

3.1.1 互联网发展保持强劲势头

根据2007年7月中国互联网络信息中心（CNNIC）发布的《第二十次中国互联网发展统计调查报告》，截至2007年6月底，我国互联网已经达到131万个网站、1.62亿网民的庞大规模，网民总数居世界第二，7700万宽带用户数居于世界首位，手机上网用户也高达4430万人。

第一，网民上半年增长量接近2006年全年增长量，每1分钟就新增近100个网民。我国网民总人数目前已达1.62亿，仅次于美国2.11亿的网民规模，位居世界第二。我国网民规模正跨入新一轮快速增长阶段。第二，无线上网网民增长快速，超过1/4的网民使用手机上网。我国上网设备发展的特点是，台式机占据主流，笔记本已经成为必要的补充上网设备，约有1/5（21.1%）的网民在使用笔记本上网。受手机上网资费下调的影响，手机上网已经在我国渐成风气，目前手机网民数已经有4430万人。第三，大力推广国家域名应用，保障国家信息安全。截至2007年6月，中国大陆地区CN域名总数达到615万个，占据中国域名总数的58.9%，年增长率高达416.5%，第一次全面超过境内用户注册的通用顶级域名。第四，互联网的获取信息、娱乐和沟通功能被普遍使用。互联网信息渠道的代表性应用——网络新闻和搜索引擎的网民使用比例已达3/4（76.3%）。即时通信和电子邮件是沟通工具功能的代表性应用，这两种应用的使用率也比较高，七成（69.8%）的网民都使用即时通信功能，超过一半（55.4%）的网民使用电子邮件。互联网娱乐功能的三项代表性应用——网络音乐、网络影视和网络游戏使用率都很高。网络音乐使用率已经超过2/3（68.5%），玩过网络游戏的网民也已经接近一半（47%）。

但在互联网各项信息业务发展的背后，也存在许多忧患。目前我国的互联网普及率是12.3%，低于全球17.6%的平均水平。在日常生活方面，互联网的生活助手功能使用率不高：我国仅有15%的网民通过网络找工作，25.5%的网民使用网络购物，仅有3.9%的人进行网上旅行预订，大约1/5的网民涉足网上炒股和网上银行。青少年学生网民上网小时数平均每周为11.6小时。其中每周上网超过20小时的青少年学生网民占总人数的16.6%，超过40小时的占5.9%，对于每周需要上课5天的中小学生，每周上网超过20个小时的人群就应该引起有关部门的注意，每周上网超过40小时的人群应该被重点关注和正确引导。①

3.1.2 国家推动建设网络文化平台并加强相关的网络管理

2007年1月，中央对“以创新的精神加强网络文化建设和管理”提出了五项要求。为落实中央决策，6月3～4日，“全国网络文化建设和管理工作会议”在京举行。10月15日，胡锦涛在党的十七大报告中提出：“加强网络文化建设和管理，营造良好网络环境。”党和国家对互联网的认识不断提高，上升到国家战略的高度，这对建设中国特色网络文化、推动中国新媒体的发展、增强中国的软实力，起到了巨大的推动作用。②

2007年2月，文化部、工商总局、公安部等14部门联合印发《关于进一步加强网吧及

---

① 中国互联网络信息中心（CNNIC）发布的《第二十次中国互联网发展统计调查报告》。

② 钱毅 、何美：《2007中国新媒体：浓墨重彩的一年》，《传媒》，2008年第1期。

网络游戏管理工作的通知》。2007 年 4 月，公安部、中宣部等 10 部委联合推出依法打击网络淫秽色情专项行动，持续半年，取得了阶段性成效：截至 2007 年 9 月上旬，各地共清理网上淫秽色情等有害信息 52 万余条，查破网络淫秽色情治安案件 1294 起、刑事案件 364 件。中宣部、国务院新闻办等纷纷走向前台，做好网上正面宣传和舆论引导等工作。

8 月 28 日，北京市公安局正式发布了“首都网络 110 虚拟警察”卡通形象，并且发布公告称，从 9 月 1 日起，首批“首都网络 110 虚拟警察”正式上岗，优先在新浪、搜狐等 13 家门户网站“巡控”，12 月底，“首都网络 110 虚拟警察”将覆盖北京市所有网站。2007 年，“虚拟警察”和“虚拟岗亭”在全国推广，大大提高了网上的“见警率”和“处警率”。

3.1.3 与大事同在，网络媒体大有可为；网民互动，促进信息增值转化

目前，我国已形成了以新华网、人民网等 9 家中央重点新闻网站为龙头，各地方重点新闻网站为骨干，充分发挥商业网站积极作用的网络媒体新格局。据统计，中央和地方重点新闻网站提供了 85% 的网上时政类新闻信息。重点新闻网站和取得新闻信息服务许可的商业网站，吸引了 92% 以上的网上新闻信息访问量。迎接党的十七大、宣传党的十七大、贯彻党的十七大精神，是 2007 年新闻工作的重中之重。以创新立足，以特色取胜，网络媒体在党的十七大报道中开创了新的天地。网络媒体首次现场直播党的代表大会，人民网、新华网、央视国际等十七大专题红红火火，论坛、博客等互动功能彰显力量。WAP 网站、手机报、手机杂志、手机电视等首次在党代会中崭露头角，仅新华手机报在会议期间的发行量即达 1.5 亿份。此外，网络媒体还浓墨重彩报道了香港回归十周年、建军八十周年、“嫦娥探月”工程等重大新闻。

全国 7700 万宽带用户，3000 万博客，腾讯 QQ 注册账户 5.7 亿元，同时在线用户数最高达 2210 万，网络新势力日渐壮大。网民既是内容消费者，又是生产者与传播者，基于用户需求的个性化信息聚合方式不断产生。网络媒体已经度过了简单地将媒体和信息搬到网络上的 Web1.0 阶段，在向互动、个性、自媒体、视频等多元化的 Web2.0 时代发展。除了近年来流行一时的博客、播客和维客等，换客、晒客、威客、拍客等也在 2007 年迅速崛起。网络凭借其强大的自媒体传播群体、“蝴蝶效应”与“搜索引擎”，成为新闻发布的“重要渠道”，也在吸引网民的互动参与。主流网民在“重庆最牛钉子户”、“山西黑砖窑事件”、“华南虎照片风波”以及“海艺学生课堂辱师视频事件”当中也表现得越来越理性与成熟。在十七大召开前夕，网友小火龙在人民网强国论坛上发表的《总书记，请来强坛跟网民说说心里话!》点击量在数日内攀升到 35 万，数千条跟帖支持响应，同时提出了很多可行性管理建议。

学者由此提出“三极力量作用下的网络新闻传播”：传统媒体网站是作为信息基础生产力量的第一极，商业网站是作为信息聚合扩张力量的第二极，网民则是作为信息增值转化力量的第三极。这三极力量相互渗透、能量互换，构成了中国网络媒体的特殊景观。①

3.2 真正跨入 Web 2.0 时代

3.2.1 博客作为个人新闻发布媒体日益扩展其影响力

刚刚过去的 2006 年，博客如日中天，一种全新的传播方式挑战着人们的传统传播观念：只要上网注册登录一个账号，可以成为新闻的发布者，自己就可以成为一个“媒体”。到

① 高钢、彭兰：《三极力量作用下的网络新闻传播——中国网络媒体结构特征研究》，《国际新闻界》，2007 年第 6 期。

2006 年底，我国博客作者规模达到 2080 万，博客访问量达 1.01 亿。活跃的博客作者有 315 万。①

7 月 12 日上午 11 时 18 分，徐静蕾在新浪的博客点击量正式突破 1 亿大关，经过多方考证，其博客点击量为世界第一。“老徐”的博客仅用 620 天，便创造了点击量过亿的神话，理所当然成为新浪博客乃至中国博客史上一个颇具里程碑意义的事件。而在 7 月 24 日，吉林省长春市人民检察院以涉嫌非法经营罪批准逮捕自诩“股神”的“带头大哥 777”王秀杰。7 月 26 日，中国证监会通报“带头大哥 777”等 11 起利用互联网非法经营证券业务的案件，并作出取缔这些非法业务的决定。此前，“带头大哥 777”的博客在短期内创造了点击量奇迹。

3.2.2　“SNS”网站火爆的一年

SNS，是英文 Social Networking Service 的缩写，直译为“社交网络服务”，从内涵上讲，就是社会型网络社区，即社交关系的网络化。它将我们现实中的社会圈子搬到网络上，根据不同的条件建立属于自己的社交圈子。SNS 的出现意味着互联网在 Web2.0 时代继续向社区化、分众化挺进。

国内市场上，2007 年 11 月 18 日，被称为 SNS 鼻祖的 Friendster.com 正式宣布开始支持中文。更早一些的 2006 年 11 月，Myspace 中国就已经开张。而本土的校内网、占座网等与 Facebook 极其相似的 SNS 也通过各种手段吸引了大量用户。② 国内现有的校园 SNS 一般都是封闭式注册，提倡实名制，只对大学生开放。比如，只有拥有@ xxx.edu.cn 的学校邮箱或是在指定的大学 IP 地址范围内上网才能注册账号。此外，各个网站还鼓励用户上传自己的真实照片，填写自己的真实姓名、所在院校、性别、年龄等信息。网站开发有个性的 Blog、方便的交友功能、论坛群等，每个用户在校园 SNS 上都有自己的档案和个人页面。2005 年 12 月发布的“校内网”，上线 7 个多月以来，“校内网”的覆盖面迅速扩大到 700 多所高校，注册用户 30 多万人，且平均每天仍在以 2000 余人的速度不断增长。

随着网民上网心态的成熟，网络社区已逐渐成为供网民交流的普通载体，就像移动通信工具一样。校园 SNS 社区的出现及走红，在一定程度上反映了当前大学生群体对网络真实性的呼唤与渴求，同时也反映出大学生群体对待网络的态度正逐渐理性与成熟。“随着网络社会化应用的发展，网民对网络的要求越来越高，不再仅仅局限于娱乐等方面，而是希望其能对工作、个人的发展提供更加便捷、高效的支撑和帮助。”③

3.2.3　RSS 技术与移动 3G 的结合

RSS 技术是一种由网站直接把新闻推送到用户桌面的技术，用户可以通过 RSS 阅读器订阅自己感兴趣的内容，RSS 服务自动浏览和监视定制网站的内容，当网站内容更新时，将内容定时传送给用户，用户利用 RSS 阅读器就可以方便地读到送上门来的新闻，享受“一站式”服务而无需到各家网站逐一浏览。这种新颖的资讯传播方式可以使读者摆脱广告给浏览带来的烦扰，提高了受众的信息利用率，也减少了“信息爆炸”带给受众的茫然。

在目前的情况下，RSS 技术得到了一定的发展。长期看来，它与 3G 移动通信的整合是一个必然的趋势，但是也存在不少问题。一是 RSS 协议本身以及基于 RSS 技术的服务端和终端均未提供对敏感信息过滤和提示的支持，不能在从网站下载到用户真正感兴趣的信息时

---

① 中国互联网协会《2007 年互联网调查报告》。

② 田野：《SNS：两大门派江湖对峙》，中国新闻出版网-中国新闻出版报。
熊向群：《SNS：网络人际传播的现实化回归》，《新闻传播》，2006 年第 9 期。

③ 张瑞：《校园 SNS“火爆”的学理思考》，《传媒观察》，2007 年第 2 期。

在第一时间提醒用户收看。二是用户终端硬件的局限性。基于 RSS 协议的复杂性，能在移动终端操作系统中实现 RSS 浏览的只能是 PDA 手机，在 PDA 手机未能成为市场主流的情况下，RSS 新闻浏览缺少运行平台。三是 RSS 技术的最终受益者只是终端用户，对网站而言，RSS 浏览推向 3G 移动平台带来的直接后果是网站主页面点击率和广告影响力下降，而这两项内容正是网站运营的主要收入。对新闻 SP 运营商来说，RSS 浏览带来的必然是短信新闻用户的减少，这样会使得投资者在这项技术的进一步开发面前产生犹豫。不过我们也注意到，基于 RSS 的在线广告新技术正逐渐出现，RSS 频道就是各大新闻公司、投资者以及技术公司关注的焦点。

总之，由于屏幕尺寸的原因，手持设备上的内容一般不讲究格式，追求的是一种“短、平、快”的效果，这还是符合 RSS 本身特点的。所以利用 RSS 直接将内容或广告推到用户的手持设备上，结合 WAP 或简单的 XML 或第三方软件，进行在线或离线的订阅，然后打开手机就能看到当天的新闻，这应该是 3G 时代移动新闻发展的方向。

3.2.4 网络自由标签——Tag

Tag 可以说是一种关键词标记，有利于搜索查找。但 Tag 也不同于一般的关键词，用关键词进行搜索时，只能搜索到文章里面提到的关键词，但 Tag 却可以将文章中根本没有的关键词作为 Tag 来标记。

早在 1998 年，美国人约舒亚·沙科特做网站时发现手里有大量链接需要保存，刚开始他把这些链接都放在同一个文件里，但随着保存的内容越来越多，为了能更快捷地找到某个链接，就在每个链接后面加上一个关键词来做备忘，这就是 Tag。2002 年，约舒亚创建了一个基于 Web 的数据库，用来保存这些被加上了标签的链接。这是最早的网摘模型，他把数据库放在了 Muxway. org 上。一年后，他又重写了这个 Web 数据库系统，并开始支持多用户访问，这就是现在 Del. icio. us。一经推出就大受欢迎，很快有一些网站效仿。中文网站 BlogBUS、365key. com 等开始向国内互联网用户提供网摘服务。Tag 开始流行于网摘站，由于技术门槛很低，Tag 广泛应用于新闻分类、论坛专题化、网址站的 Tag 化等各个领域。①

3.2.5 超文本系统 Wiki 技术

在过去的一年里，超文本系统 Wiki 技术开始用于教育科研系统的成果交流、企事业单位的远程会议和人际信息交流，并在知识的分类、整理、存储和检索方面体现出明显优势。

Wiki，源自夏威夷语的“wee kee wee kee”，本意为“快点快点”。本文所谈到的 Wiki 指的是一种可在网络上开放的多人协同创作的超文本系统，同时也包含一组支持这种写作的辅助工具，它是由“Wiki 之父”沃德·坎宁安（Ward Cunningham）于 1995 年所创。Wiki 可以在 Web 的基础上对 Wiki 文本进行浏览、创建、更改，其发布的代价远比 HTML 文本小。同时 Wiki 系统还支持面向社群的协作式写作，为协作式写作提供必要帮助。Wiki 的写作者自然构成了一个社群，Wiki 系统为这个社群提供简单的交流工具。Wiki 具有使用方便、有组织、可增长、开放性等特点。

Wiki 由于其信息交流迅速、信息传播量大、知识共享便利等优势，迅速成为近年来信息交流的领头羊。它源于传统的网页制作工具 HTML，但又高于 HTML，是一种超文件系统，类似于一个“共笔”工具，支持面向社群的用户协作式写作，同时也包括一组支持这种写作的辅助工具，允许任何人创建新网页和编辑自己或别人已经创建的网页。在信息时代，Wiki 开放与共享，面向社群交流的特点将迅速超过传统媒体，对信息交流产生极大的影响。首先，使信息传播的互动性更强，反馈更及时，扩充个人或组织的信息量。Wiki 是一种支持面

① 《网络上的自由标签——Tag》，《电脑爱好者》，2007 年第 8 期。

向社群的用户写作，具有某一领域共同特征的个人或组织可以就同一话题进行及时交流，且可及时获得用户的交流反馈信息并就此展开交流和讨论，使个人或组织在交流过程中信息或知识得到增效，扩大其原有信息量。其次，信息传播速度更快，成为非正式信息交流的主渠道。传统的非正式信息交流渠道主要是向朋友或同事打听已发生过的信息，而 Wiki 通过网络传播信息，由于网络信息容量巨大，传播速度快，使 Wiki 在信息传播过程中具有先天优势，大量正确或错误的信息都将通过其快速传播，成为非正式信息交流传播的主渠道，当然这也在一定程度上引起信息超载和信息污染的问题。再次，汇集信息，满足需求。Wiki 可以看作是信息交流的中介平台，具有不同信息需求的个人或组织都可以在 Wiki 上发布需求信息，以寻找具有相似信息需要的个人或组织，从而满足个人或组织不同类型的信息需求，达到资源共享，信息需求互补的目的。

3.3　新媒体的纵深发展

3.3.1　视频网站进入高速增长期

2006 年互联网的视频表现出新的特征，并被称为“微视频”。由于“微视频”的平民化因素，未来两三年内微视频将成为国内网民最喜爱的娱乐方式，和大视频（电影）、小视频（电视）一道，逐步成为主流的视频媒体之一。2007 年 3 月 20 日，德勤发布的《科技、传媒和电信行业 2007 年流行趋势预测》显示，在 2007 年全部的国际互联网流量中，超过 1/3 的流量预计会以点对点的视频形式出现。如果说 2006 年是“微视频”的元年，那么 2007 年“微视频”在中国将步入成长期。最新数据也显示，国外视频服务类网站发展势头迅猛，全球排名前十位的视频网站总访问量在过去 3 个月内增加 164%，这也再次激发了创业者在“微视频”领域的创业激情。短、精、快的“微视频”将形成流行文化，看“微视频”和用“微视频”记录社会、生活、时尚并表达自我，像博客、网络聊天一样，将成为大众化的应用。①

视频网站不仅在数量上飞速增长，质量也在不断提高，优酷总裁古永锵在 2007 年 12 月 21 日的发布会上宣布优酷网的日视频播放量已经超过 1 亿，并认为视频网站已经进入营销时代，这是视频网站发展历程上的一座里程碑。同时，TVix、酷 6、优酷、土豆、PPlive、PPstream、我乐、中博影视等视频网站均获得不菲投资。视频网站在 2007 年纷纷获得国际风险投资公司的认可，并分别获得了数百万到 2500 万美元的投资。大量资金和人才投入到视频领域，而 2007 年一年的发展已经超越了以前所有互联网业务的发展速度，古永锵表示：“在我经历的互联网发展历程上，还没有哪种服务能在一年的时间内增长 20 多倍。”②

2007 年 11 月 21 日，优酷网（YOUKU. com）正式宣布成功完成了第三轮共计 2500 万美元的风险投资，此轮融资将用以进一步促进优酷网的市场和业务扩张，强化网络视频的产品研发和服务水准。据了解，这是中国互联网视频行业融资规模的又一次重拳出击。优酷网此轮融资不仅获得原有投资者的追加投资，更有一家在国际上享有声誉的投资公司加入。此次融资主要源于 Bain Capital（贝恩资本集团）旗下的 Brookside Capital Partners 及三家既有股东 Sutter Hill Ventures、Farallon Capital 和 Chengwei Ventures（成为基金）四家机构。注资优酷网的四家投资机构均为实力强劲的老牌投资机构，它们拥有深厚的投资背景，资金雄厚且具有远见卓识，不因短期投机而放弃长线战略。第三轮融资充足的资金注入，为优酷网稳健、长期发展提供了坚实的后备保障。③

---

① 《2007 年新媒体亮点移动互联网与微视频成为大赢家》，产经网-中国高新技术产业导报。

② 田野：《2007 新媒体之扩张力》，新媒体周刊。

③ 田野：《2007 新媒体之扩张力》，新媒体周刊。

3.3.2 第三次上市高潮来临

2007年，中国互联网迎来了第三次上市高潮，有14家企业纷纷在美国、香港股市IPO，募集资金总额超过42亿美元，国际资本市场对于中国概念股的认识越来越多，投资者的兴趣非常浓厚，也使得上市的互联网企业都获得了较高的融资额。在所有上市公司之中，最令人瞩目的当然是在香港上市的阿里巴巴，11月6日上市的阿里巴巴募集资金17亿美元，同时市值超过200亿美元，而成为中国互联网业界市值最高的上市公司。同时，很有代表性的是4家网游公司的上市，再度掀起了中国网络游戏企业的上市潮，完美时空、金山软件、巨人网络和网龙共募集超过15亿美元的资金，为中国网络游戏产业注入新的活力。

植根于千万家中小企业的B2B（商家对商家）电子商务巨头阿里巴巴，因其独特的商业模式与营销业绩，受到了市场与资本的双重追捧。11月6日，这家被许多人表示为“看不懂”的企业正式在香港联交所挂牌上市，股票代码为“1688 HK”。阿里巴巴股价开盘即冲高至30港元，较发行价高出122%，尾盘收于39.5港元。本次IPO中，阿里巴巴全球发售8.59亿股股份。6日下午，承销商宣布行权超额配售1.137亿股，使总集资额增加15亿港元（1.98亿美元），阿里巴巴以17亿美元超过Google成为全球最高互联网融资。以开盘价推算，阿里巴巴市值已超过200亿美元，阿里巴巴由此已成为中国互联网目前价值最高的公司。统计显示，目前股价在400美元的百度市值约为140亿美元，腾讯约为150亿美元。这次上市被中国IT元老王志东称为“赶上了天时地利人和的最好时光”。而市场调研公司American Technology Research分析师罗布·桑德森更做出乐观预测：阿里巴巴母公司每股在未来几年内的增长将超过13美元。

3.3.3 电子商务稳步发展

相对国外电子商务发展的成熟度，中国的电子商务基本还处于探索成长阶段，但2007年表现已经不俗，从复苏转向务实发展，进入转型升级阶段。2007年6月，国家发展和改革委员会、国务院信息化工作办公室联合发布《电子商务发展“十一五”规划》。作为我国首部电子商务发展规划，这部电子商务发展的指导性文件将促进电子商务协调发展，演绎新的精彩。2007年10月，百度宣布2008年进军C2C市场，抢占2008年奥运商机。业内人士评论，具有搜索社区优势的百度此举将催生中国电子商务的基于搜索引擎的“ESE”模式。而随着3G时代的到来，移动电子商务也可望出现强力增长。①

3.3.4 网络广告营销十周年

从1997年3月中国出现第一则商业性网络广告至今，中国的网络广告走过了10年路程。十年磨一剑，网络广告保持着快速发展势头，成为中国互联网产业的支柱性商业模式。2007年是中国互联网广告快速腾飞的一年。随着网络技术和媒体形式的发展，陆续出现了视频广告、富媒体广告、页面关键字广告、社区营销广告、游戏内置广告等各种新形式的网络广告，表现更为互动丰富，到达力求更为精准，网络广告市场也在增容。中国互联网协会发布的数据显示，2007上半年中国网络广告市场营收规模达32.7亿元人民币（2006年全年为49.8亿元人民币，不包含搜索引擎广告）。

10年之际，中国最大的网络广告代理商之一——好耶被分众传媒以7000万美元和价值1.55亿美元的股份收购。而全球网络广告服务公司的收购热潮更成为业界关注的焦点：Google以31亿美元收购网络广告鼻祖DoubleClick；微软以60亿美元将aQuantive纳入怀中；雅虎则以6.8亿美元收购Right Media。三巨头的巨资收购，引发全球网络广告业的瞩目。但

① 钱毅、何美：《2007中国新媒体：浓墨重彩的一年》，《传媒》，2008年第1期。

中国网络广告尚处于诸侯混战阶段，与欧美国家成熟的网络广告体系相比，仍然处于发展的初级阶段。网民认知度较低，广告主满意度不高等，都为网络广告今后的发展带来很大变数。中国网络广告到底能走多远，将取决于能否摸索出符合国情的盈利模式、能否培育出一个健康健全的网络广告监管体系。

3.4 电视新媒体

3.4.1 数字电视的推广与发展

2007年，中国数字电视产业全面迈进发展新阶段：有线整体步入平移改造、地面国标8月1日全面实施、“中星九号”发射成功开启直播卫星时代、IPTV及网络视频服务曲折中创新发展、移动多媒体广播标准及产业准备积极推进；北京2008奥运会、上海2010世博会等大事件为数字电视产业各领域发展创造了重大发展机遇；信息产业部、财政部与中国工商银行携手推出“倍增计划”，国家广电总局与国家开发银行协议200亿元人民币的贷款，信息产业部与国家开发银行协议500亿元人民币的贷款，信息产业部中国电子视像行业协会数字音视频产业投融资办公室成立等产业资本服务陆续登场，更将大大缩短核心技术与创新服务的研发与产业化进程。①

2007年12月5日，信息产业部正式批准UTI机卡分离为电子行业标准。今后，电视都可预留UTI接口，并且该接口完全兼容USB2.0外设。电视机不用机顶盒可直接接收数字电视内容，可像电脑升级板卡一样更换接口处的UTI卡，实现硬件扩展和软件升级。而消费者也可摆脱同时用多个遥控器的烦恼。我国机顶盒“机卡分离”主要有两种方案，即采用PC-MCIA接口的DVB-CI以及USB接口的UTI方案。UTI接口从外观上看与USB接口完全一样，即插即用，传输带宽达480M，并且同时支持数码相机、MP3接入电视。目前几乎国内所有的彩电厂和多家机顶盒企业都明确支持UTI机卡分离标准，因为在机卡分离后，在推进数字电视的过程中可以避免“地区定制”带来的设计研发成本的提高和难以规模化生产的不经济，企业的获利将更加丰厚。

2007年4月2日，中数传媒向几十家运营商推出“标清捆绑”、“高清置换”合作模式。② 这也是付费频道集成商首次推出的新赢利模式。“标清捆绑”是中数传媒与万利达数码科技有限公司合作的项目。由中数传媒提供节目“平移包”，万利达数码科技有限公司负责提供标清机顶盒，双方产品捆绑在一起形成新的“组合产品”，共同参与全国各地有线电视网络公司“整体转换”机顶盒产品的竞标。2007年12月13日，杭州视线宣布获得了1000万美元融资，投资方为海泰创新资本。完美时空董事宋歌和太合麦田创始人宋柯同时获邀出任独立董事。这是杭州视线作为一家数字电视休闲游戏公司获得的第一轮融资，也是2007年度数字电视增值业务领域单项最大金额投资。在资金注入后，杭州视线一方面支持在技术上数字电视的推广与发展层面的基础建设，用于提升互动电视用户的互动体验和满足互动电视用户快速增长的多元化的需求；另一方面将扩大公司品牌市场建设和整体营销工作。2007年12月26日，长虹、电信运营商中国电信、软件提供商微软、数字电视芯片提供商英特尔以及内容提供商盛大网络五大巨头的高管齐聚成都，推出了TV2.0概念。长虹与电信运营商还展开了终端合作——“渠道共享、用户共享”，为了配合长虹TV2.0时代的要求，并改变以往传统的家电渠道，新开辟了IT大卖场、通信卖场、网络B2B，甚至是与电信进行渠道共享。除长虹外，其他国内彩电厂商创维、康佳等也与运营商展开了类似的合作，这场数字电视合纵连横仍将继续。

---

① 《2007中国数字电视产业链建设报告会9月18日召开》，新浪科技，2007年8月9日。

② 范蓉：《2007年中国数字电视新闻事件》，赛迪网-中国电子报，2008年2月1日。

2007 年 8 月 23 日，在 BIRTV（中国国际广播影视博览会）主题报告会上，国家广电总局副局长张海涛明确表示，地面数字电视国家标准（简称地标）的全面实施还需要一些时间。这是国家广电总局第一次对地标实施时间延期的正式公开表示。可见，地标的正式实施还未有明确的时间表。同时，在 2007 年 BIRTV 的高峰论坛上，国家广电总局广播电视规划院院长姜文波表示，到目前为止，全面推进地标应用工作的主要问题是没有一个好的产业支持。

3.4.2 手机电视

手持移动多媒体（俗称手机电视）无疑是 2007 年最令人关注的热点领域。在第三届中国数字电视产业高峰论坛上，广播科学研究院电视技术研究所所长杨庆华透露，广电总局正在组织全国产业链各方，研发制定具有自主知识产权的中国移动数字多媒体广播系统（CMMB），该系统采用 S 波段大功率卫星与地面同频增补网络相结合的技术体制，实现全国天地一体覆盖、全国漫游，传输技术则采用 STiMi 技术。而移动多媒体广播的技术体制、技术标准和运营管理政策，均由广电总局统一制定、统一管理。该套系统的回传信道采用无线通信网络，这也就意味着广电和电信两大部门将展开积极合作。而在广电总局给出的时间表上，2006 年完成地面补点试验，2007 年中期开始商用试验，2008 年上半年启用卫星系统、形成全国网络，正式开始运营，为 2008 年北京奥运会提供服务。①

据 iResearch（艾瑞）市场咨询研究结果显示，中国目前至少有 8000 万高端手机用户，手机电视业务对于这部分人群是很具吸引力的，2006 年使用手机电视的用户数量已达到 90 万人。② 随着 3G 的商用化时代临近以及受第 29 届奥运会的推动，手机电视业务也将进入快速成长阶段，预计 2008 年手机电视用户数将达到 1200 万人。但是手机电视作为一种新兴的移动增值业务，涉及产业链结构复杂，用户需求影响因素众多。据最新研究结果显示，手机终端价格将是影响用户使用手机电视业务的首要驱动因素，其次是手机电视服务资费标准。另外研究数据还发现，内容依然是影响手机电视发展的关键因素，目前手机用户希望在手机电视上看到的内容类别中，新闻、电影、娱乐和音乐是用户首要选择的电视节目类型，用户的提及率均在 60% 以上，另外用户希望能够通过手机看电视剧、天气预报、综合节目和体育等节目类型。由此发现，新闻、娱乐和生活类资讯是用户期望手机电视节目的重要类型。

3.4.3 楼宇电视

楼宇电视是指悬挂在商务办公楼中的专门播放广告的液晶电视。楼宇视频广告属于 2000 年以后新兴的高端品牌广告市场，自分众传媒上市以后才得以迅速发展。③ 据水木清华研究中心的报告，2004 年全国楼宇电视液晶显示屏有 4.5 万屏，广告收入约 5 亿元人民币，而到了 2005 年，国内楼宇电视的布设总量达到约 12 万屏，造就 10.1 亿元人民币的新兴广告市场。在国内楼宇电视占统治地位的分众传媒 2005 年的总收入为 6820 万美元，比 2004 年增长 33.6%。易观国际的报告显示，2007 年第 2 季度楼宇/户外液晶广告市场收入规模已经达到 9.69 亿元人民币。④ 其中，分众传媒、航美传媒、玺诚传媒、郁金香传媒、炎黄健康传媒等企业居于主导地位，分众传媒继续保持市场领先。

---

① 《广电总局：手机电视国标系统 2007 年中期开始商用试验》，中广网，2006 年 8 月 18 日。

② 金朝力：《手机电视进入商用阶段产业链将蕴涵更多商机》，中国经济网/中国通信，2007 年 4 月 4 日。

③ 《在创新中崛起的视频广告》，河北传媒网，2007 年 11 月 28 日。

④ 《2007 年中国楼宇/户外液晶广告市场收入规模为 9.69 亿》，http://tech.tom.com ,2007 年 9 月 6 日。

分众传媒日前发布的2007年第二季度财报显示，该公司第二季度税前总营收达9.14亿元人民币，较2006年同期增长126.3%，其中，以楼宇电视、卖场电视、电梯框架为代表的数字化户外板块总营收达到6.29亿元人民币，同比增长64.4%。① 专家认为，分众旗下的楼宇电视继续呈现强劲增长，这主要有赖于其针对都市主流消费人群的投放成本优势和高到达率得到广告主的充分认可。CTR央视研究的报告显示，楼宇电视对于月收入3000元以上人群的千人成本一般仅为当地电视台的1/10。而CMMS《中国消费者媒体接触习惯调查》表明，2007年，楼宇液晶电视的媒体接触率已达到51%，超过了广播、杂志、互联网等媒体形态。楼宇电视以新理念代替新技术为基础傲然立于新兴媒体群中，有其产生的必要性，但是其存在着天然的缺陷，有其发展的瓶颈，前途依然堪忧。

3.5　数字报业

纵观2007年中国数字报业的发展，有两类报纸逐渐进入人们视野，其传播力大大加强。一类是手机报，二是多媒体网络报。后者在近几年已经成为一种传统纸媒与现在传播技术的完美结合，随着互联网的普及程度越来越高，人们也对这种网络报纸的热情不断高涨。而前者作为一个新兴产业，在众多新媒体对受众的"资讯轰炸"中，已经呈现出蔓延之势。所谓"手机报"，就是将报纸信息经过整合编辑后变成适合在手机上观看的新闻，再通过基于GPRS等无线网络技术的彩信业务平台将其通过彩信（MMS）发送到用户的手机，或者用户利用WAP连接到网络直接浏览信息的全新传播模式。据统计，截至2007年5月，共有30多家全国性的报社推出了彩信手机报，如2月28日《人民日报手机报》正式创刊，面向全国手机用户正式发行。② 浙江日报报业集团发行的《浙江手机报》到2007年5月，其付费订户已达25万，列全国各省市自治区彩信手机报首位。据中国移动的相关人员透露，截至到2007年5月，手机报用户已超过1000万，标志着手机报已经过导入期，进入高速成长期。新华社推出的"十七大手机报"发刊六期创造了高达1.5亿份的发行量，其中最高一期发行量突破3000万份，这一发行数据是世界上任何一家纸质媒体都难以企及的。此外，《新华手机报》借助"十七大"平台实现用户42.1%的增长；中移动的短信平台则收到读者短信留言8万余条，高峰时段每秒收到短信留言3条。运营商和传统媒体都在合作中获得了预期利益。通过以上数据的分析，我们有理由对接下来"两会"、奥运期间的手机报发展充满信心。③

可见，媒体数字化不仅不会削弱纸媒的宣传效果，反而为纸媒的发行"如虎添翼"，尤其是具有内容优势的传统媒体更具有竞争力。新华社、《人民日报》这类握有全国性新闻资源的强势媒体就成为运营商最有力的合作伙伴。为此，运营商们已不再停留在"运筹帷幄之中"的层面，纷纷和强势媒体合作加入手机报的战局。据统计，2007年全国手机报种类有100多种，各大主流媒体均推出了手机报业务。全国手机报用户数已超过3000万。虽然《人民日报》、新华社等全国性强势媒体均已开始运营手机报，但目前各地风格各异的手机报以其特有的地方特色分流了众多的用户，使我国手机报领域尚缺少真正的市场领军人物，混战局面使竞争进入"战国时代"。

作为新兴媒体，制约手机报的瓶颈仍很突出，在终端领域，局限性主要表现在三个方面：一是屏幕太小，一般智能手机一屏只能显示100个汉字左右，阅读起来很麻烦，浏览文字和图片难以获得视觉享受；二是获取信息需要设置，这对许多读者都是一道技术性障碍，而且，支持彩信和WAP浏览的手机尚未普及，定制彩信服务的用户不到手机用户的10%；

① 《分众二季度业绩超预期互联网广告业务成亮点》，搜狐IT消息，2007年9月28日。
② 《2007中国数字报业战略的制定与实施》，中国新闻传播学评论（CJR），http://www.cjr.com.cn。
③ 《手机报竞争进入"战国时代"创新者将占先机》，河北传媒网-通信信息版。

三是移动通信技术不完善，下载速度慢，连接不稳定，等等，都是手机报亟待解决的软肋。手机报能否普及和发展，关键取决于用户的需求，有需求就有市场，有市场才能形成赢利的基础。无论是与电脑比，还是与电视比，手机作为报纸的载体，都具有先天性不足。所以，寻求赢利模式，在突破终端瓶颈的基础上，必须满足最广大用户的需求。《人民日报手机报》负责人武侠认为，"目前手机报领域真正赢利的并不多，赢利离不开发展规模，手机报现在还是处于投入阶段"。① 赢利模式的缺失，是手机报市场面临的共同难题。要创造持续发展的赢利模式，办报思路必须创新。媒介竞争已从传统媒介转向多媒体，手机报在内容的编辑和制作方面，将会面临许多新课题。赢利模式形成之日，便是手机报繁荣兴旺之始。②

4 重大新闻报道解析

4.1 新媒介环境下新闻报道的新特点

4.1.1 主流时政新闻报道：十七大新闻报道方式的新突破

2007年各新闻媒体、重点新闻网站为唱响主旋律、打好主动仗，在宣传内容形式、传播手段上不断创新，在中共十七大召开前后及召开期间，包括报纸、电视、广播、网络以及移动电视、手机报等新媒体在内的各类媒体宣传报道十七大在遵循新闻宣传规律的基础上开拓创新，不仅彰显中国媒体聚焦十七大的力度，与往年的报道相比，更有深度、有新意、有突破，亮点纷呈，老百姓喜闻乐见。电台与网络互动，图片与文字相映，音频与视频同飞。中央人民广播电台《新闻与报纸摘要》节目每天与中国广播网互动，在节目中预告十七大精华，中国广播网也推出《新闻与报纸摘要》节目同一主题音频、视频、图文、电子杂志报道，同时在博客、论坛、跟帖留言、网络评论延伸深化十七大报道主题，形成网台互动的宣传合力。

中央电视台各个频道也都针对频道自身特色围绕两会主题开办了相应的专题栏目。如《东方时空》"十七大"专题节目——"愿生活更美好"系列，深入阐释了农村新型合作医疗为广大农民带来的好处。8集"十七大"代表系列专访节目"先锋故事"，聚焦基层党代表，生动展现了"十七大"代表可亲、可敬的风采。新闻频道《360°》坚持新闻直播栏目定位，精心打造"360°十七大全接触"，紧紧围绕大会当天议程和内容，引领观众"走进"十七大，"感受"十七大，"了解"十七大。栏目还专门设置了"大会聚焦点"版块。《新闻会客厅》"十七大"特别报道《小崔会客　会见十七大代表》，在表现形式上增加"漫画十七大代表"、"意外嘉宾"及"公众人物亲身体验"等环节。各种栏目形式和内容有力地营造了热烈的舆论氛围。

与此同时，十七大新闻中心与十六大相比，功能更全、服务更细、设施更先进。为参加此次会议采访的境内外记者提供报名办证、采访受理、数据信息、现场发布、广播电视信号传输、图片使用、免费上网、国际通信、茶点餐饮、医疗卫生等九大专业化、人性化服务，并首次开通了新闻中心官方网站，获得了境内外记者的高度赞扬。

4.1.2 奥运报道：各类媒体积极携手备战奥运新闻大战

2008年北京奥运会报道是各类媒体大显身手的舞台，也如同奥运会本身一样，是一个竞争激烈的比赛场。国际奥委会首次将互联网、手机等新媒体作为独立转播机构，与传统媒

① 《手机报赢利模式尚未成形》，http://www.sina.com.cn，2007年5月31日。

② 罗会祥：《手机报能成大气候吗》，http://blog.sina.com.cn/s/reader_47764b4701008gno.html。

体一起列入奥运会的转播体系。搜狐作为北京奥运会互联网内容服务赞助商（2005 年 11 月 7 日取得），在 2007 年已经开始发力。3 月 26 日，搜狐与全国 15 家有影响力的都市报宣布组成“全国奥运媒体联盟”，此后不少平面媒体和广电媒体陆续加入，将发挥各自的资源优势。9 月 10 日，搜狐发布奥运会赛时网络报道计划，10 月 6 日，张朝阳率领的搜狐团队成功登顶海拔 6187 米的玉珠峰，而此前两天的 10 月 4 日 22 时，在海拔 5000 米左右的玉珠峰大本营，通过通信卫星成功地实现了宽带网络接入。这是搜狐奥运报道团队对 2008 年奥运火炬上珠峰进行现场报道的一次实战演练。

在积极备战奥运会报道的网络媒体中，网站的竞争在年内迅速扩展至谋略层面，上演着一幕幕合纵连横的大戏。例如，7 月 11 日，TOM 在线宣布邀请国内 28 家主流平面媒体成立“奥运报道强势联盟”；7 月 19 日，新浪、网易、腾讯在北京联合召开新闻发布会，宣布三方正式结为战略合作伙伴关系，组建强大的“奥运报道联盟”，随后不仅不少网站分批加入，地方主流报纸也纷纷加入。

与此同时，官方新闻媒体，利用自己的资源优势，也在稳步地推进奥运报道布局。如新华社 9 月 12 日正式开通北京奥运会东道主通信社官方网站（beijing2008. news. cn）。12 月 18 日，中国中央电视台在北京正式与国际奥委会签约，宣布 CCTV. com 成为北京奥运会官方互联网/手机转播机构。央视国际将以“视频、互动、多终端”为特色，倾力打造奥运网络电视和奥运手机电视。

4.1.3　成就报道：充分利用背景材料

成就报道是“政绩新闻”，是稳定人心、鼓舞斗志的“稳心之作”和“鼓劲之作”。所以，一直是各级媒体的“规定动作”。然而，成就报道往往工作性太强，套话多，空洞无味的数字多；亮点少，贴近性较弱，受众不爱看，就成了鸡肋。但是，2007 年，伴随着中国共产党十七大的召开，各大媒体，特别是网络媒体在成就报道上的创新让人眼前一亮。

新浪网在十七大召开期间，特别开设了一个新闻专题《十六大以来的建设成就》。成就分成载人航天、青藏铁路、南水北调、三峡工程等 9 个主要方面。而每一个成就都有独立而十分详细的报道。例如对三峡工程的报道回答了三峡工程的由来、为什么要建三峡工程、千秋伟业功在何处、为三峡工程付出了多少、三峡立中国安、三峡大坝的抗军事打击能力、三峡工程对环境影响有多大等一系列从宏观到微观，从数据到观点的问题。纵横交错一目了然，有十分强的可读性。

新浪网的成功在于成就报道中大量的背景材料的运用。成就报道中运用资料的意义主要有以下几点：全方位真实解读成就，让报道更加客观真实可信；辅助读者的阅读；更重要的一点就是，报道中用资料，其实是一种读者观的体现，对读者的体贴。是媒体放下高姿态，平视受众的具体的表现。新媒体的繁荣，给资料的收集提供了便利，起到了促进的作用。

4.1.4　解读性报道：说老百姓听得懂的话

时政新闻以前多是政府会议文件的删减版，简约在所难免，然而文件的内容关乎老百姓的切身利益，老百姓想要知道得更多。说老百姓听得懂的话就是要将政策方针与实际的民生联系起来，不仅要向老百姓解释清楚文件说的是什么，更要说清楚这个政策对他们的生活会产生怎样的影响。所以相对来说，解读性报道更受欢迎。解读文件，就是说老百姓听得懂的话。不能脱离文件的本质精神，但绝不等于说照搬文件，或者说用文件的语言去解读文件。

2006—2007 年的政府工作报告的解读就突出体现了时政新闻加解读性报道的新特点。2007 年的两会和十七大的报道让解读性报道的地位进一步得到了巩固。详尽的解读加深了百姓的理解，对政策事件的更加深刻的理解又加强了老百姓的参与意识。这是政府、媒体和老百姓相互交流、相互理解的良性循环的体现。这要求记者首先对文件要有深刻理解，其次就是要进行扎实的采访报道，同时既要立足当前，更要着眼长远。

4.1.5 灾祸报道：用温暖淡化血腥

车祸、灾害等报道体现出人文关怀。车祸、灾害中死伤的人员不再是一个统计的数字，而是以痛苦着的、值得人们同情，能够引起社会重视的个体的面目出现在媒体之上。曾经，冷漠用词在一些都市报标题上屡见不鲜，诸如“两车‘接吻’”、“货车深夜掉河中洗了个凉水澡”等。在这里，新闻中最重要的因素“人”被忽略了——当生命戛然而止，媒体如果此时再以调侃的形式表现事件，就是对伤者或逝者最大的不尊重。2007 年 3 月某省会某报刊发了一则消息《但愿天堂里没有车来车往女生实习路上遭遇车祸》：“昨日上午，一起本应可以避免的交通事故却无情地出现在了人们面前：21 岁的女大学生小鞠连人带车倒在了 30 路公交车车轮下，生命永远地停止在去实习的路上……”当记者以充满同情的语调报道事件，读者会更为一个年轻生命的骤然逝去而惋惜。

事实上，每一则值得报道的社会新闻，都不是孤立的一个事件，媒体在满足公众知情权，将事件本质呈现给读者时，还要把与之关联的一面揭示出来，在揭示过程中，彰显事件背后蕴含的人情美与人性美，这是万万不可或缺的。

4.1.6 民生新闻：好看到好用

民生新闻，曾经一度是人们茶余饭后闲谈的资本，也使得电视台一度收视率飘红。可是经过 5 年的发展，民生新闻似乎走到了死胡同里面。观众在经历最初的新鲜感之后，已经不再停留在单单只是想看看这有什么事，那有什么事的水平了。一起交通事故、一场大火已经没有了吸引人们眼球的资本。

民生新闻不等同于社会新闻，比起社会新闻，民生新闻其实应该更加贴近老百姓的利益。所有国家大事的落脚点都是在于百姓的柴米油盐，所以百姓生活中蕴涵着关乎国计民生的大话题。这其实就是民生新闻应该有的特点和立足点。喻国明教授指出，“好看”、“有用”、“重要”是一个具有“卖点”的传播产品的三个基本要素。然而，目前大多数民生新闻徒有“好看”的躯壳，在信息的“有用”和“重要”性上却远远不能满足受众的需求。

事实上，有很多的媒体已经意识到问题的严重性，并开始了有益的改变。以湖北经视的《经视直播》为例，《经视直播》报道内容曾经以消费者权益维护、城建、事故报道、凡人轶事、奇闻趣事、明星、节假日庆祝活动等为主。2007 年的报道中，与市民生活相关的信息构成主体，如盗版光碟的查处，牛肉市场的检查，防火、交通安全的宣传，及时提供天气、菜价、防病、防火、停电停水等实用信息，就业、医疗、住房报道的数量大幅增加，因而更加受到市民的喜爱和追捧。

4.2 舆论监督报道应强化责任意识

舆论监督是媒体的重要功能和职责，舆论监督的最终目的是为了促使被监督的问题得到解决。舆论监督报道凭借其鲜明的时代特点以及与受众的密切关系成为备受欢迎的报道内容。然而许多媒体在进行监督报道的同时往往忽视了自身的社会责任，为了报道的轰动性和“卖点”，不惜牺牲新闻的真实性，或者盲目地煽风点火，促使事件愈演愈烈，不但没有解决事件的本身问题，而且还不能全面完整地反映出真实的事件信息。2007 年的“茶水验尿”事件和“杨丽娟追星”事件就是媒体在报道中责任意识缺失的典型事件，引起了一阵学界对于媒介责任意识的探讨和研究。每一个媒体都应该认识到舆论监督的目的不是逞一时之快，而是为了揭露问题并解决问题，最终推动社会进步、促进社会和谐。因此，记者必须出于公心、出于良心、出于诚意、出于善意。舆论监督的出发点和归宿点都应是建设性的，这是媒体的社会责任。

4.2.1　“茶水验尿”事件

2007年3月20日，杭州某媒体为“考察”医德医风导演了“茶水验尿”事件，在社会上引起很大轰动。记者将10杯茶水作为“尿液”分别送到10家医院化验，竟然有6家化验出茶水“发炎”的结果。此事引得社会舆论一片哗然。4月10日，卫生部新闻发言人称：医疗机构的检验是针对特有指向的检验品来测试，并没有首先鉴定是尿液、茶水还是啤酒的程序，样品里只要有一些物质和尿液中可能检出的物质有相似情况，仪器就会诊断出来，如红白细胞等。因此，个别媒体记者的这种做法，既缺乏有关医学常识，也缺乏严谨科学的态度。在“茶水验尿”事件中，还有一个值得关注的现象：记者故意设“圈套”，向医生提供了虚假病史，谎称自己“尿痛”。医生根据记者的“病史”，并结合尿常规白细胞增高的检验结果，做出尿路感染的诊断，这是无可辩驳的。作为一名医生，没有任何理由怀疑患者“恶作剧”，而应完全相信患者所陈述的痛苦是切实存在的。媒体记者假扮患者、伪造病史的“游戏”，不仅违背了新闻职业道德，也干扰了医学诊断和治疗的严肃性。

新闻报道要真实、全面、客观、公正，这是应有的职业道德和职业精神。然而，少数媒体为追求“眼球经济”，走入了“新闻娱乐化”的误区。个别记者热衷于主动“策划”各种新闻，只求“轰动”不顾后果，并不关注科学常识和客观实际。不管出于什么样的初衷，“茶水验尿”都是值得媒体反思的一个事件。它不仅可能恶化本已紧张的医患生态，而且使更多的媒体和群众受到误导，给社会制造了不和谐音符。①

4.2.2　“杨丽娟追星”事件

2006年3月22日，《西部商报》刊载该报记者王喜阳采写的报道《兰州女孩杨丽娟苦追刘德华12年》，把兰州女孩杨丽娟追星12年和杨父为筹集女儿追星费用被迫卖肾的事件首次披露出来。此报道在全国产生了较大影响，央视、东方卫视、《南方都市报》等媒体纷纷前往兰州采访。2006年6月7日，某电视台新闻频道《新闻社区》栏目以《兰州女子苦追刘德华》为题，对杨丽娟详加报道。时隔1年之后，杨丽娟一家在北京某媒体的鼓励与怂恿下赴港。在单独约见刘德华未果的情况下，杨父于2007年3月26日跳海自杀。从此，关于杨丽娟事件的报道迅速进入高潮并持续数月。截至2007年5月23日，通过Google搜索引擎可搜索到的有关“杨丽娟事件”的词条多达192万条。杨丽娟事件至今仍在社会上传播着、在学术界讨论着。

2007年春天，杨丽娟事件犹如一尾大鱼突然跃出水面，让众多媒体惊喜交加、蜂拥而上。迷恋刘德华13年之久的杨丽娟，因其父的跳海自杀成为众多媒体的焦点，媒体、当事人、各怀鬼胎的炒作者粉墨登场，上演了一幕幕闹剧。杨丽娟母女的痛苦在继续、炒作者出了名、美滋滋的媒体得到的是2007暴涨的发行量和点击率。面对众多学者和媒介人士提出的质疑，相关媒体却认为：对受众感兴趣的事实进行“有闻必录”是新闻工作者的天职，在采访过程中为使事件能够发展而提供的金钱支持属于“救助杨丽娟母女”，是一种人文关怀的表现。对此，香港中文大学新闻与传播学院副教授冯应谦在接受采访时表示：“杨丽娟事件至今仍在发展中，传媒要负上一定责任。内地传媒直接介入事件，甚至利用金钱的协助，延续其追星的愿望，令事件可以继续发展，此举涉及‘造新闻’，有违新闻道德，属不可接受。”更有文章一针见血地指出：“本来应该负起匡正社会正义、挽救文化堕落的传媒，却拿着公器以看热闹的心态，来演绎新的荒唐。不管追在杨丽娟身后的媒体怎么声称，‘我们是为了救助这个追星女’，但却是为了新闻而救助，热衷于炒新闻的人有一个永远的借口：

---

① 引自《人民日报》2007年4月10日报道《“茶水发炎”与媒体责任》。

‘读者爱看’。”①

4.3 网络与传统媒体联动的力量凸显：“华南虎事件”的报道

从重庆“钉子户”事件到厦门“PX 项目”事件，从山西“黑砖窑”事件到陕西“华南虎”事件……这一系列事件有一个共同点，它们均是由网络点燃的，网民踊跃发言，形成了规模较大、力度较强的网络舆论；继而报纸和电视等传统媒体紧紧跟上，和网络并肩作战，相互呼应激荡，赢得读者，引导舆论，完成了由最初的传播配角一跃成为传播主角的大演练，促使这些事件有一个合乎正义的结局，对一些社会公共事件的解决起到了积极的推动作用。

2007 年 10 月 13 日，陕西省安康市镇坪县城关镇文彩村七组村民周正龙，于 10 月 3 日在该县神州湾一处山崖旁，用胶片和数码照相机同时拍摄到两组清晰的野生华南虎照片，经陕西省林业厅组织野生动物专家和影像专家共同鉴定，照片是真实的。从而宣告失踪了 20 多年的野生华南虎重新被发现！

10 月 15 日，网上出现了一个帖子——《陕西华南虎又是假新闻?》，帖主“党指挥枪”在文章里提到“陕西出现华南虎”的新闻被众多媒体转载之后，也引来了不少质疑的声音。质疑声音中，主要是针对老虎图片的 6 个疑点，并指出，该新闻所配的老虎图片有 PS 之嫌，并要求网友们都来帮忙鉴定，众多网友都对照片真实性表示严重质疑。

10 月 16 日，最早认可这些照片并视之为珍宝的陕西省林业厅对照片“造假说”予以反驳。于是，一场拍照者、官员、媒体、专家、读者、网友共同参与的华南虎照片真假之争拉开序幕。最初参与报道的媒体，几乎是泾渭分明：以《华商报》为代表的陕西当地媒体，多为“拥护者”、“挺虎派”；以广东媒体为代表的外地新闻机构，多为“质疑者”、“倒虎派”，尤其是南方媒体有着非常强烈的质疑精神。美国权威杂志《科学》也发文并刊登虎照，对虎照用了《“平面”老虎?》的标题。

11 月 16 日，四川攀枝花网友发现首张“纸老虎”原型的消息公布，那老虎就在他家墙上的年画里，年画里的老虎同周正龙所拍的“华南虎”，各个部位都是一样的，连老虎的纹路都是一模一样！这是浙江义乌一商家印制的年画，早在五六年前就印发全国各地了。很快在全国发现了大量老虎年画。“华南虎事件”终于水落石出。这个时候，当地的《华商报》态度与立场有了很大的转变，开始变得客观、中立，理智地认识到谁真谁假、谁是谁非，客观报道了在当地的所见所闻。全国的媒体报道与评论掀起了一个新的高潮。尤其值得注意的是，《人民日报》11 月 21 日在“人民时评”中刊出《“华南虎事件”让谁蒙羞》的评论，认为：公众质疑的初衷无疑是善意的。②

从官方发布信息，到网友提出质疑，到媒体追问真相，“华南虎事件”走过了最初的“三部曲”。在整个过程中，网络媒体不仅提供了最初的新闻来源，而且扩散了传统媒体的有关报道，以网友为代表的公众自始至终的质疑精神，让“华南虎事件”更接近真相；而传统媒体与网络媒体形成良好的互动，凝聚了公众的质疑精神，这恰恰成了推动社会进步的巨大动力。

有研究表明：我国传统媒体与网络媒体的互动主要存在着两种基本方式：

其一，从网络流向报纸等传统媒体，即：网络上主要是 BBS 上所发表的事件、观点、意见、建议为某些报纸所转载或重新包装后进行报道，而报纸的报道又重新引导 BBS 网友对议题的热烈讨论，并最终形成舆论的合力。

其二，从报纸等传统媒体流向网络，即报纸率先报道某种焦点性新闻事件或事态，网友

---

① 张艳妮：《从杨丽娟事件看媒介竞争背景下新闻伦理的困境》，《东南传播》，2007 年第 6 期。

② 《华南虎事件，开放的舆论环境让我们更接近真相》，人民网传媒视线，第 198 期。

随即在 BBS 上转贴报纸的新闻，并以有关新闻为由头开展进一步讨论，形成网络舆论，进而推动报纸等传统媒体纷纷加以报道，最终形成媒体舆论与网络舆论的共振。

这两种互动方式所产生的效果是不一样的：前者是从边缘媒体到主流媒体而产生的舆论效应；后者是从主流媒体到边缘媒体而产生的舆论效应。一般来说，后者往往是获得社会主流意识形态高度认同的议题，这意味着主流意识形态在整个社会生活中的扩散；前者往往是主流意识形态认为“敏感”并且谨慎对待的问题，这意味着对主流意识形态的某种突破，让传统媒体卷入到敏感问题的报道中，不仅扩大了新闻报道面，而且拓宽了传统媒体的言论空间，推动传统媒体更好地反映民心民意。

4.4 警惕新闻策划给虚假新闻留下空间：“纸包子事件”的报道

2007 年，虚假新闻依然肆虐，这些虚假新闻的产生有很多原因，包括媒体追求眼球效应，追逐收视率，记者缺乏职业道德等。其中，轰动一时的“纸包子事件”提醒我们，新闻策划也给“虚假新闻”留下了空间。

7 月 8 日，北京电视台生活频道“透明度”栏目播出了《纸做的包子》报道，各大媒体纷纷转载，引起社会广泛关注。北京市工商、食品安全部门对此报道高度重视，迅速组织执法人员，每天对北京早点市场进行彻底检查，均没有发现早点市场存在“纸箱馅包子”。北京市公安部门介入后组成专案组全力核查，于 7 月 16 日初步查明事实真相。在 18 日的“北京新闻”中，北京电视台承认生活频道对《纸做的包子》报道“审核把关不严，管理制度执行不力”，并承认报道播出后造成了恶劣的社会影响，表示要“高度重视这一恶劣事件，深刻汲取教训，严肃查处相关责任人员”。随后，公安机关依法对北京电视台聘用记者訾北佳等 6 人进行刑事拘留。

《纸做的包子》节目导演全过程：2006 年，訾北佳从央视调来北京电视台，他不经常来栏目组，但是一直有不错的选题，曾做过“小商贩用猪肉刷羊油制作假羊肉串”、“黑心元宵”和假醋等报道。这些报道的收视率很高，訾北佳因此成为“透明度”栏目的主力编导。

2007 年 6 月中旬，訾北佳化名胡月两次来到朝阳区太阳宫乡十字口村 13 号院，说是要为工地民工购买早点，要求他们帮做包子。之后，做包子用的肉馅、面粉和纸箱都是“胡月”自己从市场上购买后带到 13 号院的。在“胡月”的授意下，4 名嫌疑人把纸箱泡在装满水的大铁盆里，随后加入工业用火碱，再将这些纸弄碎后加入肉馅并撒上猪肉香精，制成“包子馅”。訾北佳则用自带的家用 DV 机拍下全过程，并随后将其编辑，用欺骗的手段获得播出。

可以看出，“纸馅包子”事件就是典型的新闻造假。先是制造线索，然后找一帮人“演绎”场景再现，硬生生地将新闻“制造”出来。“一是虚构了举报人；二是对包子和肉馅未进行鉴定；三是使用‘用纸箱做肉馅已成为业内公开的秘密’等未经查证的主持词；四是虚拟跟踪情节和送纸箱出入非法加工场所的画面；五是制假画面是制售者应肇事者要求进行演示的画面；六是执法人员在执法现场未发现有制作包子的工具和原料，询问中相关当事人也未承认其加工制作过包子。”①

新闻策划与新闻造假有一个共同点：传播者在传播一条新闻的时候，总有传播这条新闻的目的——不是将新闻传播给谁，而是为什么要传播这样一条新闻，具有更加明确和具体的目的性。但为了实现目的，两者对客观规律的态度却是截然不同的，新闻策划尊重客观规律，注重新闻的真实性，并在报道过程中尽力向受众披露事实的原貌，它利用已经发生的新闻事件进行筹划和组织报道，以期达到某种宣传效果。其建立在客观、真实、准确基础之上，大胆的构想、独特的创意、周密的筹划。而新闻造假则不同，它已经不再受限于新闻事

① 《新闻策划给制造假新闻留下空间》，《报刊业务探索》，2007 年 8 月 3 日第 15 期。

实本身，从一开始，它就可以胡编乱造、移花接木、欺骗受众，新闻从业者依据自己的推测和臆想人为地制造新闻。

在当今信息爆炸的时代，新闻媒体要想在激烈的竞争中保持自己的优势地位、办出自己的特色，必须重视新闻策划，善于在新闻报道中灵活地运用新闻策划，但绝不能让新闻策划变成新闻造假。只有坚持新闻选题的客观性和加强新闻记者的职业操守这两项基本原则，新闻策划才能给节目带来意想不到的良好效果，避免新闻造假的出现。①

4.5 媒体把握主动权，积极引导舆论

在面对一系列由网络发起、网民热议、事关政府决策的“敏感”事件时，传统媒体一改对“敏感”事件的沉默回避态度，沉着应对网络的挑战，把握传播主动权，进行赢得读者、引导舆论的新尝试，积极担任起引导舆论的重任。如果没有媒体关注，这些事件也许就没有和谐圆满的多赢结局。

4.5.1 “重庆最牛钉子户”事件

2007年3月，重庆“最牛钉子户”成为全国民众关注的焦点。重庆市民杨武、吴萍夫妇在重庆轻轨杨家坪站旁边拥有一栋两层高、219平方米的小楼。2004年，由于此地要改建成为商场，杨、吴二人收到拆迁通知书。但由于和发展商多次交涉未能达成一致的补偿协议，两人拒绝拆迁。三年过去了，2007年开发商为了不影响进度，动手在周边已拆迁地区进行地基开挖，结果形成了周边是深坑、惟有小屋孤零零立在中央的“奇观”。3月初，一幅题为《中国最牛钉子户》的“孤楼”照片在各网站论坛上流传开来，3月中旬，多位网民又发布了吴萍守卫“孤楼”的视频。

2007年3月，正值全国两会刚刚结束、《物权法》3月16日以高票通过将于10月1日实施，在此特殊背景下，随着法院要求自行拆迁最后期限3月23日的来临，在网络及网民的推波助澜中，重庆这一面临拆迁的孤楼被全国媒体“炒”得沸沸扬扬。各地报纸纷纷在头版登出大幅照片，有的连续几天用一到两个整版，有的连续数日配发言论，把拆迁双方的矛盾由网民私下的议论摆上了正式的“台面”，最终促成拆迁双方于4月2日达成协议，僵持3年、几近白热化的拆迁矛盾得以圆满解决。

在“重庆钉子户”事件的报道中，传统媒体积极审视事件的发展，面对无数不确定因素，表现出敏锐的判断、应变能力。北京、广州、深圳、重庆的报纸表现得尤为突出，都市报、晚报、早报又表现得更为活跃。以3月23日搬迁最后期限为事件的沸点。最早把网民的议论端上报纸的是《南方都市报》。早在3月8日，该报用了近一个整版，以《网上惊现“史上最牛钉子户”》为题，对网民热议情况作了详细报道，并首次在报纸上登出了孤楼照片。

最早报道此事的当地报纸是《重庆晚报》和《重庆晨报》。3月中旬，这两家报纸对网上传言“最牛钉子户要价2000万”一事作了调查。3月20日，《重庆晚报》又率先报道了法院听证会限令吴萍3天内自行搬迁的裁决，同时介绍了拆迁双方的意见和分歧，《人民网》次日转载，广东、北京等全国各地媒体闻讯后纷纷派记者前往采访。

最早进行采访的中央媒体是中央电视台。3月中旬，“钉子户”吴萍接受了央视记者的采访，这是吴萍首次正面接受外地媒体的采访，此后，吴萍频频在拆迁现场对来自全国各地的记者发布信息。3月下旬，央视新闻、经济等频道对该事件进行了多次跟踪报道。《北京青年报》3月23日在一版以《“最牛钉子户”进入强拆期》为题刊发了大幅“孤楼”照片，

---

① 姚剑平：《新闻策划与新闻造假的界定——以“纸馅包子事件”为例》，《东南传播》，2007年第10期。

A3 版配发了半版相关报道。

《广州日报》、《南方周末》、《深圳特区报》、《深圳晚报》、《深圳商报》等南方的报纸也不甘示弱，皆以自己的方式对此事进行了全方位报道。

在这场大辩论的报道中，媒体表现出不同的态度：有的支持吴萍，尤其表现在前期报道中，多家媒体认为，拆迁方是商业行为，不属于公共利益，吴萍的个人财产应该得到法律保护；有的冷眼旁观，报道中谨慎地选用中性词语，冷静观察事件的发展；还有的以有关部门的情况通报为报道依据，希望拆迁户顾全城市建设大局，促进事件尽早解决。在这场争论中，报纸之间也出现了前所未有的对立意见，报纸多重声音交替出现，打破了以往“口径一致”的局面。

我们可以看到，媒体及时播报、积极把握传播主动权，通过对事件的曝光，使当事各方对自身行为加以理性的克制；通过各家媒体信息和观点的相互补充，引导读者对事件做出明智的判断；并通过自身的修正，用后发报道对先前刊发的报道中存在的不确切、不客观甚至错误的信息加以及时纠正，正确地引导了舆论，最终促使重庆“钉子户”事件获得一个多赢的结局。这在当代中国新闻发展史上跨出了难得的一步。①

4.5.2 山西“黑砖窑事件”

5 月 19 日河南电视台都市频道“都市报道”栏目，播出了一期节目，真实地记录了 5 位家长寻找孩子的艰辛过程，并记录了黑砖窑里奴工们真实的生存状态。这 5 位家长的孩子都是被拐到黑砖窑做苦工的，他们在寻找孩子的过程中，还解救了 40 多个被拐的孩子。该期节目播出后，当天晚上就有反响。从第二天开始，大批家长找到都市频道求助，前后超过 1000 人。此后，“都市报道”记者又多次奔赴山西采访，制作了多期有关河南家长赴山西黑砖窑寻子的节目。

在“都市报道”孤军奋战 16 天之后，6 月 5 日，大河论坛出现一个题为——《罪恶的“黑人”之路！孩子被卖山西黑砖窑 400 位父亲泣血呼救》的帖子，帖子以 400 位河南籍父亲的口吻陈述。该帖发出后获得了强烈反响，截至 6 月 12 日，大河网上该帖点击率超过 31 万，而在 6 月 7 日被转帖到天涯杂谈后，短短 6 天时间，更是获得了高达 58 万的点击率和 3000 多篇回帖。

与此同时，6 月 7 日，山西当地官方媒体《山西晚报》刊发了关于洪洞县黑砖窑案件的报道——《黑砖场里，他们过着“奴隶”生活》，该文章还配有 31 名奴工惨状的照片。文章尤其是图片经网络传播后，引起社会共鸣。随后，各地都市类媒体迅速介入。许多有社会责任的媒体开始共同关注在山西受困的河南未成年窑工。网络的传播效应以及都市媒体的报道，激起各地群众的愤怒，迅速在国内形成强大的舆论压力。海外媒体的介入，也形成了巨大国际舆论压力。

6 月 13 日，中共中央政治局委员、全国人大常委会副委员长、中华全国总工会主席王兆国对“黑砖窑事件”做出批示。当日，中华全国总工会书记处书记、纪检组长张鸣起赶赴山西现场，对该案件的查处进行督促、调查。以此为契机，中央媒体开始介入。6 月 14 日，中央电视台新闻频道（CCTV 新闻）“朝闻天下”栏目播出山西黑砖窑的新闻，新华社也于当日播发“山西洪洞县黑砖窑窑主王兵兵已被拘留”的消息。

至此，从地方媒体到中央媒体，从报纸到电视，从传统媒体到网络，“黑砖窑事件”均占据首要位置，终于促使山西省在 6 月 15 日全面开展解救被拐骗民工、打击黑砖窑主专项行动。在舆论的压力下，官方对“黑砖窑事件”的定性不断升级。6 月 18 日，全国总工会召开新闻发布会，通报关于山西“黑砖窑事件”的情况，认为此案属“虐待农民工的事

---

① 袁敏杰：《重庆“钉子户”事件中的媒体作用及其思考》，《新闻战线》，2007 年第 6 期。

件”，要求切实维护当事农民工的合法权益。

这一定性没有平息舆论，反而进一步促使舆论升温。此时舆论重点已不再简单就事件本身进行追踪报道，同时加强了评论分析，如《人民日报》刊发“人民时评”“‘黑砖窑事件’该如何善后”，《新京报》刊发社论“拿什么保证黑砖窑不卷土重来”等。

两天后，6月20日，国务院总理温家宝主持召开国务院常务会议，听取山西“黑砖窑事件”调查处理初步情况的汇报。会议对此事件做了定性：山西黑砖窑不仅存在严重的非法用工问题，而且存在“恶势力拐骗、限制人身自由、强制劳动、雇佣童工、故意伤害甚至致人死命等严重违法犯罪行为”。在这次会议上，山西省长于幼军代表省政府作了检查。

6月22日，劳动和社会保障部、公安部、全国总工会的联合工作组在太原市举行新闻通气会，通报山西“黑砖窑事件”初步调查处理情况。会上，于幼军再次代表山西省政府，就山西“黑砖窑事件”向受害者及家属道歉，并向全省人民检讨。

其实，有关山西黑砖窑奴工的问题并不是一个突发性事件，山西省公安厅副厅长李富林在6月15日召开的新闻发布会上透露，黑砖窑非法用工问题，在20世纪90年代即已存在，公安部门一直采取措施打击整顿。

“每个媒体都有自己的舆论空间：地方媒体直接触及社会基层，但全局性影响不够；中央媒体影响大，但与基层呼应的信息管道相对不够畅通；网络媒体行动相对自由，腾挪空间大，但权威性不够；传统媒体行动谨慎，但一旦发力，反响极大。因此，如果仅仅依靠一家媒体、一种媒体，舆论监督的力量比较单薄，形成的社会压力也不足。这也正是为什么过去媒体陆续有过关于黑砖窑、关于奴工的报道，但始终未解决问题的关键所在。”① 此次“黑砖窑事件”的报道中，各种媒体，各种舆论手段都加入进来，充分发挥了各自特点，优势互补，形成了舆论合力，造成强大社会压力。正是媒体充分发挥了舆论监督的作用，才使调查处理“黑砖窑”事件乃至在全国开展整治非法用工和打击违法犯罪行为的专项行动得以开展。不过，中国的媒体报道基本上还是满足于事件本身，对制度性反思往往挖掘得不够；或者尽管试图去挖掘，但持续施加舆论压力的能力还不足。在这方面，媒体可以走得更远。

【作者简介】

强月新：武汉大学媒体发展研究中心副主任，武汉大学新闻与传播学院副院长，教授，博士生导师。主要研究领域：新闻业务、媒介经济。

黄晓军：南昌大学新闻与传播学系讲师，武汉大学新闻与传播学院2007级博士研究生。

（参加本文资料收集和初稿写作的还有龚臣、刘兴、代松阳、喜娥、应柏璐、魏雯、魏莱、刘永晓、彭颖、杨天陶、汤洁、王橙澄等同学）

附录1：

2007年中国媒体发展大事记

项目资料组

1月

- 1月4日，国家广电总局在其网站发布《关于进一步加强移动多媒体广播技术试验管理的通知》指出，未经广电总局批准，任何单位不得擅自在广播频段和非广播频段进行任

① 段宏庆、王和岩：《黑砖窑事件：舆论的有力与无力》，《财经》，2007年第14期。

何形式的移动多媒体广播技术试验。

- 1 月 10 日，《2007 年中国互联网调查报告》显示，2006 年我国网络广告（不含搜索引擎在内）收入达 49.8 亿元人民币，比 2005 年增长了 50.91%。
- 1 月 17 日，河南电视台与澳门澳亚卫视签订协议，在未来 5 年间，双方将在多个领域进一步加强交流合作，同日起河南卫视正式落地澳门。
- 1 月 18 日，中国游戏产业年会在成都召开，会上发布信息称，迪士尼、EA、微软等国际大公司纷纷抢滩中国游戏市场。
- 1 月 21 日，广西电视台和柬埔寨有线电视公司签署合作协议，广西卫视将通过柬有线电视台在柬首都金边实现落地。
- 1 月 21 日，“触动媒体”亮相上海的士。上海一半的出租车将装上这一集广告、信息、娱乐为一体的多媒体屏幕。
- 1 月 22 日，陕西广电上市公司广电网络（600831）公布定向增发结果，东方明珠以 1.25 亿元人民币认购广电网络 4.61% 的股份，并成为其第二大股东。
- 1 月 28 日，IDG 成立国内首只媒体基金，该基金规模为 5000 万美元，主要投资领域为国内电影与电视制作商。
- 1 月 30 日，国内视频网站 TVix. cn 宣称，加拿大最大的有线电视公司之一 Videotron 的创始人 Chagnon 将投资入股该频道。这是国际传媒巨头首次进军我国网络视频市场。

2 月

- 2 月 1 日，国家广电总局下发《关于清理和规范地面数字电视技术试验的通知》，规定未经总局批准，任何单位不得擅自进行地面数字电视技术试验和非法使用电视频道。
- 2 月 1 日，由中国记协主办、新华网承办的中华新闻传媒网（www. zgjx. cn，简称“中国记协网”）正式开通。
- 2 月 4 日，尼尔森中国媒介研究部发布研究报告显示：至 2006 年，《广州日报》已连续 13 年处于全国报业“龙头老大”的位置，最高发行量达到 185 万份，广告营业额突破 18 亿元人民币。
- 2 月 6 日，百度根据 2006 年度网民在百度平台全年的搜索数据，推出了“百度 2007 年家电风云榜 · 家电报告”，这一信号表明，百度开始正式杀入“数据新闻”服务市场。
- 2 月 7 日，北京电视台获得广电总局颁发的《信息网络传播视听节目许可证》（俗称手机电视牌照）。同时，北京电视台还将在 2007 年与北京移动合作开展手机电视业务。
- 2 月 8 日，户外电视将首现广州，作为首个广州移动数字电视公共信息化推广示范区，越秀区启动了户外城市电视的推广仪式。
- 2 月 12 日，天盛传媒宣布，由其运营的欧洲足球频道获得 2007—2010 年赛季英超全部 380 场比赛包括手机、互联网、电视在内的全媒体转播权。
- 2 月 13 日，中国信息产业部发布 2006 年全国通信业发展统计公报。统计显示，全国互联网网站总数为 84.3 万个，域名总数为 410.9 万个。
- 2 月 13 日，尼尔森媒介发布研究报告显示，2006 年包括我国报纸、杂志和电视等三大主流媒体广告市场达 3866 亿元人民币。
- 2 月 15 日，由 9 家中文电视台组成的中国“长城平台”电视频道在加拿大多伦多试播。
- 2 月 15 日，调查机构赛迪顾问发布公告显示，2006 年中国搜索引擎市场规模达到 16.6 亿元人民币，较 2005 年实现了 40.6% 的增长。
- 2 月 16 日，电广传媒（000917）发布公告，决定投资 7.8 亿元人民币组建湖南省有线电视网络（集团）股份有限公司，管理和运营湖南省有线电视网络。
- 2 月 18 日，信息产业部统计表明，2006 年中国的手机短信发送量接近 4300 亿条，比上年增长41%。
- 2月27日，广电总局将限制全国范围内海选的选秀活动的播出时间。针对2006年三大选秀节目在进入全国总决赛后纷纷靠拖延时间来一较高下这一现象，广电总局下文规定：选秀类活动的播出时间不得超过两个半月。
- 2月28日，谷歌结盟中国网通推出宽带搜索服务，这是继携手中国移动之后，谷歌结盟的第二家中国电信运营商。
- 2月28日，广电总局发布《全国有线电视数字化进展的情况通报》，其中强调要坚持有线数字电视的公益属性不动摇。

3月

- 3月1日，上海文广SMG第一财经广播频率的名牌节目《中国财经60分》通过香港地区的专业财经广播——香港新城财经电台在香港落地播出，这是首个内地省级广播台向香港广播媒体常年提供财经新闻节目。
- 3月2日，中影集团接手华纳兄弟在华部分影院。
- 3月3日，《新民晚报社区版》创刊。
- 3月4日，河南电视台《梨园春》赴南美巡演取得圆满成功。
- 3月13日，百度携手光线传媒提供免费影视节目。
- 3月15日，国家工商总局与国家食品药品监督管理局联合发布修订后的《药品广告审查发布标准》，规定从2007年5月1日起，增强性功能的药品广告将被限时段发布，电视台、广播电台不得在7:00~22:00发布该内容广告。
- 3月15日，新浪牵手五大唱片巨头打造数字音乐平台新浪乐库。
- 3月16日，中国国际广播电台在国际在线网站正式推出网络电视平台。
- 3月17日，首档博客栏目剧《博客奇谭》在广东卫视开播。
- 3月18日，中央电视台宣告旗下动画部改制为央视动画有限公司，这是央视首次将原事业部门动画部整建制转制成为企业经营单位的尝试。央视动画公司主要经营动画原创生产、动画版权管理与开发。
- 3月29日，中国银联与青岛广电携手在青岛试点推出基于数字电视的“家付通”支付业务，市民在家中通过电视机顶盒和遥控器，便可享受到自助银行、交费充值、电视商场等现代金融服务。
- 3月30日，第15届中国国际广播电视信息网络展览会（CCBN 2007）在北京开幕。

4月

- 4月1日，南方国际传媒开办粤语电视媒体。
- 4月2日，上海文广与大唐移动签署TD流媒体战略合作协议。
- 4月4日，北京电视台正式发布其新媒体战略，宣布将分阶段全面进入包括网络电视、手机电视（流媒体手机电视与广播式手机电视）、SP等新媒体领域。
- 4月5日，上海文广签约海南电视台，IPTV首次进入海南岛，在网络上看电视将在海南实现。
- 4月6日，中国国际广播电台（CRI）手机广播电视正式开播，该业务由国际台联和中国联通共同推出。
- 4月8日，17家主流日报结成“中国城市第一媒体联盟”。
- 4月10日，TOM在线结盟伊利谋求品牌共赢。
- 4月16日，东方卫视通过TVB收费电视在香港落地，成为中国辐射最广的省级卫视。
- 4月18日，腾讯互动QQ产品初涉网络游戏行业。

- 4 月 23 日，成都传媒集团和新浪网在北京举行新闻发布会，正式宣布成为战略合作伙伴。
- 4 月 25 日，广西卫视通过菲律宾中央有线电视有限公司在菲律宾落地。菲律宾是广西卫视继越南、老挝、柬埔寨后第四个境外落地的东盟国家。
- 4 月 28 日，由国家广电总局和浙江省政府主办的第三届中国国际动漫节在杭州开幕。本届动漫节吸引了 280 多家动漫企业和机构，项目发布签约仪式上成交额 40.8 亿元人民币，产业博览会现场成交额达 6 亿元人民币，实现了大幅度的增长。
- 4 月 30 日，甘肃卫视等 8 家省级卫视因发布违法广告被曝光。

5 月

- 5 月 1 日，由沈阳电视台主办的首届沈阳电视观众节开幕，把目光投向市民，帮他们圆梦。这是迄今为止全国范围内第二家媒体举办的观众节。
- 5 月 3 日，橡果国际在美国纽约证券交易所挂牌上市，股票交易代码为“ATV”。这是迄今为止中国首家在海外成功上市的电视购物公司。
- 5 月 11 日，深圳广电集团和香港电视广播有限公司（TVB）签订全面合作框架协议。根据协议，双方将在资源共享、经验分享、联合制作节目和技术交流等方面进一步拓宽合作领域，同时，深圳卫视将通过 TVB 的海外平台落地澳大利亚等地区。
- 5 月 12 日，福建泉州电视台闽南语频道正式开播，这是经广电总局批准开办的大陆首个闽南语频道。
- 5 月 14 日，由中国新闻出版总署、北京市人民政府、国际期刊联盟主办的第 36 届世界期刊大会在京召开。
- 5 月 15 日，第四届全国城市报业发行网络联盟论坛在成都开幕，来自全国各地的 30 多家城市报纸的代表参加了这次论坛。
- 5 月 15 日，贵阳日报社《贵阳手机报》正式面世，并在全国移动网络发行。
- 5 月 15 日，大型公益展览“期刊在中国”开幕。此次展览展出期刊 300 余种，展品时间跨度从 19 世纪初期到 21 世纪，涉及政治、文学、科技等多个领域。
- 5 月 16 日，河北日报报业集团举行数字报纸上线仪式，《河北日报》和《燕赵都市报》数字报纸正式通过互联网上线发行。
- 5 月 17 日，上海文广联合上海电信开通国内首个高清 IPTV 频道。上海 IPTV 用户已突破 15 万大关，成为中国内地 IPTV 用户规模最大的城市。
- 5 月 17 日，由广电总局主办、中央电视台承办的“全国电视台台长论坛”在京举行。
- 5 月 17 日，“全球华文广播娱乐联盟”暨“全球华文广播台长高峰论坛”举行。
- 5 月 21 日，中国互联网协会公布了《博客服务自律公约》征求意见稿，并在网上公开征求公众意见，其中涉及博客实名问题。
- 5 月 22 日，湖南卫视与中国青少年发展基金会签订合作协议，宣布联合发起成立“希望工程·快乐成长基金”。
- 5 月 23 日，中青报业传媒发展有限公司正式在北京产权交易所挂牌出售其 50% 的股权。
- 5 月 23 日，长江日报报业集团开发的总投资 6 亿元人民币，占地 614 亩的武汉长江报业园项目启动。该项目建成后将成为武汉市规模最大的文化产业发展基地。
- 5 月 27 日，中国首届“传媒业知识产权保护论坛”在北京举行。
- 5 月 28 日，隶属于上海文广新闻传媒集团的上海东方龙新媒体有限公司宣布，将成立一个专门为手机电视制作、播放节目的“电视台”。文广此举意在进一步打造手机电视资讯平台，并谋求成为全方位、综合性的手机电视内容集成商。
- 5 月 29 日，湖南卫视联合百度宣布，双方将以百度搜索社区为依托，在跨媒体平台及内容、产品及品牌、公益及事件、互动电视制作等领域展开深层次的战略合作。

- 5月29日，由中国互联网协会和iResearch艾瑞市场咨询联合主办的“中国桌面媒体市场高端研讨会”在京召开，宣告互联网桌面媒体细分市场正式确立。
- 5月31日，新闻出版总署信息中心传媒发展研究所和中国数字报业实验室联合主办“数字报业新技术现状与应用前景研讨会”召开。

6月

- 6月1日，《新华手机报》彩信版今正式亮相。
- 6月1日，海外华文传媒协会主办的首届华文传媒峰会在加拿大温哥华开幕，这次峰会希望为全球华文媒体提供合作、交流以及对话平台。
- 6月3日，中国电影集团公司主办的中影网（www. chinafilm. com）正式开通，标志着中影集团正式涉足网络媒体领域。
- 6月4日，南非开普敦召开的世界报业协会第60届年会公布了2007年世界日报发行量百强，我国报业稳居第一。
- 6月4日，央视国际推出互动数字视频杂志（iDM）。
- 6月4日，国家广电总局公布北京有线电视数字化试点工作的情况，显示截至2007年5月，已发展了近500个社区50余万有线数字电视用户。
- 6月4日，中央电视台西法语频道在墨西哥正式开播。
- 6月8日，作为全国第二批文化体制改革试点单位的江西日报传媒集团公司成立。
- 6月9日，在长沙举行的2007年新媒体暨首届中国博客发展峰会上，新华网、央视国际、新浪网、网易、腾讯网等15家知名博客运营商向社会发出了规范博客行为、共建文明博客社区的倡议。
- 6月10日，中国国际广播台、广西广电局、香港凤凰卫视等联合主办，持续50天、行程两万公里的“中国东盟合作之旅”大型广播电视联合采访活动圆满结束。
- 6月11日，谷歌宣布与国内第一门户新浪达成战略协议，双方将在新闻资讯搜索以及竞价广告方面展开合作。
- 6月14日，上海文广新闻传媒集团承担的重点科研项目《高清晰度电视发展战略和产业链的研究》通过了由国家广电总局科技司组织的专家委员会的验收。
- 6月18日，中国国际广播电台节目在澳大利亚佩斯调频台整频率试播。
- 6月18日，中国第一家省级数字电视双向整体转换在湖南长沙启动。
- 6月21日，新华社与路透集团友好合作50周年庆祝活动在人民大会堂举行，来自新华社、路透集团和有关方面的代表100多人参加了庆祝活动。
- 6月28~29日，2007年中国报刊经营模式创新论坛在长沙举行，全国60家媒体和媒体集团的社长、总编辑出席会议，共同讨论数字化趋势下中国报刊的经营管理。

7月

- 7月1日，中央电视台等媒体持续直播香港回归祖国10周年的重大庆典活动。
- 7月1日，北京奥运会及其筹备期间媒体“一站式”服务工作在北京奥运新闻中心正式启动。
- 7月4日，上海文广携手中国移动、中国联通宣布，开播全球首个专为手机电视打造的专业频道，将全天滚动播报相关资讯。
- 7月4日，由中国教育电视台倡议组建的“中国教育新媒体产业协作体”在北京成立。
- 7月6日，“中国传媒产业高峰论坛”召开，本次论坛旨在讨论新媒体成长与媒体产业变局，推动政府、传媒行业、学界、营销机构及投资机构等多方的研究、交流与探讨。

- 7 月 10 日，南方广播影传媒集团正式推出“掌中电视”业务，该项业务可使用 MP4 和手机作为接收终端，并采用欧洲数字多媒体广播标准（DAB）。
- 7 月 10 日，国际在线与北京交通大学共同举办主题为“新媒体与互联网的发展”校园研讨会。
- 7 月 11 日，国家广电总局批准陕西电视台开办“陕西农林科技频道”，该频道将覆盖 10 个省市区的中小城市和农村地区，是国内首家专业从事农林科技推广的卫星电视频道。
- 7 月 12 日，新闻出版总署发出通知，将在全行业开展首届中国出版政府奖评奖活动。评奖范围包括出版物、出版单位和人物。
- 7 月 12 日，第五届中国国际数码互动娱乐产品及技术应用展览会开幕。
- 7 月 13 日，青岛、日照、潍坊、威海、烟台、淄博 6 市报社代表正式签署协议，成立山东半岛报业联盟，创办《今日胶东》专刊，意图打造半岛城市群发行量最大的平面媒体。
- 7 月 16 日，河北卫视改版播出，改版后的河北卫视以“快乐家加家”为口号，着力体现亲切、快乐、轻松、和美的快乐家庭理念，并开始参与全国卫视平台的竞争。
- 7 月 17 日，央视国际网络与搜狐网在京宣布结为战略合作伙伴，双方将对品牌、内容、渠道等多方面资源共享合作。
- 7 月 17 日，新闻出版总署副署长、国家版权局副局长阎晓宏在第二届中国数字出版博览会上指出，未来几年，国家将大力实施数字出版战略，以推动传统出版业的产业升级和革新。
- 7 月 18 日，由国家版权局与世界知识产权组织联合举办，主题为“互联网版权保护与产业发展”的 2007 年国际版权论坛在北京举行。
- 7 月 18 日，中国气象局主办的“中国气象频道”继 2007 年 5 月成功落地京津之后，又将信号覆盖至山西。
- 7 月 18 日，中国互联网络信息中心（CNNIC）发布《第 20 次中国互联网络发展状况统计报告》，报告显示，截止 2007 年 6 月 30 日，我国网民总人数达到 1.62 亿，互联网普及率也达到了 12.3%；宽带网民数达 1.22 亿，手机网民数较去年翻了 2.6 倍，已有 4430 万人。
- 7 月 20 日，由《中国广播影视》杂志发起的“TV 地标”调研发布活动在北京召开，活动遴选出了 30 个发展领先的地面电视频道，并按频道特性的差异性分类进行上榜推介。
- 7 月 23 日，中宣部、国家广电总局、新闻出版总署就北京电视台“纸馅包子”虚假新闻事件发出通报，要求各新闻单位从这起严重错误中吸取教训，引以为戒，加强制度建设，加强队伍建设，确保新闻事实真实准确。
- 7 月 23 日，南方报业传媒集团主办，21 世纪报系出品的《理财周报》创刊。
- 7 月 23 日，湖南省建行和长沙广电集团联合发行湖南省内第一张面向数字电视用户的信用卡。
- 7 月 28 日，由央视经济频道《财富故事会》栏目发起承办的“全国第二届电视故事类节目研讨会”在浙江举行。

8 月

- 8 月 1 日，数字电视地面传输国家标准正式实施，6 个奥运城市北京、上海、天津、秦皇岛、青岛、沈阳以及深圳、广州，成为国家首批试播地面数字电视的城市。
- 8 月 3 ~5 日，首届“中国国际封面文化博览会”在深圳会展中心举行。
- 8 月 6 日，中国首个报网互动社区传媒平台——《成都商报》与成都全搜索网站精心打造的“社区金版（city. cdqss. com）”正式开始运行。

- 8月6日，新浪网与陕西电视台达成战略合作伙伴联盟。
- 8月8日，央视正式开通奥运网（2008. cctv. com），与央视开路电视的7个频道一起24小时报道奥运内容。
- 8月13日，江苏广播电视总台主办的“第二届东方情感文化论坛”举行，江苏广电与央视—索福瑞联手推出首部《中国情感类电视节目市场报告（2007—2008）》，全面梳理中国情感类电视节目的成长历程和发展现状。
- 8月15日，重庆电视台选秀节目《第一次心动》被广电总局叫停，并予以全国通报批评，广电总局认为其“评委言行举止失态”、“内容格调低下”。这是内地第一档被停播的选秀节目。
- 8月21日，中国互联网协会在北京正式发布了《博客服务自律公约》，并组织多家知名博客服务提供商联合签署该公约。
- 8月23日，来自中韩两国的新闻媒体界人士和专家学者约90名代表齐聚北京人民大会堂，在中韩高层媒体论坛上就东北亚的和平与繁荣及媒体的作用等议题展开讨论。
- 8月23~24日，第三届数字新媒体高峰论坛在北京召开。
- 8月24日，2007年体育电视国际论坛在京举行，中央电视台动用第一、二、五、七套节目和一个高清频道以及两个付费频道，全面参与2008年北京奥运会的转播和报道。
- 8月28日，世界出版人盛会“2007北京国际出版论坛”在北京中国大饭店隆重拉开帷幕，本次论坛主题为“阅读新趋势与出版业的发展”。
- 8月30日，中国国际广播电台（CRI）宣布CRI手机电视在中国移动的流媒体平台上正式开通。同时，国际电台与北京电视台联合打造的手机电视奥运频道——“奥运直通车”也在“CRI手机电视”专区中亮相。

9月

- 9月1日，中国出版集团公司协同下属中国出版对外贸易总公司，分别与法国博杜安出版公司和澳大利亚多元文化出版社签订协议，将在巴黎和悉尼注册成立合资出版社。
- 9月2日，来自海内外上千名华文传媒领军人物汇聚成都，出席在这里举行的“第四届世界华文传媒论坛”，共同探讨加强交流合作之道。
- 9月4日，中国电信宁夏分公司和宁夏广播电视网络有限公司合作经营农村网络电视（IPTV）业务正式签订协议。
- 9月10日，北京卡酷动画卫星频道正式上星播出，成为广电总局批准的全国3个动画卫视频道之一。
- 9月11~12日，中国邮政重点地区畅销报刊推介会在京召开，来自邮政系统和报刊界的人士齐聚一堂，共同探讨邮政和报刊如何实现共赢、开启合作新纪元的问题。
- 9月14日，由中国出版科学研究所、中国期刊协会主办，出版发行研究杂志社承办的“第二届中国期刊创新年会”在北京开幕。本届年会的主题是“探索研究中小期刊的改革发展和体制创新”。
- 9月14~16日由新闻出版总署传媒发展研究所和中国数字报业实验室主办的“借奥运契机，发展数字报业”专题研讨会在北京召开。
- 9月17日，湖北广电手机电视公司揭牌成立，该公司由湖北省广播电视总台和武汉华韵置业有限公司共同出资组建，是继湖北移动电视、城市电视之后湖北新媒体产业的又一支生力军。
- 9月19日，中国国际广播电台瓦努阿图调频台维拉102FM、桑托102FM和马拉库拉106FM于9月10日同时开播。中国国际广播电台在瓦努阿图新建的3个调频电台，是中瓦两国政府之间的合作项目。

- 9 月 19 日，新闻出版总署署长柳斌杰在全国出版发行业诚信体系建设电视电话会议上指出，要全面推进出版发行业的诚信体系建设。
- 9 月 20 日，《羊城晚报》创刊 50 周年庆祝晚会隆重举行。
- 9 月 20 日，青岛有线正式开通高清频道。
- 9 月 20 日，全国有线电视数字化整体转换暨多业务开展工作研讨会在杭州召开。
- 9 月 21 日，吉林农村现实题材电视剧创作研讨会在长春举行，对吉林省创作生产电视剧，特别是农村题材的电视剧给予了极大的肯定。
- 9 月 22 ~29 日，人民日报社主办了“第三届中国—东盟媒体合作研讨会暨采访活动”，围绕“共建和谐繁荣的美好家园”的主题，就“增进了解，加强相互报道”、“扩大交流，开展务实合作”、“搭建桥梁，共促和谐繁荣”等议题展开了研讨。

10 月

- 10 月 1 日，西藏电视台藏语卫视频道实现 24 小时播出，成为全国第一个实现 24 小时播出的少数民族语电视频道。
- 10 月 1 日，央视“西班牙语法语频道”调整为各自独立播出的“法语国际频道”和“西班牙语国际频道”，开播后的两个频道各设置 16 个栏目，内容涉及经济、历史、文化、旅游、汉语教学、体育、文艺和电影电视剧等。至此，央视共有 4 个国际频道。
- 10 月 5 日，CMMB 在青岛试验成功。CMMB 是一套面向手机、PDA、MP3、数码相机、笔记本电脑等多种移动终端的系统，2008 年奥运会期间以手机电视为代表的移动多媒体广播将全面投入运营。
- 10 月 9 日，体坛传媒、TOM 网与英国阿森纳俱乐部联合举行新闻发布会，宣布三方的正式合作。
- 10 月 10 日，马鞍山市与南京数字电视光纤联网工程顺利竣工，在安徽全省率先将文化产业融入长三角。
- 10 月 12 日，“高清娱乐”频道在深圳正式播出，这是以国家地面数字电视标准为核心的高清数字电视信号在深圳首次播出。
- 10 月 17 日，上海文广新闻传媒集团与 NBA 合作，通过 SMG 旗下上海文广互动电视有限公司的新视觉高清电视频道直播 2007 年 NBA 季前赛，这也是文广互动的一次独家高清直播 NBA 中国赛。
- 10 月 18 日，由北京人民广播电台、香港凤凰卫视、武汉广播电视总台联合打造的武汉电台音乐广播，在武汉举行启动仪式。
- 10 月 18 日，浙江经视在北京举行了“高度决定视野、品质成就价值”的客户推广会，在京上百家广告公司的代表参加了会议。
- 10 月 18 日，北京歌华有限发布公告称，拟与自由媒体国际和华创伙伴投资有限公司建立合资企业，合作开发和拓展高速宽带数据增值业务，加速“三网合一”。
- 10 月 18 日，由羊城地铁报社和广东九州阳光传媒股份有限公司联合出品的都市生活类杂志《名利场》创刊，这是广州地铁内唯一自行取阅的 DM 杂志。
- 10 月 18 日，YouTube 共同创办人陈士骏到访中国台湾，YouTube 此行则是宣布 YouTube 台湾版上线。
- 10 月，数字电视、IPTV、手机电视这三个分别隶属于广电、固网运营商与移动运营商的新兴业务，在山西打破隔阂谋求共同发展。这也是国内广电、固网运营商与移动运营商的首次三方合作。

11 月

- 11 月 1 日，巨人网络登陆纽约证券交易所。
- 11 月 2 日，福建网络游戏运营商网龙在香港上市。
- 11 月 2 日，《2007 年中国车载（公交）数字移动电视发展蓝皮书》在京发布。
- 11 月 6 日，内地橙天娱乐以 2 亿元人民币收购香港嘉禾电影。
- 11 月 7 日，在搜狐奥运频道上线一周年之际，以“全民奥运，全民狂欢”为核心理念，搜狐奥运频道全新改版上线。
- 11 月 13 日，凤凰卫视美洲台落地温哥华。
- 11 月 15 日，凤凰卫视与中国传媒大学在北京签署战略合作框架意向书，共同组建和发展中国传媒大学凤凰学院。双方力争将凤凰学院发展成为具备产学研一体化特色的中国传媒产业界高端教育、培训与研究旗舰机构。
- 11 月 19 日，湖北日报传媒集团与上市公司武汉国药科技股份有限公司签署了《资产重组意向书》，前者将以核心传媒资产认购上市公司的增发股。湖北日报传媒集团准备借壳上市。
- 11 月 20 日，中国证监会发行审核委员会批准了辽宁出版传媒股份有限公司首次公开发行 A 股的申请，辽宁出版传媒股份有限公司成为中国第一家编辑业务与经营业务合并实现整体上市的出版企业。
- 11 月 23 日，由《潇湘晨报》制作并发布的湖南省居民消费市场发展指数（《潇湘晨报》指数）破茧而出。这是国内第一部由媒体制作并发布的省域经济发展系列指数。
- 11 月 25 日，《人民日报》海外版“巴拿马版”在巴拿马创刊。
- 11 月 25 日，《北京娱乐信报》转型地铁报，北京日报报业集团所属《北京娱乐信报》与北京市地铁运营有限公司签署协议，转型为地铁报的《北京娱乐信报》将于 11 月 27 日早晨开始，在地铁各站内免费派发。
- 11 月 27 ~ 28 日，根据中日韩数字电视与广播工作组合作机制，第四届中日韩数字电视与广播工作组会议在桂林召开。
- 11 月 28 日，新华网创办 10 周年座谈会在京举行。
- 11 月 28 日，由国家广电总局电影局在华星国际影城召开了“批准组建国产电影专映厅联盟”发布会。
- 11 月 28 日，《首都机场广告》DM 杂志亮相，以中青年读者为主，其中男性读者约占总人数的 56.4%，预计月发行量 15 万份。覆盖率高、传播渠道精准将是该杂志独特的优势。
- 11 月 28 日，中国国产原创动画产量最高的两家企业——湖南宏梦卡通传播有限公司（宏梦）、三辰卡通集团有限公司（三辰）在长沙宣布合并。
- 11 月 29 日，凤凰卫视旗下凤凰网正式启用新域名 ifeng. com，宣布新的战略布局。以此为标志，凤凰新媒体终于开始全面发力。
- 11 月 30 日，首届中国国际动漫创意产业交易会在安徽国际会展中心开幕，大会共签约 240 多项，成交总额突破 20 亿元人民币。

12 月

- 12 月 5 日，四川日报报业集团联手四川省工商联，打造西部第一财经传媒——《川商》杂志。
- 12 月 5 日，中国电信表示利用公用电话亭展开视频和平面广告业务，预计这一广告网的收入将快速增长。
- 12 月 5 日，艾瑞咨询发布搜索引擎市场报告，第三季度中国搜索引擎市场规模达到 8. 18

亿元人民币，百度、谷歌（Google）中国和雅虎中国三家搜索引擎营收份额之和达到95%。

- 12月6日，阿里巴巴集团宣布推出全球首创的基于本土化的网上广告服务——阿里巴巴网站。
- 12月6日，中国最大户外数字电视广告联播网华视传媒6日在美国纳斯达克市场挂牌上市，融资金额为1.08亿美元。
- 12月6日，航空媒体第七传媒获中国宽带产业基金800万美元注资。
- 12月11日，国家科技部发布《公告》，中国移动多媒体广播（CMMB）已被列为“十一五”国家科技支撑计划重点项目，获得巨额专项资金支持。
- 12月12日，联通集团首个手机报业务《人民日报联通手机报》正式上线。
- 12月17日，中国耀华玻璃集团公司与凤凰出版就股权转让及资产重组事宜与有关部门进行沟通，标志着国有出版机构——江苏凤凰出版传媒集团即将登陆资本市场。
- 12月20日，上海文广新闻传媒集团旗下的上海数字音频及数据广播面向公众试点播出，第三代广播首次亮相沪上。
- 12月21日，辽宁出版传媒股份有限公司首次公开发行的A股股票在上海证券交易所上市，标志着A股市场终于有了第一只真正意义上的出版概念股票。
- 12月25日，《2007年第三季度搜索引擎广告主调查报告》出炉，百度在中国三季度搜索引擎广告市场占有62.0%的份额，继续占有绝对优势。
- 12月23日，上海文广SMG开播“上海故事广播107.2”。
- 12月28日，普天股份宣布入股深圳力合数字电视，斥资3亿元人民币进军广电业。

（本资料由臧斌、李懿、石心竹、徐莹、毕杨、胡燕飞、彭君、詹毕玲、侯琳良、文婷、石文钟、黄华负责收集整理）

附录2：

2007年中国媒体发展政策法规一览

项目资料组

- 2007年1月1日，新闻出版总署制定的《新闻出版业“十一五”发展规划》正式下发。
- 1月1日，经国家工商行政管理总局、卫生部修订后的、新的《医疗广告管理办法》正式实施。
- 1月4日，广电总局向各省广播影视局发出《广电总局办公厅关于进一步加强移动多媒体广播技术试验管理的通知》，强调未经广电总局批准，任何单位不得擅自进行任何形式的移动多媒体广播技术试验。
- 1月16日，广电总局向各省、自治区、直辖市广播影视局印发了《广电总局关于2007年度三星级以上涉外宾馆等单位可申请接收的境外卫星电视频道范围的通知》。
- 2月15日，文化部、公安部、信息产业部、中国人民银行等14个部委联合签发《关于进一步加强网吧及网络游戏管理工作的通知》。
- 3月13日，国家食品药品监督管理局，国家工商行政管理总局《药品广告审查办法》（局令第27号），本办法自2007年5月1日起施行。
- 3月15日，国家工商总局与国家食品药品监督管理局联合发布修订后的《药品广告审查发布标准》，该标准将于今年5月1日起实施。

- 3月16日，广电总局向各省、自治区、直辖市广播影视局，总局直属各单位发出《广电总局关于依法查处非法“中国国际中文电视台”有关情况的通报》。
- 3月19日，环保总局、建设部、文化部、国家文物局联合发出《关于加强涉及自然保护区、风景名胜区、文物保护单位等环境敏感区影视拍摄和大型实景演艺活动管理的通知》。
- 4月2日，广电总局向各省、自治区、直辖市广播影视局发出《广电总局关于邮轮旅游等9个付费电视频道违规播出问题的通报》。
- 4月5日，新闻出版总署发布《新闻出版科技工作贯彻落实〈新闻出版业“十一五”发展规划〉实施意见》。
- 4月5日，广电总局向各省、自治区、直辖市广播影视局，新疆生产建设兵团广播电视局，总局机关各司局、直属各单位发出《广电总局关于在影视剧拍摄活动中加强自然环境和文物保护的通知》。
- 4月12日，新闻出版总署依据《出版管理条例》、《期刊出版管理规定》等相关法规，制定了《期刊出版形式规范》，并将从2007年7月起依照该规范对全国期刊的出版形式进行全面检查。
- 4月20日，广电总局向各省、自治区、直辖市广播影视局，新疆生产建设兵团广播电视局，总局直属有关单位发出《广电总局关于发布〈标准清晰度数字电视节目录像磁带录制规范〉一项广播电影电视行业标准的通知》，该标准自2007年5月1日起实施。
- 5月17日，全国“扫黄打非”工作小组办公室、公安部、建设部、文化部、新闻出版总署、国家工商行政管理总局等中央六部门根据中央两办转发的《2007年“扫黄打非”行动方案》决定，采取有力措施，集中治理游商地摊及无证照经营者销售盗版及非法出版物的问题，建立起长效管理机制。
- 6月6日，新闻出版总署发布关于清查《死亡笔记》等恐怖类出版物的通知。
- 6月9日，《世界知识产权组织版权条约》和《世界知识产权组织表演和录音制品条约》在我国正式生效。
- 6月24日，国家版权局制订《要求删除或断开链接侵权网络内容的通知》及《要求恢复被删除或断开链接的网络内容的说明》的示范格式。
- 6月25日，信息产业部《业余无线电台呼号管理办法》，本办法自发布之日起实施。
- 7月9日，财政部下发《中央补助地方文化体育与传媒事业发展专项资金管理暂行办法》。
- 7月25日，信息产业部下发《关于做好互联网网站实名管理工作的通告》。
- 7月30日，广电总局向各省、自治区、直辖市广播影视局发出《广电总局关于进一步加强广播电视广告播放管理工作的通知》。
- 7月31日，广电总局向各省、自治区、直辖市广播影视局，新疆生产建设兵团广播电视局，总局直属有关单位发出《广电总局关于发布〈数字影院（中档）放映系统技术要求〉的通知》，通知说，为规范我国数字影院放映系统建设，总局组织编制了《数字影院（中档）放映系统技术要求》，并自发布之日起实施，编号为：GD/J014-2007。
- 8月9日，新闻出版总署向各省、自治区、直辖市新闻出版局、公安厅（局）、工商行政管理局、通信管理局下发《关于规范利用互联网从事印刷经营活动的通知》。
- 8月14日，广电总局向各省、自治区、直辖市广播影视局发出《广电总局关于批准ES-PN、STAR Sports在2007年度内继续供三星级以上涉外宾馆等单位申请接收的通知》。
- 8月15日，广电总局下发通报认为，重庆电视台《第一次心动》比赛环节设计丑陋粗糙，评委言行举止失态，节目设计缺乏艺术水准、内容格调低下，演唱曲目庸俗媚俗，要求立即停播《第一次心动》选拔活动。

- 8月15日，新闻出版总署向各省、自治区、直辖市新闻出版局，新疆生产建设兵团新闻出版局，解放军总政宣传部新闻出版局，各音像、电子出版单位，各音像制作单位下发《关于开展2007年全国音像电子出版物质量检查工作的通知》，决定在2007年8月中旬至11月中旬对全国出版的音像制品和电子出版物进行一次专项质量检查。
- 8月20日，广电总局向各省、自治区、直辖市、计划单列市广播影视局、文化厅（局），新疆生产建设兵团广播电视局，各电影集团、电影制片厂（公司）、电影院线公司、电影发行公司，华夏电影发行公司，电影数字节目管理中心、中国电影科研所、电影技术质量检测所印发《广电总局关于印发〈组建数字电影（中档技术）院线公司的实施办法（试行）〉的通知》。
- 8月23日，广电总局叫停广东电视台女性整容真人秀节目《美丽新约》，并向各省、自治区、直辖市广播影视局，新疆生产建设兵团广播电视局、中央三台、中国教育电视台下发《广电总局关于加强群众参与的选拔类广播电视活动管理的通知》，禁止策划、制作和播出群众参与的各类整容变性节目。
- 8月27日，新闻出版总署下发《关于严厉查处网络淫秽色情小说的紧急通知》，坚决依法予以严厉查处一些境内网站登载的含有淫秽色情内容小说。
- 9月27日，国家版权局发布《举报、查处侵权盗版行为奖励暂行办法》。
- 10月8日，国家广电总局发布《关于2007年9月全国国产电视动画片制作备案公示的通知》。
- 10月23日，国家广电总局发布《2007年10月全国拍摄、制作电视剧备案公示的通知》。
- 10月30日，新闻出版总署发布《关于保障新闻采编人员合法采访权利的通知》。
- 11月2日，新闻出版总署发布《关于开展2007年全国音像电子出版物质量重点抽查工作的通知》。
- 11月14日，国家广电总局发布《广电总局关于发布〈移动多媒体广播第4部分：紧急广播〉一项广播电影电视行业标准的通知》。
- 11月16日，国家广电总局发布《关于2007年11月全国拍摄制作电视剧备案公示的通知》。
- 11月28日，国家广电总局发布《广电总局关于发布〈标准清晰度数字电视主观评价用测试图像〉一项广播电影电视行业标准的通知》。
- 12月6日，国家广电总局发布《关于加强车载、楼宇等公共视听载体管理的通知》。
- 12月13日，新闻出版总署发布《关于开展2008年印刷企业审核登记工作的通知》。
- 12月14日，新闻出版总署发布《关于2007年教辅读物专项质量检查工作的情况通报》。
- 12月19日，国家广电总局发布《广电总局办公厅关于对广播电视节目制作经营机构和〈电视剧制作许可证（甲种）〉机构进行2007年度业绩审核工作有关事宜的通知》。
- 12月19日，新闻出版总署发布《关于召开全国农家书屋工程建设工作会议的通知》。
- 12月20日，国家广电总局、信息产业部发布《互联网视听节目服务管理规定》。
- 12月21日，新闻出版总署发布《新闻出版总署党组关于进一步加强和改进总署直属机关作风建设的意见》。
- 12月26日，国家广电总局发布《广电总局关于发布〈广播电视播音（演播）室混响时间测量规范〉等3项行业标准的通知》。
- 12月28日，国家广电总局发布《广电总局关于加强互联网传播影视剧管理的通知》。
- 12月29日，国家广电总局发布《广电总局关于重申禁止制作和播映色情电影的通知》。

（本资料由钱金、谭论、肖文娟、刘梅负责收集整理）

附录3:

2007年中国媒体发展研究论著选目

项目资料组

综合报告类

- 罗以澄、张金海、单波:《中国媒介发展研究报告2007年卷》,武汉大学出版社2007年版。
- 张金海、梅明丽:《世界十大传媒集团产业发展报告》,武汉大学出版社2007年版。
- 冉华、周丽玲等:《传媒风云—— 来自武汉传媒市场的报告》,武汉大学出版社2007年版。
- 童兵:《中国新闻传播学研究最新报告(2006)》,复旦大学出版社2007年版。
- 童兵:《中国新闻传播学研究最新报告(2007)》,复旦大学出版社2007年版。
- 郝振省:《2006—2007中国出版业发展报告(中国出版蓝皮书)》,中国书籍出版社2007年版。
- 刘利群、曾丹娜、张莉莉:《中国媒介与女性研究报告(2005—2006)》,中国传媒大学出版社2007年版。
- 宋建武:《中国报业年鉴2006》,中华工商联合出版社2007年版。
- 刘立宾、丁俊杰、黄升民:《2007中国广告作品年鉴》,中国传媒大学出版社2007年版。
- 陈正荣:《中国城市电视台发展报告》,中国传媒大学出版社2007年版。
- 黄学平:《2006—2007年中国广播研究报告》,中国传媒大学出版社2007年版。
- 陈飞宝:《当代台湾传媒》,九州出版社2007年版。
- 南方报业传媒集团新闻研究所:《南方传媒研究(第六辑)》,南方日报出版社2007年版。
- 南方报业传媒集团新闻研究所:《南方传媒研究(第七辑)》,南方日报出版社2007年版。
- 南方报业传媒集团新闻研究所:《南方传媒研究(第八辑)》,南方日报出版社2007年版。
- 南方报业传媒集团新闻研究所:《南方传媒研究(第九辑)》,南方日报出版社2007年版。
- 亚洲传媒研究中心:《亚洲传媒研究2006》,中国传媒大学出版社2007年版。
- 黄升民、丁俊杰、黄京华:《2007IMI城市受众移动生活形态与新媒体接触研究报告》,中国广播电视出版社2007年版。

媒介与社会

- 强月新、张明新:《转型社会的媒介景观》,武汉大学出版社2007年版。
- 胡正荣:《传媒新声——传媒学子论坛》,中国传媒大学出版社2007年版。
- 李天纲:《跨文化的诠释》,新星出版社2007年版。
- 蒙南生:《新闻传播社会学》,中国传媒大学出版社2007年版。
- 殷俊、赵平喜、蔡敏、殷瑜、汤莉萍:《城市新闻学》,中国市场出版社2007年版。
- 黄会林、俞虹:《影视受众调查与研究》,北京师范大学出版社2007年版。
- 杨效宏:《媒介话语:现代传播中的个体呈现》,四川大学出版社2007年版。

- 李春雷、任慧：《媒介与学术——以20世纪二三十年代为视角》，天津古籍出版社2007年版。
- 椿桦：《舆论尖刀》，花城出版社2007年版。
- 陈堂发：《媒介话语权解析》，新华出版社2007年版。
- 中国广播电视协会：《媒介影响及其控制》，中国广播电视出版社2007年版。
- 刘建明等：《西方媒介批评史》，福建人民出版社2007年版。
- 王昊青：《互动创新之路——经济转型期间中国企业发展与大众媒介关系研究》，上海财经大学出版社2007年版。
- 张国良：《社会转型与媒介生态实证研究》，上海交通大学出版社2007年版。
- 刘伯贤：《入世背景下的党报运营——一种媒介生态学视角》，中国传媒大学出版社2007年版。
- 刘利群、曾丹娜、张莉莉：《国际视野中的媒介与女性》，中国传媒大学出版社2007年版。
- 蒋晓丽：《传媒文化与媒介研究（上）》，四川大学出版社2007年版。
- 刘林利：《日本大众媒体中的中国形象》，中国传媒大学出版社2007年版。
- 陈昌凤：《中国新闻传播史：媒介社会学的视角》，北京大学出版社2007年版。
- 蔡骐：《媒介竞争与媒介文化》，复旦大学出版社2007年版。

媒介素养与教育

- 刘利群、张莉莉：《和谐世界 文化多样——大学与媒介的责任（上、下卷）》，中国传媒大学出版社2007年版。
- 吕巧平：《媒介化生存——中国青年媒体素质研究》，中国传媒大学出版社2007年版。
- 陈堂发：《为何？何为？——论当代中国媒介权限》，群言出版社2007年版。
- 段京肃、杜骏飞：《媒介素养导论》，福建人民出版社2007年版。
- 李希光等：《发言人教程》，清华大学出版社2007年版。
- 刘建明等：《新闻学概论》，中国传媒大学出版社2007年版。
- 宫承波、方毅华、唐远清：《新闻业务》，中国广播电视出版社2007年版。
- 蔡雯、甘露：《应用新闻学·原理与案例（第一卷）——新闻资源开发设计》，中国人民大学出版社2007年版。
- 许向东、刘学义：《应用新闻学·原理与案例（第二卷）——新闻发现、采集与表达》，中国人民大学出版社2007年版。
- 蔡雯：《应用新闻学·原理与案例（第三卷）——新闻整合、展示与增值》，中国人民大学出版社2007年版。
- 姚广宜：《法制新闻采访教程》，北京大学出版社2007年版。
- 郝丽丽、方毅华：《编辑学概论》，中国广播电视出版社2007年版。
- 许静：《传播学概论》，清华大学出版社，北京交通大学出版社，2007年版。
- 吕杰、张波、袁浩川：《传播学导论》，科学出版社2007年版。
- 王本朝、杜积西：《传播学教程》，重庆大学出版社2007年版。
- 柳珊：《当代新闻评论》，复旦大学出版社2007年版。
- 杨新敏、王军元、钟旭东、许俊义等：《当代新闻传播学读本·第二辑（全4册）》，上海三联书店2007年版。
- 雷跃捷：《媒介批评》，北京大学出版社2007年版。
- 王春泉：《新闻采访技巧：理论与实践》，安徽人民出版社2007年版。
- 刘勇、汪海霞：《当代媒介素养教程》，合肥工业大学出版社2007年版。

媒介经济与媒介产业

- 丁和根：《中国传媒制度绩效研究》，南方日报出版社2007年版。
- 蔡骐、蔡雯：《媒介竞争与媒介文化》，复旦大学出版社2007年版。
- 赵曙光：《媒介经济学（新闻与传播系列教材）》，清华大学出版社2007年版。
- 郑保卫：《媒介产业全球化多样性认同》，中国传媒大学出版社2007年版。
- 中国人民大学传播媒介管理研究所等：《潮声（孟玉兔与钱江晚报现象）》，新华出版社2007年版。
- 谢金文：《中国传媒产业概论》，上海交通大学出版社2007年版。
- 刘涵：《渠道为王——报纸发行产业化的思考与探索》，新华出版社2007年版。
- 童清艳：《传媒产业经济学导论》，复旦大学出版社2007年版。

媒介经营与管理

- 叶新：《美国杂志的出版与经营》，中国传媒大学出版社2007年版。
- 栾轶玫：《媒介形象学导论》，中国人民大学出版社2007年版。
- 李红艳：《媒介组织学（媒体管理理论与实务丛书）》，中国传媒大学出版社2007年版。
- 包国强：《媒介营销：理论、方法、案例》，清华大学出版社2007年版。
- 董小玉、严三九、黄飞珏：《媒介管理学概论》，西南师范大学出版社2007年版。
- 胡晓云：《品牌传播效果评估指标/媒介市场调查与研究丛书（媒介市场调查与研究丛书）》，中国传媒大学出版社2007年版。
- 蒙南生：《媒体策划与营销》，中国传媒大学出版社2007年版。
- 叶新：《美国杂志的出版与经营》，中国传媒大学出版社2007年版。
- 中国广播电视协会：《媒体经营与文化传播——第九届广播电视学术论文评选作品集》，中国广播电视出版社2007年版。

媒介广告

- 吕尚斌：《广告文案教程》，北京大学出版社2007年版。
- 张殿元：《广告视觉文化批判》，复旦大学出版社2007年版。
- 何章强主编：《平面设计与广告创意》，化学工业出版社2007年版。
- 金星、杨军主编：《广告学实用教程》，北京师范大学出版社2007年版。
- 朱海松：《无线广告 、手机广告的发布形式与应用标准》，广东经济出版社2007年版。
- 贺雪飞：《全球化语境中的跨文化广告传播研究（2007年度）》，中国社会科学出版社2007年版。
- 文长辉：《媒介消费学》，中国传媒大学出版社2007年版。
- 崔银河：《广告策划与创意》，中国传媒大学出版社2007年版。
- 杜骏飞：《中国网络广告考察报告》，社会科学文献出版社2007年版。

媒介战略与创新

- 喻国明：《拐点中的传媒抉择》，经济日报出版社2007年版。
- 王菲：《媒介大融合》，南方日报出版社2007年版。
- 吉保邦：《传媒区域化发展方略》，中国传媒大学出版社2007年版。
- 段鹏：《电视品牌战略研究》，中国传媒大学出版社2007年版。
- 卓培荣：《传媒发展与未来规划》，新华出版社2007年版。
- 胡正荣：《21世纪初我国大众传媒发展战略研究》，中国广播电视出版社2007年版。

- 刘成付：《中国广电传媒体制创新》，南方日报出版社 2007 年版。
- 张鹏洲：《传媒信息安全策略与实施》，中国传媒大学出版社 2007 年版。
- 博攻：《中国出版体制创新》，南方日报出版社 2007 年版。
- 卢恩光：《中国报业集团治理探析》，华夏出版社 2007 年版。
- 畅榕：《虚拟品牌社区研究》，中国传媒大学出版社 2007 年版。
- 乔东亮、陈勤、张养志：《首都出版业可持续发展模式研究》，中国人民大学出版社 2007 年版。
- 金雁、王宁：《专业报刊品牌经营》，中国人民大学出版社 2007 年版。
- 李思屈：《中国数字娱乐产业发展战略研究》，社会科学文献出版社 2007 年版。
- 李程骅：《创意与传媒〈中国经济与传媒评论〉第 1 卷》，复旦大学出版社 2007 年版。
- 杨华钢：《受众之王——数字时代的电视频道品牌营销战略》，中国广播电视出版社 2007 年版。

媒介法规与制度

- 涂昌波：《广播电视法律制度概论》，中国传媒大学出版社 2007 年版。
- 张立伟：《传媒竞争法则与工具》，清华大学出版社 2007 年版。
- 殷莉：《清末民初新闻出版立法研究》，新华出版社 2007 年版。
- 陈绚：《新闻传播伦理与法规教程》，中国传媒大学出版社 2007 年版。

数字技术下的媒介

- 喻国明：《传媒的"语法革命"——解读 Web 2.0 时代传媒运营新规则》，南方日报出版社 2007 年版。
- 雷建军：《视频互动媒介》，清华大学出版社 2007 年版。
- 黄艳：《中国数字电视产业政策的形成研究》，中国传媒大学出版社 2007 年版。
- 刘连喜：《新媒体论：CCTV.com 的第一个十年》，中国国际广播出版社 2007 年版。

广播电视媒介

- 孙卫华：《媒体市场化与电视分众》，新华出版社 2007 年版。
- 方毅华：《广播电视新闻编辑原理与实务》，中国广播电视出版社 2007 年版。
- 项仲平：《电视栏目与频道策划研究》，中国广播电视出版社 2007 年版。
- 吴玉玲：《广播电视概论》，中国传媒大学出版社 2007 年版。
- 王振业、李舒：《新闻评论作品选》，中国广播电视出版社 2007 年版。
- 张涛甫：《纪实与虚构：中国当代社会转型语境下的电视剧生产》，复旦大学出版社 2007 年版。
- 赖黎捷：《话语选择与理论来源——中国纪录片批评研究》，四川大学出版社 2007 年版。
- 袁勇麟、殷俊主编，蔡尚伟等著：《电视文化战略》，中国市场出版社 2007 年版。
- 石长顺、张建红：《公共电视》，武汉大学出版社 2007 年版。
- 乔云霞：《中国广播电视史》，中国广播电视出版社 2007 年版。
- 毕一鸣：《现代广播电视论纲》，中国广播电视出版社 2007 年版。
- 曾海燕：《再侃电视 TV：新传媒编导制作》，中国广播电视出版社 2007 年版。
- 孙宝国：《中国电视节目形态研究》，新华出版社 2007 年版。
- 毕根辉：《中国名牌电视栏目〈经济与法〉案例分析》，中国传媒大学出版社 2007 年版。
- 李晓枫：《中国电视传媒资源整合》，中国广播电视出版社 2007 年版。
- 黎斌：《国际电视前沿聚焦》，中国传媒大学出版社 2007 年版。

- 郑蔚：《电视资讯节目新论》，中国广播电视出版社2007年版。
- 曹万学：《地方电视传媒发展研究》，中国传媒大学出版社2007年版。
- 王兰柱：《中国电视收视年鉴2007》，中国传媒大学出版社2007年版。
- 陆生：《走进美国电视》，复旦大学出版社2007年版。
- 史可扬：《电视栏目和频道辨析》，中山大学出版社2007年版。

网络媒介
- 董天策：《网络新闻传播学》，福建人民出版社2007年版。
- 张品良：《网络文化传播：一种后现代的状况》，江西人民出版社2007年版。
- 屠忠俊：《网络传播概论》，武汉大学出版社2007年版。
- 丛立先：《网络版权问题研究》，武汉大学出版社2007年版。
- 匡文波：《网络传播理论与技术》，中国人民大学出版社2007年版。

（本资料由周刚、时爽、吴小康、王懿、石文钟、黄华负责收集整理）

附录4：

2007年中国媒体发展研究论文选目

项目资料组

媒介与社会
- 丁柏铨：《社会公平正义与新闻传媒的责任》，《新闻大学》，2007年第3期。
- 王丹彦：《和谐文化与媒体责任》，《中国广播电视学刊》，2007年第1期。
- 张振顺：《构建和谐社会中电视媒体的使命与责任》，《中国广播电视学刊》，2007年第4期。
- 张安旺：《新闻报道要促进社会和谐》，《中国广播电视学刊》，2007年第6期。
- 温莉华：《论地方电视媒体社会责任的缺失与重构》，《中国广播电视学刊》，2007年第7期。
- 戚鸿峰：《新闻传媒在构建和谐社会中的功能、使命和作用》，《中国广播电视学刊》，2007年第7期。
- 胡滨、卢宏：《新闻媒体在构建和谐社会中的若干责任》，《中国广播电视学刊》，2007年第7期。
- 陈力丹、闫伊默：《整合传播·构建社会公益理念》，《中国广播电视学刊》，2007年第9期。
- 刘逸帆：《论构建社会主义和谐社会进程中的媒体责任》，《中国广播电视学刊》，2007年第9期。
- 冷建云：《加强舆论监督·构建和谐社会》，《中国广播电视学刊》，2007年第10期。
- 宋耀杰：《电视媒体在构建和谐社会中的角色分析》，《中国广播电视学刊》，2007年第11期。
- 石峰：《期刊发展，莫忘社会责任》，《编辑学刊》，2007年第2期。
- 顾理平：《引领与维护：和谐社会建设中的新闻媒体》，《新闻与传播研究》，2007年第3期。
- 张铮、周明洁：《媒介使用与中国农村居民的现代性——对湖南浏阳农村的实证研究》，

《国际新闻界》，2007 年第 5 期。

- 陈力丹：《我国传媒业的职业道德意识与自律建设》，《现代传播》，2007 年第 1 期。
- 余霞：《历史记忆的传媒表达及社会框架》，《武汉大学学报》，2007 年第 2 期。
- 罗以澄、陈文高：《构建和谐社会与新闻传媒责任担当》，《武汉大学学报》，2007 年第 3 期。
- 冉华：《中国传媒公共话语领域的建构》，《武汉大学学报》，2007 年第 5 期。
- 罗以澄、詹绪武：《构建和谐社会与新闻报道的人文智慧》，《现代传播》，2007 年第 5 期。
- 张金海、李小曼：《传媒的公共性与公共性传媒——兼论传媒结构的合理建构》，《武汉大学学报》，2007 年第 6 期。
- 唐昊：《"公平发展权"与传媒的社会责任》，《新闻记者》，2007 年第 1 期。
- 胡德桂：《媒体促进社会矛盾化解的途径》，《新闻记者》，2007 年第 2 期。
- 陈尚荣、叶海、苏红竟：《现代传媒对当代大学生成长影响调查报告》，《新闻界》，2007 年第 3 期。

传媒体制改革

- 张咏华、唐海漫：《迈向新闻文化集团——上海报业媒体提高国际竞争力的策略探析》，《新闻大学》，2007 年第 2 期。
- 丁和根：《我国传媒业经济成分和产权制度改革取向分析》，《新闻大学》，2007 年第 2 期。
- 唐谊军：《广电报应及时实行战略转型》，《中国广播电视学刊》，2007 年第 1 期。
- 刘习良：《顺应时代潮流·推进广播改革》，《中国广播电视学刊》，2007 年第 2 期。
- 王敬松：《谈深化广播电视的改革》，《中国广播电视学刊》，2007 年第 7 期。
- 吴月芽：《高校学报行政化办刊体制的改革思考》，《中国出版》，2007 年第 1 期。
- 孙磊：《对我国行业及高校出版社转型改制的几点思考》，《中国出版》，2007 年第 6 期。
- 朱颖、童兵：《党报体制改革创新的着力点》，《中国出版》，2007 年第 10 期。
- 王永庆：《中国电视传媒改革初探》，《新闻与传播研究》，2007 年第 1 期。
- 王咏梅：《胡政之对王郅隆时期〈大公报〉的改革》，《国际新闻界》，2007 年第 2 期。
- 蔡雯、黄金：《规制变革：媒介融合发展的必要前提——对世界多国媒介管理现状的比较与思考》，《国际新闻界》，2007 年第 3 期。
- 黄升民：《"媒介产业化"十年考》，《现代传播》，2007 年第 1 期。
- 冉华、梅明丽：《中国传媒产业发展的现实困境——兼论文化体制改革背景下的传媒体制改革》，《武汉大学学报》，2007 年第 6 期。
- 陆小华：《分享平台：新媒体的核心动作模式——新媒体变革取向漫谈之一》，《新闻记者》，2007 年第 1 期。
- 尹明华：《报业转型，借力数字化战略》，《新闻记者》，2007 年第 1 期。
- 邓建国：《"信息中心"：未来报纸的新闻编辑室？——美国甘耐特集团的"激进"报业改革》，《新闻记者》，2007 年第 1 期。
- 郭建良：《加入"瘦身潮流"——〈华尔街日报〉版式改革浅析》，《新闻记者》，2007 年第 2 期。
- 黎瑞刚：《传媒改革实践的点滴思考》，《新闻记者》，2007 年第 11 期。
- 许洪祥：《组织变革、再造流程，激活报业发展的新动力》，《新闻记者》，2007 年第 11 期。
- 谭云明、栾明月：《试论我国报刊退出机制的建立与完善》，《新闻界》，2007 年第 1 期。

- 丁和根、耿修林：《传媒制度绩效评价：思路、框架及方法》，《新闻界》，2007 年第 3 期。

传媒扩张与产业发展

- 钟新：《发展现代广播 · 拓展增长空间》，《中国广播电视学刊》，2007 年第 2 期。
- 刘晓军：《传统电视新闻媒体的多元化发展》，《中国广播电视学刊》，2007 年第 6 期。
- 孔德明：《电视媒体的大众化发展态势与路径选择》，《中国广播电视学刊》，2007 年第 11 期。
- 周翼虎：《中国电视产业的压力型发展与外延式扩张》，《中国广播电视学刊》，2007 年第 11 期。
- 田蔚：《用 SWOT 分析法看民营书业的发展》，《出版发行研究》，2007 年第 10 期。
- 红尘：《时尚，可以有多少张面孔？——论〈时尚〉杂志集团的产业化经营策略》，《编辑学刊》，2007 年第 1 期。
- 王云石：《中国 DM 杂志的现状及发展对策》，《编辑之友》，2007 年第 3 期。
- 张志林、彭文波：《未雨绸缪：国际出版集团的新媒体发展策略》，《编辑之友》，2007 年第 4 期。
- 孙平：《协同：中小型报刊社生存与发展之道》，《编辑之友》，2007 年第 5 期。
- 刘年辉：《中国报业集团多元化拓展的基本路径》，《国际新闻界》，2007 年第 2 期。
- 白净：《回归十年香港电视产业发展透视》，《国际新闻界》，2007 年第 7 期。
- 高薇华、赵冰：《1993—2006：中国原创动画产业发展报告》，《现代传播》，2007 年第 3 期。
- 黄勇：《中国广播电视发展新阶段及其战略任务》，《现代传播》，2007 年第 6 期。
- 于小川：《技术逻辑与制度逻辑——数字技术与媒介产业发展》，《武汉大学学报》，2007 年第 6 期。
- 吴基民：《引领新媒体发展的潮流——东方明珠移动电视运营模式初探与前瞻》，《新闻记者》，2007 年第 2 期。
- 黄莹：《长袖当舞——略论广播媒体经营的拓展之路》，《新闻记者》，2007 年第 5 期。
- 林玉凤：《经济发展时期的报业挑战——以澳门报业发展为例》，《新闻记者》，2007 年第 11 期。
- 王咏梅、陈靖：《当前国内一般图书消费市场的现状与发展趋势》，《中国图书评论》，2007 年第 3 期。

媒介营销

- 凌昊莹、王鹏：《广播媒介活动营销分析》，《中国广播电视学刊》，2007 年第 1 期。
- 张勤：《媒体事件与电视节目营销》，《中国广播电视学刊》，2007 年第 1 期。
- 崔亚娟：《转型期电视媒体的品牌营销战略》，《中国广播电视学刊》，2007 年第 3 期。
- 张灏、吴雪：《整体营销在少儿频道运营中的实践》，《中国广播电视学刊》，2007 年第 5 期。
- 王明华：《电视传媒经营新亮点：活动营销》，《中国广播电视学刊》，2007 年第 9 期。
- 杨华钢：《被动观众与电视节目营销策略》，《中国广播电视学刊》，2007 年第 12 期。
- 刘瑜：《博客营销：信息时代的一种新型营销武器》，《出版发行研究》，2007 年第 2 期。
- 张文洲：《看三种媒体如何撬动图书市场——析图书热销千万册背后的新闻传播营销》，《出版发行研究》，2007 年第 4 期。
- 单正华：《网络虚拟游戏：传统媒体营销渠道拓展的新领域》，《出版发行研究》，2007 年第 11 期。

- 陈伟军：《手机媒体与图书营销》，《中国出版》，2007 年第 3 期。
- 张永泰：《营销策略与品牌战略》，《中国出版》，2007 年第 6 期。
- 刘颖：《图书营销创新策略》，《科技与出版》，2007 年第 8 期。
- 袁泽、杨敏洲：《图书出版的时间营销策略解读》，《编辑之友》，2007 年第 4 期。
- 朱晓敏、吴锋：《“后赠品时代”时尚杂志发行营销策略》，《编辑之友》，2007 年第 4 期。
- 王积龙：《〈福布斯〉杂志成功的秘诀》，《编辑之友》，2007 年第 5 期。
- 孟宪忠：《图书产品生命周期各阶段的营销策略》，《编辑之友》，2007 年第 6 期。
- 陈刚：《新媒体时代营销传播的有关问题探析》，《国际新闻界》，2007 年第 9 期。
- 肖赞军：《当前我国报业市场结构下发行促销的有效性分析》，《新闻界》，2007 年第 1 期。

媒介理论

- 陈力丹：《“沉默的螺旋”与法西斯主义的关联辨析》，《新闻大学》，2007 年第 1 期。
- 殷祺：《“失语”与“失忆”——美国媒体的战争报道分析》，《新闻大学》，2007 年第 1 期。
- 朱天、王楠楠：《多元化中寻求路径——2006 年中国电视新闻传播综述》，《中国广播电视学刊》，2007 年第 1 期。
- 罗以澄、陈刚：《虚拟与实体：传媒市场运营的二元解构——虚拟经济研究视域下的传媒市场》，《中国广播电视学刊》，2007 年第 4 期。
- 陈笑春、欧阳宏生：《二十一世纪以来中国电视批评内容研究》，《中国广播电视学刊》，2007 年第 9 期。
- 洪艳：《电视媒介的伦理批评》，《中国广播电视学刊》，2007 年第 9 期。
- 俞虹：《传受双重变迁中的媒介诉求》，《中国广播电视学刊》，2007 年第 10 期。
- 胡智锋、孔令顺：《电视媒体的文化自觉》，《中国广播电视学刊》，2007 年第 10 期。
- 徐明明：《深化中国特色社会主义广播电视理论研究若干思考》，《中国广播电视学刊》，2007 年第 12 期。
- 陈力丹、陆亨：《鲍德里亚的后现代传媒观及其对当代中国传媒的启示——纪念鲍德里亚》，《新闻与传播研究》，2007 年第 3 期。
- 陈力丹、汪露：《2006 年我国新闻传播学研究综述》，《国际新闻界》，2007 年第 1 期。
- 李彬、曹书乐：《2006 年中国传播学理论研究综述》，《国际新闻界》，2007 年第 1 期。
- 付玉辉：《2006 年我国网络传播研究综述》，《国际新闻界》，2007 年第 1 期。
- 展江、戴鑫：《2006 年中国新闻舆论监督综述》，《国际新闻界》，2007 年第 1 期。
- 何道宽：《媒介环境学辨析》，《国际新闻界》，2007 年第 1 期。
- RudolfStber（尹良润）：《媒介进化是什么——新媒介历史的理论化阐释》，《国际新闻界》，2007 年第 10 期。
- 郑一卉：《从“民众议程”看媒体政治议程的设置》，《武汉大学学报》，2007 年第 6 期。
- 徐小立、秦志希：《新闻传媒的消费主义文化变异》，《现代传播》，2007 年第 2 期。
- 王文科、胡蓓蓓：《“话题时代”媒体联动传播效应分析》，《现代传播》，2007 年第 2 期。
- 郜书锴：《对李良荣〈当代西方新闻媒体〉的实证研究》，《中国图书评论》，2007 年第 2 期。

媒介品牌化运作

- 李皓、林时：《城市广播电视报品牌重塑——宁波广电报实例解析》，《中国广播电视学刊》，2007 年第 1 期。

- 徐明明：《谈广播电视品牌的结构》，《中国广播电视学刊》，2007 年第 2 期。
- 吴文平、梁宝瑜：《实施品牌带动・打造强势媒体——杭州文广集团开展“品牌年”建设活动的主要做法》，《中国广播电视学刊》，2007 年第 2 期。
- 孙雁彬：《电视栏目的品牌经营》，《中国广播电视学刊》，2007 年第 2 期。
- 马富胜、王嘉：《节目活动化・活动品牌化》，《中国广播电视学刊》，2007 年第 3 期。
- 惠小军、刘彬社：《民生新闻品牌的构建》，《中国广播电视学刊》，2007 年第 3 期。
- 李宝萍：《体坛盛事・铸就品牌——2006CCTV 体坛风云人物颁奖盛典综述》，《中国广播电视学刊》，2007 年第 4 期。
- 张凡杰、段立华：《找准定位・树立品牌——浅议福建电视台新闻频道》，《中国广播电视学刊》，2007 年第 4 期。
- 周国强：《张扬媒体优势・打造活动品牌》，《中国广播电视学刊》，2007 年第 5 期。
- 吴斌：《电视频道包装与品牌价值》，《中国广播电视学刊》，2007 年第 5 期。
- 秦蕾：《从凤凰卫视看电视媒介形象的构建》，《中国广播电视学刊》，2007 年第 6 期。
- 姜保宏：《中国之声品牌建设的探索与思考》，《中国广播电视学刊》，2007 年第 7 期。
- 高有祥：《西部省级卫视的特色频道与品牌建设》，《中国广播电视学刊》，2007 年第 7 期。
- 余伟利：《〈焦点访谈〉：品牌战略研究》，《中国广播电视学刊》，2007 年第 9 期。
- 于方：《电视新闻栏目品牌化问题浅析》，《中国广播电视学刊》，2007 年第 9 期。
- 张冀：《频率专业化与品牌创新》，《中国广播电视学刊》，2007 年第 9 期。
- 张广义：《简析科教频道的品牌发展战略》，《中国广播电视学刊》，2007 年第 10 期。
- 徐彬：《多角度透视央视少儿频道的品牌建设》，《中国广播电视学刊》，2007 年第 12 期。
- 张捷、赵瑜：《电视活动的品牌化推广》，《中国广播电视学刊》，2007 年第 12 期。
- 彭焕萍：《名牌期刊怎样创造品牌——解读〈读者〉的品牌塑造和延伸策略》，《出版发行研究》，2007 年第 3 期。
- 陈东华：《品牌经营三策略》，《出版发行研究》，2007 年第 6 期。
- 奚春雁：《科技期刊的品牌运作——以〈计算机教育〉为例》，《出版发行研究》，2007 年第 6 期。
- 毛润政：《专注个性与特色——论图书出版品牌化发展》，《中国出版》，2007 年第 7 期。
- 王跃平：《论图书品牌的创建与维护》，《编辑之友》，2007 年第 4 期。
- 徐蕾：《出版品牌经营的实施路径》，《编辑之友》，2007 年第 5 期。
- 薛可、余明阳、刘春章：《基于 FMEA 的媒体品牌竞争力风险模式研究》，《新闻与传播研究》，2007 年第 3 期。
- 徐锦江：《品牌价值高于一切——论〈申江服务导报〉的品牌建设之路》，《新闻记者》，2007 年第 4 期。
- 程小萍：《新传播格局下媒体品牌创新——2006CCTV 中国经济年度人物评选活动的启示》，《新闻记者》，2007 年第 4 期。
- 薛可、余明阳：《中国电视媒体进入品牌竞争时代——东方卫视“时尚化”定位的启示》，《新闻记者》，2007 年第 5 期。
- 杨效宏：《中国电视频道品牌化的意识与方法》，《新闻界》，2007 年第 1 期。

媒介资本运营

- 周笑：《国有传媒正走出自己的资本之路》，《新闻大学》，2007 年第 1 期。

- 翟红蕾：《传媒企业纵向一体化经营模式可行性分析》，《新闻界》，2007 年第 1 期。
- 刘友芝：《业外资本进入传媒业的若干影响研究——以报业为例》，《新闻界》，2007 年第 5 期。
- 郑广声：《媒介战略调整的财务审视——以美国在线并购后的战略调整为例》，《中国广播电视学刊》，2007 年第 8 期。
- 孔令征：《广播电视机构公募融资的困惑与出路》，《中国广播电视学刊》，2007 年第 9 期。
- 蔡克、沈冠祎、张炜：《媒资系统在中小电视台的建设与应用》，《中国广播电视学刊》，2007 年第 9 期。
- 张炯：《试析网络杂志的三种运营模式》，《出版发行研究》，2007 年第 5 期。
- 潘文年：《谈民营书业无形资本的合理运营》，《出版发行研究》，2007 年第 10 期。
- 姚德权、王蕊：《中国新闻出版业资本结构考量与优化》，《现代传播》，2007 年第 6 期。
- 詹新慧：《党报集团资本运营的特殊性分析》，《新闻记者》，2007 年第 4 期。
- 周笑：《中国传媒资本的“三跨”指标——2006 年度中国传媒上市公司概况透析》，《新闻记者》，2007 年第 7 期。
- 卫军：《上海国际频道市场化经营之构想》，《新闻记者》，2007 年第 11 期。

媒介广告经营

- 舒咏平：《数字传播环境下广告观念的变革》，《新闻大学》，2007 年第 1 期。
- 王勇：《解析天津电台广告经营战略》，《中国广播电视学刊》，2007 年第 6 期。
- 黄剑平：《贵州电视台广告营销突围》，《中国广播电视学刊》，2007 年第 12 期。
- 罗孝政：《酒香也怕巷子深——且谈科技出版书载广告的撰写与应用》，《科技与出版》，2007 年第 2 期。
- 易奇志：《教育类杂志的广告经营策略》，《编辑之友》，2007 年第 6 期。
- 蒋建国：《广告、受众与消费文化形塑——传播社会学视野下的近代广州报刊广告研究》，《新闻与传播研究》，2007 年第 3 期。
- 丁俊杰、黄河：《为广告重新正名——从主流媒体的广告观开始》，《国际新闻界》，2007 年第 9 期。
- 朱长元：《分类广告，报业经济的又一块沃土》，《新闻记者》，2007 年第 1 期。
- 胡春秀：《期刊的广告经营优势》，《新闻界》，2007 年第 3 期。

媒介管理

- 任凤霞：《创新管理模式 · 构建六个体系》，《中国广播电视学刊》，2007 年第 1 期。
- 张秀成：《完善管理机制 · 抵制低俗之风》，《中国广播电视学刊》，2007 年第 4 期。
- 柏杨：《我国传媒监管体制的路径选择》，《中国广播电视学刊》，2007 年第 5 期。
- 易绍华：《深圳 DV 生活频道管理经营的创新思路》，《中国广播电视学刊》，2007 年第 8 期。
- 李松：《我国大型图书零售企业困境与管理模式研究》，《出版发行研究》，2007 年第 1 期。
- 王二羽：《德国期刊经营与管理的细节管窥》，《出版发行研究》，2007 年第 11 期。
- 杨彩虹：《出版发行集团构建科学合理的人力资源管理体系初探》，《中国出版》，2007 年第 9 期。
- 丁春玲：《项目负责制是当前出版社改革的现实选择》，《编辑之友》，2007 年第 5 期。
- 向志强：《传媒产业人力资源配置模式研究》，《国际新闻界》，2007 年第 3 期。

- 匡文波：《论中国数字媒体内容监管体系的创新》，《国际新闻界》，2007 年第 11 期。
- 朱毅、吴国辉、李耿晖、熊宇飞：《中国内地电视成本控制机制研究》，《现代传播》，2007 年第 2 期。
- 周光明、邹文平：《论张之洞与近代报刊》，《武汉大学学报》，2007 年第 5 期。
- 骞莉：《评报制度的创新和坚持——浅谈华西都市报的研究生评报制度》，《新闻记者》，2007 年第 2 期。
- 向志强、彭祝斌：《媒介产业价值链与媒介组织的管理创新》，《新闻界》，2007 年第 2 期。
- 李景端：《引进版图书呼唤理性与管理》，《中国图书评论》，2007 年第 10 期。

数字化与新媒体

- 袁志坚：《融合与创新：报业集团数字化发展的问题与思考》，《新闻大学》，2007 年第 3 期。
- 罗建辉：《试论数字化的中国广播电视》，《中国广播电视学刊》，2007 年第 1 期。
- 黄炜：《广播电视新媒体的发展及对策》，《中国广播电视学刊》，2007 年第 1 期。
- 姚争、钱维多：《播客广播的发展及现状》，《中国广播电视学刊》，2007 年第 1 期。
- 周小普、周璐瑾：《数字化进入战略实施阶段——2006 中国广播数字化进程扫描》，《中国广播电视学刊》，2007 年第 2 期。
- 董年初、熊艳红：《视听新媒体概述》，《中国广播电视学刊》，2007 年第 3 期。
- 曹慎慎：《中国数字电视产业发展现状透视》，《中国广播电视学刊》，2007 年第 4 期。
- 龚菡、莫文广：《新媒体发展模式初探》，《中国广播电视学刊》，2007 年第 6 期。
- 雷霞：《中国手机电视发展前景探析》，《中国广播电视学刊》，2007 年第 7 期。
- 刘屏：《新媒体发展与地方电视产业的应对策略》，《中国广播电视学刊》，2007 年第 8 期。
- 林开秀：《对城市广播数字化发展的思考》，《中国广播电视学刊》，2007 年第 9 期。
- 董年初、关字奇：《视听新媒体与传统广电媒体的关系》，《中国广播电视学刊》，2007 年第 9 期。
- 董年初、范洁：《视听新媒体与广电产业发展》，《中国广播电视学刊》，2007 年第 10 期。
- 谈黎红：《我国有线数字电视整体转换后的 SWOT 分析》，《中国广播电视学刊》，2007 年第 11 期。
- 王长潇：《论网络电视对传统电视传播模式的影响与改变》，《中国广播电视学刊》，2007 年第 11 期。
- 董年初、关字奇、熊艳红：《视听新媒体与广电节目形态的变化》，《中国广播电视学刊》，2007 年第 11 期。
- 董年初、熊艳红、范洁：《视听新媒体与广电管理体制改革》，《中国广播电视学刊》，2007 年第 12 期。
- 曾凡斌：《发展数字报业战略的关键及需注意的问题》，《中国出版》，2007 年第 6 期。
- 马凌燕：《论新媒体艺术与数字艺术的异同》，《湖北社会科学》，2007 年第 2 期。
- 邓香莲：《数字出版：传统出版产业链的价值延伸》，《科技与出版》，2007 年第 12 期。
- 唐舰：《数字图书与传统出版：挑战·疑虑·机遇》，《编辑之友》，2007 年第 5 期。
- 杨继红：《新媒体格局下我国数字电视的机遇》，《国际新闻界》，2007 年第 6 期。
- 匡文波：《论手机媒体的盈利模式》，《国际新闻界》，2007 年第 6 期。
- 郑保卫、樊亚平、王静、张薇薇、郭平：《数字化技术与传媒的数字化革命》，《国际新闻界》，2007 年第 11 期。

- 吴兴人：《新媒体不是纸媒体的“掘墓人”》，《新闻记者》，2007 年第 2 期。
- 王卫新、蔡伟：《数字报纸：报业的现实与未来抉择》，《新闻记者》，2007 年第 6 期。
- 严三九、王虎：《中国手机电视运营模式分析》，《新闻记者》，2007 年第 6 期。
- 方翔：《努力打造手机报的核心竞争力》，《新闻记者》，2007 年第 6 期。
- 魏武挥：《博客：一种链式传播的行销媒介》，《新闻记者》，2007 年第 7 期。
- 罗灿：《宽带电视与电子传媒》，《新闻记者》，2007 年第 11 期。
- 袁勇：《数字化挑战与报业发展机遇》，《新闻记者》，2007 年第 11 期。
- 朱春阳：《新媒体经济：效率竞争、创新榜样与国际化示范——从产业经济制度变迁的视角看新、旧媒体之争》，《新闻记者》，2007 年第 11 期。
- 马持节、黄佳、林红梅：《手机电视发展现状研究》，《新闻界》，2007 年第 1 期。
- 胡忠青：《第五媒体辨析》，《新闻界》，2007 年第 1 期。
- 刘骞：《手机报：传统报业的数字化介入辨析与猜想》，《新闻界》，2007 年第 2 期。

（本资料由郭豫丹、王璐、车蒙娜、申柳娜、姜云峰、姜甦、王蓓、喻丰、梅超负责收集整理）

附录 5：

2007 年媒体发展研究译著一览

项目资料组

媒介与社会

- 【美】泽莱兹尼著：《传播法判例：自由、限制与现代媒介（第四版）》，王秀丽译，北京大学出版社 2007 年版。
- 【澳】弗吉尼亚·奈廷格尔、【英】卡伦·罗斯：《批判性读本——媒介与受众》，北京大学出版社 2007 年版。
- 【英】伯顿著：《媒体与社会批判的视角》，史安斌主译，清华大学出版社 2007 年版。
- 【美】苏·卡利·詹森：《批判的传播理论：权力、媒介、社会性别和科技》，曹晋译，复旦大学出版社 2007 年版。
- 【英】约翰·伯格、让·摩尔著：《另一种讲述的方式》，沈语冰译，广西师范大学出版社 2007 年版。
- 【匈】罗伯特·卡帕著：《失焦——卡帕战地摄影手记》，徐振锋译，广西师范大学出版社 2007 年版。
- 【美】理查德·布茨著：《美国受众成长记》，王瀚东译，华夏出版社 2007 年版。
- 【加】马修·弗雷泽著：《软实力——美国电影、流行乐、电视和快餐的全球统治》，刘满贵、宋金品、尤舒、杨隽译，华夏出版社 2007 年版。
- 【英】杰克、逊斯蒂文生、布鲁克斯著：《追寻男性杂志的意义》，陈阳等译，天津人民出版社 2007 年版。
- 【美】吉特林著：《新左派运动的媒介镜像》，胡正荣、张锐译，华夏出版社 2007 年版。
- 【美】汉森、戈特利布著：《电视玄机：性、谎言、宣传片》，刘硕译，中国传媒大学出版社 2007 年版。
- 【美】哈里斯：《媒介心理学》，相德宝译，中国轻工业出版社 2007 年版。

- 【法】阿芒·马特拉著：《传播的世界化》，朱振明译，中国传媒大学出版社 2007 年版。
- 【英】尼古拉斯·阿伯克龙比著：《电视与社会》，张永喜、鲍贵、陈光明译，南京大学出版社 2007 年版。
- 【美】Simon Cottle 主编著：《新闻、公共关系与权力》，李兆丰、石琳译，复旦大学出版社 2007 年版。
- 【英】谢拉·布朗：《媒介文化中的罪与法》，北京大学出版社 2007 年版。

媒介经济与媒介产业

- 【美】艾尔巴兰、陈·奥姆斯特德著：《全球传媒经济》，王越译，中国传媒大学出版社 2007 年版。
- 【美】阿德斯·布罗德里克·索恩等著：《媒介管理案例研究法（第二版）》，王梅、冯越译，中国人民大学出版社 2007 年版。
- 【美】蒂夫特、琼斯著：《报业帝国——〈纽约时报〉背后的家族传奇》，吕娜、陈小全译，华夏出版社 2007 年版。
- 【美】克罗图、霍伊尼斯著：《运营媒体在商业媒体与公共利益之间》，董关鹏、金城译，清华大学出版社 2007 年版。
- 【美】阿尔马朗、彼茨著：《无线电广播产业》，詹正茂、张莹、张莉译，清华大学出版社 2007 年版。
- 【英】盖特著：《国际传媒巨擘品牌成长实录》，詹正茂、许怡勤等译，水利水电出版社 2007 年版。
- 【美】安雅·格芙琳、格雷海姆·瓦茨著：《当代西方财经报道》，张倞译，复旦大学出版社 2007 年版。
- 【美】菲利普·M. 南波利著：《受众经济学：传媒机构与受众市场》，陈积银译，清华大学出版社 2007 年版。
- 【美】F. 吉拉德·亚当斯著：《电子商务革命与新经济：. com 崩溃后的网络经济》，叶秀敏、陈魏珠译，中国人民大学出版社 2007 年版。
- 【美】斯科特·柯林斯著：《狐狸也疯狂：福克斯电视网和 CNN 的竞争内幕》，张卓、王瀚东译，华夏出版社 2007 年版。
- 【美】马丁·迈耶著：《美国商业电视的竞争》，刘燕南、肖弦奕、和轶红译，中国传媒大学出版社 2007 年版。
- 【日】中野晴行著：《动漫创意产业论》，甄西译，中国传媒大学出版社/国际文化出版公司 2007 年版。
- 【南非】普莱希斯著：《广告新思维》，李子、李颖、刘壤译，中国人民大学出版社 2007 年版。
- 【美】弗雷德·汉恩著：《广告我来做——广告设计、制作与管理指南》，叶巍岭等译，上海人民出版社 2007 年版。

媒介本体研究

- 【意】安东尼奥·梅内盖蒂著：《电影本体心理学？电影和无意识》，艾敏、刘儒庭译，中国广播电视出版社 2007 年版。
- 【法】于贝尔·达弥施著：《落差——经受摄影的考验》，董强译，广西师范大学出版社 2007 年版。
- 【美】菲利普·迈耶著：《正在消失的报纸——如何拯救信息时代的报业》，张卫平译，华夏出版社 2007 年版。

- 【英】斯图亚特·艾伦著：《媒介、风险与科学》，北京大学出版社 2007 年版。
- 【美】林文刚著：《媒介环境学思想沿革与多维视野》，何道宽译，北京大学出版社 2007 年版。
- 【美】哈特著：《打造成功的新闻发言人：掌握媒介采访和成功演讲展示之道（第二版）》，卫五名译，北京大学出版社 2007 年版。
- 【美】布雷恩·S. 布鲁克斯等著：《新闻报道与写作》，范红主译，新华出版社 2007 年版。
- 【美】霍华德、马修斯著：《紧急时刻：传媒关系处理》，王俊秀、孙飞宇译，上海人民出版社 2007 年版。
- 【美】豪斯曼等著：《美国播音技艺教程（第五版）》，王毅敏等译，复旦大学出版社 2007 年版。
- 【日】石川庆子著：《如何应对媒体》，陈刚、肖朝堰译，科学出版社 2007 年版。
- 【英】卡伦·桑德斯著：《道德与新闻》，洪伟、高蕊、钟文倩译，复旦大学出版社 2007 年版。
- 【日】鹫尾贤也著：《编辑力：从创意、策划到人际关系》，陈宝莲译，人民大学出版社 2007 年版。
- 【美】Pamela J. Shoemaker 著：《大众传媒把关》，张咏华注释，上海交通大学出版社 2007 年版。
- 【美】戴尔·牛顿，约翰·加斯帕尔著：《低费用电视电影拍摄 101：数码摄制电视电影基本指南》，贺微译，重庆出版社 2007 年版。
- 【美】塞缪尔·G. 弗里德曼著：《媒体的真相——致年轻记者》，梁岩、王星桥译，中信出版社 2007 年版。
- 【法】斯费兹著：《传播》，朱振明译，中国传媒大学出版社 2007 年版。
- 【日】山本文雄著：《日本大众传媒史（增补版）》，诸葛蔚东译，广西师范大学出版社 2007 年版。
- 【法】巴勒著：《传媒》，张迎旋译，中国传媒大学出版社 2007 年版。

（本资料由邓爽、鲁明月负责收集整理）

附录 6：

2007 年传媒领域重要学术会议

项目资料组

- 2007 年 1 月 20 日　第二届中国传媒创新年会

1 月 20 日，由新闻出版总署主管的传媒杂志社和北京大学新闻与传播学院联合主办的第二届中国传媒创新年会在北京召开。

数百名来自传媒界的领军人物以及广告界、企业界的知名人士，围绕传媒产业的创新和发展进行了思想交融和碰撞，提出了诸多新观念、新思路和新举措。本届年会遵循“交流合作，和谐共赢”的原则，聚焦目前备受关注的传媒创新话题，如“现代传媒格局与创新方向”、“报业危机与应对方略”、“现代传媒的战略思维与传统媒体的活力再造”、“新兴媒体、新势力与传媒发展趋势”等议题。

- 2007 年 4 月 25 日　2007 中国财经媒体高峰论坛

4 月 25 日，“2007 中国财经媒体高峰论坛”由第一财经传媒有限公司、《第一财经日报》、清华大学新闻与传播学院联手主办。

本次活动邀请国内外多家知名财经媒体及企业共同参与，旨在探讨财经媒体的经营模式和发展战略，通过与国外财媒的交流，探询中国财经媒体的成长之路。同时，从财经媒体的角度，与企业人士共同分享对中国重点产业发展的种种看法；加强媒体和企业的交流与沟通，共同推进中国经济、中国企业向巅峰迈进。会议议题有财经媒体的产业链构建，国外财媒的商业模式，中国财媒发展大战略，财媒与企业共赢等。

- 2007年5月26～27日　2007年中国广告趋势论坛

5月26～27日，由北京大学新闻与传播学院、中央电视台以及江苏省广播电视总台联合主办，广告大观杂志社和广告金犊奖组委会承办的“2007年中国广告趋势论坛”在北京新世纪日航饭店举行。

近400位来自企业界、媒体和广告公司的风云人物齐聚一堂，共话中国广告业的“角色与未来”。论坛的议题有“新农村，新机遇，新农村建设VS中国广告业的蓝海战略”，“新传播，新需求：广告主需求的变化VS新广告服务模式”，“新形象，新动力：强势媒体的核心传播价值VS社会责任与公信力”，“新媒体，新价值：互联网的营销传播价值VS新媒体广告的创新”。这次论坛搭建了一个平台。

- 2007年7月14～15日　华文传媒与华夏文明传播国际学术研讨会

7月14～15日，“第五届世界华文传媒与华夏文明传播”国际学术研讨会在台湾政治大学举行。本次会议由中国新闻史学会、新加坡南洋理工大学、华中科技大学与台湾政治大学共同主办，台湾政治大学传播学院承办。来自中国内地、港澳台及日本、新加坡、英国等地的60多位学者齐聚台北，共同探讨“传播伦理”等相关议题。

- 2007年8月30～31日　2007中国传媒投资年会

8月30～31日，由中国传媒论坛学术委员会，史坦国际传媒研究中心主办的“2007中国传媒投资年会”举行。

随着中国文化传媒资本市场的进一步开放和新媒体的崛起，媒体面临空前的机遇和挑战。本次大会就媒体开放与国家文化安全、现代传媒企业制度建设、新媒体和传统媒体产业链竞争与整合、传媒集团产业运作与体制创新、重组改制上市与传媒品牌保护和国有资产增值等一系列业界关注的焦点问题，邀请决策部门领导、国内外投资巨子、实业家和具有典型意义的成功媒体领导共商发展大计。主题活动有“中国传媒（新媒体）融资项目大赛”，“优秀媒体投融资项目推介演讲”，“优秀媒体品牌研讨会”，“第4届中国最具投资价值媒体评选活动”，“2007年中国传媒年度人物评选颁奖”，“最有影响力的中国传媒品牌/最有影响力的国际传媒品牌”等。

- 2007年10月20～21日　“和谐社会、公民社会与大众媒介”国际学术研讨会

10月20～21日，由中国传播学会（CAC）、国际传播学会（ICA）联合主办，中国传媒大学、英国西敏寺大学中国媒介研究中心、复旦大学新闻学院、复旦大学信息与传播研究中心、德国阿登纳基金会合办，中国传媒大学广播电视研究中心承办的“和谐社会、公民社会与大众媒介”国际学术研讨会在北京召开。

专家学者分别就“和谐社会与公民社会中的大众媒介”、“新媒体与新社群”、“媒介与性别”、“媒介公共服务”等涉及当今社会发展与媒介变革的多个重要议题进行讨论。作为中国传播学会的年度盛会——“中国传播学论坛”的最新一届，本次会议全面整合发布去年一年中国新闻传播学届的主要成果，同时邀请众多海外学者专家参与研讨，共同为中国新闻传播学的发展出谋献策。这也是国内传播学学术团体首次与国际传播学会合作，具有里程碑式的意义。

- 2007年10月22～24日　政治传播国际学术会议

10月22～24日，由武汉大学媒体发展研究中心、武汉大学新闻与传播学院与新西兰坎

伯雷大学政治学与传播学院联合主办的政治传播国际学术会议在武汉大学召开。

与会学者在正义、平等、自由、开放的学术氛围中，就“大众传媒与社会政治”、“政府形象的新闻构建”、“新闻改革与和谐社会构建”、“传媒发展与政府规制”、“新闻话语与国际政治传播领域”的前沿话题，发表学术演讲，交流最新成果，展开了积极而又富有创见的讨论。

政治传播是政治学与传播学交叉的一个重要的学术领域，是政治学与传播学共同关注的一个重要学术话题。这次会议，正是中外政治学者、传播学者在同一关注点上、同一兴趣点上所搭建的一个相互交流的学术平台。

● 2007 年 10 月 26 ~ 28 日　2007 首届媒介批评国际学术论坛

10 月 26 ~ 28 日，暨南大学新闻与传播学院与珠海特区报社联合主办的“媒介社会与批评精神：2007 首届媒介批评国际学术论坛”在珠海特区报社召开。

本次论坛分主题演讲、主题讨论、分组讨论等环节。学者们就“媒介批评的理论”、“当代中国媒介批评的价值重构”、“当代中国大陆媒介批评研究发展概述及评价”，以及“媒介批评的个案研究”，“我国媒介批评学科建设的基本理论问题”、“西方媒介批评的历史演进、经典著作及其反思”、“当前中外媒介批评的现状、资源、问题与对策”、“中外媒介批评典型个案的剖析”等问题畅所欲言，进行了深入的研讨。

● 2007 年 11 月 1 ~ 2 日　公共危机与跨文化传播国际学术会议

11 月 1 ~ 2 日，“公共危机与跨文化传播国际学术会议”在武汉大学召开。这次会议是武汉大学新闻与传播学院与法国波尔多三大组织传播研究中心合作举办的第四次跨文化传播国际会议。

公共危机通常是指一种危及全体社会公众生命财产和公共利益的紧急事态。进入 21 世纪以来，公共危机越来越引起人们的关注，从“9 · 11”恐怖袭击事件到俄罗斯人质事件，从非典肆虐全球到印度洋海啸席卷沿岸，从“苏丹红”食品危机、日本列车脱轨事故到美国“卡特里那”飓风灾害，从法国的巴黎骚乱到中国的农民工问题，各种突发事件威胁着人类安全和公共秩序，引发了社会危机和政治危机，同时也打破了文化交流的平衡、破坏了跨文化伦理基础，因此，如何通过建构跨文化传播来化解公共危机、如何使不同文化背景的媒介介入人类的危机管理，就成了全球性的问题。面对现实问题进行国际科研交流与合作是推进新闻传播学发展的重要一步，“公共危机与跨文化传播”作为一个跨学科的综合性、战略性研究议题，更加有利于学科创新。

● 2007 年 11 月 2 ~ 4 日　2007 北京论坛

11 月 2 ~ 4 日，北京大学和北京市人民政府联合主办 2007 北京论坛。其中“多元文化、和谐社会与可选择的现代性：新媒体与社会发展”分论坛由北京大学新闻与传播学院主持。

对传播媒介的批判性审视一直是人文社科研究的核心问题之一，新媒体与公民社会、新媒体与文化认同、新媒体与国际传播秩序、新媒体与社会责任等，此次论坛共同探讨了新媒体是如何迅速而深刻地改变着你我的生活，推动着社会的变革。

● 2007 年 11 月 17 ~ 18 日　广告教育研究会第六届学术年会

11 月 17 ~ 18 日，中国广告教育研究会主办、上海大学影视艺术技术学院承办的“新媒介、新营销时代下的广告与广告教育国际研讨会暨广告教育研究会第六届学术年会”，在上海大学召开。本次会议共有全国广告教育院校 120 多所的 160 人左右参加，并聘请了国际相关专家与代表们共享对中国广告教育问题的看法。

● 2007 年 12 月 6 ~ 7 日　2007 中国新媒体信息技术、法律、安全和隐私国际研讨会

12 月 6 ~ 7 日，由中国传媒大学媒体管理学院主办的“2007 中国新媒体信息技术、法律、安全和隐私”国际研讨会在北京举行。

会议主题是新媒体技术、经济和法律问题，具体主题包括：新媒体经济发展与新模式，

新媒体国际贸易，新媒体技术发展与创新，新媒体内容的规制与监管，新媒体技术安全与法律保护，新媒体中的隐私保护与平衡，新媒体中的知识产权保护，与新媒体有关的司法管辖问题，与新媒体技术和经济有关的犯罪与侦查等。

● 2007年12月7~9日 "传播与中国"复旦论坛

12月7~9日，以"媒介素养与公民素养"为主题的首届"传播与中国"复旦论坛在上海举行。

来自美国、日本、俄罗斯以及中国港、澳、台两岸三地的近百位学者聚集复旦，围绕媒介素养的国际发展与本土经验、中国媒介素养教育课程研究、媒介素养与公众参与、媒介素养教材编撰及教学成效评估等议题展开研讨。目前，媒介素养教育在英、美、加拿大等国家已经日益成为中小学教育的重要组成，近年来中国大陆也逐步兴起对此领域的研究。此外，学者们在世界各国媒介素养教育的经验总结、中国如何开展媒介素养教育等议题的讨论中，提供了诸多有利于提升公众媒介素养的策略与建议。

● 2007年12月 "纪念延安整风运动暨《解放日报》改版65周年"学术研讨会

12月，"纪念延安整风运动暨《解放日报》改版65周年"学术研讨会在复旦大学新闻学院培训中心举行。

来自全国十几所高校、研究机构与政府部门的30多名学者参加了这次会议。会议由复旦大学新闻传播与媒介化社会研究国家哲学社会科学创新基地、信息与传播研究中心以及新闻学院共同举办。这次会议的一个主要特点是跨学科。来自新闻传播学、史学、政治学、文学等学科的学者从不同层面共同探讨这一历史事件。学者们围绕这一历史事件的事实、历史语境、现实意义、对党报理论与新闻传播事业的影响进行了热烈讨论。

● 2007年12月19日 第四届中国传媒经济年会

12月19日，由中国传媒大学和新加坡新传媒集团联合主办，中国传媒大学媒体管理学院和新加坡新传媒集团亚洲新闻台（国际频道）承办的"第四届中国传媒经济年会"在北京举行。本届年会的主题是"新媒体、竞合与共赢"，国内外学者围绕新媒体与中国传媒产业发展之相关问题展开了讨论。

● 2007年12月23~24日 第一届中日跨世纪传媒研讨会

12月23~24日，为促进中、日两国间传媒学术研究领域的交流与发展，从而推动中日关系全面健康发展，由中国传媒大学、日本早稻田大学联合主办，中国传媒大学广告学院、日本二十世纪传媒研究会承办的第一届中日跨世纪传媒研讨会在中国传媒大学召开。研讨主题是高度消费社会的形成与传媒发展的中日比较分析 。

（本资料由周密、张艳负责收集整理）

改革·转型·突破与融合的探究①
——2007 年中国媒体发展研究述评

武汉大学媒体发展研究中心课题组
课题组长：吕尚彬
课题组员：陈　刚　胡新桥　陈亚旭　张昌旭　方　苏
刘　琴　钱广贵　耿　蕊　姜　帆　聂　莉

通过对 2007 年主要新闻传播类学术期刊和大学文科学报刊发的媒体发展研究论文的基本观点的梳理，本文试图从媒体发展总体研究、广播电视发展研究、报纸发展研究、杂志发展研究、网络媒体发展研究、媒体广告发展研究六个方面，概略勾画本年度中国媒体发展研究学术观点谱系，试图揭示出本研究年度内我国学术界关于媒体发展的改革、转型、突破、融合的富有创新意义的学术观点。

1　媒体发展总体研究述评

2007 年被称为信息公开年和公共事务年，媒体发展的研究较多地指向现实。② 媒体发展研究，无论是理论分析，还是实践观照，都取得颇有价值的成果。

1.1　媒体发展理论研究述评

媒体发展理论研究的主题大体上集中于信息公开与国民知情权的保障、媒体公信力、和谐社会建构过程中的新闻媒体功能与角色、媒介素养教育等几个方面。

1.1.1　信息公开与国民知情权的保障

2007 年 4 月 5 日，国务院公布了《中华人民共和国政府信息公开条例》，使信息公开、舆论监督、新闻自由的保障成为学术界关注的热点之一。研究者认为，信息依法公开，可以保障公民依法获取政府信息，打破信息屏蔽，实现公众对政府工作的知情权、参与权和监督权；信息公开对新闻媒体的发展也将产生重大的影响。有学者认为，条例的公布其实更重要的意义在于对新闻传播业的繁荣发展提供了新的政策支持。大众传媒的核心是内容，而内容的重中之重是政府信息，因此，这一条例的受益者首先是新闻传播行业。③ 有学者认为，其影响主要体现在对公民知情权、对记者采访权、对传媒公信力和舆论监督等都产生重要影响。有学者认为，2007 年 6 月 24 日提交全国人大常委会二审的《突发事件应对法草案》，相比以前的草案（一审稿）有两处重要的修改：一是删除了第 57 条新闻媒体不得“违规擅

① 本文是教育部哲学社会科学重大攻关课题《新闻传媒发展与建构和谐社会关系研究》(05JZD00026) 成果的一部分。

② 陈力丹、陈秀云：《2007 年我国新闻传播学研究》，《国际新闻界》，2008 年第 1 期。

③ 曹鹏：《〈政府信息公开条例〉对新闻传播业的意义》，《新闻记者》，2007 年第 6 期。

自发布”突发事件信息的规定；二是删除了第45条中“并对新闻媒体的相关报道进行管理”这句话。两个条款的删改，可视为政治理念新走向的象征，这个象征传达出在行政机构对信息控制权与信息公开原则的权衡中，最高立法机构最终倾向对信息公开原则的捍卫，信息公开原则在国家理念中得到更广泛的承认和最高立法层次的肯定，由此新闻界的权利空间有所保障，社会责任得到体现。① 有学者认为，新闻知情原则是指政府及其组成部门将政府的工作信息及时提供给新闻媒体，由媒体以新闻的方式向公众传播。新闻知情的目的在于使公众及时了解政府各个方面的工作，满足公众对政府的知情需要，既使政府工作置于公众的监督之下，又使公众在了解信息的基础上理解和支持政府工作。只有维护公众的知情权，进而才能保障公众的参与权和监督权。因此，新闻知情是政府新闻工作的前提和出发点，体现了民主政治和传媒时代的要求，并要求政府通过具体有效的组织形式加以落实。②

还有研究者从具体的典型事件切入，对信息公开与媒体的报道进行了研究。他们认为2007年春发生在重庆的“最牛钉子户”事件，不仅是公民维护自身权益的典型事件，更是一个引起轰动的媒介事件。这个媒介事件表明：其一，在传统媒体和网络媒体的积极互动中，网络媒体已成为推进我国信息公开与舆论开放的重要力量；其二，对敏感问题的新闻报道打破地域限制，有利于推进我国新闻媒体的舆论监督；其三，实行信息开放，让媒体报道现实生活中的某些突出问题有利于促成事态的妥善解决。③

当然，对于信息公开与受众知情权的保障，本年度的研究还是有待进一步深化的。例如，如何在信息公开的基础上，保障公民的媒介接近权，保障新闻传媒的传播自由权利等问题，还需要进一步探索。

1.1.2 媒介公信力研究

关于媒介公信力的研究值得关注的是喻国明教授主持的教育部哲学社会科学研究重大课题攻关项目《中国大众媒介的传播效果与公信力研究》的系列成果的发表。④ 该成果不仅在研究方法上运用了抽样调查和实证研究，而且从多个角度来全面廓清我国媒体公信力的现状，探索建立符合我国实际情况的媒介公信力判断维度量表，试图解析我国媒介公信力的影响因素。⑤

喻国明、张忠洪认为，我国媒介渠道与媒介机构之间的公信力存在较大差异，并有明显的地域与城市类型差别：从媒介内容上看，电视各项内容的绝对公信力都高过报纸，而报纸又高过网络新闻；绝对公信力方面，中央电视台、《人民日报》、新浪网，以及《中国新闻周刊》等属于各类媒体中的公信力最高的媒介机构⑥；媒介渠道公信力有地域的差别，电视、报纸相对公信力的一个大致变化规律是随经济的发达程度、开放程度而变化⑦；无论是

① 陈力丹、孙江波：《从“违规擅自发布”受罚到信息公开—由〈突发事件应对法草案〉两条款删改引发的思考》，《民主与科学》，2007年第2期。

② 曹劲松：《政府新闻必须维护公众的知情权—兼论政府新闻学的新闻知情原则》，《现代传播》，2007年第5期。

③ 董天策、刘薇：《试论“最牛钉子户”媒介事件的新闻传播学意义》，《现代传播》，2007年第4期。

④ 喻国明、张忠洪：《中国大众媒介的传播效果与公信力研究报告》，《中国媒体发展研究报告》，2007年卷。

⑤ 喻国明、张忠洪：《中国大众媒介的传播效果与公信力研究报告》，《中国媒体发展研究报告》，2007年卷。

⑥ 喻国明、张忠洪：《中国大众媒介的传播效果与公信力研究报告》，《中国媒体发展研究报告》，2007年卷。

⑦ 喻国明、张忠洪：《中国大众传播渠道的公信力评测》，《国际新闻界》，2007年第5期。

绝对公信力的测量，还是相对公信力的测量，无论是城市还是农村，无论是在大众传播体系中，还是在整个社会的传播体系中，国内电视在所有传播渠道的公信力都是最高的。① 他们还认为，我国媒介公信力的判断维度指标需要从权力取向和专业取向两个方面来设立，自此基础上，我国媒介公信力判断维度量表共有 6 个维度，23 个题项。②

不过，根据我国现有的媒介生态环境，如何建构可以准确测评宣传媒介、市场化媒介、公共媒介等不同类别媒介的公信力评价指标体系，还是一个有待深入研究的问题。

1.1.3　和谐社会建构过程中的新闻媒体功能与角色

新闻媒体在和谐社会构建中的角色、功能及其实现，依旧是学界关注的重点。罗以澄认为，构建和谐社会是一项宏大的系统工程。在媒介社会化的当代中国，新闻传媒既是整合社会资源、推进社会共识与认同、协调社会全面有序发展重要的基础性工具，也是构建和谐社会的重要组成部分。在构建和谐社会的总体布局中，要积极提高新闻传媒的运用能力，克服新闻传播中的不和谐问题；大力推进新闻传播观念、新闻传播体制与技术性创新，从而推进新闻传媒健康、和谐的发展。③ 这是由作为社会信息传播子系统的新闻传媒天赋使命与构建和谐社会理念之间具有高度一致性所决定的。当前新闻传媒存在着与构建和谐社会要求不和谐的现象，主要表现为公共信息平台向强势群体倾斜、新闻镜像失真和人文精神的缺失。为更好履行构建和谐社会的使命，新闻传媒必须科学界定公共传媒与商业传媒的身份与功能，改革传播理念，关注弱势社群，维护社会公平与正义，提高舆论监督和危机预警能力，为建设和谐社会提供强大的软实力。④ 特别是面对急剧的技术发展、急速的市场冲击，新闻传媒在构建和谐社会的进程中，不能迷失生存本位，更不能丧失角色意识。这就需要新闻传媒以人为本，为人民服务，服务于人民的幸福与和谐友好相处，服务于生活理性和人文精神的涵护和提升，两者的结合需要张扬新闻传播的人文智慧，从而推动社会的理性认知模板和德性社会交往网络的健全；新闻传媒在履行社会角色的过程中，推进和谐社会的构建；在构建和谐社会的进程中，完善新闻传媒的社会角色及其功能。⑤ 郑保卫认为，新闻传媒与和谐社会建设是一种相辅相成、相互促进、和谐共存的关系。在构建社会主义和谐社会的过程中，新闻传媒是和谐社会建设的宣传者和促进者；而社会和谐又是新闻传媒的奋斗目标和工作动力；同时，和谐的传媒与和谐的舆论本身是社会主义和谐社会的重要组成部分。⑥ 而要实现和谐传媒与和谐传播，戚鸿峰认为必须直面三个方面的挑战，即：一是传播方式立体化、意识形态多元化对新闻传媒带来的挑战。二是社会转型期的文化冲突、利益格局的调整、信仰危机等对新闻传媒带来的挑战。三是国际传媒竞争对我国新闻传媒带来的挑战。正是在直面挑战的过程中，进而完成新闻传媒的角色与功能。而从这个角度看，新闻传媒既是社会主义主流意识形态的建构者、宣传者和实践者；又是社会转型期中调整文化冲突、利益格局的“润滑剂”、“疏导器”；同时新闻传媒还要在处理社会突发事件和公共危机中承担特殊使命，满足人民群众精神文化的需要，提升社会文化内涵和品位服务。为了迎接挑战，为了更好地为构建和谐社会服务，新闻传媒需要大力加

---

① 喻国明、张忠洪：《中国大众媒介的传播效果与公信力研究报告》，《中国媒体发展研究报告》，2007 年卷。

② 喻国明、张忠洪、靳一：《媒介公信力：判断维度量表之研究——基于中国首次传媒公信力全国性调查的建模》，《新闻记者》，2007 年第 6 期。

③ 罗以澄：《构建和谐社会与新闻传媒的和谐发展》，《江汉大学学报》，2007 年第 5 期。

④ 罗以澄、陈文高：《构建和谐社会与新闻传媒责任担当》，《武汉大学学报》，2007 年第 3 期。

⑤ 罗以澄、詹绪武：《构建和谐社会与新闻报道的人文智慧》，《现代传播》，2007 年第 5 期。

⑥ 郑保卫：《论新闻传媒与和谐社会建设的关系》，《新闻与写作》，2007 年第 2 期。

强自身建设。① 因此，媒体功能、媒体责任与社会公正、媒体与公民社会、媒体行为等也都成为和谐社会构建的视域内学者关注的问题之一。

对媒体歧视、社会弱势群体的话语权的研究，构成本年度内探索和谐社会建构过程中的新闻媒体功能与角色的重要收获。一部分论文分析了当下新闻报道中严重存在的性别歧视、地域歧视、身份歧视、年龄歧视、生理缺陷歧视等媒介歧视现象，并深究其原因。② 尤其是弱势群体话语权的研究，形成了一批有一定深度的成果。有学者认为，在利益多元化和博弈化时代下，弱势群体的利益表达存在着困境，而这种困境的重要原因在于新闻传媒在表达弱势群体权益方面存在着不足，体现在对弱势群体利益表达的失声和失语、刻板印象和缺乏人文关怀和维权能力不够等方面。为此，新闻传媒要成为弱势群体的利益表达渠道，必须在培养敏锐意理性表达、增开渠道让弱势群体发声、采用平民化视角和增强人文关怀及其强化舆论监督方面下功夫。③

当然，对于新闻媒体在和谐社会构建中的角色、功能及其实现的研究，也还存在一定的不足。例如，并没有能够根据我国目前的媒介类型，进行分类实证研究。

1.1.4 媒体素养教育研究

对媒介素养教育研究的拓展主要表现在三个方面：

第一，重视对行政管理人员的媒介素养教育。胡瑞廷认为，我国的党政领导既是现代传媒的部分受众，又是媒介报道和监督的对象，还是媒介的领导者、使用者、管理者。对他们实施媒介素养教育的具体内容至少有六个方面：一是首先要比一般受众对现代传媒有更加全面、正确、深刻的认知；二是善于从各类媒介较为广泛、全面地了解本地和国内外的重要新闻和信息，并将之作为间接了解经济、社会、政治、文化发展整体情况和形势的主要渠道之一，作为分析形势、把握形势的参考；三是通过重要传媒的受传，及时掌握党中央、国务院和上级党委、政府及有关方面的重要举措与工作指导方针、政策，加深对党和国家大政方针、政策的了解与理解；四是通过传媒受传，了解人民群众特别是普通群众、弱势群体的愿望与呼声，了解社会舆情与思潮，了解倾向性问题与矛盾，了解知名人士、能人志士的见解、主张；五是勇于接受传媒舆论监督，正确对待媒介舆论监督；正确对待媒介对领导活动的报道，警戒失真、失信、浮掠的传播；六是通过接受传媒受传，了解和掌握传媒从事传播活动的情况，善于从中发现某些倾向性或突出的问题，以利对传媒行为进行指导与监督。④ 在领导干部身边工作的秘书的媒介素养，也成为学者们讨论的问题之一。唐蒙等人认为，秘书的媒介素养主要包括：收集信息的素养，如强化对媒介信息的敏感度、掌握相关的媒介技术、批评性地使用媒介信息；信息发布的媒介素养，如借助媒体议程设置功能加强政府执政能力、主动提供信息引导大众媒介、正确处理政府危机等。⑤

第二，重视大学生的媒介素养教育。有学者认为，学生们应当提高自己的媒介素养。学生们提高了媒介素养后，便有了自觉监督传媒的意识。传媒在我们的社会中具有重大的影响力，但是它自身毛病很多，并且缺少监督。现在传媒的职业规范尤为突出，这与我们的现行体制有关系。在这种情况下，需要公众对媒体进行监督，现在这种监督不太多。新闻教育方面，有学者认为，中国的新闻传播学科教育在最近几年发展极快，但问题不少。20 世纪 80

---

① 戚鸿峰：《新闻传媒在构建和谐社会中的功能、使命和作用》，《中国广播电视学刊》，2007 年第 7 期。

② 参见《国际新闻界》2007 年第 2、3 期曾庆江、夏兴通、杨育彦等作者的论文。

③ 陈建胜：《新闻传媒：弱势群体的利益表达渠道》，《新闻大学》，2007 年第 3 期。

④ 胡瑞庭：《试论我国党政领导者媒介素养的构建》，《中国广播电视学刊》，2007 年第 6 期。

⑤ 唐蒙等：《行政秘书应具备的媒介素养》，《当代传播》，2007 年第 6 期。

年代只有十来个大学有新闻学专业，现在全国已经有500多所大学设置了新闻专业，新闻传播类专业的教学点超过600个。这个发展速度和社会对于传媒工作者的需要有关，也和各个大学急功近利地扩张自己的势力范围有关。现在有新闻专业的大学中，大约有80%的没有新闻学专业出身的教师；发展速度过快恐怕会给未来的新闻传播学教育带来潜在的危机。① 对非新闻传播学类专业的大学生媒介素养教育，也已经开始在东中部地区的一些高校实施，并受到大学生的热烈欢迎。大学生媒介素养教育实施的社会意义、大学生媒介素养教育内容与方法等问题，也成为本年度关注的问题之一。

第三，重视少数民族的媒介素养教育。有学者认为，完善少数民族的媒介素养教育，首先要整合完善民族地区农村信息服务体系；传播内容上要交叉混合传播；传播途径上，多媒体、跨媒体传播；分层实施媒介素养教育的组织。②

此外，也有研究者开始反思大陆媒体素养研究的进展和缺失。有学者认为，媒介素养研究的进展主要集中在：主体媒介素养研究的视阈不断拓宽；媒介素养教育研究实践性日益凸显；网络媒介素养研究方兴未艾；媒介素养研究译介成果丰富；媒介素养研究开始应对全球化的发展趋势。媒介素养研究的缺失表现在：研究视野中存在着盲点；基础理论研究中概念混乱；研究中存在着失衡现象；研究方法相对匮乏和单一。深化媒介素养研究应明确研究范畴，理清基本概念；提升研究层次，深化研究理念；关注失衡领域，加强实证研究。因此，深化媒介素养研究的对策包括以下三个方面：一是明确研究范畴，理清基本概念。二是提升研究层次，深化研究理念。三是关注失衡领域，加强实证研究。③ 这为媒介素养教育向纵深发展，提供了一个反思维度。

1.2 媒体发展实务研究述评

媒体发展实务研究的主题集中在媒体改革、媒介经济、传媒经营管理、媒体发展趋势等几个方面。

1.2.1 媒体改革研究

对媒介体制改革的反思，是2007年媒介实务研究的特色之一。媒介体制改革的过程、目标、逻辑、媒介角色以及媒介结构等，都成为研究者们关注的重点。关于媒体改革的过程，张昆认为，中国媒介体制改革历史轨迹大体上经历了5个阶段：1978—1982年的拨乱反正、1983—1989年上半年的改革初成、1989—1991年的反思调整、1992—2002年的改革与发展并重、2003年至今的深化改革。30年来的媒介改革波澜起伏，有顺境也有逆境，有进步也有曲折，但总的趋势是在中国共产党的基本路线指引下，由浅入深、由表及里地在蓬勃发展着。④ 关于媒介体制改革的逻辑，喻国明认为，正在经历从“增量改革”到“语法改革”的转型。他认为所谓的“增量改革”只是在过去“存量”现实基础上对于社会发展要求的一种有限的调适，其发展的基本态势仍然是以既往的“存量逻辑”为“圆心”的种类延伸和扩张。所以，必须对有关的“语法”规则进行较为彻底的突破性改造，这样才能把已经极大扩张了的、处于散乱无序和不合理约束中的媒介“单词”借助“语法”改变的这根红线串成表达时代要求的传播“语句”。⑤ 关于传媒改革的目标，李良荣认为，经过了

① 陈力丹：《关于媒介素养与新闻教育的网上对话》，《湖南大众传播职业技术学院院报》，2007年第4期。

② 林晓华：《少数民族媒介素养教育体系的构建》，《西南民族大学学报》，2007年第12期。

③ 胡连利：《我国大陆媒介素养研究的进展与缺失》，《河北大学学报》，2007年第1期。

④ 张昆、赵莉：《中国媒介改革与发展的历史轨迹》，《中国媒体发展研究报告》，2007年卷。

⑤ 喻国明：《传媒发展：从“增量改革”到“语法改革”》，《青年记者》，2007年第11期。

将近 30 年的进程，目前的媒介改革已经从碎片化走向整体推进，需要进行整体设计。其中，首当其冲的问题是设定改革的优先目标。既有的目标体系内，政府目标是保障意识形态安全，学界目标是公共利益优先，传媒业目标是遵循商业原则追求经济利益最大化。“谁来保护公共利益”是目前亟待解决的大问题。传媒改革制度创新的基本原则应建立在公共利益之上。以此来设定媒介体制改革的目标，改变传媒业完全市场化的制度安排。① 关于在媒介体制改革的进程中的媒介角色的变化，罗以澄、吕尚彬认为，在我国的渐进式改革的背景下，以报纸为代表的我国媒介的角色经历了一个重大转型。这一转型的过程，大体上经历了从总体性变化，到分化、断裂、博弈以及整合等不同阶段。所谓总体性报纸媒介角色指的是 1949—1978 年，报纸媒介作为组织传播媒介的角色样态。所谓分化的报纸媒介角色指的是 1978—1992 年报纸媒介从组织传播媒介转向大众传播媒介的过程中，报纸媒介角色从一元的国家组织动员工具分化为多元的大众传播媒介角色的样态。所谓断裂的报纸角色是指分化性阶段形成的报纸角色在 1992 年以后得到了倾斜性重建，与市场经济的运行相关和报纸媒介角色功能进一步延伸强化，与传统党报角色功能契合的部分功能得到了超市场的固化和形式化，以至报纸媒介不同角色的矛盾与冲突显化。所谓博弈报纸媒介的角色是指报纸媒介的公民代言与社会阶层代言、媒介市场利益与公众的知情权利之间的博弈样态。所谓整合的报纸媒介角色是指在构建和谐社会的语境下，报纸媒介角色的矛盾、冲突得到整合与协调，形成统一的报纸媒介角色体系。② 关于我国传媒的结构转型，张金海、徐卫华认为，尽管我国的传媒属性经历了从单一到双重，再到多元属性的萌生，但公共性的缺位是一个大问题。而公共性是传媒的本质属性之一。重塑传媒公共性，打造公共传媒将是改变我国媒介生态结构，实现媒介结构优化与转型的必然趋势。③

尽管本年度对于媒介改革的反思性研究有不少可圈可点的成果，但这只是 2008 年全面反思媒介改革与新闻改革的一个预备期。无论是反思的广度，还是深度都需要扩展。

1.2.2 媒体经济研究

对媒介经济学的反思、对传媒产品经济特征认识的拓展、对虚拟经济的思考、对传媒产业结构的分析、对传媒产业转型的探索等，构成本年度媒介经济研究的基本主题。④

对传媒经济学学科自身的检视，表现出学者对新兴学科构建的理性和审慎。黄升民在对媒介产业化的 10 年进程梳理之后认为，媒介产业化应该是媒介经济学的核心范畴。因为提出这一概念，强调解决市场空间、市场资源以及经营规模的问题；它较之于市场化、商品化更有张力，更有涵盖能力。⑤ 谭天针对周鸿铎的“传媒经济不是经济学科”的观点，对媒介经济学的对象进行了反思。他认为，传媒经济研究范畴涵盖传媒产业经济学、媒介经营管理以及传播政治经济学，而传媒经济学的研究范畴只限于前两个学科。传媒产业经济学和媒介经营管理是传媒经济学研究的两个主要范式。⑥

对传媒产品外延认识的拓展是传媒经济研究的收获之一。有学者提出，大众传媒除了内容产品还同时生产时间产品，而时间产品正是传媒经济最基本的价值通货。当我们把所有形

① 李良荣：《论中国新闻改革的优先目标——写在新闻改革 30 周年前夕》，《现代传播》，2007 年第 4 期。

② 吕尚彬、罗以澄：《渐进式改革背景下中国报纸角色转型分析》，《中国传媒报告》，2007 年第 4 期。

③ 徐卫华、张金海：《公共性 · 公共领域 · 公共媒介》，《中国媒体发展研究报告》，2007 年卷。

④ 喻国明、王斌：《从“增量改革”到“语法革命”——2007 年我国传媒经济学研究概述》，《国际新闻界》，2008 年第 1 期。

⑤ 黄升民：《“媒介产业化”十年考》，《现代传播》，2007 年第 1 期。

⑥ 谭天：《试论我国传媒经济的研究》，《暨南学报》，2007 年第 1 期。

态的媒介内容产品都当作时间产品来看待时，它们之间最重要的差异化因素就不再是内容，而是内在的时间结构与受众消费时支配时间的方式与偏好。①

在传媒产业结构布局、市场运营、产业转型的研究方面，也有突破。刘洁、胡君认为，中国媒体产业布局形成了两个增长极，但增长极的极化效应远远大于扩散效应。媒介跨地区经营遭遇政策风险与产业链遭遇地区分割等所造成的扩散通道不畅是出现“孤岛效应”的主要原因。② 罗以澄、陈刚从虚拟经济的视角分析了当前的传媒市场运营。他认为，传媒产业作为我国一个新兴的市场化产业，在发展其实体经济市场运营的同时，也需要培育、发展和规范其虚拟经济市场运营。目前，我国传媒业虚拟经济市场运营已经有了一定的发展，但相比于发达国家的传媒业，其发展空间还很大。因此，我国传媒业在进行虚拟经济市场运营的环境下，必须重视面临的风险和存在的问题。③ 喻国明探索了传媒产业的转型。他认为，中国媒介业的发展，并不仅仅依靠自身的理论逻辑和市场的逻辑发展，更大程度上它是与中国的制度现实、技术现实和产业现实紧密结合在一起的。从这三个基本面的逻辑交汇点上看，2007 年中国传媒业的现实发展取决于在下列三个方面的转型是否成功、有效：一是产业重心：从以核心产品打造向以形式产品和延伸产品转型。二是营销哲学：从“售卖”到“分享”的转型。三是报网互动：从传统报业向数字报业的转型。④

1.2.3　传媒经营管理研究

媒介制度构建是本年度传媒经营管理领域的重要话题。关于媒介制度建构研究，值得注意的是学者们对于中国传媒集团化发展的制度审视。有学者认为，集团化的制度安排是中国政府和传媒在各自利益取向下共同的制度选择。这一制度安排实现了对政府和传媒的效率。同时，这一制度安排无法克服制度的路径依赖，因而遭遇传媒产业发展的重大障碍。这些障碍是在混合体制内无法根本解决的。传媒文化体制产业属性的确立，成为中国传媒集团实现产业飞跃的根本性奇迹。这一重大背景，使中国传媒集团能够从经营机制的制度创新开始，在市场机制的良性驱动下，逐步突破旧有体制的闭锁，最终实现制度的均衡。⑤ 有学者也以 2004—2006 年中国数字电视产业发展为例，分析了中国传媒产业制度变迁中的技术与制度。⑥

1.2.4　媒体发展趋势研究

在经济全球化、政治多极化和信息传播国际化的形势下，面对日益激烈的国内外传媒市场竞争，我国传媒业如何赢得竞争优势，促进事业发展，这既是一个重要的实践问题，也是一个重大的理论问题。有学者认为，不断强化传播力，努力彰显影响力，积极拓展创新力，全面提升竞争力，是当前我国传媒业实现发展之要略。⑦

基于传媒的产业现实、技术现实、制度现实，以及国际的产业演变趋势，碎片化、数字化是当前媒介环境的基本特征，学者认为，创新与融合是传媒及其产业发展的两大趋势。不

---

① 周笑：《时间产品——传媒经济学的价值基点》，《社会科学》，2007 年第 7 期。

② 刘洁、胡君：《媒介产业增长极“孤岛效应”成因及解决路径》，《新闻与传播研究》，第 14 卷第 3 期。

③ 罗以澄、陈刚：《虚拟与实体：传媒市场运营的二元解构——虚拟经济研究视域下的传媒市场》，《中国广播电视学刊》2007 年第 4 期。

④ 喻国明：《2007 年：中国传媒产业的三种转型》，《新闻战线》，2007 年第 11 期。

⑤ 张金海等：《中国传媒集团化发展的制度审视》，《中国媒体发展研究报告》，2007 年卷。

⑥ 李小曼：《中国传媒制度变迁中的技术与制度》，《中国媒体发展研究报告》，2007 年卷。

⑦ 郑保卫：《强化传播力 彰显影响力 拓展创新力 提升竞争力——试论当前我国新闻传媒业发展之要略》，《新闻与传播研究》，2007 年第 2 期。

过，对这两大趋势的具体内涵的理解稍有差异。喻国明认为，传媒产业的发展趋势有三个方面值得重视：关注重点由硬及软的转变、内容由宏及微的改变、运营模式由封闭到开放的转变。所谓关注重点由硬及软的改变，强调的是在渠道极其丰富、选择极其多样的今天，渠道本身越来越不具有传媒的属性，它只是传媒的一个基础性的技术提供者而已。对于未来的传媒专业机构，并不是看它能否运用某一媒介，而是看它对于资源的吸聚能力、整合能力、传播能力；所谓内容由宏及微的改变，突出的是新的传播技术、新的传播渠道可以把过去被我们忽略不计的那种微内容、微力量、微价值重新聚起，形成一种巨大的社会力量，从而成为媒介业未来可以开发的最重要的内容宝库；所谓运营模式由封闭到开放的转变，强调的是新的运营模式，需要更大程度上要体现出媒体自己的特性和价值。① 崔保国、朱春阳等人认为，2007 年媒介发展趋势有四个特点：一是政府对传媒业的分类管理理念将日益清晰，规制价值取向也将逐步分化；二是移动互联网与微视频成为新媒体创造财富的两个新制高点；三是渠道与内容的合作创新模式将成为传媒发展的主流；四是奥运盛宴的临近将挑动传媒大练兵。②

尤其是对于媒介融合，喻国明、高钢、蔡雯等都表现出高度的关注。喻国明认为，由于现在媒介渠道的增多，一个媒体不再能包打天下，基于人们"碎片化"的媒介消费使用习惯改变的现实，媒体需要打造多平台组合产品，这样能实现传播功能的链接，重新聚拢被媒介市场的"碎片化"所分散了的社会注意力资源以及广告资源，这就是所谓媒介价值"碎片化"背景下的媒介融合。他指出，媒介的融合，其实意味着媒介功能的交叠，这种交叠使不同媒介在完成某一共同性的功能目标上实行分工成为现实。一方面，它要求每一个媒介专注于自己的功能特长面；另一方面，它要求单一媒介和单一媒介之间实现互联、组合。③ 高钢则认为，今天我们感受到的媒体融合，是现代信息技术推进的信息传播的技术手段、功能结构和形态模式的界限改变及能量交换。现代信息技术正在改变着信息采集、合成、传播和经营的各个环节的运行方式，把历史上不同媒体形态的独立演进过程统一为一个更加丰富、更加有序的过程。如同历史上呈现过的信息传播技术的进步和媒体传播形态的演进一样，媒体融合是人类在信息传播过程中追求的达到信息传播理想境界的过程。只要人类的信息需求在变化，只要信息传播技术在发展，媒体融合就不可能是一个定态，它不可能终结。媒介融合的趋势性特征主要有：多媒体信息在同一平台上的能量互补；各类媒体之间的信息能量交换；信息传播者与信息接受者之间的信息能量交互；外部产业对传媒业的能量支持。④ 蔡雯进一步探讨媒介融合背景下新闻传播业务层面的变化。她认为，首先是信息源的改变和新闻传播主体的变化；其次是新闻传播组织结构与工作流程的变化；再者是新闻载体性能的改变和新闻传播方式的变化。这些变化赋予新闻编辑部角色定位的改变，由传统的新闻传播管理转向知识管理。⑤

1.3 结语

本年度我国媒体发展的研究，从理论到实务的研究都相对较为系统。主要特点体现在：研究领域广泛，研究方法趋向多样化，量化研究和质化研究都得到了加强；研究视角也是多元化的，有些问题的研究视角独特；研究的跨学科融合方面，得到加强；总体上观照媒体发展的现实，研究的针对性和问题意识较强。从微观层面考察，2007 年度对和谐社会与媒介

---

① 喻国明：《媒体产业变局的若干趋势》，《中国传媒科技》，2007 年第 8 期。

② 崔保国、朱春阳：《2007 年中国传媒产业发展趋势分析》，《中国报业》，2007 年第 6 期。

③ 喻国明：《传媒要适应中国社会大环境的变化》，《新闻与写作》，2007 年第 12 期。

④ 高钢：《媒体融合：追求信息传播理想境界的过程》，《国际新闻界》，2007 年第 3 期。

⑤ 蔡雯：《从新闻采编到知识管理》，《新闻与写作》，2007 年第 4 期。

发展的研究、媒体改革的研究、媒体经营管理研究以及媒体与弱势群体话语权的研究等方面，在前期关注和研究的基础上，得到了进一步的深化和阶段性的推进，成果比较丰富。2007 年度媒体发展研究中有两个方面的研究特别值得关注：一是传媒公信力的研究，在研究的系统性和研究方法上都取得阶段性的成果和突破；二是信息公开与国民知情权保障的研究，我国制定并颁布了《中华人民共和国政府信息公开条例》，对信息公开与媒体责任的关注和研究，体现了理论研究的针对性和现实关怀。

2　广播电视发展研究

广播电视学术研究的视点，始终追随业界的律动而拓展。

2.1　电视发展研究述评

电视产业机制、电视经营管理、电视专业化发展、电视数字化发展、电视公共服务五大主题，是学者关注的重点问题领域。

2.1.1　电视产业机制研究

学者比较关注对于电视产业机制现状反思、建立方式与途径的探索等问题。有学者认为，电视产业机制指电视“资源配置及生产方式的分工化、集约化、市场化过程”①。作为媒介经济属性的一个延伸，它沿着电视媒介“为何产业化、如何产业化、产业化路在何方”② 这一思路而展开。就产业机制的现状而言，2007 年我国广播影视产业在原有基础上有了进一步发展，但整体产业规模不大，广播电视节目竞争力不强，广播影视产业价值链的形成尚待时日。“中国广播影视产业发展仍处在初级阶段”。③ 初级阶段的特征，典型地体现为旧有机制与产业发展之间的矛盾。有学者认为，我国主流电视媒体在内部转型变革过程中普遍存在 12 种悖论④，由此，阻碍电视媒体顺利转型、束缚传播生产力进一步发展的症结，正是传统体制的弊端及其运行惯性。电视产业机制的建立，有两个关键点：一是电视体制上的利益迷局与操作误区的破解；二是政府干预的度的把握。如何破解广电体制改革进程和走向中的思维难点、利益迷局和操作误区，有学者从“资源——主体”和“制度——体制”的角度对广电体制改革提出了新的思考⑤，即“管办分离”、“单一主体变为多个主体”、“建立开放性体制”。而对建构电视产业机制的过程中政府干预度的把握方面，有学者从发展经济学的角度进行了思考。他们认为，广电行业存在内在机制有缺陷、市场体系不健全等客观因素，提出国家干预是广电产业可持续发展的客观需求，这是广电行业双重属性、市场经济内在矛盾以及我国产业发展多元性与复杂性的国情决定的。⑥ 推进电视产业机制的建立，首先要理清广电领域的“产权”概念。有学者提出，要逐步建立“归属清晰、权责明确、保护严格、流转顺畅”的现代产权制度；要从规模化、集约化、科学化等方面提高经营管理水平，与时俱进、科学发展。有学者认为，作为起制度保障作用的政府管理应该发生一定的范式转变，除了思维创新，在产业机制上要朝着“区域化、集群化和融合化”的

---

① 陈佑荣、苏银苓：《我国媒介产业化研究综述》，《声屏世界》，2007 年第 1 期。

② 陈佑荣、苏银苓：《我国媒介产业化研究综述——以电视产业研究为例》，《声屏世界》，2007 年第 1 期。

③ 陈共德：《我国广播电视产业发展状况及对策》，《声屏世界》，2007 年第 5 期。

④ 李向阳：《在新闻事业与传媒产业之间徘徊》，《新视界》，2007 年第 2 期。

⑤ 李盛之：《广电体制改革走向二论》，《声屏世界》，2007 年第 7 期。

⑥ 刘义萍：《政府干预与广电产业的可持续发展》，《广播电视学刊》，2007 年第 6 期。

趋势发展。例如广东南方影视传媒集团实施联合发展模式①；四川广电以改革管理体制、运行机制为重点，大力推动文化资源向文化资本转变，使四川省文化事业和文化产业实现跨越式发展②等，成为2007年电视产业机制创新的亮点。那么，产权理清以后的情况如何？有学者分析了我国民营电视企业的两种发展模式。从1994年至今，我国内地已经涌现出了影视制作企业1 000余家，由民营公司独立和参与制作的电视剧已经占据八成左右的市场份额。光线传媒、太合传媒已经形成了两种发展模式。光线传媒在中国开创了电视传媒节目工业化流水线时生产模式，在内容至上基础上，首创娱乐节目产品品牌化；太合传媒则采用资本领先的模式，将业外资本与强产业结合，越过行业壁垒，建立自己品牌，追求产品经营与资本经营的齐进。③ 两种模式都是在产权清晰的基础上，使企业的核心竞争力极大提升。

2.1.2 电视经营管理研究

电视经营管理的研究重点集中在对于电视媒介品牌构建的研究。电视媒体及其要争取受众，仅靠频道专业化是不够的，而应该具有品牌意识，培养媒介品牌。有学者认为，电视品牌建设的现状是“公众性的栏目多，对象性的栏目少；区域性品牌多，全国性乃至世界性品牌少”④ 需要着力打造各层次电视媒介品牌。那么，如何打造节目/栏目、频道和媒体品牌？有学者以中央台科教频道为例，阐述频道品牌建构的步骤：① 进行品牌定位，建立品牌“DNA”；② 构建符号系统，进行有效传播；③ 立体塑造品牌，多层次推广形象⑤。有学者认为要在“准确定位”、“坚持三贴近”、“培养名牌主持人和编辑记者”、“全方位的包装”等方面下功夫。电视媒体的竞争仅停留在频道的细分化阶段是不够的，还要通过创品牌栏目、精品节目提升电视台、频道的知名度，进而获得稳定目标受众群的认可，使品牌影响力得以延伸⑥。有学者提出了电视品牌价值的核心要素，主要有确立频道设置、频道运行、传播效果、综合效益四个方面；提升电视媒体品牌竞争力的几个关键点，包括科学合理的品牌战略、有效的推广和传播、有效的品牌创新机制。⑦

为保证品牌战略的实施，构建管理体系是关键。有学者以湖南电视台频道制管理为例，认为“频道管理的基本目标，就是通过对频道节目结构的调整、编播结构的优化，实现频道价值的最大化”。⑧ 也有学者提出，广播电视管理体系的构建要从四个方面入手，一是立足微观，强调“一分决策九分执行”；二要按战略要求建立组织形式、管控模式和基础管理体系；三是创新大于管理，创新引领发展。有学者从集团管理的角度，提出建构六个管理体系，即宣传管理体系、技术管理体系、产业管理体系、行业管理体系、安全管理体系和队伍建设管理体系。⑨ 央视的绿色品牌价值承诺，也是学者关注的问题之一。有学者认为，央视的绿色品牌价值可以分解成四个关键词：第一个关键词是“品质”，就是通过频道、栏目和节目的制作和广告的经营，将高品质的感知和价值传递广告客户；第二个关键词是“健康”，代表有益的，注重社会责任的，而不是有害的，违背社会责任的；第三个关键词是

---

① 江凌：《广电联合发展模式的实践与思考》，《声屏世界》，2007年第3期。

② 王炎龙、刘丽娟：《文化体制改革语境下四川广电战略透视》，《声屏世界》，2007年第4期。

③ 张建凤：《比较分析我国民营电视传媒企业的种种发展模式》，《中华新闻报》，2007年1月31日。

④ 朱虹：《着力加强品牌建设，增强广播影视竞争力》，《视听界》，2007年第6期。

⑤ 齐蔚霞：《论中央电视台科教频道的品牌之路》，《新闻知识》，2007年第11期。

⑥ 于书生：《频道制下的品牌栏目经营策略》，《记者摇篮》，2007年第5期。

⑦ 杨明：《电视媒体品牌竞争力提升与品牌考量体系的构建要素分析》，《现代传播》，2007年第4期。

⑧ 王旭波：《从节目质量到频道价值》，《视听界》，2007年第3期。

⑨ 任凤霞：《创新管理模式 构建六个体系》，《中国广播电视学刊》，2007年第6期。

"持续"，代表和谐、不浪费、不伤害、可持续发展；第四个关键词是"诚信"，例如绿色奥运的释义中便包括排出兴奋剂、排出贿选丑闻等诚信元素。①

2.1.3 电视专业化发展研究

电视节目的品味及其"滑坡"原因的探究，是本年度电视专业化发展的研究重点。电视"煽情"和"娱乐"走强，而公共性、文化性因素式微，表征出电视节目品味的"滑坡"。研究者认为，电视节目品位"滑坡"的原因的主要表现为：① 频道定位模糊、设置重复。"新闻加电视剧"是目前各频道运营的通用范式，但这一范式导致频道定位模糊、设置重复、节目同质化。② ② 缺乏品牌、节目克隆严重。尽管节目创新和品牌构建是2007年研究的重点，但优秀的电视节目品牌十分有限，相反还呈现出某种颓势：民生新闻面临困境、栏目剧略显疲态、电视选秀在钢丝上跳舞、优秀国产剧比例偏低。其深层原因在于节目创新不足、节目克隆成为潜规则、缺乏高质量对电视受众的研究。③ 节目考核机制亟待创新。研究者普遍认为，当前业界把收视率作为衡量电视节目优劣的指标，已经使媒介偏离了自身价值。究竟应该怎样看待收视率？有学者从质量评估、社会效益、经济效益和媒体发展指数四个方面探讨了绿色收视率与电视品牌之间的关系③；有学者分析了"绿色收视率"的品牌价值后认为，高品质、健康、持续性、诚信构成了绿色的价值元素，进而从社会作用、收视规模、文化层次、长期发展、品牌理念和受众满意六项指标，提出了构建电视绿色经营的初步模型。

2.1.4 电视数字化发展研究

虽然根据《广播影视科技"十五"计划和2010年远景规划》，计划在2005年我国有线数字用户就要超过3 000万户，但实际情况却是，直到2007年底，全国有线数字电视用户才接近2 700万户，远远低于计划要求。那么，导致地面数字电视发展缓慢的原因是什么？这是本年度学界关注的制约数字电视发展的瓶颈问题。

有学者从体制、产业链和引入资本的角度指出了这种整体转换的困局和求解。有线电视的自然垄断属性，导致明显的规模经济和过高的沉没成本，成为影响有线数字电视整体转换的关键因素；提出有线电视的运营应当借助整体转换的契机，整合产业链共享收益，形成"商办官助"的盈利模式；需要通过引入竞争，提升运营商积极性。④ 有学者则通过定量研究，发现消费者的一般心理特征会影响到他们的行为特征，进而影响受众对数字媒体的采用。⑤ 刘燕则从内容生产的角度，提出数字化背景下电视媒体应该注重受众需求，走频道专业化、节目个性化之路。⑥

随着互联网技术不断升级，网络电视（IPTV）逐渐浮出水面，并呈现出与数字电视融合的态势。这也在客观上影响到数字电视的进程。比尔·盖茨2007年在瑞士达沃斯抛出互联网将在5年内"颠覆"电视的传统地位的观点。对此，有学者认为，与互联网融合我们需要转换两种理念⑦，① 从"电视"走向"视频"，"当互联网时间和手机时间抢去电视时间，电视时间也可以摇身一变，成为互联网时间、手机电视时间。"；② 掌控视频版权，延

---

① 白长虹等：《电视媒体的绿色化经营及其评估》，《新闻与传播》，2007年第3期。

② 李法宝：《论电视专业频道的差异化传播》，《当代传播》，2007年第1期。

③ 张君昌：《绿色收视率与电视品牌》，《现代传播》，2007年第2期。

④ 赵曙光：《数字电视整体转换的困局与求解》，《传媒观察》，2007年第2期。

⑤ 韦路、李贞芳：《数字电视在中国大陆的采用：一个结构方程模型》，《新闻与传播研究》，2007年第2期。

⑥ 刘燕：《中国数字电视产业发展困境及对策探讨》，《传媒观察》，2007年第11期。

⑦ 黄光海：《从"电视"走向"视频"》，《视听界》，2007年第3期。

伸相关产业。谭新平认为，电视要借用网络优势，弥补传播上的不足，扩大自身的影响力①。有学者提出，未来电视具有交互性，将朝着内容定制、公众参与、置顶模式、时移功能、链接融合等方向发展。②

此外，学者们还关注到数字电视（包括数字高清）技术扩散路径，对数字电视进程的影响。有学者以罗杰斯和巴斯的扩散理论为分析框架，提出了数字电视扩散的路径和效果。③ 他们认为，政府的强制性的时间表与扶植性的经济支持政策为数字电视创造了巨大的市场潜力；数字电视网不但使受众面广的体育节目、黄金时段品牌节目高清化，并以此为扩散起点，地方台则利用数字压缩技术创造"多播平台"实施内容本土化战略；由多主体共同创造、以互联网为依托、以计算机、手机等为接受终端的多媒体融合渠道的数字电视的扩散提供了更广阔的传输平台和广大的受众。这样的扩散路径的实施难度，超过了预期的估计。

2.1.5 电视公共服务研究

本年度关于电视公共服务的研究成果数量不多，但有几项成果值得重视。一是胡正荣、李继东的《广播电视公共服务、政治概念与社会实践》④；二是邓炘炘的《为什么需要公共广播》；三是徐卫华、张金海的《公共性·公共领域·公共媒介》⑤。胡正荣等在分析公共利益的内涵以及公共服务价值取向的基础上，探讨了英国公共广播电视体系及其政策变化，进而分析了促使这些变化的政治经济思潮的变化。最后对我国广播电视服务进行了分析，以有利于建立与完善适合我国国情的广播电视的公共服务体系。胡正荣等认为，合理而有效的广播电视体制与政策是社会、经济和政治力量博弈和商讨的结果，体现为公共价值为基础的公共利益。他们从公共服务相对集中的西欧广播电视体制的考察中，发现公共与商业并行的"双轨制"是近十年来世界主要提倡公共服务地区的广电体制发展的趋势。邓炘炘认为，公共服务广播是构建均衡的广播体制和体系不可缺少的组成部分，它与政府规制、商业广播互动和并存，构成社会的新闻和信息服务的良性运行框架⑥。而公共广播的发展，与媒介属性的多元化密切相关。我国传媒的属性由"20 年前的泛政治化到九十年代的政治化加商业化"⑦，逐渐被多元属性所取代。徐卫华、张金海从三个方面探讨了媒介的这种多元属性，认为传媒在"意识形态"和"信息产业属性"之间，存在着处于中间状态的呈"光谱"状渐变的属性。通常情况下，多元属性之间处于分离且保持张力的状态，但也有耦合的可能，一旦某几个属性单方面凸显，则平衡状态会打破，使传媒走向"畸形"发展道路。据此，该文从"事业性质、企业化管理"的双重属性框架中进一步阐释，政府与传媒"各取所需地长大了传媒的喉舌功能和产业功能"⑧，但这种"合意"形成了对公众主体性的威胁。学者对传媒属性和功能的反思，集中体现在对传媒"公共性缺失"的认同。⑨

---

① 谭新平：《电视要借用网络优势》，《新闻爱好者》，2007 年第 8 期。

② 钟桂松、洪永和：《TV2.0 时代的电视》《现代传播》，2007 年第 4 期。

③ 钟新、王春枝：《美国数字电视扩散路径探析》，《国际新闻界》，2007 年第 6 期。

④ 胡正荣、李继东：《广播电视公共服务、政治理念与社会实践》，《中国媒体发展研究报告》，2007 年卷。

⑤ 徐卫华、张金海：《公共性·公共领域·公共媒介》，《中国媒体发展研究报告》，2007 年卷。

⑥ 邓炘炘：《为什么需要公共广播服务？》，《新闻大学》，2007 年第 1 期。

⑦ 转引夏倩芳：《公共利益界定与广播电视规制》，《新闻与传播研究》，2005 年第 7 期。

⑧ 徐卫华、张金海：《公共性·公共领域·公共媒介》，《中国媒体发展研究报告》，2007 年卷。

⑨ 徐卫华、张金海：《公共性·公共领域·公共媒介》，《中国媒体发展研究报告》，2007 年卷。

2.2 广播发展研究综述

广播数字化、广播专业化、广播产业化以及广播公共服务等话题，是本年度广播媒体发展研究的基本主题。

2.2.1 广播数字化发展研究

数字广播特点、数字广播技术及体系、发展现状及其对传统广播业的影响等，都是研究关注的重点。关于数字广播的特点，在与传统广播的比较中，研究者认为，数字广播具有实现多元式服务、实现点播节目互动、保持节目清晰稳定接收、实现广播自动播出、增大传播信息量和实现和谐城市广播等特点。① 关于数字广播技术形式，形成了不同类型的描述：有人认为，数字广播的应用形式主要有数字音频广播（DAB）、数字中短波广播（DRM）、数字卫星声音广播（DSB）、数字视频广播（DVB）、数字多媒体广播（DMB）、网上数字广播等类型；② 有人从梳理数字音频广播（DAB）、数字多媒体广播（DMB）的发展历程入手，提出"'DAB'、'DMB'成就新一代广播"的结论；③ 还有人侧重分析数字中短波广播（DRM）、数字音频广播（DAB）和数字多媒体广播（DMB）、移动多媒体广播等形式。④ 有关广播数字化体系建立，有学者指出，节目采编制作系统、播出传输系统和节目分配接收系统的数字化分别是建立数字化体系的基本保障、桥梁和最终体现。⑤ 关于我国广播发展现状，有学者认为：我国的数字广播发展已经从战略规划和准备阶段，正式转入了战略实施阶段，标志着我国广播影视全面数字化的大幕已经拉开。⑥ 那么，广播数字化可能给传统广播业带来什么样的影响？这是一个值得深究却鲜有论及的问题。有学者认为，数字化绝不意味着广播电视在技术上实现数字化就可止步不前，而是一场涉及广播电视生产方式、传播方式、影响方式、服务方式、盈利方式、管理方式、体制机制等各个层面的重大变革，直接关系到传统广播电视在数字化时代的生死存亡。⑦

2.2.2 广播专业化发展研究

广播专业化发展研究主要集中在频率专业化存在问题及对策、类型化广播的分析上。对于频率专业化过程中存在问题的认识，有两种观点：一种观点认为，我国的频率专业化进程中出现了三大问题：一是大台超计划、超能力生育"子台"，产生了不必要的竞争和干扰；二是频率专业化的人才资源不足；三是频率专业化品牌不亮。⑧ 另一种观点认为，频率定位不准、节目个性化不足、品牌意识薄弱、经济效益不高是困扰频率专业化发展的瓶颈。⑨ 其二认为，当前我国广播专业化存在着两大问题：一是广播频率的专业化与提高广播节目收听率从某种角度来看相互矛盾；二是广播专业化的理论与实践起源于美国等发达国家，当前我国盲目进行频率专业化，造成了广播的低收听率和高成本制作，严重影响了广播的生存。⑩

---

① 林开秀：《对城市广播数字化发展的思考》，《中国广播电视学刊》，2007年第9期。

② 张毅、罗艳：《数字广播的现状和发展前景（上）》，《广播电视信息》，2007年第8期。

③ 惠东坡：《广播"借力"新媒体》，《中国记者》，2007年第5期。

④ 郭炎生：《2007广播电视热点技术面面观》，《中国传媒科技》，2007年第2期。

⑤ 秋立学：《广播电视的数字化体系的建立》，《成才之路》，2007年第15期。

⑥ 周小普，周璐瑾：《数字化进入战略实施阶段——2006中国广播数字化进程扫描》，《中国广播电视学刊》，2007年第2期。

⑦ 罗建辉：《试论数字化的中国广播电视》，《中国广播电视学刊》，2007年第1期。

⑧ 赵彤湫：《频率专业化之现状与出路》，《记者摇篮》，2007年第8期。

⑨ 成红珍、李汉如：《广播频道专业化的思考》，《新闻前哨》，2007年第1期。

⑩ 包维森：《浅析广播电视频道专业化向频道品牌化的转变》，《新闻传播》，2007年第3期。

如何来解决频率专业化中存在的问题？学者从不同角度提出了自己的见解，而由频率专业化向专业频率品牌化转变，被认为是解决目前问题的一个切实可行的好办法。关于专业频率品牌化的战略转变问题，有学者提出，关键是要做好专业化定位和树起主持人的品牌形象；①关于频率的专业化定位，有学者从专业化受众具有多元化需求的现实特征出发，强调广播专业频率的定位不能单纯从内容出发，而一定要从地域接近性、人文接近性、心理接近性等方面认真细分受众人群，以受众专业化统领内容专业化，进而实现统一专业频率的内容专业化与多元化，推动频率专业化建设走上更加健康的发展轨道。②

类型化广播是在专业化广播的基础上进行更精准的定位，淡化栏目设置并运用统一模式运转节目的一种新型广播。有关广播专业化类型化的研究，已经由前几年对广播专业化类型化的必要性重要性探讨，逐渐转入到对其存在问题的关注，研究更加注意联系国内外的具体实践，更具现实性、针对性。有学者从分析美国类型化电台的历史经验出发，结合湖北电台音乐频道和上海东广新闻台的成功实践后认为，类型化广播的出现是现代广播创新与发展的需要，是我国广播播出模式的探索与革新，是节约广播经营成本、转变广告行销手法的良方。③ 也有学者详细分析了福建音乐广播类型化改革之后的六大显著变化，说明福建音乐广播类型化特点已基本形成，频率风格已基本成型，将有助于电台未来在节目质量、收听、品牌运作、广告创收等方面更上一层楼。④ 关于目前我国类型化广播存在的问题，有人认为，国内广播业的分化程度远远滞后于市场细分的要求，类型的分化还处于一个较低的水平，因此，必须按照产业化需要对广播频率资源进行调整配置。⑤ 也有研究指出，目前我国广播产业条块分割的体制格局市场化严重不足，专业化进程的政府行为过多，发展极不平衡，栏目式的专业化广播仍然有发展完善的空间，因此广播类型化发展要因地制宜，避免拔苗助长、盲目类型化的做法，就现阶段来看，类型化广播也只是比较适合中央人民广播电台等覆盖范围相对较广、受众规模相对较大的广播电台，地方广播电台的尝试并不到位。

2.2.3 广播产业化发展研究

广播产业化发展研究重点集中在对产业发展现状、存在问题及对策的研究上。就发展现状而言，有学者指出，我国广播产业发展还处在初期探索阶段⑥，并且形成了四大特点：一是产业环境得到进一步改善；二是产业结构得到调整；三是产业主体逐渐形成；四是改革力度进一步加大。⑦ 在这样的背景下，广播产业发展中存在的问题主要有四种：一是在没有找到产业发展的规律前提下，不顾事业与产业、产业与产业之间的不同之处，在改革中走入简单化，出现一刀切的现象；二是由于广播体制的不顺，缺乏强有力的宏观控制与具体指导，致使广播系统改革操作层面比较散乱，各行其是，模式繁多，方向不明；三是把广播与电视简单地捏合在一起管理和运作，打破了广播原有资源的整体调度与统筹运作的格局；四是广播队伍面临人才危机。⑧ 也有学者认为，盈利模式单一和双重属性交织是广播产业发展面临的两大问题；⑨ 我国广播产业化发展与广播文化之间的三大矛盾：广播文化的“贸易逆

① 张翼：《频率专业化与品牌创新》，《中国广播电视学刊》，2007 年第 9 期。
② 刘浩然：《现代受众多元需求下的广播专业化之路》，《东南传播》，2007 年第 4 期。
③ 王丽：《类型化电台与广播改革》，《新闻前哨》，2007 年第 2-3 期。
④ 蓝松祥：《福建音乐广播的类型化生存初探》，《东南传播》，2007 年第 3 期。
⑤ 王丽：《类型化电台与广播改革》，《新闻前哨》，2007 年第 2-3 期。
⑥ 姚丽萍：《广播产业发展面临的问题及对策研究》，《经济前沿》，2007 年第 5 期。
⑦ 陈共德：《我国广播电视产业发展状况及对策》，《声屏世界》，2007 年第 5 期。
⑧ 张敬民：《广播产业发展的交叉点和切入点》，《中国广播》，2007 年第 4 期。
⑨ 姚丽萍：《广播产业发展面临的问题及对策研究》，《经济前沿》，2007 年第 5 期。

差”；广播电视领域庸俗文化的出现；数字化的到来削弱了喉舌导向作用。①

如何解决我国广播产业化发展中面临的诸多问题？有学者认为，需要实行六个转向和五大创新。六个转向，即：第一，产业政策由严格控制转向有限开放，业外资本有限进入广播业取得合法性；第二，竞争由栏目竞争转向以频率为中心的类型化竞争，频率资源成为竞争的基本门槛；第三，内容产业由综合类向适位化的类型节目转向；第四，盈利模式由单纯的依靠广告转向广播产业价值链的增值；第五，由广播产业区隔播放转向跨媒体、跨地区网状播出系统；第六，数字化的发展为广播产业的整体转向提供了新的平台。② 五大创新，即：广播产业内容创新、盈利能力创新、技术推广创新、管理体制创新、战略经营创新。广播产业内容的创新，可以通过对特定空间与信息的控制构建品牌价值和品牌创新两方面来实现；盈利能力创新可以从科学化经营广播客户、创新广播的营销方式，创新广告理念和提高非传统型广告收入的能力三方面来实现；广播技术创新可以通过建立符合我国实际的广播技术新体系，提升新媒体的业务能力，在多个媒体平台上增值内容三方面来实现；管理体制创新可以从管理结构由科层制转向扁平化，节目制作由中心化转向社会化，节目交易实现市场化来实现；战略经营创新可以通过广播与其他媒体的跨媒体整合，广播媒介内部的横向与纵向整合来实现。③ 另有研究者从构建中国广播产业价值链的角度探讨了广播产业的发展方向，提出了五大设想：一是树立面向市场配置资源的理念；二是节目生产网络化；三是广告销售网络化；四是跨媒体、跨行业经营；五是加快广播人才培养，突破广播人才瓶颈。④

2.2.4 广播公共服务研究

对广播公共服务的研究主要集中在广播公共服务体系建立的意义、存在问题分析，以及农村广播公共服务体系建构等方面。

关于广播公共服务体系建立的意义，有学者认为，构建中国特色公共广播体系是文化建设和广播事业发展的需要，符合我国文化建设的总体要求，符合广大公众的文化需求，符合广播事业全面发展的要求。⑤ 不过，广播公共服务体系的构建，还存在一些比较突出的问题。就目前我国广播公共服务体系的建设情况来看，至少存在着四个方面的问题：一是“政事融合”的机构模式造成政府定位不清、角色不明、职能混淆，无法有效地履行行业管理和社会服务；二是条块分割的格局，使广播网络整合开发的难度大，影响了事业建设步伐；三是垄断经营，使节目的供需失衡，制约了广播产业的发展；四是无序竞争，使广播媒体彼此之间缺乏系统合作，影响了宣传的整体效果。此外，广播公益性与经营性不分的现状，已经成为我国广播公共服务体系发展的瓶颈。因此，今后的广播行业改革要突破现行体制管理权限不清和交叉重叠的弊端，提高媒介管理的现代化水平，科学划分广播的公益性事业与经营性产业，积极打造公益性广播事业和经营性广播产业共同繁荣和发展的新格局，提高广播电视在整个社会中公共服务的多样性和效率性。⑥

农村广播公共服务体系建设，是解决传媒歧视的重要举措，得到了学者的高度关注。研究者们从宏观制度角度和微观操作层面，对有关农村广播公共服务体系的问题进行了全方位地探讨。有学者认为，构建广播影视公共服务体系，应当区分义务性的基本服务、公益性的有偿服务、多样化个性化的市场服务这三种广播电视服务方式，并对其实行不同的政策；应

---

① 单湘珍：《优化我国广播电视产业化的新思考》，《湖南社会科学》，2007 年第 4 期。
② 禹卫华、傅娟：《广播产业创新的路径选择》，《新闻爱好者》，2007 年第 1 期。
③ 禹卫华、傅娟：《广播产业创新的路径选择》，《新闻爱好者》，2007 年第 1 期。
④ 丁钊、耿美婷：《广播产业价值链探析》，《今传媒》，2007 年第 11 期。
⑤ 王求：《构建中国特色的公共广播体系》，《中华新闻报》，2007 年 11 月 7 日，第 A04 版。
⑥ 蔡文忠：《我国广播电视公共服务体系的现状分析》，《福建广播电视大学学报》，2007 年第 2 期。

当因地制宜，统筹无线、有线、卫星等多种技术手段协调发展；应当政府主导，分级负责，建立长效机制。① 有研究者从农村广播公共服务的基本理念、财源体制、负责体制、评价指标体系和监督评估机制、提供主体、广播影视公共服务供给低保救济制等方面，对农村广播影视公共服务体系的制度安排做了全面分析。② 还有研究者强调了对农村广播公共服务评估问题，建议成立政府农村广播公共服务评估指导委员会、专业的独立评估机构，设立农村广播公共服务评估基金，对包括农村广播公共服务的政策、基础设施与设备、节目内容、公平性、效率和科学性在内的六项内容，进行公平性、基础设施设备、内容、科学性、效率公众满意度这五项具体指标的评估，最后采取定期或不定期的方式，发布农村广播公共服务的评估报告，并接受各方评估。③

2.3 结语

本年度对于广播电视媒介的理论与实践研究保持着对于实践进程的高关注度和高介入度，重视解决和回应实践的问题，提出了不少的具有一定实践指导价值的对策。研究的视野开阔，分析的主题涵盖了广播电视媒介发展的主要方面；研究的形态具体多样，既有总体研究，也有个案分析；既有宏观策略分析，也有微观操作探讨；既有地域性研究，也有国际化参照。但是，也存在着重技术追踪、轻人文探讨，重现象描述、轻解释分析，重经验总结、轻前瞻预测，重实践探讨、轻理论研究的问题。这些问题在一定程度上影响了研究成果的前瞻性和学理深度。

3 报业发展研究述评

2007 年，伴随着中国市场取向的深层改革和经济社会的整体转型，中国报业亦从调整年进入了战略转型年。转型年的主要任务是转变报业体制机制、人才结构、经营发展模式、增长方式、传播手段、产品形态等。④ 2007 年中国报业面临多方面的变革，报业体制改革与报业经营管理、报纸发行、报业数字化进程、报业集团化发展等报业变革的不同方面，都成为学者观照的研究主题。

3.1 报业体制改革研究

报业的人事制度改革、报业体制改革、报业发展战略转型等问题，都是学者们着力探讨的报业体制改革的问题点之一。

3.1.1 报业人事制度改革研究

报业应实施全员聘任制。报业的人事制度改革的关键，首先是用人制度的改革，只有通过全员聘任制才能体现报业内部的公平竞争。有学者认为，处于战略转型期的我国报业，各方面的资源都有待开发，特别是人力资源，“提高办报水平关键在人”。⑤ 报业是知识密集型产业，要求员工的政治素质、文化素质和能力素质全面优秀。现在有一些报社自己人之间根本没有竞争，就连内部人的低水平竞争也完全不能实现，使有的报纸就像是随时依赖于输

---

① 张海涛：《努力构建覆盖城乡的广播影视公共服务体系》，《中国广播电视学刊》，2007 年第 6 期。

② 杨明品、易凯、李江玲：《创新农村广播影视公共服务的制度安排》，《中国广播电视学刊》，2007 年第 6 期。

③ 朱新梅、刘汉文：《农村广播影视公共服务评估研究》，《中国广播电视学刊》，2007 年第 6 期。

④ 林江、冯玉明：《2007 中国报业发展报告》，社会科学文献出版社 2007 年版。

⑤ 毕志伦：《提高办报水平关键在人》，《新闻前哨》，2007 年第 6 期。

入品和营养液才能维持生命体征的植物人。报纸之忧，不在于新兴媒体的竞争，而在于报业内部的真正竞争还没开始。报业人事制度有问题，不可能吸引社会最优秀的人才，报业全员聘任制势在必行。①

报业人力资源配置要导入市场机制。目前报业人事部门只是满足于人员的调配、任免和一般性的管理，并不是规范的人力资源管理。有学者认为，报业人力资源管理引入市场机制，需要注意：一是建立公开的民主机制，这与市场经济的公开性、开放性是一致的；二是竞争上岗、双向选择，建立内部人才流动机制，决不能让人才闲置甚至被扼杀；三是重视人才的价值，形成鼓励创新的机制；四是像生产产品一样，投入资金生产人才。② 在生产人才的话题上，研究者推崇知识管理中的知识共享的 SECI 模型，尝试用该模型分析报业人才生产培养中的知识共享问题，提出改善组织内知识共享，培养群体性知识，加快人才生产的方法。③

3.1.2 报业体制改革研究

有学者对报业体制改革存在的问题表示深深的忧虑，他们认为报业体制改革，还存在不少的问题。首先，报业的市场主体，并没有充分发育，报业市场是分割的碎片化的，甚至封闭的；其次，中国报业市场还处于一种自发性状态，并没有形成自主的报业竞争动力机制；再者，从既有的一点局部竞争来看，还是不计成本的粗放式竞争；最后，报业市场仍然没有摆脱失序和不规范的局面。由于缺乏基本的行业规范，使得已经生成的报业竞争更加不确定、不规范。④ 有学者认为，市场的不成熟是导致媒体的同质化竞争的重要原因，无论是报业还是电视或网络，虽然不乏市场的成功者，但是，有所发明、有所创新的东西实在是太少。都市报不用说是西方便士报的翻版。《精品购物指南》只是西方 SHOPPER GUIDE 的中国版。崔永元"实话实说"很火，不过，外国人的谈话节目早就火过了。不完全开放市场的后果对一个行业来说并不能起到保护作用，而只能扼杀竞争活力。⑤

解决报业体制改革中出现的问题，持续推进报业改革，需要从观念更新、思维创新、路径把握等方面采取对策。从观念更新的角度，学者们提出了不少的对策。有学者认为，推进中国报业体制改革，需要持续解放思想，需要确立五种新观念：一是报业资源的开放观念。由封闭资源到开放资本，建立激活自有资源增值的动力机制。二是市场化观念。报业以市场作为发展的轴心，发展思路、媒体定位、体制机制、经营着力点，都要立足于市场这个平台。三是集约化观念。即媒体资源的集约化、产品的集约化、产业的集约化、资本的集约化。四是专业化观念。五是区域化观念。要把报纸媒体所在区域、位置及环境做一个恰当的定位，在全国、在一个地区是一个什么角色和位置。⑥ 有学者提出了 360°办报的新观念。他把办报以车轮作比，那么在这个车轮上，处于中心位置的是受众、新闻质量和盈利，社长和总编辑，以及新闻编辑部、印刷部、广告部、发行部和财务部如同车轮的辐条，围绕其周围，少了其中任何一个，报纸都无法平稳运转下去。如果某一条轮辐比较脆弱，那么轮子就会变形扭曲。因此，市场化运作的报纸就应该是以受众为中心。⑦ 有研究者提出要实现受众

① 苏文洋：《中国报业：竞争尚未开始，还有媒体输药》，《新闻与写作》，2007 年第 6 期。

② 范以锦：《夹缝中的报业人事制度创新》，《传媒》，2007 年第 12 期。

③ 陆柳、朱春阳：《知识共享 SECI 模型在报业集团人才培养中的应用探索》，《中国报业》，2007 年第 1 期。

④ 梅宁华：《中国现代报业集团的发展之路》，《新闻与写作》，2007 年第 7 期。

⑤ 曹鹏：《新闻出版业走向市场经济的步伐趋快》，《传媒观察家》，2007 年第 1 期。

⑥ 杨步国：《把握报业发展的转折点和着力点》，《新闻前哨》，2007 年第 8 期。

⑦ 李希光：《360°办报理念与实践》，《中国报业》，2007 年第 6 期。

为中心，必须重视受众知情权。认为在市场经济条件下，知情权是公民维护自身利益、参与市场竞争的前提，信息获得的不公正、不公平是对受众最大的伤害。①

思维创新，强调的是在思维模式上也应有所转变，提高报业竞争力首先是要学会求异思维。求异思维是指向事物的非似性与差异性的思维方式，它与趋同思维相对，如果说趋同思维是将复杂的事物简单化的话，那么求异思维则是将简单的事物复杂化。其次要学会逆向思维。逆向思维是与顺向思维相对的思维方式，是从相反的方向或角度来考察事物，从而发现人家没有注意到的新鲜事物和新颖内容。还要学会辐射思维与辐集思维等新思维方法。② 如果报人都注意在思维模式上的更新，同质化现象就会减少。

路径把握，突出的是我国的报业体制改革采取的是由边缘向核心的渐进式、渗透式改革路径，即通过培植和扩大新体制因素对经济的影响力，改革和缩小旧体制对经济的控制力，这是一种靠对新增资源、新开辟领域实行全新方式运作的改革，这种在尊重原有体制和利益格局的前提下进行的改革，是一种成本较低的改革方式。③ 我国应当对报业实行分类分层区别对待的所有制模式，逐步形成以国有制为主导、以股份制为实现形式的多种经济成分并存的格局。④ 重视渐进改革的增量和存量是必要的。增量改革放大效应，必然逼迫存量变革。⑤ 报业发展中的增量是指传媒业的增长空间，它反映了传媒业未来的发展前景。由于我国目前报业的存量水平很低，而我国的经济发展速度很快，这就预示着报业有很大的增量空间，拓展和开发增量有价值和意义，这就要求报业不要老是盯着存量，与其在存量的“红海”中殊死竞争，不如积极去开拓“增量蓝海”早日迎来中国报业的春天。⑥

3.1.3 报业发展战略转型

2007年为报业转型之年，那么报业应该从哪些方面转型？研究者们列出了以下几个方面的转型：第一，办报观念上的转型是报业转型的基础，不少研究者提出“跳出报纸办报纸”的新观念，强调办报过程与社会融入相结合。第二，产业、内容、形态上的转型。有学者认为，报业整体转型表现为三种转向：首先是产业重心转型，即从以核心产品的打造为重心向着以形式产品和延伸产品的打造为重心的转型；其次是从“售卖”到“分享”的转型；再次是从传统报业向数字报业的转型。⑦ 有研究者强调，创新是一种变局，而变局就意味着转型。体制、身份、形态、结构、格局、资本是报业转型的关键词，转型中应实现四个转换，即体制转换：公益事业单位—事业单位企业化管理—传媒产业集团；功能转换：工具—纽带—平台；理念转换：办党报—办媒体—经营媒体；形态转换：纸质媒体—数字报业—信息产业。⑧

3.2 报业经营管理研究

报业经营管理的核心问题是挖掘潜力市场和市场潜力，寻找报业新的发展“蓝海”。报业潜力市场在哪里？研究者们认为目前报业有四大潜力市场：地市报业市场、行业媒体市

---

① 李良荣：《论中国新闻改革的优先目标——写在新闻改革30周年前夕》，《现代传播》，2007年第4期。

② 郭光华：《从思维方式上提升同题新闻竞争力》，《新闻记者》，2007年第5期。

③ 张殿元：《中国报业体制边缘突破式改革反思》，《新闻知识》，2007年第5期。

④ 丁和根：《我国传媒业经济成分和产权制度改革取向分析》，《新闻大学》，2007年第2期。

⑤ 童兵：《以现代化报刊企业建设现代报刊产业》，《新闻前哨》，2007年第8期。

⑥ 郭全中：《传媒业发展和改革中的“增量”与“存量”研究》，《中国报业》，2007年第1期。

⑦ 喻国明：《2007年：中国传媒产业的三种转型》，《广告大观》，2007年第1期。

⑧ 杨步国：《把握报业发展的转折点和着力点》，《新闻前哨》，2007年第8期。

场、细分城市周报市场和海外华文报业市场。在这些市场中，受众的需求远未得到充分满足，报纸的主要指标仍有继续拉升的空间。如何开发报业市场潜力？研究者建议一是要通过调整报纸结构，明晰市场定位，加大投入，盘整资源，促进报纸发行量增长，提高受众覆盖面。二是要大力改善经营管理，强化报业机构为读者和客户服务的能力，增加广告投放效益，全面提升报纸价值。① 三是要研发延伸产品，扩大受众市场，可以通过报系结构来实现。受众的诉求并不全面，而是碎片化的。报纸进入了微利时代。它只是一个整合资源的平台，只有通过多研发延伸产品来实现利润。②

报业市场退出机制的完善实施是培育报业市场主体，形成报业市场竞争力的重要前提。《国家“十一五”时期文化发展规划纲要》强调了建立和完善我国的报刊退出机制的问题。建立和完善报刊退出机制就是要将那些没有生命力而又占据报刊市场有限资源的报刊退出市场，把更有优势的资源引进来，以便成长性较好的市场主体能够获得比较充分的资源。有学者认为，退出机制的完善是报业市场化发展的必然过程。目前报业退出机制并没有得到很好的实施。完善这一机制的实施，需要从三个方面大力推行报业退出机制：① 关于行政主导的报刊退出机制，当报刊内容和经营违反了国家相关法律法规及政策方针时，行政主管单位就要及时对此予以纠正，运用相关退出机制，通过关闭报刊社、取消刊号等措施予以严厉的处罚。② 关于市场主导的报刊退出机制，在传媒市场中竞争的报刊业，很大程度上是按照市场经济逻辑运营的，这就不可避免地承担市场风险，并面对市场优胜劣汰的考验。③ 报刊质量评估体系应当包括报刊发行量认证制度、报刊经营绩效评估制度和报刊出版内容评价制度。③

本年度对于报业资本运作的研究，更趋于理性。学者也对报业上市融资进行了反思，认为报业上市是把双刃剑，利弊兼具，不能为上市而上市。从《北京青年报》的教训来看，报业上市融资必须考虑六个方面的因素：一是政策保护下上市融资成本的失真，资金成本过高，无疑会影响媒介机构的盈利能力及其发展后劲。二是编营分离上市模式的制约，我国报纸采取剥离报纸可经营性资产组成控股子公司，由子公司上市融资，从而增强传媒的整体实力，而不是担负喉舌功能和宣传任务的新闻媒体本身和主体业务去上市融资。三是证券市场规则的刚性，报业上市以后，要履行更多的责任和义务，其中最主要的是必须定期进行信息披露，而且要有持续性。这些财务状况的披露有可能向竞争对手提供一些不利于自身的信息，并且报业一旦经营失败，其涉及面相当广泛。四是上市报纸的盈利模式过于单一，上市须制定可行的盈利模式。五是上市报纸管理存在漏洞，在监管严格的证券市场上市，对公司管理水平要求很高，而这恰恰是对内地报业管理基础薄弱的挑战。六是上市战略意图不明晰。上市报纸要使投资者对报业未来业绩有良好的预期，关键之一就是有清晰的发展战略。融到的资金用来做什么更是报业要考虑的战略性问题。上市股金一旦不能用于赢利的项目，股票收益就会逐年下滑。因此，研究者们告诫一些急于上市的报业传媒公司慎思而行。④

学界也敏锐地注意到，报业数字化进程加快的背景下，报业的 E 化经营，浮出水面，成为报业经营的新动向。报业经营正从传统的“二次售卖”的经营模式向 E 化的多介质融合互动的综合信息服务经营模式转化。2007 年的报业 E 化经营已经取得了很大的成效，传统报业在向数字化挺进的过程经营模式不断 E 化。研究人员指出，在报业外延迅速延伸的背景之下，多介质融合互动的综合信息服务经营模式显示出巨大的潜力，受众和广告商在分

---

① 晋雅芬：《中国报业在调整中前进　在创新中发展（下）》，《中国新闻出版报》，2007 年 7 月 24 日。

② 喻国明：《当前报业的市场化操作问题》，《新闻前哨》，2007 年第 8 期。

③ 谭云明、栾明月：《试论我国报刊退出机制的建立与完善》，《新闻界》，2007 年第 1 期。

④ 陈晓芳、肖娜：《报纸，慎思而后上市》，《新闻知识》，2007 年第 12 期。

众化销售过程，实现了内容的增值及受众、广告商到达率增高。①

报业联盟不断出现，成为本年度报业经营的一道重要风景线。学者们对于报业联盟采取审慎的理性观照。尽管有学者认为报业联盟是无奈之举，面对新媒体的冲击不得已而为之；也有学者反对这种观点，认为目前竞争之激烈，联盟是强强联合，是明智之举；② 但大多数学者对报业联盟持积极的态度，认为是可以提倡的。其理由在于，在报纸跨地区经营政策资源供给放缓的背景下，报业联盟在一定意义上，可以实现报纸资源的战略整合；在激烈的市场竞争、技术竞争的环境中，报业联盟，寻求共赢，能够提升报纸的竞争力，形成一定的竞争优势，取得更大的社会效益和经济效益。③

3.3 报纸发行研究

对报纸发行研究的成果，数量不大，但极有特色。发行数字化、人性化发行、农村报刊发行等是主要的研究主题。

发行数字化是2006年中国报业开始数字化转型以后的重要趋势。有学者认为，目前报业发行呈现多元趋势，其三个关键词是：数字发行、行业自律、邮发提速。④ 实现多渠道发行制度、多元化发行是政府、报社、邮政系统、资本各方的利益目标达到均衡状态的捷径。以南方日报集团的发行集团为例，发行方式达六种之多，从邮发合一、自办发行到邮发自发并存、多种发行并行。尤其是随着报业发行系统的全面升级，数字化发行已成为大趋势。报业发行的“温州现象”值得其他报业集团效仿。⑤

为受众提供深度服务的人性化发行也为学者所重视。受众不仅是报纸传播内容的决定者，也是发行服务的中心和效果评判者。⑥ 有学者指出，要搞好报纸发行首先要经营好受众。报社所谓的“深度服务”是经营受众，为受众满意的好途径。利用发行员每天和订户的接触，提供真情服务，树立报社的品牌形象，培养受众的忠诚度。经营受众，就是为受众提供个性化的发行服务：第一，人性化。在报纸和读者进行最直接交流和沟通的发行活动中尽可能向读者提供人性化服务，时时刻刻渗透着对读者的人文关怀。第二，个性化。读者是一个个具有鲜明个性特征的个体，各有自己的个性化需求。因此，报纸发行在向读者提供个性化服务的过程中，必须充分考虑不同读者的个性需求，有针对性地提供个性化服务。第三，超值性。报业企业在报纸发行过程中向读者提供的个性化服务是一种超出读者意料之外的具有附加价值的超值服务，读者的支出并没有因此而增加，具有显著的超值性。⑦

农村市场的发行进入研究者的视野。吴峰提出了农村报刊发行营销的物种思路：① 品牌营销：广告战略培育发行；② 合作营销：互利双赢刺激发行；③ 会展营销：关键战役创新发行；④ 互助营销：以广告和采编推进发行；⑤ 粘性营销：保障忠诚维护发行。⑧ 尽管这些思路具有把城市报纸发行营销方式向农村市场生搬硬套的嫌疑，但对农村发行市场开始进行分析，总是好事。

---

① 季林：《解析数字化时代报业经营模式》，《新闻战线》，2008年第1期。

② 丁柏铨、张敬一：《联盟：报业跨地域合作的新形式》，《青年记者》，2007年第9期。

③ 焦书晖：《报业联盟的联合之路》，《广告人》，2007年第6期。

④ 詹正茂、林明：《数字发行行业自律邮发提速我国报刊发行业的三个关键词》，《新闻与写作》，2007年第9期。

⑤ 《2007年中国报业十大年度事件》，《中国新闻传播学评论》，2007年12月30日。

⑥ 王文锋：《基于盈亏平衡分析的报纸发行经营的经济学思考》，《新闻界》，2007年第3期。

⑦ 潘文年：《新时期报纸发行的个性化服务》，《新闻战线》，2007年第2期。

⑧ 吴峰：《农村报刊发行营销的五种思路》，《今传媒》，2007年第9期。

3.4　报业数字化研究

报纸数字化正处于如火如荼、方兴未艾的实践发展进程之中。本年度对于报纸数字化进程的研究，在数字报纸的形态、报网互动几个方面表现出明显的深化和拓展。

3.4.1　数字报纸的形态

基于对“中国数字报业实验室计划”实施的思考，学者对数字报纸形态的思考有两个方面，值得注意：一是注意数字报纸与商业互联网站、传统报纸的区别；二是厘定数字报纸的表现形式。国家新闻出版总署提出的“中国数字报业实验室计划”，确立了2007年数字报业的九大实验方向，即：报业数字化平台、报纸网站、电子商务、电子阅读器、多媒体数字报刊、户外数字媒体、手机报、手机二维码和移动采编系统。① 研究者们认为，需要明确数字报纸与一般商业互联网站、传统报纸的区别，在此基础上，厘定数字报纸的形态。学者认为，数字报纸与一般商业网站的区别从本质上讲在于核心能力的差异。报业的核心能力在于对新闻和一切有价值内容的发现、选择和创造能力，内容的聚合、管理和分发能力和内容的营销和增值服务能力。商业网站更多是强调海量快速，而数字报业牢牢把握着作为内容原创者的核心能力，并有长期以来形成的公信力优势，这是任何商业网站所不能比肩的。② 学者进而指出，从技术和产业进步的角度看，数字报业不是传统报业的替代性形式，而是后者在新技术条件下的价值提升和结构再造。数字报业的意义在于传统报业的价值链延伸、业务流程和经营管理方式创新、游戏规则再造等方面的贡献。③ 关于数字报纸的形态，有学者认为，数字报纸是网络、电视、广播、通信、手机、报纸“六位一体”的新媒体。数字报纸通过现代数字技术将网络即时性、电视直观性、广播覆盖性、通信快速性、手机便携性和报纸信息性的六大特征“化”为一体，从而形成了令人全新感觉的数字报业新媒体。数字报业兼有网络、电视、广播、通信、手机和报纸的功能，但数字报业不是这些功能的简单拼加，而是这些功能的组合再造。首先，数字技术使网络、电视、广播、通信、手机、报纸得到了数字化改造；其次，数字技术又通过统一平台使改造了的网络、电视、广播、通信、手机、报纸再一次按照标准和协议的要求得到协调和规范；再次，数字技术还为数字报业内容、形态和功能的扩大留足了容纳空间和技术接口。④

3.4.2　报网互动

本年度学者们对于“报网互动”的关注，集中于探索两者互动的纵深切入点及运作模式和效果。有学者认为，报网融合会生成一个功能相辅、价值相补的新系统。报纸和网站的相互作用、影响乃至融合，都会因互动连接作用及合作的紧密度不同，而使系统间的耦合程度有所不同，造成“报网互动”具有不同的层次特质，这就构成了“报网互动”的多种不同模式：技术应用型是“报网互动”的最初级一种类型；内容复制型是报网双方的拷贝利用；联动报道型是指多家报网双方相互合作，联手展开某一报道；版块合作型是报纸版面与网络页面的融合；战略合作型是以报网之间的资源共享为基础的，是战略意义上全方位媒体合作；整体融合型报网全天候全方位的一体化，是最复杂的一种模式。⑤

---

① 尹明华：《报业转型，借力数字化战略》，《新闻记者》，2007年第1期。

② 曹滢、刘蓉：《经济参考报》，2007年6月5日。

③ 喻国明、戴元初、王维、徐伟伟：《中国数字报业发展方向不可逆转——对我国数字报业实验室首批申报项目计划书的内容分析》，《新闻写作》，2007年第9期。

④ 刘景来：《数字报业是“六位一体”的新媒体》，《中国传媒科技》，2007年第10期。

⑤ 蔡雯、陈卓：《试论报网互动的基本模式》，《现代传播》，2007年第5期。

对于“报网互动”实践中形成的新闻传播现象，学者们也给予了充分的关注。2007 年 5 月《今日早报》推出的“我在现场”的互动版面，跳出了过去的报纸转刊网络信息，或者网络刊载报纸的 PDF 版的窠臼，备受学者瞩目。这个版面利用《今日早报》全新的网络平台 E 早网，实现报纸与网络的有效联动：一是强调“我”的概念，让受众成为新闻制作的主体；二是力推“民间记者”的概念，为报纸打造一支真正的“民间记者”队伍；三是 E 早网为“我在现场”打造网上投稿平台；四是移动新闻博容，让受众写新闻更轻松。① 研究者们指出“我在现场”创意是非常好的，但稿件的费用问题、事件的真实性问题，以及民间记者的管理问题等都必须细化。

3.5 报业集团化发展研究

报业集团化的制度实践的研究，集中在反思“集而不团”现象、集团资源整合、集团形象塑造、集团制度环境等几个方面。

广播电视集团化的失败和报业集团化进程中出现的局部“集而不团”现象，促使学者反思报业集团的现状。一些学者认为，我国的报业市场化进程正逐步走向理性、成熟的市场化运作，呈现出两大特点：一是现存报业集团的结构趋向多子报化模式和特征；二是报业集团的基本形态趋向多媒体化，实行规模扩张，集团规模竞争力提高迅猛。报纸集团化运作要规避“集”而不“团”现象，可从三个方面强化集团的核心凝聚力：第一，从文化精神、价值观念层面上产生认同；第二，从战略目标上达成共识；第三，对报业集团组织框架进行集中设计。以保证管理层“统”得起来、“放”得下去，保证集团宏观调控到位。②

报业集团作为市场主体，需要培育整体的形象。有学者提出，报业集团应实施 CIS 战略，其实质就是将企业的经营理念、经营行为和发展战略统一整理，建立起良好而鲜明的形象体系。通过实施报业集团形象战略，对集团经营管理、文化价值、员工行为、品牌形象等有关要素（理念、行为、视觉等）进行全面的系统的策划、规范，形成形象信息传达符号，并且通过全方位、多媒体的传播战略，以谋求社会大众认知、认同。③ 在实施报业集团形象战略的过程中，须处理好五个二元对立的关系：一是做传媒产业和做传媒投资的关系；二是核心业务和非核心业务的关系；三是传统媒体和新兴媒体的关系；四是技术创新和制度创新的关系；五是大众传播和分众营销的关系。④

当前我国报业集团的发展，迫切需要解决五个问题，即：第一，要跳出误区，克服报业的“自恋情结”；第二，结合中国实际，学习和借鉴国际通行的现代报业基本规则和国外现代报业的共性经验。第三，要树立信心，不要盲目否定过去，要继承和发扬中国优秀的报业传统。⑤ 第四，加强报业经营管理人才的培养，尽快完善报业的人力资源结构。第五，在开发报业集团内部资源的前提下，理顺产权、剥离经营业务、上市融资、引入战略投资者。⑥ 这些问题，除了报业集团内部资源的开发整合外，都需要依赖外部的制度环境的优化。国有企业改革的经验教训告诉我们，深层次的、根本性的问题得不到解决，集团的发展就会面临难以克服的困境。报业集团的制度环境关键问题有三：一是制度的创新与否，能否有利于集团资源的优化配置与经营增值；二是资本能不能融通，融资渠道是否多元化；三是能不能顺利进行模拟技术向数字技术的转移。这些问题不解决，制度资源供给依旧供小于求的话，报

① 毛玮琦：《“我在现场”：报网互动新尝试》，《新闻实践》，2007 年第 8 期。

② 马晨莲、孙德惠：《论提升报业集团的形象和竞争力》，《新闻爱好者》，2007 年第 3 期。

③ 马晨莲、赵丽华：《中国报业集团 CIS 战略环境分析》，《新闻知识》，2007 年第 2 期。

④ 杨兴锋：《报业传媒集团科学发展的新思考》，《新闻与写作》，2007 年第 2 期。

⑤ 梅宁华：《中国现代报业集团的发展之路》，《新闻与写作》，2007 年第 7 期。

⑥ 陈子文：《南方报业进入拐点期的产业组织分析——以四大报业集团为例》，《新闻知识》，2007 年第 3 期。

业集团化就是仍旧可能处于缺乏自制经营机制、缺乏内在灵活度和市场竞争力的状态。①

3.6 结语

本年度的报业研究在报业体制改革、报业经营管理、数字化报业的进程、报业集团产业化等问题的研究上，取得了新的进展。在概括中，我们限于报告的篇幅，而舍弃了报社从业人员职业素养与道德伦理研究、对于党报和都市报的业务与发展研究、介绍和引进世界各国办报同行趋势、经验与方法研究等方面的研究成果。学者对报业发展的观照，基本上涵盖了中国报业发展的宏观与微观各个层次的问题，显示出本年度研究的实绩。而在整体的研究之中，可能对一些研究主题的关注与强调程度，有所差异，发表的成果数量上也有多寡之别，但有一条主线贯穿整个2007年的报纸媒介发展研究过程，这就是中国报纸的数字化转型与发展。

4 期刊发展研究述评

学术界对于期刊业的发展的研究，也与期刊业的发展一样，呈现同步上升趋势。学者们关注的研究主题主要集中在期刊的产业化发展、期刊经营、期刊业发展趋势等几个方面。

4.1 期刊产业化发展研究

总结中国期刊产业化发展的历程，对比中国与西方发达国家的期刊业发展的差距，对中国期刊业的发展现状、问题和走向等各方面进行了全面的梳理和评价，是期刊产业化研究的特点。

有学者透视中国期刊的发展现状与问题时认为，我国期刊业的发展现状大体上呈现为：尚处于“跑马圈地”的初级阶段，期刊市场还有很多尚未开拓的领域和市场空间；期刊业发展势头良好，但也存在不少的问题。期刊业的主要问题，如市场秩序尚需完善，发行量与广告收入数据肆意造假，存在许多没有刊号而发行的非法期刊，期刊企业实力较弱，绝大部分期刊企业尚未建立现代企业制度，缺乏高素质的经营管理人员，营销理念、管理体制落后等。② 有学者从外部环境和内在素质方面分析了中国期刊业存在的问题认为，从外部环境来看，中国期刊业的主要弊端有：行业堡垒高，不利于市场充分竞争；行政力量强势，市场机制难以发挥作用；市场秩序杂乱，产业环境待改善。从内在素质来看，中国期刊业存在以下问题：企业经营理念、管理模式落后；缺乏高素质的经营管理人才；企业规模小、实力单薄、收入少。我国期刊业的内在素质方面存在的问题是一个系统性的问题，从体制结构、运营模式、管理机制到竞争要素、核心能力、经济效益等，都存在比较严重的问题。③

尽管问题不少，但中国期刊业的产业化发展还是具有无可比拟的有利条件。有学者认为，传媒业的良好发展势头为期刊提供良好的基础；中国中产阶级的兴起为期刊业的发展提供了原动力；精准及有效发行技术的实现为期刊业的快速发展提供了可能。这些背景因素都有利于期刊业快速、优质发展。④ 有学者则认为，中国期刊市场潜力巨大，中国期刊产业正面临着发展的第四次浪潮。⑤ 在此基础上，中国期刊市场宏观状况呈现出以下趋势：第一，传媒投资热潮依旧不减，但投资日趋理性化。第二，期刊分众化趋向明显，新创刊的期刊多

---

① 陈佑荣、苏银苓：《我国媒介产业化研究综述》，《当代传播》，2007年第3期。
② 郭全中：《透视中国期刊业》，《传媒》，2007年第3期。
③ 周敏：《任重道远，中国期刊业期待全面创新》，《科技智囊》，2007年第7期。
④ 郭全中：《透视中国期刊业》，《传媒》，2007年第3期。
⑤ 徐春莲：《中国期刊市场潜力巨大》，《传媒》，2007年第8期。

为补充市场盲点的期刊。第三，期刊社开始进行品牌经营，创造“品牌杂志”，增加出版密度，品牌期刊办系列刊物方兴未艾。第四，新的期刊理念将进一步凸显，包括大竞争观念、投资观念、知识经济观念、营销观念、CI 观念等成为时尚。第五，期刊媒体产业链的各环节开始全面发展，期刊经营产业化改革日益深入，期刊广泛地与市场接轨。第六，广告收入越来越重要。第七，期刊地方化、读者自助化。市场规范化数据及监测将逐步完善。①

4.2 期刊经营管理研究

期刊经营与管理研究的问题集中在期刊品牌打造、广告经营、期刊发行等方面。

期刊品牌打造是期刊铸造市场竞争优势，实现良性可持续发展的必由之路。学者对期刊品牌的建构，导入了市场学、经济学和品牌学、传播学、广告学等多学科的资源，从期刊品牌战略、定位、传播等各环节进行了全方位探索。有学者提出，期刊品牌的打造需要抓住这几个方面：① 刊物定位。要成为品牌期刊，准确的定位最为关键，没有准确的定位，期刊是难以成为品牌的。② 内在质量。高质量的期刊是赢得读者青睐的主要原因，也是造就期刊品牌的基本要素，更是期刊保持旺盛生命力的源泉。③ 个性特色。期刊的个性与特色，既是区别于他刊的重要标志，也是衡量期刊质量的标准之一。④ 文化含量。文化是人类在社会历史发展过程中所创造的物质财富和精神财富，也是期刊品牌建设中不可缺少的，缺少文化内涵和底蕴的期刊，是难以形成持久生命力的。⑤ 注重经营。② 对于期刊品牌化，有学者认为，期刊品牌化是以期刊的价值提升为目标、以确立期刊品牌为着力点，形成品牌并不断扩大品牌影响力的过程。这一过程包括三个重要的方面：期刊品牌化是一个系统的运动过程、期刊品牌化以期刊特有的价值主管为灵魂、期刊品牌化是以市场营销学为导向并以经济效益的获取作为重要的评判指标；期刊品牌化战略具有战略价值，是应对国际化趋势的现实选择、应对数字化竞争的现实选择、应对同质化竞争的现实选择，而在期刊品牌化战略应该注意到精确的品牌定位、期刊的核心价值的提炼、深化体制改革推进组织结构调整和整合资源、延伸和扩展品牌价值链。③

期刊广告历来在大众传媒广告市场份额之中排序比较靠后，但学者们更关注它的发展潜力。有学者对中外期刊广告市场的状况进行了对比，分析了中国期刊广告市场的特征后认为，对期刊广告在中国广告市场份额中排序第五、所占比例过小的地位必须重新认识。其原因在于：期刊广告投放空间被大大挤压；杂志“重度受众”与某些产品特别是饮料类产品的“重度受众”存在高度的正相关度；杂志广告内部的“黑白”与“彩色”的投放严重失衡；广告主和广告公司选择杂志投放存在两大误区：一是认为“百万大刊”的读者都是普通阶层；二是错误认为黑白印刷不够档次，难以满足品牌客户的要求。④ 实际上，期刊广告具有其他媒体不可比拟的优势。有学者认为，期刊广告的优势主要体现在以下几个方面：① 受众优势：细分充分，有效率高；② 信息环境优势：认同度高，“噪音”低；③ 制作技术优势：看得见、摸得着、闻得到；④ 传播方式优势：自由的、自主的、寻求的；⑤ 成本运算优势：绝对成本低廉，相对价值可观。⑤ 也有学者认为，以下 5 个方面主观或客观的原因导致期刊广告经营和份额的落后：① 在历史新时期和市场经济来临之际，我国期刊人的广告经营意识觉醒较晚，广告活动起步较慢；② 我国期刊以低价位的普及型为主，绝大部分难以满足现代广告所要求的印刷效果和传播效果，无法得到企业和广告商家的青睐；③ 随

---

① 徐春莲：《中国期刊市场潜力巨大》，《传媒》，2007 年第 8 期。

② 张亚军：《期刊品牌浅说》，《贵州大学学报》，2007 年第 1 期。

③ 王舒：《关于期刊化战略的若干思考》，《中国出版》，2007 年第 12 期。

④ 郑文艺、刘荣、周昆：《杂志，被低估了的广告投放地带》，《传媒》，2007 年第 3 期。

⑤ 胡春秀：《期刊的广告经营优势》，《新闻界》，2007 年第 3 期。

着中国期刊市场国际化程度的加深，国际强势期刊的介入，具有国际广告竞争优势的外刊通过版权合作逐步登场，导致本土与外资期刊的广告运营收入的失衡；④ 期刊广告市场发展缓慢且不成熟，其规则性和诚信度还存在欠缺；⑤ 对于我国期刊广告业发展至今还欠缺高瞻远瞩的整体思改和设计。因此，振兴期刊广告需要做到：① 制定新世纪期刊广告产业发展方案和期刊广告市场、期刊广告产业的构建方案；② 具有出版资质的期刊出版单位应该把包括广告策划、广告经营、广告管理人才在内的广告经营团队的组织建设工作有力地抓起来；③ 提升期刊广告策划与创意水平，特别是结合期刊自身的传播特点进行策划和创意；④ 成立期刊广告经营的行业协会，进行市场的维护和管理；⑤ 加强期刊广告业的规则建设、诚信建设。① 期刊的广告经营的现状不容乐观，但未来值得期待。

相对报纸发行的公司化、品牌化和系统化，期刊的发行体系和管理水平还处于初级阶段。有学者指出，为了畅通期刊发行渠道，政府应对邮政报刊发行公司和零售公司给予政策支持，继续增加物流补贴；同时，应该加大对市场的管理和整治力度，解决发行网络互设堡垒、各自割据的状况，建立一个公平、公正和透明的期刊发行市场。② 有学者总结了“期刊鄂军”发行成功的六个关键词：定位、创新、品牌、质量、抱团、营销，认为这是湖北期刊业叫响全国的六大期刊方队，不仅在中部省份处于龙头老大的地位，即使与沿海发达省份相比也毫不逊色的关键所在。③ 有论者根据自身的实际操作经验，提出了期刊发行渠道的三个阶段管理：第一阶段，利用多元的发行渠道和网络，尽量扩大期刊覆盖率；第二阶段，优胜劣汰，进行渠道整合；第三阶段，进行渠道维护和扶持，共同发展壮大。④

4.3 期刊产业发展趋势研究

期刊产业化发展到一定阶段，必然会追求规模扩张和产业扩张，同时也面临着新的市场环境、技术环境和竞争环境的挑战。有学者认为，我国未来期刊产业的发展趋势有：① 期刊产业仍将保持较快增长，广告市场份额将进一步提升；② 期刊产业规模化、集团化发展进程将加快；③ 期刊产业经营将进一步多元化；④ 期刊出版数字化转型将进一步加快；⑤ 期刊发行专业化将是普遍趋势；⑥“三农”期刊将获得发展机遇。⑤ 结合时代背景和中国传媒产业发展的整体趋势来看，集约化、数字化和国际化是目前期刊业发展最引人注目的三个趋势。集约化是期刊传媒走规模经营、追求规模效益的必然选择；数字化是数字化时代所有的传统传媒形式都必须应对的挑战，同时也是期刊进一步大发展的一个历史性的机遇；而国际化是中国加入 WTO 后，融入国际社会的传媒应对，中国不仅要是经济上、政治上和军事上的大国和强国，也应该是文化上的大国和强国，传媒国际化和全球化传播是中国传播国际形象、建立国家软实力的重大举措，期刊的国际化在中国也正如火如荼地进行着。

期刊的集约化经营正以集团化的方式推进，但无论是从理论还是从实践层面看，中国的期刊集团化还有着漫长的道路需要征服。有研究者指出，组建期刊集团具有这些好处：有利于推动中国期刊走向世界；有利于政府部门有效控制国有资产；有利于提高期刊产业集约化经营能力，解决期刊业发展中的散乱格局。但我国期刊业离集团化还比较远，存在以下问题：发行量小，经济实力不足；媒介成分单纯，经营结构单一；期刊集团数量少、品牌单一。⑥ 这一方面说明我国期刊业的集约化经营还有很大的发展空间，另一方面也说明我国期

---

① 张伯海：《中国期刊之软肋》，《传媒》，2007 年第 9 期。

② 艾克拜尔·米吉提：《发行负担加重，期刊如何高飞》，《出版参考》，2007 年 11 月上旬刊。

③ 吴锋：《“期刊鄂军”发行成功的六个关键词》，《今传媒》，2007 年第 12 期。

④ 马亚伦：《期刊发行渠道的三个阶段》，《新闻前哨》，2001 年第 1 期。

⑤ 吴峰：《未来期刊产业发展的主要趋势》，摘自《2007：中国传媒产业发展报告》，引自 http://www.china.com.cn/city/zhuanti/07chuanmei/2007-11/16/content_9241318.htm。

⑥ 杨春兰：《船大好出海：对国内期刊集团化的思考》，《传媒》，2007 年第 1 期。

刊业的集约化和集团化发展的程度还非常低。

关于期刊国际化的研究主要集中在以下几个方面：对国外发达期刊国家和知名期刊品牌的运营经验的介绍；对中外期刊的合作进行分析和研究；对中国期刊对外经营传播的现状进行探讨。对国外发达期刊国家和知名期刊品牌的运营经验的介绍方面，有学者介绍了英国期刊出版业的概况，指出英国期刊出版业的一些基本特征如下：收入来源中，商业类期刊广告是主要的收入来源；女性期刊保持良好的发展势头，同时男性期刊具有全球影响力；在特殊兴趣和专业类期刊方面，英国是最富创意的专业期刊市场之一；期刊发行呈上升趋势；海外扩张的步伐越来越大。① 有学者分析德国期刊经营与管理的经验，主要是：重视市场调研、期刊定位精准；工作流程制度化、程序化；工作认真、对读者负责；注重数据库的建设与管理；注重资源整合，开展品牌延伸；管理科学，员工持股过半，凝聚企业人气。② 这些经验无疑是提升我国期刊经营管理水平和国际竞争力非常宝贵的学习对象。关于中外期刊合作的分析和研究，有学者认为，外资进入中国期刊市场，有共同投资模式、共同版权模式和版权贸易模式。中外期刊合作的具体方式主要有：双方合资、双方合作、双方共同投资、版权转让和广告代理等方式。③ 中国期刊市场的国际化具有值得关注的动向主要有：① 国内双语期刊增多，众多期刊积极创办英文版；② 面对本土内外读者的期刊服务成为自觉，为服务中国境内的外籍读者的外文期刊兴起。④ 有学者分析了我国期刊业对外传播的历史与现状认为，我国期刊业对外经营传播大致经过两个阶段：第一个阶段是中华人民共和国成立到20世纪80年代初的“宣传本位”的对外传播；第二个阶段是从20世纪90年代至今的国际化市场运营的初步探索。我国期刊业对外经营传播有两支队伍：国内实力较强的社会类大众刊物，比如《读者》、《知音》；二是高等院校和重点科研院所的主办的科技类期刊，这类期刊主要是进行科技交流而不是盈利。我国期刊业对外经营传播有两个市场，即海外华人市场和海外主流期刊市场。我国期刊业对外经营传播有三种方式：一是直接出口模式；二是合作经营模式；三是直接到海外建立发行实体或出版实体。

关于期刊的数字化研究，学者关注的重点是数字期刊的现状、问题、运营模式，以及新兴的电子期刊等几个方面。有学者认为，传统期刊数字化的现状呈现五个特点：① 基本覆盖了我国出版的印刷型期刊，港澳地区网络电子期刊有待发展；② 回溯年限长，构成了比较完整的数字化期刊资源信息系统；③ 文本格式标准规范、检索功能齐全；④ 个性化服务受到关注，个性化服务功能得到出版发展；⑤ 开始注重文献链接，促进了数字资源的整合利用。⑤ 但同时也存在不小的问题，主要是：① 港澳地区期刊数字化发展缓慢；② 重复建设严重；③ 选刊质量标准不明确；④“全文”限定功能缺乏；⑤ 引文缺乏开放链接功能。⑥ 数字期刊的运营模式有三种：① 以资源为主的传统媒介网络化；② 以技术为要的网络杂志运营商；③ 以征订为主的网络杂志代理商。我国网络期刊存在的主要问题有：网络杂志内容良莠不齐、粗制滥造的现象比较严重；传统杂志进行统一刊号管理，但网络杂志无刊号，存在管理上的缺陷；网络杂志存在发行渠道和资源整合的问题；④ 网络杂志采用FLASH格式的文字和图片，无法进入现在的搜索引擎。⑦ 有学者对传统期刊与数字期刊各自的优势进行了分析：数字杂志具有形象生动、存储方便、传播迅捷、互动直接、使用方便和成本更加

① 徐春莲、何海林：《英国期刊出版业概况》，《传媒》，2007年第3期。

② 王二羽：《德国期刊经营与管理的细节管窥》，《出版与发行研究》，2007年第11期。

③ 李频：《中国期刊合作与中国期刊的国际化》，《出版发行研究》，2007年第5期。

④ 吴峰：《中国期刊业走出去经营的历史与现状》，《出版发行研究》，2007年第5期。

⑤ 张植禾、相春艳、张晓晴：《我国网络电子期刊的发展现状研究》，《现代传播》，2007年第2期。

⑥ 相春艳、张晓晴、周晓光：《我国网络电子期刊存在的问题与对策》，《理论与探索》，2007年第5期。

⑦ 张炯：《试论网络杂志的三种运营模式》，《出版发行研究》，2007年第5期。

低廉的特点，但纸质杂志同样具有符合阅读习惯、内容质量高、版权有保障、便于长期保持和受众广泛的优势，所以两者在很长的一段时间之内是共存和相互竞争的关系。① 没有传统媒体依托的网络电子杂志（亦称多媒体互动电子杂志）的发展受到充分关注。有学者认为，网络电子杂志面临着发展“瓶颈”：盈利模式尚未明晰，发行基本上属于免费状况，而电子杂志广告尚未受到广告主的认可，其深层的原因在于缺乏影响力——内容趋同以及消费群体阅读习惯尚未形成。对此，电子杂志必须：① 与信息媒体合作，以提高内容质量；② 除广告和发行外，扩展及深化其他盈利渠道和模式；③ 技术的提高是电子杂志发展的保障，加强互动性，这样电子杂志才可能突破发展瓶颈。② 名人电子杂志是网络杂志发展的一个亮点，有学者分析了名人电子杂志兴起的原因：是互联网数字技术发展的产物；博客文化衍生的新事物；满足受众需求的新空间。名人电子杂志具有传播者的权威性、传播内容的特定性、传播媒介与传播者的互惠性、传播对象的分众性、传播效果的互动性等特点，并且名人电子期刊具有很大的市场潜力。③ 电子杂志作为一种新的媒体类型的问世，也凸显出传统期刊监管失效的问题。有学者对此进行了探讨认为，对于电杂志的监管必须做到：① 建立电子杂志出版者的实名登记注册制度；② 明确各单位法人的管理权限，政府只负责监控电子杂志发行平台，不直接面对电子杂志出版者；③ 成立电子杂志行业协会组织，加强电子杂志行业自律；④ 进行国际化合作，整合大互联网上的监控资源；⑤ 建立与各级责任法人相对应的问责制，进行读者监督和举报。④

4.4 结语

本年度期刊媒体发展的研究有比较大的进步，但也有较大的缺陷。一方面，期刊的产业化发展、期刊经营、国际化与数字化等期刊业发展趋势问题受到较高度的关注，并且形成了理论与实践良性互动的有价值的研究成果，而且《传媒》、《今传媒》等新闻传播学术期刊也投入了较大的篇幅组织相关学术专题，进行了深入而细致的研究。这说明，期刊发展不再只是信息情报学科、编辑出版学科的核心学术领域，它也开始引起新闻传播学界的重视。另一方面，缺陷也很明显。绝大部分研究成果是截取某类期刊或者期刊运营的某个问题进行研究，对于宏观的期刊产业的现状、期刊业发展的未来走向、中国期刊管理体制的宏观变革、微观期刊企业组织的产权变革与治理结构、期刊业如何整体面对数字化时代的挑战而实现产业转型等重大问题的研究还非常欠缺。

5 网络媒体发展研究述评

本年度网络媒体发展研究的基本问题主要集中在媒体新技术、网络新闻、网络舆论、网络监管、网络伦理等几个方面。

5.1 网络媒体新技术研究

Web2.0 的研究向纵深发展，Web3.0 的研究初露端倪，对基于网络的媒介融合的探索进一步深化，这些都表现出学界对于网络媒体的研究实绩。⑤

本研究年度内，不管是对于 Web2.0 和 Web3.0 的探讨，还是对于网络视频、博客、手

① 胡文华：《数字杂志与纸质杂志》，《编辑之友》，2007 年第 6 期。

② 曾凡斌：《多媒体互动电子杂志发展的“瓶颈”及其出路》，《中国出版》，2007 年第 4 期。

③ 沈颖文：《名人电子杂志——悄然而至的媒介新宠》，《中国传媒科技》，2007 年第 8 期。

④ 王会、武爱民：《对电子杂志监管的五点建议》，《出版发行研究》，2007 年第 8 期。

⑤ 付玉辉：《2007 年我国网络传播研究综述》，《国际新闻界》，2008 年第 1 期。

机等的讨论，体现了网络传播研究界对于网络传播技术与创新应用的高度关注。在 Web2.0 和 Web3.0 研究方面，有的研究者认为，从整体看，Web2.0 的指向是一个既继承了传统社会生态又具有自己特质的社会生态系统，是建立在内容之上的社会网络以及文化网络。① 这一研究使得人们对于互联网发展阶段的认识，从孤立的技术层面上升到了系统的生态学层面，这有助于人们对于互联网及其发展形成更为客观的认识。Web2.0 余热未退，关于 Web3.0 的研究又成为新的热点。Web3.0 的最大价值在于不是提供信息，而是提供基于不同需求的过滤器，每一种过滤器都是基于一个市场需求。作为 Web2.0 的升级版，如果说 Web2.0 解决了一个个性解放的问题，那么 Web3.0 就是解决信息社会机制的问题，也就是最优化自动整合的问题。真正的 Web3.0 时代不仅仅是按照用户需求提供综合化服务，创建综合化服务平台，更关键的是提供基于用户偏好的个性化聚合服务。② 有的研究者认为，Web3.0 是一个全新的人机对话时代，借助开放的 API（应用编程接口），网站成为一个基于定向搜索＋开放式 TAG（分类系统）＋智能匹配的操作系统，Web3.0 将成为一个全新的互联网平台和一个多媒体集成的操作系统。③ 总体而言，虽然当前对于 Web3.0 的探讨尚属初步，但研究者们对此的基本判断是，Web3.0 并不是一个短暂的互联网发展阶段，而是未来互联网产业发展及网络传播研究的一个大方向。

媒介融合无疑是网络媒体研究无法回避的重要领域。对于媒介融合的探究，一方面表现为对媒介融合自身的把握和理解进一步深度化，另一方面是对基于媒介融合的新媒体的探索。就对媒介融合自身的把握和理解来说，高钢等人的观点值得注意，他认为，媒介融合的实质是现代信息技术所推进的信息传播技术手段、功能结构和形态模式的界限改变及其能量交换。其趋势性特征表现为：多媒体信息在同一平台上的能量互补；各类媒体之间的信息能量交换；信息传播者与信息接受者之间的信息能量交互；外部产业对传媒业的能量支持。媒体融合本质上不是抑制和同化个性信息需求，而是培植和满足个性信息需求；不是排斥传统媒体，而是优化传统媒体的功能；不是一个定态目标，而是一个动态进程。信息传播技术的发展和传媒市场化的进程已将新闻传播推进到一个革命性变化的临界点。④ 彭兰则认为，媒介融合是近年来炙手可热的一个词，虽然媒介融合的实践还只初露端倪，关于媒介融合的理论探讨却已经为数不少。但是，人们谈到媒介融合时，更多的是关注“汇聚”、“集中”、“整合”等“合”的方面，而对于融合后的“分散”、“分化”与“分工”等“分”的方面却还没有做出足够的研究。实际上，从多个角度来看，融合只是手段而不是目的，合是为了更好的分，通过融合达到更高层次的多样化，这才是媒介融合的终极目标。⑤ 匡文波等认为，互联网市场在从分化到整合重构的今天，这一轮新媒介的融合，超越了传统的低层次竞争，以强化自身特色创造新的市场，从零和博弈走向共赢局面。媒介融合有两种主要形式，一是媒体之间的整合与并购，力图在传媒业中以规模出效益。二是不同媒体之间的交融与互动，主要指在不同媒体之间，传播方式和内容的相互借用，以促进共同发展。在纷繁复杂的国际环境中，在蕴含商机和变数的国内市场中，在来势汹汹的技术革新潮流中，新媒介的融合以信息消费终端的需求为指向，包括产权，运营，产品整合等多种形式。⑥ 基于媒介融合的新媒体的探索，不仅仅表现在对于网络与广播、电视、报纸、杂志融合所产生的各种混合媒介的分析，更表现在对于网络视频、博客、IPTV 等新媒介的深度探究。对于博客，有研究者

---

① 彭兰：《Web2.0 在中国的发展及其社会意义》，《国际新闻界》，2007 年第 10 期。

② 张世福、肖明超：《Web3.0 猜想》，《网络传播》，2007 年第 7 期。

③ 张振接、梁祥丰：《Web3.0 向我们走来》，《科技与出版》，2007 年第 2 期。

④ 高钢：《媒体融合：追求信息传播理想境界的过程》，《国际新闻界》，2007 年第 3 期。

⑤ 彭兰：《媒介融合时代的合与分》，《中国记者》，2007 年第 2 期。

⑥ 匡文波、王丹黎：《新媒体融合：从零和走向共赢》，《广告大观》，2007 年第 8 期。

认为，博客之所以成网络时尚，在于博客独特的传播特性：一种个人化与公共性并存的数字化网络平台。这个技术平台因缺乏外在的科学规范而出现失序状态，衍生出色情、暴力等垃圾信息泛滥、侵犯他人名誉权、侵害隐私权、引发著作权纠纷等主要冲突类型。对此，应从技术控制、法律监管、道德自律三个层面加以平衡。① 对于播客，有研究者认为，从某种意义上来说，播客就是一个以互联网为载体的个人电台和电视台，播客的火爆自有其社会原因：其一，彰显个性；其二，让草根阶层获得话语权；其三，概念炒作。播客的快速发展是Web2.0 时代互联网技术发展的必然，也存在许多值得关注的问题，比如自媒体化、色情倾向与监管的缺位等。② 对于 IPTV，有研究者认为，IPTV 是大电信时代的重要标志，是电信、互联网与传统电视融合的产物。其节目内容具即时性、移动性、伴随性、草根性、联动性、时尚性和定位性等品牌特质，可以从铸造主持人、构筑品牌联想和多位一体等方面找到构建中国特色的 IPTV 发展之路。③ IPTV 的融合业务、融合发展对我国行业分立、多重监管的政策提出了挑战。IPTV 监管必须抓住内容平台和网络平台等关键环节；调整我国 IPTV 监管政策应当科学确立其基点，拓展现有的监管模式，实行对称性的“准入”保障。④

新媒体和新技术是网络传播研究的持续热点，并且逐步表现出中国学者的研究特点。正如有学者描述的那样：“与传统媒体以及国外的网络媒体相比，中国网络媒体的结构具有自己的特点。中国网络媒体的结构要素有三大部分，分别是具有传统媒体背景的网站、商业新闻网站和网民。传统媒体网站是作为信息基础生产力量的第一极，商业网站是作为信息聚合扩张力量的第二极，网民则是作为信息增值转化力量的第三极。这三极力量的相互渗透、能量互换，构成了中国网络媒体的特殊景观，造就了中国网络媒体的地位。而这种结构的形成，是社会信息需求的推动、中国发展目标的诉求、产业商业利益的驱使等因素共同作用的结果。”⑤

5.2　网络新闻传播研究

网络新闻一直以来是网络媒体发展研究关注度较高的领域。本年度对网络新闻传播的研究成果数量虽然与2006 年基本相当，但研究内容更为深化，研究视角更为丰富。网络新闻的实务研究方面继续深化了网络新闻采、写、编、评的研究。特别是网络新闻符号形态、编辑创新，网络新闻的真实性、传播伦理，以及深度报道、新闻专题、新闻评论与跟帖的研究的成果都比较富于创新内涵。

网络新闻符号表现形态及其标题是学者们关注的重要实务问题之一。有学者认为，作为一种融合新闻的符号，网络新闻融合了文字、声音、图像、动画、视频等多种有声有色、图文并茂的表现手段，集报纸、广播、电视、网络等媒体的优点于一身，以超文本、超媒体方式组织、表现新闻信息，并且用户阅读新闻内容时可方便地进行跳转，更加符合人们的阅读和思维规律。因此，网络新闻符号使新闻的报道手段更具综合性、直观性、生动性、形象性，增强了新闻的感染力和影响力。⑥ 而网络媒体的超链接方式使网络新闻的标题承担了吸引读者的全部重任。有研究者认为，网络新闻的文字、声频、视频标题应趋于一致、网络新

---

① 刘继忠、马小青：《博客的个人化与公共性的冲突与平衡分析》，《湖南大众传媒职业技术学院学报》，2007 年第 6 期。

② 刘镇：《播客——自媒体的扩张与挑战》，《传媒观察》，2007 年第 6 期。

③ 曾静平：《IPTV 的节目内容与品牌建构》，《现代传播》，2007 年第 6 期。

④ 杜娟：《IPTV 监管政策探析》，《现代传播》，2007 年第 3 期。

⑤ 高钢、彭兰：《三极力量作用下的网络新闻传播——中国网络媒体结构特征研究》，《国际新闻界》，2007 年第 6 期。

⑥ 郑歆：《网络新闻现状与发展趋势》，《新闻爱好者》，2007 年第 3 期。

闻标题应以单一标题和实题为主，减少读者的视觉疲劳。① 但与此同时，对时效性和信息量的追求缩短了语言锤炼的进程，以单行题形式出现的网络新闻标题则必须独立承担新闻的"眼睛"作用。加之，网络新闻标题没有语境支持，就可能出现表现力不足等问题。因此，有学者提出解决网络新闻标题语境缺失的方法，语言锤炼上新闻性与审美性相结合，即在制作网络新闻标题时要符合新闻学原则，并且在此基础上要用语言的生动变换和要素的巧妙提取来打动受众，要用美妙的修辞来代替无中生有的装腔作势；语境布局上准确性与灵活性相结合，在有限版面空间和字数之内，潜心从语境上的谋篇布局；做到题文相符，使标题与新闻事实保持一致。②

网络新闻编辑创新是学者们关注的新闻传播实务问题之二。网络新闻编辑作为一种融理性思维和技术特质于一体的编辑活动，其操作方法必须有理论的指导，同时还要遵循实践层面的经验。从网络新闻的编辑流程看，重点要研究如何对网络新闻作品进行选择优化、加工创造、标准规范、完整美化、媒体结合、扩散传递等；从编辑对象看，重点要研究网络新闻页面设计、网络新闻标题制作、网络新闻专题策划、网络新闻杂志编辑、网络新闻评论特点与写作以及新闻的音频视频技术等。在这一系列的网络新闻编辑活动中，其基本内涵始终是开发（选择）原型作品，并加以最大限度的组合、优化，通过一定载体，使之成为可向公众传播的成品。网络时代，对编辑来说提供信息并不是最重要的，对信息做出有效的处理，提高信息的服务质量才是竞争最有力的武器。同时，编辑活动的策划组织功能突出了，编辑人员的主动参与意识增强了，需要与作者、制作者密切合作，共同完成编辑制作任务，受众的地位、作用和阅读行为、阅读方式也发生了深刻变化。这样，网络的兴起赋予了编辑活动更多的内涵。③

网络新闻伦理是学者们关注的新闻传播实务问题之三。新媒体改变了新闻生态，也带来了新的问题，网络新闻面临着伦理的挑战。网络新闻采访、传播等环节的伦理问题凸显，使建构明确的网络新闻伦理规范迫在眉睫。④ 一些学者提出了维护网络新闻伦理的构想，例如，加强新闻伦理教育、增强网络新闻从业人员的自律意识；规范网站管理机制，净化新闻传播环境，特别是加强对博客新闻、跟帖新闻的零门槛传播活动的管理，以网络实名制来规范博客的管理；通过新闻管理部门对网络新闻进行审读、建立评议会对网络新闻进行评议、健全网络新闻法规等加强对网络新闻的监督力度，实现伦理多方维护。⑤ 而网络新闻的伦理问题凸显，同时又引发对网络媒体公信力缺失问题的思考。有学者认为，提高网络媒体公信力，需要政府、网络媒体、社会和公众共同努力，主要举措包括：完善管理体制，避免新闻传播中的杂乱无序状态；完善采编制度，加强网站的自律机制建设，提高从业人员的整体素质，建立专业的采编队伍；健全、完善法规体系和监督机制；提高媒体素养，树立人人都是"把关人"的理念。在此基础上，维系并提升网络媒体公信力必须强化品牌意识，打造品牌栏目，建立品牌网站。⑥

网络新闻的深度报道、网络新闻专题的分析，网络新闻评论与跟帖研究等是学者们关注的新闻传播实务问题之四。有学者认为，网络深度报道作为一种庞大的新闻叙事方式，是一个多维整合的平台，可以实现报道内容的整合、表现形式的整合和传播方式的整合。通过多

① 陈香：《网络新闻标题现状和对策》，《新闻前哨》，2007 年第 4 期。

② 杨琳、周耀民：《目前网络新闻标题语法修辞的缺失及对策》，《社科纵横》，2007 年第 4 期。

③ 王炎龙：《网络新闻编辑的特性与规律》，《新闻界》，2007 年第 5 期。

④ 彭怀恩：《网络新闻伦理的挑战与响应》，《东南传播》，2007 年第 12 期。

⑤ 海伟池：《论网络新闻伦理的失衡与构建》，《新闻爱好者》，2007 年第 6 期。

⑥ 王小宁：《论网络媒体公信力的塑造与维系》，《郑州大学学报（哲学社会科学版）》，2007 年第 6 期。

维整合，网络深度报道才能取得最佳的效果。① 也有学者把网络新闻专题称作“网络上的深度报道”，认为网络“新闻专题”指的是网络编辑基于对某一个新闻事件或者某一新闻主题价值大小判断将相关信息挑选出来并将其组合、编排成为一个整体，使之作为一个特设栏目在线驻留，供网民浏览、阅读、立体扫描与透视的一种新的新闻表现样式。作为一种立体组合报道，网络专题报道运用立体交叉思维方式和大综合的手法，全方位地开掘和反映现实生活，是网络媒体独特的新闻体裁，是最具网络媒体特色、最能发挥网络媒体新闻报道优势的一种新闻传播形式。网络专题新闻具有多媒体和超容量性、即时远程化性、集成性、双向交互性等特性。② 关于网络新闻评论，有学者认为，其价值在于“观点的自由市场”在网络媒体中得到实现。网络新闻评论突破了传者与受者的角色界限，强大的实时交互功能使网民拥有了相对平等的公共话语空间，网络提供的技术可能性、开放的讨论平台及强大的搜索和超链接手段使任何组织与个人可以在网络上占据一席之地。③ 但网络新闻评论也有一些问题需要进一步探讨。当前网络新闻评论正向专栏集纳化发展，它要求网络评论随着事件的纵深发展尽可能快的跟进，通过网民互动参与实现新闻评论的整体推进，但另一方面，网络的隐匿性使网络新闻评论者的有些言行出现非理性，评论的随意性使议程设置功能被削弱。因此，把握网络新闻评论的度，营造理性的公共话语空间、加强网络新闻评论管理强化议程设置功能尤为重要。④ 还有学者从传播学的视角研究网络新闻的跟帖，认为从反馈理论来看，网络新闻跟帖可促使网络媒体调整自己的新闻；从表现形式上看，网络新闻跟帖表现出一定的人际传播色彩；从把关人的角度看，予以了网络受众更大的自由表达权；从使用—满足理论看，网络新闻的跟帖满足了受众内心情感的宣泄。⑤

此外，网络新闻传播的研究也有从微观层面向宏观层面拓展、从过程分析走向效果研究的趋势。有学者着眼于网络新闻与整个新闻传播事业的关系，对网络新闻的未来提出了设想，认为以互联网为代表的新媒体对社会传统的生产、生活方式以及社会关系产生革命性影响，带来生产关系的变革，进而提出上层建筑和意识形态需相对调整，以适应变化了的经济基础。⑥ 还有学者尝试对网络新闻传播效果进行实证分析。

5.3 网络互动舆论研究

作为整个社会舆论的重要组成部分，网络舆论已成为一种不可忽视的力量渐渐显示出其不可替代的社会作用。网络互动舆论传播已成为中国公众表达民意、讨论公共事务、参与经济社会、政治生活以及进行舆论监督的重要公共平台。学者们比较关注网络互动舆论的特征、网络舆论引导等研究主题。关于网络互动舆论的特点，表现出两种观点。有学者认为，网络互动舆论有四个基本特征，一是舆论隐蔽性和舆论公开性的统一；二是舆论稳定性和舆论易逝性的统一；三是舆论真实性和舆论虚假性的统一；四是舆论广泛性和舆论狭隘性的统一。⑦ 有学者认为，网络舆论有着形式崭新、形状复杂的舆论主体，表现为匿名与虚拟、泛化和分散，舆论多元化难免鱼龙混杂，导向偏失，管理不便；同时它还有着五色杂陈、包罗万象的舆论客体，面对网络的海量信息，“把关人”力量反而削弱，使网络舆论形成的来源千姿百态，良莠不齐。而网络舆论本身具有及时性、开放性，甚至情绪化，因此它往往形成

---

① 佘文斌：《网络深度报道的特点、优势与整合方式》，《今传媒》，2007 年第 8 期。

② 朱宝奇：《网络新闻专题探析》，《扬州大学学报（人文社会科学版）》，2007 年第 5 期。

③ 陈飞：《网络新闻评论与构建公共话语空间的多视角分析》，《青年记者》，2007 年第 3 期。

④ 陈飞：《网络新闻评论与构建公共话语空间的多视角分析》，《青年记者》，2007 年第 3 期。

⑤ 王兆华：《从传播学视角看网络新闻的跟帖功能》，《东南传播》，2007 年第 1 期。

⑥ 程曼丽：《从历史角度看新媒体对传统社会的解构》，《现代传播》，2007 年第 6 期。

⑦ 林凌、赵亚涛：《论网络舆论的基本特征》，东方论坛，2007 年第 5 期。

迅速并不易掌控。① 关于如何构建主流舆论、如何引导与监管网络舆论，学者们也提出了有价值的看法。有学者认为，主流网络媒体的适时介入，是引导网络舆论的关键。人民网和新华网等已经成功地改变了网上新闻传播无序的局面，成为主导网上新闻舆论的网络主流媒体，其代表的舆论越来越表现出“主流舆论”的特性。网络舆论的形成主要是通过网站以多种形式集中报道以及网民新闻跟帖、论坛上帖等手段来实现的，而主流新闻媒体的适时介入，更使网络舆论的影响进一步扩大。② 有学者认为，要抢占网络舆论主阵地，必须通过正面引导，将网络舆论引向积极向上的主流舆论，当务之急是必须建立快速反应的网络舆论引导机制。其中包括，快速发现舆情的机制、及时发布权威信息的机制等方面。建立快速发现舆情的机制，可以采取如下措施：专业人员紧盯，主动发现重要舆情苗头；建立收集平台，充分利用网民的力量收集舆情。建立及时发布权威信息的机制，有关部门能够在第一时间及时发布并不断更新信息，让网民及时了解事情真相，了解有关部门的态度和正在采取的措施，网民就不会胡乱猜疑。因此，最好的舆论引导，就是及时发布权威的真实信息。最终要及时进行舆论引导。舆论引导，既可以进行常规引导，也要重视软引导。所谓常规引导，是指平时在了解舆情的同时，采取跟帖、评论等方式，对网络上出现的不良信息和观点进行正面引导；所谓软引导是指一旦遇到重大突发性事件后，从一切有利于政府部门解决问题、有利于维护人民群众的根本利益、有利于维护社会稳定的角度，采取各种形式，对形成舆论的基本事实、对网民的各种评论进行评论和反评论。③ 网络互动舆论，利害兼备。对网络互动舆论进行正确的引导，才能趋利避害。④

5.4 网络公共领域研究

2007 年是社会公共事件的高发年，也是网络舆论对现实社会产生重要影响的年度。网络公共事件与公共领域构建的反思、网络公共领域的走向与管理等成为网络公共舆论研究的主题。

在本研究年度发生的一系列重大社会事件，如重庆的“史上最牛钉子户”事件、厦门 PX 项目事件、沈阳蚁力神事件，都可以看到网民利用各种互联网功能进行爆料、报道、评论、串联。特别是 2007 年 6 月 5 日，《孩子被卖山西黑砖窑——400 位父亲泣血呼救》的帖子发在河南的大河论坛上，立刻引起强烈的反响。仅仅到当年 6 月 12 日，大河网上该帖点击率超过 31 万人次。2007 年 6 月 7 日，该帖转帖到天涯杂谈后，短短 6 天时间更是获得了高达 58 万的点击率和 3000 多篇回帖。众多论坛均以“紧急呼救”和“全国网友都在转发”的标题将此帖置顶，迅速将此事传播到全国。这次“网络上访”震憾了百姓的心灵，在网上和媒体上掀起了一场声势浩大的声讨行动，并且直接影响到现实舆论的走向。由此，有学者认为，网络公共空间就是哈贝马斯所谓的公共领域，而且随着网络这一新媒体的出现网络公共空间优于其他大众传媒公共空间，甚至比哈贝马斯所推崇的尔乔亚公共空间更胜一筹。因为网络公共空间的优越性，至少体现在以下几个方面：第一，网络公共空间具有参与性及公开性。第二，大众传媒公共空间只做到铺排各类见解，而网络公共空间就优胜得多，其最大的特点是互动。各类论坛、电子报告及聊天室可以让网民根据个人志趣自发性地与记者、政客、社区领袖及其他网民交流意见。网络媒介下各个网民之间的互动都是匿名进行的，这

---

① 言靖：《网络舆论的特点及其隐患》，《新闻爱好者》，2007 年第 11 期。

② 朱宇：《主流网络媒体构建主流舆论》，《中国信息界》，2007 年第 3 期。

③ 唐春林：《建立网络舆论引导机制的思考和建议》，中国新闻出版报，2007 年 10 月 16 日第 012 版。

④ 王璜、陈正辉：《略论网络舆论及其引导》，《扬州大学学报（人文社会科学版）》，2007 年第 3 期。

鼓励更多人参与，也令讨论空间不受种族、性别、国籍及年龄的限制，开拓了无数跨国界的虚拟讨论社区。网上的讨论空间十分辽阔，这是布尔乔亚公共空间难以比拟的。第三，网络公共空间无地域界限，有更广泛的传播面。第四，网络“开放媒介符码 ”的特质使得它不受篇幅、地域和时间的限制，再加上储存、互动、连接、搜索及多媒体等新功能的辅助，令它可以提供更详尽及多元化的资讯和分析，更能打造好网络公共领域。① 然而也有学者分析认为，公共领域应是建立在国家与社会相分离的基础之上，具有脱离国家与市场操纵的相对自主性，其讨论机制是平等的，讨论是理性的。并且只有当“公共问题”纳入批判的视野，公共领域才有存在的价值与意义。而新兴的网络空间是一个新的社会权力场域，其间权力和媒介相互借重。尽管这种以数字化为平台的人类心理互动空间，有时就具体事件可以形成民意并影响政府决策，其结果表现出公共领域的某些特征，但其无法从根本上摆脱多重权力的控制。即使是在 BBS 论坛中，作为非主流群体的大量私人话语权会在权威主导和影响下部分地丧失其独立性，并有进一步边缘化的趋势。此外，由于网络道德约束和网民自律贫弱的交叉影响，导致网络空间的讨论无法做到真正的理性。因此，哈贝马斯视野中的公共领域很难在 BBS 论坛中成为现实存在。② 有学者更直截了当地表明自己的观点，网络还不是公共领域，但它是公共领域未来发展的希望。由于互联网的出现，为人们提供了自由交流的平台。由于网络的匿名性、自主性和参与性，人们可以不受现实种种因素的束缚，自由地探讨问题，自由地表达想法。特别是近年来发生的一些重大事件，人们通过网络形成公共舆论，影响了事件发生、发展的进程。因此，一些学者认为网络提供了最自由的空间，促进了民主的发展，因而认为网络就是哈贝马斯所说的公共领域。诚然，相比其他传统媒介而言，网络受到的现实限制要少得多，它对所有的人开放，人们可以获取想要的信息、可以自由参加讨论、形成舆论、进而推动民主化进程，可以说它是公共领域未来发展的希望。但是，我们也应该看到，网络离我们理想中的公共领域还有很大的距离。首先，网络并不像人们想象的那么自由。其次，从网络讨论的内容来看，并不以公共议题为主。公共领域的批判主要是对公共权威及国家权力组织的批判，内容主要是有关公共政策和公共利益的公共议题。最后，网络中的主体常常是非理性的。因为网络的方便性与匿名性，人们在网络空间中比较没有责任感与现实的负担，言论往往是草率的。网民们的思想很容易受到资深网民意见领袖的影响，网络主体常常处于一种非理性的状态。因此，今天的网络公共空间与公共领域之间，还有很长的路要走。③

那么，网络公共空间如何才能够成长为公共领域呢？有学者认为，当前中国的政治体制与社会环境，要求各种公共政治话题的讨论必须与政府舆论导向保持一致才能长期存在，网络公共领域的建设不能一蹴而就，需要在继续加强社会主义政治文明建设的同时，充分发挥网络公共领域的技术优势，在网站管理与网民自律上下功夫，营造公平、自由、宽容、合理的社会舆论环境，使网络舆论对推动社会主义经济发展起到积极作用，进一步提升网络公共利益的建设水平，使之成为真正意义的公共领域。④

5.5　网络传播监管研究

本年度网络传播的监管研究，在网络法律监管、网络信息传播权利、行政监管、传播内容监管等方面形成亮点。

在法律监管方面，网络新闻传播法律保障机制、网络视频与博客的著作权问题、网络隐

① 宋正伟、陈少华：《网络媒介的公共领域》，《北京邮电大学学报》，2007 年第 3 期。
② 静恩英、杨励轩：《网络公共领域的现实考察——以 BBS 论坛为例》，《新闻界》，2007 年第 1 期。
③ 严园园：《关于公共领域的一点思考》，《东南传播》，2007 年第 9 期。
④ 郑达威、蔡琳璐：《网络公共领域建设探析》，《新闻前哨》，2007 年第 5 期。

私权的保障都进入了学者检讨的视野。近年来，网络新闻传播在对社会产生极大影响的同时，也面临着严峻的挑战。有学者从"网络新闻的界定"入手，研究网络新闻法律保障机制，他们认为，根据网络新闻传播的特点、面临的挑战以及立法现状，借鉴国外网络立法的相关经验，探讨构建网络新闻传播中的法律保障机制的途径，以期使网络新闻传播的法制建设具有更大的超前性与更强的操作性。① 近两年来网络视频发展迅猛，但也面临着巨大的著作权风险。解决关乎其生存发展的著作权问题有着深刻的必要性，应当在充分研究其利弊的基础上，着眼于社会全局利益来制订、修改法律；与此同时，视频网站也应当加强对著作权的重视，积极开展与著作权人的合作。② 而从法权的角度来看，网络媒体对于公民的隐私权的侵犯必须重视。网络作为第四媒体，比其他任何一种传统传媒方法更具影响力和渗透力，当隐私权遭遇网络时，其侵害程度远比传统传媒的危害大得多，就像是"蝴蝶效应"能卷起力量无穷的飓风。近些年来，各类借助网络侵犯隐私权案件的激增，使得如何界定网络隐私权，如何更有效地保护网络空间的隐私权，成为目前法学界研究的热点问题之一，这对于传统隐私权的扩展与补充，进一步完善隐私权保护的有效法律机制，都将是有益的探讨。③

从 2006 年下半年开始至 2007 年，关于信息网络传播权的研究，成为一个网络传播研究的热点。④ 有的研究者认为，《信息网络传播权保护条例》的施行，标志着网络传播权的法律地位得到全面确立。⑤ 也有研究者认为，我国信息网络传播权具有主体的专有性、客体的广泛性、行使方式的特定性、财产权性、内容的复合性、合理限制性、保护方式的特殊性等法律特征。另外，当前网络虚拟财产权问题已经成为一个亟待讨论的法律问题。网络游戏中的虚拟财产所引起的法律诉讼以及 QQ 号码、游戏账号被盗等案件产生了广泛影响。这个网络监管和法律的空白点，正在引起更多研究者的关注。有的研究者认为，虚拟财产的法律特征主要表现为：基于特定的虚拟社区空间而存在，以电磁记录为本质存在状态，其本身具有价值且其价值具有相对稳定性、期限性，研究者还认为基于虚拟财产的特殊法律属性，传统物权法的保护规则也应相应地进行调整。⑥

在行政监管方面，学者认为，政府有关部门应立足于引导网络媒介的创新发展而实施宏观和微观的监管。在宏观层面上，要抓紧制定网络媒介的发展规划，避免因重复建设造成的资源浪费；应集中资源建立一批骨干网站，这类网站应该按形成合力、发展集团化优势的思路，集中传统媒体的新闻采集优势和新媒体的传输优势而成的，它们信息量大、覆盖面广，新闻质量高，能在我国对内对外的网上新闻传播中起中流砥柱的作用；要规范网站建设和新闻发布，避免国内网站的低水平重复建设和新闻发布的混乱；要实施资源整合，中央、地方的重点网站应互相提供链接，互联互通，将国内现有的文字、图片新闻资料做成网上数据库，形成国内媒体的资源共享，提高有限资源的利用率等；应允许有条件的网络经营单位资源重组，走集团化发展的道路，为今后参与世界范围内的竞争创造条件。⑦ 在微观层面上，主要着眼于网络内容与网络新媒体的管理与控制。有的研究者对数字化技术和传媒的数字化革命的定义、内涵及主要特征进行了阐释，并对数字化革命对我国传媒业的生态环境、游戏规则以及内容监管体系所带来的变革进行了分析。⑧ 有的研究者则对我国数字媒体内容管理体系的建立原则进行研究，提出了建立我国数字媒体内容管理体系的整合性管理原则、层次

---

① 李琼瑶：《网络新闻传播中的法律保障机制研究》，《江西社会科学》，2007 年第 4 期。

② 李彦：《网络视频著作权保护探析》，《现代视听》，2007 年第 6 期。

③ 汪琳、张运来等：《网络隐私权的法律保护》，《江西社会科学》，2007 年第 4 期。

④ 付玉辉：《2007 年我国网络传播研究综述》，《国际新闻界》，2008 年第 1 期。

⑤ 张胜珍：《论我国信息网络传播权知：法律特征》，《理论月刊》，2007 年第 3 期。

⑥ 邬江、刘志高：《网络虚拟财产的法律地位》，《网络传播》，2007 年第 1 期。

⑦ 宋香云、姜东旭：《论我国对网络媒体的管理策略》，《理论视野》，2007 年第 1 期。

⑧ 郑保卫等：《数字化技术与传媒的数字化革命》，《国际新闻界》，2007 年第 11 期。

化管理原则和兼容性管理原则等三大原则。① 有的研究者对英国、美国的数字媒体内容监管进行了研究，提出我国数字媒体内容监管应体现公众利益，关注弱势群体；大力发展内容产业，加强对知识产权的保护力度；积极推进产业结构转型，促成三网融合。② 2007 年，中国政府对网络的管理力度较大。公安部、中宣部、国务院新闻办、公安部、国家广播电影电视总局、信息产业部等 12 个涉及网络管理的部门都不同程度地采取措施，或者实施了专项整治，但更需要将行政监管制度化、规范化；更需要在保障网民能够享受充分的言论自由的前提下，按照法律和相关制度进行监督，建立完整的监控体系，构筑起行政监管“防火墙”，从源头上清除“病毒”，通过严格的监管来保证网络文明。具体可从规范网站媒体内部运作、加强网络管理部门监看监评、完善法律和制度建设、增强从业人员的资格管理、制订政策风险应对策略等几个方面来操作，做到监控宽严有度、监管创新两不误。③

而对于博客等网络媒体新形态的管理也是学者们关注的重点。有学者认为，博客管理的难题也是互联网管理的症结，因而要基于互联网信息平台的整合，来优化博客传播模式。包括通过博客身份认证，加强博客自律，网站加强对属下博客的管理，政府有关部门要加强对博客网站的管理，运用技术手段，进行智能化管理，鼓励政府网站和公益机构等开设博客，发动社会力量，共同做好博客管理等对策。④

5.6　网络媒体运营研究

网络媒体的运营研究包括新闻网站品牌的建设、网站内容的运营、网络媒体的盈利模式创新、网络媒体影响力评估体系等四个研究主题。

关于新闻网站品牌的建设，学者关注品牌的构成及特色。有学者认为，我国新闻网站的品牌建设已经受到了业界的高度重视，但新闻网站品牌竞争力的提升不是一朝一夕之事，需要全方位的策划与营造，需要长时间的精心培育。应将新闻网站品牌竞争力的提升当作系统工程来运作，通过增强品牌意识、准确的定位、办出个性与特色、设计个性鲜明的 Logo 和版面、开展适当的品牌形象推广活动等手段，树立具有强大生命力的新闻网站品牌。⑤ 而有研究者针对鲜见地方新闻网站的知名品牌，很多网站甚至连“温饱”问题都尚未解决的现状，提出“小而特”才是地方新闻网站的突围之路。突出地方特色，走本土化道路对任何类型的地方媒体来说，本地的内容由于其得天独厚的“接近性”，始终是本地受众最关注的，网络媒体也不例外。本地化不仅可以抓住本地网民和在外地的本地人，还可以吸引外地网民。另外，突出本地特色，有助于打破“千网一面”的格局。新闻网站要增加地方特色频道，走频道专业化的道路，就要加强本地实用性信息，增强服务性，并加强与本地各行业的合作与互动。⑥

关于网站内容的运营，有学者认为，网络新闻专题是目前网络媒体重点经营的高端产品，也是网站内容竞争的核心地带。网络新闻专题的选题定位精准与否和策划制作的优劣，不仅是衡量网络媒体专业水平和实力的重要尺度，也是网络媒体能不能在日趋激烈的新闻竞争中脱颖而出，立于不败之地的关键之一。差异化战略主要体现在：选题定位上突出差异化，在细分受众目标市场的基础上，根据内容定位和读者定位，在专题的选题上突出差异化，然后集中力量做足做好在新闻资源方面具有优势的主打拳头产品，彰显出个性特色；专

① 彭兰：《关于数字媒体内容管理体系建立原则的思考》，《国际新闻界》，2007 年第 11 期。

② 周小普，王丽雅，王冲：《英美数字媒体内容规制初探》，《国际新闻界》，2007 年第 11 期。

③ 王云峰：《网络媒体监管—多管齐下》，《声屏世界》，2007 年第 9 期。

④ 何美：《我国博客现存问题与管理对策分析》，《今传媒》，2007 年第 9 期。

⑤ 陈燕、辛桂娟：《提升新闻网站的品牌竞争力》，《传媒观察》，2007 年第 9 期。

⑥ 蒋建德：《小而特——地方新闻网站突围之道》，《传媒观察》，2007 年第 6 期。

题内容上突出差异化，对于网民关注度高的一些国内国际重大新闻事件，尽管在新闻资源方面也许不具有优势，但只要在专题内容上突出差异化，做出个性特色，比如在栏目的设计上、新闻的解读与评论上有独到之处，一样也能赢得网民的青睐；另外可以在网页设计与互动功能等方面寻求差异化。① 由此，有研究者进而认为，强化新闻专题策划是提升新闻网站影响力的法宝。专题策划得敏锐及时可以树立网站的公信力，策划得有深度广度可以强化互动，扩大受众参与度。②

除了对树立新闻网站品牌与内容的研究外，网络媒体的经营模式创新一直是本年度研究关注的热点。有学者认为，网络媒体与传统大众传播媒体在运行机制上的巨大差别，使传统媒体的营销模式和以广告经营为主的盈利模式对网络媒体适用性较弱。根据我国网络媒体目前的实际情况，有研究者提出网络媒体运营独特的出售模式：网络媒体内部的新闻内容出售、网络媒体与受众之间的出售、网络媒体与广告主之间的出售的多重出售模式。相对于传统媒体而言，由于网络媒体融合了大众传播、组织传播、人际传播等多种传播形态，因此出售方式更加复杂。③ 目前网络媒体盈利模式尚不成熟，多重出售模式仍须随网络媒体的探索发展继续进行修订，以期最终达到简洁化和高度概括化。也有学者从营销学的角度分析了网络媒体的营销策略，认为在激烈的市场竞争中，网络媒体在促进销售、树立品牌形象、增强与消费者的深度沟通等多方面均存在着诸多问题，如搜索引擎营销面临着“品牌垄断”，E-mail营销环境不够理想等。要解决这些问题，必须重视对网络技术人才的引进、抢占优良的网址并加强网址宣传、建立网上公共关系和客户服务、实现与网络受众对象的“互动”、丰富网络杂志和博客营销的内容等。④ 还有研究者尝试建立网络媒体的影响力评估体系，对网络媒体频道的绩效做实证检验与分析，开拓了研究的视野。影响力评价的过程实际上是强化内容管理的过程，运用媒体影响力指数可作为频道绩效考核重要指标之一，为媒体机构改善频道质量提供具体指向，有针对性从全局的角度探讨具体对策。⑤

5.7 结语

纵观整个2007年的网络媒体研究，无论是内容还是视角都更为丰富，特别是对应网络媒体的新趋势、新动向出现许多新的论题，传播学者们广泛而敏锐地捕捉到并且进行了卓有成效的探讨，提出了新的观点。不过，总体而言，网络媒体的研究有广度而缺乏深度，许多研究理论支撑不足，流于现象的描述与浅表的分析，这是需要进一步解决的问题。与此同时，网络媒体的发展日新月异，新问题层出不穷，对于一些发展尚未成熟的领域，研究的深度需要继续拓展，比如媒介融合背景下新旧媒体的协同效应、网络新媒体的有效的盈利模式、网络媒体的公信力评估、网络管制的理论与实践等，都需要深化探究。

6 媒介广告研究述评

本年度对报纸、电视、广播、期刊、网络等各个方面媒介广告研究，都有所拓展。

6.1 报业广告研究

报业广告走势、报业分类广告、新媒介生态下的报业广告发展，这是本年度学者分析报

① 张颖：《差异化战略构建网站新闻专题竞争力》，《传媒观察》，2007年第3期。
② 陈旭鑫、陈加松：《强化新闻专题策划提升新闻网站影响力》，《今传媒》，2007年第12期。
③ 黄琳达：《网络媒体的多重出售模式》，《新闻天地》，2007年第3期。
④ 杨宝剑：《浅议网络媒体营销的现状及完善》，《山东纺织经济》，2007年第3期。
⑤ 郑方辉、熊红轶：《网络媒体频道影响力评价的实证研究》，《理论与方法》，2007年第8期。

业广告时关注的基本问题点。

关于报业广告的走势，有学者通过对报业总量的变化（1997—2007 年）、报业的经营收入与利税（1997—2006 年）、报业人力资源投入和新闻纸消耗的变化（1990—2006 年）四个数据的量化分析后乐观地认为，中国报纸产业取得了快速增长，出版种类和数量，都在增加，在总体上中国报业广告营业额以高于 GDP 的增幅增长，年平均增幅达到3%；以广告为基础的报业经济总量迅速提高，报业的投入也大大增加。① 虽然从总体上，两位学者的数据分析是利好的，但是 2007 年一直延续的报业广告低速增长却是不争的事实。有学者认为，目前报业市场增长明显低于经济增长，都市类报纸受到网络新媒体、新兴报纸以及各种媒介的蚕食，行业投放变换使得市场风险与机遇并存，在日益复杂的市场环境中，报纸广告经营必须深耕细作，在战略上树立报纸大营销观，解决体制问题，实现现代化企业经营模式，在战术上以数据营销当道，以创新培养市场增量空间。② 区域报业市场的开发，将是培养市场增量空间的走向之一。有学者认为，区域性报业媒体广告必须走开放借鉴，以发达国家区域报业的先进理念为参考，力求在广告的形式、服务、覆盖、计费等方式上功能创新，以实现报业集团内部的系统整合、跨地区、跨媒体的广告资源的系统整合，以拓宽报业广告的经营发展之路。③

报纸分类广告是报业广告开拓新的市场，需要充分重视的领域。有学者认为，分类广告已经成为国外地方性报纸广告收入的主要来源，而国内分类广告市场的开发还是浅层次、无序且数量比较稀少。因此，必须转变经营观念，开拓新的分类广告品牌，创新分类广告经营模式，通过充分挖掘分类广告市场的潜力，弥补商业广告受制于宏观经济发展的局限。④ 有学者则从实施内容、版面的差异化，寻求报纸分类广告和网络广告的“组合”、销售以及转变分类广告的经营管理方式方面，为拓深、拓宽分类广告的市场空间提出战略性的思考；有学者从分析国外报纸出击网络分类广告市场的五种方式入手，提出了搭建“报纸分类 + 黄页（专业杂志） +3G 手机”的整合型营销传播平台，凭借统一的交易平台、多样化的发布渠道，科学的捆绑销售载体搭配方案，实现广告效益的增值。⑤ 这些策略性的方法提出，为处在调整期的报业经营拓宽自己的生存空间具有一定价值。

关于新媒介生态下的报业广告，学者比较关注媒介生态发生了重大的变化之后，报业广告如何应对同质媒体的争夺、广电媒体的挤压、域外媒体渗透、新兴媒体颠覆等几个方面的挑战问题。有学者认为，新媒介生态下的报业广告经营策略必须改变，目前大众化一应俱全的百货商场式的“厚报”经营模式，必须向内容定位更精确，更加细分的“专卖店式”的经营模式转变，从而提供适应窄众人群需要的新闻资讯和广告产品。⑥ 也有学者认为，报纸广告与网络广告的互动经营才能突破地域的限制，弥补报业的缺陷，降低生存风险，提高报业的综合竞争力。⑦

6.2　电视广告研究

电视广告的数字化变革方向、数字电视的互动广告发展是学界关注的电视广告发展研究的重要问题。

① 崔保国、张晓群：《从总量看报业广告经营》，《中国报业》，2007 年第 10 期。

② 焦书晖：《报业广告进入深耕时代》，《新闻爱好者》，2007 年第 12 期。

③ 宗维山、沙如刚等：《借鉴、创新、整合——略论区域性报业媒体广告经营发展之路》，《中国报业》，2007 年第 9 期。

④ 曾红宇：《我国报纸分类广告经营浅析》，《湖南大众传媒职业技术学院学报》，2007 年第 11 期。

⑤ 陈雨：《网络媒体竞合下的报纸分类广告经营创新》，《中国报业》，2007 年第 10 期。

⑥ 沙如刚、贾岳：《新媒介生态下的报业广告经营策略》，《中国报业》，2007 年第 2 期。

⑦ 刘婷、赵铁林：《报纸广告与网络广告的互动经营探析》，《中国报业》，2007 年第 6 期。

网络广告的崛起昭示着新媒介以有效的、多样化的广告形式对电视广告的效果和生存构成挑战。对此，有学者认为，电视广告应该学习新媒体的表现手法，在电视内容与创意上下功夫，以适应观众同时接纳多媒体的消费习惯，建立电视媒体自己的网站与视频广告的多渠道传播之路，从而消解或弱化电视广告面临的危机。① 电视广告变革的表现在"生硬的广告直播方式正从细微处发生改变，让观众不那么明显中感觉广告信息的插播。当然，电视业处心积虑，煞费苦心挽留观众芳心的策略，只能是一种探索方式，其效果有待考证。"②

数字电视逐步普及不仅有利于整体电视产业的转型，还将惠及广告业，为广告主提供一个更有价值的互动广告形式。有学者认为，互动广告将是数字电视时代的广告宠儿，理由如下：互动广告可作为广告影片的补充或延伸；互动广告提供直接、立即的响应途径；互动广告可作为意见调查的工具；互动广告可作为品牌建立与强化的工具。这些策略的理论综述对中国现行的互动广告的实际运用具有一定的启迪与借鉴作用。③ 有学者探讨了互动广告的优势后认为，广告创意和制作质量将影响受众交互选择的影响，应该从充分挖掘遥控器的价值入手，弱化时间限制，发挥富媒体广告特性，研究互动电视广告的传播规律，有效拉动相关行业的发展，从而消解交互性产生的博弈。④ 有学者则从受众的注意和理解两方面的心理机制出发，探讨受众面对电视广告时的心理状态及其对电视广告互动的心理需求，对电视广告中的互动意识与方式进行了理性的梳理。⑤

6.3 广播广告研究

对广播广告可持续发展的深度分析和乡村广播广告发展的考察，是本年度学界研究的重点话题。

2005—2007 年，广播广告的增幅居于传统媒体广告增幅的首位。对此，学者比较关注广播广告如何在新媒介广告的冲击下，获取可持续发展的动力，充分展示广播媒介的优质属性而获得持续发展。有学者分析了广播广告的现状、经营特征及空间，通过数据引证论证了频率制是广播广告突飞猛进的成因。⑥ 有学者认为，广播广告迅速发展的最大功劳应该属于广播媒介自身，广播媒体通过自身努力使广播与市场、与受众、与广告更加吻合，将广播媒体的市场价值和优势有效发挥到广告中，获得了显著的成绩。⑦ 也有学者认为，广播广告在经受了电视的强烈冲击后，现在正处在网络、手机等更多新媒体的挑战和威胁中，在新媒体时代，广播广告必须利用自己的优势，组建跨媒体的广告联合体是广播广告获得可持续发展的关键。

关于乡村广播广告的发展，《广告大观》综合版开辟专栏对这一问题进行了集中探讨。有学者认为，农村集中了我国数量最多，潜力最大的消费群体，是中国经济中最可靠、最持久的动力源泉。农村广播广告要抓住机遇，实现认同，必须在节目质量、品牌效应、文化引导等方面重点突破，才能巩固农村广播，拉动广播广告的发展。⑧ 也有学者认为，广播仍然是目前农村最便利、最经济、最有效的传播工具，8 亿人口的农村市场必将是广告争夺之地，广告势必随之向农村延伸和铺开，所以广告嵌入优良媒介，农村广播广告将大有作为。

---

① 吴文勇、王积龙：《电视广告面临的新危机及其出路》，《社会科学研究》，2007 年第 9 期。

② 姜明媚：《电视业的广告变革》，《互联网周刊》，2007 年第 4 期。

③ 郭鉴：《互动广告——数字电视时代的广告宠儿》，《传媒观察》，2007 年第 6 期。

④ 史历峰：《互动电视广告交互性的博弈研究》，《新闻爱好者》，2007 年第 1 期。

⑤ 马持节：《电视广告传播中的互动意识》，《新闻界》，2007 年第 12 期。

⑥ 杨叶青：《弱势媒体的强势竞争——广播广告现状、经营特征及空间》，《中国广播》，2007 年第 3 期。

⑦ 黄彩虹：《广播广告持续发展探析》，《广告大观》综合版，2007 年第 9 期。

⑧ 张光龄：《从农村广播的勃兴看广告业的新契机》，《广告大观》综合版，2007 年第 9 期。

这些学者对农村广播广告的前景与策略实施的深度思考，必将为我们正在进行的新农村广告建设指明方向，这正是我们进行学术研究的价值所在。

6.4　期刊广告研究

期刊广告如何摆脱被动局面而尽快走上良性发展之路，网络杂志的广告经营等是期刊广告研究的主要话题。

关于期刊广告的良性发展，有学者认为，期刊广告要获得长远发展，必须要对期刊广告的性质和特点再认识，充分利用经济高速发展的机遇，带动各种行业期刊广告的规模发展，采取行业广告集中投放和全面细分市场的优势，实施多样化代理的经营方式，在困境中实现突围。① 在我国，大量的期刊主要以发行收入为主要盈利模式，但是在日渐成熟的发达国家期刊市场，期刊的主要收入来源日益依靠广告，以美国为例，美国杂志广告收入占媒体收入的比例达3%，而中国这个比例目前只有1.59%，所以，我国期刊广告市场还有较大的增量空间。有学者从分析期刊广告的受众优势、信息环境的优势、制作技术的优势、传播方式的优势、成本运算优势等五个方面的价值优越性入手，认为中国期刊市场的广告价值还没有得到很好的市场开发，潜力很大。② 有学者分析了英美期刊广告为什么从1996—2006年间分别增长86.7%和82.5%的原因后认为，英美期刊的广告销售更具针对性和有效性，营销手段更加丰富，不仅能把握准确的市场定位，注重品牌建立和延伸，同时还拥有高素质的期刊广告经营人才和高超的行销手段，而这些策略的执行恰恰是中国期刊广告经营所欠缺或实施不到位的，所以可以借他山之石攻玉，推动本土期刊广告经营的发展。

网络杂志广告前景美好，但需要建构高起点的经营模式。有学者认为，网络杂志广告要走向黎明，必须从端正广告观，拓展广告形式，提高广告质量方面入手，再通过开发隐性植入等广告形式和公关策划的具体运用，网络杂志广告才能既继承纸质杂志目标市场明确的特质，又更加细分市场受众群的优点，实现广告主、数字杂志企业和读者的"三赢"。③ 有学者则从电子杂志与传统杂志的优缺点的对比中分析总结，网络杂志虽然拥有互动性强，定位更明确的优势，但是也有自身的技术缺陷，所以，只有扬长避短才能充分发挥电子杂志的广告功效。有学者对建构网络杂志广告评估的方式进行了理论归纳认为，网络杂志拥有强大的数据库反馈功能，可以通过后台监控所有用户的阅读行为、广告的点击率、广告页面所包含的时间、阅读次数、成本等，释放网络杂志的广告价值量。

6.5　网络广告研究

网络广告的发展趋势、网络广告的信度与效果等问题是网络广告研究的基本主题。

关于网络广告的特点、发展趋势，2007年《中国新通信》杂志发表专栏文章进行了深度剖析。有学者认为，中国网络广告市场的发展特点具体表现在：① 激烈竞争将瓦解寡头垄断；② 网络广告代理业务将趁势而兴；③ 新兴网络广告的形式更受追捧；④ 广告主将增加网络广告的预算，传统广告市场被挤压；⑤ 新兴付费形式冲击并挑战现有的付费模式。这些新特点进一步激发学者们思考网络广告的新趋势、如何建构有效的评估体系以增加信任度等产业经营的具体问题。网络广告相对于传统广告的优势是不言而喻的。那么，如何把种种优势进行优化并提炼，从而释放网络广告的价值空间呢？有学者通过对网络广告中价格博弈的模式——"竞服"模式指标体系对Google搜索引擎广告、呼叫广告等新兴广告类型进

---

① 谢志远：《我国期刊广告经营现状及发展趋势》，《传媒》，2007年第3期。

② 胡春秀：《期刊广告经营优势》，《新闻界》，2007年第3期。

③ 王钦：《数字杂志广告的黎明》，《东南传播》，2007年第4期。

行研究后认为，网络广告的新趋势必将是“竞服”模式主导下，服务商和作为“用户活动和聚集地”的网站空间的商业机制的转换。① 也有学者则认为网络广告的优势很明显，但是也存在明显的缺陷，因此，未来中国网络广告将呈现五大趋势：① 信息专业化，② 互动人性化，③ 运营严密化，④ 形式新颖化，⑤ 流量巨大化。② 这种理论梳理必定会对强势中的网络广告经营指明准确的前进方向，网络广告的市场空间才能大有作为。

关于网络广告的信度与效果，有学者认为，网络广告要实现价值必须从找准目标受众、创造独享的广告信息，以及在线打造受众空间三个方面入手，才能脱离价值“缩水”的困境，成为受众欢迎的广告形式。③ 与此同时，网络广告要发挥价值，还必须与其他的广告形式齐头并进。有学者认为，应该建立网络广告的横向评估体系。只有建立从曝光到互动的一系列广告效果评估、计划、采购的体系，才能适应多种类型的广告主在不同广告活动目标指导下的媒介计划需求。另外，网络广告流程测量标准化的缺位，导致在网络广告效果的评价中无法获得最佳的定价模式，所以，网络广告效果的评定直接关系网络广告的定价。有学者从分析当前通用的几种网络定价模式和为未来可能获得创新的定价模式预测认为，要发挥网络广告的潜能，网络流程测量标准化是网络定价模式最优化的必要前提，同时也提出了网络广告定价模式生成过程中的公共政策问题。④

6.6 结语

总体上看，2007 年媒介广告市场的研究较之以往，无论从宏观的视野，理论的深度还是微观层面的革新演进等都有了长足的进步。最为可贵的是学界能够直面各类媒体广告面临的种种危机与问题，提出解决的对策。可以说，2007 年媒介广告研究领域的成果是丰硕的。但也存在一些缺憾，那就是推导式、总结化、定性型的研究居多，在涉及广告业宏观发展的战略执行中，观点比较“扎堆”，一些论述“似曾相似”，因而，也表现出一个老问题：作为先导的理论总是滞后于产业发展的实际。

【作者简介】

吕尚彬，武汉大学新闻与传播学院教授、博士生导师，武汉大学媒体发展研究中心副主任。主要从事媒体发展战略、广告传播研究。

陈刚，武汉大学新闻与传播学院讲师、博士。

胡新桥，武汉大学新闻与传播学院博士生、法制日报社湖北记者站站长。

陈亚旭、张昌旭、方苏、刘琴、钱广贵、耿蕊、姜帆，武汉大学新闻与传播学院博士生。

聂　莉，武汉大学新闻与传播学院访问学者。

① 吴祚所、顺风：《网络广告新趋势分析》，《当代传播》，2007 年第 6 期。

② 刘国基：《中国网络广告的发展趋势》，《新闻前哨》，2007 年第 8 期。

③ 贺娅琳：《网络广告的传播价值：矛盾与对策》，《新闻界》，2007 年第 8 期。

④ 段贵恒、赵国杰：《网络广告的定价模式与公共政策研究》，《现代传播》，2007 年第 3 期。

现阶段中国涉农媒体发展述评①

王瀚东　郭习松

1　涉农媒体产生背景与发展现状

20 世纪 80 年代初，经济体制改革率先从中国农村掀起，农民成为最先受益的对象，以省级农民报为代表的涉农媒体迅速崛起。尤其是 1982—1986 年，中央连续出台了 5 个关于农村工作的“一号文件”，农村经济得到迅猛发展，涉农报业也随之得到快速发展。

农业部率先创办《中国农民报》，各省级党报也纷纷办起自己的农村版，或干脆出版一张独立的农民报或农业科技报，涉农媒体如雨后春笋般涌现出来。最辉煌的时期，全国几乎各省都有 1 ~2 份面向农村地区和农民读者的报纸，并且经济效益都相当不错。

诞生最早的全国性涉农媒体是由中国国家农业部创办的《中国农民报》，于 1980 年创刊，5 年后更名为《农民日报》。经过 20 多年的发展，该报除实现彩印八版日报，还同时出版《中国乡镇企业报》、《中国畜牧报》和《中国渔业报》三张子报，创办并运营国家唯一的“三农”新闻网站——“三农在线”。最新创刊的全国性涉农媒体是《经济日报 · 农村版》，由《经济日报》编辑部创办，2005 年创刊。

地方性涉农媒体中，创刊最早的是山西日报社（现山西日报报业集团）主办的《山西农民报》，1949 年创刊。最新创刊的地方性涉农媒体是《河南日报 · 农村版》，由河南日报报业集团创办，2005 年 1 月 1 日创刊。

然而经历了 10 年左右的辉煌，20 世纪 90 年代，农民收入增幅减缓，购买力下降，面向农村的广告减少。与此同时，都市的传媒大战风起云涌，大量农村受众群体受到冷落。涉农媒体发展慢慢进入低谷，近半数省（市）的农民报停办或改办其他报纸。目前，在中华全国农民报协会登记的有 38 家，但其中只有 25 家是真正的涉农媒体，加上没有登记的经济日报农村版等 4 家，目前，我国现有的涉农媒体有 29 家②。基本情况详见下表：

报名/刊号	隶属单位	所在省市	创刊年份	开版/刊期
农民日报 CN11-0055	农业部	北京	1980 年	对开 8 版/周六刊
经济日报农村版 CN11-0121	经济日报社	北京	2005 年	4 开 16 版/周两刊
中国农机化导报 CN11-0060	农业部	北京	2005 年	对开 8 版/周一刊

① 本论文系教育部人文社科重点研究基地重大项目《中部媒介生态和媒体发展》（项目批准号：05JJD860167）阶段性成果。

② 中华全国农民报协会 2007 年最新统计数据。http://www.farmer.com.cn/gywm/nmbxh.htm。

方面也存在农民报所刊登的广告内容不能完全适应农村市场需求的现象。① 据2007年中华全国农民报协会第24届年会透露，现存农民报中基本盈利的只有河南、广东、山东、浙江、四川、河北、湖北和农垦系统等少数几家报纸，数量不到既存总数的1/3。其余多数是亏损或持平略亏。②

4 探索涉农媒体突破困境的道路

面对困境，涉农媒体开始集体反思和探索。每年召开的涉农媒体年会中心议题莫不是围绕如何提高涉农媒体地位和影响力展开。

4.1 内容建设上，走新闻回归之路

多年来，业内对涉农媒体的内容建设形成了一个共识，那就是以信息服务为主。也正由于此，当前，几乎所有面向农村的媒体都以“传播致富信息”、“传授致富技术”为卖点。可这恰是现有农民报不受欢迎的原因之一。③

对此不少媒体已有反省，农民报首先也应该考虑受众作为一个社会人的信息需要和信息接收规律。它们认识到，在现有的农民报栏目中，相当一部分低估了农民的理解和接受能力，想当然地用它们所谓“喜闻乐见”的表达方式制作它们“喜闻乐见”的内容，充当着“教育者”和“宣传者”的作用，似乎忽视了农民本身接受新鲜事物和观念的能力，以及他们完善自身的能力。④

从前在《河北农民报》和山东《农村大众》，编辑部基本上不做新闻，记者不下去采访，完全搞服务和信息，发行量搞到10万份之后，就一直徘徊不前，甚至露出下降的苗头。从2005年开始，为了应对农村的新变化，他们明显加大了新闻报道力度和舆论监督力量，发行量有大幅上升趋势。

4.2 传播理念上，进行分众化的调适

由于缺少有效的反馈调查，各省级农民报在办报上遇到的一个最大难题就是不清楚读者到底是哪些人，多数涉农媒体以设想的可能读者为对象，实行“新闻+综合技术专刊+副刊”模式，把自己办成面向各阶层农民的“小而全”的“报纸”，结果事与愿违。

当前，农村受众分化已成为不争的事实。南京师范大学新闻传播学院在对江苏农村受众调查时发现，一元的农民结构层次分解为多元的结构层次，苏南农村受众中非农业劳动者日益增多，其中，离土不离乡的乡镇企业从业者达到样本总数的32.7%；而离乡又离土的外出打工者以及在校学生占样本总数的11%。此外，有9.5%的个体劳动者，4.8%的党政机关干部，5.1%的私营企业主以及企业管理人员，真正从事农业劳动的农民仅占14.2%。⑤

2003年，经济效益处于全国省级农民报前列的《河南农村报》，进行了最大的一次办报

---

① 2006年4月至11月，湖北日报报业集团楚天广告总公司在中共湖北省委农村工作办公室的支持下，曾在湖北省的谷城、长阳、罗田、江夏等10个县市区，以20~55岁的农村受众为研究对象，对湖北农村广告市场进行过一次随机抽样调查。调查显示，目前，涉农广告普遍存在着与农民经济活动相关度较低的“产销不对路”问题。农资生产和销售信息功利性较强，针对性却较差，信息的利用价值常大打折扣。

② 摘自全国农民报协年会2007年会议记录。

③ 正如著名三农问题专家，《中国改革》杂志的前任主编温铁军2004年10月份在南开大学讲座中提到的：“仅仅从经济上考虑和关注，本身就是对农民的一种不尊重。”

④ 第二届全国农业媒体高层论坛记录 http://mediaforum.aweb.com.cn/article.asp。

⑤ 方晓红：《大众传媒与农村》，中华书局出版社2002年版，第8页。

思路的转变——“以退为进”。“退”是指由原来的每周出 5 期，改为每周出 3 期；由原来的面向所有的农村读者变为面向部分读者。而这“部分读者”就是瞄准了农村中的种植、养殖大户。“进”是指由原来的每期 8 版变为每期 16 版，总版数由原来的每周 40 版增加到每周 48 版，使特定读者群信息接受量大大增加。结果证明：2003 年报纸的发行量比 2002 年提高了 25%，是历年来增幅最大的一次。自费订阅读者已占到订户总数的 50% 左右，广告收入也有较大幅度的回升。①

《南方农村报》在正报出版之外，增办了一份类似于《南方农村报·养殖周刊》的《养殖宝典》，铜版纸印刷，每月一期，每份 10 元，每期印刷 1 万份，在广东销售情况良好。《甘肃农民报》创办针对打工的蓝领阶层的“蓝版”，内容全部是分类信息，有招聘信息、自荐信息，还有征婚、房屋出租、铺面转让等方面的信息，刊登的信息全部免费。该报在兰州市每期可卖出 3000 份，每份 1 元。据测算，如果每期发行 5000 份即可实现盈利。

4.3　发行经营上，走出政策襁褓，争做市场闯儿

长期以来，农民报“作为省委机关报在农村基层的补充和延伸”，一直走“准党报”的路子，从办报理念、管理体制到发行模式，与省委机关报一脉相承。犹如政策中的襁褓，既不能像机关报那样堂而皇之进驻“公费订阅”列车，又不能像都市类报纸那样完全走上市场历经洗礼。对此，不少涉农媒体开始撇开政策保护，争做市场的闯儿。

实践中，他们发挥媒体舆论和品牌优势，与农口企业、专业市场和种、养、加工等大户结成利益共享经济体，在为农民提供实惠的同时，谋求共同发展。农民报还可以与科研部门或其他企业合作，建成自己的良种、技术培训基地，也可以立足城市搞名特优农产品销售等等，运用市场化手段，慢慢形成产业开发，拓展创收空间。

重视事件营销和团体营销是其中一大手段。2002 年、2003 年，在湖北农村经济办公室的支持下，湖北《农村新报》连续推出“费税改革特刊”和“防非典”两个特刊，每个特刊发行 1000 万份，产生了较大影响。

发行上，涉农媒体开始注意广“借”网络，拓宽发行渠道。近年来，湖北《农村新报》改变一心依靠宣传部和邮局发行的思路，坚持邮局发行、报社自办发行、编辑部委托发行和零售四个轮子驱动，先后开拓出了信用社、能源办、农广校等渠道，报纸发行量年平递增 30% 左右。

4.4　媒介竞争上，注重和其他媒体和谐共生

如今电子报纸、网络广播和网络电视等新型媒体已经开始深入老百姓生活。媒介共融共生趋势明显。在这一语境下，不少涉农媒体意识到要想克服表现形式单一、版面有限、互动性差、时效性差等自身弱点，必须考虑和其他媒体合作，寻找新的传播“出口”。为此，他们和都市类媒体、广播、电视、网络积极合作，试着走出一条媒介共生的和谐之路。

（1）与都市类媒体合作。都市类媒体和涉农媒体在市场分割上遥相呼应。不少涉农媒体发现，二者在内容上互补，如能实现合作，不仅可以节约采编成本，还能成就农民报的“都市窗口”，也能满足都市报对农村信息源的需求。

（2）与广播媒体合作。广播和报纸互益合作，由来已久。在各地，涉农媒体发布消息仍是广播涉农节目消息源首选。这在农村那些还没有通电、报纸投递很困难而广播却能覆盖的地方，被证明效果显著——既能丰富了广播的节目形式，也能提升农民报的知名度，报纸的内容实现了二次传播。

（3）与电视媒体合作。根据中央精神，近年来各省级电视台基本上开办起了自己的农

---

① 第二届全国农业媒体高层论坛记录，http://mediaforum.aweb.com.cn/article.asp。

业频道和专栏。在涉农类的内容制作和消息源上，涉农报纸同样成为他们重要的选择。这方面，湖北的农民报《农村新报》和该省的电视台就有较好的合作。电视台开办的《三农湖北》在内容制作上借鉴《农村新报》内容和线索。与之对应，该栏目的文字版，也走上了《农村新报》的版面。

（4）与网络合作。目前，网络已经表现出强烈的并存、互补、融合、创新的生态特征。在这一媒介语境下，网络的涉农类网页或栏目，农民报是一个极好的内容提供商。目前，四川、湖北、河北等地农民报均和移动等相关无线增值运营商合作打造农业信息网站和网络短信，给涉农媒体提供了一个很好的再发展机会和方向。

5 涉农媒体有望迎来发展拐点

笔者对目前名列前茅的河南、南方、河北、山东、湖北等地农民报自2003年以来的发行量和广告收入做了一个统计分析，发现经过近5年的低潮，他们在发行和经营收入上均有所回升。尤其是2005年以来，绝大多数涉农报纸发行量有所回升，其中河南、湖北甚至出现一年40%的惊人增长率。种种迹象表明，农民报似乎已经迎来发展的拐点。

5.1 新农村建设需要新农村报

没有信息和文化的支撑，新农村建设将无从谈起。有人曾在2005年初，结合乡村城镇化趋势，分析传媒业面临的机遇和挑战，做过一次农村受众媒体接触情况及满意度调查。结果显示，涉农媒体在数量上与农村人口在中国人口中的比例存在着不平衡现象，现有的涉农媒体远不能达到当前农村受众的需求，农村是现阶段报业发展的巨大潜在市场。① 调查者还借助经济学的边际理论对媒体开拓农村市场的合理性进行了初步的判断和预测，认为省级报业集团在在这个过程中应该承担的责任和抓住的机遇。

5.2 涉农媒体需要农村市场

从产业发展规律来看，农村是媒体未来发展的巨大潜在市场。虽然现阶段绝大多数媒体（集团）将目光锁定在城市，但随着农村经济的快速发展、我国城镇化进程和农民消费意识的转变，农村将是媒体竞相开发的一片热土。在2005年的第二届报业竞争力年会上发布的《中国报业年度发展报告（2005）》指出，“我国报业的第四个增长周期即将到来。新的增量空间将出现在尚未充分开发的区域次中心城市及一般城市，以及尚未深度发掘的、细分的内容服务领域”，其中就提到农村市场是一个重要突破口。

5.3 涉农媒体内在特点决定其有一定的发展空间

以农民报为代表的涉农媒体在传递信息，变革农民观念方面相对以都市类节目为主的电视、广播有着不可替代的作用。报纸的可保存性、便携性、深度报道等特点，加上多年经营和市场培育，农民报在广大农村也享有一定的阅读忠诚度。另外，在中国农村盛行的传统“耕读文化”观念里，以文字承载的内容，被看作是修养的体现，对文字所传播的观念，也

---

① 郭慧：《报业集团创办涉农报刊的可能性及必要性》，中国新闻研究中心，2005年5月。调查对象全部为家中有耕地的农民，调查范围涉及13个省的148户农民。调查得出四个较重要的结论：①现有涉农节目受农民欢迎程度低。看过农业节目，却不喜欢，甚至在不限量的多选中都没有选择的，占到68.6%；②现有涉农传媒传播致富信息有效率低。“真正去尝试了，并且结果还不错”的，仅占到7.1%；③农民对现今媒体总体评价不高。最后的满意度调查中，认为“一般”或者“不满意”的占到55.3%；④农村中有纸质媒体的生存空间。选择：“现在真的很需要”的占到30.4%，35.6%的人表示“可以试一下，如果好就接着订”。

更容易认同。

我国传媒产业所有制性质也决定了涉农媒体具有一定的发展空间。现阶段我国所有的报业集团都是以党报为核心的事业单位，经济、社会效益兼顾同时以社会效益为先。传媒所有制的这一性质决定了它不会冷落农村。“积极推进城乡统筹发展，推进现代农业建设，全面深化农村改革，大力发展农村公共事业，千方百计增加农民收入”是执政党十六届五中全会通过的关于现阶段我国农业的指导性政策，整个社会都应该为这个目标努力。发展涉农媒体，首当其冲成为我国传媒产业服务“三农”所应承担的责任。在社会主义新农村建设的带动下，我国涉农媒体将呈现较好的发展前景。

【参考文献】

[1] 方晓红：《大众传媒与农村》，中华书局出版社 2002 年版。

[2] 张国良、廖圣清：《中国受众的信息需求与满足》，《新闻记者》，2004 年第 11 期。

[3] 童兵：《城镇化：涉农传媒必须面对的潮流》，《新闻爱好者》，2003 年第 3 期。

[4] 孙瑞祥：《新闻传播与社会——一种传播社会学的视阈》，天津社会科学出版社 2003 年版。

[5] 风笑天：《社会学研究方法》，中国人民大学出版社 2001 年版。

[6] 陈燕等：《传播学研究方法》，科学出版社 2002 年版。

[7] 张国良：《新闻媒介与社会》，上海人民出版社 2001 年版。

[8]【美】威廉·诺德豪斯、保罗·萨缪尔森：《经济学》，人民邮电出版社 2004 年版。

[9] 李培林、李强：《中国社会分层》，中国社会文献出版社 2004 年版。

[10] 宋承先：《现代西方经济学》，复旦大学出版社 1997 年版。

[11] 张柠：《土地的黄昏——乡村经验的微观权力分析》，东方出版社 2005 年版。

[12] 张定胜：《高级微观经济学》，武汉大学出版社 2005 年版。

【作者简介】

王瀚东，博士，武汉大学新闻与传播学院教授、博士生导师，主要从事媒介理论与媒介批评研究；

郭刁松，武汉大学新闻与传播学院博士研究生，湖北日报记者。

中　卷

重大项目专题研究报告

国家“985”创新基地“新闻传播与媒介化社会”重大研究项目——“新闻改革三十年研究”报告

中国新闻改革30年（1978—2008年）

李良荣

- **中国传媒业30年增长的图景**
- **在新闻规律的旗帜下（1978—1982年）**
- **新闻媒体功能的重新定位（1982—1989年）**
- **新闻媒体性质的重新定位（1990—1999年）**
- **传媒业的结构调整和结构转型**
- **30年新闻改革的基本特点**
- **当前新闻业的问题、矛盾和改革的重点**
- **媒体发展的新趋势、新闻改革的新取向**

1978年党的十一届三中全会在“解放思想、实事求是”思想路线的指导下，揭开了中国改革开放的序幕。30年来，中国新闻改革栉风沐雨，一路走来，虽然不像经济改革那样深刻、显眼，但同样波澜壮阔；过程中虽有跌宕起伏，但不乏高潮迭起，精彩纷呈。

1 中国传媒业30年增长的图景

经过30年的改革，中国传媒业惊人的增长为世人所公认。为了能够看清增长的过程，笔者用6份图表来表示，并在图表后面作出补充说明。

在列表之前，笔者要说明：中国各种刊物关于中国传媒业的数据一片混乱。本文表中的数据绝大多数来自于《中国新闻年鉴》、《中国广播电视年鉴》，这是两本在业界、学界可以认可的年鉴，广告的数据则来自《中国广告年鉴》，其中2006年广告的数据来自《现代广告》。

报业：按目前业内引用的数据，1978年中国公开发行的报纸是186家①，到2007年底是1926家，其中日报（每星期发行5天以上的报纸）共955家，日报的印数（发行量）为9870万份，发行总量全球第一②。全球的日报为6580家（2004年底），我国占全球日报总数的14.5%。全球报纸（指日报，联合国教科文组织只统计日报数），每千人发行量为96

① 《中国新闻年鉴》，1982年版，第527页。
② 世界报业协会：《全球报业发展趋势》（2006年），《参考消息》，2007年6月6日。

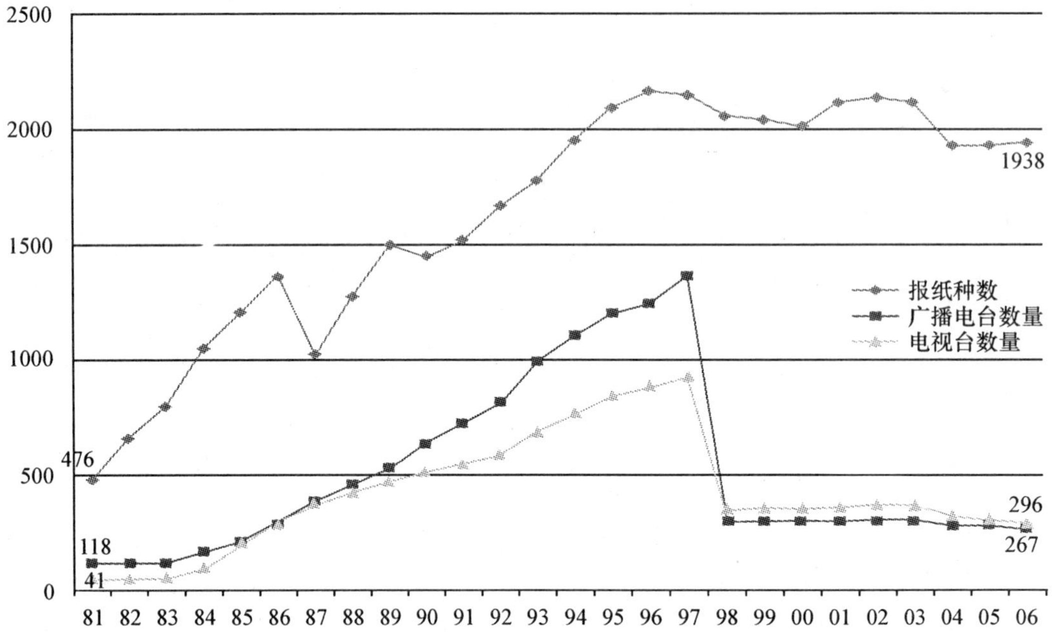

数据来源：《中国新闻年鉴》、《中国广播电视年鉴》

图 1-1　报纸、广播电台和电视台的数量

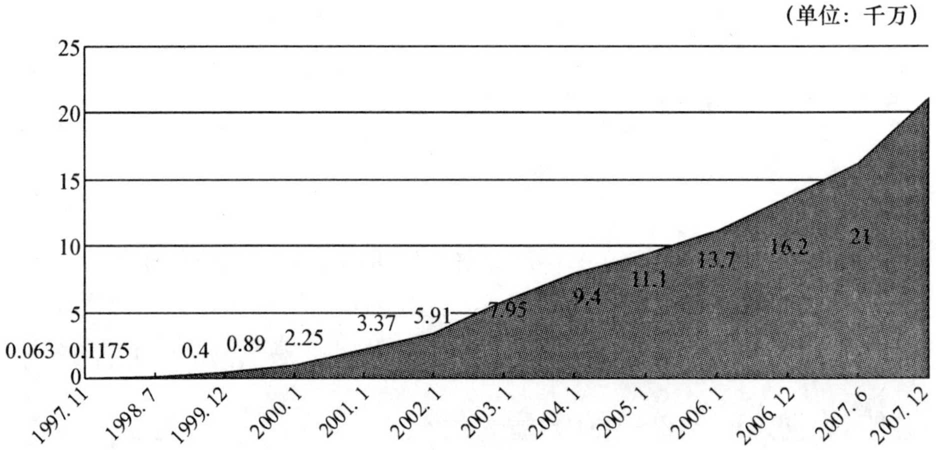

数据来源：中国互联网中心（CNNIC）

图 1-2　中国互联网网民的数量统计（1997—2007 年）

份，其中发达国家 238 份/千人，发展中国家 66 份/千人，中国为 76 份/千人，低于世界平均水平，高于发展中国家平均水平。

广播电视：按目前业内引用的数据，1979 年中国的广播电台为 99 座，电视台为 38 座。① 2006 年中国共有广播电视播出机构 2498 座，其中广播电台 267 座、电视台 296 座、广播电视台 1935 座。② 2007 年，全国有广播电视播出机构 2587 座。在 20 世纪 90 年代中，电台、电视台的数量惊人，都有 2000 家左右。但当时，一家电台、电视台基本上是一个频

① 陈崇山、孙圣山主编：《媒介 · 人 · 现代化》，中国社会科学出版社 1997 年版，第 50 页。

② 国家统计局《2006 年国民经济和社会发展统计公报》。

率、频道。新世纪组建广电集团以后，一家电台、电视台有很多频率、频道。到2007年底，全国2587座广播电视播出机构共开办了3760套节目，全国广播电视人口覆盖率分别达到了95.4%和96.6%①，基本实现了广播电视"村村通"计划。

互联网：1987年9月20日，中国向世界发出第一封E-mail：越过长城，走向世界。②1995年5月，中国成立第一家互联网公司——瀛海威。1998年底，正式统计的中国网民数量为210万，到2008年2月，中国网民已达2.1亿，跃升为世界第一；已有131万个网站，平均每千人拥有一个网站③。

表1-1　**1981—2006年中国广告产业发展状况表**④

年度	营业额（万元）	增长幅度（%）	占GDP比重（%）
1981	11800	686.7	0.02
1982	15000	27.1	0.03
1983	23407	56.1	0.04
1984	36528	56.1	0.05
1985	60523	65.7	0.07
1986	84478	39.6	0.08
1987	111200	31.6	0.09
1988	149294	34.3	0.10
1989	199900	33.9	0.12
1990	250173	25.2	0.14
1991	350893	40.3	0.16
1992	678475	93.4	0.26
1993	1340874	97.6	0.39
1994	2002623	49.4	0.43
1995	2732690	36.5	0.48
1996	3666372	34.2	0.55
1997	4619638	26.0	0.63
1998	5378327	16.4	0.70
1999	6220506	15.7	0.76
2000	7126632	14.6	0.80
2001	7948876	11.5	0.82
2002	9031464	13.6	0.86
2003	10786800	19.4	0.92
2004	12646000	17.2	0.79
2005	14163000	12.0	0.78
2006	15730018	11.06	0.75

数据来源：《中国广告20年统计资料汇编》、《现代广告》

① 2008年3月20日国家广播电影电视总局副局长张海涛演讲《我国广播影视发展面临的新形势》。

② 《东方早报》，2004年9月24日。

③ 《新华社每日电讯》，2008年1月26日。

④ 武汉大学媒体发展研究中心课题组《中国广告业发展与创新研究》，载《中国媒体发展研究报告》(2007年卷)，武汉大学出版社2007年版。

中国广告业从1979年开始正式恢复广告经营，到2006年底，中国广告总收入为1570亿元人民币，占国民生产总值（GDP）的0.75%。以2008年1月的汇率计算（人民币比美元为7.1:1），约合221亿美元，约占世界总广告收入4300亿美元的5.1%，相当于中国GDP占世界GDP6%的水准。按世界通用标准，发达国家的广告总支出一般占GDP的1%～1.5%，发展中国家约为0.5%～1%，中国正好处于发展中国家的水平。

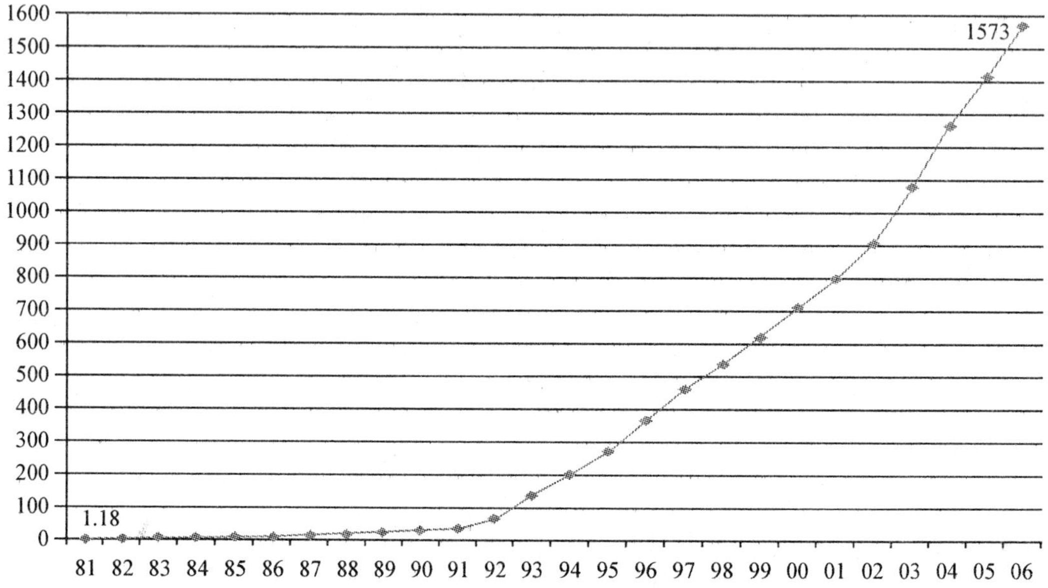

数据来源：《中国广告20年统计资料汇编》、《现代广告》

图1-3　1981—2006年中国广告业营业额（单位：亿元）

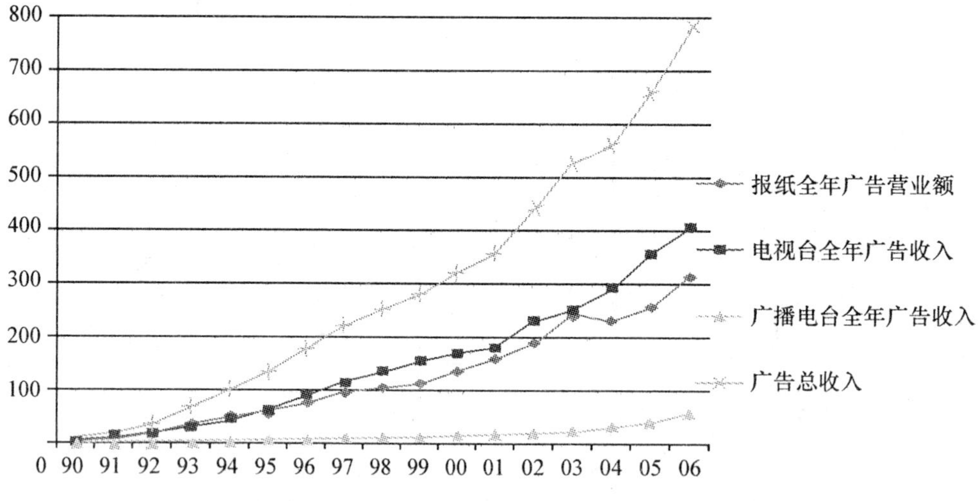

数据来源：《中国广告年鉴》、《现代广告》

图1-4　1990—2006年三大传统媒体广告收入（单位：亿元）

1990年，中国三大传统媒体广告总收入为13.24亿元人民币，其中报业6.77亿元人民币，电视5.61亿元人民币，电台0.864亿元人民币，占整个广告收入的52.9%。到2006年底，三大传统媒体广告总收入为773.8亿元人民币，其中报业为312.6亿元人民币，电视为404亿元人民币，电台为57.2亿元人民币，占整个广告收入的49.2%。①

① 《现代广告》之《2006年中国广告业统计数据报告》。

从上述几组数据可以看到，经过30年的快速增长，中国已是传媒业的大国，这是一个伟大的成就。但从世界范围看，中国的传媒业仅处于世界发展中国家中上水平，与发达国家相比，无论是实力，还是影响力，都有相当差距。

2 在新闻规律的旗帜下（1978—1982年）

中国新闻改革的序幕是从拨乱反正开始的。

“文革”10年，中国国民经济濒临崩溃，公众思想极度混乱。新闻界则是“文革”的“重灾区”，“四人帮”种种篡党夺权的政治阴谋、种种倒行逆施，都通过他们当时控制的媒体（当时主要是“两报一刊”①）来展现。不进行拨乱反正，正本清源，改革开放便无从谈起。

从1978年党的十一届三中全会到1982年这段时间，新闻界拨乱反正的清理工作包括：

（1）清理队伍，清除“四人帮”安插在新闻界的帮派分子，重建新闻队伍

（2）摒弃“报纸是阶级斗争工具”的性质定位

自1957年“反右”斗争期间，毛泽东提出“报纸是阶级斗争工具”论断以后，阶级斗争工具论涵盖了中国传媒的性质、功能、任务等一切理论主张。而顺着“阶级斗争必然导致无产阶级专政”的逻辑演进，到“文化大革命”，报纸从是阶级斗争的工具演变为无产阶级专政的工具。在“四人帮”掌控下，报纸蜕变为政治审判场，演绎成“报纸点名，警察抓人，法院判决”的闹剧。“新闻审判”由此产生。无产阶级专政工具论遂成乱抓辫子、乱扣帽子、乱打棍子，无限上纲上线的合法性理论外衣。党的十一届三中全会否定了“阶级斗争为纲”的治国纲领，新闻界也顺理成章否定了阶级斗争工具论。这不但解放了新闻界，也解脱了套在中国公众头上的紧箍咒。

（3）纠正历史错案，为“社会需要论”、“读者需要论”等理论主张正名

1979年4月，复旦大学第十三届科学报告讨论会期间，新闻系师生重新评价王中同志的新闻学观点。“大家认为，王中同志曾对新闻学若干重要问题作了有益的探讨，对于促进马克思主义新闻学理论的研究和改进报刊宣传工作，都有积极意义。新闻战线正反两方面的经验教训证明，他的观点基本上是正确的。”② 王中在1956年撰写的《新闻学原理大纲》以及在其间的讲课、学术报告中提出了“两论”、“两性”：报纸产生于社会需要，报纸应该满足读者需要；报纸不但具有阶级性，也具有商品性。③ 依当前的水准看，这些主张几乎是新闻学的常识，但在当时却振聋发聩，令人耳目一新。1957年“反右”斗争时，王中成为新闻学界“第一号大右派”，成为标志性人物。1979年为王中的理论主张正名，也成为新闻界思想解放的标志性事件。

（4）向假字开刀，清算“假大空”

《向假字开刀》是《解放军报》1979年的社论题目。该文揭露“四人帮”为实现其政治阴谋，提出“事实要为政治路线服务”的荒谬主张，肆意歪曲、篡改、捏造事实，抛出了“小学生日记”、“张铁生白卷案”、“风庆轮事件”等事件，伪造了“大批判带来大变化”、“批唯生产力论使生产大提高”等假典型。“假大空”是“四人帮”掌控下媒体的典型表达，也成为那个时期媒体的典型形象。向假字开刀，重树新闻真实性的权威，是那个时期在新闻学专业领域上的一次具有深远意义的拨乱反正。新闻必须真实，这是新闻工作的一条底线，没有任何理由，没有任何借口。

但是，总观上述4个方面，基本属于“拨乱”工作，拨乱反正的“正”在哪里？当时，

---

① “两报一刊”指《人民日报》、《解放日报》、《红旗》杂志。

② 朱克明：《重新评价王中新闻学理论》，《复旦学报（社会科学版）》，1979年第4期。

③ 参见《王中文集》，复旦大学出版社2005年版。

改革开放刚刚拉开序幕，新闻界不可能从实践的突破中概括出新的理论，也不可能从借鉴世界各国的模式中得到新的启迪。于是，新闻界只能从历史中去寻找拨乱反正的支撑，以图重铸昔日的辉煌。从1978至1982年，中国新闻界基本特征就是“恢复”。

“恢复”在两个层面上展开。

一是恢复媒体的本来面貌。当时媒体主要是报纸，恢复报纸的本来面貌是作为一份报纸的普适性的要求。

- 报纸是新闻纸，“报纸应以发表新闻为主”。①
- 新闻必须真实、全面、客观、公正。
- “新闻要新”②、“新闻就是要新”。③

以上是对新闻媒体的基本要求。

二是恢复我们党新闻工作的传统，这是我国新闻工作特殊性的要求。恢复传统，没有人提出异议，有异议的是恢复什么样的传统。因为在我们党的新闻工作历史上，有过两次新闻改革。

第一次新闻改革是以1942年4月1日《解放日报》为改版而发表的社论《致读者》为标志。名为改版，实为改造，按照毛泽东同志当时的说法，“希望由不完全的党报变成完全的党报”。④“不完全的党报”的突出表现首先是《解放日报》不能围绕当时党的中心工作展开新闻宣传。就如《致读者》中所作的自我批评：“尤其重大的弱点是，最近中央号召全党反主观主义反宗派主义反党八股进行思想革命与改造全党工作的时候，党报没有能尽其应该的责任。”⑤ 思想上的“独立”倾向，组织上的“同人报”倾向。其次是严重脱离当时根据地群众，脱离根据地实际，对根据地军民艰苦卓绝的斗争反映甚少。为了把“不完全的党报变成完全的党报”，党中央提出了党报要“贯彻坚强的党性”。⑥ 以党性原则为支撑，把党报改造成党的喉舌并指导、推动全党的工作，这是第一次新闻改革的中心点，取得巨大成功。

第二次新闻改革是以1956年7月1日《人民日报》社论《致读者》为标志。这一次改革是在党的中心工作从革命战争转向经济建设，工作重心从农村转向城市的大环境下展开。同时，毛泽东同志提出了“百家争鸣、百花齐放”的“双百”方针，有一个相对宽松的舆论环境。《人民日报》经过几个月的调查、酝酿，向党中央提交了改版的报告，并经中央领导批准。1956年8月1日还发出《中共中央关于人民日报编辑委员会向中央的报告的批语》。这一项改革针对的问题是《人民日报》版面呆板、内容空洞、文章冗长，“对于党的政策宣传不及时，不系统，没有力量”⑦，力图打破前苏联《真理报》的办报模式。而其实质问题是探讨在和平建设年代党报新的办报模式，试图把党报从原先的宣传定位转向新闻定位。为此，在其社论《致读者》中，对报纸的性质、功能、报风等新闻学的基本问题作了新的诠释。

两篇社论，同一个标题，都是党中央的机关报，延安时期的《解放日报》和1956年《人民日报》有一个共同宗旨：为党和人民的利益服务。⑧ 改革的目的有一个共同的基本

---

① 王维：《报纸应以发表新闻为主》，《新闻战线》，1984年第2期。

② 李贵珍：《新闻要新》，《现代传播》，1980年第3期。

③ 袁光禄：《新闻就是要新》，《新闻战线》，1979年第6期。

④ 转引自逄先知主编：《毛泽东年谱：1893-1949》，中央文献出版社2004年版，第404页。

⑤ 见《解放日报》，社论《致读者》，1942年4月1日。

⑥ 见《解放日报》，社论《致读者》，1942年4月1日。

⑦ 引自《人民日报编辑委员会向中央的报告》，新闻战线编辑部，北京新闻学会编《报纸工作研究参考资料》第4期，1985年。

⑧ 《人民日报》社论《致读者》，1956年7月1日。

点："及时深入地宣传解释党和政府的政策"。① 但两篇《致读者》透出不同的党报理念，如表2-1：

表2-1

内容＼日期	1942年4月1日《致读者》	1956年7月1日《致读者》
背景	抗日战争　延安整风	经济建设　双百方针
针对问题	对延安整风运动宣传不力，报社内部的"独立性"、"同人报"倾向	照搬前苏联《真理报》模式，内容空洞，版面呆板，语言枯燥
改版的目的	要使解放日报能够成为真正战斗的党的机关报	"人民日报是党的报纸，也是人民的报纸。"
改版指导思想	"贯彻坚强的党性"	尽量满足读者多方面的要求，这是我们的天职
报纸的性质定位	"报纸是党的喉舌，是这一个巨大集体（指党组织——引者注）的喉舌。"②	"人民的公共的武器，公共的财产。人民群众是它的主人。"
改版的具体举措	1. 每篇论文、每条通讯、每条消息中都能贯彻党的观点、党的见解 2. 反映群众需求，启迪、教育、指导群众 3. 洋溢战斗性 4. 响应党的政府的号召	1. 扩大报道面 2. 开展自由讨论，把不同意见公开表达出来 3. 改进文风

乍一看，作为党中央的机关报，两次改革有许多相同之处。但实际上，延安《解放日报》和《人民日报》处在不同的历史时期，改革所要解决的问题不同。第一次新闻改革要解决党和党报关系问题，并以党性原则的理论和实践回答了这一问题。第二次新闻改革试图解决党报和公众的关系问题，并试图以"读者需要"为核心概念使党报既宣传党的政策也体现公众的意志。

尽管1956年的新闻改革在"反右"斗争中夭折，但改革在理论上的创新和实践中的突破具有深远意义。这种意义在22年后的第三次新闻改革中马上显露出来。

很显然，1978年新闻改革伊始，无论业界还是学界，恢复的是1956年的传统。可以说，1978年新闻改革直接对接上1956年的新闻改革。

在学界方面，对新闻真实性的强调，对"读者需要论"重新评价，对新闻价值的热烈争论，对新闻报道"新、短、快、高、尖、深"③ 的要求，对客观报道、用事实说话的提倡，都不是新的，而是1956年改革的老话题。

在业界方面，不断提倡新闻"短、新、快"，强调扩大报道面，增加经济新闻报道，这同样是1956年的老话题。尤其是强调《中共中央关于改进报纸工作的决议》（1954年7月17日）中关于加强报纸开展批评和自我批评的要求，其标志性的成果就是1980年7月22日《人民日报》发表的题为《渤海2号钻井船翻沉事故说明了什么?》的报道，揭露渤海2

---

① 李贵珍：《新闻要新》，《现代传播》，1980年第3期。

② 《解放日报》（延安）社论《党与党报》，1942年9月22日。

③ "高"主题立意高，"尖"题目小些，窄些，"深"，深挖内在规律。

号钻井船由于乱指挥在大风中翻沉，然后又瞒报事故，把丧事当作喜事办。最后，石油部部长撤职，副总理记过，国务院公开检讨。这篇报道在全国引发强烈震撼，群众的支持、赞扬信如雪片般寄到《人民日报》。这样的事情，中华人民共和国成立三十年还是第一次。这一事件说明我们党决心严肃法纪，发扬民主。“这次报道，振奋了全国人民一心一意干四化的精神。”①

最终，学界的理论研究，还是业界的实践探索，都归结到一个共同的话题：新闻规律。

“新闻规律”这个概念一经提出，就引发广泛兴趣，并在学界、业界达成空前共识，可谓盛况空前。连当年业界泰斗徐铸成老先生也禁不住写了《关于新闻规律的两点浅见》。②

为什么全国新闻界如此重视“新闻规律”这一概念？

于立凯在《新闻规律讨论综述》(1982 年)③ 中这样概括：

> 新闻规律的讨论，理论性很强，现实意义很大，因为它涉及新闻科学的建立，新闻工作的得失成败和新闻改革的发展方向。
>
> 为什么要重视新闻规律的研究？主要观点有：
>
> 一、偏重于从吸取经验教训出发，认为多年来新闻战线的极左思潮危害很深，十年动乱，新闻界又受灾最重，新闻工作者吃尽了按“意志”办报的苦头。现在“四害”虽除，但伤痕累累；痛定思痛，越来越感到新闻有其自身的客观规律，违反不得。我们要吸取历史的经验教训，认真探索新闻规律，使我们从事的新闻工作增加自觉性、减少盲目性，以便把工作做好。
>
> 二、偏重于从当前新闻改革出发。认为要搞新闻改革，非研究新闻规律不可。在我国党报史上，曾进行过多次新闻改革，有的成功，有的夭折，是否有个客观存在的新闻规律在起作用？
>
> 三、偏重于建立符合我国国情的无产阶级新闻学的科学体系出发。科学是研究客观规律的，新闻这门学问也只有在深入研究，摸清规律的基础上才能建立、发展起来。我们总不能长久地“不识庐山真面目，只缘身在此山中”，需要“知其然”，更要“知其所以然”。

他的概述很精到。新闻界重视“新闻规律”。因为：

- 新闻规律是对历史，尤其“文革”10 年的反思，并提高到理论层面上的总结（理论性很高）。
- 新闻规律针对现实，防止“长官意志”的乱指挥（减少盲目性）。
- 新闻规律着眼于未来新闻学体系的建设。
- 这把新闻规律提高到前所未有的高度。

那么“新闻规律”究竟是什么呢？在当时，人们把可以想到的对新闻工作的一切要求都打包到新闻规律中去。“新闻规律”对新闻报道的要求：新闻要真实、全面、客观、公正；新闻要短、快、新，新闻要用事实说话；新闻要有抢有压；读者需要，新闻价值；“认为新闻规律是：（1）阶级是新闻的属性；（2）事实是新闻的基础；（3）舆论是新闻的意志；（4）真实是新闻的原则；（5）时效是新闻的生命；（6）人民是新闻的主体。”④ “新闻规

---

① 《渤海 2 号事件报道的意义在哪里》，《新闻战线》，1980 年第 10 期。

② 《新闻战线》，1979 年第 5 期。

③ 复旦大学新闻系编：《新闻学研究》（内部未定稿），第 29 期，1982 年 6 月。

④ 转引自于立凯《新闻规律讨论综述》。

律”还包括新闻事业的性质、功能、效果；新闻事业与党的关系，与群众的关系，等等。① 可以说，“新闻规律”把新闻学、新闻工作的一切都包揽无余，变成一个大杂烩。他们的意图很清楚：把他们认为新闻工作必需的条件和要求用带有神秘色彩的“规律”一词保护起来，免受权力的干涉。然而，包揽在“新闻规律”里面的一切都是旧的，没有任何新思想，除了“新闻规律”这个词。一句老话：新瓶装旧酒。就如笔者在15年前写的《15年来新闻改革的回顾与展望》所言：“新闻规律究竟有多少条并不重要，重要的是一个观念：新闻传播也是一门科学，不能随心所欲，更不能胡作非为。这才是此期间的全新观念。”② 30年过去了，当年对新闻界的拨乱反正到底做了些什么，人们可能都遗忘，但“新闻规律”这一概念流行开来，上至中央领导下至普通记者编辑，都接受了这一概念。可以说，这是当年新闻界拨乱反正的最大收获。

3 新闻媒体功能的重新定位（1982—1989年）

传媒真正的新闻改革从1982年开始，是从引进“信息”这一概念开始。

信息（information，在中国台湾、香港地区译为资讯），确实是从西方国家输入的新概念。“信息”概念一经引入，一石激起千重浪，引发新闻界巨大的震撼，因为它涉及新闻媒体一个核心问题：新闻媒体的功能。

我国新闻业自近代问世以来的一百几十年历史，与西方国家不同之处在于：由于国家内乱外患，出于救亡图存的需要，出于政治斗争需要，政治性媒体（主要是报纸）特别兴旺，商业性媒体生存空间极其有限，媒体的宣传功能特别显著。我党创办的媒体更是如此，在延安整风，确立党性原则以后，宣传成为媒体的主要功能，甚至唯一功能。“不仅要在自己一切篇幅上，在每篇论文，每条通讯，每个消息……中都能贯彻党的观点，党的见解，而且，更为重要的是报纸必须与整个党的方针、党的政策、党的动向密切相联，呼吸相通，是报纸应该成为实现党的一切政策，一切号召的尖兵、倡导者。”③ 到后来，演变成“我们的语言必须是党的语言，阶级的语言、人民的语言，我们的作风必须是党的作风，这就是说，我们的一言一行都要代表党中央。”④ 在这样的思想指导下，媒体完全成为宣传工具。而“信息”概念的引进就打破了这一传统观念，引发新闻界大争论。

这场争论是以“新闻与宣传关系”为题展开的。最初的发起者是复旦大学新闻系77级的学生。他们在上“传播学”课的讨论中提出了新闻与宣传是两种不同的社会现象，不同的概念，新闻媒体的第一功能应该是刊登新闻，传播信息。这场讨论由复旦大学传到上海新闻界，然后迅速扩大到全国。当时的新闻学术期刊几乎都卷入这场争论中。

然而，这场争论绝不仅仅是学术之争，概念之争，而是改革开放向传媒业提出的全新命题。

1982年，在农村家庭联产承包制取得成功以后，中国改革的重点从农村转向城市，尤其是1984年10月召开的中共十二届三中全会作出《中共中央关于经济体制改革的决定》，提出要“加快以城市为重点的整个经济体制的改革的步伐”，“发展社会主义商品经济”。《决定》还指出，发展社会主义商品经济，要实行政企分开，所有权同经营权分开，“增强企业的活力，特别是增强全民所有制的大、中型企业的活力，是以城市为重点的整个经济体

---

① 转引自于立凯《新闻规律讨论综述》。

② 《李良荣自选集》，复旦大学出版社2004年版，第145页。

③ 《解放日报》（延安）社论《致读者》，1942年4月1日。

④ 1954年6月邓拓从前苏联访问归来，在人民日报记者会上发言。转引自钱江的硕士论文《论人民日报1956年改版》，1987年，中国社会科学院研究生院（未刊）第9页。

制改革的中心环节。要积极发展多种经济形式和多种经营方式，采取国家、集体和个人一起上的方针。”“坚持多种经济形式和多种经营方式的共同发展，是我们长期的方针，是社会主义前进的需要。”一方面，中央给企业自主经营权，主要是原先国营的中小企业实行承包制；另一方面，中央实施增量改革战略，放手发展“三资企业”，集体企业（当时主要是乡村企业）、民营企业。“到20世纪80年代中期，包括集体经济和私营经济在内的非国有成分无论在工业生产中还是在整个国民经济中，都占据了举足轻重的地位。在工业中其产出份额已经达到1/3。在零售商业中，非国有成分的份额增长更快。”①

一大批企业获得自主经营权，给传媒业提出了全新要求。在计划经济年代，企业只不过是政府的附庸，企业的一切生产经营活动全部听命于计划，“计划”就是企业的宪法。人财物、产供销全部由政府部门包揽。所以，信息对于企业毫无刺激。而当企业拥有自主经营权的时候，国家不再收购企业产品，企业必须独立地面对市场。那么，企业必须要获取信息，否则无法组织生产，就像奈斯比特在《大趋势》一书所说，在信息时代，决定性要素不是资金，不是技术，而是信息。企业如饥似渴地寻求信息，信息成为企业的必要条件，信息成为当时的稀缺资源。于是，社会对信息的有效需求大大提高了。

正如《人民日报》一条消息所描述：如今，工厂谈信息，商店谈信息，运输公司谈信息，农村专业户谈信息，各行各业都有许多人把信息当作话题。他们有的把信息说成是一种宝贵的资源，有的说它是正确决策，提高经济效益的“财神爷”，有的称颂它是发展生产、搞活经营的“金翅膀”等。②

人们如何来获取信息？在20世纪80年代信息渠道很狭窄的情况下，企事业单位除了靠供销员跑码头搜集市场动向外，不约而同地把眼光瞄向媒体，向媒体寻求各色信息。“一条信息救活一片厂”，这样的事例在当时报纸不时出现。

社会对信息的需求在增加，但陈旧的观念还把传媒业的功能禁锢在宣传的范围内，拒绝开启信息流入的闸门，这就是“宣传与新闻关系”大争论的时代背景。

在当时关于宣传与新闻的大争论中，主要的观点有三种③：一是认为新闻与宣传是两种独立的社会现象，新闻活动与宣传活动各有自己的特点。但在现实社会，新闻与宣传往往交叉，“用事实说话”就是运用新闻来达到宣传目的的一种方法。二是认为宣传包括着新闻，新闻只是手段，宣传是目的，任何新闻发布都包含着宣传目的。三是认为新闻与宣传各自独立，宣传一定有偏见，利用新闻作宣传，新闻必然被歪曲，必然不可能客观公正。

1982年2月翻译出版的《大趋势——改革我们的生活的十个新方向》④ 在新闻业界、学界流行一时。信息社会、知识经济等新名词成为当时的时尚，起到振聋发聩的作用。邓小平1984年9月为新华社创办的《经济参考报》题词：“开发信息资源，服务四化建设。”⑤这个题词不但鼓舞了全国新闻界，也为传媒业发展指明了方向。

新闻与宣传的争论长达5年之久，逐步在学界、业界达成共识：不同媒体虽有不同功能定位，但就整体而言，新闻媒体是以向社会传播信息作为其生存依据，传播信息是新闻媒体的第一功能。

1988年2月、3月中国人民大学舆论研究所对全国新闻界进行新闻改革的抽样调查显

---

① 吴敬、王连：《当代中国经济改革》，上海远东出版社2004年版，第61页。

② 《我国城乡信息网络在形成》，载《人民日报》，1984年4月23日。

③ 参见郑名《新闻传播规律与宣传规律》，《新闻理论与实践》，1980年第19期；路明《新闻、宣传同异辩》，《新闻学会通信》，1983年第8期，葛迟胤《论新闻与宣传关系》，《新闻大学》，1984年第2期。

④ 《大趋势》作者约翰·奈斯比特，美国著名的未来学家，该书原版1982年出版，1984年2月中国社会科学院出版中译本。

⑤ 新闻社新闻研究所：《邓小平论新闻宣传》，新华出版社1998年版，第12页。

示，大多数活跃在新闻工作第一线的新闻界人士明确地认识到“新闻工作的首要职能就是沟通信息”（占 68.1%）；他们坚决否认“任何新闻报道都应起宣传鼓动作用”的金科玉律（占 64.4%）。①

媒体传播的信息是客观世界的最新变动和公众最关心的社会现象，供人们决策。

除了信息传播，媒体当然还有整合社会所必须的宣传功能、传播知识功能、娱乐功能，还能赢利。在 20 世纪 80 年代，中国新闻改革的核心就是对媒体功能的重新定位，把媒体的单一功能变成多功能。

这是新闻界真正的一次思想大解放，也是传媒业生产力的大解放，从而推动了传媒业的大发展。

这种大发展不仅仅表现在媒体数量的增长（见表 3-1），还在于：

表 3-1　**中央电视台全年播出新闻数量**

年度	条数（条）
1980 年	3670
1981 年	4186
1982 年	4961
1983 年	5984
1984 年（联播/午间）	6271
1985 年（联/午/晚）	13912
1986 年（联/午/晚/简）	32566

1. 媒体结构的改变

长期以来，中国传媒业党报独大，甚至一统天下。20 世纪 80 年代初，电视大发展，各省（市）、各地（市）基本格局是一报两台——一家党报、一家电台、一家电视台，都是综合性的，都是党的喉舌，以宣传为主功能。自 80 年代初开始，传媒业开始裂变，一大批新兴媒体在社会对信息强劲需求的推动下，从一报两台中分离出来，兴起以传播市场信息为主要内容的经济专业类型报刊的热潮，其代表有：中央级的有《经济日报》（1983 年）、《人民日报》创办《市场报》（1982 年）、新华社创办了《经济参考报》（1984 年）。在广播电视领域，则从 80 年代中期开始省（市）级电台电视台纷纷一分为二，成立经济台，专门向社会提供各类经济信息。媒体结构从单一走向多元的改变，体现出媒体的功能从单一走向多元。

2. 媒体内容构成的改变

在 20 世纪 80 年代以前，宣传覆盖整个版面：报道内容泛政治化，即使经济报道，也必须上升到政治高度，或体现“形势大好”，或印证“政治路线”、政治观点的正确。从 80 年代开始，以上状况发生显著变化。

新闻在报纸的版面上、广播电视时段安排上已成为媒体主角。报纸本来就是新闻纸，新闻唱主角自不必说。而 20 世纪 80 年代迅猛发展的电视，新闻也越来越多。我们以中央电视台为例。②

① 喻国明：《新闻改革实践的主体研究和发展研究》，《中国广播电视学刊》，1989 年第 2 期。

② 陆晔：《电视时代——中国电视新闻传播》，复旦大学出版社 1987 年版，第 16 页。

在新闻中，经济新闻成为新闻主角，这当中，相当一部分是市场动向、供需变化的信息。在20世纪80年代中期，中央电视台的《经济半小时》、《为您服务》两档节目红遍全国，从各级决策层到普通百姓都常常收看。其中《经济半小时》以报道中央经济政策、市场分析、市场供需变化为主。《为您服务》则提供生活咨询，相当部分也是涉及百姓日常生活的市场动向。

媒体的舆论监督功能得到重新肯定，批评性报道成为当时媒体的亮点。当时有两个事件引发社会高度关注。一是1985年2月28日《蛇口通讯报》刊登一封读者来信《该注重管理了——向袁庚同志进一言》，这是同级报纸公开点名批评同级第一把手，该事件在党报史上前所未有，引发新闻界强烈关注。二是1987年的大兴安岭特大火灾。火灾发生以后，中央各大媒体记者赶赴现场。他们得到的指示是"采访扑火英雄事迹"。① 但是，记者们在实地采访中揭开了火灾的内幕，在《人民日报》、《工人日报》、《中国青年报》上发表长篇通讯，抨击当地管理部门严重的官僚主义作风，尤其是《中国青年报》的《红色的警告》、《绿色的哀叹》、《黑色的沉思》，以其立意高远、材料充实、文笔犀利为全国读者竞相阅读，成为20世纪80年代批评报道的典范之作。

3. 新闻报道模式的改变

适应信息传播的需要，适应不断开拓的报道面的需要，新闻报道的手段不断变化、日趋丰富。信息观念渗透到新闻业务层面。

短新闻大大增长，过去的版面称作"老三篇"，即一个版只有3条新闻或3篇文章。从20世纪80年代中期开始，许多报社都订下规定，没有特殊情况，一版要闻不少于20条，二版本地新闻不少于25条，迫使记者编辑挤掉水分，增加版面的信息量。自1980年11月《解放军报》发明一句话新闻开始（又称标题新闻），这种最精短的新闻风靡全国。

客观性报道重新受到肯定和倡导。信息传播要求传播者价值中立，尽可能及时、准确。客观性是信息传播的必然要求。

前瞻性报道、解释性报道、大特写在20世纪80年代中后期兴盛一时。前瞻性报道是对即将发生的重大问题的预测；解释性报道强调发掘"新闻背后的新闻"，把握各个事件的内在关联；大特写是从多个视角呈现新闻事件的全貌。这一些报道形式都是信息传播的自然要求。

会议新闻的改变是这一时期一大突破。过去媒体上满版"文山会海"，会议报道就是按会议程序来写，除了会议主办者，无人想看。到20世纪80年代中期，"跳出会议抓新闻"，抓住会议中受众感兴趣的信息写会议报道成为会议报道的新模式。

此外，散文笔法得到提倡，这是应对软新闻即趣味性新闻大量增加的需要，尽可能把新闻写得生动。

20世纪80年代中后期，新闻报道手段的五彩缤纷，从微观层面显示了媒体功能从单一走向多元。

4. 对受众调查的重视

宣传是以满足传者的需要为出发点，信息则以满足受者的需要为出发点。传媒业一旦确立以信息传播为自己的第一功能，就必须重视受众的需求。所以，从20世纪80年代初开始，中国传媒业对受众调查越来越重视，1982年6~8月，中国社会科学院新闻研究所和北京新闻学会调查组开展了北京地区读者、听众、观众调查。这是新中国成立以后中国新闻界第一次大规模，运用计算机抽样选本和统计分析数据的受众调查，为中外所瞩目。国内评价

① 魏亚南等：《时代呼唤新闻改革》，《新闻战线》，1987年第11期。

是“中国新闻事业的一次突破性的行动”。西方一批学者给予高度评价，美国 Sharpe 出版社将北京受众调查的全部报告译成英文，刊登于《中国社会学和人类学》丛书 1985 年夏季号。① 自此，浙江省、江苏省、上海市、乌鲁木齐市先后进行受众调查。而中央电视台、《人民日报》、《北京日报》、《北京晚报》、北京电视台等媒体也都单独进行了受众调查。受众调查蔚成风气。

顺着信息传播这条路，自 20 世纪 80 年代初开始，中国传媒业一路走来，顺风顺水，在推动改革的同时不断改变自身。但到 80 年代中后期（1986 年前后），中国传媒业发生了一次巨大的转折。这次转折是对信息内涵理解的嬗变。

信息是一切经济活动的必要条件，但信息还是民主政治的基石，是公民参政议政的前提条件。在 20 世纪 80 年代中后期，民主政治建设成为全国上下的中心话题。在这样的气氛下，中国传媒业开始转向，以空前热情推动民主政治建设。

中国传媒业转向民主政治建设，有极其复杂的国际国内背景。国际上，新自由主义思潮席卷西方各国，逐渐成为其主流意识形态。新自由主义以“私有化、自由市场、小政府”为基本点，被一些学者介绍到中国来；而前苏联的共产党总书记戈尔巴乔夫所大力提倡的“公开性”原则更对中国新闻界产生巨大的刺激。所谓“公开性”原则就是公开前苏联所有历史，公开当前政治活动、经济活动等一切信息。这实际上实施了比西方更自由的新闻政策。在国内，由于价格“双规律”的“官倒”②，激起公众强烈的不满。一大批学者认为，不推进政治体制改革，就不可能实行经济体制改革。新闻界为此欢欣鼓舞，因为在民主政治建设，新闻界可以大显身手，大有作为，这符合中国历来的“以言论政”的文人传统。

正是在这样的氛围下，1986 年前后，中国新闻界提出了信息透明化的追求，并很快变成行动诉求。在新闻界强力推动下，当时决策层也作出了一定的反应。在 1987 年 11 月召开的党的十三大的党中央政治报告中提出“重大情况让人民知道，重大问题经人民讨论”的论断。

这一论断可以说是对“信息透明化”作了明确的说明，新闻界深受鼓舞。1987 年春召开的两会成为新闻界“信息透明化”的实践场，“更加民主、更加开放，更加实在的两会，为充满着活力的新闻界提供了释放能量的机遇”。③ 大会发言、小组讨论、投票现场实况，对政府工作的批评、建议、不同意见的争论都在新闻媒体上“实况转播”。人大代表开会回来后发感慨：“我们在里面也不如你们在外面知道得多。”当时《人民日报》副总编洪荣康这样写道：

> 龙年之春“两会”，以其开放、民主、求实的精神，轰动一时，瞩目中外。与此相应的是，各大报刊对“两会”的议政活动，作了充分的报道，其坦率程度令人刮目。路透社说：“中国官方机构发表了全国人民代表对政府提出的批评意见，感到吃惊的西方外交官说：“过去我从来没有见过如此直言不讳的讲话。”联邦德国《法兰克福评论》说：“这次人代会的特点不仅有大量批评意见，而且还有中国报刊对它的报道方式”，中国报刊“通过人民代表为自己扩大了活动余地。”④

我国读者也发现，“两会”期间的报纸有看头了。不但会上谁谁谁怎么说，第二天能在

---

① 参见陈崇山、弭秀玲主编：《中国传播效果透视》，沈阳出版社 1989 年版，第 23-24 页。

② 价格双轨制度就是计划价格、市场价格同时并存。国营企业在完成国家计划以后的剩余产品可以以市场价格在市场上自由销售。由于两种价格巨大落差，公共权力敛财肥私的寻租活动日益猖獗。

③ 杨戈：《乱花渐教迷人眼》，《新闻知识》，1988 年第 1 期。

④ 洪荣康：《两会报道：新闻改革的实验场》，《新闻战线》，1988 年第 5 期。

报纸上见到；就连会下老百姓怎么说，甚至说的一些不中听的话，也能在报纸上看到，这是过去很难设想的。

“两会”召开正值春天，新闻界禁不住喊出“中国新闻界的春天到了”的声音。“信息透明化”在当时不过是“新闻自由”的另一种说法而已。而当两会召开以后，“信息透明化”就换成了“新闻自由”。为了争取“新闻自由”，新闻界力推新闻体制改革，并力推制订新闻法来保障“新闻自由”。一时间，以北京为中心，上海、广州、武汉等地都纷纷召开各类研讨会、座谈会，单是中共中央宣传部在1988年7月就连续召开四次首都新闻界负责人和学者座谈会，气氛热闹，前所未有。①“新闻自由”成为时尚。一篇首都新闻体制改革讨论会侧记是这样报道的②：

新闻自由问题不解决，体制改革就是空话

——首都新闻界体制改革讨论会侧记

春暖花开的4月14日，七届一次全国人大代表会议和七届一次全国政协会议在北京刚一结束，翌日下午两点钟，《北京日报》的会议室里，充满了热闹异常的活跃空气，首都新闻界的朋友们，正在这里畅所欲言地讨论新闻体制改革的学术理论问题。

“新闻体制的改革，目的是为了充分发挥新闻舆论的巨大积极作用。新闻自由的问题不解决，体制改革就是空的。”首都新闻学会拟定的讨论，是从政治、经济体制改革角度，谈新闻改革和舆论监督问题。国家经济体制改革研究所的同志刚一介绍完情况，有位同志就首先开了第一炮。于是，你一言，我一语地发开了言，议题很快转到了如何实现新闻自由的问题上来。

结束时，笔者环顾了坐满会议室的人员，又翻了一下签到的名单，啊呀！参加会议的新闻单位还真不少呢！有首都新闻学会的负责人、中宣部、全国记协、新闻社、中国社会科学院新闻研究所、首都一些报社、北京一些大学、北京市记协、北京日报、北京晚报等领导和有见地的新闻理论工作者。

与此同时，新闻立法在紧锣密鼓进行中，中国社会科学院新闻法研究室、国家新闻出版署、上海市相关单位拟订出三个新闻法草案，并为此在北京连续举行3次学术讨论会，就三份草案中相异之处的8个重点问题进行讨论、协调、修改。③

经历着那个岁月的人至今还记忆犹新。那个年代充满着理想，充满着追求，充满着激情，充满着期盼，也充满着迷惘。

4　新闻媒体性质的重新定位（1990—1999年）

20世纪90年代，中国传媒业新一轮新闻改革从整顿开始。在新的起点上，新闻界需要调整自己的步伐，为了跑得更稳，为了飞得更高。

1989年以后，中国新闻界进行整理：清理队伍，清理思想。中心议题是批判资产阶级自由化，重点是批判资产阶级绝对新闻自由，增强党性原则。

党性原则在20世纪70年代末80年代初有过一场关于党性和人民性的讨论，当时鉴于“文革”10年的教训，有些人提出“党犯错误，报纸能不能不犯错误”的疑惑，觉得光提党性不能避免报纸犯错，需要人民性作为党性的补充。由此，关于党性与人民性关系的讨论

---

① 参阅《中国记者》，1988年第8期。

② 载《新闻知识》，1988年第7期。

③ 宋志跃：《1988年首都新闻界举行三次新闻法学术研讨会》，《新闻知识》，1989年第1期。

在全国展开。

人民性的提出以及由此展开的讨论，不管出于如何纯真的动机，都显出当时中国新闻学界、业界的幼稚，对中国国情缺乏了解。自延安整风以后，党性原则已成为党的纪律，党的组织原则。新中国成立以后，党性原则成为我国新闻体制的核心和基石，成为我国政治体制一个重要组成部分。也就是说，党性原则不仅仅是理论，不仅仅是指导原则，首先是我国的一项制度安排。经过半个多世纪的打磨，党性原则日趋完善，包括如下要点：

1. 对新闻媒体定位

所有新闻媒体都是党和政府的耳目喉舌。基于这一点，所有新闻媒体都必须在政治上和党中央保持一致，都必须无条件地宣传党的方针政策、国家的法令法规和政府的施政纲领。

2. 党管媒体

新闻媒体主要领导的任命权、重大事项的决策权、重要资产的配置权、新闻宣传内容的终审权，都在党政领导机关，这是由中央文件明确规定的。

3. 为确保上述要求实施，国有资本拥有对所有新闻媒体绝对的控股权

过去，业外资本一律不准进入传媒业。近年来，对经营这一块允许吸纳外来资本，但明确规定，媒体必须控股，坚持国有资本一股独大；任何进入传媒业的单位不得参与管理，更不准干预编辑业务。

4. 采用行政手段来扶植主流媒体，尤其是党委机关报

除了资金注入、税收优惠、邮发优惠等措施外，最主要是采取行政手段来确保主流媒体的市场占有率。例如，中央主管部门明确规定，中央电视台所有频道各地都必须无条件进入有线网络；各地党委每年都发出文件，规定党政机关、国有企事业单位要优先订阅从中央到地方的党委机关报。

除此之外，还有些相关的成文或不成文的规定，但上述4条是党性原则的基本点。

作为一种制度安排，党性原则一旦崩溃，那么中国的政治制度将动摇，进而国家的制度也会动摇。党性原则不容挑战。所以，人民性问题一提出，就遭到邓小平同志的严厉批评："在党性和人民性的问题上提出违反马克思主义的说法。"① 还反复强调新闻宣传要坚持党性原则，"因为这是党的最高利益所在，也是全国人民的利益所在。"②

经过邓小平的批评，党性和人民性的讨论平息下来。在20世纪90年代初，重提人民性话题，重温邓小平的讲话，对党性原则有了重新认识。

这一次整顿中，有些人把媒介功能的多元化，把客观报道都当作资产阶级自由化的表现加以鞭挞，确实批判过头，但把党性原则作为中国新闻体制一项基本制度的认识并作为新闻改革不可动摇的一条底线，从而端正了新闻改革的方向，这是新闻界整顿的巨大收获，从而把新闻业的发展放在更坚实的基础上。

中国何去何从？《东方风来满眼春》③，当年《深圳特区报》发表的邓小平视察南方讲话要点：坚持改革开放，走社会主义市场经济之路，为中国继续前进指明了方向，也使中国的新闻业再次发生历史性的转折。中国的传媒业如梦初醒，那就是顺着20世纪80年代信息之路继续走下去：传媒业不但传播信息，本身就是一个信息产业。

---

① 《党在组织战线和思想战线上的迫切任务》，《邓小平文选》第三卷，第42页。

② 《目前的任务和任务》，《邓小平文选》第二卷，第271-272页。

③ 《深圳特区报》，2002年3月20日。

但是，中国的传媒业走上市场经济之路，在20世纪90年代初遇到了重重阻力。媒体要走向市场，那么其前提条件是媒体以及媒体的产品必须是可以在市场上交易的商品。然而，我们历来把媒体的性质定格为属于上层建筑的意识形态领域。难道意识形态领域里的东西可以成为商品？于是，媒体是否具有商品性，媒体能否实行市场化运作的争论立刻在全国展开。几乎所有新闻学术刊物、老中青三代新闻作者、学术研究者都参与进来。这场争论的激烈程度远远超过80年代新闻与宣传的讨论。因为这涉及中国传媒业的性质问题，因为“关于新闻商品性问题，又是中国新闻界走向社会主义市场经济体制的过程必然提出，必须正视，必须得解决的一个关键问题”。①

关于传媒业的经营问题，中央政府以及有关部委都下达过相关通知。

1949年12月底，中共中央批转了中央人民政府新闻署党组《关于全国报纸经理会议的报告》，批准了《全国报纸经理会议的决议》。这个决议要求当时全国的公私营报纸“必须采取和贯彻企业化的方针”。

1979年初，国家财经部批准《人民日报》等首都主要报纸要求试行“事业单位，企业化管理”经营方针的报告，同年4月，再发文在全国新闻业推广“事业单位，企业化管理”。

1988年3月，国家新闻出版署和国家工商行政管理总局联合发出《关于报社、期刊和出版社开展多种经营和有偿服务的通知》，并对多种经营和有偿服务作了具体规定。

更进一步的是，1993年6月，中共中央和国务院发布了《关于加速发展第三产业的规定》，正式将报刊列入第三产业。

所有这一切决议、规定都明明白白地表示，传媒业是第三产业，可以进行“企业化”运作，也就是媒体可以进入市场，也说明媒体以及媒体产品具有商品性。但在新闻界为什么对此还争论不休？这就是观念问题。“新闻不是商品，记者不是商人”② 这种传统的见解统治着当时的新闻界。不从理论上弄清楚，企业化运作就理不直、气不壮。可以说，这场讨论是新闻界第二次思想解放。

在当时的讨论中，关于新闻媒体商品性的讨论呈现多种多样的观点。刘保全先生在《报纸有无商品性？新闻有无商品性？——新闻理论界讨论综述》③ 中对此作了全面概括。当时主要的观点有：

> （1）报纸是商品，新闻也是商品，一种特殊的商品。
>
> （2）报纸是载体，在流通中具有商品性一面，但新闻不是商品，因为“新闻要成为商品，它就无法保持贞洁，做到真实、客观、公正，受众也无需阅读”。
>
> （3）报纸不是商品，新闻不是商品，记者不是商人，因为“新闻是一种特殊的意识形态，不能拿新闻当商品交易”，所以“我们绝不能混淆一般的商品生产和作为党和政府喉舌的新闻工作在基本属性上的区别”④。

笔者细阅当时的争论，感到争论各方各执一词，各有理由。笔者试图从理论上来回答各方观点，细思良久，逐步理清头绪，提出了传媒业“双重属性”的见解。

1995年2月笔者在《新闻大学》上发表《15年来新闻改革的回顾与展望》一文，

---

① 童兵：《新闻商品性辩正》，《当代传播》，1994年第2期。当时新华社社长郭超人在1993年1月新华社工作会议上讲话。

② 戴邦：《新闻不是商品，记者不是商人》，《新闻与写作》，1993年第8期。

③ 《新闻界》，1994年第2期。

④ 当时新华社社长郭超人在1993年1月新华社工作会议上讲话。

提出：

> 新闻事业就它生产带有强烈的意识形态的精神产品来说，属于上层建筑领域；但同时，就它为全社会提供经济活动和人们生活必不可少的信息、知识和娱乐来说，属于第三产业。这个理论上的突破带来新闻事业发展的新思路，这个新思路可归结为“事业性质、企业管理”，即用企业管理的方法来经营新闻事业。新闻事业在经营上获得了突飞猛进的发展，经济实力大幅度提高。①

随后，在1995年3月再在《新闻大学》发表《试论当前我国新闻事业的双重性》，第一次明确地界定我国的新闻业具有双重属性。

> 在社会主义市场经济条件下，新闻事业不但是一支强大的精神上、道义上的力量，而且还是一支强大的经济力量。新闻事业不但要促进社会主义市场经济的发育，而且它本身就是社会主义市场经济不可或缺的有机组成。进而形成了新闻事业具有双重属性的新观念，即新闻事业上有形而上的上层建筑属性和形而下的信息产业属性，这种产业性在实行“企业管理”以后，更具有企业属性。
>
> 新闻事业属于上层建筑，表明它必须在坚持党的四项基本原则的前提下从事党和政府所规定的宣传任务。新闻事业又是实行“企业管理”的信息产业，表明它除了以信息的生产和流通为核心外，还可以经营信息的处理与传递，和其他一些信息业务。②

双重属性只不过是对当时已经展开的实践的理论追认，但它确实也为传媒业的市场运作提供了理论支撑。双重属性很快得到业界、学界的认可，也得到决策层的认可，因为这一理论主张调和方方面面的矛盾。认可新闻业的意识形态属性，事业性质，绝不动摇党性原则，确保党对传媒业的领导权；承认新闻业的信息产业属性，让传媒业理直气壮地把媒体当作产业来经营。但双重属性内在的矛盾，实施过程中带来种种冲突，同时，双重属性还遗漏了传媒业与生俱来的属性：公共性以及传媒从业人员由此必须承担的社会责任，这也给传媒业带来了一系列新问题，甚至造成严重后果。这将在后面加以探讨。

理论上的支撑，政策上的支持让传媒业可以明目张胆走向市场的时候，传媒业必须探索出一条市场之路。这条路就是传媒大众化之路。开始并不自觉，而在实践中逐步清晰。以报纸为例，虽在经过20世纪80年代的发展，产生一大批以信息传播为主的报纸，但在90年代初，报业仍然以党报为主，也包括许多经济类报纸是精英报纸，难以适应市民需要。在90年代，中国报纸的大众化之路经历了周末报热、晚报热、都市报热三次热潮中，声势一浪高过一浪。

周末报热：学界就媒体商品性问题争得不可开交之时，业界已迫不及待向市场试水，这就是20世纪90年代初的周末报现象。

传媒业的经营日趋恶化，经费日趋拮据，不得不穷则思变，全力以赴抓经营。当时的状况就是，纸张价格飞涨。1980年，新闻纸730元（人民币）/吨，1985年上升为1100元/吨，1988年达到2800元/吨的天价。邮发价格飞涨。20世纪80年代中期，邮发合一制度取消，邮局的发行费也猛涨，从80年代的25%（以报纸零售价计算）上升到37%、40%，城郊为47%。此外，油墨、印刷费都上涨，零售价一角一份报纸，成本就是一角七分。而与此同时，政府对报纸的财经津贴逐年减少，报纸到了入不敷出的地步，不开展经营，报纸已

---

① 见《李良荣自选集》，复旦大学出版社2004年版，第145-161页。

② 见《李良荣自选集》，复旦大学出版社2004年版，第145-161页。

无法维持。

周末报实际上是报纸形式的杂志。以社会热点新闻事件，警匪故事、历史传奇、名流轶趣、男女关系奇闻等为主要内容，没有严格意义的新闻，所以不怕积压，本星期卖不完下星期再卖。每星期五出版，星期六上摊，以报摊、地摊、火车站、汽车站流动售卖，每份五角（四版），一元（八版），报纸没有广告，以销售赚钱。故事无论真假只求生动，旅途上闲得无事，买的人还真不少。成本低、风险小、收益大，各地都竞相出版，形成一股热潮。到1994年底，全国已有600余家周末报①，随之在各地展开“周末报”大战。对此有文章称：“周末报大战从一个侧面反映出报纸已从计划经济时代的单一宣传品功能，扩大为商品。”“并开始以激烈竞争宣告了我国报业进入市场经济范畴。”② 但是竞争也带来问题，周末报上内容相互抄袭，格调日趋低下，有些文章称之为“黑（指暴力）、黄（指两性关系）、假”，而且为争夺市场竞相压价。从1995年开始，周末报就急速衰退。

晚报热：周末报衰退之时，正值晚报崛起之日。晚报的迅猛扩张得益于广告增长。在邓小平视察南方讲话和党的十四大确立建设社会主义市场经济的方针以后，短短数年，中国经济快速增长，市场化程度不断提高。到20世纪90年代中，中国绝大多数日用品从卖方市场变成买方市场。各企业为争夺市场，不断加大广告的投入。1992年，报纸、电台、电视台三大媒体广告收入为38.70亿元，到1997年三大媒体广告收入达224.8亿元。其中报纸广告收入从1992年的16.1亿元到1997年的96.8亿元。在当时的纸质媒体中，广告客户不约而同首选晚报。因为晚报的个人自费订阅率高达80%左右，发行量大，是一份真正的深入到家庭的大众化“媒体人”。在90年代中期，晚报的广告版面成为市场上一个最紧俏的商品。《新民晚报》从1988年增扩为8版，90年代几乎年年扩版，1995年已达40版。一条通栏广告从2000元猛增到90年代中期的3万元，还是应接不暇，通栏广告从付款之日起到最后见报要排队3个月。有些地方用顺口溜描写晚报收入状况：“吃不愁，用不愁，拿着钞票当枕头。”正是在爆炸性广告增长的刺激下，全国掀起办晚报热。晚报从1992年的48家，扩张到90年代中的180家。其中6家晚报独领风骚：“老三家”《北京晚报》（北京）、《新民晚报》（上海）、《羊城晚报》（广州），“新三家”《今晚报》（天津）、《扬子晚报》（南京）、《钱江晚报》（杭州）。

都市报热：晚报正热之时，都市报横空出世，而且以狂飙突进之势，二三年内就压倒晚报，发行量、广告收入在报坛独占鳌头。全国最早创办的《华西都市报》（成都，由《四川日报》主办）于1995年元旦问世，第一年广告收入100万元，第二年广告收入3000万元，第三年达到9000万元，发行量突破50万份，成为四川省发行量最大的报纸。③

与晚报相比，都市报是一份更彻底的平民化报纸，或者说，都市报就是为平民度身定制的报纸。它吸收了三大新兴晚报的优势，又有独到之处。吴定勇先生所著《都市报崛起之谜》对都市报特点和成功之道作了很好的概述④：

> （1）报纸模式：办成“信息超市”，一报在手，全知家事、国事、天下事。
>
> （2）报道内容：以市民的需要取舍，追求必读性，可读性，在遵守新闻宣传纪律前提下，“急市民之急，想市民所想，市民需要什么，我们就报道什么”。
>
> （3）报纸风格：具有浓郁的市井气，以当地市民的语言，记录市民的生存百态，

---

① 邬光红、李孝兰：《谈谈改进周末报》，《新闻知识》，1995年第9期。

② 杨王伦：《周末报与市场经济》，《经济问题探索》，1994年第12期。

③ 肖云：《席文举是如何创立“华西都市报”》，载尹韵公主编《聚焦华西都市报》，中国社会科学出版社2000年版，第277页。

④ 吴定勇：《都市报崛起之谜》，四川大学出版社2005年版，第8-13页。

反映市民的喜怒哀乐，捕捉都市流行时尚，引导城市消费潮流。

（4）版面结构：厚报 + 模块版式。都市报一般都在40版以上，甚至上百版，分成若干叠，各叠封面制作导读。

版面厚题薄文，严整有序，阅读时省力、方便、快速。

正是这些特点，使市民对都市报青睐有加，都市报发行量节节上升。在世界报业协会公布的发行量最大的百家报纸中，中国都市报越来越多。

都市报受到市民青睐，自然就受到广告客户追捧，都市报广告量迅猛攀升，把许多风光一时的晚报挤到存亡边缘。以上海为例，在鼎盛时期，《新民晚报》发行185万份，广告收入达8亿多元人民币，比上海其他报纸广告总和还多。但20世纪90年代末期，都市报《新闻晨报》异军突起，到2006年，发行量虽然还比不过《新民晚报》，但其广告收入已超越《新民晚报》，成为上海广告收入第一报。

当然，晚报衰退，都市报崛起，不仅仅得益于"人和"，还有"天时"，即城市生态的变化。

都市报一般都是晨报，清晨6点上报摊，7点发到家。晚报一般都是14点印完，15点上报摊，17点发到家。在20世纪80年代，市民8点上班，加上公交拥堵，谁有时间读报纸。而晚上下班回家，闲来无事，读晚报是最好的休闲活动。但90年代末期，尤其在新纪元，各公司都纷纷改为9点上班，而且交通大为改善，越来越多的人拥有私家车，公司还有班车，这使相当部分上班族可以有时间、有空间在家、在上班途中读报。再有，随着收入增加，夜生活丰富多彩。下班以后，许多人尤其是年轻人不再急于回家，而是去餐馆、娱乐场所。晚报已不再能吸引年轻人，晚报读者群年龄老化，其核心读者成了离退休人员。在广告商眼里，他们是"无效发行对象"，因为其购买力弱。为了争夺广告，晚报不得不做出艰难抉择：晚报早出，与都市报争夺上班族。到2005年，全国70%的晚报改成早晨出版，与都市报同时上报摊。

在报纸一浪高过一浪的大众化浪潮的同时，20世纪90年代初电视业在艰苦的探索中不断推陈出新，开拓自己的大众化之路。

在电视界，"新闻立台"还是"娱乐立台"之争一直没有停止，至今也还没有结论。可以说，电视业的决策层、高层多主张"新闻立台"，强化新闻节目；但观众却偏好娱乐节目，"娱乐立台"为电视业具体运作者所认可。从20世纪90年代到21世纪，电视业在新闻、娱乐两块齐头并进，同时使劲。看上去是两股道上跑的车，但方向却是一致的：越来越贴近公众，从题材选择到表现方式，贴近公众的生活，贴近公众的情趣。

娱乐节目：从综艺——游戏——真人秀，公众从观众——参与者——平民大狂欢。

新闻节目：从新闻联播——信息版块——民生新闻，从录播——现场直播，从坐着报——站着说。

这就是15年来，电视业大众化之路的基本轨迹。

1993年5月1日，中央电视台《东方时空》正式开播。这个节目从一开始就定下基调：尽可能贴近观众，用《东方时空》的创始人孙玉胜话说："形式上以现场报道为主，内容上关注社会生活，视点由居高临下的指导方式变为以平视的方式报道真正为观众所关注的问题。"① 这个节目长达1小时，前20分钟播报新闻，后40分钟由《生活时空》、《东方之子》、《东方时空金榜曲》、《焦点时刻》4个小栏目构成，这是一个新闻杂志式的块板组合。对于中央电视台来说，《东方时空》的问世，具有里程碑式的意义，这不但是中国电视业第一个早晨新闻节目，而且创造了一系列名牌节目和名牌主持人。20世纪90年代中国电视业

① 孙玉胜：《十年》，生活·读书·新知三联书店2003年版，第16页。

标志性的名牌栏目《焦点访谈》直接源自《东方时空》的《焦点时刻》，还有《实话实说》、《面对面》、《新闻调查》等都从《东方时空》脱颖而出，进入晚间名牌栏目。敬一丹、白岩松、水均益、方宏进、王志、董倩等人都从《东方时空》走出来。《东方时空》新闻杂志性的块板组合也为各省、市媒体所模仿，风靡全国。但是《东方时空》的最初却是"无心插柳"。仅仅因为中国电视没有早新闻，所以就要办一个；"反正也没几个观众看"，所以要以包装旧节目为主，填充时间。① 但创办者所选择的这条大众化之路却让高高在上的电视走到老百姓中间，满足了公众的早间需求，受到公众的青睐。

过了 10 年，2002 年元旦，一档更贴近公众的新闻节目——江苏电视台创办的《南京零距离》开播。这档节目完全摆脱了新闻联播的套路，从内容到播报方式开创了全新模式。所谓"零距离"就是和公众没有间隔，贴心贴肉。它把镜头完全对准老百姓的日常工作、日常生活，那就是时下流行的"民生新闻"。民生新闻涉及公民的生存状态——工作、土地、住房；公民的生命安全——环境安全（包括自然环境、社会环境）、食品安全、医疗安全；公民的生活质量——衣、食、住、行、生、老、病、死，上学读书，邻里关系等，都是和百姓利益直接相关的内容。在播报形式上，采用主持人形式，主持人采用"讲新闻"方式，即用老百姓的口语播报老百姓身边发生的新闻。主持人极具个性，或是看上去憨厚老实，却有幽默感的，或是有血有肉敢恨敢爱的，让观众过目不忘。同时，尽可能多采用现场直播方式，提高普通公众的出镜率，"市民的同声期放大量运用，生动的画面，鲜活的市井语言创造了一种清新平易的市民话语语境，使媒体与市民实现零距离的贴近"。② 到后来，《南京零距离》和其他电视台还创造了许多与公众互动的形式：有的在节目播报中设立现场电话连线，现场播出观众的反馈；有的对观众进行短信调查，现场插入调查结果；有的招聘信息员，建立公众信息网络。更进一步，还有的招募公众摄影师，像报社的通讯员队伍，每天活跃在大街小巷，捕捉鲜活的现场镜头。这样的新闻，报道及时，现场感强，一经播出，极具吸引力。总之，平民视角、民生内容、民意取向被业界、学界公认为民生新闻的基本特征。③

《南京零距离》在 2002 年元旦播出，从第 36 周起，在 AC—尼尔森的收视率调查中名列南京地区电视节目排行榜第 1 名，平均收视率在 10% 左右，2004 年该节目的广告时段以 1.088 亿元的价格被广告公司买断，成为国内身价最高的单一电视新闻栏目。自此以后，各地纷纷模仿、改造。电视民生新闻栏目风起云涌，很快成为地方电视新闻的主打品种。

《第一时间》——安徽经济频道创办，2003 年 7 月 28 日开播。

《都市时间》——湖南都市频道，2004 年 2 月 2 日开播。

《天天 360》——重庆电视台新闻频道，2004 年 4 月 20 日开播。

《新闻坊》——上海东方卫视，2002 年 1 月 1 日开播，同年 6 月改版。

此外，还有福建新闻频道的《现场》，北京电视台的《第七日》，云南电视台的《都市条形码》等，都是当地深得民心的以民生新闻为主的品牌栏目。

电视业在 20 世纪 80 年代媒体功能多元化的思路指引下，娱乐性节目发展极快。1988 年统计数据表明，在电视自办节目中，新闻节目占 8.9%，社教节目 6.5%，服务类节目 6.4%，文艺节目 69.7%。80 年代最著名的节目是春节文艺晚会，收看"春晚"成为全国、全球华人除夕之夜的大餐。而在平时，娱乐节目以电视剧为主打。90 年代初，电视业的娱乐节目以《正大综艺》为代表。《正大综艺》是按照"春晚"的样子来设计的，就是块板结构——把各种文艺样式以主持人方式组合在一起。虽然是旧套路，但过去观众一年中能看

① 孙玉胜：《十年》，生活·读书·新知三联书店 2003 年版，第 13 页。

② 吴信训：《新编广播电视新闻学》，复旦大学出版社 2006 年版，第 131 页。

③ 陆晔、苏菲：《地方电视新闻的新走向》，《中国广播电视学刊》，2004 年第 6 期。

一次“春晚”，现在每星期可以看一次，不能不说给了观众巨大的惊喜。所以，《正大综艺》盛况空前，但无论春晚还是《正大综艺》，公众就是观众——只能坐着看，无法参与。1996年，湖南电视台推出《快乐大本营》，开创娱乐节目的新形式——游戏类节目，这个节目遴选观众参与，还有央视的《幸运52》和《开心辞典》——益智类的游戏节目，可以让观众间接参与。这类节目一时红透中国半边天。更进一步，那就是湖南卫视在2005年的《超级女声》，这个直接模仿美国FOX电视台《美国偶像》真人秀节目，收到了出人意外的轰动效应。那些在台上想唱就唱的少女，过去都是默默无闻的“后街少女”，却一夜之间成为全国少男少女甚至成人心目中的偶像。手机短信投票以百万条来计算。几乎在一夜之间，全国几乎所有电视台都推出了真人秀节目，成千上万人都去电视台报名参加选秀节目。这是一场真正让千百万人都参与其中的平民大狂欢。

从20世纪90年代开始的中国传媒业大众化之路，虽然显露出种种的弊病，需要我们去着力纠正，但它必将在中国新闻史上留下重墨浓彩的一页。

中国近代报业自1815年《察世俗每月统纪传》问世有近200年历史，大众化媒体只在历史的长河中翻起几朵浪花，并没有形成过潮流。自1833年9月3日，美国的本杰明·戴创办《纽约太阳报》以后，在全球先后出现了报纸大众化的浪潮。这个浪潮波及到日本，日本出现了以《读卖新闻》（1874年11月2日创办）为代表的大众化报业。这个浪潮也波及到中国，上海于1872年4月30日出版了《申报》。《申报》是旧中国历史最悠久的报纸。在20世纪30年代有过一段辉煌，但《申报》始终未能成为中国的主流媒体。在中国各领风骚的始终是政治类报纸，从19世纪的《万国公报》、《时务报》到20世纪的横三民、竖三民①，后来的《新青年》、《大公报》以及国共两党办的党报，都是政治性报纸，属于精英类媒体，是政党的工具或者政客们的玩物。从新闻史上看，中国传媒业在20世纪90年代开创的大众化媒体补上中国新闻史上的缺遗。我们尽管可以指出媒体大众化过程中出现的种种问题，比如假新闻蔓延，煽情新闻泛滥、低俗化倾向严重，但谁也不能遮蔽媒体大众化的辉煌。媒体大众化最伟大的功绩就在于把媒体平民化了，媒体走进了千家万户，无论报刊还是电台、电视台，都成为老百姓日常生活的必需品。我们的社会可以名副其实被称为媒体化社会，传媒业的影响浸透到了公众的方方面面。这就大大推动了中国现代化的进程，在任何现代化的指标中，大众传媒总是现代化构成中不可或缺的一项。

中国传媒的大众之路，当然付出了我们传媒人艰辛的努力，但与其说英雄造时势，不如说是时势造英雄。造成中国传媒大众化浪潮的真正原动力，是时势。这个时势就是中国现代化进程中所出现的城镇化和社会生活世俗化。

美国学者阿特休尔说过：“人们应当牢记大众传媒介是与都市中心同步发展的。事实上，它们两者之间难解难分，没有都市中心，大众传媒不可能产生，同样，没有大众媒介，都市中心的发展恐怕也不会成功。”② 而中国的城市化进程在改革开放以后大大加速。1949年，中国城市化水平为5.1%③，1958年达到16%④，1978年还在17.6%⑤，2000年达到36.09%⑥，2003年已达到40.5%⑦。从1958—1978年，中国城镇人口年平均增长率为

---

① 横三民指同时出版的《民国日报》、《民报》、《国民日日报》。竖三民指20世纪先后出版的《民呼日报》、《民吁日报》、《民主报》。

② 【美】赫伯特·阿特休尔：《权力的媒介》，黄煜等译，华夏出版社1989年版，第42页。

③ 纪晓岚：《论城市本质》，中国社会科学出版社2002年版，第266-268页。

④ 纪晓岚：《论城市本质》，中国社会科学出版社2002年版，第266-268页。

⑤ 洪超辉：《城市社会的变迁》，中国社会科学出版社1998年版，第47页。

⑥ 闵捷：《中国百姓蓝皮书·城市化》，载《北京青年报》，2002年9月2日。

⑦ 《海峡都市报》，2004年10月31日。

3.95%，而1978—1989年，城镇人口平均增长率达到11.39%。①

在都市里生活和农村生活不同之处就在于大家都是陌生人，人与人之间是互不联系的单个原子，但每个人又不能脱离社会而单个生存。于是，大众媒介就成为大众联系社会的中介，获取必要的信息，享受休闲时间。所以，在都市里，人们依赖大众传媒。城市化的快速发展为传媒业的繁荣提供了物质前提。

中国社会生活的世俗化是指中国大众从泛政治化的状态下解脱出来。20世纪中期，一场又一场政治运动犹如烈火熔化个人的一切诉求，个人的理想、追求、利益表达直到个性表达，包括性格、行为、服饰等一切都成为与国家、集体相对抗的个人主义，个人要求连念头都不能有，要“狠斗私字一闪念”。媒体就是高高在上的指挥员、指导员，就是精神导师，因此，新闻只有“指导性新闻”，连简单的娱乐也必须“寓教于乐”，只有乐没有教那就是资产阶级。总之，人民是伟大的，人是抽象的（所以是不存在的），民是渺小的。

商品经济的发达，市场经济的出现，人才回归为人，民才成为法律意义上的公民。公众可以理直气壮地关心自己的利益，追求、保护自己的利益；公众可以名正言顺地提出个性化的诉求。尤其在十七大以后，新一届党中央提出“以人为本”的治国理念，进一步唤醒了公众的自觉维护自身利益的觉悟。一个农民工的家属敢于向总理提出要求追讨欠薪的问题，很说明这种觉悟的普及。这种意识的觉醒，对于传媒业来说，是公众对知情权、话语权、表达权的追求。可以说，中国传媒业的大众化之路就是中国大众追求知情权、话语权、表达权之路。《焦点访谈》受到大众赞赏，因为它揭露了许多真相，捍卫了公众利益；民生新闻受到热捧，因为民生新闻痛快淋漓地表达了公众的意愿，直抒公众的情感。

5 传媒业的结构调整和结构转型

20世纪90年代前期，广告收入每年以30%以上的加速度增长，传媒业赚得钵溢盆满，报纸简直成了印钞机，电视成了摇钱树，从而刺激各地快马加鞭兴办媒体。到90年代中期，各种报纸已达2000多家，电视台也达到2000多家。过度的市场进入导致残酷的市场竞争，那些处于劣势的小媒体采取种种违法违规的手段来争夺市场。全国各地的“报刊大战”、“电波大战”硝烟弥漫，“（规模）小、（分布）散、（内容）滥”的状况严重阻碍着中国传媒业的发展。1996年以广州日报报业集团成立为标志，中国传媒业在高速发展的同时，以行政为主导，开始结构调整和结构转型。结构调整和结构转型试图把中国传媒业由原先的单一结构引向多元结构，从而转变媒体的增长方式，进而从根本上扭转“小、散、滥”的状况，这标志着中国媒体的改革向深层发展。

到1996年，中国的新闻改革已经历了近20年的历史，传媒业的变化是巨大的，成绩也有目共睹。但传媒业的单一结构却并未发生变化。这种单一结构表现在：

① 传媒业的性质是单一的：全部是事业性质，进一步地说，整个传媒业都是党和政府的喉舌，都承担着宣传党的方针政策、引导舆论的作用。

② 传媒业的指导方针是单一的：鉴于传媒业的事业性质，那么整个传媒业的方针必须是“坚持社会效益为主，经济效益为辅”的方针。

③ 资本结构是单一的：到1996年为止，中国传媒业的资本纯度100%是国有，没有一分业外资本。

④ 传媒业的运作方式是单一的：全封闭的小而全运作。从中央到地方的报纸、广播、电视，除了转载新华社电讯、转播央视节目外，其他的新闻、节目都是自编自制自发（播），除了少量的兄弟单位内部协作、交换节目外，全国没有形成节目市场。

---

① 胡伟略：《中国人口城市化挺进新世纪》，《中国人口报》，1998年8月9日。

⑤ 管理模式是单一的：从中央到地方，媒体按行政级别实行属地化管理、一元化领导，媒体的四大权力——主要领导任命权、重大事项决策权、重要资源配置权、新闻宣传终审权全部集中在党政领导部门；而在某些地方、某些时候，连报纸的定价、广电节目广告价、报纸版面数等具体项目都必须经领导批准。

20 世纪 90 年代中期，传媒业的"双重属性"论提出以后，逐渐在新闻界取得共识。从 1996 年开始，中央主管部门和传媒界采取一系列决策和举措实施结构调整和转型，影响深远。

结构调整与转型的具体目标可以归纳为：

① 适度的市场集中，在全国范围内打造十来家跨媒体、跨行业、跨区域经营的媒体集团，成为中国传媒业的支柱，从而形成一个竞争有序的市场。

② 从粗放型发展转化为集约化增长，从外延性增长转向内涵性增长，这就是在集团化平台上对内部资源进行有效整合。

③ 从小而全媒体走向专业化媒体，从同质化竞争走向差异化竞争。

④ 实行分层分类管理。

5.1 报业集团——中国报业的集约化经营

1996 年 1 月 15 日，中国新闻史上第一家报业集团——广州日报报业集团正式挂牌，标志着中国报业开始结构调整，也标志着中国报业开启了全新的运作模式。

最早提出组建报业集团的，也就是《广州日报》当时的总编辑黎元江。他在 1993 年就指出："十一届三中全会以来，随着改革开放的不断深入，报业经营管理走向市场的步子越来越大。党的十四大提出在全国范围内建立社会主义市场经济体制的任务。进一步，按照市场经济规律建设社会主义报业集团，已经不是做不做的问题，而是应当考虑怎么做。"① 1994 年 6 月，国家新闻出版署在浙江杭州举办"全国首次报业集团问题研讨会"，表明组建报业集团正式提上决策层的议事日程。不久提出了组建报业集团的具体指标②，报业集团进入实际操作。

但是，在组建报业集团的原始动机上，从一开始就有不同的侧重点，归纳起来有以下几种：

① 治理"小、散、滥"，加强管理。关于此，时任中宣部副部长的徐光春说得很明白："主要路子是在现在报业规模的基础上，怎样壮大自己，兼并别人，应该走这样一条道路，联合起来办报……这样也符合我们治散治滥的方针，而且也有利于报纸的管理，有利于舆论的导向，现在把不必要的办得不好的报纸完全砍掉相当难，那一大部分人怎么办。因此办报业集团搞兼并是一条路子。"③

---

① 黎元江：《建设社会主义现代化报业集团》，《新闻战线》，1993 年第 1 期。

② 刘波：《治理"散滥"现象，促进报业繁荣》，《报业管理》，1997 年第 7 期。具体指标是：传媒实力：除一张有影响的主报，至少还应有 4 个子报子刊；经济实力：沿海地区报社年税利在 5000 万元以上，中部地区报社年税利 3000 万元以上；人才实力：报社在职采编人员，具有副高以上职称的，要占总数 20% 以上，经营管理和技术人员中，有各类专业中级职称以上者，占总数 15% 以上，并要有高级职称者；技术实力：拥有独立的印刷厂，拥有现代化的照排、胶印设备，具备彩色胶印能力。除保证本报社所属报刊正常印刷装订外，能承接一定数量的代印业务，每日总印刷能力在对开 200 万份以上；发行实力：主报及子报期发行总量在 60 万份以上，或在本地区每 150 人拥有一份报纸，有畅通的发行渠道，有逐步建立自办发行网的可能。

③ 《徐光春在"面向 21 世纪中国报业经济发展研讨会上的讲话"》，《中国报业》，1997 年第 5、6 期会刊。

② 加强党报的力量。“加强党报主阵地建设”，增强党报的辐射力，从而加舆论引导。①

③ 转变报业的增长方式。从过去数量增长转到质量提高上来，把粗放型外延增长转到集约化经营内涵增长上来。想把集团当作一个平台：将集团旗下的各类报纸进行人、财、物以及产、供、销的有机整合，实行资源共享，人才合理配置，打造报业的核心竞争力。

这3个动机或称目的都有道理，而且在决策层的考虑和一些学者的探讨中，3个动机也是交叉的。但毕竟有了侧重点和优先目标的选择。因为这涉及组建报业集团的路径选择问题。侧重于第一目标，主要采用行政手段；侧重于第三目标，主要采用市场手段。而在20世纪90年代中期，治理散滥成为组建报业集团的优先目标。1996年《中共中央关于加强社会主义精神文明建设若干问题的决议》明确指出：“加强对新闻出版业的宏观调控，采取有力措施解决目前总量过多、结构失衡、重复建设、忽视质量等散滥问题，努力实现从扩大规模数量为主向提高质量效益为主的转变。”这使治理散滥成为当时刻不容缓的政治任务。用行政手段来组建报业集团成为必然选择。

1996年广州日报报业集团成立以后，在不到5年的时间内，经国家相关部门批准的报业集团达40家，这其中有中央、省（市）一级的，更多的是地（市）一级的报业集团，显示了行政手段的强大力量。

40家报业集团中除了中央两家（《光明日报》报业集团、《经济日报》报业集团），其余全都是省、市级；40家报业集团除了文新报业集团由《文汇报》和《新民晚报》联合组建（所谓强强联合）外，其余都是以党委机关报为龙头（又称母报）来组建。报业集团的构成基本相同：一家主报（党报），6～12家子报，几本杂志，一家印刷厂，一家网站（有些是省、市级政府委托办的门户网，有些是自办网站），还有些经营性公司。从10余年的经营情况看，报业集团有其成功的一面。目前，全国或各省（市）影响力最强，发行量最大、广告收入最大的一批报业都在报业集团内；报业集团成为全国或各省（市）舆论强有力引导者。但面临的问题也不小。

1. 报业集团，集而不团

“集而不团”是广州日报报业集团董事长兼社长戴玉清对当前报团现状的描述。集而不团是指各家报纸都聚集在报团麾下，但并没有凝聚在报团一个目标上。也就是，报业集团下面的各报业没有实现资源有机整合，优势互补，打造自身的核心竞争力和完整的产值链。甚至有些报业集团像个小小联合国，机构众多，架床叠屋，各报为自身利益内争资源，外抢市场，纷争不已。集而不团不是一二家，而是报业集团相当普遍的现象。原先所设想的报业集团集约化经营基本上没有实现。

2. 主报失势，子报失调

“主报抓方向，子报抢市场”，这成为绝大多数报业集团的基本方略。主报即党报抓方向，当然是对的。抓方向应该抓住对全局具有意义的新问题、新情况、新思路、新经验。但实际情况却并非如此。在党报上，满版满版的是领导人活动和各式各样的会议，再有成就、成果报道。占报纸版面主导位置的是“三门”新闻——宫门（党政机关）、衙门（主管部门）、辕门（司法、武警、部队）。对党、政府的方针政策的宣传简单生硬，还有气无力，不但读者不爱看，连编报的记者编辑都不愿看。这使相当一部分党报日渐失势：发行量逐年下降，社会影响力减弱，收入也下滑。目前有相当一批主报收不抵支，经济上依靠子报来支撑。而一批子报，尤其是晚报、都市报，在报业集团倾力支持下，逐渐在市场中做大，成为报业集团收入最大来源。晚报、都市报开始走向两极，一极是向“格调高雅”的大报方向

---

① 聂静：《遇到散滥现象，优化报业结构》，《报刊管理》，1999年第1期。

走，声称自己才是真正的“主流媒体”，要取代主报的龙头老大的地位；另一极是向媚俗方向走，以 3xing——性、腥、星作为主打内容，扩大发行量，抢占市场。

3. 收入单一，市场失控

由于主客观原因，报业集团难以打造上下游配套的产业链。报业集团收入几乎全部依靠发行和广告收入。为了争夺发行和广告市场，报业间展开残酷的竞争，投入越来越大，而广告折扣越来越高，加上纸张等原料涨价，报业的利润率近 5 年逐年下降。

报业集团成立，原先设想能在报业这个平台对各报的人、财、物、产、供、销作资源整合。但实际情况是，各报业集团成立以后，几乎没有对内部资源整合投入足够的力量，主要注意力全在“跑马圈地”——抢占市场上。这有当时的客观情况，在 1996—2000 年间，全国报业出现办都市报热，报业广告收入每年以 30% 以上的速度增长。在这样大好的形势下，谁都顾不上去整合内部，而且收入大幅增长也可以缓和、掩饰内部矛盾。这就是说，10 年来，中国整个报业从粗放型的外延扩大到集约的内涵增长的转变并没有完成。

而这两年，报业广告收入开始下降，2004 年比 2003 年下降 5%，2005 年又比 2004 年下降 1%。收入减少，使一切原来掩盖的矛盾凸显。在 2006 年 3 月广州日报报业集团召开的全国报业集团年会上，转变增长方式、启动集约化经营成为各报业集团老总们的共识。

整合内部资源，转变增长方式，真正走集约化经营之路，这比建立报业集团困难得多，却是报业集团发展的必由之路。这一任务以前还未真正着手进行，现在不得不重新开始。

5.2 频道（率）专业化—广播电视集约化之路

在报业集团热热闹闹进行之时，广播电视的结构调整也拉开帷幕。1999 年 9 月，国务院办公厅发出 82 号文件，规定在“省、自治区、直辖市一级组建包括广播电台和电视台在内的广播电视集团”。旋即，广电集团在新世纪元年展开。2000 年 11 月 17 日，国家广电总局明确提出广播、电视、电影三位一体；无线、有线、教育三台合并；省级、地级、县级三级贯通。① 同年 12 月 20 日又要求 2001 年 7 月 1 日以前完成合并，保留频道，调整节目设置，突出节目专业化、对象化。②

广播电视集团和报业集团一样，都是把集团化作为资源整合的平台，不一样之处在于，报业集团的资源整合结果是报纸还是报纸，但广电集团打破原来的建制，按节目内容设置频道。这说起来简单，但在技术层面上比组建报业集团复杂得多，然而却在短短的三两年内完成了，这得益于其单一的行政归属。因为不同报纸归属不同的行政单位，而广播电视的各台、各频道都归属于广电局领导，所以行政一个命令，下面都会闻风而动。

频道专业化，就其本质来说，是一条集约化经营之路。通过内部的整合，把相关的节目、人员聚合在一个频道，避免在一个集团（总台）内部相互竞争而浪费资源，同时使相关从业者不断积累专业经验，增加专业知识，把专业节目越做越好，从而使我国的电视节目从单元走向多元——满足不同人群的多种多样需求。

频道专业化，设想是美好的，但现实却是残酷的。从 2001 年以后数年，频道专业化并没有带来电视大发展，相反，旧的矛盾没有缓解，新的矛盾不断涌现。

①“散、滥”的问题依旧，广电频道总量不减反增。成立广电集团的初衷之一是“解决擅自建台，重复建台和乱播滥放”的问题，国家广电总局设计“推进我国广播影视管理

---

① 国家广播电影电视总局：《关于广播电影电视集团化发展试行工作的原则意见》，2000 年 11 月 17 日。

② 国家广播电影电视总局：《关于有线广播电视台和无线广播电视台合并的有关事宜的通知》，2000 年 12 月 20 日。

体制向中央和省两级管理，地市以下实行由省垂直管理”，县级台不再完整自办电视频道，只在省台的一个公共频道中播播节目①。设计是合理的，但实际上无法实施。地（市）广电、县（市）级广电部门只听命于属地政府，在地方政府或明或暗的支持下，根本不听省的垂直管理，频道不撤，节目照播，反而增加了一个公共频道。

② 频道高度同质化。全国目前的频道大约在2300套，而频道名称总共只有10来个：新闻综合、经济财经、体育、文艺（或音乐）、影视、戏曲、生活时尚、教育、少儿等。名称相同，内容也相仿，至多大同小异。一档节目一旦市场走红，各台都竞相仿制。

③ 专业频道纷纷回归大众化。专业频道既然是小众化节目，那么收视率低是必然结果。收视率低吸引不了广告，专业频道无法生存，那只能重回大众化。而重回大众化的道路几乎是一条道：播放电视剧。目前，全国专业频道的经营模式几乎是一致的：几档专业节目＋电视剧，而且在黄金时间几乎全是电视剧。一年之中，好的电视剧就那么几部，一段时间里，全国成百上千家频道都同时播放那几部电视剧，这就造成电视市场比以前更加残酷的竞争。

④ 过度竞争导致成本高涨，收入下降。当然，没有同质化，就不会有竞争。但过度的同质化，必然带来过度竞争，从而使竞争成本不断高涨。为了提高收视率，就要有好节目，例如好的电视剧；而好节目就那么几部，大家你抢我夺，价格自然水涨船高。现在一部好的电视剧的价格已是几年前的数倍，甚至10倍、20倍。为了制作好节目，制作商就要抢好剧本、大腕演员；剧本价、大腕演员出场费都已比几年前高了10倍。这造成经营成本恶性上涨。那些中小电视台根本无力购买节目，那就只有一条道——盗版。盗版使制作商、发行商无法实现产值链的增值，必须抬高初始交易的价格，而且严重打击原创的积极性，从而进一步抬高好节目的价格。这种恶性循环造成的节目价格不断上涨正严重影响着中国的影视市场。

从静态上说，中国广电系统的收入增长极快，但总体上看，投入产出的收益并不高。目前，广电系统与电信系统总资产均为2000多亿元人民币。以2004年的统计数据来看，“全国广播影视系统总收入824.72亿元，其中广告收入414.5亿元，财政拨款88.58亿元”，“广播电视人口综合覆盖率已分别达到94.1%和95.3%，其中有线电视网已近400万公里，有线电视用户超过1亿”。②

表5-1　　**1998—2003年全国广播电视财务收支情况③**　　（单位：亿元）

年度	总收入（亿元）	总支出（亿元）	利润率（%）	总收入中财政收入（亿元）	财政收入所占比例（%）	扣除财政收入后利润率（%）
1998	305.35	296.24	2.98	43.01	14.09	-12.92
1999	364.30	341.86	6.16	44.67	12.26	-6.95
2000	430.98	415.23	3.65	48.59	11.27	-8.58
2001	476.86	448.61	5.92	57.43	12.04	-6.95
2002	415.02	382.77	7.77	53.78	12.96	-5.94
2003	567.79	522.42	7.99	73.71	12.98	-5.73

① 国家广播电影电视总局：《关于进一步推进广播电视播出构机治理工作的意见》，1999年4月6日。

② 相关数据引自孙向辉、黄炜、胡正荣：《2004年中国广电产业发展报告》。崔保国：《2004-2005年：中国传媒产业发展报告》，社会科学文献出版社2005年版，第60页。

③ 数据来源：国家广电总局统计信息网站：http://gdtj.chinasarft.gov.cn。

同样在2004年，电信产业收入完成5275亿元人民币，增长14.1%，“固定电话普及率和移动电话普及率分别达到24.1%和25.9%”① ——从中不难看出，到达率更高（约4倍）的广电产业在盈利能力上与电信产业要差一个量级（不到1/6），虽然其中有广电行业双重属性使然的原因，但依然反映了运营制度上存在的弊端。

从动态上看，历年来，各级财政对广电的投入越来越大。② 以2003年为例，567.79亿元（总收入）－73.71亿元（财政拨款）＝494.08亿元。广电系统享受国家优惠政策，只缴营业额8.5%，不缴所得税。494.08亿元×8.5%＝42亿元，也就是说，整个广电2000多亿元的总资产，只上缴国家42亿元的税，而与财政投入相比，国家还倒贴31.71亿元。

频道专业化的设计，符合当前世界广播电视发展潮流。但从中国实际出发，怎么实施却有不少可商榷之处。

1. 频道专业化的理论依据是受众分众化（又称小众化）的原理或称市场细分原理

这种提法源于市场营销学。按分众化的说法，在现代社会，由于年龄、性别、职业、区域、受教育程度、收入、社会地位等不同，消费者的需求表现多种多样且差异越来越大，大众社会分化为小众社会，这需要供应商提供能满足不同类型消费者的需求，甚至个性化的需求。电视的频道专业化就是顺应不同受众的不同需求而设置的。在西方各国，20世纪80年代后期开始频道专业化，到90年代中期基本完成。中国究竟是否像西方发达国家那样进入了小众化社会，这不是一个既定的前提，而是个必须经过广泛调查、深入研究的课题。把这样一个未经认定的设想就当作既定的前提来推广频道专业化，必定让人对频道化前景产生忧虑。从这些年的实践看，电视频道中，真正赢利的就是新闻综合频道、电视剧节目，都是属于大众化的，而专业频道诸如音乐、少儿、戏曲、生活时尚、财经等，基本都亏损。

2. 大众化频道和专业化频道能否在同一个空间里竞争

专业化频道既然是小众化频道，那么收看的人群肯定不能和大众化相比，所以，专业化频道一定要拥有更大的空间，才能在收视人群的数量上和大众化频道抗衡。在西方各国，像新闻综合频道这类大众化频道都限制在一个小区域内，而专业化频道例如“探索发现”、“历史”、“地理”等，都在一个大区域内而且基本上都面向全国的。中央电视台可以实行专业化，因为每个频道都面向全国，有广阔的空间，百分之一的收视率就有一千多万观众。地方性的频道，无论是大众化频道还是小众化节目都在一个行政区域内。专业化频道的节目做得再好，也无法和大众化频道竞争，例如上海的“纪实频道”，以播放纪录片为主，在知识分子圈内很叫好，但叫好不叫座，收视率始终在1%以下。收视率低，广告商看不中，收入无法提高。有些人认为专业频道针对性强，能被针对这部分消费者的广告客户看中，但事实并非如此。广告商首先还是看中收视率。

现在，专业频道可以说进退难舍。进，彻底的专业化，难以实现，因为亏不起了；退，回到大众化，看起来也不可能。摆脱目前的困局，是所有专业频道都在思考的大问题，这决定专业频道的存亡。

5.3 二级电视、三级报纸、四级广播——中国传媒业结构的基本框架

二级电视指在中央、省市级（包括省会城市）、计划单列市建立广电集团（或广电总台），除了经济发达的地市级保留适当的广播电视频道外，其余的都归集到省市级广电集团麾下，成为其子公司。三级报纸是指报纸只在中央、省市、地市兴办，县市级基本不再独立

① 相关数据引自《中国信息产业2004年度报告》，中国联通网站 www.chinaunicom.com.cn。

② 数据来源：国家广电总局统计信息网站：http://gdtj.chinasarft.gov.cn。

办报。四级广播是指在中央、省市、地市、县市设立电台。

这样设计带有深深的计划经济烙印，也是画地为牢式的以行政区域来规划传媒业结构，被人讽刺为封建“采邑制”结构。然而，这样的结构设计是无可奈何之举，也是符合中国国情的设计。在20世纪末期，尽管中央不断采取措施，但媒体规模还是不断膨胀，有2000多家电视台，2000多家报纸，2000家左右的电台，“小、散、滥”的状况不但未扭转，反而越演越烈。靠市场机制，根本无法抑制媒体的数量扩张。“解铃还需系铃人”，媒体是用行政手段办的、依托行政生存的，当然只能依靠行政手段来削减数量。

为实施二级电视的设计，国家广电总局下达一系列文件：1999年4月6日，总局宣布县级台“不再完整自办电视频道”。① 2000年初，国家广电总局在其工作要点中明确：“推进我国广播影视管理体制向中央和省两级管理，地市以下实行由省垂直管理的方向发展。”② 2000年11月17日，国家广电总局明确：“广播、电视、电影三位一体；无线、有线、教育三台合并；省级、地级、县级三级贯通。”③

为实施三级报纸的设计，中央、国务院两办联合发出《关于进一步治理党政部门报刊散滥和利用职权发行，减轻基层和部门负担的通知》（中办发［2003］19号）。随后，新闻出版署发出“实施细则”，明确规定县级报纸除个别经济特别发达的县由省级、地级党报兼并外，一律停办；地市级各部门的报刊一律停办。新闻出版部署还吊销677家报纸刊号，并在中央级报纸上公布。此外，中央成立治理领导小组，督办各项举措的落实。

这些举措的力度可谓大矣，可惜并未达到预期目的，甚至可以说收效甚微。除了西北部财政拮据地区，个别县级电视台停办外，在东南沿海经济发达地区不要说地市级电视台，就是县市级电视台也几乎没有一家停办，而且比过去还红火。而县级报纸在停办一段时间后，大多数再次复活，只不过在报头上注明：×××报业集团子报或×××报地区版，其他一切都照旧，照样发行、照样登广告。

中央的举措无法贯彻下去，根本原因在于“利益”。从20世纪80年初开始，四级办电视，四级办报纸，经过20年来苦心经营已成气候，尤其东部沿海经济发达地区，广告经营有赢利，政府宣传有工具，政治、经济的双重利益使他们决不轻言放弃。

确实，从局部看，从个体看，每个台、每家报，都有生存的合理性。但个体的合理带来的却常常是整体的混乱。四级办台、四级办报，曾在20世纪80年代使中国传媒业在极短时间内兴旺发达，其功不可没。但进入90年代，负面效应逐步显现，资源浪费、市场切割（即业内所称“碎片化”）、竞争无序、盗版侵权等问题都极大阻碍着中国传媒业做大做强。中国传媒市场是属于市场集中度处在最低水平的“原子型市场结构”。我们反对高度集中的寡头市场，但适度集中却是传媒业做大做强的前提。

从中国国情出发，二级电视，三级报纸，四级广播是市场适度集中，实施规模经营比较好的传媒业布局。非此，中国传媒业“小、散、滥”的状况难以治理，碎片化市场难以整合。在西方实行市场经济的国家，传媒业主要依靠资本运作实施兼并，造成集中的寡头垄断市场。中国传媒业依靠资本运作兼并也作过尝试，但却以失败告终。所以，主要还得依靠行政调控。

5.4　制播分离、编营分离——传媒的产业化之路

制播分离、编营分离都是传媒业运作机制上的改革。

对电台电视台来说，制播分离就是电台电视台只制作新闻节目以及部分核心栏目，大部

---

① 《关于进一步推进广播电视播出机构治理工作的意见》（国家广电总局，1999年4月6日）。

② 《2000年广播电影电视工作要点》（国家广电总局）。

③ 《关于广播电影电视集团化发展试行工作的原则意见》（国家广电总局：2000年11月17日）。

分节目（主要是娱乐类、社教类节目）由独立制作公司提供，无论是公开招标、量身定制，还是外购，独立制作公司将成为各电台电视台主要节目的来源。

对所有媒体来说，编营分离就是将内容生产（编辑部）和经营活动（经营部）分开，内容生产在不受经营的干扰下独立完成，以保证其真实、全面、客观、公正。中央和国务院两办的文件里明确规定，要将媒体经营部门从整个媒体中分离出来，成为独立经营的公司，允许业外资本进入媒体的经营性公司。

实施制播分离、编营分离的目的有二：一是确保媒体可以集中精力做好新闻节目；二是充分利用社会资源包括人力、物力、财力，打破传媒业单一的资本结构，吸纳传媒业特别缺乏的经营人才，引入企业经营的灵活机制，实行真正产业化，从而迅速把传媒业做大做强。

在2001年开始，各媒体都纷纷成立发行公司、广告公司，成为传媒集团下的子公司，承包各传媒集团或媒体的广告、发行。其中，湖广传媒、北青传媒在大陆、香港成功上市发行股票来融资。民营的影视制作公司也纷纷涌现，独立制片商，像光线、英氏、金英马等开始崭露头角。

然而，历经数年的运营，效果并不理想，可以说，制播分离、编营分离基本上未能实行。

各家大的电视台都成立了影视制作公司。据统计，电视台所创办的所谓国营影视制作公司达120家。① 这些制作公司基本上都还在电视台编制之内，并非独立运作公司，也就是说，它们不过仅仅是挂了块制作公司招牌的电视台的一个部门。所以，它们还是吃大锅饭，效率很低。全国真正独立运作的民营影视制作公司24家，总共生产80%的国产电视剧，120家国营的公司才生产20%的电视剧，这个效率的对比，一看就知。

1. 独立影视制作公司的运作极其困难

中国独立影视制作公司起步晚、审批难，直到2003年，有关部门才批准8家民营的独立影视制作公司，2004年再批准16家，总共24家获得《电视剧制作许可证（甲种）》。尽管它们生产了全国80%的电视剧，但经营极其困难。电视台拥有频道的独占权，独立制作公司的影视片必须经过层层审批以及种种公关手段才能在电视台播出。而且，电视台只以“广告时段”支付给他们。于是，独立制作公司还不得不找企业来填充广告时段才能兑现为现金收入。加上电视台对独立制作公司其他种种歧视举措使得独立影视公司难以维持正常运作。作为独立影视制作公司领头羊的光线制作公司总裁王长田无奈地说：“光线的内容是这个行业做得最好的，但这两年发展比较缓慢，其中一个原因是我们根本没有办法掌控平台。”②

2. 媒体的广告经营部纷纷改制为广告公司、发行公司，但都并非独立运作，仍在媒体的编制之内

媒体的广告公司、发行公司的利益都和媒体紧紧联系在一起。所谓编营分离，名分实不分。媒体对于本媒体广告公司所提供的广告“来者不拒”（即使明知一些是违法的），从而导致违规广告屡禁不止。国家广电总局社会管理司副司长任谦总结了我国电视广告的7种不规范现象：

> ① 在电视剧里无节制的插播广告。上到中央领导、下到百姓对电视剧插播广告非常厌烦。② 恶心广告。指那些大大影响了我们生活与环境的广告。③ 流动字幕广告。

---

① 张志《中国广电事业政府规制改革研究》，中国人民大学出版社2003年版。

② 关图：《民营电视四公子的四种活法》，《时代人物周报》，2005年5月31日。

有些电视台转播其他台节目的时候，随意播放流动字幕广告，连基本的政治观念也没有。④ 污染的屏幕广告。这类广告大都语言粗俗，格调低下，品位低劣，在内容上极大地污染了屏幕。⑤ 小广告泛滥。过去老军医治性病贴在电线杆上，现在贴在电视台了。⑥ 广告的总量没有节制。想怎么播就怎么播，想播多少就播多少。⑦ 虚假广告。虚假医疗卫生保健品广告泛滥，成为公害。①

我们先看虚假广告的情况。2000 年有一个轰动全国的南昌“德国牙医”张俊理非法行医案，涉及一千多名受害者，南昌市法院以非法行医罪判处张俊理有期徒刑 9 年零 6 个月，并处罚金 100 万元。张俊理之所以在南昌生意红火，原因之一是他在当地多家电视台大作广告。张俊理案发后，播出虚假广告的电视台也没有受到任何处罚。

2004 年广西卫生监督机构共监测各大中媒体发布的医疗广告 1.29 万多条（次），涉及各类医疗机构 102 家。违法虚假医疗广告竟占总监测数的 98% 以上。其中有 67% 左右的广告没有卫生部门的审批证明，37% 篡改了原审批的广告内容，80% 广告主为民办医疗机构。监督表明虚假医疗广告几乎覆盖了所有媒体，而一些强势的都市报及电视、广播更是虚假医疗广告的主战场。②

同时，这些广告公司又成为广告客户，尤其大公司的代言人，对于不利于这些大公司的新闻报道不断向编辑施加压力，直到刊登各类新闻为这些大公司造势。这在媒体早已是公开的秘密。

3. 媒体的多元资本结构并不如意

除了民营、外国独资的广告公司外，媒体剥离出来的广告公司、发行公司吸纳业外资本很少，这些公司绝大多数都还是媒体的独资公司。

编营分离、制播分离是国际传媒业的惯例，它的必要性、合理性是一个常识性问题。但为什么实施起来就那么艰难？根本问题是个利益协调问题。比如，如果实施制播分离，那么大批电台电视台从业者就将脱离原先事业单位编制，自立门户，打拼市场，这对于捧着铁饭碗吃惯了大锅饭的人来说决非易事。况且，能走的、愿走的，恰恰是一批有能耐的，不愿走也不能走的，恰恰是一批混日子的。业务骨干都走了，电台电视台怎么生存？再比如，政策虽然允许国营企业投资传媒业的经营，但也明确规定，不能控股，不能参与管理，那么投资者的权益怎么保障？

编营分离、制播分离是传媒业结构转型的重大举措。利益协调是实施这一举措的关键。

5.5　跨媒体、跨行业、跨区域——从封闭结构走向开放结构

世界上任何一家有实力、有影响的传媒集团都是跨媒体、跨行业、跨区域（以下简称“三跨”）经营的，舍此，只能小本经营，小打小闹，绝对不可能做大做强。从这个意义上说，“三跨”是做大做强的必然选择。

跨媒体：往往以一两种媒体为主，兼营多种媒体，它能在更大的空间里整合资源、优化资源配置，真正做到“人尽其才，物尽其用”。

跨行业：以主打产品或主要品牌为核心，把相关的行业整合在一起以支撑核心，形成比较完整的产值链，打造媒体的核心竞争力。

跨区域：开拓市场，延伸产品或品牌，造成规模效应。

报业集团、广电集团的成立为“三跨”创建了一个极好的平台。所以中央及时出台相

---

① 任谦：《关于我国广播电视广告播放管理》，2005 年 6 月 2 日，http://www.chinadren。

② 任谦：《关于我国广播电视广告播放管理》，2005 年 6 月 2 日，http://www.chinadren.

关政策，支持“三跨”。在2003年和2004年两年里，“三跨”成为新闻界的热门话题。“三跨”的模式基本上有三种。

一是两家或数家媒体实行跨区联合，共同出资、出人，创办一家新媒体，这是“三跨”最基本的模式。比较出名的案例有：四川《成都商报》和上海《解放日报》在上海合办《每日经济新闻》；广东《南方日报》和北京《光明日报》在北京合办《新京报》；广州《广州日报》、北京《北京青年报》和上海文广新闻传媒集团组成上海第一财经公司，创办《第一财经日报》并把上海电视台财经频道、上海电台经济频道分别改称为上海第一财经频道、频率，实现跨区域、跨媒体经营。

二是两家或数家媒体实行跨区域合作，对已有的一两家媒体注资改造、重新包装。例如，湖南经济电视台曾出资2000万元人民币，对南昌市电视台第四频道进行改造。湖南电视台和武汉电视台合作把武汉电视台一个频道改为女性专业频道，等等。

三是大型国企注资媒体，实行跨行业经营。这些大型国企名义上多为投资媒体的经营部门，但实际上往往是实行内部股份制，国企有权参与媒体的管理，包括对主要负责人的提名或批准。当然，这些媒体基本上是专业性报纸或新闻杂志。例如，2005年5月，四川的五粮液公司出资近4000万元人民币和新华社共组瞭望东方传媒有限公司，并对《瞭望东方》新闻周刊进行改组。

两三年运行的结果，有成功也有失败，但总体看，苦涩多于喜悦。知名度最高的当属北京的《新京报》。当年被看作是跨区域经营的典范之作，而且确实在北京造成很大的声势，发行量在北京地区日报中名列第三。但突然，在2006年3月，《南方日报》撤出《新京报》，《新京报》成为《光明日报》集团的一家子报。“跨区域”已不复存在。而第一财经公司的前景也不明朗。那些合作两三个月就不得不散伙的案例就更多了。

问题的关键在于部门利益、地方利益。两家或数家媒体实行跨区域合作，创办一家新媒体或改组一家媒体。但无论是新办还是改组，这些媒体不能独立运作，媒体主要负责人，甚至包括中层领导、财务预决算等一切重要议案的决定权都在各自的集团管理层；不同集团、不同的利益和认识，无论如何都不可能永远一致。矛盾的累积造成冲突，最后就是不欢而散。另一个问题是新媒体的创办，原有媒体的改组会引起原有格局的改变，打破原先的利益格局，引发新的矛盾。或者，这种跨区域的合作，打破了中国传媒业“属地管理”的格局，引发属地管理者的反感。比如2005年9月21日，湖南经济电视台和南昌电视台第四套签订合作意向协议，前者注资2000万元改组第四套，并由其出任第四套总监，南昌市委书记和湖南省委宣传部部长都出席了签字仪式。消息一公布，江西电视台一片反对声，江西省委宣传部和省广电局旋即宣布此份协议未经有关部门批准，如开播将被查处，双方合作就此夭折。所以，到2006年下半年，“三跨”的话题不再有人提起。

5.6 二分大众传媒——从单一结构走向多元结构

在中共中央关于文化体制改革的文件（2005年12月）中，将我国的文化单位包括大众传媒，划分为两大块：公益性事业单位和经营性企业单位。

这对中国文化界而言，是一次具有时代意义的体制转型。一大批原属事业性质的文化单位将转制为企业，不再吃“皇粮”，而必须在市场竞争中寻求生存、发展。

从2006年开始，根据中央主管部门部署，全国各地开始文化体制改革的试点，有一批报刊已调整为经营性企业单位。从目前情况看，一批演出场所（例如电影院、剧院）和一批文艺演出单位（例如地方戏曲）转制以后被市场激活。但传媒业转制情况并不理想，有些转制以后很快被市场淹没了，有些转出来不久又转回去。因为这批转制的媒体本来经营情况就不好，在激烈的市场竞争中没有优势可言，无法独立生存。

把传媒按性质分类，按类管理，是中国传媒制度的创新之举。问题在于划分公益性事业单位和经营性企业单位的标准。有一种说法：所有的新闻媒体、电台电视台所有频道、频率都是党和政府的喉舌，都属于公益性事业单位。而仅仅是这些单位的经营服务部分可以转制为企业，为壮大主业服务。这样的好处，是把内容和经营分开，避免经营干扰内容制作，实质上就是防止经营干扰媒体的宣传。

大众传媒和其他文化单位不同之处在于：大众传媒承担着宣传重任，就是宣传党的方针政策、政府政令等。所以，不能按照字面含义解释“公益性事业单位”这一词的内涵。在新闻学词汇里，“公益性事业单位”和“党和政府的喉舌”基本上是一个概念。如果按照这一概念来理解，把所有新闻媒体、所有频道频率都当作“公益性事业单位”就定域得太宽了。

有些媒体本身就是经营性的，比如电影、戏曲、音乐频道（频率），它们和电影院里放电影，在剧院看戏、听音乐并无多大区别，不过载体不同而已。为什么电影院、剧院都改为经营性公司，而这些频道（频率）却要成为公益性事业单位？这些媒体最主要的功能就是提供娱乐，而不是从事宣传。

有些媒体确实是新闻媒体，比如晚报、都市报、专业报，都承担着一定的宣传工作，但主要不是从事宣传。它们有大量新闻报道，但不是以时政类新闻为主，而是重在提供专业信息（比如各行各业最新动向），提供休闲娱乐信息，提供服务信息。它们的主要功能是提供信息，而不是从事宣传。

从实际出发，应该把中国大众传媒业一分为四。笔者将在下一章陈述。

6　30 年新闻改革的基本特点

中国新闻改革 30 年的前期 17 年（1978—1995 年）和后期 13 年（1996—2008 年）呈现出明显的不同特点。

（一）前 17 年新闻改革的基本特点

在前 17 年中，中国的新闻改革以观念变革为动力，自下而上推进，呈现出碎片化、边缘突破的表象。笔者在 1995 年撰写的《15 年来新闻改革的回顾与展望》① 中概括了 15 年来新闻改革的基本特点。

> （1）15 年来，我国新闻改革的总状况是：在维持新闻体制基本不变的前提下，由观念的变革来拉动新闻媒介的改革。这和经济改革不同，经济改革从一开始就力图改革比较僵化的经济体制，以经济体制改革推动经济的发展。当然，新闻界的观念变革亦不是无源之水，它伴随着我国政治、经济、社会的深刻变化而发生。
>
> （2）新闻改革是在遭受十年“文革”浩劫以后开始的。所以在其开始阶段带有恢复性质，恢复新闻媒介本来的面貌（例如新闻要求真实、及时），恢复我们党报的传统。但与此同时，我国改革开放的步伐极快，一年一大步，几年一个新台阶。客观上要求新闻媒介在反映改革开放的同时，不断地改革自身。所以，有些传统还没有等到恢复，就不适应形势发展需要又被抛弃，并创造出新套路。批判与恢复、恢复与创新几乎在同一时间进行。这就大大增加了新闻改革的难度。十几年来，新闻改革时起时伏，忽儿提倡创新，忽儿呼吁恢复传统，其历史根源就在于此。
>
> （3）这次新闻改革是在党的十一届三中全会“解放思想、实事求是”的思想路线指引下，本着大胆实践、大胆试验、不断总结、有错就改的态度，各地新闻媒介根据自

① 《李良荣自选集—新闻改革的探索》，复旦大学出版社 2004 年版，第 145 页。

身的实际情况提出改革的目标和具体措施，敢闯新路，敢为天下先，表现出勇于开拓的精神来。这样一来，在新闻改革取得巨大成绩的同时，走些弯路、出现某些差错便难以避免。

(4) 正因为各地新闻改革没有统一的模式，所以，新闻改革的目标不一，主攻方向不一，各有各的说法，各有各的做法，从而发展也很不平衡。就全国而言，人们提出的新闻改革的目标大致分为三种。一是要求改革我国的新闻体制；二是要求着重改革新闻观念；三是把改革重点放在新闻业务上。不同的改革目标对新闻改革有不同期望，从而对十几年来新闻改革的成绩有不同的估价。持第一种目标的人认为我国十几年来的新闻改革只能称之为"改进"，真正的新闻改革还没有起步。持第二种目标的人认为十几年新闻改革有了不少成绩，但起步太低，评价不能过高。持第三种观点的人说成绩巨大，怎么评价也不过分。

(5) 外来文化对我国新闻改革产生重大影响。这和20世纪40年代、50年代的两次新闻改革不同，它是在我国实施对外开放的情况下展开的。国门一打开，外来文化潮水般地向我们涌来，免不了鱼龙混杂。这种影响是双重的。一方面它对于变革我们的观念、改进我们的新闻业务产生积极影响；另一方面，盲目的全盘接受又给我们的新闻改革带来一定程度的混乱。从我国国情实际出发，吸收精华，剔除糟粕，实行科学的"拿来主义"，将始终是我国新闻改革的一个重大课题。

又过去了15年，笔者认为当年所做的概括，虽然不够凝练，但基本上能反映中国新闻改革前期的特点，而且被众多学者引用。

(二) 后13年新闻改革的基本特点

中共中央于1996年召开十六届三中全会作出关于加强精神文明建设的决议，对传媒业提出明确的要求。旋即，1996年12月中央"两办"发出《关于加强新闻出版广播电视业管理的通知》(厅字［1996］37号)①，要求中国传媒业"控制总量、调整结构、提高质量、增进效益"。这标志着中国新闻改革进入一个新阶段。从粗放式的数量扩张走向集约化的内涵发展，重点是进行结构调整和结构转型。由此，中央开始掌控新闻改革即自上而下地推动新闻改革，以制度创新为动力，新闻改革呈现出整体化的表象。笔者在2004年底撰写的《当前中国新闻改革的基本特点——纪念新闻改革25周年》② 一文中，概括了新闻改革后13年的基本特点：从自发走向自觉—中央掌握改革主导权。

从1978年底到1999年的20余年间，中国新闻改革在整体上是自下而上进行的。

在20余年的时间内，从邓小平到历任中央领导人都高度重视传媒业，发表过许多重要指示和讲话，为新时期的新闻工作指明了方向，对一个时期的新闻工作提出了具体的要求。然而，就新闻改革而言，中央以及中央主管部门并没有制定过具体规划，提出专门的部署。

在这20余年的时间内，在十一届三中全会提出的"解放思想，实事求是"的思想路线指引下，各家媒体本着大胆试验，大胆实践，不断总结的态度，从当地实际出发提出各自的改革目标和改革举措。而且，一个时期有一个时期的改革目标，每年都有新的改革举措。这些改革举措都由实践来检验，当然有成功，也有失败。那些行之有效的改革举措（例如《洛阳日报》在1985年打破邮发合一，自办发行；《广州日报》在1988年率先扩版等）得到中央主管部门的认可或默许，并不同程度地推广到全国媒体。这就是自下而上的改革。

这种自下而上的改革表现了各个媒体对改革的极大积极性、灵活性的探索，新闻改革呈

① 梁衡：《减数量、调结构、创品牌》，载《报刊管理》，2000年第2期。

② 见《现代传播》，2004年第5期。

现出百花齐放的生动局面。正因为改革从各自实际出发，措施切实可行，投入小，见效快，积小变为大变，一年一小变，三年一大变，这就是20余年内中国新闻改革高潮迭起、不断深入的基本动因。

然而，这种自下而上的改革，从微观上看是一种自觉行为，但从整体上看却是自发的。自发的改革越到后来越显示出其先天不足。首先，这种改革基本上针对微观层面的问题，改革往往是零碎而缺乏系统性的；往往是头痛医头，脚疼医脚，缺乏整体性；往往是单兵突进，缺乏全面性。到20世纪90年代后期，新闻改革进入攻坚阶段，需要在制度创新上下功夫，这要求改革的系统性，整体性。这决非自发的改革所能承担的。其次，各媒体所从事的改革都是经过深思熟虑的，是一种理性的行为。然而，单个主体的合理行为却往往在整体上造成混乱，中国新闻业的发展再次印证了这一哲学命题。比如，在20世纪90年代，各家媒体为抢占媒体市场快速扩张，对单个媒体来说无可厚非，但这却造成整个新闻业的重复建设，无序竞争，造成"小、乱、散"的局面，以至于1996年中央"两办"发出《关于加强新闻出版广播电视业管理的通知》，要求控制传媒数量，提高质量，下决心关停并转一批媒体。

正是在这种背景下，在新世纪开元之际，中共中央和国务院的主管部门就新闻出版、广播电视深化改革做出了系统、全面的部署，并由中共中央办公厅和国务院办公厅向全党全国转发，显示出党中央、国务院对新闻改革的重视。①

这一系列文件就中国新闻改革的热点问题、焦点问题做了明确的政策说明，涉及中国传媒业结构调整、运作模式转型、宏观管理体制，并在全国范围内对传媒业的转型改制进行试点。

文件发布密度之大、涉及内容范围之广、具体措施之细、执行力度之强，都是前所未有的。例如中办、国办《关于进一步治理党政部门报刊散滥和利用职权发行，减轻基层和农民负担的通知》下发以后，国务院新闻出版署立即出台《实施细则》②，中宣部部长刘云山亲自挂帅成立专门的中央报刊治理工作协调领导小组，小组成员包括相关部委的主要负责人，多次组成巡视组奔赴各地督办文件精神落实；对决定停办的报刊在中央级报纸上公布，杜绝一切阳奉阴违的行为。

这一切都意味着，中央以及中央主管部门已经站到了新闻改革的前台，掌控新闻改革的主导权。新闻改革从此由自发走向自觉即从过去以自下而上的改革为主变成自上而下的改革为主。

中央掌控新闻改革的主导权将对今后的新闻改革带来巨大的影响。中国的新闻改革已不再是零敲碎打的改革，单兵突进的改革，修修补补的改革，而是整体的、宏观的、全局性的改革。中国传媒业的体制、宏观结构、运作模式等，在中央的主导下正在并将继续发生重大的变化。

6.1　从观念更新走向制度创新——制度创新成为新闻改革的主动力

10年前，笔者在谈到新闻改革的基本特点时指出："15年来，我国新闻改革总的状况是：在维持新闻体制基本不变的前提下，由观念的变革来拉动新闻媒介的改革。"

如果按照邓小平同志的阐述，把改革看成是一场革命的话，那么，在20余年间，中国的传媒业仅仅是新闻业务的改进，经营管理的改善，体制上的改良，新闻业不像经济领域那样，从改革一开始就把改革目标锁定在经济体制上。中国的新闻体制上的改革还未真正涉

---

① 补充：尤其要强调的是，2005年12月中共中央、国务院关于深化文化体制改革的若干意见，对传媒业的改革作了全面的部署和要求。

② 《人民日报》，2003年8月2日。

及。然而，时到如今，观念更新的能量已基本释放，也就是说，光靠观念更新已无法解决当前新闻业面临的深层次问题，必须依靠制度创新来推动改革。历史证明：一切改革都从观念更新开始，最后都将遭遇制度壁垒。如果制度能够顺势创新，那么改革将会继续向前，否则，改革就会毁于一旦。制度安排，才是改革的落脚点。

目前，中国的新闻改革正遭遇着制度壁垒。中国传媒业目前存在着“结构失衡、竞争失序、运作失规、管理失范”都与现存新闻体制相关，制度不创新，这些问题都难以解决。新闻报道“公开、公正、公平”原则的实施，改进时政报道，改造党委机关报，资本运作，“跨区域、跨行业、跨媒体”战略目标的实施等。总之，中国传媒业进一步发展所面临的问题都涉及新闻体制，只有制度创新，才能为中国传媒业进一步发展创造广阔的平台。

中国的新闻改革已开启了制度创新的新阶段。在中央的主导下，中国当前的制度创新的突破口或抓手主要在两个方面：

一是运行模式的改变。在中华人民共和国成立以后的40年间，我们将所有的传媒都称作党和政府的喉舌，属于上层建筑的意识形态，专事宣传。20世纪90年代，我们又把所有媒体认定为具有双重属性。现在，中央把传媒业划为两大块：公益性的文化事业单位和经营性的文化企业单位，并让经营性的媒体实施公司制改造，实行自主经营、自负盈亏、自我发展、自我约束，一句话，它们将实施彻底的市场运作，并为此在全国范围内进行试点。这是对现有的新闻体制改革迈出了一大步，对中国传媒业发展将产生深远影响。

二是在确认公民知情权的前提下，政府信息公开制度的创立。知情权是公民应有的政治权利，指公民有了解国家重要事务、社会公共领域信息的权利。但是，在中国，政府拥有80%以上的重要信息，政府的信息不公开，新闻媒体就无法公开传播相关的信息，公民的知情权就是一句套话。现在，政府的信息公开制度已提上议事日程。其中，《广州市政府信息公开规定》自2003年元旦起正式实施。《上海市政府信息公开规定》自2004年5月1日起实施。另外，从中央到地方政府已建立的新闻发言人制度也是落实公民知情权的一大举措。

2003年6月25日，一批违规大案由审计署审计长李金华向全国人大常委会所做的审计报告中曝光，并经媒体公开传播。随即，一场严查乱管理、乱投资、违规挪用资金的“审计风暴”席卷全国。2004年6月23日，李金华再次向十届人大常委会议提交审计报告，公开披露一大批政府部门违法乱纪问题，包括一批国家机关，像原国家计委、国家林业局、国家体育总局、国防科工委、国家电力公司等，详尽披露这些部门违法乱纪的具体情节，令全国震撼，并掀起比2003年更猛烈的“审计风暴”。李金华审计报告的公开曝光，而且基本上是全部公开，而不是“犹抱琵琶半遮面”，这正是政府信息公开的一个典型案件，也显示新一届政府对公民知情权的尊重。

6.2 从边缘突破走向中心突破——新闻报道成为新闻改革的主攻目标

中国的新闻改革是从边缘突破开始。① 这个边缘主要指传媒业微观层面上的经营管理，恢复广告经营（1979年开始）、自办发行（1985年开始）、扩版扩台（1988年开始）、开展多种经营、制播分离、人事用工制度、工资奖金制度等。与热热闹闹、快速发展的媒体产业化进程相比，传媒业中核心的部分——新闻报道的改革显得迟迟疑疑，冷冷清清，以至于学者受众批评媒体“千报一面”、“千台一声”的声音不绝于耳。

新闻报道是整个传媒业的核心业务和支柱，无论中国还是世界各国都是如此。无论是美国的CNN、《纽约时报》，还是英国的BBC、《泰晤士报》，能够在世界上产生如此广泛的影响，无不因为它们有出色的新闻报道。目前，中国的新闻改革正逐渐从边缘走向核心——着力于新闻报道的改革。

① 潘忠党：《新闻改革与新闻体制的改造》，《新闻与传播研究》，1997年第3期。

新闻报道尽管难尽如人意，但也并非没有进步，从新闻报道自身来说，也是由边缘向核心推进。按时序排列，中国传媒的新闻报道改革的进程是：20 世纪 80 年代，改进经济新闻，尤其是产供销的商品信息在各媒体上活跃一时；改进会议报道——跳出会议抓新闻；90 年代初，娱乐报道成为许多媒体走向市场的当家品种；90 年代中期，国际新闻异军突起，尤其是以《环球时报》为代表的一批周报对国际新闻的深度报道受到格外青睐；与此同时，随着大批公司上市，证券交易活跃、财政金融报道备受关注，以《中国经营报》、《21 世纪经济报道》、《经济观察报》三大周报为代表的财政金融媒体对推动财政金融报道改进发挥重大作用；到 90 年代后期，都市报的迅速发展，民生新闻成为都市报、许多地方电视台的当家新闻。进入新世纪，危机报道和公共政策报道的突破给媒体带来新的生机，非典报道、孙志刚之死报道成为这两类报道的经典之作。危机报道虽然阻力重重，但毕竟已成为常态新闻报道，这不但是新闻业的成就，更彰显出新一届政府“执政为民”的理念。

在当前乃至今后相当长一段时间内，时政报道的突破将成为中国新闻改革的重中之重，难中之难。

6.3　从增量改革走向盘活存量——中国党报打造主流媒体

中国新闻改革从一开始就是增量改革。

20 世纪 70 年代以前，中国传媒业的基本格局是一报一台一统天下，到 70 年代末有了电视台，变成一报两台。一报就是党委机关报，两台指广播电视的综合频率、频道。它们都是党和政府的喉舌，主要承担宣传职责。

20 世纪 80 年代，随着经济体制的改革，社会对信息的有效需求急切增长，一报两台的办台理念、办报模式无法满足社会的需求，而一报两台的改革又显得步履艰难。于是一报两台开始裂变——创办子报、子台来适应新形势要求。新报新台新套路，旧报旧台老思路，这就是增量改革。80 年代，大量的经济类报纸、经济台都是一报两台裂变出来的。90 年代，中国传媒业在确认双重属性以后，大步走向市场，一报两台快速裂变，掀起了一浪高过一浪的大众化浪潮。90 年代初期的周末报热，90 年代中期的晚报热，90 年代后的都市报热，广播电视不断增设影视、时尚、体育、财经等新的频率、频道，都是一报两台不断裂变的结果。

一报两台不断裂变，传媒业的实力、影响力不断壮大，而与此同时，一报两台尤其是党报却不断萎缩。从 1984 至 2000 年底，党报发行量逐年以 1% ~3% 的速度下降，赢利能力逐年下降，社会影响力也逐年下降。党报，历来处于中国传媒业的核心地位，现在核心正在走向边缘。

可是，党报必须重回其核心地位，打造成为中国的主流媒体。

从世界各国看，主流媒体是社会、政治的一个稳定器，是主流价值观的主要支撑，是主旋律的主要弘扬者。而主流媒体一般都以硬新闻为主，以时政报道和评论取胜，以社会精英阶层为主要受众。像美国的传媒业，拥有 1600 家报纸、1200 家电视台，但只有《纽约时报》、《华盛顿邮报》两家才是美国庞大传媒业的旗舰，被称为“舆论界的舆论领袖”，在关键时刻，所有媒体都会与《纽约时报》、《华盛顿邮报》统一口径。在中国“一报两台”不断裂变，媒体数量越来越大，光电视频道达到 2300 套，超过美国、西欧、日本电视频道的总和。但噪声四起，主旋律不明，主流媒体的缺乏是重要原因。而从目前情况看，只有中央、省（市）两级党委机关报才能最具条件成为真正的主流媒体。

是时候了，我们要盘活存量——下力气改革党报，让党报重回其应有的核心地位，打造成为中国的主流媒体。

30 年新闻改革前后的不同特点，可以见表 6-1：

表 6-1

内容＼日期	前 17 年的新闻改革	后 13 年的新闻改革
基本表象	碎片化改革	整体推进
改革方式	自下而上推进：各地各媒体根据自身的实际提出不同的改革方案。改革取得实效，由中央主管部门批准或默认推广到全国	自上而下推进：中央提出指导思想、中央主管部门提出执行方案或在各地进行试点再推广
改革的中心点和重点	由观念改变来引导传媒业功能的多元化	制度创新来推进传媒业的结构调整和结构转型
路径选择	边缘突破 增量改革	逐步转向传媒业中心部位即宏观管理体制和新闻报道 增量改革和存量改革并重即优化增量，盘活存量
增长方式	粗放型数量扩张	集约化内涵增长

除了上述不同点，30 年中国新闻改革前后期还有一个显著的不同特点：后 13 年新闻改革的难度大大超过前 17 年。后 13 年的新闻改革中心议题是体制机制创新涉及宏观层面的管理制度，并以制度创新来推动中国传媒业的结构调整和结构转型。这说明新闻改革已涉及中国传媒业的核心问题，是一场真正的攻坚战。这场改革的难度表现在：

1. 我们需要确立总体目标

新闻媒体尽管具有信息产业属性，但它毕竟也属于上层建筑中的意识形态领域，因而，新闻媒体是中国政治体制的一个重要组成部分。在政治体制没有整体的、全盘的改革方案的情况下，局部性的新闻媒体的制度创新的方向、目标无法确定。失去了方向、目标，制度创新岂非是盲目的？例如说近几年，从上到下，从学界到业界，都感知到现行的新闻体制机制正在束缚着传媒业的生产力，都在呼吁制度创新。那么制度的中心部分即宏观层面的管理制度到底存在什么问题，需要作哪些改革，谁都语焉不详。因为，不明白中国政治体制的改革，我们无法确立中国传媒业改革的理想目标，没有理想目标，我们就失去了评判现行新闻体制的参照系，所以，我们只能停留在“呼吁”上。

2. 我们需要主干理论

前 17 年的新闻改革，新闻界的改革是摸着石头过河，各地各家媒体各有各的改革方案，改革呈现碎片化特点，所以，在这种情况下，各种改革方案都是局部性的，改革失败了，也影响不大。而现在改革是整体性的，一个方案一下子推向全国，纵使要先试点，也影响一大片。现在，改革不能再摸着石头过河，而需要理论指导。中国的改革开放当然已有邓小平理论、三个代表和科学发展观作指导。就传媒领域而言，我们也有了不少理论观点，但缺乏一个专业领域内的主干理论即指导制度设计和创新的理论。西方资本主义国家的新闻传媒的主干理论先后有自由主义报刊理论和社会责任论。自由主义报刊理论自 16 世纪萌芽，17 世纪成长，到 18 世纪成熟，成为制定西方各国宪法相关条款和其他各种相关法制、规则的指导性理论；20 世纪 50 年代后，社会责任论逐步获得西欧、日本各国的认可，取代自由主义报刊理论成为主干性理论，成为修订信息传媒业相关法规的指导性理论。我们的国家也有党性原则作为指导性理论和制度安排，但党性原则毕竟更多属于政治性原则，而非专业性主干理论。缺乏专业性主干理论，使我们制定的许多政策、规定、规则缺乏一以贯之的思想，而目标往往前后不一，摇摆不定，甚至一个文件内也前后矛盾。

3. 我们需要重新调整利益格局

管理制度的创新也好，媒体结构和媒体转型也好，都伴随着利益格局的重新调整。尽管新闻界都有共识，这场解决深层次矛盾的改革必将大大解放传媒业的生产力，但同时，谁都认识到：必将有局部要做出牺牲。比如，中央文件明确提出“推进政企分开，政资分开，政事分开，政府与市场中介组织分开”，那么，传媒业的政府主管部门势必失去直接指挥、调配传媒业资源的权力，这对于既是政策制定者又是执行者的主管部门来说肯不肯对自己痛下杀手？实施的制播机制，有一大批电台电视台的从业者都将从事业单位分离出去。实施公益性事业单位与经营性企业的分离，又有一大批原先事业单位将被剥离出来。这一大批单位和个人过去吃惯皇粮，现在要自己到市场上去谋生，有成功者，必有失败者，他们肯不肯、能不能做出这样选择？

正因为有上述原因，后 13 年与前 17 年相比，新闻改革举步维艰，而且将继续在困难中前行。

7　当前新闻业的问题、矛盾和改革的重点

30 年的新闻改革在取得辉煌业绩的同时，问题开始堆积起来，深层次的矛盾开始显露出来，迫使我们不能不去正视它们。

7.1　当前新闻业面临的问题

笔者指导的博士林晖在其博士论文中指出我国新闻业当前的问题是：“结构失衡、操作失序、管理失控”①，笔者认为概括得相当精辟。

结构失衡，造成大而弱的境况。就整个国家而言，我国的传媒业规模很大，电视频道有 2300 家，世界第一，比西欧 + 美国之和还多；报纸近 2000 家，世界第一，比美国 + 日本之和还多；网民达 1.73 亿人口，世界第二。

规模大，但却很分散。从中央到县（市）四级办台、四级办报的格局没有改变。从 1996 年开始，国家下决心，化大力气治理传媒业“小、散、滥”，13 年过去了，却依旧如故。中国传媒业被行政区域切割成碎片，整体很大，单个很小，成“千手观音”，却形不成强有力的拳头。中国最大的拥有绝对垄断优势的中央电视台的广告收入占全国电视广告总收入的 1/3，是我国电视机构唯一进入世界电视百强的电视台，在全球的排名一直在 50 名左右徘徊。2004 年，央视总收入约 14 亿美元，仅仅是同年美国新闻集团的 6.6%，维亚康姆集团的 6.2%。

规模大，但经济实力很弱，国际传播能力很低，在国际上的影响也小，与中国日益提升的国际地位极不相称。这些年来，从中国的整体形象到具体的一个个事件，中国不断地被西方媒体妖魔化，不断被歪曲，我们往往只能被动挨打。可以说，中国处于极为不利的国际舆论环境中。原因很简单，国际舆论的主导被西方 10 来个像美联社、CNN、《纽约时报》、《华盛顿邮报》、美联社、BBC、《泰晤士报》这样的媒体巨头等所把持，中国媒体发出的声音往往被这些媒体所遮蔽。国情专家胡鞍钢、张晓群用量化的数据反映出这种差距，在反映传媒实力的传播基础、国内传播、国际传播、传媒经济四个方面中，中国的国内传播最强，

---

① 林晖：《未完成的历史——中国新闻改革前沿》，复旦大学出版社 2004 年版，第 22-32 页。

相当于美国的88.7%；传播基础也不错，相当于美国的55.5%；而国际传播能力只有美国的14.4%；传媒经济实力只有美国的6.5%，日本的25%，印度的33%①。

结构失衡另一个突出问题是以党报为代表的主流媒体日渐边缘化。中国的媒体结构历来是以党报为核心形成的。作为传播硬新闻的主渠道，宣传党的政策的主阵地，党报的权威性任何报纸都无法取代。党报在20世纪80年代初达到巅峰，以后却逐年下滑。据全国记协调查，全国31家省级党报，80年代末的期发行量为35万份以上。90年代末的期发行量降到23.9万份，下降了31.7%。② 进入新世纪，发行量依然不断下滑。31家省级党报的利润总量在上升，利润率却在下降，70年代末为13.44%，80年代末为25.03%，90年代末降为12.12%。"发行滑坡，读者流失，影响力下降，党报在市场经济条件下面临从未有过的严重局面"。③ 笔者将在下章分析造成党报困境的原因。

操作失序，造成传媒业公信力下降。小而散的庞大媒体、高度同质的媒体，势必引发空前残酷的竞争。尤其在省会城市，中央级媒体、省级媒体、市（省会城市）级媒体，报纸、广播、电视还有杂志、网络，上百家媒体在一个城市内形成"二级半"（中央一级、省一级，省会城市比省级行政上差半级）竞争。为争夺市场，不择手段，不顾脸面。事实证明，一般产品的竞争，会使产品朝价廉物美的方向走，而精神产品的竞争，尤其是过度竞争，必然会降低精神产品的格调，所谓"阳春白雪，和者必寡；下里巴人，和者必众"。传媒业过度竞争，不断地挤压新闻专业理念，损害新闻职业操守，"假新闻、八卦新闻、煽情新闻"成为社会之三大公害，新闻真实性受到空前挑战。尤其值得警惕的是，假新闻正向公共领域入侵。一些急功近利的新闻从业者开始在与百姓生活密切相关的食品、卫生、交通、医疗、住房、教育、治安等公共领域造假，混淆视听，直接危及公众的切身利益。反过来，这同样危及传媒业本身，导致传媒业公信力下降。2002年复旦大学新闻学院信息传媒研究中心对中国八大城市的调查显示④：报纸、广播、电视三大传统媒体的公信力水平在5级指标："同意、基本同意、说不准、不太同意、不同意"的评价中，连"基本同意"（良好）也达不到。2003年，由南京市委宣传部和南京大学社会学系共同组建的南京民情调查分析中心，又对中国八大中心城市1223户居民所作访问中显示⑤：被访者中对媒体的宣传明确表示相信和比较相信的仅38.8%，而表示不太相信与不相信的超过50%，另有7.7%的被访者认为"不好说"。"假作真时真亦假"，如果公众对媒体传播的新闻将信将疑，连起码的信任都没有，媒体何以在社会立足？何以服众？

管理失范，造成政出多门的混乱。国家对传媒业的管理是以行政调控为主，法律为辅的手段。在由行政管理中，又实行条块结合，以块为主即传媒业所在地的属地管理为主的原则。这样一来，各家媒体既要接受中央宣传部领导和国家广电总局、新闻出版署的管理，又要接受属地党政部门管理。此外，广告归各级工商局管，收视费、报刊费归各级物价局管。广电网络的统筹规划和全国统一技术标准归信息产业部管。而对电视剧、动画片等电视节目的版权保护更涉及中央宣传部、全国"打假扫黄"工作小组办公室、新闻出版部署、国家版权局、公安局、信息产业部、文化部、广电总局、国家工商行政管理总局等9个部门。⑥

目前，我国的行政管理部门强调依法行政。但问题恰恰是：我国没有一部新闻法，行政管理无法可依。虽然新闻出版总署、国家广电总局出台不少行政法规和行政规章，但都在

---

① 胡鞍钢、张晓辉：《中国传媒实力迅速崛起的实证分析》，《战略与管理》，2004年第2期。

② 杨磊、孙业：《我国省级党报的现状与走势》，《新闻记者》，2002年第6-7期。

③ 林晖：《未完成的历史——中国新闻改革前沿》，复旦大学出版社2004年版，第25页。

④ 廖圣清、李晓静、张国良：《中国大陆大众传媒公信力的实证研究》，《新闻大学》，2005年春季写。

⑤ 《电话访问八大城市　咱老百姓　10大烦心事》，http://www.hangzhou.com.cn/2004-12-12。

⑥ 参见谢春林博士论文：《中国电视产业做强做大的路径选择》（未公开发表，指导老师李良荣）。

《新闻法》缺位的前提下制定的，这些规定往往是“头痛医头，脚痛医脚”，具有很大的随意性、短暂性和不确定性，结果常常朝令夕改，传媒业无所适从。例如在广播电视领域，“公共频道”推了几年不推了①，“广电集团”化了几年不化了②，“网络整合”搞了几年不搞了，对业外资本、境外资本的政策也是进进退退。尤其对媒体的新闻报道，从中央到地方的各主管部门，几乎每星期都有几份传真、严令“不准”报道的事项，电话、口头临时通知“不准”公开报道的更多。

以属地管理为主的原则更增加了规制的混乱。因为保护地方利益成为属地行政部门的行为准则，对于中央主管部门下达的规则，地方往往采取机会主义的做法，有利的就执行，有害的就阳奉阴违。比如，2000 年，国家广电总局下文要求取消县级电视频道，可以说，全国没有几家县级台执行，最后都不了了之。广电总局严令黄金时段播广告必须限制在 15% 以下，但 2003 年 1 ~ 8 月全国被监测的 558 个频道中，超过 15% 的达 445 个，占被监测频道 79.5%。③ 谁来执法处罚这些频道？地方政府睁一只眼、闭一只眼，超时广告就此蔓延。行政管理相当程度上就是体现长官意志，属地管理的最高领导当然是属地的党政一把手。党政一把手的意志对媒体具有极大的权威，一届领导有一届领导的意志，领导层的更换就意味着电视台、电台、报纸开始新一轮的改版。美国宪法之父麦迪逊在历数政策多变的种种祸害后指出：“如无一套稳定的国家政策予以鼓励，任何改进或创新都是不能实现的。”④ 可谓一语中的。

7.2 传媒业的深层次矛盾

结构失衡、操作失序、管理失范“三大问题”，仅仅是中国传媒业的表象。造成这些问题的原因是多方面的，但其中最主要的是中国传媒业深层次的矛盾，双重属性，三重身份。

传媒业具有形而上的意识形态属性和形而下的信息产业属性，这已为人们所熟知。而有些人还不知道的是，在双重属性下，传媒业具有三重身份。

传媒业作为党和政府的喉舌，实际上是党和政府的一个宣传机构。中央主管部门明确规定，传媒业的上级党政部门掌握传媒业主要领导干部的任命权、重大事项的决策权、资产配置的控制权、宣传内容的终审权。⑤

传媒业也是一个事业单位。1993 年国务院批转国家计委《关于全国第三产业发展规划基本思路》，把文化、广播影视、新闻出版等列入第三产业中的“文化、体育事业”。2001 年 8 月 20 日发出的《中共中央宣传部、国家广电总局、新闻出版总署关于深化新闻广播影视业改革的若干意见》中明确规定：报业集团、出版集团和广电集团属事业性质。事实上，全国绝大多数媒体都以事业单位性质在工商行政局注册登记。什么是事业单位？1998 年国务院颁布的《事业单位登记管理暂时条例》规定：本条例所称的事业单位，是指国家为了社会公益目的，由国家机关举办或者其他组织利用国有资产举办的，从事教育、科技、文化、卫生等活动的社会服务组织。中国的传媒业以全心全意为人民服务为宗旨，向社会各行各业、向社会公众提供各种各样的信息为主要功能，包括时政、经济、天气、灾情以及便利

---

① 1999 年国务院办公厅 82 号文件提出：“大力推进公共频道，要求各省设立一个公共频道，以取代县级自办频道”，结果县级频道不但未取消，反而又多了一个公共频道。于是，公共频道不再提倡。

② 1999 年 11 月，国务院办公厅转发信息产业部和国家广电总局《关于加强广播电视有线网络建设管理的意见》，规定在省、市级建立广电集团。到 2004 年 12 月，国家广电总局宣布，今后不再批准组建广电集团。

③ 孙正一、柳亭亭：《2003 年中国新闻业回顾》，http://www.people.com.cn,2006-1-14。

④ 【美】汉尔顿等著、程逢在等译：《联邦党人文集》，商务印书馆 1980 年版，第 318 页。

⑤ 中共中央办公厅，国务院办公厅转发《中共中央宣传部、文化部、国家广电总局、新闻出版总署关于文化体制改革试点工作的意见》的通知（2003 年 7 月 31 日）。

社会公众日常生活的服务新闻，同时也为公众提供娱乐、知识。传媒业是地道的第三产业中的信息产业。

传媒业还是企业，实行企业化运作。20世纪90年代以后，中国绝大多数媒体已不再有国家的财政津贴，它们成为独立核算单位，必须走向市场，自负盈亏，自己养活自己，自我积累，自我发展，并且像一般企业那样缴纳增值税和所得税，除此以外，不少媒体的利润还像国营企业那样上缴上级部门，它们独立承担民事和刑事责任。

世界上所有组织（机构、单位）可以划分为党政机关、事业单位、企业；每一个组织基本上就是一个身份，或是机关，或是事业单位，或是企业。三类组织各有自己的行为规范。但像中国的传媒业那样，集三类组织的身份于一体，却是绝无仅有的。

三类组织、三种身份，按照各自不同的要求发挥不同的功能。但是将三种身份集于一身，它们内在的不同要求、不同功能必然出现矛盾，甚至产生冲突和对立。

机关、事业、企业都有各自的目标。任何党政机关都号称为公众服务，但机关工作的重要目标是保证政令畅通，保证决议、法令、规章、命令、政策的执行，否则政权就将崩溃。事业单位是社会的公益事业，其首要目标则是直接满足公众的需求，这是每一名公民应有的权利。事业单位不能满足公众的需求，那就没有存在的必要。而任何企业的首要目标是赢利，“千做万做，亏本生意不做”，这是企业的座右铭。所以，机关工作听命于领导指示，事业单位工作听命于公众要求，企业运作听命于市场信号，集三重身份于一身的中国传媒究竟应该听命于谁呢？这个实实在在的矛盾几乎每时每刻都困扰着传媒业界尤其那些领导们。

机关、事业、企业都有各自的游戏规则。机关属于政治系统，按不同职责来划分层次和等级，一级管一级，下级服从上级。机关是依赖于权力来驱动的。而权力是由法律固定的，权力是有边界的。任何机关都不能越权，不能越界。一个国家的权力只能在一国之内行使，否则就是干涉他国内政；一个省的权力只能在省内行使，一个级别的权力只能在级别内行使，否则就是越权越级。企业作为独立法人，无论大小，一律平等。企业之间是一种契约的关系，不存在谁指挥谁谁服从谁的问题。企业是依赖资本来驱动的，而资本是流动的，无边无界，哪里有利可图就往那里流动。而集三重属性于一身的中国传媒究竟应该按哪一种游戏规则来运作呢？

机关、事业、企业都有自己明确的职责权利。作为党和政府的喉舌，中国传媒必须无条件地承担党和政府的宣传任务。古今中外，任何宣传都是非卖品。有谁见过把政府的宣传品当作商品到市场上去出卖的？所以，中国传媒理应获得政府的财政支持。但实际上，现时的中国传媒业得不到政府的财政支持，它们必须自己养活自己，自谋发展，所以它们必须到市场上去获取利润。这样一来，它们就必须把宣传当作商品。长期以来，中国传媒的学界、业界就中国传媒的产品是不是商品或是否具有商品性争论不休，其源盖出于此。有的强烈否认中国传媒的产品是商品，有的一口咬定中国传媒的产品全是商品。在笔者看来，如此对立的两种观点都没有说错。作为党和政府的喉舌，中国传媒生产的产品应该是宣传品，所以，不可能成为商品。但宣传品却实实在在地在市场上叫卖，所以，它们又都是事实上的商品。

作为事业单位，媒体以满足公众需要、维护公众利益为目标，提供为公众所需要的信息和各类服务。但作为党和政府的喉舌，媒体主要任务是宣传，而政党、政府的宣传主要是政治宣传，进行政治沟通。在这类政治宣传中，有公众迫切需要的信息，但也有相当一部分，例如许多会议报道，领导人活动，并非是多数公众所需要的。而矛盾最尖锐之处还在于：政治宣传与公众欲知未知的信息之间存在着巨大的反差。宣传是按照宣传者的观点来取舍信息的，凡有利的多讲，不利的少讲或不讲；而公众需要一切与他们切身利益相关的、感兴趣的信息，不管是正面的还是负面的，好的还是坏的。宣传者发布的信息主要是有关政治的信息，而公众所需要的信息涉及方方面面，况且，有相当部分的公众对政治不感兴趣，他们只关心自己的工作和生活。对干部，尤其是领导干部，不关心政治绝对不称职。但不关心政治的公民不妨碍他们成为遵纪守法的合格公民。面对这样巨大的信息需求反差，集三重身份于一身的中国传媒究竟应该为谁服务？

作为企业，中国传媒业承担了一般企业的所有职责：合法经营、照章纳税、独立地承担一切刑事、民事责任；同时，作为国有企业，它们还要上缴相当部分利润。但作为企业，中国传媒业却没有一般企业最起码的权利：自主决策。人权、财权、事权，企业的三种权利都被媒体的上级领导所掌控。一切报道计划都要上面批，栏目的调整要上面审，连报价、报纸的页数都要上面核准。除此之外，媒体还有许多禁令，例如，地方媒体不能跨区域经营；业外资本不准进入广电业，可以进入报刊的经营领域，但不能参与管理，更不准干预编辑业务；等等。这样，留给媒体自主决策、自主经营的空间很窄小了。

7.3　当前新闻改革的难点

中国新闻改革进入攻坚战。在攻坚战中，党报改造、时政新闻突破以及制度创新是三大难点。

7.3.1　党报的改造

党报为什么重要？因为它是真正的党的喉舌。在中国，它的权威性是任何媒体都无法取代的。作为唯一被社会各界都认可的纸质主流媒体，它对于主流价值观的支撑也是其他媒体无法取代的。党报理应成为舆论界的舆论领袖，成为传媒业的旗舰。

党报的改造为什么如此紧迫？因为党报在不断边缘化，读者群在不断流失，社会影响力在不断下降。党报处在危机中，中国传媒业可以说群龙无首。党报就是龙首，党报不振作，中国传媒业将依然一片混乱。

那么，党报为什么边缘化了？这有主客观原因：

党报作为主流媒体，那么，它必须面向主流人群。那么，什么人是主流人群？这涉及社会结构和社会分层问题。在西方发达国家，主流人群很清晰，那就是中产阶级。中产阶级占人口的60%—70%，他们受过良好的教育，有一份稳定工作和稳定收入，是社会主要消费群，也是社会精英层，是社会舆论的发起者、承担者。所以，面向中产阶级的媒体既有发行量（收视率），又有影响力，还有广告收入的保证。但在中国，按社会学家们说法，中国社会分层是“碎片化”① 或称“断裂”社会，各个阶层互相之间缺乏有机联系。② 根据国家统计局《2006年统计年鉴》的数据框算，在第一、第二产业从业的普通工农大众占中国总人口70%左右。他们人数众多，但消费能力不足，也没有掌握社会舆论的话语权，其中相当部分是弱势群体。在社会上掌握话语权的党政机关、企事业的管理人员、中高级知识分子，大约占人口的8.7%。③ 他们显然只占人口的少数，且消费能力也不强。真正具有强大消费能力、广告商眼中的黄金消费群即所谓“白骨精”（白领、业务骨干、社会精英）也就是占人口的5.49%。④ 中国也有“中间阶层”。但中国的“中间阶层”仅指“生活水平、财产地位处于中等层次的社会群体”，国家统计局将年收入在6万~50万元之间的家庭列入中间阶层，符合此标准的，按国务院研究室主任侯运春统计，也不过8000万人，占总人口的6.1%。在中国的社会结构中，人口数量、消费力、社会影响力三者是分裂的。

面对这样的社会结构，党报如何定位读者？如果要提高发行量就面向工农大众，那么就要与晚报、都市报争读者，党报也混同于通俗报纸。如果力求社会影响力，那就面向党政机

---

① 中国社会科学院社会研究所编：《中国社会发层结构的新变化》，第59页。

② 孙立平：《断裂——20世纪90年代以来的中国社会》社会科学出版社2003年版，第14页。

③ 陈学艺：《当代中国社会阶层研究报告》，社会科学文献出版社2002年版，第1-23页。

④ 陈学艺：《当代中国社会阶层研究报告》，社会科学文献出版社2002年版，第1-23页。

关、企事业的管理人员，但发行量不会高，广告也不会有保障。如果要广告，那就面向“白骨精”，但党报的风格全变，类似于上海的《申报服务导报》（以休闲娱乐为主）。如果什么都要，那就不软不硬、不伦不类。然而，现在中国省（市）、地（市）一级的党报，相当一部分恰恰就是这样不伦不类的报纸，就是我们通常说的“大报小报化”，既有严肃的宣传任务，也有平头百姓所喜闻乐见的市井趣闻，还有白领钟情的娱乐休闲。

为什么会走上这么一条“大报小报化”之路？这跟我们对党报的要求相关。我们的党报既要搞宣传又要走市场。这本来是风牛马不相及的，搞宣传就不参与市场竞争，参与市场竞争就不能以宣传为主务。但党报恰恰要把相互冲突甚至南辕北辙的目标合在一起，那就只好这样不伦不类了。

党报的宣传，宣传党的方针政策、国家法令，还有国内外形势，如果真的做得好，源源不断地向社会提供各种硬新闻，提供各种可供选择的方案，各种新的思想，可以赢得人心，也会有一定的市场。但现在党报的所谓宣传，缺少的恰恰是人们所需要的信息和思想，泛滥成灾的是各地方领导人的活动，各种会议，党报的版面成了作秀场，如此又怎么可能吸引人？

目前党报面临的另一个尴尬是：绝大多数报业集团是以党报为龙头组建的。党报成了报业集团的母报，其他都是子报。母报护子报，就像母亲护儿子，天经地义。但党报是一级党报的机关报。它维护党和国家的利益，至少是一个地方的利益。那么，在维护一个地方的全局利益和维护报业集团利益之间，党报如何应对？尤其是当一个地方有两个及两个以上的传媒集团时，党报又如何应对它们之间的矛盾、争夺？这种角色的冲突决非纸上谈兵，而几乎是时时遇到的。我们也时时看到，党报陷在报业集团的小集团利益中不能自拔。

从当前情况看，党报改造有两条路线或者说有两种模式：一种是《广州日报》模式，另一种是《南方日报》模式。

《广州日报》是广州市委机关报，走的是一条通俗化大众报纸之路，以所有市民尤其是工薪族市民为读者对象，与当前都市报区别不大。《广州日报》发行量据说有160万份，广告收入16亿元人民币，是中国目前发行量最大的党报，也是广告收入最多的平面媒体，从这一点上看，《广州日报》无疑是成功的。但《广州日报》走通俗化大众报纸之路有其历史原因和区域特征。从某种意义上讲，《广州日报》是中国第一份都市报。而目前，都市报在各地已遍地开花，早已占领市场。其他党报再模仿《广州日报》，在市场上再多一份都市报，意义不大，也难以立足。

《南方日报》是广东省委机关报，打出了“高度决定影响力”的口号，以时政新闻、解释性报道和评论为主，以精英阶层为主要读者对象，竭力希望“影响有社会影响力的人群”。《南方日报》不求进入千家万户，只求进入办公室。

这两家报纸，在广东省，在广州市特定的地域内，它们的定位都是合理的，也都办得很出色，很成功。但是，从全国情况来看，《南方日报》的办报模式更符合中国党报的实际，这是中国党报改革的现实选择。为此，中国党报必须明确自己的定位。

党报的功能定位：以宣传功能为主。党报是党和政府的喉舌。所以宣传是党报安身立命之所在。

党报的受众定位：以多层次的精英阶层为主。包括党政机关公务员、企事业主管和各类中高级知识分子，像《南方日报》所提出的“影响社会上有影响力的群体”。

党报的内容定位：以硬新闻尤其时政新闻和言论为主。

党报的风格定位：严肃严正又不失生动活泼。

《广州日报》和《南方日报》的不同定位走的是雅俗共赏之路。能不能走雅俗共赏之路即走出第三条路来，同在广东省的《深圳特区报》正在竭力探索。

在市场经济条件下，党报也需要面向市场，争取市场份额，争取广告，也需要引入市场竞争机制以适应市场。但党报既然以宣传为本，不能也不可能、不应该完全市场化、商业化，只能以行政调控为主，市场调节为辅。为使党报专心致志地做好宣传，必须减轻其来自市场的压力。为了盘活存量、改革党报，需要采取一些特殊政策来扶植。例如，笔者曾在多篇论文中呼吁党员、党基层组织可以用党费订党报，这一点实施了。比如给予党报重大新闻独家发布权，给予高质量人才支持，必要时可以给予财政补贴等。

7.3.2 时政新闻的突破

前面说过，新闻改革30年，娱乐报道、财经报道、国际事务报道、卫生新闻、危机事件以及公共事务等方方面面的报道都有了不同程度的突破。惟独时政报道30年一贯制（或许可以说60年一贯制），面貌依旧，在当前乃至今后相当长一段时间内，时政报道的突破将成为中国新闻改革的重中之重，难中之难。

时政报道包括着党和国家重要法规、政策、举措的决策制订过程、执行过程和执行结果；各级党政领导岗位的人事变动；党和国家领导人的外交国务活动等。这些报道对国计民生、公众和社会的方方面面都有着不同寻常的影响力。如果说新闻报道是新闻媒体的核心部分，那么时政报道就是新闻报道核心部分。时政报道不突破，就难言新闻改革的成功，与国外媒体相比，我国新闻报道最落后的一块就是时政报道。

这里所说的时政报道，不单单是面上的动态，而且要有背景时代、来龙去脉的内幕披露、实际结果以及意义的剖析。而当今中国时政报道最大问题就在这些关键内容上缺失。当今时政报道的基本问题是：

（1）通稿一统天下。党和国家领导人的重大国务外事活动由新华社一家发通稿，地方党政领导人的活动也由各地宣传部发出通稿，各家照此刊登，形成百台一声，千报一面的局面。

领导活动、会议占据显要地位。时政报道本来是关乎国计民生，是受众最关注的新闻之一。但时下的时政报道，看的人却极少。打开电视机，翻看从中央到地方各级党报，头版新闻几乎清一色的领导人活动以及各种会议。会议只写会议程序，领导人活动活像领导人起居，讲话多是表态性语言。

（2）关键信息缺失。领导人活动也好，会议也好，许多都关乎国计民生，有公众关心的信息。但在通常的时政报道中，有些关键性的信息都隐而不报。比如每年一次的人大报道，我们只看到浮光掠影的面上动态，诸如代表们的表态、领导人报告，而代表们会内讨论的实质性内容，对政府官员的质询等公众真正感兴趣的内容，都只能从小道消息中获知一二。

（3）背景缺乏。中国时政报道的基本特点就是面上动态，公众似乎什么都知道，但实际上什么都不知道。比如说，我们经常看到外国政要频频来访，中国党和国家领导人也时时出访，“举行隆重的欢迎仪式”，“双方举行了亲切友好的谈话”或“双方开诚布公地交换了意见”。除此之外，我们什么都不知道。双方为什么要访问？他们谈了些什么实质性问题？这次访问将产生什么样影响？这样背景都不作报道。重要的人事变动，只有“一句话新闻”，为什么要变动？公众不知道。新的法规出台或修改，党的政策颁布，我们也知其然，不知所以然，比如为什么要出台或修改这样新的法规、政策，具体背景是什么，公众不得而知。

关键信息缺失，具体背景缺乏，是时政报道的两个最大的问题。在这方面，《参考消息》可以聊补一二，但也仅仅是聊补一二。因为不同国家、不同背景的媒体对中国事务的报道都有它们各自的立场，甚至戴着有色眼镜在曲解。我们不能把解读中国事务的话语权拱手让给国外媒体。公众需要中国媒体的权威解读，我们不能为丛驱雀，把一批社会精英受众拱手让给国外媒体。

时政报道是中国新闻报道中最后一个壁垒，一旦时政报道能突破，中国的新闻传媒就可以与世界任何媒体抗衡。但毋庸讳言，时政报道的突破决非新闻业圈子里的问题，涉及中国的政治体制改革和民主政治建设。

我们应该感到振奋的是：时政报道的突破口正在慢慢扩大。央视新闻报道的开播将在中国新闻史上留下浓墨重彩的一笔；央视的《焦点访谈》、《新闻调查》、《央视论坛》等专栏，以及像《新闻周刊》、《南方周末》等周报都对中国的时政报道作出了艰苦的努力。

7.3.3 新闻体制的创新

新闻体制关系到国家对传媒业宏观管理的基本原则、规则和方法。现在，从上到下都认识到，新闻体制改革是滞后的，难以适应传媒业的发展，束缚了传媒业生产力的进一步解放。中央相关文件明确指出了这一点：①

> 随着社会主义市场经济的深入发展和对外开放的不断扩大，文化赖以生存和发展的经济基础、体制环境和社会条件发生了深刻变化。文化体制与人民群众日益增长的精神文化需求、全面建设小康社会的目标任务不相适应，与完善社会主义市场经济、进一步扩大对外开放的新形势不相适应，与依法治国，加快社会主义法制建设的环境不相适应，与高新技术在文化领域迅猛发展和广泛应用的趋势不相适应。实现文化事业全面繁荣和文化产业快速发展，迫切需要深化文化体制改革。

正如笔者在前面所述，新闻体制涉及政治体制，所以，尽管上下都在呼吁新闻体制创新，但也仅仅停留在呼吁上，没有一个新闻体制改革的方案可供具体操作。

新闻体制的改革在整体上难以实施，那就只能在目前的体制框架内、对矛盾比较突出的问题做出调整。

笔者认为，当前在新闻体制上可以而且必须调整的方面是：

第一，推进政企分开，政资分开，政事分开，政府与市场中介组织分开，从而理顺传媒业管理与所属企事业单位的关系。打个比方，就是要把竞争规则的制订者、裁判员、运动员分开来。因为现在这三者是一个人。目前，有许多地方宣传部长或副部长兼着媒体集团的董事长（或报社社长、电视台台长）；有些地方新闻出版部门直接办报投放市场、参与市场竞争；还有许多地方的报社、电视台要向自己的主管部门上缴一定比例的利润，比如许多电视台向广电局上缴10%—50%不等的利润或收入。② 表7-1为中央电视台1998年到2002年向广电总局上缴的金额表。③

表7-1 单位：亿元

年份	1998年	1999年	2000年	2001年	2002年
总收入	44	51	57	61	70
上缴金额	6.4	7.9	8.5	9.1	9.4
上缴比例	14.54	15.49	14.91	14.91	13.42

政府把人事、利益与企事业绑在一起，那就是权力介入市场，势必扰乱市场。就像既是竞争规则的制订者，又当裁判员，还当运动员，那体育比赛还能进行吗？

把政企、政资、政事分开，把政府与市场中介组织分开，是把传媒业的企事业单位培育

① 文内所说“文化”，按中央文件原意，包括了新闻媒体，文化体制也包括了新闻体制。

② 杨伟光主编：《中国电视论纲》，中国广播电视出版社1998年版，第289页。

③ 吴克宇著：《电视媒介经济学》，华夏出版社2004年版，第54页。

成市场主体，塑造公开、公正、公平的传媒业市场必不可少的步骤。

第二，按性分类、按类指导。笔者认为应该把中国的传媒业分为四类，不同类型有不同功能的定位，不同功能定位实施不同的政策。

第一类：政治性媒体：包括党委机关报（报纸）、新闻综合频道（电视台）、新闻综合频率（电台）即一报两台。它们是党和政府真正的喉舌，是硬新闻的主渠道，宣传的主阵地。一报两台最主要的功能就是宣传党和政府的方针、政策、法令法规、施政纲领等。

既然党的媒体承担着宣传党和政府方针、政策的任务，并且要让它们专心致志地去工作，那么必然要有相应的特殊政策来支持、来扶植。中央文件多次强调：扶持党和国家重要的新闻。笔者认为，最主要的政策支持有以下几个方面：

（1）给予重大新闻的独家报道权。例如，重大政策、举措出台，重要党政领导的任免，党政主要领导的访谈等。这有利于树立党的媒体的权威性。一名市级党报主编说："一年中，只要有几次重大新闻独家发布，党报的权威自然就树立起来了。"

（2）公费订阅。党政机关除个别单位外，只能订党报党刊，其他的报刊自费订阅。对大中型国有企事业单位的党组织也要规定订阅。对于拥有大学本科以上学历的知识分子允许他们以党费订报（可以规定一个额度，以订报收据作为党费），从而确保党报党刊的发行量。

（3）频道频率垄断。在省（市）一级，以时政新闻为主的电视专业频道、电台专业频道只允许办一家，那就是党的媒体。

（4）必要的财政补贴。在经济欠发达地区，广告收入不足支持党的媒体的正常运作，可以以党费作为补贴。

（5）政府的广告只刊登在党的媒体上，例如工商行政管理局的广告。

（6）输送高质量人才。通过相关单位，尤其是高校的思想政治工作，吸引、动员高质量的人才进入党的媒体。

当然，对于党的媒体必须是高标准、严要求，决不能允许它们依仗行政保护措施得过且过混日子。必须建立一套严格的考核标准，要真正通过新闻从业人员自身的努力，重树党的媒体的权威性，真正成为中国媒体的核心，成为中国新闻从业人员遵纪守法、遵守职业操守的楷模。毫不留情地撤销那些不思进取、碌碌无为的领导干部的职务，毫不手软地把那些破坏纪律和严重违反职业道德（例如制造假新闻造成恶劣影响）的从业人员清除出党的媒体队伍。

第二类：纯事业性媒体即中央文件上所说公益性事业单位。这包括教育电视台、少儿频道频率（鉴于少儿频道的情况，笔者建议把少儿频道改成少儿老人频道）。它们就是提供公共服务，包括知识传授、生活咨询、健康、娱乐，作为纯粹意义上的事业单位，应由政府全额拨款，同时接受社会的捐助。

在确保党管媒体的前提下，这些单位应该成立理事会，由各界著名人士担任，督促上述媒体为社会提供优质服务。

第三类："事业性质、企业化运作"的媒体。这包括除一报两台以外所有新闻媒体，晚报、都市报以及专业性媒体像财经媒体、国际新闻媒体，它们坚持"社会效益第一，经济效益第二"方针，按目前的方式继续运作。

第四类：纯企业的媒体即中央文件所称经营性企业单位，包括体育类、娱乐类、休闲类、生活资讯类媒体。它们基本上不刊登政治性的内容。要按现代企业要求对它们进行改造，独立运作、自主经营、自负盈亏，资不抵债，那就自行消亡。

在上述四类媒体中，第三类、第四类媒体允许它们跨地区、跨媒体、跨行业经营，允许兼并或被兼并。

第三，明确责任权利，各负其职。中央文件强调"实现主要以行政手段为主向综合运作法律、经济、行政等手段管理转变”。目前以行政管理为主的方式，实际上事无巨细，党政主管部门一把抓。主管部门累得要命，媒体怨声连连。

目前，首先要做的是：在政企、政资、政事分开以后，不同类别的媒体的职责和权益要有明确的规定。不同类别的媒体要有明确的自主权。其次，不同的职能部门有明确职责和分工。具体如下：

党的部门，主要是党委宣传部：主要把控媒体的政治方向以及第一、二、三类媒体主要领导的任免。

国资委：要监督传媒业国有资产的保值增值，坚决改变目前内部人控制的局面，制止国有资产的流失和挥霍。

新闻出版和广电局：对报社、电台、电视台等实施行政许可制度，并依法监督媒体运行。一旦违规，就按规定予以罚处。

记者协会：这是媒体的自律组织。应对媒体的从业者不断进行职业道德教育，维护从业者的合法权益，并以各种方式对假新闻、媒体低俗化进行处罚，对受众的投诉予以调查、处理。

8 媒体发展的新趋势、新闻改革的新取向

近5年来，在全球化背景下，以互联网为核心的新传播技术以令人始料未及的速度扩张，这是一次真正意义上的传播革命，也改变了并将继续改变人类的传播方式，消解同时重构传媒结构。与此同时，在甚嚣尘上的传媒业商业化浪潮中，一股回归传统的新思潮悄然兴起，并开始在传媒业形成冲击波。一方面是新技术的浪潮，另一方面是传统的价值取向的浪潮，两大张力激发新世纪中国传媒业一场新的改革。

8.1 媒体发展的新趋势

近5年来，传媒业的发展呈现出一系列新态势，数其大者，有以下几点：

（1）传媒业的社会影响力日趋扩张。“以孙志刚案件”、“非典”报道为代表，从民生新闻为切入点，新闻报道向公共领域挺进。食品安全、环境安全、生产安全的三大安全问题以及教改（教育）、医改（医疗）、房改（房产）三大改革都涉及国家的公共政策，涉及公众的切身利益，成为近5年来新闻媒体持续的报道热点。其中，阜阳假奶粉事件从生产到销售穷追猛打的追踪报道，广西南丹煤矿灌水引发矿工大量死亡的调查报道，对吉林化工厂有机磷外泄污染松花江的报道，对云南大学马加爵杀人案的报道，对“哈二医”高价药的报道，引发强烈的社会震撼和广泛、深入的讨论，促进了国家相关法规和政策的制订、修改。这些报道也成为这一时期的经典之作。就在笔者写作本文的时候，中国西南的雪灾报道牵动全国公众的神经。在遭受雪灾的地区，无论是当地人还是在路上受阻的旅客，听广播成为他们与外界联系的主要沟通渠道，再次显示传媒强大的影响力。

在新闻报道向公共领域延伸的同时，传媒业继续着20世纪90年代的商业化浪潮，并在2005年达到巅峰。这一年，湖南卫视推出的“超级少女”真人秀、韩国电视剧《大长今》、国产电视剧《亮剑》，使得全国男男女女、老老少少都如痴如醉。

在传媒业不断扩张影响的同时，对于文化软实力的讨论在全球形成热点，并在中国引发了从政界到文化界的高度关注。随着文化软实力概念得到广泛认可，传媒业的作用也得到进一步强调。因为，传媒业已处于文化事业、文化产业的中心地位，这在世界各国得到公认。

（2）以互联网为中心的新传播媒体迅猛发展。1995年，中国第一个互联网公司瀛海威成立，创立者张树新梦想打造一个与美国在线同样的互联网。但不到3年，该公司梦断中关村。1997年，网易、新浪、搜狐、中华四大门户网开始崛起。1997年，中华网在美国纳斯

达克上市以后，2004 年 4 ~7 月，新浪、搜狐、网易相继在纳斯达克上市。2005 年 8 月，中国的谷歌——百度公司在纳斯达克挂牌，股价一路攀升。2000 年百度成立时只有 120 万美元投资，现在市值已达 120 亿美元。成为纳斯达克成分股百强之一（总共 5500 家上市公司）。① 这不仅仅表明中国互联网的强大，更表明中国互联网由最初的模仿走向自主创新的成熟。2000 年，中国的网民达 2250 万，到 2007 年底已增加到 1.73 亿，增长 5 倍多，平均每年增长 77%，居世界第二位。截至 2007 年 6 月，中国已有 131 万个网站，每千人有一个网站。②

互联网爆发性增加，得益于互联网不断创新。Web2.0 以及以美国谷歌、中国百度为代表的强大的搜索功能，全球宽带的应用。而 Web2.0 的新技术成为新世纪互联网起飞的强大助推器，它使互联网由原来自上而下的由少数资源控制者主控的互联网体系转变为自下而上的由广大用户集体智慧和力量主导的互联网体系。由此，博客（包含文字、声音、图像、视频）、Rss（简称聚会）、Web 服务、TAGs（分类公众标签）、Bookmark（社会性书签）、SNS（社会网络）等元素广泛应用，使互联网成为真正社会化和个性化网络，成为真正意义上的多媒体。

从新闻传播来讲，现在互联网真正使每个人既是受者也是传者，可以在博客随时发布新闻（文字的、声音的、画面的）、发表评论，可以成为"电子杂志"的编辑。于是，互联网为公众创造了一个全新的公共空间。这对于信息传播、对于舆论的引导都开创前所未有的新局面。

除了互联网，手机报纸、手机电视、IPTV 等新媒体近些年从试播开始转向实际运作。

（3）媒体融合初试锋芒。"媒体社会，是现代信息技术推进的信息传播的技术手段，功能结构和形态模式的界限改变及能量交换。"③ 按照目前状况，媒体融合有两种基本模式：

一种是"实体融合"即把多种媒体组合在一个传媒集体内，形成有组织的联合体。这种融合在西方各国早已实施，最著名的莫过于时代华纳公司和美国在线的兼并。在中国，目前在全国意义上的实体融合主要限于媒体办网站。到 2006 年，媒体办的网站已有上千家。有些是多家媒体合办，兼有政府网站的功能，比如《广州日报》的大洋网、上海文新报业集团的东方网，北京的千龙网。而绝大多数是一家媒办一个网站，基本上以传播本报（台）的新闻为主，真正有影响的不多。上海《解放日报》的网站是其中的佼佼者。而值得关注的是在地（市）一级媒体，已开始了超媒体的整合。2004 年，黑龙江省的牡丹江市把电台、电视台、报纸、网站组建成一个传媒集团。随即，2005 年，广东省佛山市则更进一步，把电台、电视台、报纸、网站、杂志、演艺剧团统统都联合起来组成佛山传媒集团。这可以在更大平台上进行资源重新配置和资源交换、共享。

另一种是"软连接"，即传统媒体和新媒体的竞合（既竞争又合作），发挥各自的优势，创造全新的公共空间。2007 年"报网互动"所发挥出的巨大舆论力量震撼全国，这是中国媒体融合具有里程碑的事件。在此之前，中国的传统媒体和以互联网为核心的新媒体之间的关系很微妙。互联网刚刚起步，新老媒体"井水不犯河水"，传统媒体对"新媒体将创造人类全新的沟通方法"的豪言嗤之以鼻，仅仅把互联网称之为"第四媒体"——不过一种新的传播渠道。到后来，新老媒体相互利用，新媒体抄老媒体的新闻，老媒体从新媒体上找新闻线索，搜索背景资料，许多网络媒体的教材都是这样写的。④ 再到后来，新媒体做大了，新老媒体开始竞争，却没有合作。老媒体感到新媒体咄咄逼人的气势，就想结成传统媒体联

---

① 《中国经济为互联网企业创造表演舞台》，《新华每日电讯》，2008 年 1 月 26 日。

② 中国互联网络信息中心（CNNIC）《第 19 次中国互联网发展状况统计》。

③ 高钢：《媒体融合：追求信息传播理想境界的过程》，《国际新闻界》，2007 年第 1 期。

④ 廖卫民、赵民著：《互联网媒体与网络新闻业务》，复旦大学出版社 2001 年版。

盟共同应对。而在2007年，报网开始了第一次真正意义上的互动、合作，这体现在山西的“黑煤窑”事件、陕西镇坪的“假老虎”事件和厦门的“PX项目事件”上。这三个事件的过程基本一致：互联网上发出相关内容，引发网友评论，有些报纸深入调查，刊出基本事实真相。于是引发网友热评，各种帖子如排山倒海而来，刹那间引发全国关注，报纸再作追踪报道，从而形成声势浩大的舆论，从而迫使当地的行政部门领导出面来解决。在这三个事件上，报网发挥了各自优势：网民以其无所不在的观察，捕捉到了问题；同时，又以其快速互动，海量信息把人气聚集在一个焦点上，造成空前的气势；而传统媒体不但以其专业技能让事件真相大白于天下，又以其在公众中长期形成的权威地位把网民的议论倒向一个方向，使原先摇摆不定的网民坚定立场，明确态度，从而形成一种声音、一种舆论，这是传播学“沉默螺旋理论”的再现。

这三个事件昭示着中国一个新的公共空间的出现。中国公众不再仅仅是任人摆布的受众，他们可以通过新老媒体来参与公共事务，可以发出自己的声音，表达自己的感受，可以掌控自己的命运。

8.2 新一轮新闻改革从反思商业化浪潮起步

20世纪90年代初，一场关于新闻或媒体是否具有商业性的大争论，很快就被淹没在市场化的大浪中。中央相关部门对“事业性质、企业化管理（或运作）”原则的正式认可，“双重属性”在传媒业的共识，使中国传媒业根本不屑商品性的争论，而几乎全身心投入到传媒的市场运作中。传媒业过度的市场进入导致市场的无序。一浪高过一浪的商业化大浪，使传媒业产生畸变，传媒业的一切产品都要在市场竞争中检阅自己的生存力。但市场从来就是一把双刃剑，市场可以优胜劣汰，但同时存在劣币驱逐良币，这就是市场失灵。尤其对精神产品而言。

市场化运作，使中国传媒业得到空前繁荣，新节目新创意层出不穷，贴近市场、贴近公众，贴近实际成为传媒业共同操作原则；但与此同时，经过市场洗礼，许许多多传媒产品都变了容、变了味、变了质。

比如说，民生新闻，各地确实报道了一大批涉及民生新闻利益的新闻，维护了公众利益，受到公众欢迎。但与此同时，也有相当数量的民生新闻充斥着暴力凶杀、侵害公民隐私的两性关系还有许多怪异的明星故事，以致3xin新闻（腥、性、星）盛行。

再比如食品安全报道，阜阳假奶粉事件，麦当劳的苏旦红添加剂事件，都对维护公众的健康发挥了巨大作用。但与此同时，啤酒甲醛风波差点让国产啤酒毁于一旦，金华火腿事件让金华火腿一时退出市场，海南西瓜注水事件，海南香蕉致癌风波让海南省西瓜、香蕉烂在田里树上，最后又出现北京纸包子事件。这种种假新闻引发社会对中国食品的恐慌，当公众责问“我们还有什么可吃的”的时候，传媒业连起码的反思都没有。

说到公众，我国的传媒业从来没有像现在这样，如此地重视公众，同时又如此地藐视公众。重视公众，是重视公众的眼球，传媒业不择手段地炒作娱乐化节目，都是为了吸引受众的注意，拉抬收视率，提高发行量，吸引广告商，提升广告额。说白了，就是传媒业把公众当作商品打包卖给广告商。所以，传媒业与其说在不断制造节目，倒不如说它在努力把大众制造成商品，这是传媒业商业化运作的必然结果。藐视公众、是藐视公众的权益，无视公众的利益。就是以中国报刊业“有效发行”为例。所谓“有效发行”就是广告商眼中的黄金群体即传媒业流行的“白骨精”群体：白领阶层、各企事业骨干、社会精英，他们是社会上“高学历、高收入、高消费”的三高人群。因为在传媒业眼里，他们是“高质量”的商品，可以向广告商卖出高价。而那些老年人、民工、农民、低工资的工薪阶层，尽管他们可能比那些三高人群更需要信息，更需要媒体关照，但他们消费不起广告商提供的商品，所以成了“无效”人群即卖不出价格的低档商品，被媒体排除在外，不配享受媒体。

商品化所带来的种种弊端日益显露，引发学者业者对此反思。这次反思的时间虽然不像第一次（1978—1982 年）、第二次（1989—1991 年）那样集中，但从新世纪开始，始终没有中断，而且不断深入。“实践的突破和理论的佐证，强化了我国传媒的功能紊乱，并引发了学者对传媒属性与传媒功能的反思。而传媒公共性正是这种反思的突出成果。所谓传媒公共性，指传媒作为信息传播工具而存在的本质特征，即传媒作为公众获得相关新闻资讯、了解公共政策、讨论公共事务等公共性平台的属性。概括地说，公共性是传媒的本质属性之一。”①

传媒业的公共性成为传媒界反思的理论支点。从公共性出发，自然提出了传媒业及其从业者的社会责任，也顺理成章地提出了新闻专业理念（或新闻专业主义）。

对于年轻的新闻从业者来说，新闻专业理念似乎是个新概念，但它实际上很传统。社会上 360 行，行行都有行规，行规就来自源于专业理念。专业理念是确保每一个专业正常、健康运行由此维系社会正常秩序的指导原则；一旦专业理念崩溃，那么，该专业就将危害社会。专业理念对从业者来说，其内化是职业良心（职业良知），其外化就是专业（职业）操守或职业道德守则，我们也称之为“行规”。新闻专业理念的核心是传媒业及其从业者的社会责任。对新闻报道来说，其具体要求就是真实、全面、客观、公正。

揭示媒体的公共性，倡导新闻专业理念，强调从业者的社会责任。一方面是为了有效遏制传媒业商业化的浪潮，它明确地宣告：在社会主义的中国，传媒业是社会公器，决不是个人或小集体的机构，决不能把传媒业仅仅作为小团体弁利的工具，而必须首先维护公众利益。另一方面，随着新老媒体的互动，传媒业对社会的影响力越来越大的时候，社会必须给传媒业定下基准，让它发挥积极的作用，而不能让它天马行空，独来独往。或许，我们可以说，社会责任是给传媒业套上了紧箍咒，不让其无法无天。

8.3　公共利益成为新一轮新闻改革的诉求点

公共利益作为新一轮新闻改革的诉求点，不但是传媒公共性的必然延伸，更主要的是它是党中央“以人为本”、“执政为民”的执政理念在传媒业的体现和落实。中央提出的新闻工作“三贴近”原则，其根本也源于“以人为本”的理念。

社会的公共利益所包含的要点是：

（1）保障法律所保护的公众利益不受传媒侵犯，这主要是公众的隐私权、名誉权以及青少年的保护，不伤害社会公德、不扰乱社会公共秩序。

（2）满足公民的知情权、表达权、参与权、监督权。

（3）普遍服务原则：不分民族、不分种族、不分地域、不分性别、不论贫富、不论地位，都应该享受传媒业同等的服务。尤其是无论是强者还是弱者，都应该在媒体上有平等表达的机会。

在上述三个方面，知情权、表达权是实现公共利益的核心问题。在市场经济条件下，知情权、表达权是公民维护自身利益、参与市场竞争的前提。信息获得的不公正、不公平是对公众利益最大的伤害。

令人欣慰的是，国家对保障公民的知情权给予高度的重视。2007 年 4 月，公布了《中华人民共和国政府信息公开条例》。6 月 24 日人大常委会最终通过了《突发事件应对法》对第 57 条和第 45 条的删改，11 月 1 日正式开始实施《突发事件应对法》。这可视为政治理念新走向的象征，这个象征传达出在行政机构对信息控制权与信息公开原则的权衡中，最高立法机构最终倾向对信息公开原则的捍卫，信息公开原则在国家理念中得到更广泛的承认和最

---

① 徐卫华、张金海：《公共性、公共领域、公共媒介》，载《中国媒体发展研究报告》（2007 年卷），武汉大学出版社 2007 年版，第 370 页。

高立法层次的肯定，新闻界的权利空间有所保障，人民的知晓权得到制度化的保证。①

8.4 新闻报道的新要求

“公开、公平、公正、速度、广度、深度”。

以公共利益为中心的新闻改革，尤其是公民的知情权、表达权的实现，对传统媒体的新闻提出新的要求。这个新要求就是“公开、公平、公正”的原则，“速度、广度、深度”的追求。

公开——与公众利益相关的一切信息都必须公开发布。在信息公开的运作中，需要坚持“公开是常态，不公开是例外”的原则，只有涉及国家机密、军事机密才需要得到全国人大的批准，可以保密。

公平——公众，无论是领导还是普通公民，获取国家发布的信息应该公平，这包括同一时间、同一内容，除了特殊情况例外。过去那种人分三六九等，重大信息层层传达的模式侵犯了公民获取信息的平等权利。

公正——在坚持四项基本原则的前提下，不同的意见要给予平等表达的机会。我可以不同意你的意见，但我捍卫你公开表达自己意见的权利。这是传媒业对公众不同意见应持的原则。意见，就是利益的众开表达。市场经济承认并保护不同群体的利益，不同利益群体对同一事情就会有不同意见。意见的平等表达，就是给以不同群体同等的地位。

速度——迅速及时是新闻报道的一般要求。对于一般性新闻，迅速及时是没有争议的。问题是有些重大事件，比如重大灾难，重要人事变动，重大法规出台等等，能不能做到迅速及时。

广度——凡与公众利益相关的一切事件，一切社会现象都应该通过媒体公开传播。

深度——提供相关背景，揭示原因，显示趋势，确立性质，阐明意义。新闻界有句话：信息是银，解读是金。一些重大信息，只告诉公众是什么，不告诉公众为什么，不能把握信息的意义，信息就失去价值。

【作者简介】

李良荣，复旦大学新闻学院教授、博士生导师，教育部新闻传播学科教学指导委员会主任委员。

---

① 陈力丹、孙江波：《从“违规擅自发布”受罚到信息公开》，《民主与法治》，2007 年第 4 期。

国家社科基金项目——
“市场经济条件下中国大众传媒新闻竞争力研究”报告

主持人语

戴元光

1　研究理论、方法与路径

在全球化、信息化的今天，大众传媒的新闻竞争日趋激烈，我国大众传媒面临严峻考验。本研究意在探索传媒全球化市场化语境下中国大众传媒新闻竞争力的理论与实践问题。

本研究以新闻公信力与传播效果为突破口，在传播学、社会学等多学科的视域下审视我国新闻传媒的生存状态与竞争力。

新闻竞争力有若干要素。新闻传播效果是媒体最为关注的，而公信力是传媒最有价值的内在品质和无形资产，是传媒在市场竞争中制胜的关键性因素，公信力不仅强调媒介所发新闻的真实性，而且体现一个媒体存在的权威性、在社会中的信誉度和在公民中应有的影响力。

本项研究以马克思辩证唯物主义和历史唯物主义的方法及“三个代表”重要思想理论为指导，采取实证研究、新闻文本分析和田野调查相结合的研究方法研究我国新闻传播现状，考察新闻传播对不同人群的影响，测度新闻传媒对重要新闻的表现方法、特点及社会与受众对大众传媒新闻的选择性，分析大众传媒在政治、文化、经济领域的介入程度和变化，了解社会及受众对我国新闻传播的认知、认同度。

本研究从五个层次展开：传播理论分析——新闻传播竞争力、公信力的核心概念；新闻传播内容分析——传播者的议程、控制与核心价值；新闻传播受众分析——新闻受众对我国新闻传播的认知、认同度与亲和力；新闻传播效果分析——我国新闻传播的辐射力及对社会与受众行为的影响；新闻传播公信力分析——新闻的客观性、信誉度及社会总体评价。

2　研究成果的核心观点

2.1　新闻公信力是新闻竞争力的核心概念

新闻公信力的概念与可信度来自同一个英文单词“Credibility”。新闻可信度是指受众根据新闻媒体的可相信性、准确度、偏向、深度和客观性，从而判断或认知新闻事件是否值得相信。一般而言，新闻可信度的要素包括有：① 新闻事件的消息来源；② 新闻消息呈现的形式；③ 新闻传播的载体；④ 接收新闻的受众差异。信源可信度（Source Credibility）与媒介可信度（Media Credibility）是可信度研究的两个主要维度。①

---

① Austin & Dong, 1994; Holland & Weiss, 1951; Milburn, 1991; Salwen, 1987; Stater & Rouner, 1996; Sundar, 1998。

“客观性”是新闻公信力的重要指标。新闻记者与编辑承担着讲述真相的专业职责，是一种不容推辞的义务诉求。新闻客观性在读者或观众“相信”还是“不相信”的决断中影响力位居首位。

新闻客观性表面体现在外在的操作规则上，实质是一个职业团体对自己职业规范、职业理想的明确声明和维护，是一个由理想、假设、实践和制度混杂一起的体制。默多克的福克斯新闻频道考虑到公众对新闻很低的信任度，将台标主旨定义为“我们报道，您决定”，要求记者“只述不作”，以客观陈述的方式成功地赢得公众对新闻报道的较高信任度。

“新闻公信力不是解决新闻媒体当前问题的一个时尚的灵丹妙药，而是我们需要一种准确无误的新闻专业主义态度和一套新闻伦理标准。”社会学家 Wilensky（1964）在 *the Professionalization of Everyone* 中认为专业主义的形成需要5个步骤：① 全职工作（full time）；② 专业培训与教育；③ 专业协会；④ 执照许可；⑤ 服务理想（service ideal）和伦理规范（ethics code）。专业主义标准不仅包括技术水平，还需要职业理想和道德规范。一切新闻事业，当以对读者的诚信为其基础，故必须诚挚、忠实与正确。新闻公信力不是远离我们工作的一种理论或哲学，而是我们职业化生涯的心脏。“新闻公信力不是为了卖出更多的报纸，而是提高我们的报道质量以及建立正直的新闻理念。为了获得更高的公信力，我们首先要做的是停止浪费我们已经拥有的信任。”（Rowe，2000）

有关研究表明，2000年以来，新闻公信力跌落得雪上加霜，以致公众认为新闻过于自由，已经威胁到公共利益，要求限制新闻自由。2001年，美国自由论坛（http://www.freedomforum.org）在关于《第一修正案》的调查时发现，71%的人认为政府对媒体的监督是重要的，82%的人认为媒体对政府的监督是重要的（Paulson，2001）。此外，41%的人在自由论坛的调查中，认为新闻自由超过政府的新闻检查，只有36%的人认为政府的检查超过新闻自由。新闻公信力正逐渐成为新闻专业主义历程中出现的一个死穴，因为公众正在远离新闻。调查表明，2/3的中年人仍然喜欢看新闻，但青年人仅为1/3，对新闻的兴趣与信任呈衰减趋势。此外，信息渠道的多样化，传统新闻报道的权威与真实受到极大的挑战。

新闻公信力概念与实践的推动，来自新闻专业主义的构成要素行业协会自律行为，“事不可诬，论不可宕，勿以法理虚言而蔽事实，勿以众情踊动而失鉴裁”（章太炎）。我们必须认识到，追求真相是一种普遍认可的美德，尽管有时在看似更高的法律的认可下也有例外，但不真实的恶果在传媒上往往会放大好几倍（利昂·纳尔逊·弗林特）。新闻公信力既是一个需要解决的问题，也是一个解决问题的办法。

研究表明，人们对媒体的信任和尊重正在恶化，新闻界的问题已经成为公共威胁，并且正在为此付出代价。复旦大学新闻学院在有关中国传媒“议题设置功能”的抽样调查中曾涉及上海市民对于传媒的信任程度一项，其结果不容乐观，超过半数的市民并不认为传媒能够完整地反映客观世界。香港大学民意网站2006年5月公布的调查结果也显示，香港市民对新闻传媒表现的整体满意率为49%，但也有42%的人表示不满意杂志的表现。该校在2005年4月进行的民意调查也发现，近七成的受访者认为香港传媒有误用或滥用新闻自由的情况。（《明报》，2006）

上海大学《境外媒体的进入与上海媒体的应对策略》课题组曾于2006年在上海大学、上海外国语大学和华东师范大学调查大学生群体的境外媒体接触情况和国际信息接触情况。调查结果表明，虽然研究生和本科生调查对象绝大部分最早是从我国的主流媒体中获悉“9·11事件”的消息，但是在回答“你认为哪种媒体对‘9·11事件’的报道最为全面和权威?”这一问题中，50%的研究生调查对象和66.95%的本科生调查对象却选择了“境外主流媒体”。他们较认可西方新闻报道的权威性，而对我们主流媒体报道的全面性和权威性则评价不高。中国传媒业界对此应该予以高度重视，认真研究如何提高自己的公信力。

有学者认为，美国这个充满矛盾的超级大国总是以正义和道德的外衣掩饰自己的掠夺本性。与其如此，倒不如说它是用文明人的措辞掩盖了政治骗局的某些粗野成分。乔姆斯基说，美国式宣传的成功来自精心培养的民众心中的“必要幻想”和“情绪上十分有效的过分简单化”。凭借自由、平等这些简单的、放之四海而皆准的真理性语汇来获得公众的认同，全世界被邀请加入“西方民主”的俱乐部，赞赏并认可“西方价值观”。西方意识的话语垄断地位是如此根深蒂固，以至于它不仅被当作普遍政治理想来追求，而且被当作普遍理论和规范性框架。

新闻媒体的公信力与这种国家力量息息相关。我们无法将新闻媒体系统视为独立存在，与它所身处的政治文化背景相剥离。“一个国家也会具有一些共同的文化特性——价值取向、信仰和态度——这些也会渗透到组织的方方面面。国家理念系统对组织有深刻的影响。”美国的政治、经济及传媒力量都致力于为美国建立一种以“地位的优越性”为基础的特性，强调美国社会的特征就是独一无二的先进性。反过来，美国社会的权力地位也相应地构建出了一个富有权威性的新闻媒体领域，创造了它的全球影响力和吸引力。

2.2　我国大众传媒新闻竞争力现状：一大优势与六大问题

中国有3000多家广播电视媒体，2000多家报纸，8000多家刊物，近1000家出版社，近7亿台电视机，10亿电视观众，是世界上的媒体大国。在走向现代化的历史进程中，在整合全国政治、经济、文化、人力资源中，在凝聚全中国的力量中，中国大众传媒发挥了无可替代的重大作用，这个功劳是历史性的。其优势是中国传媒有利于组织国家活动，如政治活动、保卫国家的抗战抗灾害等，但在中国社会的现代转型中，中国传媒有点力不从心。

据2006年在全国对977位居民的调查，我国新闻受众对我国新闻传播持总体批评和不满意态度：有28.5%和46.2%的受众同意或较同意我国媒体对许多重要新闻隐匿不报，有21.3%和47.7%的受众同意或较同意我国新闻工作者有收受红包行为，有25.9%和44.8%的受众同意或较同意我国媒体是以赢利为目的，有21.5%和52.2%的受众同意或较同意我国媒体不尽可信，有16.5%和47.5%的受众同意或较同意我国媒体不尊重个人隐私。我国大众传媒的公信力亟待提高。影响我国大众传媒新闻公信力的主要原因有五个方面：

第一，政治色彩过浓。要保持媒体的公信力就必须使媒介的政治色彩淡一点，政府背景弱一点，宣传味少一点，离人民群众近一点。新闻传播不能把一切活动都纳入政治的范畴。据2006年3月对全国19家报纸统计，在媒体重要新闻中，30%以上是官员和政府活动新闻。

第二，经营理念滞后。媒介经营产业化、市场化、集团化是20世纪90年代以来中国传媒企图摆脱既有模式的大胆尝试，在经济利益驱动下，媒体开始了从经营广告开始的市场化进程，并从实践中认识媒体走向市场的必要性和必然性。但政府对传媒市场和传媒产业的认识陷入危机，没有走出计划经济和“事业单位”的怪圈。领导主导下的传媒集团化导致不公平的、非市场方式的竞争。重组后经济实力可能增强了，但负担可能加大了，甚至出现“劣势互补”。媒介的重组是继网络泡沫后的又一个经济“泡沫”。

第三，媒介结构不符合市场原则。我国的经济模式是国有（即全民）、集体、个体、外资、合资等，但媒介却只有公有制一种形式。传媒业作为国家的“事业单位”，国有性质，国家投资，党委管理，这种体制和结构下的传媒业曾为我国社会主义建设和发展做出了巨大的贡献。但在国际资讯一体化的形势下，西方媒体大国对传媒市场的占有欲越来越强，媒介市场资源的分割与竞争越来越激烈，我国媒体发展受市场影响也越来越大，如果我国媒体不把自己融入市场轨道，就有可能失去市场竞争力。我国现有媒介的数量几乎已达到饱和状态，结构性问题不解决，在国际上难有竞争力。

第四，资源整合能力低。中国传媒在资本运营方面面临的问题较多：资源整合能力低，普遍盈利水平不高，融资门槛相对较高，融资方式单一，最大的壁垒是政策的不明朗。总之，传媒从垄断到开放的契机还没有到来。尽管资本运营已经以各种方式和面目介入了传媒业，但运行不畅，媒资双方为绕开“红灯”，不得不采取很多变通的方式，埋下了“政策的地雷”，一旦政策转变，现行的法律和政策将无法保护媒、资双方的权益。

中国传媒应在适当时机适度放开政策管制，鼓励社会资本对传媒资源的并购整合，提高行业集中度，拓宽媒介融资渠道，实现市场资源的整合和优化。

在一个尚未开放、投融资法律法规尚不健全，甚至大多数传媒单位连企业都不是的传媒市场上，资本如何来保护自己是一个关键的问题。正是在这一关键问题上政策和法律的缺失，使传媒和资本在碰撞中各自心怀鬼胎，双方都缺少长远的发展战略和眼光（也无法达成一致的长远发展战略）——传媒想得到的是资金，借船出海；资本想的是如何尽快兑现自己的投资，以保护自己。结果对于传媒来说，资本是个冤大头；对于资本（尤其是资本市场的资本玩家）来说，传媒不过是其击鼓传花游戏的道具。

第五，非理性的娱乐化倾向。近年来的真人秀节目比拼，失去了对价值的合理性追求，媒体娱乐内容有严重的反文化人类非理性倾向，是科技文明对人文文明的冲击，是拜金主义对人文价值的冲击。一个虚拟的直观的视觉社会，大众不过是借这些虚拟的情景来获得节日般的快乐，发泄他们的情绪。少部分人表演，大多数人带着痴迷在全神贯注地关注或观赏少数人操控的演出。这种表演“有一种真正的‘催眠行为’和刺激力量”，而主办者则在大众的狂欢中发财。

2.3 提高我国大众传媒新闻竞争力公信力的路径

我们无法将西方新闻传播理论与实践在中国复制，而符合中国历史文化和现代发展的新闻传播思想理论框架必须由中国人去完成。

要提高我国新闻竞争力公信力必须坚持理论创新与价值重构，新闻传播理论创新必须坚持传播学中国化。

新闻传播理论创新要有超前意识、创新意识、本土意识。

我们需建设理论多元、结构开放、管理现代的传媒系统，实现党的媒体、政府媒体、民间媒体有机结合，公共媒体、商业媒体、政治媒体共存、共荣、竞争、互动。我国的传播事业可以是一个国家两种理论三种性质。要建立党的传媒、国家传媒、民间传媒三位一体体制。党的传媒是形而上的，国家传媒是形而下的，所有传媒必须实行市场竞争机制。

要建立建设诚信的传媒体系。“三个代表”重要思想把人民的利益看得高于一切，这也是对传媒的最大要求。作为人民的传媒，传播者要创办高质量的为人民大众服务的媒体，赢得传媒最宝贵的资产——“社会信用”。

建立诚信的传媒体系有一个最重要的指标，就是取信于民，取信于民的重要指标就是保证人民及时得到客观真实的信息。

竞争力，基于新闻传媒公信力的理论探索

戴元光　沈荟　倪琳　金璐

1　公信力是新闻传媒竞争力的关键，又是追求的目标

新闻公信力并非一个权威或固守的概念。根据语境与诠释的差异，时常被包装成近亲繁殖式的名词组合，如媒介公信力、传媒可信性、传播可信度、报道公信度、公众信任。显然最大困惑之一在于“新闻”与娱乐、媒介、传播、广告“剪不断，理还乱”。新闻最早的含义是“记录”、“日志”，启蒙理性与新闻自由赋予新闻“事实”、“客观”，谁曾料想，市场化商业运作将新闻演变成“反常”、“丑闻”、“娱乐”、“绯闻”的代名词。人咬狗是新闻，新闻是看家狗，但这“狗”们还能拴得住吗？媒体的商业价值正在取代传统的新闻价值。哥伦比亚大学新闻学院院长凯利给出的答案是：新闻不能和广告、传媒、公关或广电混为一谈，作为一种独特的社会实践，新闻不能和传播混淆，因为新闻是对活生生现实的描述，是再现的事实，是通向“真实之整体”的“地方知识”，是对生活浸淫了人文关怀的批判与参与，其核心是人的自由、平等和尊严。新闻是文本，是新闻作品。这种作品是否有灵魂，取决于它是否具有鲜活、深描、理解的人文价值取向，取决于作品产生之过程和方法。以生活经验为文本，采取人文价值解读。这是做新闻的方法（凯利，1999）。中国新闻学者认为，新闻应向大众传播转变（李良荣，1998）。我们认为，媒介是技术、组织，履行的是经营者与投资者的意愿，新闻是文本、良知，代表着社会理想与公众利益。

1.1　新闻公信力与可信度

新闻公信力的概念与可信度来自同一个英文单词“Credibility”。新闻可信度是指受众根据新闻媒体的可相信性、准确度、偏向、深度和客观性，从而判断或认知新闻事件是否值得相信。一般而言，新闻可信度的要素包括：① 新闻事件的消息来源，比如真实的、专业性的渠道；② 新闻消息呈现的形式，比如小道消息或权威版本；③ 新闻传播的载体，比如报纸、电视或网络；④ 接收新闻的受众差异，比如环境地位、知识喜好等。信源可信度（Source Credibility）与媒介可信度（Media Credibility）是可信度研究的两个主要维度。① 考虑到怀疑感与情境参与相关，近年来出现将政府信任作为变量加以研究，比如个人本身相信或怀疑当权政府，将能对大众媒介报道内容的可信度有负面推测。② 政府信任不仅反映个人对媒介的相信或不相信，同时也表明个人与政治团体成员之间的认同和对某政治事件的参与。新闻可信度以消息来源、媒介形式、受众差异等为典型变量，较多运用控制实验研究方法，其目的是为了提高传播说服效果、品牌忠诚度，它是产生于20世纪40年代传播学实证研究中产生的一个概念。

---

① Austin & Dong, 1994; Holland & Weiss, 1951; Milburn, 1991; Salwen, 1987; Stater & Rouner, 1996; Sundar, 1998。

② Johnson & Kaye, 2002; Bennett, Rhine, Flickinger & Bennett, 1999。

相较“公信力”而言，“可信度”更侧重与某个具体的指标或行为相关联。而公信力则为一个多向度的概念，较“可信度”涵盖范围更广，更具丰富的内涵（张国良，2000）。新闻公信力更多地出现在媒介伦理、新闻专业主义、行业自律所研究的视野之内，从道德、规范、责任等更为宏观宽泛的视角加以审视。受人尊敬的学术组织和民意调查者例如皮尤人民与新闻研究中心（Pew Center for People and the Press）、公共事务基金会（the Public Agenda Foundation）和美国报刊编辑协会（American Society of Newspaper Editors）、盖洛普民意调查机构等都组织过关于信誉和公众信任的调查研究。新闻可信度与公信力具体含义与适用范围存在差异，但尽管如此，公信力概念与可信度研究有着千丝万缕的关系。

可信度始于1951年霍夫兰领导（Holland & Weiss）的传播学中的态度说服理论，将信息来源作为控制变量，提出专业权威度（expertness）和值得信赖度（trustworthiness）两个标准。专家维度，也称作“能力”、“经验”、“权威”或“资格”。① 专家维度旨在决定将传播者看成在多大程度上知晓或掌握所报道新闻。另一个即是值得信赖的维度，也称作“品质”、“可靠”、“诚实”。② 值得信赖维度旨在表明把传播者看成在多大程度上能够讲述或告诉真实性的新闻信息。传播者所具有的信源可信度是指其获取消息的来源，包括单独个体的传播者（比如学者、作者、记者、官员、警察、政治领导等），以及信息发布的机构（比如新华社、路透社、CNN、CCTV，或《纽约时报》）。对编辑们而言责任最大的，那就是对消息来源之可靠性的判断（Lippmann，1922）。20世纪90年代，针对新闻公信力在组织的绝大多数调查中呈持续下降的现状，美国新闻机构与教育组织引入“公众新闻”（public journalism）或“市民新闻”（civic journalism），试图缩小公众与媒体之间的“信任沟”。公共新闻主义思想就是将“非专业、非权威”的市民作为消息来源与报道对象，而不是政府官员、学者或其他权力机构。可信度研究中的信源变量与公共新闻主义联系在一起，成为阻止新闻公信力下降的首选方法。

此外，一些研究者将探寻传播信息的媒介形态与可信度之间的关系。媒介公信力研究取向集中在新闻内容传播的载体渠道方面而不是消息传者方面（Kiousis，2002）。传播渠道载体包括报纸、电视、广播和网络。罗珀民意调查公司（Roper Organization，1963）基于媒介可信度设计的民意测验表明，电视1963年时在可信度上已超过报纸，而20世纪60年代新闻媒介的可信度超过其他机构——学校、当地政府、警方、商界和有组织的宗教。近年来，有关互联网公信力的研究就来自于媒介可信度思想。Johnson和Kaye（1998）就对政治感兴趣的网络用户如何认知网上信息公信力展开了调查研究。研究显示被调查用户认为网上信息比传播媒体更具有可信性。Sundar（1999）在调查研究影响受众对印刷新闻与网上新闻的认知判断差异因素时，发现“公信力”是被调查者使用最高的四个因素之一。Johnson和Kaye（2000）也发现对政治较感兴趣的网民认为，通过传统报刊媒体可以预知其网络版新闻的可信度。而且，Kiousis（2001）比较了在电视、报纸和网络三种不同新闻中的公信力认知，发现报纸最高。近年，Bucy（2003）考察了电视与网络两种媒介新闻的传播效果，认为媒介形态的选择会影响新闻公信力的认知。

可信度研究除了以信源、媒介为变量外，还有相对较少的研究将重心放在受众个人差异上。理论上，性格不同的人在判断与认知过程中存在差异，这也意味着不同性格、心理的个人会表现对同一媒体信任或非信任的两种截然相反的态度。通常来说，个人因素被划分为两大类：① 环境因素，比如“事件介入程度或对某话题的了解”③，以及“知识积累与直接经

---

① Hovland & Weiss, 1951; Berlo, Lemert, & Mertz, 1970; Salwen, 1987; Whitehead, 1968。

② Hovland & Weiss, 1951; Berlo, Lemert, & Mertz, 1970; Salwen, 1987; Schweiger, 2000。

③ Gunther, 1986; Arpan & Raney, 2003; Niven, 2003。

验”。① ②性格因素，比如“对媒体持不信任或怀疑态度”② 和“认知过程复杂化”。③ 在ASNE的公信力调查中发现，新闻当事者或经历者对新闻媒体的公信力下降，不同学历、背景、职业的人群对公信力的认知不尽相同。

Abdulla，Garrison，Salwen，Driscoll & Casey（2002）创立的研究新闻可信度的李克特量表共有12项内容，包括值得信任性、时效性、偏向性、公正性、完整性、客观性、诚实性、现代性、可相信性、平衡性、准确性、即时性（trustworthiness，currency，bias，fairness，completeness，objectivity，honesty，up-to-date，believability，balance，accuracy，timeliness）。这主要是从传播者消息来源的角度对可信度进行测量，这是因为人们在对新闻持批判质疑态度时，更多地将注意力投入到新闻的来源而不是新闻报道内容的本身（Gunther & Snyder，1992）。同样，在公信力研究上，我们主要关注新闻报道的内容是否公平、公正，诚实、正直、中立、平衡，以此类概念对新闻媒体投入苛责的目光。新闻专业人员与教育人员对新闻公信力的兴趣从20世纪80年代中后期不断上涨，进行了一系列大规模的问卷调查，了解受众对媒体的信任程度。这些调查数据主要建立在消息来源、媒体形态、受众个体差异的基础上，虽然公信力比可信度的视角更为宏观抽象，但它的核心概念来源于可信度的测量标准，因此可信度中的专业、权威、准确、公正等量度自然地演变成公信力核心概念的组成部分。

1.2　新闻公信力与客观性

“客观性”是新闻可信度的重要指标。新闻记者与编辑承担着讲述真相的专业职责，简直就是一种不容推辞的义务诉求。新闻客观性在读者或观众“相信”还是“不相信”的决断中影响力位居首位，而讨论新闻公信力的核心概念，我们无论如何也无法绕开对新闻客观性的研究。

新闻客观性首先是作为一种报道实践开始于19世纪后期。例如，客观性元素之一的倒金字塔结构起源于一个非专业记者——战争秘书爱德文·斯坦顾在美国内战期间发表的一系列重要公报。“新闻客观性”是在20世纪初期才由新闻业内作为一种职业准则而正式拟定出来的。就像其他行业一样，新闻业的发展也是先产生一定的职业实践，然后通过改写历史，使这些职业实践看起来就像是从一种职业理念中衍生出来（敏迪克）。正如Schudson在Discovering the News中所指出的，新闻客观性作为规定性的道德准则，成为一个独立的职业性的新闻报业组织的需要。因此，新闻客观性虽然体现在外在的操作规则上，但其骨子里，是一个职业团体对自己职业规范、职业理想的明确声明和维护（黄旦，孙藜，2005），是一个由理想、假设、实践和制度混杂一起的体制（Hackett. R. and Zhao，1998）。“在19世纪前期，编辑把新闻定义成政治工具，为的是推销政党利益。到了19世纪后期，编辑把新闻定义为企业体系，其目的是为了保证或增加盈利。新闻已经商业化了。”（包德斯蒂）新闻历史学家包德斯蒂认为，正是由于便士报商业化的演化过程，才出现了我们现在所认为很合理的报道方式——客观性新闻报道。客观性报道成功适应了以政党向以市场为主导的报业市场，并非新闻记者和编辑理性地、坚定地追求真理的结果，但是客观、公正、平衡这些标准竟然在后来的新闻实践中美化成为一种高尚的道德价值观。20世纪80年代以来，美国新闻界一直流行着这样一种假设“新闻公信力下降与受众流失之间存在相关性（Meyer，1988，p567）。1987年ASNE公信力研究协会主席也提出口号“新闻公信力销售报纸（credibility sales newspaper）”。公信力是新闻企业的最大资产（a news organization’s greatest asset：credi-

① Chaffee，Nass and Yang，1991；Viswanath，1988。

② Gunther，1988，1992；Bennett，Rhine，Flickinger & Bennett，1999。

③ Slater & Rounter，1996；Austin & Dong，1994。

bility)(Lewthwaite, NAA)。新闻公信力似乎作为一剂新药，正被各种传统或新兴大众媒体用来治疗着当今受众市场分化与流失等病痛，与新闻客观性适应新闻报道资本主义商业化背景与市场竞争有着异曲同工之感。举例而言，默多克的福克斯新闻频道考虑到公众对新闻很低的信任度，将台标主旨定义为"我们报道，您决定"，要求记者"只述不作"，以客观陈述的方式成功地赢得公众对新闻报道的较高信任度。

商业竞争是新闻客观性实践背景。另一条线索来自于启蒙思想与新闻自由的渊源，弥尔顿、洛克认为人是有理性的，真理是可以获知的，观点自由市场的讨论、交锋、检验、修正或复制，将浮现真理或真相。19 世纪中期，科学的实证主义与社会调查大行其道，记者受训要像对待科学一样去报道并描述事实，这样就等于揭示了社会真相，这是因为在他们看来科学研究的可重复性（replicability）和可证实性（verifiability）是监督欺骗和偏见的卫士。然而，后现代主义哲学则将真理定义为"通过个人的理解过滤过的东西"，真理与真相是一种现实建构，完全的客观性是不可能存在的，真理根本不可知，启蒙理性被消解颠覆。等同于刊载真相的"新闻客观性"观念就这样不断遭到了哲学变化与技术革新的伤害（Christians, Ferré and Fackler, 1992）。如果真相本身是相对的，那么向读者和观众讲述或报道真相就成为一件复杂的事情。哲学争论与技术更新不是人们怀疑新闻客观性"不可能提供社会真相"的唯一原因，而在于新闻媒体依附权势，追逐金钱的现实，"新闻实践往往背离新闻理论"（阿特休尔）。在质疑与攻击的境地中，"新闻客观性"从诞生之日起就需要"自我捍卫"、"自我表白"（舒德曼）。近百年的实践，克服"先天性不足"与规避法律风险，"新闻客观性"已经从一种实用的新闻报道技巧，演变成为道德策略，或日常仪式（塔奇曼）。这是一种奇怪的转变，技术变成一种价值观，记者开始用客观报道来描述自己的工作，并把这一原则当作自己追求的崇高理想（卢·坎农）。"对最好的职业新闻记者来说，'客观性'显然是一个神话，是一种违法者欲隐藏的东西；而唯一可接受的目标就是追求准确、全面，最重要的是公正对待消息来源和受众双方"（埃默尔，2000）。新闻客观性从一种报道方式演变为伦理规范，这是一个普遍接受的理性过程。虽然公众对客观性的批评从未间断，但是倒金字塔结构、权威专业的信源、述而不作（与观点、评论分离）、可核实、5W、简洁、修辞的常规方式，以及公正、平衡、中立、准确、不偏的理念已经深深地影响着公众对新闻真实性的判断与认可。

近年来，新闻公信力的研究主要来自新闻专业协会组织，以及受媒体企业委托的专业调查研究机构，表现为新闻界内的一种自律行为，同时，也是针对公众流失与不信任所做出的积极应对措施。在调查结果中，新闻公信力的众多概念元素脱胎于新闻客观性自身的职业准则要求。ANSE 新闻公信力手册中认为，新闻公信力下降是来自于公众对新闻界的失望，因此提出客观准确、避免煽情、严格限制匿名的消息来源、保持公正、遵守新闻的核心价值与职业理想作为解决公信力下降的方法。皮尤研究中心（Pew Research Center）认为，报道准确是至关重要的，对事实的准确报道是一种理念与态度，每个人都会犯错误，完美是不存在的，但新闻记者必须花费更大的精力去保证准确，找当事人与权威部门加以数据或事件核实（新闻客观性的核心方法）。ASNE 在 1999 年公信力调查（Examining Our Credibility）中认为，新闻公信力被定义为公众与新闻机构就同一问题的认同或异议。而异议的存在说明新闻与公众之间存在着"断裂"（Disconnects）。调查结果主要为 6 个方面：过多失实、文法错误；对读者与社群的不够尊重；报道偏离客观性；谋取商业利润炒作新闻事件；新闻报道与新闻价值之间的冲突；新闻事件的当事者与目击者对新闻内容的真实性最为质疑。Stephen Hess 对美国 1985—1995 年的"信任沟"的调查整理发现，美国公众对新闻的不信任最显著的原因在于媒介产品并不能满足他们的需要或引起他们的兴趣；新闻记者在报道中的失实、偏见、傲慢、冷嘲热讽、缺乏责任感；政治权力与媒介商业集中开始侵蚀美国新闻业的公共利益；公众的怀疑与蔑视已经贯穿于当今社会生活与文化的各个方面。在新闻公信力的各种调查中，客观性报道是公众信任新闻媒体的最常用的标准之一。因此，新闻客观性的构成元素也被移植到新闻公信力的概念体系中，新闻公信力容纳了新闻客观性长期实践形成的操作技巧以及伦理规范。参照新闻客观性，公信力是一种道德承诺，一种价值观，同时也是一种方法，因此常常会用到一些与其他领域相通的技巧，如传播学中的可信度研究、态度说服技巧，以及新闻中的客观性报道方法。

1.3　新闻专业主义与新闻公信力

新闻客观性兼具“技术”与“伦理”，有学者将新闻客观性作为新闻专业主义的标志（黄旦，2005）。1997—1998 年 ASNE 新闻公信力计划执行主席 Sandy Rowe 认为：“新闻公信力不是解决新闻媒体当前问题的一个时尚的灵丹妙药，而是我们需要一种准确无误的新闻专业主义态度和一套新闻伦理标准。”社会学家 Wilensky（1964）在 *the Professionalization of Everyone* 中认为专业主义的形成需要 5 个步骤：① 全职工作（full time）；② 专业培训与教育；③ 专业协会；④ 执照许可；⑤ 服务理想（service ideal）和伦理规范（ethics code）。他一再强调的是，专业主义标准不仅包括技术水平，还需要职业理想和道德规范。由于新闻具有启蒙功能，甚至认为新闻是民主的另一个名字（James W. Carry），这种特殊地位与关键角色，外部的批评者与内部领导都坚持要求新闻严于自律与专业能力，赋予新闻以人类美好的伦理道德。正因为如此，对于 Wilensky 而言，新闻是为某种抽象的概念而进行的以“使命”为导向的职业（missionary oriented toward some abstract concepts）。新闻在本质上和精神上是专业，但在形式上只是部分专业。一个骗子，无论他多么聪明，都不可能长期假扮一名执业律师或医生，但他有可能成功地假冒牧师或主编。新闻实践一向以背离新闻理想而出名，“这些工具超越了那些珍视宪法《第一修正案》所赋予的新闻自由的前辈们的想像力，将谎言散布得更为快捷和遥远”（新闻自由委会员）。就连以新闻自由作为执政要义的托马斯·杰斐逊，也曾为这样一项崇高的事业中出现诽谤和错误而感到痛心。约瑟夫·普利策担心，如果没有高尚的道德理念，报业将难以为大众服务，甚至会变得十分危险。1904 年，在《北美评论》上，他建议成立新闻学院：“只有最高尚的理想、兢兢业业的正当行为、对于所涉及的问题具备正确知识以及真诚的道德责任感，才能使得报刊不屈从于商业利益，不寻求自私的目的，不反对公众的福利。”新闻媒介应当通过树立专业、真实、准确和客观等较高标准接受并履行社会责任。新闻媒介应该是利他的，反映多元观点。公众有权要求新闻媒介提供高水准的信息服务，以及为了公众利益要求官方介入。媒介专业人员应当对雇主、市场以及社会承担负责。（McQuail，1987）

职业标准来自两个方面：① 基于系统知识的技术性工作并必须接受较长时间的专业训练；② 职业工作人员必须遵守一系列的职业道德规范。新闻专业主义中最早且权威的道德规范由美国报纸主编人协会在 1923 年制订，赢得公共信任占据了两条篇幅，规范指出，“凡一切新闻事业，当以对读者的诚信为其基础，故必须诚挚、忠实与正确。既然读者信赖报纸，若报纸利用读者的爱戴，实施自私自利的企图，谋求不正当目的，实在有负于这种崇高的信任”。1947 年，哈钦斯新闻自由委会员的《一个自由而负责的新闻界》，在捍卫民主自由的法治基础的同时，指出与所有自由一样，新闻自由既意味着消极自由，也意味着积极自由，只有“可问责”的自由才能如同帮助消除高速公路上酗酒的司机一样，通过为新闻界消除实践和声誉方面的障碍来增加自由的手段。这个报告成为施拉姆等人发表的《报刊四种理论》的前身，将新闻从自由主义时代过渡到社会责任理论，将责任、道德、职业、专业、准确用理论的方式确定下来。“二战”后，新闻行业协会在新闻专业主义建设中显得异常活跃。在公信力研究方面，1959 年，由 Roper 新闻可信度调查开始，此类研究主要来自新闻行业协会、新闻业内或委托调查、新闻教育界，这说明新闻公信力的研究在某种意义上说是新闻行业内部的一种自律机制建立的表现，对“新闻自由”与“媒体商业化”的一种自我修正与调节。公共信任或公信力是新闻专业主义构成的一个重要部分，专业协会的道德规范建立必须在公共认同的机制之上。“新闻公信力不是远离我们工作的一种理论或哲学，而是我们职业化生涯的心脏。新闻公信力不是为了卖出更多的报纸，而是提高我们的报道质量以及建立正直的新闻理念。为了获得更高的公信力，我们首先要做的是停止浪费我们已经拥有的信任。”（Rowe，2000）新闻专业主义贯穿在新闻业的发展历程中，在专业、真实、准确和客观的论点上，树立公共利益的价值观取向，追求人文关怀与公众参与，将公众的信任放在第一位。

新闻公信力的研究一直处于新闻专业主义自律机制的运行过程中，并随着时代的不同，研究结论也不尽相同。20世纪80年代的研究针对公信力下降与发行量、收视率相关的假说展开，但结果主要表现为：绝大多数的公众信任媒体，电视或印刷等技术并不能决定人们的信任感，而权威的组织作为消息来源更有说服力，个人差异因素影响力较小（时代境报与盖洛普，1985）。而到了90年代，新闻公信力在调查中持续下降，打破了80年代的较高的乐观结果。自由论坛1995年发表的一份名为《无物神圣：和平时代的新闻事业、政治和公众信任》的报告发现，人们认为新闻业者对于将权力关系作为新闻主题兴趣过大。高达71%的人同意，美国是由强势政客、新闻业者和商人治理的，而与公众无关。新闻博物馆1997年进行的一项名为《新闻上瘾者，新闻批评家》的研究发现，63%的人相信，新闻界“对于受特殊利益集团摆布了”。一些人还认为，大企业（49%）和当选官员（39%）对新闻判断施加了不应有的影响。多达63%的人认为，“利润动机”不适当地影响了报道，54%的人相信，公司媒介业主和广告商拥有过大的权力。皮尤研究中心（Pew Research Center）发现，人们对媒介的支持率正在全面下降。例如，地方报纸在1985年有81%的支持率，而1992年为78%，1997年为74%（埃默里，2001）。

为了阻止新闻公信力的下滑，美国报纸协会(http://www.naa.org)和美国报纸主编协会寻找方法改善媒体的表现。1997年，新闻业内以及联合基金会花费数百万资金尝试了三种方式：实施新闻公信力计划（ASNE，1997），形成新闻公信力道德手册，定期监控公众对新闻媒体的信任程度，提出时效与准确相结合，宁可牺牲商业目标而遵循新闻道德与职业理想，知晓权与社会责任相统一，报道的广度与多元化等行业规范思想。成立记者委员会，实施新闻自由与公正计划（Hess，1998）。记者委员会形成了9个新闻基本规范（Kovach和Rosenstiel，2001）。同时，对美国“信任沟”的关注上涨，一些职业记者将“联系社区”这样一种传统的公共服务作为提高信任度的方式。Rosen（1993）表示，“联系社区”意味着记者必须在国内事务中扮演一种积极主动的地位，改善话语与争论，创造一种社区事务吸引市民注意的气氛。一些记者和新闻教育者开始将公共新闻主义作为一种既可增加读者又可以缩小“信任沟”的方法。例如，Altschull（1996）认为公共新闻主义的各种目标建立在提高新闻公信力的基础上。他总结公共新闻主义“标志着新闻向以往的荣誉的转变”，以及“获得新闻的最初的目标”，即《第一修正案》所赋予的观点与意见相互争辩的服务地位。

21世纪，媒体技术的变革与市场竞争的激烈，公信力是否成为新闻界在面对多元化媒体环境中抛出一个新策略，将公众的视线转移到所谓的“值得信赖”？如此看来，新闻公信力在新闻专业主义者的眼中，既是一个需要解决的问题，同时也是一个解决问题的办法。

1.4 新闻公信力概念模型

新闻专业主义、新闻客观性、新闻可信度、新闻公信力，在概念与指标上存在很多的重叠，但又无法简单地画上一个等于号，因为彼此产生的时代、背景、外延与内涵都有一定的差异。新闻公信力作为新闻研究中的“后起之秀”，移植并借用新闻伦理、说服效果、报道原则中众多概念与说法，似乎有一种“旧瓶装新酒，旧的新闻理念披着新的职业化外衣翩然登场了”的感觉。无论还将冒出多少新闻概念，我们还是需要将新闻的本质回归到传统，也就是说新闻公信力依然摆脱不了权威可靠的信息来源，特别是在多元声音与渠道的今天；准确客观的陈述，在谁都可以发表评论的互联网时代，陈述中的可以还原真相的5W显得弥足珍贵。当然，这两点可以细化或衍生出更多的美好的词汇与抽象的概念：公正、公平、平衡、中立、诚实、完整、精确、不偏、正义、真实、信赖、深度、全面……

新闻公信力并非凭空出世，公众信任（public trust），可相信性（believability），真理（truth）、客观性（objectivity），义务（accountability），社会责任（social responsibility），可信度（credibility），这些新闻思想散落或系统地构成新闻公信力的理论根源。在概念模型的建构上，可将传播可信度、新闻客观性与新闻专业主义作为新闻公信力概念的三个主要来源与入口。出于对新闻客观性研究中“报道技巧”与“职业规范”两个维度的启发，我们认为，将三个来源一分为二，这样就有助于重新组合，并得出一条新闻公信力的概念公式。

如表1所示，技术层面，主要是指新闻实践中的具体操作步骤或常规方式，体现为记者或编辑的行为策略与工作方法。伦理层面，希腊文 ethos 的原文是“发送”、“常去”、“住所”、“住惯的地方”，意思是出发的地方，是“家”，引申为人的内在性格、品行的根源、行为表现的基本原则。Morality 源自拉丁文，一种方式、一种行为、一种习惯性表现。道德指的是实践，伦理指的是基本原则（Christians，2000）。在这里，体现记者与编辑的职业理想与社会使命。

表1 **新闻公信力概念二维表**

	技术层面	伦理层面
传播可信度	信源状况、媒介形态、受众态度、政府关系	
新闻客观性	倒金字塔结构、事实说话、简洁准确、陈述、可证实、描述修辞、5W、强调细节、无观点	诚实、公正、中立、不偏
新闻专业主义	专职工作（内部新闻自由）、职业教育	专业协会、道德规范

新闻公信力概念公式为：新闻公信力 = 传播可信度（技术层面）+新闻客观性（技术层面+伦理层面）+新闻专业主义（伦理层面）。

传播可信度作为在传播态度说服、广告与公共关系中的普遍概念，对信源、媒介、受众等变量的测试研究，得出决定改变受众态度，说服受众相信传播内容，并保证一定的持久性，这是一种纯粹的传播学实证理论。新闻公信力中的大量指标调查是在可信度的研究框架下进行的，借鉴了可信度研究的具体结论，但两者也存在差别，传播可信度以传者为出发点，面对的一个被动的角色“受众”。而新闻公信力面对是一个主动的有利益诉求的“公众”，从公众的角度审视大众传播者的自身问题，是一种道德自律行为。形象的说法，传播可信度冰冷，新闻公信力温暖。新闻客观性的概念本身包含了技术与伦理两个层面，被新闻公信力较为完整的吸纳，成为新闻公信力不可缺乏的子概念，甚至可说，新闻公信力在某种程度上是新闻客观性的升级版。在新闻专业主义的角度，新闻公信力发展主要来自于行业自律方面，其动因是意识到后现代社会语境下的信任危机泛滥，业内“公众信任与发行量、收视率”之间的相关假设蔓延，在这种隐性的商业目标的驱动下形成新闻界集体式的反思宣言与自律运动。

人们对媒体的信任和尊重正在恶化，所以媒体所唱的“重视公众信任”的高调只能显得更加空洞。可能停止这种冠冕堂皇的说辞、老实承认媒体的主要目标就是谋求利润的时候了——只有当它的主要目标被满足到一定程度时，才可能谈到公众服务的问题（梅里尔，2001）。这是唱“新闻公信力”反调之一。当然，我们允许不同声音的存在。虽然社会责任理论因“限制自由”或“过于理想”遭受批评，但对于“放任”的自由，自我克制与保持清醒头脑在当今社会异常重要，尽管这种情形近乎陷入一种两难困境。因此借用了这么一段话作为结语，“新闻界继续是私人性质的和自由的，因此是人性化的和容易犯错误的；新闻界必须认识到，它的缺点和错误不再是个人的异常行为，而已经成为公共威胁。它的不称职威胁到公共舆论的平衡。由于功能不足或只提供部分事实真相，它失去了这种普遍而古老的人类自由。但是新闻界不敢再放任自己容易犯错误的脾性——它必须满足公共的需求。而这同样没有完美的解决之道。但要紧的是新闻界必须接受公共标准并为之而努力”（新闻自由委员会，1947）。

2 西方新闻传媒公信力研究

研究传媒的竞争力不能不研究传媒公信力的问题。研究和社会调查显示，传媒公信力是受众最为关心的问题。

2.1 传媒公信力研究的视域

公信力的概念并没有一个确切的定义，研究人员大多在一般共识的基础上进行分析。一般认为，所谓传媒公信力，就是传媒在公众中的可信度或者是公众对传媒的信任度。但这些一般意义上的共识略显抽象而难以运用，所以在分析传媒公信力的时候很多研究人员都将这个概念细分为多个可以量化的指标。

梅耶（Meyer）所提出的指标得到了较多认可。他认为，公平（fairness）、无偏见（unbiased）、报导完整（telling the whole story）、正确（accuracy）和可靠性（trustworthiness）这五个指标是构成公信力的最佳指针（王旭、莫文雍、汤允一，1999）。

阿不杜拉、加里森、赛文、多里斯科和凯西（Abdulla，Garrison，Salwen，Driscoll & Casey，2002）给出判断公信力的12项标准，包括：值得信任性、时效性、偏向性、公正性、完整性、客观性、诚实性、现代性、可信任性、平衡性、准确性和即时性（trustworthiness，currency，bias，fairness，completeness，objectivity，honesty，up-to-date，believability，balance，accuracy and timeliness）。

哈夫兰（Hovland C. I.）、杰尼斯（Janis I. L）与凯理（Kelley H. H.）从传者角度认为媒介的公信力应该有专业知识（expertise）和可靠性（trustworthiness）两个最主要的维度（Hovland，Janis & Kelley，1953）。

上述这些并不统一的指标构成了一部分公信力研究的基础，这部分的研究以调查为主。皮尤中心在美国做了相当多类似的调查。除此之外还有依阿华大学（Greenlee School of Journalism and Communication，Iowa State University）、普利斯通调研协会（Princeton Survey Research Associates）、波特/诺分里公司（Porter/Novelli）、印第安纳大学（Indiana University）和密苏里大学（University of Missouri-Columbia）等也做了很多调查。而在其他国家，比如韩国、加拿大、德国以及中国，公信力状况的调查也取得了大量的数据。

大量的数据给了人们更多启发，有的学者开始着眼于媒介的文本信息，试图从媒介信息的准确性或真实性角度来寻找其公信力水平普遍不高的成因。最初研究人员关注文字表达在语法和语意上的错误。进而他们又转向了新闻从业人员本身的素质以及与受众的人际关系方面。也有的研究人员不慎钻入了牛角尖，认为靠媒介本身的努力无法提高公信力，需要有外力的介入才能改变局面，而他们寄改革的希望于一个中立的“顾问团”。

第三个研究领域在第一个领域调查结果的基础上，根据数据分析受众的不同特征与其公信力观念之间的关联。研究人员分析了受众的年龄、性别、受教育程度以及收入等特征与受众给出的公信力评价之间的相关性。换句话说，就是想要找寻出一类或几类的“典型人群”，并假设这些人具有某种特征，他们更倾向于信任或怀疑媒介的信息。

上述研究领域随着研究人员分析的步步深入，可前进的道路越来越窄。鉴于有的研究人员在分析受众特征过程中所处的窘境，人们开始将眼光放宽，把受众在所处团体中的个人与个人以及个人与团体的相互关系引入分析中。这一类研究的一个理论支持来自沉默的螺旋理论，考虑群体压力以及人际交往中和谐关系建立的种种因素。

最后一个研究领域关注受众对新闻事件的参与程度与其产生的不信任倾向之间的关系。这一类研究也经历了由简单化到具体问题具体分析的各个阶段。近期的研究认为参与程度高低不足以给受众的态度下定论，还需要分析信息内容、媒介立场以及受众立场等其他因素的影响。

2.2　公信力研究受关注的两个主要方向

2.2.1　以媒体为视角的研究

（1）媒体公信力状况调查

皮尤中心（Pew Research Center）多年以来进行了多次“民众与新闻媒介”（The People & The Press）民意调查，反映美国民众对新闻媒介的信任程度。从它的调查报告中可以看出自 20 世纪 80 年代中期至今，20 多年来美国民众对传媒的评价整体下降了。

皮尤中心 2003 年的“The People & The Press”报告显示了对媒体“很有或有一定信心”的受众的比例。1985 年还有将近 55% 的民众信任媒介提供的信息，而 2003 年的这个比率是 36%，虽然在 2001 年“9 · 11”事件之后公众对媒介的看法有过短暂改善。这一曲线在一定程度上展示了美国媒体公信力状况的总体趋势（见图 1）。

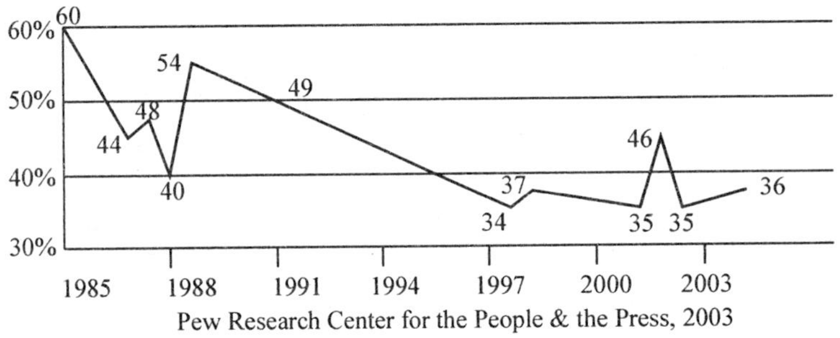

图 1

2005 年，皮尤中心公布了名为“Public More Critical of Press, But Goodwill Persists”的调查报告，更新了 2003 年的结果。报告显示：三大主要新闻媒介——日报、地方电视台与全国电视网——公信力都在下降。具体来看从 1984 年到 2005 年，日报的受信任指数下降了 30 个百分点（84% ~54%），地方电视台下降了 23 个百分点（85% ~62%），全国电视网也下降了 23 个百分点（87% ~64%）。

皮尤中心的数字与图表折线都显示美国新闻媒体的公信力确实存在下降势头。帕德格特（George E. Padgett）也说了，“传媒急需重新获得公信力”。他提醒，当人们已经对《华盛顿邮报》这样有影响力的报纸都不抱有信任的话，那么问题就已经远超过了我们所以为的那样了。（George E. Padgett，1998）

在美国国内，其他机构以及个人做的同类研究还有很多，比如米尼巴拉 · 阿波拉马（Ibelema Mineabere）和拉里 · 波威（Powell Larry）调查发现，阿拉巴马居民认为在所有新闻媒介中，有线电视最值得信赖（Ibelema & Powell，2001）。

波特/诺分里公司（Porter/Novelli，1996）有关传媒公信力调查的结果显示，在所有新闻媒介中，电视和报纸媒介拥有相对高的公信力。

斯披罗·考萨（Kiousis，2001）进行了一个关于电视、报纸和网络新闻媒介公信力的调查。在 Austin 和 Texas 居民中随机抽取样本，调查人们对上述三种媒介公信力的态度。调查中也考虑了接触性因素对受众新闻媒介公信力观念的影响，这些因素包括了媒介使用和人际间对新闻的讨论。调查结果显示，受众对所有 3 种媒介的新闻总体来说不信任，但是还是认为在其中报纸媒介的公信力最高，其次是网络新闻媒介，最后是电视媒介。

乔·尼可森（Nicholson，1998）的调查结果显示，大部分美国公众不信任新闻媒体的报道。他担忧，美国传媒公信力问题的根源来自于民众对报刊等新闻媒介的声誉与道德水准的质疑。他还就克林顿性丑闻事件对美国新闻媒介的公信力进行了民意调查。结果却显示，越来越多的人认同媒体报道的丑闻，相当一部分公民认为丑闻报道的来源是可信的，而且认为报纸上的报道最可信。

米歇尔·罗宾（Robinson Michael J）和安德鲁·可哈特（Kohut Andrew）以在全国范围内抽取的 2100 多个成年人作为样本，调查受众对 39 家新闻机构与新闻人物的信任度（Robinson & Kohut，1988）。他们的调查取得了三个重要成果，在一定程度上展示了美国新闻公信力的状况。而且值得注意的是，他们的研究结果与常规看法以及近期其他一些新闻媒介公信力研究的结论并不一致。首先，他们的调查结果显示绝大多数公众信任他们听到、看到或读到的出现在国内媒体上的新闻；其次，受众的媒介公信力观念与受众的政治特征以及所谓人口统计学上的特征没有明显关联，而上述两点正是美国学者最关注的两个因素；再次，受众根据他们各自认定的“可信度”标准对媒介进行分类。但受众的分类也与业界的惯有做法并不相同，业界时常把报纸与电视媒介作为两大分析对象，分开考虑。

Chegong-Yi Park 试图找出在网络时代韩国传媒公信力的决定因素（Chegong-Yi Park，2006）。他认为，新闻媒介公信力的两个重要方面是新闻职业的特性（professionalism）和社会公共事业（social utility）。前者包括了新闻的准确性和公正性；而后者包括了言论自由等。但是他还认为，后者虽然能够影响电视与报纸媒体的公信力，但是却并不影响网络新闻媒体的公信力。

沃夫刚·斯威格（Schweiger Wolfgang，2000）1998 年夏天在德国对 540 名受访者进行的调查显示，无论是否使用互联网，人们都认为网络媒介的公信力与电视和报纸媒介相似。但相似不等同于超过，德国网络媒介的公信力并没有超过电视与报纸媒介的。

复旦大学新闻学院在有关中国传媒“议题设置功能”的抽样调查中曾涉及上海市民对于传媒的信任程度一项，其结果不容乐观，超过半数的市民并不认为传媒能够完整地反映客观世界。

香港大学民意网站 2006 年 5 月公布的调查结果也显示，市民对新闻传媒表现的整体满意率为 49%，但也有 42% 的人表示不满意杂志的表现。该校在同年 4 月进行的民意调查也指出，近七成的受访者认为香港传媒有误用或滥用新闻自由的情况。(《明报》，2006)

（2）网络媒介

公信力研究人员对网络新媒体给予了相当的关注，对传播技术和发展对媒介产生的影响也非常关心。

Chegong-Yi Park（Chegong-Yi Park，2006）将早期公信力研究中使用的一部分指标运用于韩国语境中，从而确定了网络媒体的公信力在韩国国内传媒的总体公信力状况中间扮演的角色。

艾里克·布斯（Bucy Erik P.，2003）通过研究广播和网络新闻媒体之间协同效应的影响来分析媒介公信力，他的重点就在于网络媒体的新闻公信力。研究提出，影响受众对网络新闻公信力评价的因素包括：在广播和网络新闻之间存在的协同效应，以及受众对网络和广播的使用行为。

斯披罗·考萨（Kiousis Spiro，2001）的调查也将网络媒介加入到他的调查范围里。

沃夫刚·斯威格（Schweiger Wolfgang，2000）重点关注了德国的网络媒介。讨论了在德国公民中，10%的网络使用者和其余90%不使用网络的德国人对这一新兴媒介公信力的看法。他从受众的个人经验与媒介覆盖率等方面进行分析。

托马森·约翰（Johnson Thomas J.）与巴巴拉·卡亚（Kaye Barbara K.）考虑了对政治感兴趣的网络使用者是否认为互联网发布的信息是可信的问题（Johnson & Kaye，1998）。

保罗·波卡（Burka Paul，2005）关心博客在大众媒介中具有的公信力。

（3）新闻业的表现与公信力

第一，媒介信息的准确度。

一般都认为，信息不准确的原因主要是信息中包含有主观错误和客观错误。主观错误主要是指含义上的错误，客观错误主要指字面上的错误。早在20世纪30年代，查雷（Charnley）就发明了检验信息准确与否的方法，他通过将报纸新闻复印后邮寄给新闻来源并要求他们填写问卷的方法来检验报纸信息的准确性。（Hanson & Wearden，2004）

在查雷研究的基础上，巴里（Berry）首次区别了主观和客观错误。他将姓名、头衔、年龄、地址、方位、时间和日期等的错误归入客观错误；主观错误则包括不准确的标题、夸张和省略等。巴里认为，事实上相比较之下主观错误才是出现最频繁的错误（Hanson & Wearden，2004）。

还有的学者从信源与记者之间的关系研究信息的准确性。他们的研究关心记者与信源之间的接触频度与信源对信息准确度的认知之间的关系。这些学者认为，记者与信源之间的人际关系能使信息显得更准确。布兰克伯格（Blankenburg）认为，如果信源与记者之间保有良好的私人关系，那么对于信源来说即使信息中存在错误也显得并不那么严重了。之后，马修（Marshall）的研究证实了这个观点。（Hanson & Wearden，2004）

因为有人提出了信源与记者的人际关系，又有研究表明信息错误中主观错误才最易发生，一个新研究方向的开辟就这样得到了推动——新闻从业者素质的研究。很多研究人员希望通过记者、编辑的素质与信息准确性之间关系的确定，来从新闻记者身上寻求提高传媒公信力的出路。马克韩（Markham）以新闻记者为研究对象，设计了55个语义差距量表，由大学生评估电视主播的表现，得出严谨（reliable-logical）、表现技巧（showmanship）和可靠性（trustworthiness）三个公信力的决定因素（Markham，1968）。

就媒体自身来说，媒体特征与公信力也是一个在早期研究中探讨得相当多的领域。其中一个经典研究由肖（Shaw）于1967年完成。他分析了在电报发展过程中，报纸上偏向性新闻的减少趋势。但是，其后的研究也得出过不一致的结论。冈瑟（Gunther，1992）的调查显示，报纸特性与受众的公信力评价并不相关。

第二，新闻教育以及新闻从业人员的表现。

马克·西蒙（Seamon Marc，2001）分析了错误语法的使用对美国传媒公信力的影响。在研究中，他质疑了各新闻学院训练学生语法的方法和结果。他认为新闻学院不重视语言能力训练的做法是错误的，这些学院缺少统一而严格的标准来评价学生的语言能力。

亚历山大·马克思（Marks Alexandra，1996）认为政治力量、记者本身的文化背景以及媒介具有的公共机构的某些特征都会对媒介公信力产生影响。

2006年，《新闻评论》杂志（Quill，2006）在社论中讨论了美国新闻业是否有必要聘请新闻顾问来重获公众信任的问题。文章认为，新闻工作者无法依赖自身的努力来重获信任，他们需要来自于批评家的帮助，理由是这些批评家非常关心新闻媒介在国家民主中的地位。媒介聘请新闻顾问就可以通过建立公共论坛来帮助自身构建一个不偏不倚的话语结构。

2.2.2 以受众为视角的研究

(1) 受众个体特征的差异与传媒公信力

摩根·乔安森(Johansen Morgen, 2005)运用社会心理学的方法检验受众评价媒介公信力时所用的思考方式。他主要分析了个体的思考方式在其对媒介信任度评价过程中的角色,以及与媒介公信力评价相关的受众个体特征。

伯克、酷比和索伯韦尔(Becker Cobbey & Sobowale),来威斯(Lewis)、威斯里和赛弗林(Westley & Severin)分别于1978年、1981年和1964年从受众角度,通过分析受众的年龄、性别和受教育程度研究了传媒公信力这一课题(Becker Cobbey & Sobowale, 1978; Lewis,1981; Westley & Severin, 1964)。

大卫·尼闻(Niven David, 2003)关注媒介偏向性在受众主观上的来源,并证实了在政治性强的受众中,根据所属的政治集团或持有的政治立场,存在着认为新闻偏向共和党或民主党的特殊观念。

克里斯托弗·布多音(Beaudoin Christopher E.)和艾瑟·索森(Thorson Esther)探究了受众的种族以及媒介使用对公信力判断的影响(Beaudoin & Thorson, 2005)。结论是种族变量对受众的公信力观念有重要影响,而媒介使用变量的影响却不明显。

还有的学者试图将受众根据特征进行分类。威斯里和赛弗林(Westley & Severin, 1964)在一系列与公信力明显相关的变量——教育程度、收入、城市化水平和性别——基础上创造了一个受众的"理想类型"。这样的受众特别地倾向于对媒体公信力给予高评价。伊斯马克(Ismach, 1975)根据一个"不信任指标"来划分受众人群,从而检验受众个体对信息不信任的倾向。上海大学戴元光教授1986年在兰州的研究表明,不同社会身份的人对同一媒体或同一新闻报道的认知差别很大。一个例子是,他将20世纪70年代《参考消息》报道前苏联因为农业不景气,饲料紧张,养牛业受影响,动员老百姓星期五吃鱼的文章让大家看,在被调查的14个具有大学以上文化程度的人中,12个受访者认为苏联供应不错,还要动员吃鱼,认为报纸报道苏联的生活状况不客观,而19个一般市民受访者则认为,苏联物资缺乏,供应不好。1993年,戴元光教授又将《人民日报》报道美国总统布什的儿子失业的文章给不同的人阅读,具有大学以上文化程度的25位受访者认为美国公平,总统儿子失业也不会走后门,认为中国媒体在报道美国问题上有偏见。16位中学文化以下程度的市民则认为,美国总统儿子失业说明美国经济那么发达也有失业问题,我们有失业不奇怪。

在这个领域的研究中,很少有人考虑受众的主观因素,其中只有个别的研究有所涉及。凡龙(Vallone et al., 1985)通过调查找到了确实的证据证明,认为新闻报道具有偏向性的受众都觉得这些新闻偏向于与他们本人所持立场的相反方——就像民主党成员更倾向于认为新闻是偏向于共和党的,而共和党成员就认为新闻报道偏向于民主党。

也有人对这一研究领域的主题提出了挑战。仍然是冈瑟(Gunther, 1992)的调查表明,除了受众的年龄因素,其他的受众个体特征与对传媒公信力的评价无明显关联。

(2) 人际交流的影响与公信力

斯披罗·考萨(Kiousis Spiro, 2001)的调查显示:对于电视媒体来说,人际讨论对受众的媒介公信力评价有一定程度的负面影响;但是对于网络新闻媒介来说,人际传播对其公信力评价却有正面作用。

伊夫兰(Eveland Jr. W. P.)与肖(Shah D. V.)经过研究发现相当多的公众认为新闻媒介具有偏向性,而且其中的大多数人还坚持媒介的偏向与他们本人的观点相背。这两位学者提出,早期研究的重心是放在受众的个体特征上(比如个人对某个党派的忠诚度以及个人对政治事件的涉入程度)。他们指出,个人特征确实能加深受众观念的偏向性,可是不能因此抛开人际因素的影响。这里指的人际因素包括在人际传播中存在的意识形态上的相似性或者差异性。他们在一次全国性调查中发现，假如将受众间的人际讨论不加区分地看成一个整体，受众对媒体的偏向性观念与这种讨论似乎没有明显的关联。可是，意识形态上有相似性的受众之间的讨论与受众的偏向性观念就有明显的关联。研究还显示，共和党成员中具有相似性的人们之间进行的讨论比民主党中这种成员之间的讨论更有力地影响了人们的偏向性观念。同样地，近期一些研究也显示了共和党成员更具有媒体偏向性观念（Eveland & Shah，2003）。

沉默的螺旋理论（Noelle-Neumann，1933）体现的是人际压力对个人观点的影响。在一个群体中，当更多人持某种观点的时候，余下的人因为害怕与多数人观点不一致而被排挤，从而选择了沉默。

伯克（Beck，1991）研究了大选期间人际传播因素对各个党派支持者态度的影响。他发现，受众的家庭、朋友、邻居和同事关系圈是其获取政治信息和对政治事件进行评判的最主要来源。受众在与他人进行政治讨论时，各种人际关系促使个体更加强化他们原有的态度。(Mackuen & Brown，1987)

多数人的政治观点都受到与其相接触的其他人的影响。如果个体处于持相同意见人的包围之中，他会产生非常强烈的，甚至过度的偏向性观点，固执地认为某些政治信息不实而且偏向于敌对方。这是因为要评价新闻是否“偏向”，个人首先要有一个“中立的”评价标准。但是个人由于必然受到人际关系圈的影响，就或多或少地根据圈中人的价值标准判断事实，再将带有一定群体价值判断的“眼中的事实”与新闻报道进行比较，若是之间存在差异，那么人们就倾向于认为媒体信息是有偏向的。

侧重研究人际因素影响的学者认为，在意见讨论中某些个体特征，如年龄、种族以及社会地位等的相似不如观点态度的一致性那么容易使人产生亲近感。不过，人际讨论也要有区别地加以分析。讨论如果支持某人所持的观点，那么讨论的作用就是增强某人对媒体具有偏向性的观点；讨论如果反对某人的观点，那么将削弱关于新闻带有偏向性的观点。

同样，个人参加讨论意愿的强烈与否也会影响其对媒体信息的态度。参加讨论意愿强烈的人受到更多人际传播的影响。

(3) 受众参与程度与传媒公信力

研究受众参与程度的学者认为他们找到了受众个人对事件、团体的参与和其产生对媒体不信任倾向之间的关联。

安德鲁·可哈特（Kohut Andrew，2004）分析了一个皮尤研究中心的调查报告。该调查显示，美国受众在选择媒介时越来越带有政治性；美国受众对媒介的信任度总体来说降低了。他提出的观点是：个人参与也会对其的公信力观念产生影响。

歇里夫和内伯格（Sherif & Nebergall，1965）的社会价值判断理论所描述的信息处理过程就建立在受众参与社会事件的不同层面上。他们认为这些层面之间的区别与受众对同一事件的不同反应层次相符合。

早期的受众参与研究认为在高度参与的情况下，受众更多地倾向于对新闻信息持否定态度，而对于参与程度低的事件，受众的否定态度就不明显，更多地表现为接受或中立。而比较近期进行的相关研究却发现了新的情况。

很多近期的研究发现，参与程度高的受众对与其所持观点相冲突的新闻信息并不会消极地视而不见。帕蒂和卡西波（Petty & Cacioppo，1986）就证明，参与程度越高的受众对新闻信息的内容思考得越多也越仔细。因为这些事件与受众本身高度相关，所以受众更希望能探究事实的真相，也更希望媒体的信息“准确无误”。由此，这两位研究人员得出的推论是参与程度高的受众更加容易被说服，而且与参与程度低的受众相比也不表现出更多地偏向性观念。

但罗丝、莱帕和胡伯德（Ross，Lepper & Hubbard，1975）就认为参与程度高的受众也可能更倾向于坚定自己对事件的原有观点，更倾向于持有极端的立场，更倾向于受固有观念的影响，更容易自以为是，也更多地带有个人色彩。原因可能来自受众维护自尊心的愿望。人们心中不希望丢人或不服输的念头造成了他们有时盲目坚持自己的观点。这种心理带来的结果就是这些受众对与其观点一致的信息更容易全盘接受，而对不同的观点信息就将它们归类于媒体偏向的结果，并且给予否定。极端的例子就是参与程度特别高的受众对不同立场的观点可能会不假思索地进行全盘否定。(Greenwald，1981；Ostrom & Brock，1968)

康华斯、赫夫兰和韦兹（Converse，1962；Hovland & Weiss，1951）的研究都证明，参与程度高的受众对说服具有强大的抵抗力。奥斯古德和坦内班（Osgood & Tannenbaum，1955）将受众对于说服的抵抗力，也就是认为信息是不可信的观点，称为“对值得怀疑的事物的必要纠正”。

但是在有的情况下，参与程度高的受众仍然会被说服。条件是当受到十分强硬的或非常肯定的观点说服时（Petty & Cacioppo，1979）或者在信息的来源对于受众来说是亲切的而且乐于接受的时候。(Zaller，1987)

与一般意义上的参与研究不同，有的学者研究角度放在了社会团体的成员关系上。他们认为受众对团体关系的参与明显地影响了他们对信息的评价，这不同于一般意义的人际关系影响，更强调群体压力。无论对于何种媒介，社会团体成员的关系都显示与其成员对新闻的判断有明显的相关。而且，每个团体的成员都认为媒体的报道对自己所在的团体不利。(Gunther，1992)

2.2.3 对两种研究倾向的探讨

从上述公信力研究的范畴中能总结出两个主要的研究方向。

第一个方向从媒体角度出发，研究信息来源的可信性、媒体的自身特性以及表现给媒体公信力带来的影响。对公信力状况的调查也认为属于这一类别。这一类的研究更多地关心文本内容，更多地希望从媒体身上找出公信力不高的原因，更倾向于认为只要提高媒体从业者的素质，并且减少信息内容的错误，就能使媒体重新获得受众的信任。

这样的研究对象与目的显露出了“强大效果论”的理论基础，强调大众传播的巨大影响。但与“枪弹论”不同，“强大效果论”所解说的效果不是简单的、直接的，而是复杂的、间接的；不是短期的、立竿见影的，而是长期的、潜移默化的。

需要指出的是，这一种理论倾向没有将受众的主观因素作为一项主要的考察指标。

如果将受众的主观因素纳入研究范围，那么与公信力相关的评价因素及至公信力不高的原因都发生了改变。举个例子帮助说明受众主观因素的作用。在有关媒体特性与公信力之间关系的研究中，定义受众“最熟悉”报纸的一系列变量在不考虑受众主观因素的情况下，表现为如下几个因素：① 某个地区的报纸数量；② 报纸是否附属于某个集团；③ 报纸是否有民意调查员；④ 报纸的发行量；⑤ 报纸与受众之间的“政治距离”（包含了“近距离”，比如民主党员与倾向民主党派报纸之间的距离；“中等距离”，比如民主党员与中立的报纸之间的距离；以及“远距离”，比如民主党员与倾向共和党的报纸之间的距离）。假若从受众的主观角度出发，定义受众“最熟悉”报纸的条件就变成了：① 报纸的编辑中是否包括一名民意调查员；② 报纸是否从属于一家大型媒体集团，并且这个集团下属多家报纸和其他商业公司；③ 报纸的所有公司是本地的还是外地的（Gunther，1992）。

从例子中可以一定程度上总结出受众主观因素对公信力研究的影响或作用。受众其实并不关心报纸的发行量和市场上的报纸数量，换句话说也就是受众不太关心某个地区或某个市场上报纸总体的竞争与发展情况（这些情况受众也不一定会了解）。对于受众来说，直观的而且与受众关系密切的因素才更重要。因此可以试推论：从媒体角度与从受众角度出发的研究所关心的问题以及得到的结论都是有差异的。

这里归纳的第二个研究方向就是从受众的角度出发，研究受众的特征、受众的人际关系和受众的参与程度对他们传媒公信力观念的影响；结论认为不同特征的受众，处于不同人际群体中的受众以及参与程度不同的受众对同一个信息、同一家媒体的可信度判断都不相同。

此类研究的特点就是受众不再处于被动接受的地位。而且这些研究在分析媒体公信力的时候，对于公信力是高是低的结论相当谨慎。无论是个体特征、人际关系还是参与程度，归根结底都是从受众的心理出发。立于这样的假设上，研究人员更加重视个人的主观因素，更多地分析个体对信息和媒体的感觉与印象。

这一类学者的研究重心在于找出何种因素影响了或者决定了受众对信息、对媒体的感觉和印象。最初的分析对象自然落在了受众的个体特征上，比如性别、年龄和收入等。而在进一步地思考后，受众又被放进了复杂的人群以及社会环境中。人际传播与受众参与这两个指标对于受众心理的影响也得到了一定的重视。

在分析受众的个体特征时，研究人员使用的变量大同小异，因而研究也如孪生兄弟一样，让人难以分辨。也许正因为研究的粗糙与雷同，以后的一些关心人际因素或参与因素的学者对此不屑一顾。例如冈瑟（Gunther，1992）就认为受众特征方面的研究变量中只有极少数是站得住脚的。

这两个研究角度的区别显而易见。

从媒体角度做的调查结论往往是公信力普遍偏低，数据结果显示媒体公信力“还不如二手车商人的信用”。对公信力现状成因的分析归咎于文本信息中包含的错误和新闻从业人员素质低下。总的说来，媒体角度研究的前提都是传媒具有强大的影响力，研究目的都希望在媒体自身找到原因，研究结论都认为传媒公信力偏低，都想通过改进媒体来从根本上摆脱公信力困境。方法和结论出现一边倒的倾向。这个角度的研究过于夸大媒体的传播效果，忽视了受众的主观判断因素。

受众角度研究的前提假定是受众具有强大的能动性，这样就得出了一个重要结论：不同受众对传媒公信力的评价各不相同，从而不能简单草率地评价传媒公信力。研究分析了影响受众公信力观念的种种因素，也分析了拥有不同特征的受众对公信力的不同评判，以及这些特征如何或为何影响受众的评价结果等。这一方向研究的重要特点就是研究结论多种多样，部分结论还相互冲突。原因可能在于研究的前提是建立在受众的主观意识上。人类的意识十分复杂，随时都在发生变化，所以不同时期、不同方法、选取不同类型研究对象的结论都不相同。研究的缺点是重视了受众的主观因素就容易摈弃媒体自身因素的考虑。

我们倾向于认为，媒体公信力不高的主要责任在媒体。

2.3　传媒公信力研究的反思

在传播学研究中，关于公信力的研究经历了一个由粗糙到精细，由武断到谨慎，由简单假设到细分概念的过程。首先表现研究对象与研究方法上。

托马斯·克里斯第（Christie Thomas，2003）归纳了早期公信力研究的关注中心——受众为何选择非传统媒介（有线电视和互联网）来获取信息。早期从受众主观角度出发的媒介公信力研究有两个中心内容：一是可信赖性（trustworthiness），二是受众的专门知识（expertise）。除此之外，早期研究还包括了对媒介公信力、媒介角色和媒介动机三者之间关联的研究，受众个体特征、价值观与公信力观念之间关系的研究，受众对新闻事件抱有的先入为主观念的研究，以及受众对传媒使用的研究。

克里斯第定义媒介的公信力为一种“价值等价物”（value equivalence）。这可以说是一个全新的概念，它从价值观维度评价了受众与媒介思考角度的区别。这个概念的内涵在于解释了非传统媒介得以存在和发展的理由，以及居统治地位的大众媒介受到欢迎的原因。而它最大的功用在于说明了受众的偏好、信任、选择以及对不同媒介的使用行为。

斯蒂文·沃德（Ward Stephen，2005）在有关加拿大人对新闻媒体态度的调查基础上，提出了公信力的两个根本问题。第一个问题偏向理论性：我们如何理解并测量公众对于媒介的态度？第二个问题是操作性的：我们如何改进新闻界的工作？沃德批评了现有测量公众态度的标准，他认为应该引进一个更适合的，即“道德整体论”（ethical holism）标准。他呼吁引入一种全新的操作方式来改进媒体，也就是沃德称之为“公众参与道德”的方式（public participation ethics）。

摩根·哈蒙（Morgan Harmon Loyd，1975）定位了他意的媒介公信力调查的基本前提：对于受众来说媒介自身才是其公信力的主要因素，而没有意识到他们主观因素的作用。随着媒介公信力和社会语言学理论之间的关联被发现，因子分析也开始用来整合受众的媒介公信力观念模式。哈蒙的观点是，社会语言学理论对于公信力研究来说具有十分重要的作用。但是，他的调查结果却显示：媒介自身确实是一个主要因素，但却并不比其他因素更重要。

詹姆斯·安德森（Anderson James A，1971）说：“过去的传媒公信力研究得出了各种相互矛盾的结论。”他这么说的根据是学者们提供的种种调查报告结论并不一致，甚至相互存在矛盾。在有的研究中，电视媒介拥有最高的公信力；而在其他研究中，广播或报刊媒介的公信力最高。安德森对这种现象的看法是：产生这种情况的原因来自于调查时采用的提问或者描述方式不统一。比如“主要信息来源”的问题，有的调查人员侧重于找寻总体上受众“最信任的”媒介，而有的则侧重于某条具体的新闻。还有其他研究问的是受众“最经常选择的”媒介。由于描述上的差别以及问卷充斥着封闭式的选择题，才会产生不一致的调查结果。安德森因此认为，在进行媒体公信力调查时需要采用一种更为灵活的提问方式。这种方式应该不仅与调查主题有关，而且要与特定某个媒介的特性相匹配，这个特定的媒介是所调查受众的基本信息来源，也是受众用来作为判断其他媒介好坏的标准。

但是问卷所用词语的随意性并不足以解释西方媒体公信力研究结果的多样。无论如何，研究中暴露的随意和混乱在一定程度上还是反映了公信力研究的初级态势——仍然浮游在表面。研究人员正在通过他们熟知的定量方法与经验分析来探索通向更深一层研究领域的道路。无论是做调查也好，还是解读新闻文本，研究受众的特征与行动，都是为了寻找造成公信力现状的原因。这一对因果关系是直接而单纯的，但它的外延还有待深挖。

媒介失信的影响究竟在哪里？对于社会，对于政党，对于个人来说又有何特殊意义？它与社会，与人的心理又有怎样的深刻联系？它的历史根源究竟来自何方？很多新的领域等待被列入研究日程。

3 新闻传媒公信力的核心价值与坚守

上海大学《境外媒体的进入与上海媒体的应对策略》课题组曾于2006年在上海大学、上海外国语大学和华东师范大学向213名学生发放了问卷，以调查大学生群体的境外媒体接触情况和国际信息接触情况。从这次调查结果来看，有一个问题尤其值得引起注意，那就是我国传媒如何提高公信力的问题。从图2、图3、图4中可以看出，虽然研究生和本科生调查对象绝大部分最早是从我国的主流媒体中获悉“9·11事件”的消息的，并且其了解有关该事件的发展的最主要的媒体类别也是我国的主流媒体，但是，在回答“你认为哪种媒体对‘9·11事件’的报道最为全面和权威?”这一问题中，50%的研究生调查对象和66.95%的本科生调查对象却选择了“境外主流媒体”。这就意味着许多研究对象并没有对境外主流媒体有多少接触，但却依然认可其报道的全面性和权威性，而对我们的主流媒体的报道的全面性和权威性的评价却不太高。这里面涉及一个传媒的公信力问题。中国传媒业界对此应该予以高度重视，认真研究如何提高自己的公信力。

如果再问这些学生，境外主流媒体，尤其是《纽约时报》、《时代周刊》、CNN、BBC这样的媒体究竟可信在哪？他们会脱口而出那些我们耳熟能详的诸如职业原则、真实、准确、客观等。但是，当他们“面对新闻界的实际问题，而不是理论时，他过去知道的那些抽象原则就显得有点孩子般地天真了。在抽象原则里看来简单的东西，现在变得复杂了，容易的东西变困难了。”在弗特林看来，如果向进入新闻界的新人传授公正、独立、准确、服务等原则，没有专业经验的人会毫不迟疑地接受它们。但这些美德过于抽象，以至于几乎没有意义。

事实果真如此吗？美德固然抽象，但意义却不可小觑。安德森说，任何一个新的民族国家想象出来之后，势必要为自己找出一套神话，这套神话就称为“大叙述”（grand narrative）。任何一个民族国家的立国都要有一套“大叙述”，然后才会在想象的空间中使得国民对自己的国家有所认同。从新闻业的意义上来说，情形亦是如此，学者们就经常用“神话”来形容客观性准则。神话虽不可信，但没有理由抛弃其中的理想色彩。西方文艺复兴时期，在文学、绘画、雕塑等艺术领域，弥漫着浓郁的神话氛围。而西方人文主义大师们重塑的神话系统，是体现这一时期西方人的本质力量的“符号的宇宙”。透过神话的迷雾，人们不难发现闪耀在作品深层结构里的时代理性之光。同样，神话的出现，使新闻从业者受到鼓舞。它似乎为解决现实问题提供了一个道德基础。这个基础具有理念上的吸引力，具有可以跨越空间、超越文化或传统的普世效度。同时，它也有现实意义，以此引申出的具体措施，在一定程度上也阻止了权力对新闻业的腐蚀。对西方主流媒体高信度的想象与这一“大叙述”的建构密切相关。

3.1　传者信度的核心要素

信度是一个变量，凭借接受者对传播者的认知。与信息可信度相关的因素究竟是什么？几十年前直至今天，诸多学者一直在思忖这一问题。而这其中，最经典的应该是耶鲁的说服实验研究。50 多次说服实验后，霍夫兰和他的研究小组确认并阐释了有关信息信度的几个因素，即传者（the communicator）、信息（the message）、受者（the audience）及相互作用（the interaction）。就传者而言，衡量传者信度的标准是“值得信赖”与“权威”，尤其是那些具有提供可信信息历史的传者，在说服效果上处于绝对优势地位。他们曾先后用美国原子物理学家、原子弹计划主持人罗伯特·奥本海默和前苏联《真理报》作为参考对象（reference object），通过一篇有关建造核潜艇的文本来检测说服效果的变化。实验证明奥本海默具有高信度，而《真理报》是低信度来源。

目前新闻媒体的全球布局也印证了这一点。众多研究表明：大约 80% 的国际新闻只来自 4 个主要新闻机构——路透社、美联社、CNN 和 BBC。美联社认为它的使命就是为全球用户提供事实报道，其新闻值得信赖，“准确、平衡、信息量大”。除了美国本土的订户外，美联社还能够为全球 112 国家的 8 500 个报纸、广播及电视机构提供信息服务，每天要为其发送逾 2 000 万的文字信息和 1000 张图片，10 亿多受众成为美联社新闻、新闻照片、新闻图表、音像信息的消费者。在国际电视新闻传播方面，不能不提到 CNN，一个国际性的、提供 24 小时新闻服务的有线电视网。凭借 4000 名新闻采编人员和全球 850 个分支机构，目前除了美国本土的 8 250 万名订户外，CNN/US 或 CNNI 的新闻节目也被 212 个国家逾22 500 万名电视用户所接收。以新闻访问量为标准，CNN 网站的访问量位居新闻类网站第三。

那些位居世界前列的新闻组织已成为新闻媒体公信力的化身，全球扩张的新闻网使许多地方的人都产生了极大的接收热情，吸引了世界上，尤其是不发达地区的许多受众。而其他国家新闻媒体的全球影响力可以说微乎其微，声誉度较低。

3.2　底色魅力：多元民主政治框架

许纪霖先生在论及“大国的标准是什么”时说，中国正在“和平崛起”，在全球的经济和政治秩序中，开始从边缘走向中心，但还不是真正意义上的大国。何谓大国？按照什么来衡量？GDP 总量？世界工厂？安理会中有否决权？从 18 世纪开始，世界的中心逐渐移向欧洲，特别是西欧，然后转移向美国。以古希腊和基督教文明为历史传统的西方文明如今成为全球最强势的文明，而代表了这些文明的美国、英国、德国、法国等，成为无可争辩的世界大国。这些大国，不仅在经济、科技、军事和国际政治上举足轻重，更重要的，是它们的文化——制度文化和观念文化——成为当代文明的主流典范和主流话语，影响到全世界各个国家、各个民族和各个角落。真正的大国，不仅是GDP总量在全球名列前茅，不仅是能够在国际政治中左右局势，更重要的是它的社会政治制度是世界的典范，符合人类文明的进步标准；它的文化具有巨大的魅力，影响全球主流价值观。

由此可见，美国的地位是由客观力量所决定的。“大国力量必须在尽量长的时间内维持最根本的技术领域中具有垄断性的优势，惟其如此才能保持其军事机器和他国相比具有压倒性的实力。”除了技术领域中的绝对优势，也取决于以这种优势来带动的综合社会生产率和产能，以及保证这二者的制度性因素、理念性因素。在美国的发展进程上，共同信念绝非无足轻重。美国文明在很多方面无法企及那些比它历史悠久的古老文明国家的成就。美国的哲学家无人能与亚里士多德和柏拉图相比拟，美国的诗人无人能与但丁相媲美，美国的作曲家也无人能与巴赫和贝多芬并驾齐驱。如果说美国文明有什么杰出功绩的话，一句话，它创造了一种民主的文化。

立国先贤们在思想上继承了17世纪英国的共和主义者，反对专横统治，信仰人民主权论。詹姆斯·威尔逊是那个时代的一位杰出的法理学家，后被华盛顿任命为最高法院法官，他曾反复指出，政府的最终权力必定属于人民。立国先贤们普遍接受这个论点，因为“如果政府权力不来自人民，那么它还有什么其他合法来源呢？采纳任何其他前提不仅不符合他们以前为反对英国统治而发表的一切言论，而且还会为今后权力的高度集中打开大门”。美国自建国至今，知识精英、政界人物等对诸多议题会各执己见，有时甚至尖锐对立，但他们在总的思想框架上又是一致的。私有财产的神圣不可侵犯性、平等、自主、国家不干涉等理念，是美国政治思想意识中中心信仰的主要原则。故此，人们如今还在用杰斐逊时代的语言辩论21世纪的问题也就不足为怪了。一些重要的原则被保留了下来，“新”的价值其实是“旧”价值的延伸，尤其是那些关于自由和平等的内容。美国被描绘成民主生活艺术的领导者，并用显而易见的经济繁荣来支持这一论点。

尽管有学者会说，美国这个充满矛盾的超级大国总是以正义和道德的外衣掩饰自己的掠夺本性。实际上，倒不如说它是用文明人的措辞掩盖了政治骗局的某些粗野成分。智慧也好，狡黠也罢，这就是美国人的策略。用乔姆斯基的话说，就是美国式宣传的成功来自精心培养的民众心中的“必要幻想”和“情绪上十分有效的过分简单化”。凭借自由、平等这些简单的、放之四海而皆准的真理性语汇来获得公众的认同。这就像美国的宪法所达到的传播效果一样，“我们，合众国人民，为建立更完善之联邦，树立正义，报着国内安宁，提供共同防务，增进共同福利，并使我们自己和后代得享自由之福，特为美利坚合众国制定本宪法”。这是美国宪法的序言。读者可以看出，这个序言大概再过200年也无需修改。它不仅具有时间上的延展性，空间上亦如此。当年，历史发展使得委内瑞拉的革命家能够在1811年为委内瑞拉第一共和国起草一部宪法的时候，他们一点都不觉得逐字逐句借用美利坚合众国的宪法是件缺乏独立精神的行为。因为在委内瑞拉人的眼中，费城的那些人所写的不是什么专属北美洲的东西，而是某种具有普遍真理和价值的东西。

在诺贝尔经济学奖获得者阿马蒂亚·森看来，由于欧洲启蒙运动和其他相对较晚的思想发展而成为常识，并得到广泛传播的那些价值观念，并不能真正看作是古老西方的遗产，亚洲传统中也同样可以找到对构成现代政治思想完整概念的某些部分的支持。但现实情景可能是，在美国和欧洲有一种明显的倾向，政治自由和民主所具有的首要地位是西方文化中的一种基本的和古老的特征。全世界被邀请加入“西方民主”的俱乐部，赞赏并认可“西方价值观”。西方意识的话语垄断地位是如此根深蒂固，以至于它不仅被当作普遍政治理想来追求，而且被当作普遍理论和规范性框架。

毋庸置疑，新闻媒体的公信力与这种国家力量可谓息息相关。我们无法将新闻媒体系统视为独立存在，与它所身处的政治文化背景相剥离。“一个国家也会具有一些共同的文化特性——价值取向、信仰和态度——这些也会渗透到组织的方方面面。国家理念系统对组织有深刻的影响。”美国的政治、经济及传媒力量都致力于为美国建立一种以“地位的优越性”为基础的特性，强调美国社会的特征就是独一无二的先进性。反过来，美国社会的权力地位也相应地构建出了一个富有权威性的新闻媒体领域，也创造了它的全球影响力和吸引力。

3.3 图景诱人：客观独立的报道理想

生存于美国民主制度结构中的新闻媒介，自然也就被赋予了真实、客观、独立、准确等原则。从建国伊始，新闻工作者就津津乐道于他们的“监视人角色”。“如果你审视这个国家的历史……使得这个政府的民主实验在五花八门的民主国家中独树一帜的重要因素始终是日报的独立和自由，而这些日报发挥着政府的批评者和监视者的作用。”第二次世界大战之后，“公众的知情权”成为美国记者反复吟颂的诗篇，他们以此为口号来争取更多的自由。

首先，不臣服于权力的独立性。

从历史角度看，国家常常被看作是个人表达自由的大敌，国家可能会潜在地限制公民自由。国家是“调整个人利益和本能情绪的机构，透过它可以确保一种可控的和有序的自由”，尽管早期自由主义者的表述不尽相同。然而，另一方面，大多自由主义政治思想家又认为，“无条件地承认国家至上独尊的地位，会导致国家对其人民权力的侵吞和剥夺，因此，他们尽管力图证明国家为必要，但同时仍力图释证对国家权力的限制为正当”。正统的资本主义设想了一种国家和经济的严格分离，并要求国家对企业活动的干预必须控制在最低限度。类似地，古典自由主义把国家想象成自由的天敌，强调国家对人们生活的干预应该被限制。长期以来，这两种意识形态一直对美国人的灵魂有一种强大的、几乎令人神魂颠倒的号召力，而现在新闻媒体所享有的经济和司法自主性也从这两种意识形态中获得某种特定的秘诀。

所以，美国新闻界高蹈于政治力量之外的独立姿态，容易让人产生它是表达自由、媒体公信的有效捍卫者的联想。在学界产生出宣传型政府模式和民主模式二分法，也就不足为奇了。天生“反对”宣传型政府的模式是民主模式。在民主模式里，自治的公民社会中的个人和群体，在一个结构完好和制度化的公共领域里，自由地产制和传播信息。而政府的角色只不过是确保游戏规则被执行了，这些规则主要是针对诽谤、诋毁、煽动、叛变而设的。有时，自由政府也会传播“公共服务信息”，但它们不会像宣传型政府那样强制性主导公共领域。在自由主义系统中，公共领域理论上是属于社会全体成员所有，而且社会成员们只承认政府拥有维持公共领域正常运行及其公正性所必须具有的权力。

而实际情况要远复杂于简单的二分法，国家与其公民在传播自由问题上的关系可谓含混不清。我们可以说，经过长期协调、抵抗的历史过程，美国新闻从业人员获得相当弥足珍贵的自主空间。媒体的第四权力赋予它对政府和政治机构的监督职能。这就是美国媒体在水门事件期间所展现出来的新闻界“看家狗”的本色。特别是在“耙粪者年代”，有关新闻媒体巨大威力的传颂更是达到登峰造极的地步。只有在权力人物的行为被公开监督、腐败堕落的现象被挖掘揭露，使新闻本身看上去真实可信，媒体值得信赖，新闻界才能对现实政治产生影响，也才能从声誉资本中获取经济利润。

反过来，作为社会大系统之一域的新闻界也必然要受到政治、经济力量的控制。无论总统、广告商或任何其他人，只要他企求操纵新闻就必然要设法在文字与影像中塑造有利于他的拟态形象。政客要获得民意的支持，广告商希望售出他的商品。总之，利益集团都企图操纵新闻媒介使它为其目的服务。在这种情况下，新闻媒介充当了达到某种目的的一种工具，只是有时公开，有时隐秘罢了。有一种宣传是标语口号式的，目的直截了当，一目了然。宣传者强聒不舍，效果恰得其反。美国的宣传就属于另一种，归为“润物细无声”一类，并像躲避瘟疫一样远离“宣传”的名号。这就好比美国的许多游说集团和公关公司，为了取得实效非得小心翼翼地隐瞒真正意图，也不让有些话题背后的推动者露出马脚。一些对所谓“事实”的讨论后面往往潜藏着利益。政府为推动某一政策也制造舆论，引导舆论，一般不命令全盘接受，有关部门会通过隐匿的权力网的徐徐引导之手“制造赞同”。比如，为了使美国之音总体上保持一种独立姿态，而非特殊政治利益集团的喉舌，拥有资源配置大权的美国政府明智地赋予了它编辑上的独立性，但是，“美国之音”必须每天发布美国信息总署（US Information Agency）的社论稿。

并且，在现代美国社会中，媒体和其他权力核心间，也必然会存在某些冲突，就像“中世纪时期，教皇、主教团和君主间也必然有所冲突。但是，这些冲突很少是基础性质的，都被合法化社会与政治结构的道德规范架构所包容”（321 文化社会与媒体）。也就是说，新闻媒体手中的自主权扩增了，站在政府的对立面，以独立姿态冷眼审视着周遭一切，但它并不会成为严重的破坏性力量。批评的声浪并不会演化为敌意的怒潮。在这样的历史语境下，政府也没有必要去挑战民意，让新闻媒体完全臣服于政治力量。

其次，作为职业圣杯的客观性。

用阿特休尔的话说：“所有的男男女女都必须有某种圣杯之物，都必须有为之奋斗的某种事业，都必须有即使不能使之完美无缺，但仍须为之竭尽全力的某种东西。对新闻工作者而言，圣杯应当是客观性法则。如果他缺乏这些东西，其身份就会贬低，结果就可能使其职业遭到毁灭之灾。”客观性是北美新闻业的重要精神支柱之一。这一道德不仅复杂且涉及面广，可拆为各个不同部分。第一，客观性通常会被认为是一种规范性理念，它是新闻业应该追求的理想目标。反过来，这些目标又可以分为几个组成部分，其中隐含着记者在报道时持有的立场、采取的方法以及故事本身的特点。准确性、真实性、完整性和相关性是新闻业的最重要的理念：记者应该说真话。第二，记者应该采取一种超然、公正和独立的态度，避免受到党派偏见、个人偏向或者是利益集团的威胁的影响。第三，在报道一个有争议的问题时，客观报道在提供各方观点时应该公正、不偏不倚而又平衡。这些理念暗含着一种认识论，一种知识的理论：将事实与价值分开、观察者与被观察者分开是有可能的，因此，原则上，反映和报道世界本身是有可能的。

客观性这一迷思自诞生之日起即遭受质疑。在许多著作中，新闻业的客观性常被理解为“策略性仪式”。把新闻客观性和理性的策略相比，最初是由塔奇曼引入的。她说，客观性是记者为了更有效完成任务的一种防御性的机制，最终，会在经济上取得成果。根据塔奇曼所述，记者本人和新闻机构，每一则新闻报道都会呈现出危机。如果要采取有效的措施写作的话，那就要站在一个中立的立场上，摆出正确的信息，引用可靠的资料。这样的做法，将有助于赶上结稿时间，并且所提供的信息没有触犯人的可能性。及时和不冒犯他人的两大限制，是最最基本的经济压力。任何时间上的耽搁都会使印刷和发行环节使用更多的“超时成本”；间断性的流程安排会使普通消费者去购买竞争者的商品。冒犯性信息可能会给媒体带来成本昂贵的诽谤性官司，并且给媒体的声誉带来负面的影响。

在美国政治文化环境中，看待客观性原则时，主要的维度是根本的意识形态，有着类似于自由派和保守派经济学上的数值范围。用单峰偏好把政治问题限定为单一的政治维度，制造出了“中间”选民立场的均衡状态，这就是所谓的中间投票理论。根据这个理论，每个选民选择，在他们意识形态中，选择与他们最相近的立场来支持他们的候选人。选民不需要有关政策和候选人的完整或者完美的信息。相反，每一个选民必须对于候选人是否和自己有着相近的政治偏好，做出自己大体上的判断。在选举过程中，政客总是希望以中立的观点吸引马路选民中的中间派，以此来扩大他们的投票份额。与此相类似的是，商人们总是把焦点集中在如何扩大他们的市场分额和利润上。媒体机构同样也需要获得尽可能多的受众。新闻业的客观性规范类似于一项媒介策略，在意识形态范围内摆出自己中立主义的立场，以此来吸引受众，扩大市场份额。

主观介入不可避免，“纯然的客观并不存在，但你仍应尽一切可能去尝试”。“追求客观导引于天真的经验主义与盲信事实，不如说是对怀疑论的反击；与其说是对相信事实的最后肯定，不如说是在一个事实非如表象般可信的世界中，寻找一个可以肯定的方法。”客观性的信念使受众相信，媒体在政治上、经济上未被染污，并且赋予记者一定的可信度。新闻的客观性如同社会科学一样，是一种公正的收集和呈现证据的经验性方法。任何政治公式或写作手法的强加于人只能干预、扭曲新闻记者对世界的理解。因此，严谨的客观性便成了人们衡量事物的标准。这种面对真理和讲述真实情况的强烈愿望是新闻从业者解决个人问题和事业问题的一种方法。

3.4 呈现效力的道德理想

在这里，美国新闻界的大叙述神话的建构为我们提供了重要启示：

首先，话语普适与社会认同。

大叙述的神话必须以一种普适性的方式呈现出来，否则就不可能为最广泛的群体所接受。因为在一个自由的社会秩序中，基本的规范结构必须能够调动具有不同的自我理解和个人实现观念的个人和群体的忠诚。规范在表面上可能显得极为牢固和历史悠久，但它们的生存能力仍取决于卷入其中的人们的支持意向和理解。而且，就其含义来说，某些规范比其他规范更容易得到理解、支持和重视。正是规范的实际质量、它们产生令人佩服意义的能力，决定了人们对它们的忠诚程度。“意义是被描述出来的，而从来不是被推究出来的。”“人是一种被挂在他自己编织出的意义之网上的动物。”吸引人的是网，而不是编织过程，是文本，而不是文本化的过程。网如何、为何、在何种条件下、在何种程度上被编织而成的？这些往往不是人们关注的重点。因此，正义论者只有避开不可解决的形而上学的争论，才可以实现他们的主要目标。

美国新闻界的职业守则都是像“金律”一类的基本原则。美联社的新闻价值申明为：“超过一个半世纪以来，美联社同仁们有幸使真理走向世界。我们千方百计，克服极大障碍，而且往往付出了巨大的牺牲和困苦来确保新闻报道的快速、准确与真实。我们的努力并没有白费，相信：会有更多的地方，更多的人将美联社视为消息来源。……我们坚持最高的道德标准，我们完整地收集和发布新闻，不会故意提供不实的新闻出版、广播产品，报道必须准确……”道琼斯公司的是：“本守则目的是向所有道琼斯员工进行与专业操守有关的指引。完整、独立是产品和服务的核心和灵魂。换言之，这是一个成功的必要条件。新闻和信息业务，就是要将真相告诉我们的客户。如果我们不告诉他们真相，不论有任何理由，道琼斯则不能成功。”就如同宗教伦理中“不应贪恋邻妇的美色”、“孝敬父母”一样，这些新闻职业规范的影响范围涉及所有从业者。

其次，专业理念与良心承诺。

追求真实、客观的理想是保证新闻可信度的重要前提，不过，究竟该如何评估真实和客观的程度却不是个新问题了。在对独立原则和客观原则的分析中，我们已听到了质疑的声音。问题的症结就在于：记者能够完全摆脱他们的刻板印象吗？主观性能完全不介入吗？并且，记者真的能够正确地辨识真相吗？很显然，没有人能够在一个情绪的真空状态下工作。记者能够尽量不使自己的偏见影响新闻报道，而且他们也能尽量设法做到公正。但是，记者不可能像机器一般精确地工作。至于真相，“那更是不切实际的狂想，语义上的胡说，是趾高气扬的胡说。就人类大部分的事务而言，当部分的了解都不可得时，又怎能宣称拥有了解真相的权利？”

但是，正如李普曼曾于1965年向国际新闻学会发表演讲时所指出的：“我相信，这种日益茁壮的专业理念是自从新闻界脱离政府控制以来，最根本而激烈的一项创新。”因为这种专业理念为记者工作的良心中增添了一种寻找真相的承诺。这项承诺独立于，并且高过其他各种承诺，包括：承诺必须出版有销路的报纸、对所属政党的承诺，甚至于对宣导政府政策方面的承诺。这一承诺就如同和良心道德订立了契约，它依靠从业者内心的强制力及神秘的道德压力来左右其行为。这种强制的压力，它在社会学中曾被解释为“出于无上的道德实体——社会或集合心灵”。从经验上说，道德动机是由于神经系统及全机体的一种倾向，使他在某种环境中，依内在逼迫，采取某一方向的动作。这内在的逼迫并不是出于先天的本能冲动，亦不是出于利害的计算。但是它是从何而起的呢？它是机体在一定文化情境中训练出来的。

最后，可信信息与历史印证。

耶鲁小组在传者实验中，还强调了尤其是那些具有提供可信信息历史的传者，在说服效果上会处于绝对优势地位。在很大程度上，美国新闻界大叙述的神话之所以充满了扩张性，正是得自于这份历史印证的强力支撑，它使追求理想的过程变得不再虚妄。

以美国，乃至全世界最具权威性的报纸《纽约时报》为例。一提及这位“历史记录者”，人们会条件反射般地想到它所赢得的那些耀眼光环。如20世纪70年代发生的“五角大楼文件”事件。1971年夏天，当时，《纽约时报》，紧接着《华盛顿邮报》和其他一部分报纸，开始连载根据一份偷来的47卷政府秘密研究报告《美国越南政策决策过程的历史》而撰写的系列报道。在最初报道刊登的第二天，司法部长约翰·米切尔要求《纽约时报》停止刊登这些材料。理由是，这份材料的出版违反了联邦反间谍法。《时报》发行人拒绝以后，政府从法庭取得禁令，强迫该报停止刊登文件。该报一路上诉至最高法院。6月30日，最高法院以6∶3的表决结果判决《纽约时报》与《华盛顿邮报》胜诉，反对政府禁止五角大楼文件的出版。新闻界取得了胜利，秘密研究报告得以刊登，报纸也赢得了良好声誉。

其他主流新闻媒体也是如此，《华盛顿邮报》的鲍伯·伍德沃德和卡尔·伯恩斯坦的追踪报道，促成了美国历史上破天荒第一次总统被迫引咎辞职。不仅两位记者成为历史上的“水门英雄”，而且《华盛顿邮报》也因此获当年普利策新闻奖，利润大增。在重要的电视界知名人物中，哥伦比亚广播公司的爱德华·默罗、沃尔特·克朗凯特就是电视新闻的灵魂性人物。当年沃尔特将生死置之度外地前往西贡，在激烈的巷战、布满地雷的热带丛林中采写有关越战的报道，并使美国人意识到战争的徒劳无益，颓势难以扭转，开始考虑退出战争。可以说，一个半世纪以来，如果没有那些历史河流中的经典事件和经典人物，新闻界的神话很难续写。

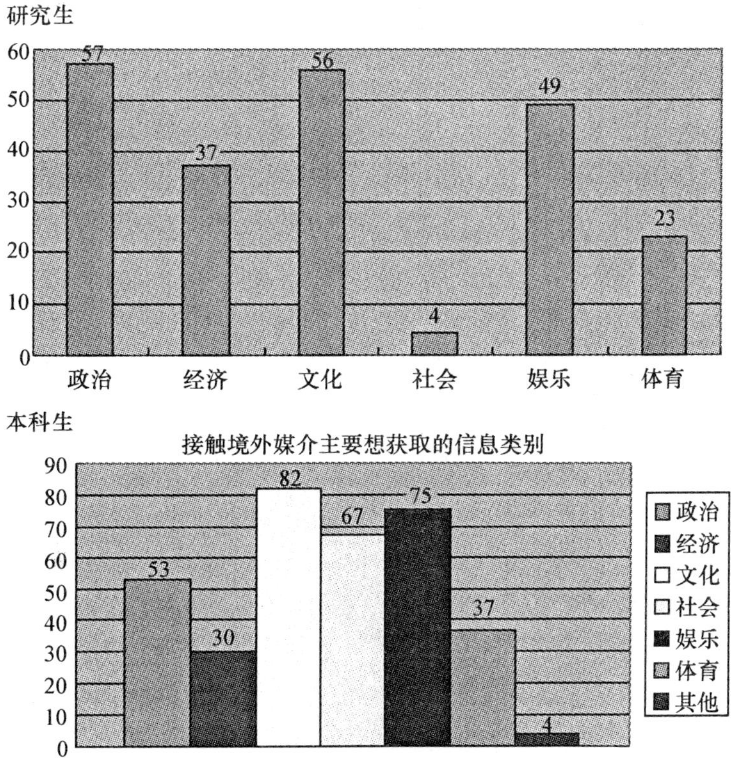

图2 调查对象接触境外媒体主要想获取的信息类别

研究生

获悉9 · 11事件爆发的最早途径

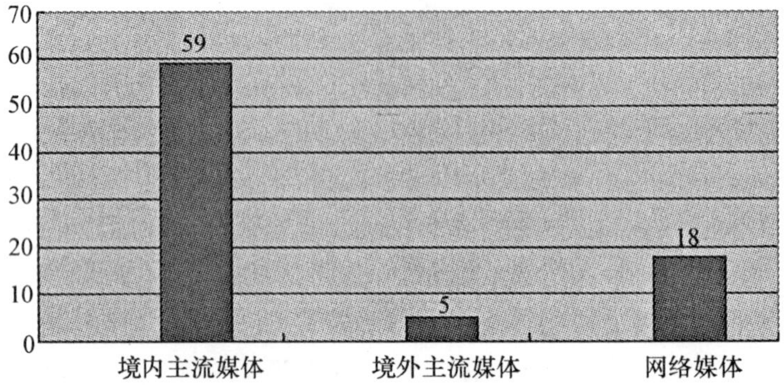

了解9 · 11事件发展的主要途径

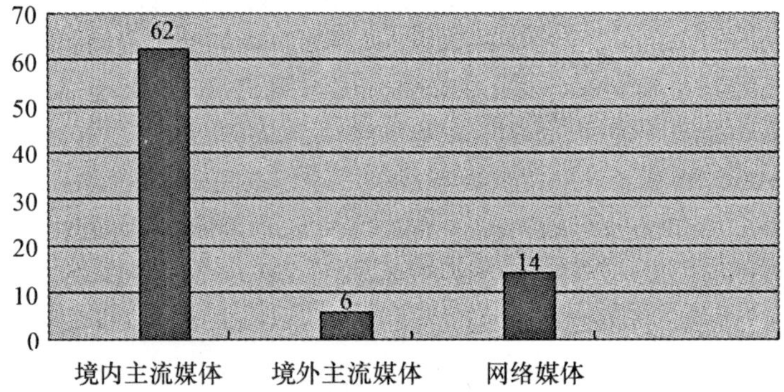

本科生

获悉9 · 11事件爆发的最早途径

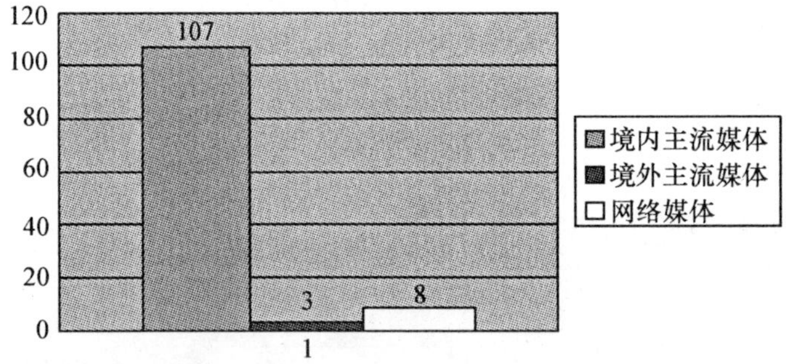

了解9 · 11事件发展的主要途径

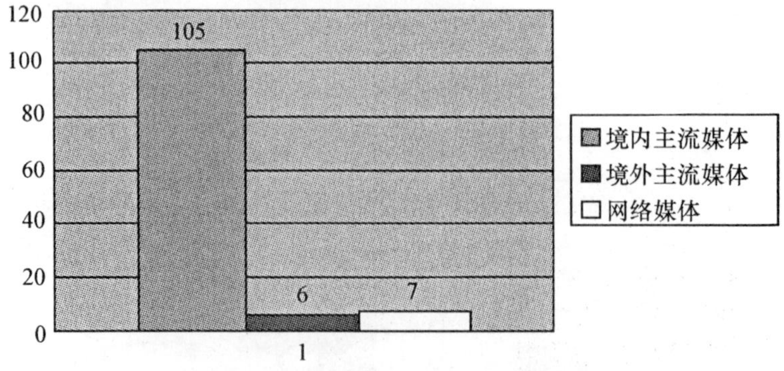

图3　“9 · 11 事件”发生时，调查对象获悉该信息的最早的媒介渠道及了解该事件发展的最主要的媒介渠道

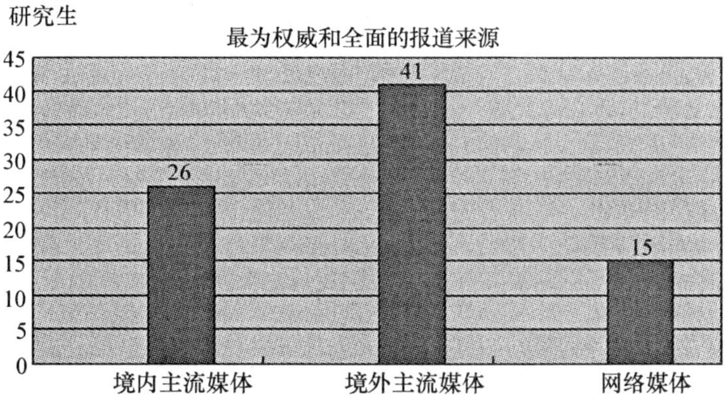

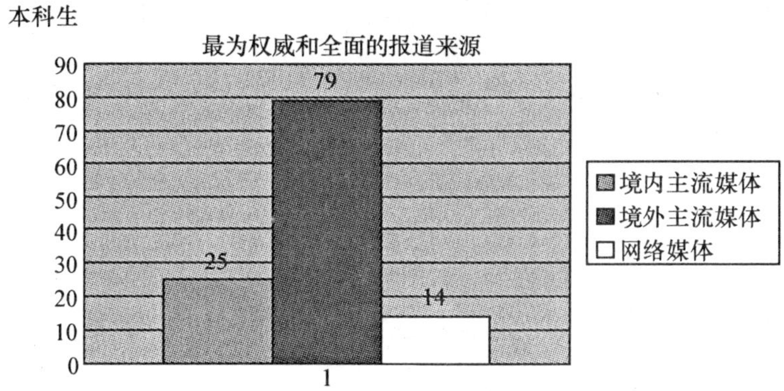

图4 调查对象认为对“9·11事件”报道最为权威和全面的媒体类别

【参考文献】

中 文

[1] 曹锦清，《黄河边的中国——一个学者对乡村社会的观察与思考》，上海文艺出版社2000年版。

[2] 边燕杰，《市场转型与社会分层——美国社会学者分析中国》，生活·读书·新知三联书店2002年版。

[3] 李彬，《透支的权力——地方政府决策失误的深层观察》，湖北人民出版社2003年版。

[4] 孙立平，《转型与断裂——改革以来中国社会结构的变迁》，清华大学出版社2004年版。

[5] 孙立平，《断裂——20世纪90年代以来的中国社会》，社会科学文献出版社2003年版。

[6] 孙立平，《失衡——断裂社会的运作逻辑》，社会科学文献出版社2004年版。

[7] 陈力丹，《精神交往论——马克思恩格斯的传播观》，开明出版社1993年版。

[8] 戴元光，《撞击下的浮躁与选择——当代中国西北人的文化价值观》，兰州大学出版社1993年版。

[9] 戴元光，《传播道德论》，上海大学出版社2000年版。

[10] 方晓红，《大众传媒在农村》，中华书局2002年版。

[11] 裘正义，《大众媒介与中国乡村发展》，群言出版社1993年版。

[12] 喻国明，《变革传媒——解析中国传媒转型问题》，华夏出版社2005年版。

[13] 翟学伟，《中国社会中的日常权威——关系与权力的历史社会学研究》，社科文献出版社2004年版。

[14] 张国良，《新闻媒介与社会》，上海人民出版社2001年版。

[15] 罗钢、王中忱主编，《消费文化读本》，中国社会科学出版社2003年版。

[16] 乔健主编，《中国家庭及其变迁》，香港中文大学社会科学院暨香港亚太研究所1991年版。

[17] 费孝通，《乡土社会》，北京三联书店1985年版。

[18] 贺雪峰，《新乡土社会》，广西师范大学出版社2003年版。

[19] 支庭容，《大众传播生态学》，浙江大学出版社2004年版。

[20] 戴元光、童兵、金冠军主编，《20世纪中国新闻学与传播学》7卷本，复旦大学出版社2001年版。

[21] 陈世敏，《大众传播与社会变迁》，台北三民书局1993年版。

[22] 涟源市志编纂委员会，《涟源市志》，湖南人民出版社1998年版。

[23] 田玉川，《圈子！圈子！》，中国社会出版社2003年版。

[24] 郑也夫、彭泗清等，《中国社会中的信任》，中国城市出版社2003年版。

[25] 卜长莉，《社会资本与社会和谐》，社会科学文献出版社2005年版。

[26] 陆学艺主编，《当代中国社会流动》社会科学文献出版社2004年版。

[27] 中国"三农"形势跟踪调查研究组、中汉经济研究所农村发展研究部编，《小康中国痛——来自底层中国的调查报告》，中国社会科学出版社2004年版。

[28] 高宣扬，《布迪厄的社会理论》，同济大学出版社2004年版。

[29] 朱国华，《权力的文化逻辑》，上海三联书店2004年版。

[30] 孙立平，《现代化与社会转型》，北京大学出版社2005年版。

[31] 孙立平，《博弈——断裂社会的利益冲突与和谐》，社会科学文献出版社2006年版。

[32] 高宣扬，《当代法国思想五十年》，中国人民大学出版社2005年版。

[33] 方汉奇、陈业劭主编，《中国当代新闻事业史》，新华出版社1992年版。

[34] 王铭铭，《西学"中国化"的历史困境》，广西师范大学出版社2005年版。

[35] 王铭铭，《社会人类学与中国研究》，广西师范大学出版社2005年版。

[36] 华荣祥、郑智斌，《电视的尴尬——农村居民电视接触透视》，《中国广播电视学刊》，1999年第3期。

[37] 王晴川，《对我国农村电视节目的现状与未来的思考》，《电视研究》，2000年第3期。

[38] 叶琦，《政治仪式中的媒介权力——大众传媒对美国总统竞选的影响》，《现代传播》，2001年第1期。

[39] 黄旦、韩国飚，《1981－1996：我国传播学研究的历史和现状》，《新闻大学》，1997年春季号。

[40] 李青，《对传播媒介权力的思考》，《国际新闻界》，1999年第3期。

[41] 贺建平，《仿真世界中的媒介权力：鲍德里亚传播思想解读》，《西南政法大学学报》，2003年第11期。

[42] 黄旦，《媒介是谁：对大众传播媒介社会定位的探讨——兼论大众传播研究的社会学框架》，《新闻与传播研究》，1997年第2期。

[43] 王怡红，《僵化与断裂——对我国传播学研究思路的反思》，《新闻与传播研究》，1998年第4期。

[44] 戴元光，《"三个代表"重要思想与新闻传播理论创新》，《上海大学学报》（社会科学版），2005年第5期。

[45] 黄旦，《全球化：中国新闻传播学者的理解与构思——转型期中国媒介研究扫描》，《新闻记者》，2002年第11期。

[46] 唐华，《从文化背景和媒介功能看电视谈话节目的现实困境》，《传播艺术与艺术传播》，2000 年第 1 期。

[47] 喻国明，《大众媒介公信力理论初探——兼论我国大众传媒公信力的现状与问题》（上、下），《新闻与学界》，2005 年第 1、2 期。

[48] 喻国明，《关于传媒影响力的诠释——对传媒产业本质的一种探讨》，《新闻战线》，2003 年第 6 期。

[49] 陈翔，《回顾与批判：检阅媒介功能理论》，《西南民族大学学报》（人文社科版），2004 年第 11 期。

[50] 陈翔，《媒介整合社会：建构媒介功能新理论》，《西南民族大学学报》（人文社科版），2004 年第 4 期。

[51] 喻国明，《中国传媒业发展的关键与“问题单”》，《新闻记者》，2003 年第 3 期。

[52] 张开、石丹，《提高媒介传播效果途径新探——媒介素养教育与传播效果的关系》，《现代传播》，2004 年第 1 期。

[53] 潘忠党，《“补偿网络”作为传播社会学研究的概念》，《国际新闻界》，1997 年第 3 期。

[54] 温铁军，《不发达地区的资源资本化》，《中国改革》，2002 年第 9 期。

[55] 温铁军，《中国的问题根本上是农民问题》，《北京党史》，2004 年第 5 期。

[56] 田向东，《布迪厄与社会实践理论》，《社会经纬》，2000 年第 12 期。

[57] 谢元媛，《从布迪厄实践理论看人类学田野工作》，《云南社会科学》，2005 年第 2 期。

[58] 任中锋，《民生新闻与农民失语》，《新闻爱好者》，2005 年第 2 期。

[59] 李继宏，《城乡心理和生活世界——从齐美尔到舒茨》，《人文杂志》，2003 年第 4 期。

[60] 孙立平，《社会转型：发展社会学的新议题》，《社会学研究》，2005 年第 1 期。

[61] 孙立平，《和谐就是利益表达的规范化和制度化》，《山西师大学报》（社会科学版），2005 年第 3 期。

[62] 孙立平，《利益均衡：和谐社会的基本含义》，《发展》，2005 年第 1 期。

[63] 潘泽泉，《实践中流动的关系：一种分析视角——以‘礼物的流动：一个中国村庄中的互惠原则与社会网络’为例》，《社会学研究》，2005 年第 1 期。

[64] 郑也夫，《在人生观提供者大转换的时代：反省快乐，批判消费》，《博览群书》，2004 年第 3 期。

[65] 郑也夫，《信任与社会秩序》，《学术界》，2001 年第 4 期。

[66] 郑也夫，《走向杀熟之路——对一种反传统历史过程的社会学分析》，《学术界》，2001 年第 1 期。

[67] 郑杭生，《西北农村地区的文化消费：现状及其引导》，《社会》，2004 年第 7 期。

[68] 杨敏，《中国特色社会学的理论构建——郑杭生思想评述》，《贵州大学学报》（社会科学版），2002 年第 5 期。

[69] 党国英，《非正式制度与社会冲突》，《中国农村观察》，2001 年第 2 期。

[70] 戴元光、陆琼琼，《弱势群体在中国社会中的“弱势”》，《中国传媒报告》，2003 第 3 期。

[71] 喻国明，《中国传媒业的发展模式与规则再造》，《北京社会科学》，2003 年第 1 期。

[72] 周劲，《转型期中国传媒制度变迁的经济学分析》，《现代传播》，2005 年第 1 期。

[73] 喻国明，《中国传媒业：洗牌、模式与规则再造》，《郑州大学学报》（社科版），2003 年第 3 期。

[74] 杨瑞龙、杨其静，《阶梯式的渐进制度变迁模式——再论地方政府在我国制度变迁过程中的作用》，《经济研究》，2003 年第 3 期。

[75] 刘成付、王爱华，《媒介产品使用价值特性分析》，《湖南大众传媒职业技术学院学报》，2005 年第 1 期。

[76] 李景成，《中国广电集团化进程与多元化经营的战略选择》，《决策参考》，2001 年第 11 期。

[77] 郭赫男，《“注意力经济”时代下的媒体炒作》，《新闻界》，2004 第 3 期。

[78] 喻国明，《“渠道霸权”时代的终结——兼论未来传媒竞争的新趋势》，《中关村》，2005 年第 1 期。

[79] 喻国明，《“去碎片化”：传媒经营的新趋势》，《视听界》，2005 年第 4 期。

[80] 潘忠党，《作为一种资源的“社会能见度”》，《郑州大学学报》（哲学社科版），2003 年。

[81] 斯蒂文·小约翰，《传播理论》，陈德明、叶晓辉译，中国社会科学出版社 1999 年版。

[82] 加布里埃尔·塔尔德，《传播与社会影响》，何道宽译，中国人民大学出版社 2005 年版。

[83] 尼克·史蒂文森，《认识媒介文化——社会理论与大众传播》，周宪、许均主编，商务印书馆 2001 年版。

[84] E. M. 罗杰斯，《传播学史——一种传记式的方法》，殷晓蓉译，上海译文出版社 2002 年版。

[85] 戴维·阿什德，《传播生态学——控制的文化范式》，邵志择译，华夏出版社 2003 年版。

[86] 希伦·A. 洛厄里、梅尔文·L. 德弗勒，《大众传播效果研究的里程碑》，刘海龙等译，中国人民大学出版社 2004 年版。

[87] 哈贝马斯，《公共领域的结构转型》，曹卫东、王晓珏、刘北城、宋伟杰译，学林出版社 1999 年版。

[88] 皮埃尔·布迪厄、华康德，《实践与反思——反思社会学引论》，中央编译出版社 1998 年版。

[89] 克利福德·格尔兹，《文化的解释》，上海人民出版社 1999 年版。

[90] 齐美尔，《社会学——关于社会化形式的研究》，林荣远译，华夏出版社 2002 年版。

[91] 齐美尔，《社会是如何可能的——齐美尔社会学文选》，林荣远编译，广西师范大学出版社 2000 年版。

[92] 乔纳森·特纳，《社会学理论的结构》（上、下），华夏出版社 2001 年版。

[93] 詹姆斯·S. 科尔曼，《社会理论的基础》（上、下），邓方译，社会科学文献出版社 1999 年版。

[94] 杜赞奇，《文化、权力与国家——1900－1942 年的华北农村》，王福明译，江苏人民出版社 2003 年版。

[95] 克利福德·吉尔兹，《地方性知识——阐释人类学论文集》，王海龙等译，中央编译出版社 2000 年版。

[96] H. 孟德拉斯，《农民的终结》，李培林译，社会科学出版社 2005 年版。

[97] 伊曼纽尔·沃勒斯坦，《所知世界的终结——二十一世纪的社会科学》，冯炳昆译，社会科学文献出版社 2002 年版。

[98] 乔治·瑞泽尔，《后现代社会理论》，谢立中译，华夏出版社 2003 年版。

[99] 戴维·波普诺，《社会学》，李强译，中国人民大学出版社1999年版，第8页。

[100] 塔尔德，《传播与社会影响》，中国人民大学出版社2005年版。

外 文

[1] Max Weber, *Economy and Society*, New York: Bedminster, 1968.

[2] Steven Vago, *Social Change*, Peking University Press, 2005.

[3] Doris A. *Graber*, *Media Power in Politics*, Washington, D. C: CQ Press, 2003.

[4] Majid Tehranian, Grobal Connunication and World Politics: domination, Development, and Discourse, Lynne Rienner Publishers, Inc.

[5] Edward S. Herman and Robert W. McChesney, The Global Media: the New Missionaries of Corporate Capitalism, Wellington House, 1997.

[6] Collins, *Conflict Sociology*: *Toward an Explanatory Science*, New York: Academic Press, 1975.

[7] Anthony Oberschall, *Social Conflict and Social Monvement*, Englewood Cliffs, NJ: Prentice-Hall, 1971.

[8] Jonathan Turner, A Strategy for Reformulating the Dialectical and Functional Theories of Conflict , Social Forces, 53: 1975.

[9] Wolf Margery: *Woman and the Family in Rural Taiwan*, Stanford University Press, 1972.

[10] Calefato P, *Fashion*, *the Passage*, *the Body* , *Culture Studies*, 1988.

[11] Ahmad A, *In Theory* : *Class*, *Nations*, *Literatures*, Oxford University Press. 1992.

[12] Alan Swingewood, *The Myth of Mass Culture*, Macmillan Publish Ltd. , 1977.

[13] L. Sklair, Sociology of the Global System, Harvester Wheatsheaf, 1991.

[14] Bonard Roshco, News Making, p. 5, university of Chicago, 1975.

【作者简介】

戴元光，上海大学影视艺术学院副院长、教授、博士生导师，教育部新闻传播学科教学指导委员会委员；

沈荟，上海大学影视艺术学院副教授，博士；

倪琳，上海大学影视艺术学院博士生；

金璐，上海大学影视艺术学院博士生。

国家广电总局部级社科研究项目——“广播电视数字化发展研究”报告

主持人语

黄升民

数字技术给中国的媒体环境带来了巨大变革，无论是内容生产，还是传输通路，还是用户需求，都无限膨胀，同时，媒体经营的传播方法诉求观念乃至商业模式也在发生根本的转变。传播方法从以往简单粗放的大量覆盖转向“吸引”和“粘着”，诉求方式从针对大众转向碎片化后按某种特性重新聚合的消费者，盈利模式也从基于大量生产、大量销售的“高端市场”、“重度用户”转向由星星点点小客户组成的“长尾”。可以说，数字化带给中国媒体的绝不仅仅是一次简单的技术升级，而是一次深入骨髓的彻底变革。

自20世纪90年代开始数字化的技术试验，至今我国媒体在数字化方面已经走出很远，范围涉及有线、无线、卫星这些传统方式的数字化以及移动多媒体广播、IPTV、车载移动电视等新的媒体形式，我们已经开始进入数字化媒体时代。

本专题将从中国广电数字化的角度出发，先对中国广电数字化的宏观战略布局进行解析，随后对有线、地面无线和卫星三种方式的数字电视发展现状进行分析说明，然后阐述了移动多媒体广播这一广电系统新兴媒体的发展状况，最后，将对有线数字电视发展趋势及其面临的问题加以解析，解读中国广电数字化的全貌。

中国广电数字化战略布局

黄升民　周　艳

2007 年中国数字电视发展上最重要的特点就是数字电视的传输通道和业务种类开始呈现多元化发展趋势，国家广电总局作为中国数字电视发展的重要监管机构，围绕着数字电视多元化的特征，为数字电视的发展提供了总体思路和产业布局：构建广播影视数字化体系，形成全方位的广播电视覆盖体系；统筹无线、有线、卫星和移动多媒体广播等各种技术手段，发挥各自优势，促进协调发展。①

1　广电数字化产业布局更加清晰

从有线数字化战略实现突破以来，这两年，我国广电事业势如破竹，目前一个全面数字化的战略布局已经初步形成，即三军突破，两箭齐发，多元业务。

1.1　三军突破，实现三种通路的全数字化

所谓三军突破，指的是有线、卫星和地面三种传输通路的全部数字化，用户无论是在城市还是在农村，无论是静止状态还是移动状况，都可以接收到数字电视信号，从而实现全国范围内的所有人口的数字化。具体而言，即通过有线电视数字化实现城市人口的数字化，通过直播卫星及固定接收的地面数字电视推进农村以及边远地区人口的数字化，通过移动多媒体广播规划中的 S 波段大功率卫星及移动电视②实现移动人口的数字化。

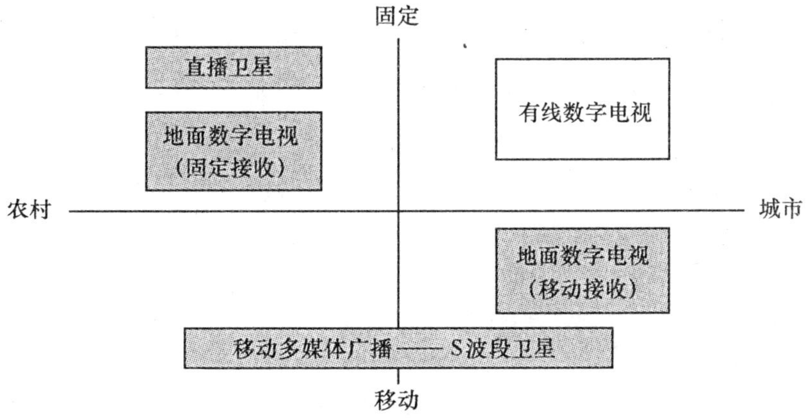

中国广电数字化布局图

① 见国家广电总局副局长张海涛在 2007 年 CCBN 主题报告会上的讲话。

② 严格来说，地面数字电视有固定接收和移动接收两种方式。固定接收方式的地面数字电视一般用于家庭用户，形式上与传统的模拟无线电视类似，通常所说的地面数字电视指的是这种方式。而利用其移动接收的特性，我国运营商在城市中开展了在公交车、出租车等交通工具上安装显示屏、接收地面数字电视信号的业务，这种形式因其移动性而通常被称作“移动电视”（或“车载移动电视”）。而本文中除了特殊说明之外，沿用这种说法。

1.1.1　有线数字电视——城市家庭的数字化

(1) 有线数字电视取得突破性进展

自2001年广电布局有线网络的数字电视技术试验开始，有线的数字化就已经初露端倪，尽管开局不利，但是发展到2003年却是势如破竹，2003年我国启动了有线电视数字化试点工作，由于确定了"四大平台"① 和"整体转换"② 的战略，把地市广电这个主力军请进了有线电视数字化的战场，而且通过免费送机顶盒加速实现了终端用户的数字化，经过两三年的实践，青岛、杭州、南阳、深圳、绵阳、佛山、广西等20多个有线网络陆续宣布完成市区整体转换，越来越多的地方加入整体转换的行列，49个试点单位均已建立了有线数字电视技术平台，物价听证会广泛召开③，用户数突飞猛进的增长，2007年底有线数字电视用户超过2600万户④，并且还在以每月超百万的速度在快速增长，有线数字电视已经在城市中取得了重大进展。

(2) 有线数字电视解决了城市家庭的数字化

我国有线电视用户2007年底已经达到1.5亿户，占所有电视收视户数的1/3强⑤，而且基本上覆盖我国经济较为发达的城市家庭，这是因为一方面有线网的铺设成本相对较高，这就决定了它比较适合在人口比较集中的区域内建设，城市比农村具有建设有线网的优势，另一方面，城市的人口消费水平相对较高，可以为数字电视开展运营奠定基础，再加上有线网络运营机构的运营积极性比较高，因此，我国的数字电视选择了以有线作为突破口，用有线通路实现城市家庭的数字化。

从近两年的发展来看，有线电视数字化的推进呈现出三个比较明显的发展趋势，其一是加速实现有线网向"双向交互、全功能和规模化"的方向发展，"加强网络升级改造，加强新业务开发，拓展服务领域，全面促进三网融合"。其二是内容的数字化建设，"构建……数字内容资源管理系统和集成分发交换平台"。⑥ 其三是在网络双向改造和内容数字化发展的基础上，积极拓展服务平台，把电视变成提供综合服务、随时掌握用户需求的家庭信息平台，这才是数字电视发展的目的所在。

1.1.2　直播卫星和地面数字电视——农村以及边远地区人口的数字化

(1) 直播卫星发射，直接服务于广电领域

2006年10月29日，我国首颗直播卫星——鑫诺二号发射升空，虽然后来由于技术问题导致此颗卫星暂时无法正常使用，延缓了直播卫星业务的运营时机，但也让人们看到了直播卫星热的坚挺，预计2008年备用卫星"中星九号"发射后，将极大推动我国直播卫星事业的进程。

规划中的直播卫星将直接服务于国家广播电视"村村通"工程和广播电视卫星直播领

---

① "四大平台"指的是节目平台、传输平台、服务平台和监管平台，它们共同构成了有线数字电视的完整体系。在广电总局2003年6月颁布的《建立有线数字电视技术新体系的实施意见》中对此有完整论述。

② "整体转换"指的是在同一时间内、统一完成一定范围内有线电视用户的数字化，是我国有线电视数字化的过渡办法，见广电总局2003年5月颁发的《我国有线电视向数字化过渡时间表》。

③ 见2006年5月广电总局副局长张海涛在全国有线电视数字化推进工作深圳现场会上的讲话：《立足新起点，推动新发展，开创有线电视数字化工作新局面》。

④ 见国家广电总局副局长张海涛在CCBN2008主题报告会上的讲话。

⑤ 见国家广电总局副局长张海涛在CCBN2008主题报告会上的讲话。

⑥ 见张海涛在2006年CCBN主题报告会上的讲话。

域，一方面为实现广播电视全人口的数字化覆盖奠定了基础；另一方面，为广电数字新媒体多业务发展战略提供优质的传输通道保障。

(2) 地面数字电视国标出台，开始运营

经过多年争论之后，2006年8月24日，我国自主研发的地面数字电视传输国家标准①正式出台，随即展开了申报国际标准的工作。这一标准的出台，意味着我国的地面数字电视可以开始大规模启动。

随后以上海高清、清华凌讯为代表的厂商开始了对符合国标标准的设备的研发和生产，目前相关配套产品都已经完成，芯片、机顶盒均已实现量产，随即展开了实际运营。2007年深圳、香港率先把国标应用到了推广之中。10月12日在深圳召开的中国国际高新技术成果交易会（高交会）上，深圳市正式启动“高清娱乐”频道，这是以国标为核心的高清数字电视信号在深圳首次播出。12月31日，香港无线电视台（TVB）和亚洲电视台（ATV）这两家香港最大的电视台将同步播出符合国标的地面数字电视广播信号，覆盖范围将包括九龙半岛、香港岛北部、沙田部分地区和大屿山东部。地面数字电视市场已经开始启动。

(3) 为最广大农村提供公益服务

2007年，我国的电视用户达到4亿户以上，其中有线用户为1.5亿，主要集中在城市，还有2亿多家庭在使用无线电视，无线电视仍然是中国最主要的接收方式，直播卫星和地面数字电视就是为了实现这部分用户的数字化。

从国家广电总局的规划来看，在有线覆盖不到的地方，就是地面数字电视和直播卫星的市场空间。地面数字电视的首要和重点服务对象将会是城郊和农村地区的用户，在一些较为边远的地区，直播卫星作为补充手段出现。地面数字电视和直播卫星二者合力，为最广大的农村提供了一张覆盖网，实现农村的全面覆盖。同时，面向农村的数字电视服务首要的任务并不是盈利，而是提供公共服务，满足广大农村地区用户看电视的需求，把党和国家的声音传递到最广阔的农村。

1.2 移动多媒体广播和移动电视——移动人口的数字化

1.2.1 颁发行业标准，重申发展的主导权

2006年10月24日，国家广电总局正式发布移动多媒体广播（下称CMMB）行业标准，广电系统没有掉入电信设计的“手机电视”的陷阱，命名为“移动多媒体广播”，腾挪之间避开了电信的一击，重申了在移动媒体领域的主导权。之后广电总局又发布了CMMB的一系列标准，至2008年1月，已经发布了5个相关标准。

广电所谓的移动多媒体是一种崭新的媒体形式，特指通过卫星或地面无线广播方式，供七寸以下小屏幕、小尺寸、移动便携的手持终端接收广播电视服务，其业务发展中不仅有广播电视节目，还有交通导航、生活资讯等综合信息服务。而接收终端也不仅是手机，还包括PDA、MP3、MP4、数码相机、笔记本电脑以及在汽车、火车、轮船、飞机上的小型接收终端。②

---

① 即：《数字电视地面广播传输系统帧结构、信道编码和调制》，国家标准委2006年第8号（总第95号），标准号（GB 20600-2006），见国家标准委网站。
http://www.sac.gov.cn/cgi-bin/bulletin/showbulgb.asp?id=904&year=2006&num=8&tnums=95&cnt=160&pdate=2006-8-24。

② 见《广电总局办公厅关于规范移动数字多媒体广播技术试验的通知》，2006年4月，广电总局。

与此同时，利用地面数字电视技术便于移动接收的特性，也可以为公交车、出租车、长途车、广场等地内安装的接收终端提供广播电视节目服务，目前很多地方都已经积极开展了这种移动电视实验，上海等地甚至已经开始盈利。

1.2.2　布局移动人口的广播电视服务

之所以要关注移动人口的广播电视服务，是因为随着我国经济的发展，人口流动性越来越大，处于移动状态的人也越来越多。有关资料显示，截至2005年底，我国公路通车里程超过180万公里、铁路通车里程超过7万公里，内河航运船有20多万艘、海洋机动渔船有28万艘、汽车拥有量达2400万辆，手机用户已超过3.8亿户并且仍以较快的速度增长。

由此可见，对移动人口而言，随时随地获取广播电视节目和信息的需求潜力非常大，而这一点也是目前广播电视的服务空白，因此广电总局部署移动多媒体广播（CMMB），通过构建“天地一体”的技术体制，利用各种移动终端，实现对移动人口各个空间上的全程全网覆盖，从而发挥广播电视作为主流媒体的主导作用，移动的空间和人群也成为广电产业发展的一个重要市场。

CMMB标准的发展历程并非一帆风顺，它从一问世就遭到了强烈质疑，最尖锐的问题集中在能否真正进入市场、实现产业化，而解决这一问题的核心就在于能否推出符合标准的芯片。事实上，这一问题解决之迅速让人瞠目，标准推出后不过5个月时间，在2007年3月底的CCBN上，符合CMMB标准的信调调解芯片就与世人正式见面了。这枚被叫做“IF101”的芯片由CMMB工作组成员之一的北京创毅视讯科技有限公司研发，它的面世告诉人们CMMB标准已经是一个成熟的、可以商用的标准，从这一刻开始，CMMB不再是纸上谈兵。

随即一系列CMMB产业链上的相关产品被研发出来，从发射机、复用器、核心调制电路等前端设备到手机、MP4、USB等多样化的终端，CMMB整个产业链上所需要的产品都已经准备齐全。目前，这些产品已经脱离试验室状态，真正开始大规模生产，而且每种产品都实现了多个厂家供货，就连最核心的芯片也已经有创毅视讯、泰合志恒、Siano、卓胜、摩威和瑞芯等多家厂家可以提供了，2008年创毅视讯公司将至少销售IF101芯片500万枚，多种终端产品也将于2008年推向市场。

与此同时，2007年5月，CMMB正式获得了由信息产业部划分的2.5GHz频段的25M带宽资源，这就为CMMB开展业务提供了至关重要的条件。

在此基础上，由广电总局牵头，大规模的设备采购、网络建设与信号覆盖随即展开。2007年10月，北京、上海等6个奥运城市和广州、深圳两市纷纷开通了CMMB发射站，进行相关覆盖和网络信号试验，CMMB在整体网络性能和信号覆盖上的能力已经有目共睹。按照规划，2008年初就会在全国35个主要直辖市和省会级城市开始建设地面覆盖网，这一部分的设备招标工作已经展开，随即将推广到全国324个城市。毫无疑问，CMMB的产业链已经非常完整，看来用CMMB终端看2008年奥运会即将成为现实。

2007年12月10日，科技部正式对外发布“十一五”国家科技支撑计划重点项目，《移动多媒体广播系统技术研究开发与规模技术试验》位列其中，获得高达4亿元的项目资金，这一方面说明国家对CMMB的认可，另一方面，也为加快CMMB发展提供了有利条件，CMMB离成熟又近了一步。

1.3　两箭齐发，优化广电数字化服务的传输通路

所谓两箭齐发，指的是直播卫星和S波段卫星的发射，前者在2006年10月发射的“鑫诺二号”卫星出现技术失败后，预计2007年发射备用卫星；后者预计于2008年发射，目前处于租用状态。

1.3.1 直播卫星——用于村村通工程，开展公共服务

随着服务于广电的直播卫星的发射成功，广电的数字传输通路资源获得了极大地延展。一方面，其公共服务的优势将得以更好发挥，以前开展的村村通工程有了更加安全和高效的传输平台；另一方面由于有了直播卫星这个优质的传输通路资源，未来广电的内容产业（免费频道、付费频道以及其他多项信息内容）将通过直播卫星的业务开展获利，一些跟直播卫星相关的新媒体业务也有了开展起来的基础资源。

此外，直播卫星发展也将带动国内相关部件、元器件、原材料等基础行业的技术进步和产品升级，而且从终端用户来看，机顶盒、卫星接收器制造商也将获得巨大的商业机会。

有专家就做出预测，2006 年到 2010 年，我国将至少有 1 亿家庭安装卫星电视接收机，相关产业市场规模将达千亿元，当然前提是个人接收卫星节目的政策需要放开。

1.3.2 S 波段大功率卫星——服务于移动多媒体广播

国家广电总局为移动多媒体广播的发展设计了“天地一体”的技术体制，我国将先租用大功率 S 波段卫星开展业务试验①，并预计在 2008 年发射我国自己的大功率 S 波段卫星主要用于移动多媒体广播业务的开展。如此的战略规划不仅使得我国的 S 波段大功率卫星的发展在国际电联有了认可，而且也使得广电信息传输的通路资源获得了优化。

所谓的“天地一体”是指，一方面利用大功率 S 波段卫星覆盖 100% 国土，另一方面，利用地面补点的形式对卫星盲区——主要是城市楼群遮挡区域进行补点覆盖，这部分将只占到整个国土面积的 5% 左右。同时，利用无线移动通信网络构建回传通道实现交互，形成单向广播和双向互动相结合，中央和地方的全程全网覆盖。②

1.4 多元开拓，深度延展区域广电数字版图

除了传统三大通路的数字化布局之外，我国广电媒体还在积极实践着各种形式的多元业务，把广电的数字化版图拓展到了更广阔的领域，这些拓展基本上都是在一定区域内进行，并对区域广电的数字化带来深远影响。目前，较为有代表性的新拓展包括 IPTV、DAB/DMB 以及 DVR 等业务类型，相信随着技术和产业的不断发展，新的业务形态还会越来越丰富。

以下对几种典型业务进行说明。

1.4.1 IPTV——区域市场中个性化的数字业务

IPTV 面向的是电视机用户，其传播方式和运行模式上与有线数字电视完全相同，只是传输的物理网络不同。目前主要方式是利用城市电信网构建内容的集成播出技术平台，向与 IP 机顶盒连接的电视机传输广播电视节目。由于其特殊的技术平台和内容设置以及接受人群的个性化状况，使其在广电数字媒体布局中定位较为特殊，是区域性数字业务发展中满足个性化需求的一种手段。

截至 2007 年底，广电总局共向 4 家广电机构批准了 IPTV 的运营牌照，分别是上海文广、央视国际网络、南方广播影视传媒集团和中国国际广播电台，还有更多广电机构开展了 IPTV 的试验，在技术、运营、监管等方面摸索经验，使其成为区域性数字业务发展中满足个性化需求的一种手段。

---

① 《广电总局办公厅关于进一步加强移动多媒体广播技术试验管理的通知》，广电总局 2006 年 12 月 30 日发布，见广电总局网站 http://www.sarft.gov.cn/manage/publishfile/35/4409.html。

② 《广电总局办公厅关于进一步加强移动多媒体广播技术试验管理的通知》，广电总局 2006 年 12 月 30 日发布，见广电总局网站 http://www.sarft.gov.cn/manage/publishfile/35/4409.html。

中国 IPTV 牌照拥有情况

牌照获得机构	获得牌照时间	牌照拥有机构及运作简介
上海文广新闻传媒集团	2005 年 4 月	上海文广通过与电信运营商的合作，在哈尔滨、上海两地建成了国内 IPTV 样板工程。
央视国际网络有限公司	2006 年 4 月	由央视国际网站与中视网络合并组建，负责 IPTV 的运作。
南方广播影视传媒集团	2006 年 6 月	南方传媒集团是广东省第一个全省性广电集团，以广东为 IPTV 首要目标市场。
中国国际广播电台	2006 年 10 月	中国唯一向全世界广播的国家广播电台，拥有大量国际领域的优势资源。

1.4.2 车载移动电视——区域电视媒体的数字移动业务

车载移动电视是地面数字电视广播的一种业务，它目前在一些城市中都已经得到了很好的推广，成为区域电视媒体数字化业务的一种拓展，如果说有线数字电视在城市开展主要是针对家庭信息服务，而车载移动电视则是区域电视机构可以开展的一种针对城市特殊移动人群的数字业务。

车载移动电视是利用地面数字电视的移动技术实现在城市和交通密集区域的广播电视服务，根据需求可分别播出一套面向公交车人群的移动电视节目、一套专门针对出租车的移动电视节目，甚至还可以面向城市中的一些公共场所的楼宇和城市大屏幕电视墙提供广播电视节目。

1.4.3 DAB/DMB 数字广播业务——区域广播媒体的数字移动业务

电视之外，广播的数字化也是广电系统需要重点关注的问题。目前广播的数字化主要有 DAB 和 DMB 两种技术实现方式，广播实现数字化后，不再仅仅是传送声音信号，还可以传送视频和数据服务，频道数量也会大大增加，而它的移动性优势会一直保持，在快速移动状态下也可以收看到广播电视节目和数据服务。

DMB 技术更便于移动状态下实现多业务的传送，对于广播的数字化而言，DMB 被广泛看好，目前广州、北京等地已经进行了 DMB 的试验，在技术准备、节目内容以及运营方面都积累了一些经验，广播数字化已经开始启动，为实现区域范围内的移动接收多媒体服务提供了条件，也打破了“广播过时论”，赋予广播媒体新的生命力。

1.4.4 DVR 业务——区域市场中数字下载业务

DVR 业务便于运营商开展，也受到用户的喜爱，是较为便捷的视频下载服务，前景广阔。而且随着技术的成熟和目前一些广电机构的积极运作，它的定位正在朝向区域市场中媒体数字下载业务的方向发展，可以为区域媒体利用数字化技术获得额外的商业机会。

DVR（Digital Video Recorder，数字视频录像）业务允许用户录制、保存正在播出或将要播出的节目到带有硬盘存储功能的机顶盒上，用户可以一边实时收看一套节目，同时录制另一套节目，或者利用晚上频率资源相对空闲时自动录下喜爱的节目，这样用户就可以编辑自己喜爱的节目库，在任何时候收看，还可以实现跳过广告录制、快进后退控制收看等各项功能，实现全新的收视体验。

DVR 业务不需要运营商进行网络改造、不需要在前端增加硬盘存储设备，对运营商的压力比较小，便于推广该业务。而随着生产成本的降低，带有 DVR 功能的机顶盒价格也在降低，在欧美国家，已经有大量用户使用了 DVR 服务。以美国为例，2005 年 DirecTV 公司共有 1500 万用户，其中 250 万户使用了 DVR 业务，约占到 17%，而且 DirecTV 还打算在 2006 年底前推出可以把点播节目录制到 DVR 中的业务。

1.5 广电数字新媒体的战略布局业已形成

通过上面的分析可以看出，我国广电在数字新媒体领域的战略布局构架基本完成，即通过数字电视、直播卫星、移动电视、手机电视和 IPTV 等数字新媒体形态的综合发展，以涵盖所有人群的数字化和以家庭为核心的信息化为目标，实现广电从模拟到数字的全面转型。在城市，通过有线电视实现固定家庭用户的数字化，通过地面移动电视和移动多媒体广播实现移动人群的数字化；在农村，通过地面数字电视实现固定家庭用户的数字，通过移动多媒体广播实现移动人群的数字化；由此实现所有人口、所有状态下，广电的全面数字化。

从国内一些广电机构来看，数字化布局都已经全面铺开，这些机构既是推动和完善战略布局的先行者，也是带动和促进其他广电机构行动起来的榜样。中央电视台旗下拥有多种数字新媒体相关企业，包括中数传媒、央视风云、中国有线、央视国际往来等，央视系统获得第一个全国性付费频道基础运营机构牌照，第二张 IPTV 牌照，还在积极参与直播卫星的业务，其数字化战略已经涉及数字电视、IPTV、手机电视等多种形态。上海文广集团取得国内第一张 IPTV 和手机电视的牌照，开办了多套付费频道，同时也获得了第二个全国性付费频道集成运营机构牌照，目前上海文广已经成为广电系统实践数字电视、IPTV、移动电视、手机电视等新媒体的全面领跑者。北广传媒集团通过鼎视传媒力推数字付费内容，并已经积极开展了移动电视、城市电视、楼宇电视等业务，而旗下的北京人民广播电台则正在积极备战手机电视业务。南方广播影视传媒集团则在包括付费频道、移动电视及手机电视等方面取得了巨大发展。从有线数字电视推广来看，青岛、杭州、深圳等地广电机构已经完成了有线的数字化，正在往深入发展。广电数字化新的战略布局已经比较清晰的展现出来。

2 对广播电视的服务方式进行明确划分

以往的广播电视服务性质并没有明确划分，既有事业性也有产业性，既有公益服务也有经营性市场服务，随着数字化程度的加深，广播电视所能提供的服务类型迅速增加，服务性质的不确定就成为了阻碍发展的一个重要问题。为了更好的发挥广播电视服务功能，国家对我国的广播电视服务方式进行了明确划分：一是义务性的基本服务；二是公益性的有偿服务；三是多样化、个性化的市场服务。

2.1 义务性的公益服务

与传统广电的服务理念相类似，数字电视的发展过程中也会重视公共服务。广电总局领导响应李长春等国家领导人关于“数字电视推广要成为民心工程”的重要批示，在制定相关政策的同时，也更加关注老百姓的感受，强调“以用户为核心”。在 2007 年初，广电总局领导协同五六十家有线运营商专题讨论“关注弱势群体，提高服务品质”，追求经济效益的同时把社会效益放在首位。在这一问题上，义务性的公益服务是一个最好的体现。

义务性的公益服务，主要包括地面无线广播电视、有线数字电视中保留的几套模拟节目、直播卫星中的村村通节目源。这部分服务是纯粹公益的，由政府主导，免费提供给用户，保证了广播电视的宣传功能不动摇。地面无线广播电视面向的是最广大人群，各国都将无线覆盖作为广播电视提供基本服务的基本手段，我国即将全面推广的无线数字电视也会采取完全公益的服务模式，不以营利为目的。有线数字电视则要为不愿、不能或没有实力数字化的用户保留几套模拟频道供其收看，明确规定了有线数字电视要保留6套模拟频道①，保证公益服务。

2.2 公益性有偿服务

公益性有偿服务，主要包括有线电视基本节目和基本信息服务。“这类服务带有公益性，但是用户需要缴纳一定费用才能够享用，由政府给予政策扶持。”② 这种服务模式一方面保证了用户可以用低廉价格收看大量数字化节目、使用基本信息服务；另一方面也为运营机构带来必要的收入，带动了运营的积极性。事实上，来自基本收视维护费的收入一直是有线网最主要的收入来源，2006年全国有线网252亿元人民币的收入中，基本收视维护费的收入就达到184亿元人民币。

2.3 个性化的市场服务

多样化、个性化的市场服务，主要包括付费电视、VOD、移动多媒体广播等。“这类服务由产业主体自主经营、市场运作，政府负责制定规则和管理办法，依法监督管理。”③ 这种类型的服务由市场定价，用户自由选择、自愿订购。对于付费频道、VOD、移动多媒体广播等新媒体形态来说，能否争取到用户，获得用户认可并付费购买，就成为决定产业存亡的关键。

如此分类之后，不同广电媒体就可以根据自身特点提供不同层次的服务，满足用户多样化需求，从而解决了广播电视行业服务形式界定不清的问题。

另一方面，我们也应该看到，广电总局提出了只是宏观规划，缺少实际操作层面的检验，服务分类的具体运作方法还不完善，因此实际推广过程中肯定会受到多种因素的制约，例如，具体到某一个广电，业务如何分类？分类后体制是否改革？数字新媒体在整个广电系统中的地位和营销价值等，都还需要在实践中摸索。

广播电视服务分类

义务性的公共服务	➢ 地面无线广播电视 ➢ 有线数字电视中保留的几套模拟节目 ➢ 直播卫星中的村村通节目源
公益性的有偿服务	➢ 有线电视基本节目 ➢ 基本信息服务
个性化的市场服务	➢ 付费广播电视节目、视频点播 ➢ 电视商务服务 ➢ 直播卫星 ➢ 移动多媒体广播

【作者简介】

黄升民，中国传媒大学广告学院院长、教授、博士生导师，国务院新闻传播学科评议组成员。

周艳，中国传媒大学广告学院副教授、博士，硕士生导师。

① 见2006年《广电总局关于进一步加强和规范有线电视数字化工作的通知》，国家广电总局网站。

② 国家广电总局副局长张海涛在CCBN2007主题报告会上的讲话。

③ 见2006年《广电总局关于进一步加强和规范有线电视数字化工作的通知》，国家广电总局网站。

中国数字电视市场发展现状

王薇　张琳

2007 年中国数字电视用户累计超过 3000 万，有线数字电视、地面数字电视、卫星数字电视都获得积极的推进、取得显著的发展，整个产业界富有成效，从政策、技术、产品、用户等多个层面为中国数字电视步入快速发展轨道打下了坚实的基础。

1　有线数字电视快速发展

作为目前最为完善的数字媒体类型，有线数字电视在 2007 年继续延续快速发展的态势，无论是用户规模，还是业务开展情况，还是技术、营销、服务，都有了实质性的进步。

1.1　整体转换的推进情况

1.1.1　用户数量大幅度增加

2007 年有线数字电视的用户拓展大大提速，用户数量大幅度增加。截至 2007 年底，中国的有线数字电视用户数超过了 2500 万户，比 2006 年的 1266 万户翻了一番，有线数字电视在全国范围内得到大范围的普及。

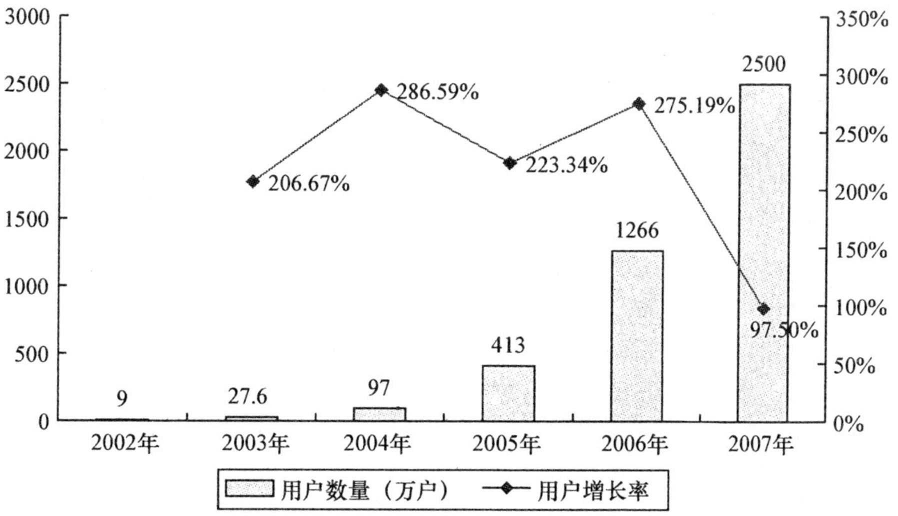

我国有线数字电视用户数和增长情况图（单位：万户）
（数据根据国家广电总局公布数字整理，2007 年数据截至 12 月初）

1.1.2　实现有线数字电视整体转换的城市增多

截至 2007 年底，全国有 75 个城市启动整体转换，有 12 个城市通过总局验收，有 41 个城市召开价格听证会（相关统计中，广西作为一个整体），有超过30个城市和地区完成了全市整体转换。全国有线数字化程度达到19.38%，标志着我国有线数字电视步入快速发展轨道。

2007年6月中国六大行政区域有线数字化程度表

项目	东北	华北	华东	中南	西南	西北
数字电视用户数（万）	176.9	361.8	485.6	467.5	440.2	133.0
家庭用户数（万）	3555.74	10605.81	9059.77	6318.49	8140.02	2724.12
有线电视用户数（万）	1157.10	3129.07	3723.00	2360.39	2623.20	751.39
家庭数字化程度（%）	4.98	3.41	5.36	7.40	5.41	4.88
有线数字化程度（%）	15.29	11.56	13.04	19.81	16.78	17.70

（数据来源：中国传媒大学广告学院与格兰研究）

1.1.3 推进特征

2007年的有线数字电视发展有如下特征：

（1）重点城市大规模启动

直辖市全部启动整体转换工作，北京、上海等特大城市的推广速度加快，用户数量发展迅猛，构成了2007年整转城市的排头兵。截至2007年9月中旬，上海数字电视用户突破15万户，10月份北京数字电视用户数达到了100万户。

作为中国经济发展的重点城市，一旦实现整体转换之后，当地城市居民的巨大消费能力将为当地数字电视增值服务的市场注入更多的生机和活力。

（2）全面推进，深入农村市场

经济发展处于中上水平的城市启动整转的数量越来越多，在完成了市区范围内的转换之后，周边区、县、乡镇也成了用户推广重点。截至2007年11月30日，我国已经有68个城市、区县完成了整体转换，其中22个是县级及县级以下城市。有线数字电视深入农村市场，成为村村通的重要实现方式之一。

（3）以省为单位推进

随着业务的深入开展，对规模的要求越来越高，有线网域特性的局限性也越来越明显，在此背景下，联合发展的思路走向前台。网络运营商之间开始走向联合。其中典型的就是省内联合，以省为单位推进，先在省内进行网络整合，这方面以陕西、广西、海南等为代表。而浙江华数数字电视有限公司则用市场化方式实现全省的资本和业务层面的联合发展，这也为网络整合提供了一种新思路。

1.2 业务开展情况：增值业务开始进入实质性运营阶段

目前我国各地运营商的增值业务发展重点不同，所以增值业务的类型也各有不同。调查显示，目前，大连、南京、杭州、青岛、深圳、广西、成都、银川、北京9个地域数字电视增值业务开展的具体情况如下：

各城市开展增值业务具体情况一览表①

项目	大连	南京②	杭州	青岛③	深圳④	广西	成都	银川⑤	北京
付费频道	√	√	√	√	√	√	√	√	√
VOD	NVOD	√	√	NVOD	√	×	√	NVOD	×
资讯服务	√	√	√	√	√	√	√	√	√
远程教育	×	×	√	×	×	×	×	×	×
互动游戏	×	×	√	×	×	×	部分开通	×	×
股票交易	×	×	√	×	×	×	×	×	×
电视购物	×	×	√	×	×	×	×	×	×
电视缴费	×	×	√	×	×	×	×	×	×
数字广播	√	√	√	√	√	√	√	√	√
PVR 功能	×	×	√	×	×	×	×	×	×

从调查情况可以看出，我国运营商现在比较认可、开展较多的增值业务类型主要是付费频道、资讯服务、视频点播等，这些业务发展较早，成熟度也相对较高，成为一般运营商开展增值业务时选择较多的业务。

有了用户基础以及双向化的网络支持，有线数字电视增值业务开始进入实质性运营阶段。数字电视运营商的思考重点已经转移到如何运营增值业务上来，不同的业务类型探索出了不同的盈利模式。

1.2.1 付费频道平稳发展

到2007年，已经批准的付费频道为143套，已经开播的付费频道为136套，落地到地方网络商的频道数量大幅度增加，付费频道种类丰富。无论是通过集成商落地还是直接落地方式，网络运营商拥有较为充足的付费频道来进行经营和推广。用户对付费频道业务已经较为熟悉。

目前付费频道的销售方式主要是单频道销售和节目包销售。单频道销售针对那些对频道内容更加忠诚的用户，节目包则指将多个频道打为一个包，作为一款产品，标明价格，供用户订购。由于各地网络环境及用户需求和习惯的不通，往往有不同的打包方式。

付费频道以频道订购收入为主，在当前环境下，由于自身品质的相对薄弱，付费频道多采用了搭售方式，如：订购其他数字电视业务时赠送付费频道；与家电企业或卖场合作，由家电企业或卖场为付费频道买单，赠送给自己的客户。

1.2.2 资讯服务引人注目

资讯服务把有用的商品和服务信息提供给用户，在单向信息浏览的基础上，推出更多互

① 数据来源：中国传媒大学与格兰研究《中国数字电视用户满意度暨增值业务需求研究报告》。

② 南京：南京的“PVR”功能即将开通。

③ 青岛：青岛地区开通的“互动游戏”“电视购物”功能不能通过机顶盒实现；青岛地区的“电视缴费”也正在实验之中，具备了技术实现可能但还没有推广，青岛地区的“股票交易”可以查询但不可以交易。

④ 深圳：深圳的“电视缴费”即将开通。

⑤ 银川：银川的“股票交易”能够查询但不能通过机顶盒进行交易。

动形式，如查询和交易等，运营商在其中扮演的更多是平台提供，实际运营多采取合作方式，一些经营性较强的板块，如房产、旅游、餐饮等，已经开始有广告公司介入经营。

1.2.3　视频点播发展成熟

视频点播是目前发展较为成熟的一种互动增值业务，成为数字电视运营商的主要收益点。各地运营商目前开展的视频点播业务比较多。从杭州目前点击率比较高的业务来看，视频点播业务占很大比例，杭州的数字电视双向网的用户有20多万户，VOD的用户大概有10万户，2006年的营业额达到600万元人民币左右。

视频点播按照服务方式还可以分为准视频点播和视频点播。通常都能支持按月记费、按次计费、按时计费、按片计费等。

此外，有的运营商现在也已经探索出来新的模式，在视频点播中插一些广告，让老百姓免费看广告，然后把老百姓的视频点播的费用给替换掉，老百姓愿意用这样的方式，比如看几分钟的广告就可以免费看一部电影或电视剧。用户不一定非要包月或者按照固定的费用去支付，也愿意用这样的方式。

正因为视频点播在整个增值业务市场上比较受欢迎，而单一的运营商想要独立运营好会存在较大的困难，所以现在合作运营的方式越来越被网络运营商们接受和看好。

1.2.4　在线交易支付

要实现在线的交易，就少不了在线支付系统的支持。多家网络商已经通过跟银行合作推出了自己的在线支付系统，如青岛、杭州、深圳、淄博等地。用户可以在家中用数字电视实现缴费、购物、账户管理等服务，真正给用户的生活带来方便。从经营上来看，在线支付尚处在市场培育期，是实现多种业务的基础性服务，因此不便向用户收费，目前多是从商户和银行收费。

1.2.5　在线互动类业务

股票服务、在线游戏、远程教育等采取的是直接向用户收取服务费的方式。一般会先提供一段时间的免费试用，在培养出来使用习惯之后再逐渐收费。目前的运营商主要投入在于平台建设和业务涉及发展上，这部分的业务在于其娱乐性。

1.3　网络基础

1.3.1　双向改造提速

有线网的双向升级改造在2007年得到明显提速，并迅速推广到用户市场。北京中广网媒信息咨询有限公司提供的数据显示，截至2007年11月1日，230家有线数字电视网络运营商中，推行有线数字电视双向网络改造的运营商共计126家，占了运营商总数的54%，更有17%的网络商已经全部实现了双向化，而保持单向网的运营商已经不足半数。①

2007年在双向改造方面出现了两个典型地区：一个是山东淄博，它是全国第一个采取双向机顶盒实施整体转换的城市，到2007年3月双向机顶盒已经占到了72%，双向比例位居全国之首；另一个是海南省，2007年6月24日全面启动全省范围内的整体转换，成为全国第一个实施有线数字电视全网双向互动服务的省域。

1.3.2　网络整合现状

截至2007年年底，全国各省、市、自治区（除港澳台外）的有线运营都不同程度的进

① 王薇，《有线数字电视五大趋势》，《媒介》杂志，2008年1月刊。

行了网络整合。其中，北京、天津、河北省、内蒙古自治区、吉林省、广西、海南省、陕西省等8个省分和地区已经完全整合完毕；另外，上海、重庆、山西、江苏、安徽、江西、河南、湖北、湖南、云南、青海、宁夏、新疆等地已经实现了部分整合，目前网络整合工作正在进一步进行中；此外，仍有辽宁、黑龙江、浙江、福建、山东、广东、四川、贵州、甘肃等地区尚未整合。

整合情况	地区（省、直辖市）		整合用户数（户）
完全整合	1	北京	318 万
	2	天津	194 万
	3	河北	650 万
	4	内蒙古自治区	233 万
	5	吉林	270 万
	6	广西	450 万
	7	海南	100 万
	8	陕西	344 万
部分整合	1	上海	472 万
	2	重庆	430 万
	3	山西	100 万
	4	江苏	——
	5	安徽	220 万
	6	江西	300 万
	7	河南	505 万
	8	湖北	200 万
	9	湖南	430 万
	10	云南	350 万
	11	青海	11 万
	12	宁夏	44 万
	13	新疆	154 万
未整合	1	辽宁	——
	2	黑龙江	——
	3	浙江	——
	4	福建	——
	5	山东	——
	6	广东	——
	7	四川	——
	8	贵州	——
	9	甘肃	20 万

1.4 用户市场分析

为了了解数字化进程中数字电视用户对数字电视的使用情况和满意度，2007 年 1 ~ 2 月，中国传媒大学广告学院数字新媒体研究课题组联合央视-索福瑞市场研究（CSM）对全国 10 个已经完成市区整体转换的城市中的数字电视用户进行了调研①，调查分析发现，数字电视给用户收视带来了一定影响，老百姓看电视的方式正在悄然发生着变化。

1.4.1 用户对数字电视的使用情况

（1）看电视依然是最主要功能

数字电视给人们提供了多种多样的服务，但“看电视”这一功能仍然是最受欢迎的基本服务，调研从用户对各种数字电视服务的当前使用频率、需求和付费三个角度说明了这一点。就当前的使用情况来看，99.5%的人首选看电视；从需求愿望来看，70.9%的人最想用的功能仍然是看电视；即使从付费的角度看，26.2%的人愿意为看电视单独付费，依然排在各项服务之首。

（2）增值业务受关注程度增加

除了看电视之外，随着数字电视推进程度的深入，各种各样的增值业务逐渐被人们认识并接受，尤其是那些真正能给用户带来便利的业务类型。从用户对各种数字电视服务的当前使用频率、需求和付费三个角度来看，“生活信息服务”和“点播节目”都进入了前五位，其经营价值值得运营商关注；“缴费”功能由于受到技术等条件的限制，目前可以提供该服务的比较少，但用户需求和消费潜力都比较高，属于潜力型业务；而像“远程教育”、“股票交易”等专业性程度高的服务，虽然用户群相对较小，但付费意愿高。

数字电视增值业务使用、需求和消费前五位表

目前使用频率最高的增值服务	百分比	最需要的增值服务	百分比	最愿意付费的增值服务	百分比
节目查询	27.4%	生活服务信息	19.9%	点播节目	7.6%
节目预报	22.4%	点播节目	15.4%	缴水电/电话/燃气费	4.3%
生活服务信息	15.0%	节目预报	15.3%	远程教育	4.2%
点播节目	14.7%	节目查询	15.0%	股票交易	4.0%
听广播	8.7%	缴水电/电话/燃气费	11.8%	生活服务信息	3.5%

1.4.2 用户收看电视时间延长

使用数字电视后，虽然大多数用户看电视的时间没有明显变化，但表示明显增加的用户数已经接近30%，而且对比2006 年和2007 年的调研数据可以看到，收视时间增加的用户群呈现增大趋势，2007 年比 2006 年增加了近 5 个百分点，而感觉收视时间明显缩短的用户群

① 本次调研由中国传媒大学广告学院和央视-索福瑞（CSM）联合执行，分别针对深圳、青岛、大连、太原、南京、南宁、佛山、淄博、绵阳、杭州等 10 个城市的数字电视用户进行了抽样电话调查，每市抽取样本约 100 户，最终形成有效样本 1067 个。调研结果发布在《中国数字电视发展报告 2007》，央视-索福瑞出品。

的比例却从 2006 年的 4. 9% 缩短到 2007 年的 2. 3%，此消彼长之间，显示了数字电视的影响力。

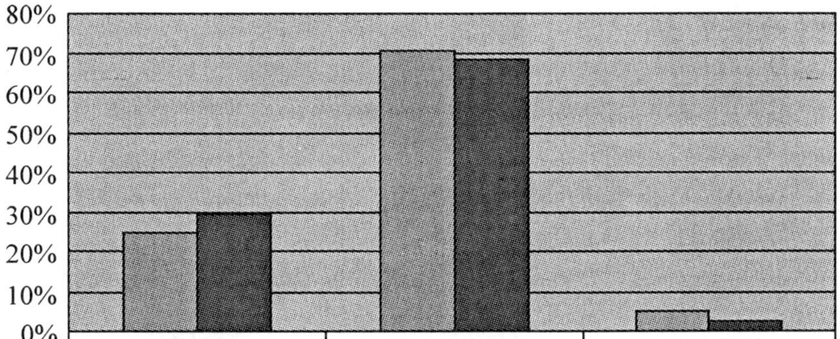

	明显增加	没有明显变化	明显缩短
2006年	24.6%	70.5%	4.9%
2007年	29.2%	68.4%	2.3%

数字电视用户收视时间变化图

1. 4. 3　用户对数字电视的满意程度高于模拟电视

调研发现，在使用过一段时间的数字电视之后，用户对数字电视的满意程度远远超过了模拟电视。总体来看，56% 的用户对数字电视表示满意，而对模拟电视表示满意的用户只有 35. 3% 。在内容方面，数字电视更是比模拟电视技高一筹，无论是内容的丰富程度还是专业化水平，还是信息的实用性，数字电视的满意程度均远远高于模拟电视。可以说，虽然数字电视还存在这样那样的问题，但比起模拟电视，绝对是一次提升，也更能满足用户的需求。

数字电视与模拟电视满意度对比表

	总体评价	内容丰富	内容专业	信息实用
数字电视满意度	56. 0%	64. 6%	44. 5%	31. 5%
模拟电视满意度	35. 3%	20. 7%	13. 5%	10. 7%

2　地面数字电视蓄势待发

2007 年中国的地面无线数字电视虽然还没有启动大规模的商业应用，但各厂家已经纷纷出动，政策规划井然有序进行，运营层面也开始破冰前行。

2. 1　地面数字电视的相关政策与标准

2. 1. 1　国标延迟实施

尽管 2006 年 8 月已经出台了地面数字电视传输国家标准（以下简称“国标”）的出台，并且按计划于 2007 年 8 月 1 日正式强制实施，但是由于“目前地面数字电视国标的测试和试验工作还在进行，配套标准还在制定，符合国标的发射机和接收机还在产业化过程中”,① 所以，国标全面实施的时间被推迟下来。

① 见张海涛在 2007BIRTV 主题报告会上所做的报告。

2.1.2 政策规划顺利推进

要实现地面数字电视的产业化，除了国标之外，配套标准和频率规划至关重要。这一重要工作在 2007 年也取得了重大进展。

频率规划方面，2007 年底，国家已经完成了对全国 3625 个城市的电视发射台、调频发射台、中短波发射台相关数据的财经，包括经纬度、高度、传输模型等，并且正在研究拥有地面数字电视的模型。

配套标准制度方面，国家广电总局广播电视规划院（简称“规划院”）已经完成了配套标准的大纲及部分标准草案的编写，17 个配套标准中有 8 个已经全部测试完毕，并于 8 月 15 日向国标委提交了《地面数字电视发射机技术要求和测量方法》等 8 套地面数字电视配套标准的草案。

同时，为了配合频率规划和标准编制，规划院已经完成了北京、江苏等地单频网的构建测试。这些措施的进行有力地推动了地面数字电视的产业化进程。

2.2 地面数字电视的市场现状

2.2.1 深圳与香港分别进入试验推广与运营阶段

2007 年 10 月 12 日深圳市正式启动“高清娱乐”频道，这是以国标为核心的高清数字电视信号在深圳首次播出，宣告深圳成为我国第一个正式执行该国家标准的城市，也标志着深圳市的国标地面数字电视正式迈进试验推广阶段。

在香港地区，则真正开始了基于国标的地面数字电视全面运营。12 月 31 日晚 19 点，香港无线电视台（TVB）和亚洲电视台（ATV）这两家香港最大的电视台同步播出符合国标的地面数字电视广播信号，覆盖范围将包括九龙半岛、香港岛北部、沙田部分地区和大屿山东部。到 2008 年底，香港无线数字电视信号将覆盖香港 75% 的区域，预计在 2012 年全面实施电视数字广播，停止现行广播制式。有了香港实际应用的经验，我国的地面数字电视离大规模实施又进了一步。

2.2.2 相关厂商加紧布局

虽然地面数字电视产业尚不成熟，但众多厂商已经加紧布局。

以香港市场为例，早在 2007 年 9 月份，就有地面数字电视机顶盒在香港出售，海信、长虹、创维、三星等一批电视生产厂商都加紧布局，希望在地面数字电视开播前抢占市场。

在芯片厂商方面，作为融合国标主角的清华凌讯、上海高清公司都已经研发出了符合国标标准的芯片产品，并跟大批终端生产厂商合作，生产了符合国标的机顶盒及数字电视一体机。

此外，全方位解决方案的提出也让人们看到了技术方案的完善。以上海高清为例，目前已经推出了针对农村市场的解决方案——“神州家家通”；为“6+2”奥运城市开路转播北京奥运会高清晰度电视节目设计的国标城市高清解决方案——“奥运高清”国标高清地面广播系统；为城市运营商新媒体业务设计的解决方案——“移动便携”国标车载便携移动电视系统；为中国铁路在途旅客设计的——“铁路电视”国标铁路移动电视系统等。

2.2.3 在城郊和农村地区发展加速

截至 2007 年 12 月底，（应用清华/交大老标准和国标体系的）有地面数字电视发射机的市和县超过 100 个，已经发国标信号的（升级成国标的多载波系统）约有 40 个市和县。这些地方的地面数字电视之所以能发展加速，一方面是由于凌讯和高清的大力推广，例如凌讯和上海高清都已经开始在农村市场圈地，上海高清的“神州家家通”系统已经在全国建立了约50个应用网，推出了面向农村、售价300元作用的机顶盒，凌讯为云南西双版纳的免费地面数字电视提供支持。另一方面是由于这些地方在模拟时期的地面频道数量少，信号质量差，通过发展地面数字电视可以大幅度提高当地的居民文化生活水平。

2.3 地面数字电视的发展趋势

2008年的北京奥运会将为我国地面数字电视的发展带来一个良好的机遇。为保证奥运会的全数字化转播，政府对奥运城市的数字化给予了大力支持。北京、上海、天津、秦皇岛、青岛、沈阳等6个奥运城市以及深圳、广州成为了国家首批试播地面数字电视的城市。同时，为了支持这些地方的国标产业化发展，国家发改委还将为每个奥运城市地标启动提供1000万元的财政补贴。此举对推进地面数字电视的发展将起到重要作用。2008年的地面数字电视市场，将开启真正的市场化运营，实现本质性的突破。

3 数字电视进行调整

2007年，我国卫星数字电视产业发展一直以建设覆盖辽阔国土和众多人口的广播电视卫星直播系统为主要目标，各环节各部分都自发地进行了调整。

3.1 技术上做好充分准备

2007年6月，“鑫诺三号”发射成功，7月“中星6B”发射成功。自此，“鑫诺三号”卫星可以收到33套电视节目，“中星6B”卫星可以收到132套电视节目（包括加密的87套付费频道节目）；此外，“鑫诺三号”和“中星6B”上的中央3、5、6、8套新闻节目是加密的。“亚太6号”卫星可以收到“村村通”平台节目20套、中国教育电视台节目3套以及全国中小学远程教育、全国农村党员干部远程教育、全国文化信息资源共享工程、高校基础教育、山东、甘肃、新疆远程教育等数据广播业务，其所有节目都是加密的。

在星体制造上，“鑫诺三号”和“中星6B”都具备防止地面恶意上行信号干扰的能力。“中星6B”的设计更加合理，它采用了上行、下行收发天线分离、上行波束与下行波束分别覆盖的方法，上行波束天线覆盖中国大陆，但不包括中国台湾地区，把境外敏感地区排除在上行波束之外。下行波束覆盖整个亚太地区，这样可以确保国内广播电视节目的安全、优质传输，最大限度上避免了恶意信号的干扰。另外，卫星还有机动波束天线，可以根据覆盖区内用户的需要进行调整，非常适合诸如新闻素材传送、重大事件SNG卫星连线等业务。

3.2 卫星数字电视的市场现状

随着卫星数字电视系统以及直播卫星的迅速发展，我国卫星广播电视基础设施的发展也逐渐画出版图。

3.2.1 传送平台基础设施更加完善

中国卫星广播电视业务已步入产业化轨道，达到一定市场规模。至2007年底，我国已建设使用广播电视上行站34座，收转站超过1500万个，使用了七颗卫星上的53个转发器，传输242套电视和199套音频广播节目，卫星通信成为重大事件和应急通信的重要保障。

3.2.2 “村村通”和远程教育蓬勃发展

到2007年底为止，我国国内卫星广播电视网已使用30个卫星转发器，信号传输等都得到较好发展。由于卫星通信广播技术在“村村通广播电视”工程中发挥出不可替代的作用。

2003 年启动的全国农村中小学现代远程教育工程，也在 5 年间投资百亿元人民币，将卫星远程教育教学覆盖到全国 53 万余所农村中小学，基本满足农村中小学生对优质教育资源的需求。

3.2.3 机顶盒市场等待准入号令

2007 年，我国机顶盒市场保有量已达 2000 万台。但是我国的卫星机顶盒生产制造基本用于出口。2007 年，广电总局加强了对直播卫星产业链的政策扶持，相继有一大批企业开始了国内直播卫星机顶盒及其相关技术的研发。

创维“直播卫星”项目已被列入国家高技术产业发展计划。2007 年 11 月，《国家发展改革委办公厅关于 2007 年数字电视研究开发及产业化专项项目的复函》提出，创维数字公司直播卫星终端接收模块开发及产业化项目被正式列入国家高技术产业发展项目计划和国家资金补助计划，总投资 4300 万元人民币，国家给予资金补助 450 万元人民币。项目应用生产后，将形成年产 70 万台机顶盒的生产能力。

3.2.4 内容层面：走出国门、面向世界

2007 年，长城平台一直在加紧筹划南美平台、大洋洲平台，非洲平台也将纳入议事日程。长城平台是由中央电视台、地方电视台和相关境外电视台的频道集成的海外播出平台。经国家广播电影电视总局批准，中国国际电视总公司所属的中视国际传媒（北京）有限公司负责长城平台海外落地项目的运营。目前，长城平台已经通过卫星直播在美国、亚洲地区落地。

长城平台用户情况表①

平台	用户情况
长城（北美）	2007 年“五一”期间，订户数一举突破 5 万大关，达到 50440 户，并实现了 CCTV-9 对 1200 万主流基本层用户，CCTV-E&F 对 80 万主流西语用户的卫星直接到户播出。
长城（加拿大）	自 2007 年 4 月 17 日正式接受用户征订以后，截至 5 月 13 日，在不到 1 个月的时间里已发展用户 4056 户。
长城（亚洲）	已有数十万户亚洲用户可以收看到平台节目。
长城（欧洲）	截至 2007 年 3 月底，平台在法国的订户已达 6200 多户，并以每月近百户的速度增长。此外，有 150 万用户在法国合作方基本层收看到 CCTV-9 和西法语频道。

3.2.5 卫星市场主体的变化

2007 年，卫星市场主体进行了一些变化，自发进行产业调整，为中国的卫星数字电视的发展提供了运营主体上的便利。

（1）直播卫星公司成立

为了操作中国卫星直播电视系统，中国卫通与鑫诺卫星公司（由中国航天科技集团控股之国有公司）集合各自旗下优质资产和人员以各占 50% 的方式联合成立中国直播卫星有

① 《中国数字电视发展报告 2007》，中国国际广播影视博览会组委会和央视-索福瑞出品，中国传媒大学广告学院提供学术支持，2007 年 8 月，第 53 页。

限公司，推动中国直播卫星公司成为中国境内唯一的经营卫星资源的卫星运营商。

（2）亚洲卫星和亚太卫星的股东结构调整

2007年3月，原亚洲卫星第二大股东 SES Global 与美国通用电气公司（GE）完成一系列股权交易，将其所持有的亚洲卫星股权全部转让给 GE。转让完成后，中国中信集团仍然是亚洲卫星最大股东。

（3）亚太扭亏为盈

2007年9月，总部在香港的卫星运营商亚太卫星控股有限公司（APT SATELLIIE）公布了2007年中期业绩，首次宣布转亏为盈。截至2007年6月底，该公司6个月内营业额为2.30685亿港元，比2006年同期增长约2269万港元，约增长10.9%。

3.3 卫星数字电视的发展前景

2008年北京奥运会，2010年上海世博会的召开、互联网的介入和数字多媒体广播业务的快速发展，将给我国卫星广播电视事业和直播产业带来巨大的市场需求和发展空间。届时，中国卫星数字电视系统还将以高质量、高可靠的广播电视直播服务满足中国大陆、香港、澳门、台湾地区数字电影、直播电视和数字宽带多媒体系统及各种信息广播和娱乐广播的需求。

【作者简介】

王薇，中国传媒大学新媒体研究中心专职研究人员，博士；

张琳，中国传媒大学广告学院硕士生。

中国移动多媒体广播（CMMB）发展现状

马丽婕　孙雯雯

从技术角度来看，用手机等便携终端接收多媒体服务（即通常所说的“手机电视”）有两种技术实现方式。一种是通信方式，利用移动通信技术，通过无线通信网（如3G、GPRS、CDMA 1X等）向手机点对点提供多媒体服务，由电信业主导；一种是广播方式，利用数字广播电视技术向手机、PDA、数码相机、笔记本电脑以及各种小屏幕终端提供广播电视节目，由广电系统主导，在中国被称作“中国移动多媒体广播”（China Mobile Multimedia Broadcasting，简称“CMMB”）。①

2004年以来，国家广电总局一直把建立中国移动多媒体广播（CMMB）体系、确保北京奥运会投入运行作为一项重点工作，精心组织、加大投入，并积极联合各方力量，在关键技术研发、标准体系建立、产业化推进、覆盖网络建设、业务需求开发等方面取得了重大进展。本文将对中国移动多媒体广播产业的发展现状进行全面解读和扫描。

1　CMMB体系架构

1.1　CMMB的技术体系

1.1.1　系统结构

2006年10月，我国自主知识产权的中国移动多媒体广播标准正式颁布，在相关文件中对CMMB的技术体系描述如下：

> 移动多媒体广播是利用大功率S波段卫星覆盖全国100%国土、利用地面增补转发器对卫星信号盲区（约5%国土，主要为城市楼群遮挡区域）进行补点覆盖、利用无线移动通信网络构建回传通道实现交互，形成单向广播和双向互动相结合、中央和地方相结合的全程全网、无缝覆盖的系统。即通过卫星广播实现全国覆盖，卫星覆盖无法达到的地区通过地面无线发射进行补点，而交互业务利用移动通信网络构建回传通道。②

CMMB技术体系由各分项标准构成，主要包括：广播信道、节目分发信道、复用、电子节目指南、紧急广播、用户管理、加密授权、数据广播、卫星传输（Ku）、卫星覆盖（S）、地面（UHF）单频网、地面（UHF）增补转发系统、地面（S）单频网、地面（S）增补转发系统、传输与覆盖网络管理、接收终端等标准。这些技术标准覆盖了整个移动多媒体广播业务系统的、端到端的完整技术体系。

---

① 黄升民等编著，《中国数字新媒体发展战略研究》，中国传媒大学出版社2008年版，第195页。

② 黄升民等编著，《中国数字新媒体发展战略研究》，中国传媒大学出版社2008年版，第211页。

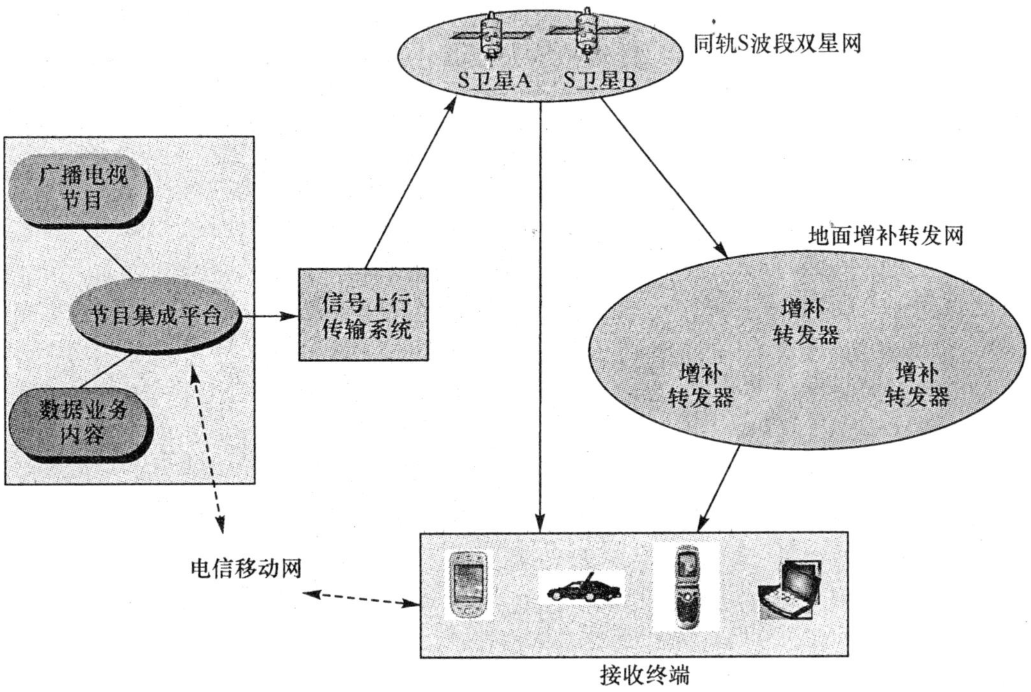

CMMB 系统组网图①

1.1.2 系统设置考虑因素

之所以选择星网结合的技术实现方式，是受到我国具体的地理条件、技术实现方式以及经济因素等多种因素的影响。②

我国幅员辽阔、地形复杂、经济发展不平衡，人群流动性很大，还有火车、汽车、轮船、飞机等交通工具目前还是广播电视服务的空白，完全采用地面无线覆盖的话，技术难度非常大。第一是无线频率资源紧张，第二是工程量巨大，第三是运行维护成本也非常高，而且还难以满足火车等长途移动状态下的接收，而卫星覆盖的方式则可以很好地解决这些问题。

利用卫星广播方式可以实现100%的国土覆盖，在约95%的国土上，便携终端可以直接接收卫星信号，在占国土面积约5%的卫星信号遮挡区域（主要在城市楼群），可用地面无线发射补点的方式实现无缝覆盖。星网结合的技术体制不仅能解决高山、沙漠、牧区、河流、岛屿、海洋以及边远地区的接收问题，还可以满足高速公路、铁路、飞机等方面的特殊需求，可以保证用户在国内无论何时何地都能够接收到广播电视节目和信息服务。

同时，通过地面补点发射可以在本地加入播出地方区域性节目，有利于中央和地方相结合，构建全国统一网络，形成合力，促进全国广播影视的产业化发展。

从经济成本考虑，经过测试，如果全部采取地面传输的话，一个全国性的 CMMB 网络其成本大约为星网结合方式的4倍，每年的运行维护费约为星网结合方式的3倍。

因此，移动多媒体广播采用了大功率卫星覆盖、地面补点、中央与地方相结合的技术体系。

① 见 CMMB 官方网站。http://www.cmmb.org.cn/Article_Show.asp? ArticleID =595。

② 黄升民等编著，《中国数字新媒体发展战略研究》，中国传媒大学出版社2008年版，第211-214页。

1.2　CMMB 的特征

1.2.1　CMMB 的产业特征

（1）体现三网融合的本质

三网融合最核心的内容在于基于技术基础而实现的业务上的融合和最终到达用户层的接收终端的融合，以及最终导致的运营上和监管上的融合。

移动多媒体广播则体现了三网在技术、业务、终端、运营和监管五个层面融合的特征，它的发展也将推动三网融合从理论到实践的加速。

第一，技术的融合。

移动多媒体广播融合了广播网带宽大、传输速率高、传输质量高、传输信息量大等优势，和移动通信技术在实现互动上的优势，同时在技术上也可以顺利实现互联网接入。

第二，业务的融合。

业务融合是三网融合最重要最核心的内容，即在同一个网络上，可以同时开展语音、数据和视频等多种不同的业务。从国内外已开展运营的国家来看，移动多媒体广播除了提供广播电视节目，还有交通导航、紧急广播、生活资讯等综合数据信息服务，以及各种个性化的交互业务。

第三，终端的融合。

业务融合的结果是三网在终端上的融合，也就是说经由不同网络的不同业务，可以汇集到用户的同一个信息终端上。即摆脱了接收终端单一的应用功能，而集成了电话、互联网和广播电视接收装置的多种功能。移动多媒体广播在手机、PDA、MP3、MP4、数码相机、笔记本电脑等便携设备上实现了所有功能的融合。

第四，运营的融合。

业务融合也会导致三网在运营上的融合，原有的单一网络、单一业务的运营商，将逐渐失去它的竞争优势，转而谋求跨越不同网络的多业务运营。从国外开展运营的情况来看，无论是欧洲、美国和日韩等国的移动多媒体广播，其运营上无疑都包括了广播电视业者和移动通信业者在内。

第五，监管的融合。

业务融合最后还会导致三网在监管上的融合，即将归属不同行业监管的网络、频率等资源逐步地纳入到一个统一的综合管制的框架体系之内，或者说，这种监管的融合并非简单从行政职能层面上苛求，而是一种开放的合作，即打破“坚冰”，从产业整体利益的角度出发而同谋共赢。

（2）以广播网为基础，重申广播网主导权

视频等大容量多媒体业务的传输对网络的要求是非对称的，即下行数据量远远大于上行，下行更适宜采用广播方式，广播传输几乎没有用户数量的限制，与电信单纯利用移动网络开展的手机电视相比，移动多媒体广播在节目和频谱等资源利用率、系统用户容量和业务成本等方面都具有明显优势。

因此，无论从理论上还是实践中，从技术上还是应用中，移动多媒体广播业务都更强调了广播网下行数据传输做为基础平台的产业特点，或者说，移动多媒体广播业务的发展重申了广播网在数字新媒体时代的主导权。

1.2.2　技术特征

移动多媒体广播作为一个新兴的媒体产业，其具有其他媒体形态无法比拟的优势：

首先，移动数字多媒体广播突破了时空的限制，能够随时随地的接收广播电视信息，不仅是室内，还有室外、各种旅游区，甚至是海上、山上、人迹罕至的荒野都能接收到这些信息。真正实现了信息的随身随地。

其次，移动数字多媒体广播创造了新的收视习惯和消费时尚，由于可以在任何便捷时间里收看电视，因此可使低成本时段变成高附加值时段，对于运营主体而言，增加了内容售卖的渠道，并降低了成本。

再次，移动数字多媒体广播的内容更加丰富，除了传统的广播电视节目外，更有丰富的数据信息服务和游戏、娱乐、资讯、电子商务等交互信息服务，覆盖更加有效，信息的传递更加快捷。

最后，移动数字多媒体广播的传播和覆盖优势是非常好的构建紧急预警系统的平台，在遭遇自然灾害和突发事件时，能做到迅速及时全面准确的信息传递，增强国家应对突发事件的能力。

2 CMMB的发展历程

2.1 CMMB概念的确立

2.1.1 CMMB概念提出的背景

在移动状态下接受广播电视信号有两种技术实现方式，一种是通信的方式，一种是广播的方式，前者由电信业主导，后者由广电业主导。而电信和广电两大部门一直都在争取对该产业的主导权。在我国，电信业和广电业在这一领域的竞争先从正名开始。

电信业用“手机电视”的名义把移动视频业务纳入“手机”的业务范畴，重点强调“手机”，力主由自己主导。针对电信业的做法，广电的态度是回避与电信业的正面冲突，针对本行业特点另辟蹊径，提出了“移动多媒体广播”的概念。

从这个名字开始，在移动市场上，广电业跟电信业彻底划清了界限，避开了与电信业的口水之争，“移动多媒体广播”这一概念的提出标志着广电在移动市场上的身份确立。

2.1.2 CMMB概念的确立

2006年4月26日，国家广电总局发布了《广电总局办公厅关于规范移动数字多媒体广播技术试验的通知》，在这个通知中“移动数字多媒体广播”的概念被正式提出，并给以明确界定：“随着数字广播电视技术的发展，通过广播电视覆盖网可以开展移动数字多媒体广播业务，可以向手机、PDA、MP3、MP4、数码相机、笔记本电脑等多种小尺寸屏幕便携式终端提供广播电视节目和信息服务。”①

2.2 CMMB行业标准的确立

2.2.1 CMMB行业标准出台的背景

移动多媒体广播提出之初，移动市场上的标准纷繁复杂，我国统一标准的缺失使得符合技术要求的国外标准纷纷抢滩，欧洲DVB-H、韩国DMB、美国高通Media FLO等欲在我国移动多媒体广播标准正式颁布之前，抢占主导地位。特别是韩国的T-DMB已经在中国北京、上海、广东等地布网试验。

① 见国家广电总局网站：http://www.chinasarft.gov.cn。

对于移动新媒体这个崭新的行业来说，建立自己的标准无疑是最核心的问题。是否拥有自主技术标准，不仅意味着在某一领域话语权的缺失，更意味着巨大产业机会的丧失。因此，我国急需制定自主创新的标准来主导移动多媒体广播产业并迅速实现产业化。

2.2.2 CMMB 行业标准的确立和完善

(1) CMMB 技术标准的出台

广电提出移动多媒体广播的概念仅仅半年，2006 年 10 月 24 日，《移动多媒体广播第 1 部分：广播信道帧结构、信道编码和调制》作为广电行业标准，由国家广电总局正式颁布，标志着我国的移动多媒体广播拥有了完全自主知识产权的行业标准（简称 CMMB），拥有了与国际先进技术相抗衡的能力。重要的是，CMMB 标准在头两年是完全免费的，以后也只会收很低的象征性的费用，这将意味着中国移动多媒体广播行业每年将从自主知识产权上节省上百亿元的巨额专利费。①

截至 2008 年 4 月，移动多媒体广播已经制定并颁布了信道、复用、电子业务指南、紧急广播、数据广播五项行业标准，目前只剩下加密授权和终端方面的标准有待发布。

CMMB 核心技术标准表②

颁布时间	标　准
2006 年 10 月 24 日	颁布 GY/T220. 1-2006《移动多媒体广播 第 1 部分：广播信道编码、调制和帧结构》
2006 年 11 月 29 日	颁布 GY/T220. 2-2006《移动多媒体广播 第 2 部分：复用》
2007 年 8 月 10 日	颁布 GY/T220. 3-2006《移动多媒体广播 第 3 部分：电子节目指南》
2007 年 11 月 16 日	颁布 GY/T220. 4-2006《移动多媒体广播 第 4 部分：紧急广播》
2008 年 1 月 23 日	颁布 GY/T220. 3-2006《移动多媒体广播 第 5 部分：数据广播》

(2) CMMB 行业标准的政策支持

为了建立 CMMB 标准体系、技术规范、试验系统以及相关的产业化准备，在广电总局的领导下，相关企事业单位和机构共同组建了 CMMB 工作组，自 2006 年 9 月正式成立以来，已经有超过 160 家单位参与其中。③

为了配合标准和技术体系的完善，政策层面也提出了相应的管理规范。在 2006 年 4 月的通知的基础上，再次强调要对移动多媒体广播技术试验加强管理，“（要）在试验的基础上搭建全国的移动多媒体广播网。各地要严格按照总局的统一部署，开展移动多媒体广播技术试验。未经总局批准，任何单位不得擅自在广播频段和非广播频段进行任何形式的移动多媒体广播技术试验。”④ 这将有效推动全国按照统一标准进行建设，对 CMMB 下一步的运营大有裨益。

2.2.3 正确看待广电和电信的手机电视国标之争

在我国广电系统推出 CMMB 行业标准之后，关于手机电视国标的争执一直在持续且有

① 王薇，《CMMB 猛进史》，《媒介》杂志，2008 年 3 月刊，第 23 页。
② 根据国家广电总局网站资料整理。
③ 马丽婕：《中国移动多媒体广播现状》，《媒介》杂志，2008 年 3 月刊，第 26 页。
④ 参见 2006 年 12 月 30 日，广电总局发布的《关于进一步加强移动多媒体广播技术试验管理的通知》。

愈演愈烈之势。从2006年至2008年，国家标准化委员会已经就这一问题进行了数次方案征集，一直以来广电系统因为不愿意参加这一征集而备受争议，但这一问题并非表面所显示的那么简单，广电避开国标征集有其深刻的原因。①

首先，国标方案征集目的不明确。众所周知，手机电视有两种实现方式：通信的方式和广播的方式，通信方式的特点是个性化、互动式，对带宽和网络有比较高的要求，广播方式的特点是传输带宽大、图像质量高、覆盖面广、经济实用、接收终端广泛，两种方式的根本出发点完全不同，因此根本不可能放在同一尺度下进行比较，而所谓的国标方案征集中并没有明确指出到底征集的是通信方式还是广播方式的标准。

而目前所征集上来的国标方案正是国标征集不明确的一大例证。正式申报的手机电视标准有4个，分别是北京新岸线提交的T-MMB方案（新岸线方案），清华大学提交的DMB-T/H方案（清华方案），中国标准化协会提交的CDMB方案（中标协方案）和尚视互动公司提出的IMMB方案（尚视方案）。这4个提案并不属于一个技术系统的标准范畴，有的是信道传输技术，有的是信道上的业务应用协议，有的含有大量国外专利，在国外标准的基础上作了一些改进，通过各种技术术语，包装成自主专利的标准，还有的就是在地面标准的基础上作了一些修改，根本不适合小终端的快速移动接收。这就充分表明了国标方案征集的混乱。

其次，对国标方案进行评审的专家存在明显偏向电信行业的倾向。据了解，参与国标委制定30名专家组成专家评审组中，只有5位是从事广电方面的专家，且指定的专家评议组、测试组、监理组、标准起草组四个工作组组长，没有一位是广电领域的专家，剩下的专家全是通信和制造业的。

基于以上种种明显对广电行业不公正的做法，广电系统的态度就是避开口水仗，脚踏实地做实事。利用CMMB行业标准，经过两三年的发展，CMMB已经取得了丰硕的成果。

3 CMMB的发展现状

3.1 CMMB设备产业链初步形成

2007年以来，广电有条不紊部署和开展CMMB产业链构建工作。从衡量一个标准是否成熟的首枚CMMB标准信道解调芯片IF101的诞生，到手机、MP3、MP4、USB等接收终端的相继面世和大规模商用，CMMB已经初步完成了产业链的构建和产业化的前期准备。

3.1.1 芯片和终端研发成功

2007年3月，由北京创毅视讯科技有限公司研发的“IF101”的芯片的面世。这枚接收芯片适用于手机、PDA、MP4、PMP、笔记本电脑等各种移动终端，它的研发成功，意味着CMMB系统终端的大规模商用。联想、中兴、华旗资讯、UT斯达康、欣网科等CMMB终端企业研发的包括手机、MP4、PMP、SD卡接收器等CMMB终端，都植入了CBBMIF101的芯片。创毅视讯在2007年底表示，2008年公司将至少销售IF101芯片500万枚。

一系列CMMB产业链上的相关产品也已经被研发出来，从发射机、复用器、核心调制电路等前端设备到手机、MP4、USB等多样化的终端，CMMB整个产业链上所需要的产品都已经准备齐全。目前，这些产品已经脱离试验室状态，真正开始大规模生产，而且每种产品都实现了多个厂家供货。

---

① 马丽婕：《CMMB国标之争：知明，观见》，《媒介》杂志，2008年3月刊，第30页。

3.1.2　各企事业单位积极参与 CMMB 产业化的推进

目前已有 160 多家企事业单位参与到 CMMB 产业化推进工作中来，在整个产业链的各环节中，涵盖了移动多媒体广播技术体系的各个方面，其中芯片和终端生产商占了 1/3。其中既包括以中央电视台和中国国际广播电台为代表的内容商，以广科院、无线局为代表的传输标准设计方，也包括以创毅视讯、华旗为代表芯片供应商，以中兴、夏新、海思半导体、UT 斯达康威代表的终端生产商，甚至中国移动和中国联通两大移动运营商也参与了 CMMB 小组，加上已有明确参与意向的诺基亚、摩托罗拉、三星电子等国际厂商。

3.2　CMMB 产业运营即将全面启动

3.2.1　CMMB 技术测试和网络覆盖工作推进顺利

从 CMMB 标准出台以来，广电就不断地进行相关的技术测试，2007 年初开始，CMMB 技术测试顺利推进，已经开展了地面单点覆盖、单频网覆盖、室内增补覆盖、郊外覆盖等多项技术测试工作，同时重点城市的试验网络也正在建设。

自 2007 年 8 月以来，CMMB 已在北京、青岛、沈阳、上海、秦皇岛、天津等 6 个奥运城市，加上深圳、广州共 8 个城市开通了 CMMB 发射站，开展了地面网络覆盖工作。北京地区已经于 2007 年 11 月完成基于 3 个发射点的网络建设，基本可以覆盖四环以内的范围，其他城市先建设一个发射点，覆盖主要城区。

另外 2007 年底已经启动 CMMB 第二批 “27 + 2” 城市网络覆盖建设工作，其中 “27” 为除去奥运城市的全国其他部分直辖市、省会城市、计划单列市，“2” 为拉萨和贵阳，即 2008 年初将实现 “37” 个城市规划。

8 城市（6 奥运城市、广州、深圳）规划表

序号	城市	发射台址	频道	平均功率（kW）	海拔高度（m）	天线高度（m）	天馈增益（dB）
1	北京	中央发射塔	DS-20	1	289	300	10
		京广中心			40	210	10
		名人广场			45	156	10
2	上海	虹桥广播大厦发射台	DS-32	0.2	2	150	6
3	天津	天津广播电视发射台	DS-35	0.2	4	200	6
4	沈阳	省电视中心发射台	DS-32	0.5	41	223	8
5	秦皇岛	秦皇岛电视发射台	DS-31	1	40	130	10
6	青岛	青岛电视发射台	DS-21	1	116	180	10
7	广州	广州电视发射台	DS-37	1	36	214	10
8	深圳	深圳梧桐山广播电视发射台	DS-282	1	680	65	10

27+2城市规划（另有等待规划的拉萨和贵阳2个城市）表

序号	城市	发射台址	频道	平均功率（kW）	海拔高度（m）	天线高度（m）	天馈增益（dB）
9	石家庄市	河北省广电中心	DS-31	0.5	67	95	8
10	太原市	庙前山电视发射台	DS-24	3	1860	50	12
11	呼和浩特市	内蒙古广电局841台	DS-28	1	1031	200	10
12	大连市	大连广播电视发射台	DS-35	0.5	176	185	8
13	长春市	省技术中心台	DS-32	1	230	218	15
14	哈尔滨市	龙塔广播电视发射台	DS-13	0.5	136	300	8
15	南京市	省广播电视发射传输总台	DS-39	0.2	40	305	6
16	杭州市	北高峰发射台	DS-20	0.2	310	25	6
		杭州电视发射台	DS-20	0.2	10	160	6
17	宁波市	宁波江厦街电视发射台	DS-15	0.5	3	115	8
18	合肥市	合肥大蜀山发射台	DS-30	1	283	100	10
19	福州市	福州电视中心	DS-19	1	8	122	10
20	厦门市	狐尾山广播电视集团发射中心203台	DS-29	1	114.0	75	10
21	南昌市	省局节传中心发射机房	DS-38	0.5	20	110	8
22	济南市	山东电视发射台	DS-36	0.2	273	45	6
23	郑州市	河南省广播大厦发射塔	DS-23	0.5	95	183	8
24	武汉市	湖北龟山广播电视发射台	DS-31	0.5	92	211	8
25	长沙市	湖南电视发射台	DS-29	0.5	68	191	8
		长沙电视发射台	DS-29	0.5	284	46	8
26	南宁市	广西电视发射台	DS-16	1	111	167	10
27	海口市	海南广播电视发射台	DS-25	0.5	21	148	8
28	渝中区	重庆电视发射台	DS-20	3	388	160	12
29	成都市	四川电视发射台	DS-17	0.2	488	322	6
30	昆明市	云南省718站	DS-18	1	2005	160	10
31	西安市	陕西广播电视发射塔	DS-16	1	437	245	10
32	兰州市	甘肃省广播电影电视总台六八七电视转播台	DS-21	2	1833	35	10
33	西宁市	青海省广电局大楼楼顶发射塔	DS-33	1	2310	96	10
34	银川市	银川MMDS主站	DS-30	1	1116	90	10
35	乌鲁木齐	乌鲁木齐市电视发射台	DS-31	1	896	131	10

（资料来源：国家广电总局广播电视规划院）

3.2.2 设备招标工作进展顺利

在技术测试准备工作有条不紊开展的同时，CMMB 测试系统的招标工作也顺利完成，将主要用于 CMMB 网络的网络规划和网络优化，加速产业化进程。第二期包括发射机、天馈线、CMMB 和多工器等的技术实验设备的招标工作已经结束，北京中天广电通信技术公司、北京飞卡科技有限公司等 12 家企业中标，中标总金额近 2600 万元人民币。

目前，广电总局已经开始了 CMMB 37 城市的接收终端招标，手机、PMP、GPS、电脑 U 盘接收等 CMMB 终端形式都可以投标，终端采购量大概为 1000 部，目前已有能力量产 CMMB 终端的企业主要有联想、中兴、华旗资讯、欣网科、UT 斯达康、摩托罗拉等都采用了创毅视讯的芯片，而中兴通讯、联想及爱国者等企业将有很大可能中标。

3.2.3 业务体系已经初步建立

2007 年 5 月 29 日，CMMB 获得了信息产业部划分的 2.5GHz 频段的 25M 带宽资源，这就意味着 CMMB 的业务系统开始进入实际规划阶段。

CMMB 业务体系已经初步建立，包括基本视频服务和付费增值业务。基本视频服务预计可以收看到 20 多套电视频道，多媒体业务则包括紧急广播、电子节目指南，以及政务、新闻、天气、股市行情、交通路况、电子商务等信息服务。目前 CMMB 在北京地面覆盖网络试验阶段可以接收到 7 套节目，包括中央电视台 1 套、4 套、7 套、12 套以及北京的多套地面频道，未来正式运营后还将增加到 20 多套，下一步即将在 37 个城市进行全业务试验。①

另外，在收费方式上，CMMB 的基本策略是移植传统广播电视的优惠的价格体系。CMMB的业务分为基本音视频服务和付费服务，其中，基本音视频服务将提供 20 多套电视节目，用户每月只需支付 20 元左右即可享受，付费服务包括付费频道和以上提及的多种形态的多媒体业务，可实现个性化定制。

3.2.4 新技术新媒体带来新运营模式

关于 CMMB 的主动权问题，广电行业的态度非常明确："移动多媒体广播属于新媒体业务，中央已明确要求由广电主导、产业运作、加快发展，并纳入媒体管理。"② 由此对 CMMB 的属性也进行了界定，即：新技术、新体制下的新媒体。

这个新的媒体拥有新的技术条件，它要求全国漫游、统一标准，因此也就要求有新的体制，为此，广电规划成立一个全国性的运营公司，由该公司统一运营 CMMB 业务，"努力做到中央与地方、系统内与系统外共同发展、共享利益"。内容上首先要保证公共服务，免费提供四五套电视节目给全国用户，在此基础上再进行收费，地方可在全国内容基础上插入本地内容并获得收益。

如果这种模式在全国推行开去的话，将会是对当前条块分割的广电体制的一次重大变革，移动多媒体广播带给中国广电的，将不仅仅是一个新的媒体，更有可能是整个系统的一次全新调整，是对广电传统管理模式的一种突破，为以广电为主体的市场化运营提出了挑战和新的思路。

【作者简介】

马丽婕，中国传媒大学广告学院博士生；

孙雯雯，中国传媒大学广告学院硕士生。

---

① 马丽婕：《中国移动多媒体广播现状》，《媒介》杂志，2008 年 3 月刊，第 27 页。

② 张海涛 2007 年 8 月 21 日在 BIRTV 主题报告会上的讲话。

我国有线数字电视产业发展趋势及问题

黄升民　王　薇

有线数字电视是我国各种数字化通路中发展最为成熟的一种形态，在用户数、推广方式、业务类型、经营模式、内容建设等方面均比其他形态的数字媒体要成熟的多，因此，有线数字电视发展的趋势及其发展中所面临的问题对整个中国广电的数字化就带有普遍性意义，本文将针对这一问题进行分析。

1　有线数字电视产业发展趋势

目前中国有线电视数字化有两个比较明显的发展趋势，即：有线网向“双向交互、全功能和规模化”方向发展，“加强网络升级改造，加强新业务开发，拓展服务领域，……全面促进三网融合”。内容方面“构建……数字内容资源管理系统和集成分发交换平台”。①以下将就有线网和内容两方面的数字化未来趋势进行分析。

1.1　有线网——双向互动全功能

在完成了市区的整体转换之后，有线网络公司面临两大任务：

1.1.1　扩容物理基础

就当前整体转换完成的情况来看，即使是推进速度最快的，也只是完成了市区内的整体转换，单个网络运营商所拥有的数字电视用户数还很少突破100万户，所形成的规模效益比较有限。单向网仍然是有线网的主流，限制了业务的拓展。因此，对于完成转换的城市而言，首先要完成物理层面的扩张，扩大所属有线网的范围，增加数字电视用户数量，实现网络的双向改造。

要实现物理层面的扩张，可以通过三个途径来完成：

（1）向所辖区县推进

城市下属的县、镇、村跟城市有天然的联系，在完成市区整体转换之后，自然而言的就会向所辖地区推进。这里一个需要妥善解决的问题就是网络整合。省网整合市网的事实已经证明，通过行政手段来整合是行不通的，只有通过市场手段，保障下属村镇网络公司的利益，才能顺利整合。

（2）与省网和其他城市网络的联合

向下属农村推进虽然可以在一定程度上扩大规模，毕竟还是比较有限。如果数字电视想进一步扩大规模，就需要走出本市，向更广阔的空间扩展，与其他城市甚至省级、中央级广

---

①　参见张海涛在2006年CCBN主题报告会上的讲话。http://www.chinasarft.gov.cn。

电进行合作，也可以以核心城市为中心、向周边区域扩展、形成区域性网络集团。

由于中国广电长期存在的地域壁垒，想要打破地域限制，实现跨区域联合，难度还是比较大。除了业务上的联合问题之外，这里也存在网络整合的问题，如前所述，还是得通过市场手段、在共赢思路下来推进才能实现。

（3）网络的双向改造

基于单向网络的平台搭建方式已经不能满足业务拓展的需要，双向网则能支持各种互动增值业务，带来更多的经济增长点，网络的单改双已经成为有线网发展的必然趋势。

目前的双向网改造主要采用 Cable Modem 模式和 FTTP + LAN 的模式，两种方式各有优势。①

随着技术的发展，一种新兴的 HFC 宽带接入方式逐渐被大家认可，那就是 xPON + EoC 的方式。无源光网络（PON – Passive Optical Networks）技术是为了支持点到多点应用发展起来的光接入技术。由于中间不需要机房、电源，没有活动接头，它可以大大降低施工和维护成本，而且可靠性非常高，成为目前普遍认可的性价比最高的 HFC 宽带接入方式。随着技术的发展，网络双向改造的难度会不断降低。

1.1.2　建立家庭信息平台

物理层面的扩张只是推进有线数字电视的基础，在此之上更重要的是业务拓展，这就需要在双向互动的基础上，拓展服务平台，把电视变成提供综合服务的家庭信息平台。

（1）家庭信息平台内涵

家庭信息平台指的是基于数字电视平台，以用户信息数据库和数字内容库为基础的，为家庭用户提供各种综合信息服务的系统，其核心是可控的实时互动的家庭（个人）信息的获取、过滤以及处理。家庭信息平台最核心的理念是实现对用户需求的掌控。

家庭信息平台的目的是提供以用户需求为导向的全方位服务。在家庭信息平台的产业链中，平台一边联系着各种信息源，一边联系着用户，平台运营商按照用户的需求挑选合适的信息放在平台上，用户再在平台上选择合适的信息，并再次反馈相应的需求信息，形成内容提供商、平台运营商和用户之间信息沟通的良性循环，这正是家庭信息平台产业链条的核心价值。

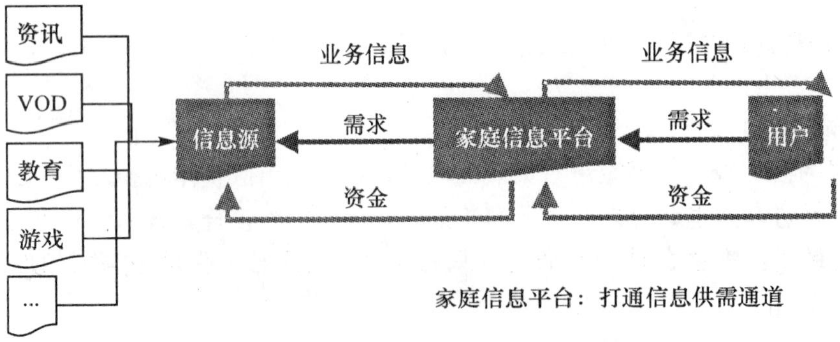

家庭信息平台价值链构成图

① 参见《HFC 网络改造技术评估》，襄樊有线广播电视网络中心（姚永，2006 年 8 月 18 日在北京“中国数字电视高峰产业论坛”上的演讲）。

（2）家庭信息平台业务类型

在家庭信息平台上，平台的概念突现出来，在底层数据库的基础上，家庭信息平台构建了数字内容库和用户信息数据库。在每一个大的库里面，都包含着丰富的业务类型。从业务的技术手段和表现形态来看，家庭信息平台包括视音频播出、基础资讯服务、互动增值服务和数据库业务四大类业务，每一大类下又有多种具体的业务类型，尤其是互动增值业务和数据库业务，更是会随着市场需求的变化而不断拓展，很多现在看来跟数字电视完全无关的业务类型都可能出现。家庭信息平台的业务拓展前景，与其对家庭用户的需求把握程度密切相关，正是因为以数字电视系统为依托的家庭信息平台，掌控了家庭用户的信息需求，才为日后的业务拓展留下了丰富的空间。

建立家庭信息平台之后，最具有竞争力的业务就是用户数据库的开发。基于家庭信息平台的数据库业务最大优势莫过于实时的、可控的、准确的用户信息监测。数据库业务可以开发的信息很多，主要包括：用户基本信息，可以作为其他数据的基础和辅助而广泛应用；节目消费信息，可以销售给电视台、制作公司、广告公司等；应用服务商业信息，客户群可以面向物流、零售、房产、旅游等这些传统意义上跟广电关系不大的行业。

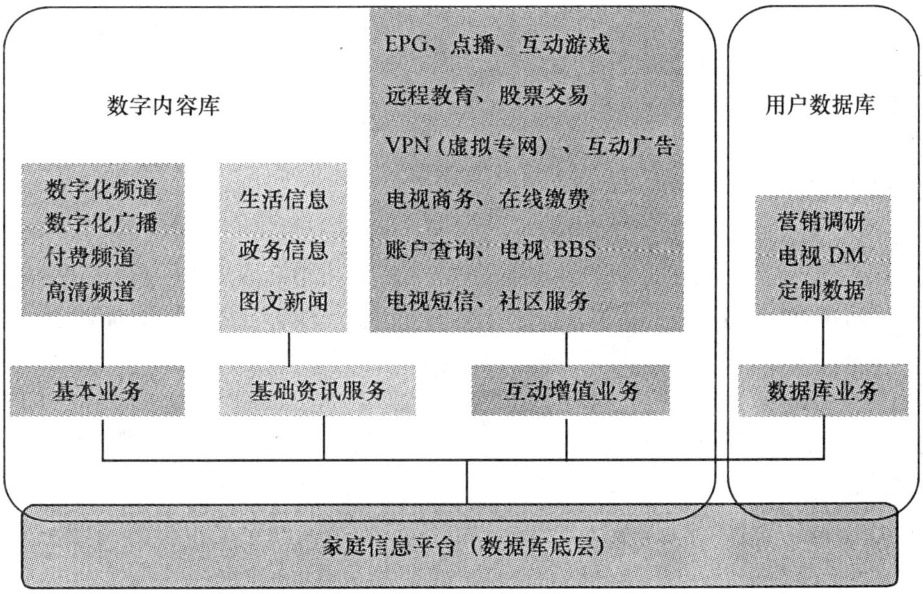

家庭信息平台业务类型图

（3）跨媒体、跨行业合作

家庭信息平台是一个开放的系统，合作是其重要的特征，未来，家庭信息平台将会实现跨媒体、跨行业的合作，真正成为包容并蓄的开放平台。

跨媒体合作指的是家庭信息平台与其他媒体进行合作，不管是四大传统媒体，还是新兴媒体，都可以在家庭信息平台上展开合作。家庭信息平台作为一种新的媒体形式，在商业运作中缺乏经验，尤其表现在信息渠道方面，如果能够与一些已经成熟的媒体合作，充分利用他们已有的一些渠道为自己所用，为家庭信息平台的发展提供更多的信息渠道，传统媒体也增加了信息发布渠道。与报纸、电视、网站等媒体进行合作，还有助于使更多不同类型的受众认识和了解家庭信息平台，从而进一步提升自身的影响力。

跨行业合作指的是与广电系统外的各种行业进行合作。随着增值业务的不断增多，网络运营商想凭借自身的实力开办所有业务，已经不可能也没有必要，因此就有必要跟其他行业进行合作，由专业的公司来操作专业服务，如互动广告可以跟广告公司合作①，电视购物可以与商场超市合作，缴费及账户查询可以与银行合作。目前，这种合作已经显露出来，各运营商都有广泛的合作伙伴，青岛有线目前仅在内容上的合作伙伴就超过100家。

1.2　内容数字化新境界——媒资系统

在有线数字化的同时，其他平台也开始蓬勃发展，除了有线、地面和卫星这些广电领域传统的通路之外，互联网、手机、PDA、笔记本电脑等也成为了内容传输通路，在这种背景下，对数字内容的迫切变得前所未有的突出。面对海量的数字内容需求，广电内容的数字化需要提升到一个新的层次，建立媒体资产管理系统已经刻不容缓。

1.2.1　媒体资产管理系统内涵

所谓的媒体资产管理系统指的是节目内容平台的中心，是一个集音频与视频数据数字化、编目、存储管理、检索和发布于一体的综合解决方案。该系统就如同一个电视台的全天候全方位管家，将各种内容素材资料，包括视音频素材、文字、图片等纳入统一的管理之下，使得存储、利用、再利用更加方便可行，从而实现电视台对内容素材的价值最大化。②

传统的非数据化媒体资产管理只能利用机械手管理，其自动化程度只能表现为有限的物理连接，不能实现网络连接，形成信息化孤岛，无法实现媒体资产开放式共享，而数据化的内容资源管理系统，操作和使用既不接触节目数据的存储介质，又能实现开放式的交流，使节目素材转换为无形资产即媒体资产而进行共享，所以说数据化是开放式系统的内核。另外，媒体资产管理开放式系统的另一个特征是系统具有较强的兼容性，通过对传统的模拟、数字视音频数据进行采集，生成规格数字化高码流文件，并将其高码流档存储在对应的缓冲区，而这些都是传统媒体内容管理所无法完成的。

内容代表着一种创意，拥有内容实力有两条途径值得关注：一个是拥有大量版权，这体现的是制造内容的能力，另一个是内容集成的规模和能力，把分散的内容相对集中加工，且有相当的规模，这也是一种实力，而媒体资产管理系统则是实现这两条途径的一种工具。原本分散的一次性使用的素材，通过媒体资产管理系统，可以使素材充分活用，可以储存，可以向不同的媒体发放，这就是一种巨大的生产力，无论在时间上，经营成本上都会战胜个人方式的分散的内容生产者。

1.2.2　网络化、全应用的媒资发展未来

当前，中国广电对媒资的理解和应用还不是很深入，主要应用的是媒资系统的内容存储功能，应用范围更多是在单个媒体机构或媒体机构的某一个部门，尚未实现媒资系统的网路化，③ 但仅仅是转存显然不能发挥媒资系统的全部功能，而完成了系统化、网络化的媒资系统，则具有强大的功能，网络化发展应当成为媒资系统发展的趋势。

随着网络条件的不断优化，媒介资料的不断增加以及媒资系统技术的进一步完善，媒资系统也将不断扩大其效能。在应用的领域上，除了面向电视台，还可以涉及其他行业的媒体资产管理，例如音像资料、数字图书馆、流媒体资源库等。还可以实现多家媒体机构之间的媒介资料的统一存储管理，特别是对于大的媒体集团，可以通过媒资系统整合旗下的各种不同媒体资源，从而优化组织结构，提升组织管理效率。未来的媒资系统将是集“采、编、

---

① 香港天地数码（控股）有限公司在大陆的全资集团公司“天柏集团”已经在山东省青岛市成功开发出了互动广告业务，还就互动广告跟中国传媒大学广告学院展开合作。

② 张增琪：《媒体资产管理系统——媒体管理的颠覆与革命》，《市场观察、媒介》，2006年第3期。

③ 张增琪：《媒体资产管理在中国》，《市场观察、媒介》，2006年第3期。

播、管、存”一体化的数字内容管理体系。

2 中国有线数字电视产业面临的问题

尽管经过整个广电这几年的努力，在有线电视数字化的发展上呈现出了良好的势头，然而仍然有诸多问题存在，这些问题正在制约着有线电视数字化的发展。

问题一：有线网络整合

中国的有些网络不是国家统一建设，而是由地方上自己出资筹建，历史原因使得中国的有线网络非常零散，严重的一个城市中有七八张网，由此提出了有线网络整合这一问题。该战略提出至今已经有六七年的时间，其间问题不断，尤其是在确定了有线数字化的发展战略之后，有线网络的整合问题更为凸显出来。①

首先，由谁来主导网络整合？是全国整合成一张大网还是以省为单位整合还是以城市为单位整合？目前中国主流的做法是后两种，其中又以最后一种为主。这两种方式各有利弊。以省为单位整合起来可以产生较大规模效益，但往往忽略城市网的利益；以市为单位整合，考虑到了城市有线网络的效益，但规模较小，因此，由谁主导的问题，实际上是追求规模化效益与保护地方利益之间的关系。目前比较被业界认可的做法是看当地的经济实力，在一些经济实力较弱的地方，单个城市不足以承担网络整合及数字化改造的成本，这时由省网络公司统一组织推进可以节约资源、提高效益，广西就是一个例子。而对于一些经济实力较强的地方，则以城市为单位整合，充分调动各地的积极性，青岛、杭州、佛山等地都是这种方式。中心城市发展良好的话，还可以整合周边地区的一些网络，形成区域性网络。具体到某一个网络公司，由谁来主导就要看省市二者的力量博弈了。

其次是如何整合的问题。目前主要有行政手段和市场手段两种。行政手段指的是政府以下发文件等强势姿态介入到网络整合中来，这种方式可以在最短的时间内实现资源重组，弊端在于损害下级广电的积极性；市场手段是指采用经济、法律等市场化的手段来进行网络整合，比较通用的做法是“存量不变，增量分成”②，但由于中国广电长期以来缺乏完善的评估体系，很难划定增量、存量以及不同网络公司之间的利益分配，直接影响到各地网络公司在整合后的公司中的地位和效益。对于一个网络公司，到底采取何种方式进行整合是一个难题。

再次是网络整合和数字化的关系问题。网络整合使得一些城市网络不确定自己的未来，从而不敢放手投入到数字化改造，影响到数字化的进程，甚至一些已经开始数字化改造的城市也因为担心网络整合而停下脚步。对此，广电总局态度非常明确，就是不能因为网络整合而影响数字化，“可以边数字化边进行网络整合，也可以先数字化后进行网络整合，已经完成网络整合的省区，必须充分调动市、县的积极性，抓紧以城市为重点进行有线数字电视整体转换；正在搞网络整合的省区，也必须抓紧推进有线电视整体转换，不要等整合完了再搞”。③ 这一问题的解决还要看各地的执行情况。

---

① 彭林绪：《网络整合的形式及应注意问题》，《中国有线电视》，2003 年第 12 期；马清水：《有线网络整合的困难与障碍》，《广播电视信息》，2005 年第 1 期。

② “存量不变，增量分成”指的是被整合的各网络公司保持原有收益不变，只是把整合后所产生的新效益按各自投入比例进行分配，这种设想保证了基层网络公司的利益，又给了各级网络公司合作共赢的可能，但执行起来往往难度较大。

③ 参见国家广电总局局长王太华 2005 年 5 月在全国城市有线电视数字化推进工作大连现场会上的讲话。

问题二：有线网络双向改造

有线电视数字化的发展方向为“加大内容开发、信息服务的开发力度，加快网络改造步伐，推动有线电视网向双向、互动、多功能方向发展”①，有线网向双向化方向发展已经是必然趋势。但目前中国大多数的有线网仍然是单向的，这就需要进行双向改造，而进行网络改造还存心很大难度。

首先改造技术方案选型就是一个问题。技术选型关系到投入是否合理，关系到日后的运营能否顺利开展，再加上投入巨大，因此如何选择一个既适合自己未来发展需要，又能够支付得起的网络改造方案就成为困扰有线网络商的难题。如前所述，目前比较主流的双向改造方式有三种：CABLE MODEM 方式、FTTB + LAN 方式以及 ePON + EoC 方式，三种方式各有优缺点，需要各地网络公司根据自己的实际情况进行选择，一旦选错就需要付出高昂的资金和时间代价。

其次是改造成本高。一般来说，有线网络商刚刚投入了巨额资金进行数字化改造，紧接着再投入巨资改造网络，资金上会比较紧张。以一户 100 元的改造成本计算，一个 100 万户的网络公司，其网络改造成本就高达 1 亿元，对于一般网络公司而言，数额太大，这么大的投入网络公司确实难以承受。这一问题可以通过向社会筹集资金来解决，但如果网络公司拿不出让人信服的投资方案，就不可能吸引投资。

问题三：增值业务缺乏商业模式

开展多元增值业务是有线数字化深入发展的必然趋势，但从目前的发展态势看，增值业务的开展还非常稚嫩，尚处于试验阶段，一些运营商在进行增值服务的建设和推广上缺乏市场规划，当前什么业务热门就上什么，业务的上马比较盲目，更不用说其盈利模式了。比如基于数据库的业务现在基本上还是一个空白，互动广告、互动游戏等增值业务也还处于探索初期，业务的可行性、盈利模式以及实施方案等都还需要进一步完善。而且很多业务已经超出了广电机构的范围，还需要与其他机构进行合作，这就更需要进一步完善。即便像 VOD 这样看起来相对比较成熟的业务类型，在实际操作中也遇到是卖节目还是卖广告这样的难题②，更不用说其他不成熟的业务类型了。

问题四：如何调动电视台积极性?

有线数字电视发展起来后，所传输的频道数量大大增加，这就稀释了每一个频道的收视率和市场份额，广告效果随之降低，广告主可能会减少在电视上的投放或者要求电视台降低广告价格，这就会损害电视台的既得利益，因此，如何在发展有线数字电视的同时，带动电视台的积极性就成为一个难题，尤其是城市台。

对于中央级和省级台来说，有线数字电视可以扩大覆盖面，提升广告价值，以广西为例，在数字化之前，广西电视台的用户覆盖集中在南宁、柳州、梧州等几个城市，而数字化后则可以达到全广州的所有有线网，频道的广告价值随之上升。③ 另一方面，中央和省台还有较强的内容制作能力，国家也批准它们开办专业的数字付费频道，在内容方面获利。

---

① 见广电总局副局长张海涛：《立足新起点，推动新发展，开创有线电视数字化工作新局面——在全国有线电视数字化推进工作现场会上的讲话（2006 年 5 月 17 日，深圳）》，广电总局网站：http://www.chinasarft.gov.cn。

② 我们在研究中发现，杭州 VOD 业务推广过程中，出现了这样的现象：单纯让用户付费收看的状态下，用户数量增长速度较慢；而采取让用户看广告减免收视费的策略后，用户增速明显加快，但同时一些愿意付费看的用户又会抱怨有广告，这种现象在付费业务推广初期具有普遍性。

③ 王薇，《广西电视台，正在崛起中》，《市场观察、媒介》，2006 年第 8 期。

但对于城市台而言，情况就比较复杂。一方面，城市台的主流收视市场就是本市，数字化后频道数量的激增确实挤压了城市台在本市的收视市场；另一方面，由于自身内容制作能力的薄弱，要向外地输出频道的可能性也不大；同时城市台还容易存在满足现有广告收入、小富即安、缺乏动力等心态；因此城市台对有线数字化的积极性不高。

有线数字化已经势不可挡，为此，应该给电视台更多利用内容获利的可能。中央台和省台继续强化自身的内容制作能力；城市台可以跟本地有线网联合，在本地网里面推出一些专业化的本地内容，如本地新闻频道等，深度挖掘本地内容市场，实现内容与网络的双赢。

【作者简介】

黄升民，中国传媒大学广告学院院长、教授、博士生导师，国务院新闻传播学科评议组成员。

王薇，中国传媒大学新媒体研究中心专职研究人员，博士。

教育部哲学社会科学重大攻关课题——《新闻传媒发展与建构和谐社会关系研究》报告

主持人语

罗以澄

新闻传媒是推进社会认同、协调社会发展的基础性社会资源，同时也是构建和谐社会的重要组成部分。在构建和谐社会的历史进程中，为使各个社会阶层的话语空间和话语权利趋向和谐，新闻传媒与构建和谐社会的关系需要进行准确地认识和建构；新闻传媒与社会的政治、经济、文化等社会子系统之间的互动关系需要良性调适，新闻信息的跨文化传播运作机制、传播技术资源的配置机制等需要更新。因此，无论是探究新闻传播规律与社会发展规律如何达成和谐与契合，进而推进新闻传播理论的现代化建设，还是解决新闻传媒在当前面临的一系列紧迫问题，调适新闻传媒与社会发展的关系，充分发挥新闻传媒在构建和谐社会过程中的应然功能与作用，新闻传媒发展与构建和谐社会的关系都是一个需要认真探究的重大课题。为此，教育部哲学社会科学重大攻关课题《新闻传媒发展与建构和谐社会关系研究》项目组，从2005年10月开始，联合攻关，进行了两年多艰辛的探索和研究。这组论文，呈现的是该项目的六个子课题的中期成果之一，表达了项目组的初步思考和研究成果。

罗以澄教授和詹绪武博士的论文《构建和谐社会与新闻传媒发展》从课题总论的高度，强调了要充分认识和发挥新闻传媒的功能和作用，同时对新闻传媒运用、发展中的不和谐问题要有清醒的认识；在构建和谐社会的总体布局中，需要大力提高新闻传媒的运用能力，服务和谐社会建设；推进新闻传播运作观念转变、新闻传媒体制创新，推进新闻传媒健康、和谐发展。刘九洲教授的论文《新闻传媒对政治文明建设具有促进作用》紧扣新闻传媒的社会功能与社会政治文明之间的对应关系，提出了发挥新闻传媒的社会化功能促进政治行为文明建设，发挥新闻传媒的社会协调功能促进政治关系文明建设，发挥新闻传媒的议程设置功能促进政治环境文明建设，发挥新闻传媒的舆论监督功能促进政治制度文明建设等新观点。强月新教授和张瑜烨博士的论文《新闻传媒与和谐社会经济发展研究》从新闻传媒与和谐社会经济发展共生关系、社会转型与新闻传媒转型的同向性角度，分析具有中国特色的新闻传媒与社会经济关系的动态对应，研究了从功能上确定新闻传媒整合社会资源、参与构建和谐社会的作用方式，提出新闻传媒与和谐社会经济环境调适的对策。秦志希教授与莫梅锋、吴晓倩博士的论文《传媒与和谐社会道德重构》分析了当代传媒在和谐社会道德重构过程中的作用及其任务。现代传媒担负着道德认知和传承、正面疏导和负面惩戒的功能，但在我国传播实践中，部分传媒道德失范现象凸显，从而导致社会道德的迷失。因此，如何完善媒体监督机制、培养从业人员的道德抉择技能、提高传媒的道德水平是重构和谐社会道德过程中传媒面临的重要任务。单波教授、薛晓峰博士的论文《跨文化传播的和谐理念》从新闻传媒跨文化传播的独特视角，剖析了日常生活层面跨文化传播的和谐理念、文化心理层面跨文化传播的和谐理念、文化适应与融合层面的和谐理念，由此而分析了跨文化传播的和谐理念的多种内涵及其价值，探索在跨文化传播过程中推行和谐理念的路径。石义彬教授与岳改玲、彭彪博士的论文《传播新技术与和谐社会的构建：挑战与对策》从传播新技术及其与社会之间的互动关系的视角，分析了传播新技术为和谐社会构建所带来的挑战及其应对策略。传播新技术为和谐社会的构建所带来的挑战主要表现为两个方面：带来了社会结构上新的不确定性与风险因素、社会控制的紊乱与重组。应对这一挑战，可以从建设和谐的传媒环境、建构预警机制、降低社会风险防范成本、加强媒介素养教育、完善传播新技术条件下的社会控制机制等方面设计应对策略。

构建和谐社会与新闻传媒发展①

罗以澄　詹绪武

促进社会和谐，是转型期中国社会整合的重要支点，是社会资源优化配置和整合的系统工程，也是制度创新、体制变革的动态过程。作为基础性社会资源，具有整合社会资源、协调社会发展等基本功能。“处在意识形态领域的前沿，对社会精神生活和人们思想意识有着重大影响”② 的新闻传媒，在构建和谐社会中的责任是为构建和谐社会服务，并在这一历史进程中实现全面、和谐发展。

1

和谐社会首先是即时追求，社会稳定、社会安全和社会正常运转是其最大的需要。同时，更是一项长期战略，是联通物质文明、精神文明和政治文明的动态涵盖系统；“是社会资源兼容共生、社会结构合理匀称、社会规范先进有序、社会运筹灵活得当的社会”。③ 基本内涵是“民主法治、公平正义、诚信友好、充满活力、安定有序、人与自然和谐相处的社会”。

一般来说，大规模的社会变革总会涉及两个相关的过程：一个是体制的变革，也就是一套有关社会生活规则的改变；一个是社会力量构成的变化④，包括社会利益和社会资源的流动、分配与整合。构建和谐社会就是在变化的社会力量多重博弈、社会规则多元整合的过程中，以民主法治、公平正义为基本框架，对社会进行结构性调整、重组。核心是以人为本，即以社会核心价值体系认同为基础，以珍视个人的价值和尊严、协调各阶层利益、提高公众的整体素质为前提，进行系统的制度安排和体制变革；保障各种社会力量富有弹性的利益博弈，实现个体—群体—社会的融通和协调，“形成全体人民各尽所能、各得其所而又和谐相处的社会”。⑤

新闻传媒在构建和谐社会中具有重要作用。

第一，新闻传媒的理性、和谐发展是构建和谐社会的内容。在社会媒介化条件下，作为重要的社会资源，又是整合社会资源基础性工具的新闻传媒，是社会构成的主要网络，是社会的“神经”和“血管”，是现代社会通畅运转的必要条件。新闻传媒的和谐发展不仅是社会和谐的系统构成部分，而且是社会和谐的动力机制条件。新闻传媒的和谐发展和承担好参与构建和谐社会的历史使命是互动共进的。

第二，新闻传媒是社会和谐的必备条件——社会沟通的主要渠道。新闻传媒既是公共领

---

① 本文是教育部哲学社会科学重大攻关课题《新闻传媒发展与建构和谐社会关系研究》(05JZD00026) 第一子课题《构建和谐社会与中国新闻传媒发展之间的关系》研究成果的一部分。

② 胡锦涛：《在人民日报社考察工作时的讲话》，《人民日报》，2008 年 6 月 26 日。

③ 邓伟志：《“和谐社会”浅说》，《上海大学学报》(社会科学版)，2005 年第 1 期。

④ 孙立平：《优化社会结构，走出社会断裂》，《南方都市报》，2007 年 2 月 9 日。

⑤《中共中央关于加强党的执政能力建设的决定》，2004 年 9 月 19 日。

域的重要组成部分，又是公共领域的一种内在机制；它既是公共事务和公共政策的信息平台，又是人们对公共事务批评和评价的舆论平台。① 构建和谐社会，需要面对且妥善处理各种社会矛盾和问题，其中最迫切的是协调好各阶层的利益关系。基础性条件之一就是要有通畅的各阶层利益表达的渠道；而能够在作为公众议题的、保障民众表达权并在宏观意义上构成政府与民众无阻碍交流的有效、便捷通道，是新闻传媒。

同时，一个机制健全、运转通畅的社会，通常是新闻信息自由流通、社会透明度高，信息不对称现象较少、有利于社会经济的发展和社会成员认同程度提高的社会。② 民众知情权的有效保障，是社会整合、协调的基本前提；而具有这方面功能的社会资源，首推新闻传媒。以新媒介技术构筑的新媒介空间，更进一步加强了这一趋势。

第三，新闻传媒是建构和谐舆论场的基础条件。衡量社会和谐最重要的因素就是公平和正义，主要体现在利益的协调和均衡上。毋庸置疑，构建和谐社会是需要付出和谐成本的，物质基础的雄厚程度及支付“和谐成本”的能力，决定着构建和谐社会的广度、深度、力度和进度，影响着社会和谐的程度。③ 我国还处在社会主义初级阶段，构建和谐社会的物质资源支持是有限的，构建和谐社会理应更多地倚赖于社会认同、社会调适、心理调适等社会资源的整合与协调。和谐文化与和谐的舆论场的形成是重要的保障条件。主要是：① 引导社会动用必要的物质资源来调节各阶层的利益，特别是呼吁社会加强对弱势群体和边缘群体的关注和保护，新闻传媒是和谐社会的“舆论推进器”。② 营造良好的舆论环境，推动对社会核心价值体系的认同，推动社会思维和社会观念的转变，新闻传媒是推动和谐社会的精神“动力源”。③ 对社会各阶层的心理进行疏导和调适，新闻传媒是疏导和化解社会矛盾的“减压阀”。④ 为提升公共理性和公共信心提供舆论支持。新闻传媒对社会现实的真实、理性反映，有助于建立社会共识以及个体、群体与社会的理性认同，实现对社会的有效调控。

第四，新闻传媒是和谐社会的前沿守望者。构建和谐社会面对的问题，就是还存在大量社会不和谐因素。新闻传媒作为社会的守望者，主要的功能是对社会不和谐问题的监测和预警，这对社会健康、有序运行极为重要。主要是：① 新闻传媒的预警功能。经济和社会转型期的社会关系往往充满张力。现代化孕育着稳定，而现代化过程中往往也潜伏着诸多不安定因素。“作为传递信息的工具，媒体就是人类所利用的重要的社会雷达……通过媒体监测自然、社会环境中的不和谐因素，建立积极有效的社会预警机制，能够有效地促进社会对问题的及时解决和处理，有利于社会的协调稳定”。④ 新闻传媒的触角深入到社会的各个方位，对各种影响社会发展的问题保持高度敏感，对可能出现的重大社会问题和冲突能够快速做出反应，是监测风险的重要社会装置。② 舆情搜集和反馈功能。新闻传媒与社会舆论最接近，可以不间断地保持与民间信息渠道的交流互动，对社会的热点、焦点和难点问题，给予关注，并及时反馈这些信息，推动决策者与公众有效的信息互动。③ 新闻舆论监督功能。舆论监督是新闻传媒干预社会的最直接方式，也是新闻传媒社会影响力的主要立足点之一。在和谐社会的建构中，新闻传媒决不是和稀泥的角色，必须直面社会问题，通过新闻舆论的约束力，对社会问题、社会不公正现象进行监督和制约，促进问题解决和社会公正。

2

构建和谐社会的能力和新闻传媒的运用能力，都是中国共产党要加强的执政能力。正如

---

① 林志力：《新闻传媒在建构和谐社会中的历史使命》，http://www.cwmedia.org.

② 赵路平等：《和谐社会中的媒介角色建构》，《传媒观察》，2005 年第 4 期。

③ 南振中：《为促进和谐稳定发展营造良好舆论环境》，《中国记者》，2005 年第 4 期。

④ 赵路平等：《和谐社会的媒介角色建构》，《传媒观察》，2005 年第 4 期。

硬币的两面，新闻传媒具有促进社会和谐的正面功能；但如果运用不当，其负面作用也会给社会带来冲击和震荡。

经过30年的改革发展，中国新闻业不仅从极端的政治工具化的泥沼里走出来，告别了在新闻传媒中无所不在的斗争哲学，重构了以发展为核心的时代思维，而且走出了数千年来在战争（冲突）体系下确立的社会制度路径①，进入了服务于社会发展认同和社会内部"和平共处"的时代。新闻传媒的民主化、社会化功能不断扩展。但是，与构建和谐社会的要求相比，新闻传媒的运用，尤其是在新闻报道上还存在着比较严重的不和谐现象。

首先，从直接作用社会的角度讲，新闻报道的不和谐突出表现在以下方面：

（1）虚假新闻泛滥

一是捕风捉影，凭空捏造事实。一些新闻传媒及从业者，为了"抓住受众眼球"而无所不用其极，"想当然"、"猜测性"新闻泛滥，"制造型"新闻盛行。"纸馅包子"、"茶水发炎"、"华南虎照"、"藏羚羊照片"等造假事件，丑化中国形象和传媒形象，伤害了人民的信任，损害了社会和谐。

二是偏听偏信，传递失实信息。为了追求所谓"轰动性"，不惜损害新闻的真实性，导致新闻采访不深入；或为了煽情而炮制"单面"报道，"耸人听闻的报道"，误导或欺骗公众。如一段时间里，一些新闻传媒对一些地方大量的问题视而不见，而对所谓"政绩工程"连篇累牍地宣传报道，对所谓的"政绩"中危害群众利益的问题避而不谈，对群众生存和生活中的基本问题缺乏体察、理解和关怀。

（2）片面报道盛行

失语是最典型的表现。重要的、涉及民生的社会信息不能从正式的传媒渠道表达，真实信息被遮蔽，变成流言和谣言。"卷入社会离轨放大过程中的谣言，更具有权威性，因此也会带来更严重的后果"。② 弱势群体和边缘群体没有位置和声音，他们生活的最紧要问题，在传媒上实质性处于缺席和失语状况，或被"戏说"和"妖魔化"，导致弱势群体的形象被扭曲，新闻报道的社会守望功能被弱化和萎缩，社会减压功能不畅，诱发了不和谐、不安定因素。

炒作和报道失衡，也是一个突出病症。一些新闻传媒在报道方向和内容取舍上，偏重于城市，忽略了农村；偏重于宏大的"要闻"，忽略了社会大众日常生活的"要闻"；偏重于"眼球的吸引"，忽略了心灵的"纯化"。还有的传媒热衷煽情化展示社会异常的、负面现象；而有些则热衷于"正面宣传"，负面问题正面报，最终导致形成公众对正面报道反面读的思维定势。凡此种种，都会对民众产生误导，消解了人们对社会真实的正确判断力。

（3）低俗化报道走俏

一些新闻传媒情绪化严重，对社会某一局部的问题高度放大，人为地夸张和扩大社会阶层之间的对立和冲突；与此相关，新闻报道的"贱民化"倾向也非常严重，一些新闻传媒充满"傲慢与偏见"，一些新闻报道剥夺了一般公众特别是弱势群体的权利和尊严，把少数人的问题和缺陷予以变形性的扩张，以偏概全，把民众的贫穷和困窘简单归因于他们天生的劣质和罪恶。反映民众之间的冲突和紧张的东西多了，"反映普通百姓特别是弱势群体的生活、愿望、感情要求和呼声的东西却少了"。一些媒体"为了钱，什么都可以干"，用大量的"星、腥、性"内容来招徕受众，低俗化、恶俗化新闻蔓延。不仅污化了社会空气，麻

① 【英】麦高温：《中国人生活的明与暗》，朱涛译，时事出版社1998年版，第33页。

② 【英】巴特勒：《媒介社会学》，赵伯英译，社会科学文献出版社1989年版，第35页。

醉了人的身心，遮蔽了新闻传播的“社会能见度”，还会给社会带来不安定因素。

其次，从新闻传媒运作机制看，新闻报道的不和谐来自传媒运作不当、运营失调等深层次问题。

（1）新闻传媒运作中的公众缺位

一是公众在新闻传媒中的主体缺位。一些传媒以人民的利益名义，隐瞒和遮蔽对公众至关重要的新闻信息。公众对新闻传媒的权利窄化为一维，新闻商品的消费者，公众的身份被受众身份置换，极端逐利的“商业逻辑”抽干了公众的权利内涵。这就导致了很多怪现象，可以有偿新闻，也可以有偿不闻。新闻报道变成了金钱以及与金钱相关的社会联系。在一些伪平民化报道中，公众是新闻传媒中的“边缘人”或“单面人”，表面的浮华和琐屑所遮蔽人民生活的真正内涵；许许多多与人民群众利益相关的新闻却很可能被漏报了。①

二是公众对新闻传媒的监督缺位。公众对新闻传媒有着无可争辩的管理和监督的权力。但是，当前没有成熟的制度保障公众对传媒进行管理和监督。这主要表现在：缺乏代表公众利益的社会团体制衡新闻传媒运作；缺乏公众与新闻传媒平等对话和参与媒体的运用的基本平台；协助公众提升使用大众传媒能力的传媒素养教育缺失；对新闻传媒运作过程的监督形同虚设，公民没有决定新闻传媒怎样有效代表他们利益的权利。导致了新闻传媒与公众的疏离，一些新闻传媒滥用公众赋予的权利愚弄公众，新闻价值观发生畸变，产生新闻传媒公信力危机。

（2）新闻传媒自身运营的扭曲

一是新闻传媒在社会重要领域的缺位。由于对于经济成本的计算，风险成本的规避，新闻传媒的去社会化现象盛行。或对事关公众根本利益和社会紧要问题的信息有意淡化，在社会的边缘上靠煽情生存，或者死抱着过去那套僵硬的新闻运作模式确保生存，“其突出的表现是报喜不报忧”②，新闻运作衙门化、表面化，远离基层，远离社会的深层。新闻舆论监督功能落实不到位，甚至存在倒退和萎缩的现象。

二是新闻传媒“权力”越位与滥用。由于对经济利益的追逐，对权力资源的滥用，新闻传媒利用媒介权力寻租现象严重。一些主流传媒的从业者以政府所赋予的权力，作为获得私人好处和小团体利益的工具。把舆论监督和新闻报道作为创收甚至敲诈勒索的工具。兰成长式的“黑名单”、“红名单”新闻盛行，导致大量的假新闻，“形象新闻”出笼。极端地糟蹋、败坏了人民所赋予的新闻权利。

三是新闻传媒内部管理的僵化与混乱。转型中的新闻传媒运作的体制创新相对滞后，新闻传媒运作存在许多盲区和漏洞。20世纪90年代以来，中国经济改革和社会发展中出现的腐败和不平等现象在大众传媒的运作机制中也表现出来。③ 新旧体制的转换迟滞，新闻传媒内部管理机制断裂、破碎。如重要的人力资源管理“双轨制”，导致新闻从业者中“职业贵族”、“职业打工者”的人为悬隔。这会使从业者不能在平等的起点上发挥自身的创造力，加剧内部的冲突和对立，销蚀从业者的责任感和职业尊严。从深层次讲，这种机制通过新闻传媒的运作活动放大到社会，导致对从业者对社会公正的麻木和漠视。与此相关，新闻传媒无序聘用和部门包干，众多大大小小的部门都可以随意招聘新闻打工者，有的甚至聘到了5级以下，导致了对新闻传媒从业者的入口混乱，人员素质缺乏把关标准，加之人事关系松

---

① 李希光：《转型中的新闻学》，南方日报出版社2005年版，第61页。

② 喻国民：《变革传媒》，南方日报出版社2004年版，第5页。

③ 童兵、姜红：《处在市场经济十字路口的中国大众传媒》，载戴元光主编：《传媒、传播、传播学：新闻传播学的价值重构》，上海交通大学出版社2005年版，第88页。

散，缺乏有效的制约。少数聘用记者又怀着强烈的短期寻租目的，必然导致他们在社会活动中的混乱和无序。

3

我们应该摒弃那种新闻报道“一言兴邦、一言丧邦”的僵化思维，但要认识到新闻报道对构建和谐社会具有较大的制约作用。新闻报道必须按新闻传播规律办事，保障新闻信息全面、均衡流通，尽责地守望社会；用事实说话，并对信息以智性的解读，增强新闻报道的亲和力、吸引力、渗透力和感染力，为构建和谐社会提供理性的舆论动力。

其一，必须遵循新闻规律，真实、全面、公正、及时地报道新闻。真实性原则是新闻事业的安身立命之本。新闻传媒在构建和谐社会中的底线要求是，真实的报道新闻信息。一是对社会变动的重要事实不遮蔽、不伪饰、不遗漏、不夸大、不炒作，尽责地为公众了解社会现实变动的提供“瞭望镜”。二是及时、准确、客观地报道社会变动的事实信息，并尽可能从表层信息的呈现进入到事实的深层信息的反映，作为人们把握社会变动的“搜索器”。三是在总体真实条件下保障新闻报道的真实性，全面、公正、均衡地报道事实，尽可能呈现产生新闻事实的子系统在社会系统中的真实位置，给人们了解社会现实的正确“地图”。

其二，加强新闻舆论监督。一是在信息公开的前提下，渐进地全面开展。中国共产党之所以充满生机和活力，能在无数艰难曲折中不断取得各项事业的胜利和成功，一个基本的秘诀就是能够正视、承认自身的弊端和问题，而且能够依靠自己的力量克服缺点、根除弊端。完善全方位的舆论监督体系，健全新闻舆论监督机制，是信息公开、克服弊端、促进社会和谐的主要保障条件。当前，新闻传媒的纵向舆论监督需要扩大和深化，横向舆论监督要发展加强，但必须有序渐进地进行，一方面要从重点领域、重点议题突破，增加舆论监督的效用；另一方面要从最紧迫的、与群众利益最相关的领域着手，务求治标也治本，推进问题的解决。二是在法治框架下开展。被监督的权力要得到有效监督，监督的权力必须依法实施。健全舆论监督机制要以民主法治为根本。“一是赋予媒介的监督权，要有切实的保障机制，通过制度、规范和法律的制定来促进和保障舆论监督；二是通过机制的设立使舆论监督尽可能发挥积极作用，而避免出现负面影响。”①

其三，提升新闻报道的理性、人文性。新闻报道首先要肩负的是社会责任，必须以推动公众同政府的沟通交流、对人的终极关怀的建设性态度介入社会。决不能凭感性冲动，追求不负责任的煽情效果；应为民众提供理性的社会“认知模板”，协助构筑和谐社会的“规范模板”。这就需要辩证地审视社会问题，把握好新闻报道的“度”，既要让这些社会不能容忍的、破坏社会健康、和谐的东西曝光，又要有一定的把握度和报道弹性，给社会以公共信心。比如，揭露问题是为了解决问题，而不是制造“精神恐慌”。比如，对保护弱势群体的呼吁，应该立足于现实，立足于协助政府和社会解决问题，同时也有责任提醒公众，以理性合法的方式来妥善处理利益矛盾。对一时难以解决的问题，新闻报道要作出理性的判断，客观地报道和解释，在呼吁社会关注的同时，理顺社会情绪，不能盲目地一边倒。提供娱乐信息服务不能走极端，不能让恶俗文化伤害社会的肌体，不能迷失了新闻传播的文化价值和人文情怀。

4

在现代社会中，所有的政治行为都是对沟通能力的这种或那种方式的反应。② 关键是怎

---

① 刘华蓉：《大众传媒与政治》，北京大学出版社 2001 年版，第 174 页。

② 【美】迈克尔·罗斯金：《政治科学》，林震等译，华夏出版社 2001 年版，第 174 页。

样通过有效的体制条件，进行有效沟通。处理好新闻传媒、公众、政府的关系，推动新闻传媒的良性运转，是促进社会和谐的重要立点。

首先，完善政府与新闻传媒有效互动的机制。

一是提高党政官员的媒介素养。通过信息公开，实现政府与媒体的沟通，并借新闻传媒实现政府与公众的沟通，已经成为现代政府的重要议程。政府对新闻传媒的运用主要是建立与新闻传媒的良性公共关系上，前提是透明的政府及政府行为。政府必须使自己的执政思维从信息控制转向谋求通过各种手段实现体现自己意图的信息强势，执政能力的重点必须从控制信息流动方向和范围转向保持自己意愿的信息强势。① 深入了解传媒运用同一般宣传不同，但又是与宣传可以配合的有机系统。柔性运用传媒而不是僵化把持传媒，遵循新闻传播的规律性，发挥政府传播攻关的主动性，是提高政府官员媒介素养的主要突破点。政府官员需要以平视、平等的态度了解媒介，分析媒介，接触多种媒介，参与网络媒介空间建构；同时，要坚持“三贴近”，使政府议题对社会舆论感应敏锐、有效互动，具有感召力和亲和力。

二是健全政府公关传播的机制。实行新闻发言人制度是提升政府传播理性的必要条件，新闻发言人最大的价值和意义是对新闻源的主动开放，寻求对信息把握的主动，即政府公关。这是按照新闻传播规律进行舆论导向的重要途径，更是公众通过传媒和政府分享信息、同政府双向交流、对政府监督的重要方式。最好的公关是说实话。当你不说实话的时候，即使你有很高的公关技巧，能蒙人于一时，但最终还是要受到时代、舆论和历史的惩罚。②“华南虎照事件”已经充分地证明了这一点。必须以说实话为底线依据，健全完善以新闻发布制度为核心的政府公关传播机制。只有这样，才能促进政府对新闻传媒运用的现代转型。

三是提升政府用自身行为主动定义新闻的能力。政府的行为方式对新闻信息传播具有很强的铺垫和框架作用。政府成为新闻的第一定义者是至关重要的。这就要利用政府的政策资源和行政行为过程中丰富的信息资源，设计活动来保持与媒体的积极关系，满足现代媒体的报道要求。③ 善于“用行动制造新闻、用政策制造新闻和必要的、以真实为基础的新闻议程策划”。以此为基础，善于运用执政行为中的关节点，呈现具体的行为情境，呈现具有媒体亲和力的事件，以吸引媒体把关人的注意力④，形成“媒介事件”效应，从而获得政府对政治、社会问题定义和解决方法报道的主动。

其次，提升公众对新闻传媒的运用能力。构建和谐社会，需要公开、透明、理性的公共信息空间。这首先需要对信息的社会均衡配置，公众对新闻传媒的运用权力的均衡分配。前提是保障公众的权利在传播领域的实现。现实立点就是公众可以直接影响媒介内容的权利，即对新闻传媒的接近和使用权。

一是大力扩张公众接近使用传媒的机会和能力。公益性媒体要体现其公共性和共享性。同时推行和加强公众媒介素养教育，面向基层，注重社区传播，扶持和发展社区公用媒体。给“弱势群体”、边缘群体提供多途径接触传媒的条件，促进信息的均衡扩散和分配。

二是保障新闻传播内容中公众的平等地位。弱势群体和边缘人物不善利用制度作保护伞，他们更需要制度上的特别救济。⑤ 需要大力发展与弱势群体对应的媒体或媒体内容，在保障公众权利前提下为受众服务。把新闻报道的主要焦点集中在公众社会中紧要问题，关注

① 陆晓华：《作为执政能力构成的舆论影响力与传媒运用能力》，《声屏世界》，2005 年第 4 期。

② 郎劲松等：《现代政治传播初探》，载《新闻传播学前沿》，北京广播学院出版社 2004 年版，第 24 页。

③ 【美】布赖恩·迈克奈尔：《政治传播学引论》，殷琪译，新华出版社 2005 年版，第 135-136 页。

④ 【美】布赖恩·迈克奈尔：《政治传播学引论》，殷琪译，新华出版社 2005 年版，第 134 页。

⑤ 李少南：《边缘人更需要媒介的关怀和了解》，载《世界传播媒介白皮书 1995》，远流出版公司 1995 年版，第 225 页。

民生，表达民意，展示公众的和谐生存智慧，保护公众对新闻传媒内容问责的权利。

三是扩大和保障公众参与新闻传播的权利。拓宽对新闻传媒报道进行理性批评的制度化渠道，建立公众监督新闻传媒的有效机制。公众性社团和非盈利中介机构的监督与制衡是一种有效方式：通过组织起来的社会力量以专门的民众意见调查、传播社会效果调查等方式对越轨传媒施加压力，并建立独立的机构，如新闻评议会等对新闻传媒的表现予以记录、公布和问责，运用网络舆论力量约束传媒行为，保障新闻传媒对公众负责。

同时要扩展“民生新闻”的内涵与外延，推动“公共新闻”发展。公共新闻主要是大众传媒以组织者、行动者的身份参与社区事务，倾听市民心声，寻找共同关心的问题并发起讨论，以各种方法吸引公众广泛参与。争取对社会各界产生较大程度的影响，以实现某个良好愿望或解决某个社会问题的媒体行为。① 虽然我国国情不同，但新闻传媒直接参与社会生活的基本取向，新闻报道的人本化、亲民化，对公民的平等接纳，新闻传播的内容取自民间，致力于提高公众在获取信息基础上的行动能力，关注公众之间对话和交流的质量，帮助公众积极地寻找解决问题的途径等②是相似的，展示是新闻传媒促进社会和谐的一个重要着力点。

5

新闻传媒业是否发达、是否健康，是社会发展的重要标志。构建和谐社会与新闻传媒健康、和谐发展应该是同步的过程。

我国新闻传媒有着明显的社会主义初级阶段的特点。这主要表现为传媒结构和布局的不平衡。首先是传媒布局的不平衡。特别是农村和城市之间、沿海和内地之间、发达地区和欠发达地区之间、强势群体和弱势群体之间媒介占有量的极大差距。“正如物质财富上存在富裕与贫困的差异一样，在信息占有上的情形如出一辙，因经济窘迫而疲于奔命的人往往也是信息匮乏的人”。③ 弱势群体和欠发达地区相对信息占有匮乏，在媒体中缺少自己的声音，缺少利益表达的渠道，这会导致利益的矛盾纠结、社会文化的断裂。

同样，中国的新闻改革和媒介产业化也进入了瓶颈期，新闻传媒的结构也极不平衡：承担着较强的社会责任的主流媒体（党和政府的机关报等），有日益被边缘化的趋势；一些大众性媒体所传播的信息，“大多是简单化、个人化和去语境化的……所展示的是刻板的形象，而非人类的复杂性。”④ 加之媚俗化、煽情化的侵蚀，淡漠了对民生主要问题的关注；一些有潜力和活力的专业化、分众化媒体，则把注意力投向高端人群。这种局面削弱了社会沟通和公共理性；也造成了新闻传媒的结构性过剩和结构性短缺并存，传而不通、流而不畅的问题突出，社会各阶层交流和互动场域相对缺失。

从传媒体制和运行机制上看，也有较多的初级阶段特征。虽然新闻传媒体制改革构想有一定突破，如近年来根据文化事业和文化产业的分野，确立了新闻传媒公益性事业单位和经营性企业单位两种不同的体制分类，并提出不同的运作要求。但在运作中却混淆不清，机关报也在大抓广告，把赚钱作为第一要求，而一些市场性的新闻传媒，却拥有大量的“类行政资源”，成为一些权力部门的赚钱机器；一些传媒在没有生成新闻传媒市场运作机制的时候，又把一些优秀的传统迷失了，传媒的社会责任承担和公益运作机制相对缺失，新的更具

① 李青藜：《美国的公民新闻事业》，《国际新闻界》，2004 年第 1 期。

② 蔡雯：《“公共新闻”：发展中的理论和探索中的实践》，《国际新闻界》，2004 年第 1 期。

③ 【美】沃纳·赛佛林等：《传播理论：起源、方法与应用》，郭镇之译，华夏出版社 2000 年版，第 272 页。

④ 【美】詹姆斯·卡伦《媒体与权力》，史安彬等译，清华大学出版社 2006 年版，第 289 页。

有适应性的体制远未成熟。

这些问题反映到表层，就是极端的新闻消费主义对新闻传媒发展的危害。新闻消费主义"突出新闻的消费性，以商业化功能涵盖新闻传媒的所有功能"①，注重"眼球经济"，认为"利润增长"高于一切；一些传媒在"新闻市场化"、"新闻平民化"幌子下，热衷追逐、满足受众感官需求，消解了新闻传媒的社会责任。

新闻传媒回应构建和谐社会的要求，实现自身的和谐发展，首要的问题是强化新闻的核心价值观。一是要警惕和防范极端的新闻消费主义。传媒经济的发展是重要的，但不能消解了媒介生存的原初依据和终极目的，把新闻传媒作为"利润机器"，不能用商业逻辑取代了社会责任。二是要反思和清理各种滞后观念，告别僵化的新闻传媒运用思维。既要充分认识到，在社会高度开放和流动、受众选择多元、媒介的全球化和市场化高度渗透的新媒介环境之下，把对新闻传媒的单边、单向控制作为万应灵药，只能窒息新闻传媒，只会窒息社会活力，而且这种"人治"方式与"依法治国"方略极端不相称，是我国政治文明建设和和谐社会构建所必须改革的东西；三是要有深化新闻传媒改革的决心，清醒把握社会深刻转型、新技术急速扩张给新闻传媒发展带来的挑战与机遇，对那种表面对社会责任有着自觉，但是"双腿"行进在现在，而"脑子"停留在过去的新闻传媒经营和运作观念要彻底清理；对那种企望、等待政策和机遇"馅饼"，在改革上无所作为的思维方式要坚决抛弃；以信息公开、保障公众的知情权、表达权、参与权和监督权为核心，以新闻传播的良性效果为依归，大力推进新闻传媒的改革创新。

其次，营造和谐的传媒生态环境。要坚持用时代要求审视新闻宣传工作，按照新闻传播规律办事②，从多方面营造新闻传媒的良性发展环境。一方面政府和社会要为新闻传媒提供良好的生存、发展的空间，推行信息公开、保障言论自由、加大政策扶持，推进制度创新；另一方面，要建立健全、系统、科学、有效的传媒规制机制。在法治轨道上建构新闻传媒的运作与发展体制条件。保障新闻传媒在法律的范围内行事，以法律为依托维护新闻传媒发展；对传媒的调控和监管也要以法律为依归，特别要杜绝对新闻传媒调控管理的以言代法、以权代法的随意性，树立依法规制和运用新闻传媒的观念。这不但是维护新闻传媒和谐发展的保障，也是社会健康和谐发展的前提。

再次，推进新闻传媒体制和机制创新。构建和谐社会，不仅是社会管理体制和运行机制变革过程，也是新闻传媒体制和机制的转型与创新机遇。中华人民共和国成立以来，我国新闻传媒发展大致经历了两次转型：第一次是从以政治服务为中心转型到以经济建设服务为中心，那次转型为我国新闻传媒的健康发展开辟了广阔的前景；构建和谐社会则是第二次转型的开端，这次转型是进化到为社会系统的和谐运转服务的轨道上来，是更深刻、更全面的转型过程。传媒为构建和谐社会服务不仅仅是即时的任务，而且是长期战略；要认识到这是传媒履行社会责任的根本要求，是新闻传媒发展和自我提升的良好机遇。

一是要有健全、系统、科学的新闻传媒制度安排。严格地划分公益性新闻传媒与经营性新闻传媒的界限。大力发展面对和代表公众利益的公共传媒，通过政策扶持、强化内部改革等措施，借鉴公共新闻传媒的运作机制和方法，通过政府提供运营资金的渠道的方式，引入社会化监管的机制，让公益性新闻传媒不介入广告和经营市场或有限介入限定的领域，打造一批强大的公益性主流媒体。对商业化和市场化程度比较高的经营性媒体，通过有效的制度安排保障其履行社会责任，建构服务社会和谐的发展机制；在依法管理的前提下，放手发展，让它们在市场竞争中优胜劣汰，形成一批具有全球竞争力的新闻媒体，提升国家的"软实力"。

---

① 罗以澄：《新闻求索录》，复旦大学出版社 2004 年版，第 298 页。

② 《胡锦涛在人民日报社考察座谈时的讲话》，《人民日报》，2008 年 6 月 26 日。

二是创造性地调整新闻传媒的结构和布局。把握媒介为社会公共利益服务、提升社会公共理性和社会公共信心的基本导向，进行传媒结构调整。针对我国媒介发展地区不平衡的现状，对欠发达地区和农村地区的新闻传媒，采取适当的扶持和政策倾斜；要适应社会多元化、社会阶层分化和受众分化的趋势，适应市场化走向，实现新闻传媒对社会的全面覆盖，特别要发展针对弱势群体的新闻传媒，均衡地保证公众信息占有量的相对公平，尤其要建立信息公开的有效运作方式，对大众知情权和表达权的实现提供有效的满足条件，保证政府、社区、群体、个人的有效交流、理解和沟通，推进全社会的共识和认同的形成。

【作者简介】

罗以澄，武汉大学新闻与传播学院院长、教授，博士生导师，武汉大学媒体发展研究中心学术委员会主席；

詹绪武，复旦大学新闻传播学博士后，郑州大学新闻与传播学院教师。

新闻传媒对政治文明建设具有促进作用①

刘九洲

党的十七大报告指出，要坚定不移地发展社会主义民主政治，发展社会主义政治文明。社会主义政治文明是以马克思主义为指导，坚持党的领导、人民当家做主和依法治国的有机统一的新型政治文明。建设社会主义政治文明，就是通过各种途径和方式，培养和提高政治主体的文明素质，促进政治行为文明、政治关系文明、政治环境文明和政治制度文明建设，实现社会全面、高度的和谐。在建设社会主义政治文明中，新闻传媒通过发挥其社会化功能、社会协调功能、舆论监督功能和议程设置功能，可以起到十分积极和重要的作用。

1 发挥新闻传媒的社会化功能 促进政治行为文明建设

所谓“社会化”，是指一个人适应社会生活的整个过程，也就是个人接受社会文化的过程。具体说，是自然人或生物人成长为社会人的全部过程。在社会化的过程中，政治社会化是一个重要的内容，目前，我国的学者对社会化的研究也大多在政治学的领域进行。因此，我们这里所说的新闻传媒的社会化功能，是指其政治社会化功能。所谓“政治行为”，乃是指政治主体在一定的政治意识驱动下，为实现其政治目标而采取的重要途径和方法。政治参与、政治决策、政治管理、政治改革、思想政治工作都属于政治行为的范畴。从一定意义上来说，政治文明更多地表现为政治行为文明。新闻传媒的社会化功能与政治行为文明之间存在一种相互依赖、相互影响的共生关系：一方面，政治行为文明对新闻传媒的社会化功能的实现具有决定性的一面；另一方面，新闻传媒的社会化功能对政治行为文明也有能动作用。

那么，新闻传媒如何发挥社会化功能，促进政治行为文明建设呢？笔者认为，可以从以下几个方面努力：

1.1 围绕政治行为做好舆论引导工作

政治行为是舆论引导的核心内容之一，新闻传媒应当围绕政治行为做好舆论引导工作，这就需要在宏观和微观两个层面做出努力。宏观上，我们的主流媒体要准确到位地把握政治局势，全面了解社会政治文化传统、社会价值观念、道德准则的变化过程。此外，还要验证和推断政治传播者的政治意图和政治观点。因为政治传播者有时并不直接地通过新闻传媒表达自己真实的政治意图，而是采取隐晦的策略。这就要求我们的新闻传媒具有政治敏感性，深入准确地认识政治传播者的政治意图。微观上，要在具体的宣传报道中唱响社会政治的主旋律，可以从以下几个方面着手：第一，以正面宣传为主，营造和谐的政治局面。“以正面宣传为主”的报道方针是我们党多年新闻传播活动的经验总结，它是维护和稳定政治局面的必要手段。我们应把新闻报道与社会效果联系起来，尽最大努力把社会政治心态引入可调控的范围之内，而不是以发泄一时之气为目的。当然，以正面报道为主不是安于现状、报喜

① 本文是教育部哲学社会科学重大攻关课题《新闻传媒发展与建构和谐社会关系研究》(05JZD00026）第二子课题《新闻传媒与和谐社会的政治文明建设研究》成果的一部分。

不报忧，而是本着重在建设的目的，客观阐述事实，多从积极视角入手，理性分析，胸有大局。第二，新闻传媒在报道政治人物时，要避免片面报道。以往我们的新闻传媒所传播的政治人物太过理想化，所宣传的政治人物都是脸谱式的，不利于增强民众的政治辨别力，尤其是在报道党和政府领导人的活动信息时大都是公式化的，在任期间个个官员好像都清正廉明，个个都为民着想，为民办实事，但一旦被查出有腐败行为，报道便极为详尽地将其丑行公之于众。这种政治人物公式化脸谱化的报道让一般人很难从日常生活中分辨他们的政治作为。这种片面报道对公众政治社会化的顺利进行起了某种阻碍作用。第三，新闻传媒在宣传政治信息时，应讲究报道手法，改变以往一味将政治规范、政治教育、国家政策等以说教的形式传递给公众的僵硬做法，而是寓政治教育于日常生活中，多从日常生活中找典型报道，用公众喜闻乐见的形式表现出来，让公众真正认同社会政治行为规范，成长为合格的政治人。

1.2　为公众参与政治开辟更广阔的政治舞台

列宁说过，没有公开性而来谈民主是可笑的。人民参与国家政治生活，行使管理国家的权力，维护自己的合法权益，是以对公共事务的了解为前提的。如果不能获取政治系统运行的足够信息，人民就无法参与政治，也就不知道何时、向何处表达自己的利益要求。解决这一问题的主要方式就是实现信息公开。建立信息公开制度，保障公民知悉国家政治信息的权利，已经成为现代民主发展的一个新趋势。所以，我国的新闻媒体要向政治信息透明化方向逐步迈进，建立健全与公民利益密切相关的重大事项的公开制度、听证制度、专家咨询制度等，实行电子政务，建立网上政府，完善新闻发言人制度或其他信息公开制度。

但是，新闻传媒如果只是停留在向公众单向地传递政治信息，灌输政治认知，而不考虑互动效果，这样的政治社会化，是不完整、不全面的。作为政治机构和广大民众的中介，新闻传媒有义务为人们参与政治开辟发表政治主张、看法以及进行社会互动的舞台，如报纸可以开辟专栏或热线，讨论政治行为文明建设过程中人们关心的热点问题；电视台在报道政治新闻时，镜头可以不局限于当事人本身，而延伸到一些相关的民众，听听他们的呼声等。甚至如同西方“公共新闻”倡导者所说的那样，新闻媒体直接参与社区活动，帮助民众解决具体问题，特别是他们的民主权利问题。新闻传媒只有真正成为国家、政府与人民以及人民内部之间的联系纽带，其社会化功能才能有效发挥出来，才能通过各种方式激发广大民众的参与热情，使政治行为能够真正深入生活实际，并接受其考评和验证。

1.3　培养公民的主体意识、参政能力和政治认同度

培养公民的主体意识、参政能力和政治认同度，对当代中国来说其意义是深远的，因为公民的主体意识、参政能力和政治认同度恰恰是构建社会主义和谐社会必不可少的三个因素。从增强公民的主体意识角度上来说，一方面，和谐社会的建设要求我们调动一切积极因素，增强社会各个群体的主人翁意识和社会责任感；另一方面，公民只有在亲身参与政治的过程中，在通过制度化渠道维权的过程中才能增强自身的主体意识，才能真正体会到国家主人公的感觉，广大人民群众建设国家的激情和活力才能迸发出来，和谐社会的事业才能成为全体社会成员共同的事业。而在提高公民的参政能力上，新闻传媒更是义不容辞。我们知道，公民的参政能力越强，其合理利益要求越能实现，社会就越稳定和谐。积极推进民主实践，让民众在政治参与的实践中学习民主，领悟民主，精通民主，提高参政能力，这也是和谐社会建设必须认真破解的课题。因此，社会主义国家的新闻传媒在提供广大民众大量的政治信息的同时有责任、有义务帮助公民提高其参政能力，为社会建设与国家发展增加更多的和谐因素。此外，新闻传媒在加强公民的政治认同度教育方面也必须作出更大的努力。因为要让社会群体认同一个政治系统，认同一项社会政策，最有效的方式不是加强行政指挥的力

度，而是在新闻传媒的帮助和教育下，引导公民亲自参与社会政策的制定过程，这样不但能最大限度地保证政策制定的科学性，而且也会使执政党的执政风险大大降低，从而为保持政治和社会稳定提供保障。总之，新闻传媒可以为建设社会主义和谐社会培养出主体意识强、政治素质高、政治认同度高的合格的现代公民，进而为建设社会主义和谐社会提供基本保障。

2 发挥新闻传媒的社会协调功能 促进政治关系文明建设

新闻传媒的社会协调功能，指新闻传媒通过对信息的选择、解释和评论，把社会各部分联系起来，协调、整合为一个有机整体，并使其在对社会做出有效反映时能够相互关联，从而达到社会整合的目的。其主要表现是说明和阐释信息的意义、提供权威的意见和规范事例，协调社会各部分之间的关系，小到家庭关系，大到国家与个人、阶层的关系，还有人与人、群体之间、阶层之间、部门之间的关系。就新闻传媒社会协调功能而言，其最根本的任务就是推动社会进步，促进人类社会向健康稳定的方向发展。目前，新闻传媒与政府的良性互动至关重要，因为我国正处于社会转型的关键期和矛盾多发期，对一些突发事件，新闻传媒的及时报道有利于政府应对危机，改进工作，从而树立高效、透明和负责的政府形象。在此意义上，新闻传媒和政府之间的良性互动，有助于整个社会的稳定和理性、健康发展。

建设高度社会主义文明政治，传媒应在社会协调功能上重新定位和设计。

2.1 为政治沟通主体双方提供面对面沟通的平台

政府一旦制定新的政策，便可通过新闻传媒向公众发布，公众通过新闻传媒向政府询问自己关心的政治问题，以期能得到解答，新闻传媒理当为政治沟通双方提供面对面沟通的平台。信息沟通的渠道畅通了，公众和政府间的信息交流与对话才能有序进行，反之，则会影响到政治信息的良性互动。山西“黑砖窑”事件就是一个反面例子。2007年6月4日，一位被拐卖孩子的姑姑辛艳华以“中原老皮”的网名在河南大河论坛发帖《罪恶的“黑人”之路！孩子被卖山西黑砖窑400位父亲泣血呼救》。截至6月12日，大河网上该帖点击率超过31万。随后该帖被天涯社区、腾讯网、新浪网、网易、tom中国、人民网等多个网站转载，且在被转帖到天涯社区论坛后，短短6天时间，该帖更是获得了高达58万的点击率和3000多篇回帖。网络民意汹涌，矛头直指黑砖窑经营者的泯灭人性和当地政府的监管不力与官商勾结。山西洪洞的“黑砖窑”事件关系到人的生存权的问题，因此整个6月，山西洪洞县政府在最高层的批示和全国媒体的谴责中承受了巨大的压力。透过事件本身，我们不得不深思这个震动全国、万民关注的舆论浪潮带来了什么样的经验和教训。除了基层政府的失职外，我们还应看到当地的新闻传媒也没有负起责任。此后的调查表明，“黑砖窑”的大量存在早已是事实，这一恶性事件的爆发只是时间的问题。而当地新闻传媒却未因此而给民意以表达的渠道，或为民意表达提前作出应有的预警，也未向当地政府部门及时反映情况，只是在事件突发时大量报道，引起了一场令当地政府十分被动的舆论风暴。如果当地新闻传媒能在事实存在之初，敏锐洞察，高度重视并及时公开报道，从而引起有关部门的重视和关注，也许“黑砖窑”事件早已被处理在初始阶段，不会引发如此轩然大波。

2.2 变被动接受的单向性沟通为互动的双向性沟通

中国传统政治文化中根深蒂固的家长本位，使权力阶层习惯于自上而下地传达“上级指示”，与此相适应，当前新闻传媒铺天盖地的轰炸式的政治宣传大多仍是居高临下的单向性的空洞说教，而不管受众的兴趣如何、感受如何、接受度如何。政治信息灌输式的宣传是必要的，但这种单一式的政治信息沟通使受众的政治参与受到限制，政治热情受到影响，久而久之会使受众形成一种麻木甚至逆反的心理状态，政治信息传播的社会效应难以形成，公民对政府的信任度降低，公民与政府的距离也因此而拉长。互动的双向性沟通则注重确立受众的主动性，关注和尊重受众的感受，抓住受众的兴奋点，通过坦诚的、互动的交流达成政治共识。我国在经济信息、文化娱乐信息的沟通上与受众的互动做得比较好，但是在政治信息双向沟通上一直缺少突破。强调传媒的政治属性，强调政府对传媒的控制，这是必要的，但关键是政府如何控制。事实上，敞开胸怀的双向沟通不仅不会导致舆论失控，而且能使政府更及时了解民意、聚拢民心，从而在政党和民众间形成良好的关系。因此在进行新闻宣传过程中，政府和新闻传媒可以共同开办、设计政治性的对话栏目、公众参与性节目，开通热线电话，关注普通人的政治生活状态，以加强双向性沟通。

2.3　网络媒体也应提供多种政治参与模式

政治信息通过新闻传媒进行沟通，是一种间接的沟通，即在新闻传媒上刊登（播出）公报、政策法令，新闻发言人在电视上发表讲话，引导公众政治认知，规范公众参与政治讨论；或是通过记者采写新闻、发表评论、举行新闻发布会等，借记者之手间接地传播政治主张或其他信息，形成强大的社会舆论。如2008年5月12日四川大地震发生后，温家宝总理多次承诺要及时准确地公布灾情，并表示欢迎国内外媒体实地采访和及时报道灾情情况。我国政府态度开明，心态开放，增加了信息透明度，从而迅速缓解了民众的恐慌心理，平息了社会上动摇民心的传言，消除了民众对政府处理危机事件能力的怀疑，保持了国内稳定，并且在国际上赢得一片赞扬声。除了这种间接的沟通之外，随着社会的发展和人们参政议政需求的不断扩大，直接沟通正日益凸显出其重要性。直接沟通最有效和快捷的方法是以互联网为载体，推行电子政务，通过现代电子技术和通信技术，把政治事务直接公布到百姓的电脑桌前。事实上，网络媒体在为公民提供多种政治参与模式比传统媒体更有优势。比如，党的“十七大”召开前夕，网名“小火龙”的网友在人民网强国论坛上发帖邀请胡锦涛主席上网交流。胡锦涛主席欣然同意，并且在线回答了网友的问题，产生了非常积极的影响。

3　发挥新闻传媒的议程设置功能　促进政治环境文明建设

新闻传媒的议程设置功能是指公众通过媒介知晓事件或问题，依媒介提示的角度思考问题，按照媒介对各种问题的重视程度来调整自己对这些问题重要性的看法，或者说，媒介对某一事物的强调程度同公众对同一事物的重视程度构成正比关系。新闻传媒的议程设置分为三个方面：政策议程的设置、媒体议程的设置和公众议程的设置。有效的媒体传播是这三种议程设置的合理结合；政治环境文明即一个社会的政治系统的生存、运行和发展都处于一个良好的动态过程之中。政治环境文明建设是社会主义政治文明建设的一个重要内容，同时也是衡量一个国家和政党政治文明水平的一项重要指标。新闻传媒的议程设置功能与政治环境文明建设有着密切的关系，它们之间相互促进、相互制约，和谐共存。新闻传媒的议程设置功能是实现政治环境文明的手段和方式；而政治环境文明又是新闻传媒议程设置功能有效发挥的支持和保障。

新闻传媒发挥议程设置功能促进政治环境文明建设需从以下三个方面入手：

3.1　构建三个舆论场的“交汇圈”

舆论场是指“包括若干相互刺激因素，从而能使许多人形成共同意见的时空环境”。①在我国，舆论场细分为三元：一是政府舆论场，即由官方促成并控制，体现党和政府意志的舆论场；二是媒体舆论场，这个舆论场为媒体的新闻实践所构成，在这个舆论场中，媒体既

---

① 喻国明、刘夏阳：《中国民意研究》，中国人民大学出版社，第283页。

反映党和政府的路线方针政策，又表达民情民意；三是民众舆论场，它通常是民众从自身利益、情感和意愿出发而形成的舆论场。三个舆论场之间呈现这样一种关系：政府舆论场、媒体舆论场、民众舆论场之间既相互重叠，又相互区别（如图1所示）。从图中可以看出，三个舆论场互相交汇形成了一个共同的区域（区域7），在这个区域里，舆论可以达到高度的整合与统一。在这一共同交汇区的周围，还有大量有待整合的空间。如图中的6代表政府舆论场和民众舆论场交汇的而媒体舆论场还未涉及的区域。这是媒体整合三个舆论场时需要重点关注的，也是媒体比较容易突破的区域。而4、5这两个区域则不同，它们是媒体舆论场可以分别和政府舆论场或民众舆论场达成共识，但政府舆论场和民众舆论场难以达到统一的区域。

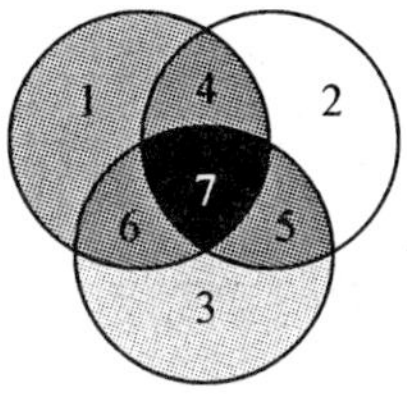

注：1：政府舆论场　2：媒介舆论场　3：民众舆论场
4、7：政府舆论场与媒介舆论场的交汇区
5、7：媒介舆论场与民众舆论场的交汇区
6、7：政府舆论场与民众舆论场的交汇区
7：政府舆论场、媒介舆论场、民众舆论场的总交汇

图1　政府舆论场、媒体舆论场、民众舆论场交汇关系图

这三个舆论场交汇的部分就是整个社会舆论统一的部分，它们交汇的部分越多，则说明整个社会的舆论越统一，社会舆论环境越和谐，社会政治环境越文明，反之亦然。因此，要发挥新闻传媒的议程设置功能，构建三个舆论场的"交汇圈"，以促进政治环境文明建设。

就目前的情况来看，三个舆论场总体上仍然是政府主控模式（如图2所示）。第一，政府舆论场主控三个舆论场。由以上的特点分析可见，政府舆论场具有权威性、全局性和理性等优势，自然，它就在整个社会的舆论场中占据主导地位。第二，媒体舆论场更多地倾向政府舆论场一极。新闻传媒作为党和政府的舆论工具，十分重视宣传政府舆论场的舆论，有时会忽视民众舆论场。如果媒体的实践活动只是单方面地向民众"灌输"党和政府的政令和措施，缺少对普通民众的意见、想法的反映，其结果往往会使政府舆论场和民众舆论场之间缺乏有效沟通。第三，民众舆论场影响力相对弱小。一方面，民众舆论场的舆论自身存在缺陷，即片面性和零散性，使其舆论难以产生较大的社会影响；另一方面，口头传播以及传播渠道的不畅通，阻碍了其舆论的传播及扩散。虽然有人说新媒体技术为民众提供了一个信息和意见交流的平台，民众舆论场的影响力增强了，但是，相对于整个社会的舆论场来说，这种影响力的增强仍然是十分有限的。

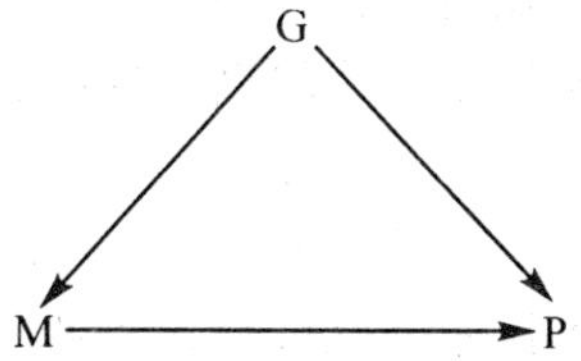

G：政府舆论场　M：媒体舆论场　P：民众舆论场

图2　政府主控模式

随着社会政治、经济、文化的发展和进步，三个舆论场之间的关系呈现出了一些新的、良性的发展趋势（如图3所示），即开始由政府主控模式向传媒支点模式转换。首先，政府舆论场的绝对主控地位开始非绝对化。党和政府按照“公开是原则，不公开是例外”的要求，创造性地采取了党务政务公开与满足受众知情权的措施，即党和政府主动把自己的各项工作置于媒体和民众的监督之下，接受来自各方的意见；其次，新闻传媒开始担当起支点作用。新闻传媒已经开始改变在政府主控模式下被动接受政府管理的局面，在一定程度上推动了三个舆论场之间的协调沟通、良性互动。最后，民众舆论场的影响力有所增强。党和政府执政理念的转变和新闻传媒主动性的增强给了民众舆论场参与三个舆论场互动的可能性，也在一定程度上调动了其积极性。

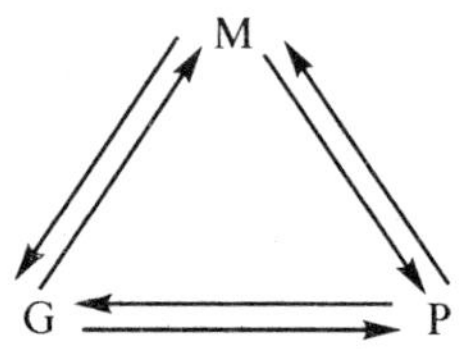

G：政府舆论场　M：媒体舆论场　P：民众舆论场

图3　传媒支点模式

3.2　新闻传媒发挥中间支点的作用，整合三个舆论场

新闻传媒要真正整合三个舆论场，就必须把中间支点的作用落实到实践中去。所以，新闻传媒在实践中，如何发挥中间支点作用以整合三个舆论场，就成了一个关键的问题。

上文分析过，政府舆论场和民众舆论场还存在一个媒体舆论未涉及的交汇区域（图1中的区域6）。在这一区域中，政府舆论和民间舆论已经形成了共识，但是媒体却因各种原因未重合进去。所以，对于这一区域，新闻传媒所要做的就是发现它并加以报道，使媒体舆论场与其统一起来。其一，新闻传媒应认真研究哪些议题是社会共同利益之所在。新闻记者应吃透“两头”，一方面要了解“上情”，随时把握党和政府的工作动向和关注重点，做到心中有数；另一方面，也要通晓“下情”，深入民众当中，倾听民众心声，体验民众感受。如今记者是跑新闻、找新闻，而不是坐在那里等新闻，记者扛着摄像机走街串巷已经十分普遍。同时，媒体也不能因为怕担风险，即使知道哪些是社会共同关心的热点，仍然“闭口不言”。媒体的“失语”不仅不能起到作用，稍有不慎还会造成流言四起。其二，新闻传媒应该研究怎样才能充分报道那些能够形成共识的议题。新闻传媒只有充分有效地报道那些反映社会根本利益的议题，使民众全面认识社会和谐是社会主义的本质属性，才能更好地促进三个舆论场的整合。传统媒体在这方面做得还比较好，但是新兴的网络媒体却未能很好地承担起自己的责任。前面已经提到过，网络媒体是一个相对自由的信息交流平台，它在为整合舆论带来便利的同时，也带来了一些难题。所以，应当加强网络媒体的监管，删除一些违法的、违背社会主义核心价值体系的信息，集中受众的注意力，保证共识议题的充分报道。当然，网络媒体也应增强报道的技巧，面对夸张标题、奇异事件、性感图片的攻势，只是一味删除显然是不够的，网络媒体还应当运用一些间接、灵活、活泼的形式去报道新闻。

3.3　在政情与民意之间寻求“对立统一”

政情与民意是社会最主要的两类议题，要完全达到既反映政情又顺乎民意是不可能的。政情与民意之间往往会存在某些对立的地方。新闻传媒发挥议程设置功能促进政治环境文明建设的一个重要任务就是要最大限度地在政情与民意之间寻求“对立统一”。具体来说，需从以下三个方面入手：① 新闻传媒应注重议程设置的平衡性与前瞻性。要寻求政情与民意的对立统一，新闻传媒的议程设置首先应具平衡性，打破政情报道和正面报道的“独角戏”。② 新闻传媒应注重议程设置的灵活性与技巧性。在政情与民意相互对立的情况下，一个有效的方法就是直面问题，巧妙设置议程，从而实现其对立统一。③ 新闻传媒应注重议程设置的适量性与长期性。从新闻传媒的议程设置的全局来看，应注重适量性，防止公众疲劳。同时，也应注重长期性，立足长远，追求长期效果。目前尤其应当注意的是，许多新闻传媒的议程设置为了片面地追求一时的效果，而忽视了长远的效果，甚至试图以短期的媒介议程来遮蔽公众的议程。如果这种短视的宣传与公众的直接体验相距甚远，那么，不仅不能取得预期的效果，反而会导致流言的出现，甚至会误导舆论，造成不好的影响。

4 发挥新闻传媒的舆论监督功能 促进政治制度文明建设

在现阶段，建设性新闻舆论监督有着深刻的内涵。首先，它是科学的监督。所谓科学的监督是指这种建设性的新闻舆论监督是符合新闻舆论监督规律的。其次，它还是有序的监督，即这种建设性的新闻舆论监督是在一种有序的、有领导的状态下进行的。再次，它还是依法的监督，即这种建设性的监督一方面是有法可依的监督，另一方面也是依法而行的监督。

那么，如何发挥建设性新闻舆论监督功能，促进政治制度文明建设呢?

4.1 组织舆论，对公共权力进行协商式监督

协商式监督就是在新闻舆论监督过程中，新闻传媒为广大人民群众提供一个公共论坛，通过组织舆论来引导他们对国家公共权力的运行状态进行讨论与协商。在进行协商式监督时，我们的媒体在以下几方面大有可为：① 提供广域、多元的公共论坛。新闻媒体要为广大人民群众提供一个多元的公共论坛，一个开放的、平等的、理性的对话空间，使不同社会阶层、不同社会利益主体的不同观点和意见能够在这个论坛中得以充分表达，特别是公共权力的掌握者与广大人民群众之间能够借助这个论坛展开对话。这样既可以使各种意见得以表达，又可以形成一个不同意见辩论的格局，为协商式监督的开展打下一个坚实的基础。① ② 组织舆论，营造理性、和谐的监督氛围。新闻传媒要想切实发挥其舆论监督功能，除了要准确、及时地反映舆论、代表舆论之外，更要做好社会舆论的组织工作。组织舆论即是把分散的但与新闻传播者看法相近的见解融为一体，从而形成一个统一的观点，随后通过新闻传播方式扩大其影响，使之最终成为多数人的共同意见。广大人民群众在对国家公共权力进行监督的过程中，容易产生比较分散的意见和看法。因此，这就需要我们的新闻传媒担负起组织舆论的工作，进行有意义的议程设置，从分散的社会舆论中提炼出有价值的意见，包括那些在公共论坛里提出的同公共利益相关的看法。③ 及时刊发反馈信息。新闻媒体为了促使协商式监督顺利进行，除了要提供公共论坛、组织舆论外，及时刊发反馈信息也是至关重要的。广大人民群众通过新闻媒体与党政官员就公共权力运行中的某些问题进行协商，其目的就是希望政府部门给予关注、做出回应，使问题得以妥善解决。根据政策规定，各级政府有义务及时将各种决策过程、实施情况及广大人民群众关心的其他问题作出公开说明。

4.2 表达民意，对公共政策进行参与式监督

政治参与是指公民依据法律所赋予的权利和手段，采取一定的方式和途径，积极主动地介入国家社会政治生活，从而影响政府政治决策的政治行为。公民参与涉及三个基本的理念：其一，参与是公民被赋权的过程，是公民的发展权得以维护和保障的过程；其二，参与是公民维护自身利益并实现自身利益的过程；其三，参与社会公共事务的管理是公民的一种

---

① 参看王雄：《新闻舆论研究》，新华出版社 2002 年版，第 376 页。

责任。公民参与既是现代民主政治的基石，又是加强社会建设和管理，推进社会管理体制创新的重要内容。强调公民的广泛参与对于推进社会主义民主政治、推动社会主义市场经济的健康发展及促进社会主义和谐社会的建设无疑具有重大意义。从这个意义上看，新闻传媒有义务带领广大人民群众开展参与式新闻舆论监督。在这一方面，新闻传媒应当做好以下工作：① 解读公共政策，满足公众的知情权。“知情权又称获知权、知晓权、知悉权等，是指公民获取有关社会公共领域信息以及与本人相关信息的权利，具体可包括政治知情权、司法知情权、社会知情权和个人信息知情权（如出生情况、亲生父母等）。”① 新闻传媒报道公共政策时，首先要做到准确解读，其次还应当努力开掘报道的广度和深度，提供宽广的解释框架。② 表达民意，开拓广域的参与渠道。表达民意可分为直接表达和间接表达两种。直接表达主要包括刊播读者来信和民意测验。前者是在媒体上刊登或播报读者来信，直接将人民群众对公共政策的看法和意见予以公布。后者是群众监督和媒体监督的有效结合。新闻传媒通过问卷调查等手段，了解或表明人民群众对某些重大问题的意见或态度。比如对政策、法律和措施实施的效果进行问卷调查，就具有很强的监测作用。③ 唤醒公众的公民意识和参与意识。在我国，国家的一切权力属于人民，人民是国家的主人，为广大人民群众参与公共事务管理提供制度保障是理所当然的。只是由于历史原因和一些传统思想的积淀，现阶段我国广大人民群众的公民意识和参与意识虽有所提高但还很薄弱，这给参与式监督的顺利开展造成了阻碍。因此，培养广大人民群众的公民意识和参与意识就成了当今新闻媒体必须承担的责任。

4.3　解释事态，对突发性事件进行质疑式监督

质疑式监督是将解释事态作为新闻报道或新闻评论的关键，不仅要求准确、真实地报道突发性事件本身，更要求明确回答“为什么”和“怎么回事”以及“会导致何种结果”等深层次的问题。突发性事件虽然大多是公共事件，还直接关系到人民群众的根本利益，但由于突发性事件是在小范围内发生的，也只是直接涉及小部分人群，人民群众还不能够直接参与到事件本身，这就更加要求新闻传媒本着对人民群众负责的原则来做好对突发性事件的质疑式监督。具体说来，应该做好以下两方面的工作：① 急报事实，慎报原因。新闻媒体一方面要密切关注事态的发展，将相关部门应对突发性事件采取的措施以及进展过程及时告知于人民群众；另一方面更是要追根究源，摸清来龙去脉，深挖新闻背后的新闻；要交待清楚新闻事件的背景，包括与其他事件的联系，努力揭露其中所掩藏着的各种矛盾。只有通过这种深度报道，使被监督的事件明晰地公布于众，才能促使突发性事件在较短时间内得到解决。② 大胆求证，细处核实。在新闻竞争异常激烈的今天，很多新闻工作者手持新闻舆论监督的正义之剑，满怀维护公民知情权的热情，却被别有用心之人所利用，使得新闻舆论监督成了制造虚假新闻、蒙蔽人民群众的工具。因此，进行质疑式的新闻舆论监督也要讲方法和原则。除了遵守适度原则、把握分寸之外，还应当做好大胆求证、细处核实的工作。我们的新闻工作者在面对突发性事件时，不能够偏听偏信、武断地下结论，而是要在掌握充足材料的同时，保持清醒的头脑、多探个中究竟，从多方面找到突破口来核实材料的真伪。只有这样，才是真正地对人民群众负责；也只有这样，才能真正找到权力运行中的问题所在，求得解决问题的良方。

【作者简介】

刘九洲，华中师范大学文学院新闻系教授、主任，武汉大学新闻与传播学院博士生导师。

① 谢鹏程：《人民的基本权利》，中国社会科学出版社 1999 年版，第 263 页。

新闻传媒与和谐社会经济发展研究①

强月新　张瑜烨

1　新闻传媒与和谐社会经济发展关系

1.1　和谐社会经济发展的内涵

科学发展是和谐社会经济发展的根本特征。党的十七大报告突出强调了发展观念、发展模式的转变，提出着力把握发展规律，创新发展理论，转变发展方式，破解发展难题，提高发展质量和效益，实现又好又快发展。这里的发展，已经不是传统意义上的发展，而是科学发展。“科学发展观与传统发展观的区别在于：将单纯的工业化和经济的增长与积极的社会转型和人的发展有机结合起来，强调人的发展、社会的发展、生态的和谐与经济的发展协调统一，而这种统一的出发点和归宿，就是以人为本。”②

坚持以人为本的发展是和谐社会经济发展的核心。坚持以人为本，就是要以实现人的全面发展为目标，从人民群众的根本利益出发谋发展、促发展，不断满足人民群众日益增长的物质文化需要，切实保障人民群众的经济、政治和文化权益，使发展的成果惠及全体人民。以人为本的发展全面回答了和谐社会经济发展为谁发展、靠谁发展、发展成果如何分配一系列基本问题。

全面协调可持续发展是和谐社会经济发展的基本要求。全面发展，就是按照中国特色社会主义事业总体布局全面推进经济建设、政治建设、文化建设、社会建设，在重视经济发展的同时，更加注重社会发展，其中，经济是基础。它强调的是处理好“中心”与“全面”的关系。协调发展，是指各个方面的发展要相互适应，就是要做好五个统筹，促进现代化建设各个环节、各个方面相协调。它强调的是处理好“平衡”与“不平衡”的关系，解决发展的均衡和协调的问题。可持续发展，就是要坚持生产发展、生活富裕、生态良好的文明发展道路，建设资源节约型、环境友好型社会，实现速度和结构质量效益相统一、经济发展与人口资源环境相协调，使人民在良好生态环境中生产生活，实现经济社会永续发展，它强调的是处理好“当前”与“未来”的关系。③

1.2　新闻传媒与社会经济发展的共生关系

“共生”一词的概念源于生物学，它是指细胞或个体内外生物之间共生组合的普遍法

---

① 本文是教育部哲学社会科学重大攻关课题《新闻传媒发展与建构和谐社会关系研究》(05JZD00026) 第三子课题《新闻传媒与和谐社会的经济发展研究》成果的一部分。

② 胡欣：《复旦大学林尚立教授谈坚持以人为本构建和谐社会》，http://202.123.110.3/zwhd/2006-12/08/content_464091.htm。

③ 苏立言：《科学发展观对中国特色社会主义理论的新贡献》，http://www.view.sdu.edu.cn/news/news/qzgy/2008-02-26/1203987376.html。

则。“共生理论”认为，共生的本质是协商与合作，协同是自然与人类社会发展的基本动力之一；互惠共生是自然与人类社会共生现象的必然趋势。和谐共生是社会共生关系的最优化。运用共生现象普遍性的观点来看待新闻传媒与社会经济发展的关系，从而实现社会的全面协调可持续发展。

从社会系统论来看，传媒与社会经济系统的关系应该是交叉关系，传媒的社会属性应立于社会经济大系统之外，而传媒的产业属性则属于社会经济大系统的子系统。媒介作为社会大系统之中的子系统和作为社会经济系统的交叉系统，既要保持媒介系统与社会大系统的诸要素间的相互联系、相互依赖、相互作用的关系，又要保持媒介系统与社会经济系统的互联、互动、互补的发展关系。

传媒系统与社会经济系统的关系包括两个方面。其一，传媒作为社会公器是通过信息沟通与流动来整合社会经济系统，顺应、协调并促进与社会经济系统的协同发展。其二，传媒作为产业，自身运作的经济系统与整个社会经济系统的关系。无论哪个层面的关系，新闻传媒与社会经济发展必须共生共荣，和谐发展，才能有利于整个社会大系统的稳固与和谐。因为“人类社会发展史既是文化创造的历史，也是传播媒介的创造史和传播关系的发展史”。①

1.3　新闻传媒在构建和谐社会经济发展中的功能

新闻传媒在构建和谐社会经济发展中有以下基本功能：① 保持经济持续快速协调健康发展的协调转化功能；② 实现社会经济发展公平和正义的维护功能；③ 开掘社会经济发展创造活力的激发功能；④ 维持社会经济发展稳定工作的稳定功能；⑤ 加强和谐社会经济发展所需要的舆论监督和引导功能；⑥ 满足受众在和谐社会经济发展中的经济信息知情权的信息传播优化功能；⑦ 建立对和谐社会经济发展的科学、高效的预警功能。

2　新闻传媒与坚持科学发展的和谐社会经济

2.1　坚持科学发展的和谐社会经济发展的要求与实现途径

2.1.1　科学发展的和谐社会经济发展的要求

和谐社会经济的科学发展强调以“发展”为第一要义，强调夯实和谐社会的物质基础。要改变中国贫穷落后的状态，必须走发展之路，这是大势所趋。社会要和谐，首先要注重经济发展。经济发展是解决中国一切问题的治本之策。

和谐社会经济的科学发展必须坚持以经济建设为中心。经济发展需要一定的速度，特别是作为一个发展中的大国更需要长期保持较快的发展速度，但不能片面追求经济发展速度。经济较快发展，是建立在优化结构、提高质量和效益的基础上的发展，实现速度、结构、质量、效益相统一。

和谐社会经济的发展必须是科学的。发展要有新思路，就要更好实施科教兴国战略、人才强国战略、可持续发展战略，着力把握发展规律、创新发展理念、转变发展方式、破解发展难题，提高发展质量和效益，实现又好又快发展。发展不能单打一，必须坚持经济与社会协调发展。②

---

① 单波：《现代传媒与社会、文化发展》，《现代传播》，2004 年第 1 期。

② 黄传新等：《科学发展观是构建和谐社会的行动指南》，《人民日报》，2007 年 11 月 28 日。

2.1.2 科学发展的和谐社会经济发展实现的途径

一般而言，经济发展可以概括为两种类型：一是侧重于实现更多经济产出的单纯的经济增长，二是侧重于追求经济发展质量全面提高的经济发展。后者则是当前我国追求的科学发展，其实质在于全面地追求和实现国民经济更好的发展。当前和谐社会经济的科学发展有如下实现途径：从和谐社会经济科学发展目标上看，由单一目标向多元化目标转变；从和谐社会经济科学发展方式上看，由经济增长效益向经济发展效益转变；从和谐社会经济科学发展经济结构上看，由单一经济结构向全面科学优化转变；从和谐社会经济科学发展创新上看，转变经济发展方式，实现我国国民经济又好又快发展，需要构筑完善、高效的自主创新机制。

2.2 坚持科学发展的和谐社会经济发展存在的问题

改革开放30年来，我们在取得经济巨大成功的同时，确实也付出了高昂的代价。① 把发展简单地理解为坚持以经济建设为中心。把以经济建设为中心，实践、演变为以GDP为中心，忽略了经济社会的全面协调发展，出现了明显的发展结构的失衡。② 把经济增长方式等同于经济发展方式。“按照要素投入方式划分，经济增长方式大体分为两种：一种是通过增加生产要素占用和消耗来实现经济增长，即粗放型增长方式；另一种是通过提高生产要素质量、优化生产要素配置和提高利用效率来实现经济增长，即集约型增长方式。转变经济增长方式，就是从粗放型增长方式转变为集约型增长方式。”[①] 经济发展方式的内涵更丰富、全面。经济发展不但包括了经济增长，而且要求结构不断优化，资源利用效率不断提高，生态环境不断改善，在这个基础上实现增长。③ 经济结构战略性调整不科学，经济增长的质量和效益不明显。从经济结构调整的方式来讲，经济结构调整可分为适应性结构调整和战略性结构调整。适应性调整是以“补短”或“平衡”为目标，只是在原有的结构框架内修补。当前我国经济结构调整基本在这一层次。④ 投入型经济增长过剩，技术型经济增长不足。在粗放型的经济增长方式下，我国经济增长总体上还处于“投资和要素驱动型”而不是“技术进步和效率提高驱动型”阶段。

2.3 新闻传媒在坚持科学发展的和谐社会经济发展中的功能与对策

第一，科学作好当前宏观经济发展战略和相关传媒产业政策分析，从整体和全局的角度来引导我国未来经济的发展方向，为和谐社会经济的科学发展破题——解释功能。

宏观上，完整理解并及时宣传“十七大”宏观经济科学发展战略，从理论上解释科学发展内涵。针对“十七大”宏观经济发展战略，新闻传媒应努力宣传科学发展观的理念，紧跟和谐社会经济发展的新步伐，营造和谐社会经济的发展必须是“发展的、科学的、可持续的”的舆论氛围。

微观上，密切关注和把握与传媒相关的产业政策，从实践上升华科学发展内涵。新闻传媒应密切关注和把握与传媒相关的产业政策，对与传媒相关的产业政策进行科学阐释，消除传媒产业和新闻信息传播在发展中的疑惑，回答传媒业的科学发展问题。与传媒相关的产业政策包括：产业结构政策、国民收入分配政策、价格政策、财政政策、金融货币政策、对外贸易政策。

第二，制定正确、合理、高效的科学经营管理战略，应对市场经济的挑战，为和谐社会经济的科学发展注脚——示范功能。

---

① 周叔莲、刘戒骄：《从转变经济增长方式到转变经济发展方式》，《光明日报》，2007年12月11日。

为了配合和谐社会经济的发展，为科学发展树立典范作用，我国的新闻传媒在经营管理战略方面需要调整。首先，立足新闻媒体集团化，促进传媒业经营模式增长型向发展型的转型。传媒业的经营模式应当由“系列化”搭建演变成为“一体化”搭建。

其次，要建立符合现代企业制度的传媒体制，从传媒体制上实现科学发展。具体方法如下：① 实行现代企业制度，媒体的经营者与投资者分离，使媒体具有独立的经营决策权；在媒体管理体制上实行采编经营两分离原则，把舆论导向牢牢掌握在党和政府手中。② 根据权力、经营、监督各机构相互分离、相互制衡和精干效能的原则。③ 建立充分保障包括投资者、经营者和劳动者在内各方面利益的分配机制。

最后，在构建和谐社会经济科学发展中，科学实施媒介成本的合理转嫁。“消费者在获取和利用媒介商品时不需要支付所获得的媒介商品的全部或部分成本，消费者未付的成本由其他机构或个人来承担，这就是媒介商品成本的转嫁。”① 媒介成本转嫁有利于降低媒介产品的价格，减轻媒介消费者的负担。

第三，及时保持对社会经济结构动向的关注，主动调整传媒的经营活动和信息传播活动，实行经济增长方式向经济发展方式转变，为和谐社会经济的科学发展护航——调整功能。

传媒经济即新经济、信息经济。我们可把“新经济”理解为“由新技术革命所推动的经济发展与增长”。传媒经济增长促进了中国经济结构的转变。传媒经济的发展，带动了信息产业的发展，促进我国由传统农业经济，工业经济向知识经济转变，经济结构呈多元化趋势。

第四，发挥新闻传媒正确的经济舆论导向功能，在经济领域建立强大的社会经济舆情信息系统，对和谐社会经济科学发展实行软着陆——导向功能。

所谓舆论导向，是指大众传媒向公众传播、宣传系列社会规范，对社会成员的行为及价值观念进行引导，以维护社会秩序。① 发挥正确经济舆论导向功能，为和谐社会经济的发展树立“科学发展”舆论目标。树立市场经济改革和科学发展的信心；化解市场经济改革和科学发展中的矛盾；理顺市场经济改革的情绪，确立经济改革和发展的目标方向。② 在经济领域建立强大的经济舆情信息系统，为和谐社会经济的发展丰富“科学”内涵。加强意识形态领域有关经济倾向性问题的分析；加强社会经济领域难点热点问题的分析；构建和谐社会经济领域信息收集与反馈系统。

但新闻传媒在对坚持科学发展的和谐社会经济发展起正面作用过程中也出现了一些问题。如新闻传媒对宏观大政方针的把握，特别是转型期或过渡期，往往存在着自身观念的转变问题，同时也需要较强的政策领悟能力。对微观政策的解读，往往因专业知识的缺陷而陷入“传者似懂非懂，受者一点不懂”的尴尬境地。传媒本身的示范功能有时受到“块块主义”的牵制，更受到传媒目前体制的钳制，传媒业的经营模式由“系列化”演变成“一体化”还有一段路要走。媒介成本的转嫁也会因为媒介资源和社会资源配置的不科学而失去和谐。

3　新闻传媒与坚持以人为本的和谐社会经济

3.1　坚持以人为本的和谐社会经济发展的要求与实现途径

第一，以人为本的和谐社会经济发展的要求。

以人为本，就是坚持以人为基础，坚持以人为根本，坚持以人为中心，它从根本上回答

① 强月新、张瑜烨：《媒介成本在构建和谐经济中的转嫁分析》，《华中科技大学学报》（社会科学版），2008 年第 1 期。

和解决了“为谁发展”的重大问题。把实现人的全面发展作为和谐社会经济发展的根本目标。明确经济发展的最终目的是增进全体人民的福祉。

第二，以人为本的和谐社会经济发展实现的途径。

从构建和谐社会的基础看，社会经济的发展是构建和谐社会的物质基础。从和谐社会经济发展模式上看，从少数人分享型的增长向全体人民分享增长成果的发展模式转变。共同富裕应该是市场经济的终极目标。从经济体制上，维护和实现社会公平，正确处理效率与公平的关系，调节好社会成员之间的收入差距，合理调整各阶层的利益结构，从不公平增长模式转向公平增长模式。从政策上，保证社会成员的创造活力，坚持以人为本，贯彻四个“尊重”，有效地激发各行各业人们的创造活力。从经济发展与稳定的关系看，要正确处理经济发展与稳定的关系。把实现和维护人民群众的利益作为重要结合点，是我们党正确处理改革、发展、稳定关系的重要基本原则。

3.2 坚持以人为本的和谐社会经济发展存在的问题

在以人为本的经济发展价值观中，没有完全遵循以是否更有利于人类的存在和个体人的自由全面发展作为衡量经济是否发展与取舍一切社会经济活动和一切社会经济关系的最终标准。在以人为本的资源、财富拓展观中，人的认识能力和创造能力还没有得到应有的重视，社会经济资源和财富没有充分开发和拓展。劳动者个人的探索力和创造力还缺乏相应的激励机制。在以人为本的经济利益分配格局中，社会不公平问题依然严重，贫富分化在一定程度上威胁到社会稳定，效率与公平的关系在某些领域失衡。经济学家亚当斯曾经指出：“人们在社会横向和纵向的比较中不能产生公平感，就会造成心理失衡。当物质财富具有明显差距时，精神上、尊严上稍有刺激，弱者的仇富心理就会显露。”① 社会稳定受到威胁，如过分突出一部分人先富起来，少数人分享发展成果情况严重，部分社会成员收入差距过大，“三农”问题日益突出，就业压力巨大等。在以人为本的社会经济发展追求的最终目标中，改革、发展、稳定的关系还没达到良性互动。

3.3 新闻传媒在坚持以人为本的和谐社会经济发展中的功能与对策

3.3.1 传媒在以人为本的经济发展价值观中的内在软控制维护功能——信仰巩固

“大众传媒是既定工业社会秩序的文化武器，主要用来维护、建立和巩固传统的信仰和行为，而不是去改变、威胁或削弱它。”② 新闻传媒对以人为本的经济发展价值观的内在控制——信仰巩固，需要重点解决好三个问题：如何在社会主义市场经济条件下建立和完善与之相适应的社会主义意识形态及其诸多意识形式，充分体现经济发展价值观的以人为本；在市场经济利益多元化的格局中，如何将其思想观念多样化进行整合，分清思想主流与支流，充分规范经济发展价值观的以人为本；在经济全球化和信息全球化过程中，如何防止发达资本主义国家经济实力强大而带来的意识形态领域的强势对我国经济发展的影响，充分加强经济发展价值观的以人为本。

3.3.2 传媒在以人为本的经济利益分配格局中的外在硬调控监督功能——舆论监督

所谓舆论监督，是指大众传媒通过对偏差行为的曝光、批判与谴责，促使社会行为符合社会规范，以维护社会秩序，它是一种舆论硬调控行为。传媒对以人为本的经济利益分配格局调控主要集中在对一些特殊行业的舆论监督上：加强经济热门行业的舆论监督，把握经济

① 邓伟志：《和谐社会与公共政策》，同济大学出版社2007年版，第203页。

② 樊浩：《大众传媒与社会控制》，《新闻出版与交流》，2000年第5期。

发展主流，均衡经济优势资源利益分配；加强经济新兴行业的舆论监督，激发经济发展创新力，拓展经济财富资源；加强经济垄断行业的舆论监督，协调各行业的经济利益，化解经济资源分配矛盾。

3.3.3 传媒在以人为本的资源、财富拓展观中的激励功能——榜样激励

在以人为本的资源、财富拓展观中，新闻传媒应充分利用自己的舆论阵地为全社会尊重劳动、尊重人才、尊重创造营造舆论氛围。从舆论上促进经济发展，为“以物为本”真正转向“以人为本”做好舆论服务。新闻传媒通过树立经济改革创业榜样，建立相应的劳动者个人探索力和创造力激励机制。

3.3.4 传媒在以人为本的经济发展追求最终目标中的公平民主迅捷功能——利益诉求

大众传媒具有突出的社会协调稳定功能，是执行社会各组成部分之间沟通和协调关系的重要社会系统。传媒利用公平功能，在传媒环境上重构新闻传媒公共性，确保公共信息平台的公平与媒体话语权的均衡，为社会各不同利益群体建立良性的沟通关系。传媒利用民主功能，在信息的流通程序中广泛整合各方利益。传媒利用快捷功能，在传媒制度上强化公众利益输入机制，增加制度化输入渠道，减少利益输入中介环节，实现自主利益诉求的有效表达。

针对以人为本的经济发展特征，新闻传媒存在着到底是以“以人为本”还是“以利为本”的问题。在对“信仰”巩固的过程中，往往用社会上层阶层的经济价值观代替全体人民的价值观。对社会主流价值观的讨论予以太多太乱的娱乐成分。舆论监督环境也存在“马后炮”、舆论监督信息不公开不透明、舆论监督越位和错位等问题，对垄断行业的监督因利益链，“睁一只眼闭一只眼”现象严重。

4 新闻传媒与坚持全面协调可持续发展的和谐社会经济

4.1 坚持全面协调可持续发展的和谐社会经济发展的要求与实现途径

4.1.1 全面协调可持续发展的和谐社会经济发展的要求

全面发展包含两层意思：首先，全面发展要求以经济建设为中心，全面发展才能实现。其次，全面发展在强调坚持以经济建设为中心的同时，必须正确处理好经济工作与其他工作的辩证关系，要坚持“两手抓，两手都要硬”的方针，必须把坚持经济建设为中心与全面协调可持续发展有机统一。

协调发展的总要求就是社会的发展要注重协调、统筹、规划和调控的关系，坚持“五个统筹”。经济协调发展具体要求三方面的内容：要搞好协作，要加强系统协调，要加强部门协调。总之，促进经济社会协调发展，必须坚持以经济建设为中心，用科学发展观统领经济社会发展全局，针对经济运行中的新情况新变化和突出矛盾，加强和改善宏观调控，着力推进改革开放，切实保持经济持续快速协调健康发展，为社会和谐打下坚实、丰厚的物质基础。

从经济属性定义的可持续发展认为，可持续发展的核心是经济发展，是在不降低环境质量和不破坏世界自然资源基础上的经济发展。从我国可持续发展实际状况来看，要坚持以可持续发展为中心的发展战略，在体制、制度以及政策层面有些问题需要改进。总之，经济的可持续发展总的要求是经济的发展以不断提高人们的生活质量和环境承载能力，既满足当代人的需求，又不损害子孙后代，满足其需求能力为前提的发展。

4.1.2 全面协调可持续发展的和谐社会经济发展实现的途径

实现经济的全面协调可持续发展途径，要按照“在发展中调整，在调整中发展”的动态调整原则，通过调整产业结构、区域结构和城乡结构，积极参与全球经济一体化，全方位逐步推进国民经济的战略性调整，初步形成资源消耗低、环境污染少的可持续发展国民经济体系。①

全面协调可持续发展的和谐社会经济发展实现总体途径包括：以共同发展形式推进全面协调可持续发展的和谐社会经济的发展；以互动发展形式推进全面协调可持续发展的和谐社会经济的发展；以跨越发展形式推进全面协调可持续发展的和谐社会经济的发展；以可持续发展形式推进全面协调可持续发展的和谐社会经济的发展。经济实现全面、协调、可持续发展的具体途径主要体现在“五个统筹”上。

4.2 坚持全面协调可持续发展的和谐社会经济发展存在的问题

坚持全面协调可持续发展的和谐社会经济发展存在的问题；宏观调控部门职能配置不够合理，宏观调控体系缺乏科学性、前瞻性、有效性；政策制定不够明确，政策衔接性、配合性较差，没有形成合力，对经济发展的预警性差；在微观的经济发展过程中，没有处理好六种关系；在考核评估保障体制中，不正确的政绩观严重，发展的普惠性保障体制不完善。

4.3 新闻传媒在坚持全面协调可持续发展的和谐社会经济发展中的功能与对策

（1）协调可持续发展宏观政策，解读中央各方针、部署——诠释解读功能

新闻传媒要为贯彻落实全面协调可持续发展的宏观政策营造良好的舆论氛围，努力做到“三个坚持”：坚持正确导向、坚持围绕中心，坚持反映民意。具体做法：处理好经济发展的热点报道是传媒诠释全面协调可持续发展宏观政策的难点；做好经济新闻深度报道是诠释全面协调可持续发展宏观政策的关键。

（2）对经济公共危机事件及时预警，弥补政策处置危机的缓慢和不力——预警功能

正确处理经济危机事件的传播，化解舆论危机，是新闻传媒在构建和谐经济发展中应当注意的一个问题，也是媒体应当具有的一项基本能力。媒体组织经济危机事件传播，可以从三方面入手：首先，媒体必须建立完善的预警机制，把握在危机事件中传播和引导的主动权。其次，媒体应当建立起有效的应急机制。最后，媒体应当形成自己的舆论优势。

（3）协调好各种利益关系，融洽经济发展与人的全面发展的关系——协调维护功能

在经济体制下，理顺国家与传媒、传媒与传媒、传媒与企业的关系，是融洽经济发展与人的全面发展的关系的基础；协调好各种利益关系是传媒在构建经济发展与人的全面发展关系的根本。

（4）优化社会经济环境，调配经济发展与社会发展的关系——优化配置功能

新闻传媒内部环境的优化调适与协同进化发展：传媒内部环境是指“传媒组织在一定经济技术条件下，以及生产经营的内在客观物质条件和主观工作状况的各个方面”。② 新闻传媒内部环境的优化调适与协同进化包括两方面：传媒组织内部资源间的优化调适与协同进化和传媒组织内部核心能力的优化调适与发展。

新闻传媒外部环境的优化调适与协同进化发展：传媒外部环境是指传媒组织与它们的供应商、中介机构、竞争者和公众都在一个更大的宏观环境的力量与趋势中动作。传媒外部环

① 全国推进可持续发展战略领导小组办公室编：《中国21世纪初可持续发展行动纲要》，新华网，http://news.xinhuanet.com/newscenter/2003-07/24/content_992452.htm。

② 谭云明、包国强：《传媒经营管理新论》，北京大学出版社2007年版，第8页。

境的优化调适与协同化包括两方面内涵：传媒宏观环境的优化调适与协同进化；传媒产业环境的优化调适与协同进化。

（5）构建和谐社会利益机制，完善利益普惠性保障体制——教育协调功能

和谐社会最根本的应该是和谐的利益主体。以建立社会主义市场经济体制为目标的改革，催生了大量的利益主题和利益群体，形成了多元化的利益格局。媒体在构建和谐社会利益机制方面，可以从以下三方面入手：① 利用舆论优势，从机制上整合社会的发展动力和活力，推动社会快速发展。② 激励功能力量，增强社会经济发展的向心力和凝聚力。③ 利用平台资源，协调参与构建利益均衡机制。

新闻传媒在对全面协调可持续发展的和谐社会经济发展的作用过程中同样出现了一些问题。在承担对和谐社会经济发展的预警功能时，由于市场压力大、制度束缚、渠道不畅、人才匮乏等因素，中国传媒预警功能的优势至今没有得到充分发挥。在传媒协调功能方面，由于传媒“嫌贫爱富”的受众倾向，传媒并没有完全作为满足不同阶层受众必须要求的利益诉求平台。再加上传媒本身的资源配置和调配还不能完全适应全面协调可持续经济发展的要求。总之，在这个大系统中传媒本身的问题和一些其他因素给和谐社会经济发展带来了障碍，必须尽快思考良方。

【作者简介】

强月新，武汉大学新闻与传播学院教授、副院长、博士生导师，武汉大学媒体发展研究中心专职研究员；

张瑜烨，武汉大学新闻与传播学院博士生。

传媒与和谐社会道德重构①

莫梅锋　吴晓倩　秦志希

一个社会是否和谐，一个国家能否实现长治久安，很大程度上取决于全体社会成员的思想道德素质。没有共同的理想信念，没有良好的道德规范，则无法实现社会和谐。所以，建设和谐文化、巩固社会和谐的思想道德基础，是建设和谐社会的重要任务。

审视和谐社会道德建设的问题，我们发现，一方面，随着全球化进程的深入，西方道德价值观念不可避免地对我国既有的道德观念产生很大的冲击，全球化要求我国社会道德进行调适与变革。所以，可以说，对社会道德进行重构是全球化时代对我国精神文明建设提出的新要求；另一方面，处于转型时期的我国经济发展迅速，社会分化加剧，在长期自然经济和计划经济状态下所形成的道德思维和社会道德规范与市场经济环境并不协调。在这样的情形下，对道德进行重构是社会经济发展提出的必然要求。

1　和谐社会是道德化社会

和谐社会包括社会关系的和谐及人与自然的和谐两个方面，主要是指社会关系的和谐。作为社会意识形态范畴的道德是构建和谐社会关系的精神基础。道德不仅表现为民众的行为规范，更表现为民众的价值信仰与精神。人无德不立，国无德不兴。一个人需要有精神的支持，一个民族和国家同样要有价值理想和精神信仰。缺乏道德精神，就会导致社会成员精神匮乏，就会损害社会公平和正义，影响社会安定和秩序，使民族失去凝聚力、向心力和创造力，导致一个社会一个民族沉沦与分裂。② 道德不仅是和谐社会的信念支撑和价值目标，同时它以制度化的规范要求协调着各种社会关系并引导着人们行为的价值取向。胡锦涛同志指出："我们所要建设的社会主义和谐社会，应该是民主法治、公平正义、诚信友爱、充满活力、安定有序、人与自然和谐相处的社会。"③ 这些都与社会道德建构的目标要求相关联、相耦合。

众多学者（王小锡，2005；刘创，2005；傅忠道，2005；刘俊等，2007）一致认为和谐社会是道德化社会。王小锡（2005）认为和谐社会既是一种社会发展的理想目标，也是一种社会发展的价值取向，更是渗透着道德精神的具有生机和活力的社会。物质文明展示道德精神，物质创造需要道德精神；民主法治的依据是社会主义道德；利益分配的合理性基于体现社会公正的道德价值；人际交往方式及其交往效果是道德实体的存在样式，是衡量社会和谐与否的直接表现形式；精神文化生活水平是和谐社会的重要内容和标志，而精神文化的核心依然是道德精神。④ 刘创（2005）则认为和谐社会是道德化社会的理由在于：道德是保

① 本文是教育部哲学社会科学重大攻关课题《新闻传媒发展与建构和谐社会关系研究》（05JZD00026）第四子课题《新闻传媒与和谐社会的文化建构研究》成果的一部分。

② 王小锡：《实现和谐社会的道德思考》，《伦理学研究》，2005 年第 3 期。

③ 参见《人民日报》，2005 年 2 月 20 日。

④ 王小锡：《实现和谐社会的道德思考》，《伦理学研究》，2005 年第 3 期。

障社会和谐的内在条件；道德对和谐社会发展具有价值取向作用；道德是构建和谐社会的有效调控力，在形成良好的市场经济环境过程中发挥着重要作用。①

和谐社会既然是道德化社会，那么，我国当前的社会道德状况如何呢？如前所述，目前我国正处于全球化背景下社会转型的多重变革时期，新旧制度之间、城乡之间、贫富之间、不同阶层、不同观念之间的矛盾冲突加剧。在社会转型中，人们的思想道德观念也在发生变化，旧的道德价值体系逐渐瓦解，而新的道德价值体系却还没有完全建立起来，甚至在道德"善"、"恶"的价值判断上还存在着一些模糊认识，社会道德价值观及道德原则体系或者缺失、或者缺少有效性，不能对社会生活和人们的个人生活发挥正常的调节和引导作用，从而表现为一定程度的社会生活和个人生活的失控、失序。转轨中的经济体制和政治体制、多元的道德价值评价标准，以及受到巨大冲击的个人社会心理等多方面原因导致我国道德失范现象较为普遍。本课题组通过实地调查得出以下数据：35%的受调查者认为我国当前的社会道德状况比较差，32%的受调查者认为我国当前社会道德出现了迷失现象，这不能不令人担忧。如果这些存在的问题得不到及时有效的解决，必然损害正常的经济和社会秩序，损害改革发展稳定的大局，也会影响到和谐社会的建设。因此，道德建设必须引起全社会的高度重视。

2 传媒的社会道德功能

随着传播技术的发展，传媒对社会生活的各个方面的渗透力和影响力日益加强，大众传媒甚至已经逐步取代了家庭、学校等传统道德教育机构的功能，成为人们获取有关道德信息的主要渠道。计划经济时代的党政团工青妇居（村）委会，以及企事业单位等各种组织参与道德建设的功能日益弱化、萎缩。在传统的道德建设组织缺位情况下，大众传媒在影响人们思想道德观念方面发挥着更大的作用。大众传媒所传递的道德信息能够广泛、迅速、持续地影响着人们的道德情操、价值观、人生观，甚至于人们的工作方式和生活方式都受到大众传媒的影响。美国文化与媒体研究所（The Culture and Media Institute）在《全国文化价值调查报告》中指出，大部分美国人认为道德败坏的罪魁祸首是大众媒体。如果媒体继续提倡世俗价值观而损害正统的信仰和价值观，美国人的道德衰落将很难扭转。该报告还认为：关心国家道德状况的美国人应当坚持要求媒体努力更平等地代表所有观点，包括那些正统的观点。② 中国的媒体又是如何塑造当代中国的主流道德观的呢？课题组组织的调查结果显示，37%的受调查者认为传媒对当前道德状况的影响非常大，23%的受调查者认为传媒对当前道德状况的影响比较大，亦即约60%的受调查者认为传媒对当前道德状况有直接或间接的影响。

大众传媒主要是通过塑造社会舆论对道德规范起到监督与维系作用。而在今天，大众传媒已成为形成舆论的重要力量。江泽民曾指出："新闻舆论，作为上层建筑、意识形态的一个重要组成部分，由于其自身的特点和优势，同政治、经济、文化生活的各个领域，都有密切的联系，都会产生广泛而深刻的影响。"③ 大众传媒正是通过塑造"拟态环境"，为人们提供了一个道德思想观念和行为的参照系统，影响着受众的道德观念和行为。传媒的这些道德功能可以归纳为"道德认知和传承"、"正面疏导"和"负面惩戒"四个方面。

2.1 道德认知和传承功能

施拉姆在探讨传媒对个体的作用时，指出大众传媒能够向个体提供知识和经验，传播社

① 刘创：《道德建设与和谐社会的构建》，http://www.gmw.cn/01ds/2005-06/29/。

② 详见 http://www.cultureandmediainstitute.org/specialreports/pdf/NationalCulturalValues.pdf

③ 江泽民：《讲学习，讲政治，讲正气》，学习出版社1996年版，第371页。

会文化遗产并提高社会大众的文化水平。大众传媒向人们提供的知识信息是多样的，其中也包括道德信息，它能够为个体提供一个道德现象、道德生活的模拟“图像”或拟态环境，在个体道德认知过程中起着重要的作用，促进个体形成对社会道德生活的认识、评价和理解。

大众传媒的道德认知作用不是指传媒简单地、刻板地把道德观念、道德规范和价值标准灌输和强加给人们，而是通过潜移默化的方式来改变人们的道德观念，促进道德行为的养成。媒介在传递信息的同时为受众构筑了一个强大的认知场，这些信息及观点由浅入深、由点到面地影响着受众的认知、态度、情感、价值观、文化心理等，媒介潜移默化地影响着人们的思想观念，价值行为取向。① 大众传播媒介迅速、及时地向人们传递信息……而且为其独特的社会心理作用，在拓展人们视野的同时……改变着受众的认知方式，塑造着他们的价值观认知结构。②

另外，传媒天然地具有传承道德的功能。大众传媒对传统道德的传承主要表现为把历史上积淀下来的优秀的传统道德文化精髓传递给社会成员，使社会成员共享本民族的道德价值观、社会道德规范。通常传媒对社会道德的传承有两种方式：一是纵向传播，即上一代社会成员通过传媒向下一代传递属于自己一代的已定型的道德思想，从而实现道德的代际相传，保持社会道德的持续性；下一代的社会成员，通过接受上一代的道德知识、道德态度，在自己的社会道德生活中，适应角色，遵循道德规范。二是横向传播方式，在一定的历史条件下，传媒不断在全社会范围内的同一代社会成员中扩散、传播从上一代得来的社会道德知识，道德观念，以形成道德态度、取向。这样一来，社会道德的传承，就在代际和群际中通过传媒传播的渠道实现，借助于传媒的这一主要渠道，社会道德得到传承、发展。传媒通过宣传，报道，鼓励，讨论等方式，弘扬了中华民族的传统道德精神，在人们心中产生潜移默化的影响，培养起传统的道德感，从而传承中国传统的良好的道德观。③

社会中的某种道德价值观通过大众传媒的传播，迅速地波及广大受众，成为大多数人甚至全社会信奉的价值观。比如传媒对 2007 年感动中国年度人物获奖者谢延信的报道，在谢延信的事迹中挖掘出中华民族的许多优秀的传统美德，如孝敬老人、诚实守信、无私奉献、积极乐观、勇担责任等。传媒的集中报道，使这些美德得以在全社会范围内广为传播。另一方面，传媒传播的道德价值观还会与受众原有的价值观念发生聚合和分化作用，从而产生出新的价值内涵，并进而导致人们的道德观念在更大的范围内趋于融合、变革。如改革开放以来，以大众传媒为中介，传统与现代、本土与外来的各种道德观念、行为模式汇聚在一起，相互碰撞、交融，在很大程度上改变着国人的道德风貌和价值取向。

2.2 正面疏导功能

大众传媒对道德的引导主要通过舆论来实现。陈力丹指出，马克思和恩格斯关于“报纸是作为社会舆论的纸币流通的”论断，抓住了报刊和舆论关系的特点。报刊是舆论的产物，它必须表达舆论，只有通过表达舆论才能形成更广泛的舆论，达到其特殊的指导或影响舆论的目的。④ 而“舆论基本上就是对一些事实从道德上加以解释和经过整理的一种看法”。⑤ 大众媒体通过抓住舆论热点问题，充分发挥自身受众范围广、影响大的特点，精心选择一些对社会道德建设具有典型意义的事例或人物，把握有利时机，让群众积极展开讨

① 童清艳：《超越传媒——揭开媒介影响受众的面纱》，中国广播电视出版社 2002 年版，第 48 页。

② 童清艳：《超越传媒——揭开媒介影响受众的面纱》，中国广播电视出版社 2002 年版，第 152 页。

③ 胡章建：《论传媒对社会伦理道德的作用》，福建师范大学硕士学位论文，2006 年。

④ 陈力丹：《精神交往论》，开明出版社 1993 年版，第 201 页。

⑤ 李普曼：《舆论学》，华夏出版社 1992 年版，第 96 页。

论，以形成舆论强势，使人们在参与中实现自我教育，从而达到润物无声、潜移默化的效果。大众传媒正是通过社会舆论对道德观念、事件和行为、道德人物等传播，影响着受众的道德认知、情感、意志和行为，并使受众能够意识到社会舆论在提倡什么、反对什么、限制什么，在无形的舆论压力下实现对社会成员的道德引导。

大众传媒的道德引导往往还借助道德颂扬来实现。大众传媒报道体现和谐社会精神内核的社会团体、组织和个人行为，不仅为民众树立典范，更通过具有公信力和感染力的叙事，承担起营造和谐气氛的功能，向社会各阶层展示公平公正、平等互爱、和睦相处的社会环境，鼓励他们实践和谐社会主义道德规范，使之成为人们的价值信仰和精神。另外，传媒为人们展示多种高品位的文化内容和文明水准，弘扬高尚的道德情操，以及利用其社会影响力，积极倡导社会文明新风，扶持社会文化事业等。党的十四届六中全会前后，我国各级传媒加大了精神文明宣传力度。从许振超、任长霞、王顺友、郑培民、方永刚等典型人物的推出，到“精神文明巡礼”、“劳动者之歌”、“讲文明，树新风”等栏目的亮相，再到全国道德模范的评选表彰，以及各级传媒组织赈灾、扶贫等大规模的慈善活动等，都对社会道德的进步产生积极的影响。2007 年 7 月开展的全国道德模范评选表彰活动就是道德颂扬的典范之举。通过大众传媒这个平台让人们充分了解了道德楷模的先进事迹，更充分发挥着道德模范的引领作用，弘扬了社会正气。课题组的调查结果显示，受调查者普遍认为大众传媒倡导了男女平等、尊老爱幼、热爱祖国、诚实守信等正面的道德观念。

2.3　负面惩戒功能

大众传媒对越轨的道德行为、道德现象具有监视、批评的作用。众所周知，道德与法律的作用方式不同。法律体现统治阶级意志，是由国家行使立法权的机关依照立法程序制定，由国家强制力保证执行的行为规则。而道德是依靠社会舆论的力量，依靠人们的信念、习惯、传统和教育的力量来维持。它通过社会公众的指责，自我良心的责备形成的心理压力而发生作用。对道德行为而言，舆论是一种他律，即外在约束和监督。舆论监督虽然本身不具有法纪效力，没有直接的处置权，但舆论作为一种全社会范围的公开评价，其对社会所形成的软控制力并不亚于法律的硬控制。“不怕上告，就怕见报”，“千夫所指，无疾而死”便体现出舆论监督的道德威慑力。

当社会道德规范体系出现无序状态时，大众传媒还可以通过它特有的“谴责机制”使背离社会规范和主流道德意识的社会心理和行为得以纠正，正如美国著名传播学者拉扎斯菲尔德所指出的，大众传媒通过将偏离社会规范和公共道德的行为公诸于世，能够唤起普遍的社会谴责，将违反者置于强大的社会压力之下，从而起到强制性的社会规范的作用。正是从这个意义上讲，舆论被称为“公众的道德法庭”。

近些年来，传媒特别是网络对公共管理部门中腐败行为与不作为行为进行曝光，引起社会成员对其指责，形成社会舆论压力，在一定程度上实现了对公共权力的监督与制衡，增强了公共权力的公正与理性。在媒介批评报道的监督下，职业道德失范、行业以职图利的不正之风；商业活动中见利忘义，以坑蒙拐骗等不法手段牟取暴利，家庭道德沦丧等行为得到有力的抑制。传媒是端正不正之风和净化社会风气的利器，通过对一些典型的消极事例和现象的披露，有助于在全社会范围内形成扶正祛恶、扬善抑恶的道德环境。2003 年山西繁峙矿难记者集体受贿事件的曝光，2007 年“纸包子事件”的严肃处置，就为新闻行业的行风端正起到了重要的作用。2008 年 2 月 16 日，《楚天都市报》独家推出的“良心债”系列报道，以生动鲜活的事例，书写出一部彰显道德张力、净化心灵、明辨荣辱、促进和谐的优美篇章，产生了强烈的社会反响和心灵共鸣。

3 加强传媒道德建设，重构和谐社会道德

我国大众传媒对道德建设做出了重要贡献的同时也对当前社会道德产生了一些不良影响，课题组的调查结果显示，目前对我国社会道德产生不良影响的媒介现象主要有虚假新闻、有偿新闻、暴力和色情、媒介炒作、侵犯隐私权、虚假广告、媒体“道德绑架”、传媒消费主义、传媒泛娱乐化等。正是由于媒介这些不良现象，导致了社会不良道德行为的加剧。根据课题组的调查结果，受调查者认为传媒对以下社会不良行为负有责任，如享乐主义、盲目崇拜、坑蒙拐骗、个人主义、贪污受贿等。

传媒与和谐社会建设是一种相辅相成、相互促进、和谐共存的关系。在构建社会主义和谐社会的过程中，传媒是和谐社会建设的宣传者和促进者；而社会和谐又是新闻传媒的奋斗目标和工作动力；同时，和谐的传媒与和谐的舆论本身是社会主义和谐社会的重要组成部分。① 媒介道德失范会对社会道德产生巨大的负面影响，因此，加强媒介道德建设，是重构和谐社会道德的关键所在，也是传媒在和谐社会建设中的义务和责任。

3.1 发挥民间他律力量，完善媒体监督机制

媒介道德建设既与媒介自律有关，也与他律制度相关。只有重视并解决我国当前新闻事业中存在的一些制度问题，才能走出媒介道德的困境。

世界主要发达国家在对大众传播媒体行为的规范方面，有着成熟的处理经验。在欧美等国家，民间他律机制非常完善。美国有独立于媒体、政府之外的全国性民间监督媒体组织，如“公正报导及确实组织”（FAIR）以及“媒体确实报导组织”（AIM）等。加拿大的民间媒体监督团体如“电视暴力行动团体”（AGVT）、“加拿大妇女传播”与“关心儿童广告协会”等，多属非营利性的志愿者团体，除接受民众检举外，另负责与官方及媒体自律单位协商。英国的“独立电视委员会”（ITC）以“观众评议协会”（VCCS）在对一般大众传播媒体以及新闻媒体采访报道，甚至是人格权、名誉权、隐私权保护等方面，均有相当的他律功能。新加坡主要有“出版品诉愿委员会”（Publication Appeal Committee）、“广电节目咨询委员会”（Program Advisory Committee）等机构来执行大众传播媒体的民间他律规范。我国台湾地区民间从事媒体监督工作的组织也较多，主要包括：台湾地区“新闻评议委员会”、“台湾媒体观察教育基金会”、“阅听人媒体监督联盟”、“妈妈监督媒体文教基金会”、“财团法人广播电视事业发展基金会”、“台湾广告主协会”、“台湾记者协会”、“与媒体对抗”等，它们起到了很好的监督作用。

考察中国大陆的媒介监督机制，主要由政党、政府的专门部门监督、行业协会或学会的自我监督、大学和研究机构的学术监督四大部分组成。而对媒体的实质督察权还是掌握在行政者手中。如政府拥有对媒体国有资产管理的行政督察权，党的相关部门对媒体拥有政治思想领导权。党政相关部门对媒体的监督实则是一种上对下的组织监管关系。这种上对下的监督本身决定了监督视角的局限性。新闻传媒的行业协会则具有半行政的性质。如新闻学会挂靠于新闻媒体，两者在经济上都依赖于传媒。其存在的主要意义就是为新闻传媒服务，如组织业务培训、相关信息交流和学术研讨活动等。职业操守教育与行业自律虽然是其工作的一部分，但重在宣教而非监管。这类行业协会和学会，对于传媒的舆论监督也就不可能特别重视、有力。大学及研究机构所办的专业刊物，主办者都是事业单位。刊物是党和政府管理的出版事业，办刊目的在于为教学与科研服务，其着力点也不在于行使对媒介的监督权。②

---

① 郑保卫：《论新闻传媒与和谐社会建设的关系》，《新闻与写作》，2007 年第 2 期。

② 阮志孝：《谈我国大陆媒介的监督组织与机制》，《新闻记者》，2006 年第 9 期。

与世界主要发达国家或地区相比较，中国大陆的媒介监督最主要的缺陷在于缺乏来自民间他律力量。我们的社会需要一个超越政治与经济利益之上的媒体监督机制，以谨守消费者权益来观察与监督媒体。由民间社群所组成的媒体监督组织，是对媒体消费行为的自觉运动的表现，与政党、政府、行业组织的规范共同构筑起媒体监督的防线。这一媒体监督组织可凝聚社会各方的力量，以公正第三部门的角色来对待媒体，从事批评与建议，关注媒体在当今社会中所应扮演的规范性角色。同时，这也是受众在履行自己应有的权利。

3.2　开展道德推理和抉择训练，提高道德冲突处理技能

要建设传媒道德，重构和谐社会道德，除了建构包括民间他律机制在内的传媒道德制度外，如何提高媒介从业人员处理道德冲突的技能也非常重要。在社会转型过程中，传统道德的不适与新型道德的重建所带来的道德冲突是媒体及其从业人员不得不面对的窘境。对媒体来说，一方面要参与市场竞争，这就要求媒体按照经济规律运作，追求经济利益，以保障媒体的正常运行。另一方面，媒体要向社会负责，担当起社会公器的责任。这就要求媒体不能仅仅追求自身的经济利益，还要以社会利益为重。如何在二者之间寻求一个平衡点，需要媒体对社会道德准则进行恰当的选择。在转型时期的新闻传播工作中，媒介从业人员常常会遇到道德价值抉择难题。为了解决这些难题，媒介从业人员们必须学习一些道德推理技能，进行道德推理训练，以提高在面临道德抉择时的应对能力。

一般来说，常用的道德推理工具是波特图式（见下图）。这是美国哈佛神学院博士拉尔夫·波特设计的一种道德推理模式。它将道德分析的四个方面纳入其中，即定义、价值、原则、忠诚。通过对定义、价值、原则、忠诚四个问题的分析，来寻找道德答案。波特图示被看作一个循环的有机整体，它不是一组随便放在一起彼此独立的问题，而是各个部分相互联系的系统。

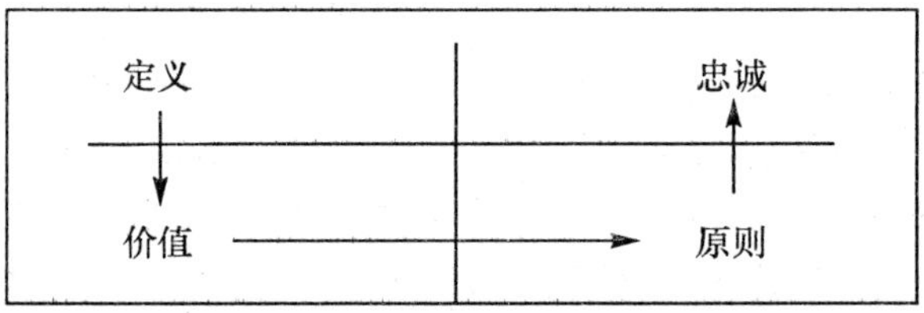

资料来源：克利福德. G. 克里斯蒂安：《媒体伦理学：案例与道德论据》，北京：华夏出版社 2000 年版，第 15 页。

从图中可以看出，要对某个问题作出道德判断时，需要针对这个问题从“定义情况”到“确认价值”再到“提出道德原则”最后到“选择忠诚”，从而推断出应如何解决道德问题。通过波特图示四个步骤的推理方法，媒介从业人员可以得出一个负责任的和符合道德的决定。这个决定产生于过程的每一个步骤中，而更多地集中于最后的选择之中。它促使媒介从业人员确立自己的道德观念，促使其做出刊登或不刊登及怎样刊登某个新闻报道的决定。

波特的道德推理图式是建立在一个假设的基础上的。即媒介从业人员都能自觉遵从其所主张的媒介道德原则。实际上，尽管每个人都有自己的价值主张与道德观念，但是由于各种因素的影响，有时人们又不得不做出不合自己道德主张的决定。针对这种现象，我们必须开发一个新的道德抉择模型，以此来全面衡量各种因素影响的重要性，综合评估之，最后得出一个最优化的道德抉择。

道德抉择模型是进行媒介道德抉择和判断的一种方法，即个人如何筛选道德的原则。早期学者大多从个人的认知过程（认知、评估、行动）去分析，并认为个人或组织特质是影

响道德抉择的因素。近十年来的一些道德抉择模式的研究，也提出个人道德抉择会受其对道德问题（issue），或称之为道德处境（situation）认知的影响。我们可以使用情境调查法，考察一些道德两难的情境（scenarios）。据此了解人们对此情境的认知过程。也可以用问卷法直接了解个人因素（如个人规范）或组织因素（如组织正式及非正式规范）对个人道德抉择的影响。

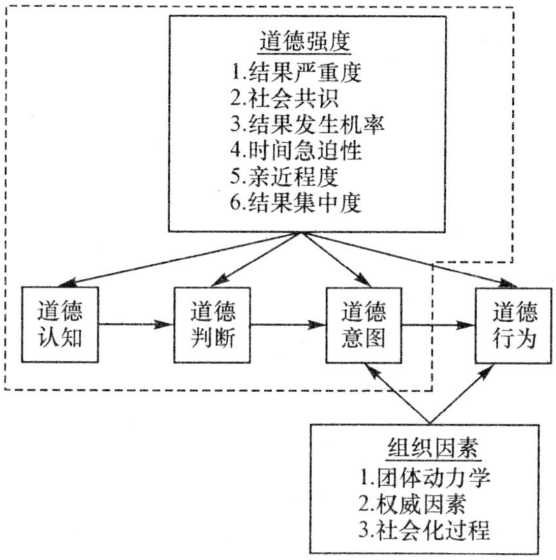

资料来源：Jones，T. M. "Ethical Decision Making by Individuals in Organizations：An Issue-Contingent Model，" Academy of Management Review（16：2），Apr. 1991，pp. 366-395

上图是美国学者 Jones 提出的道德抉择模式。道德抉择模式研究固然考虑道德问题的影响，但都是以比较不同道德问题下的道德抉择认知差异为研究目的，也就是只考虑到道德抉择步骤（即图中之道德认知、道德判断、道德意图）。而 Jones 发表的问题权变模型（issue contingency model）则以系统性的架构提出个人道德抉择的过程受其对道德问题本身道德水平认知的影响，并以"道德强度"来表示个人对道德问题情境的认知：道德强度不同会对个人道德抉择产生不同的影响。

波特的道德推理图式和 Jones 道德抉择模式将行为主体所面临的道德冲突以清晰直观的图式和流程图展示出来，便于行为者进行道德选择并做出恰当的行动决策。但是，这些只不过是一些工具罢了。在运用这些工具的过程中，媒介从业人员必须树立正确的媒介道德观念。因为，如果缺乏道德关怀也同样无法做出合乎道德的选择。所以，下述加强媒介道德教育是必不可少的媒介道德建设环节。

3.3 开展道德教育，提高从业人员道德水平

道德作为自律，是道德主体的习得和自觉。道德教育是提升媒介道德水准的必然之道。教育是道德的传授与实践的结合。直面目前媒介道德失范的现象，我们更要重视道德教育。通过教育使人们认清媒体的本质：报道与事实之间的差距。同时，也教育人们看清媒体道德失范的现象，通过教育来唤醒人们的自主意识，建立批判意识。我们期待通过道德教育的过程，可以达成媒体和从业者本身的更新转型，远离失序乱象。

目前，我们主要有两种媒介道德教育方式：一是在校学生媒介道德教育，二是媒介从业人员职业道德教育。

学校媒介教育是媒介道德教育主要阵地。高校的新闻传播院系是培养媒介工作者的摇

篮。新闻传播学专业的学生如果在校时就能够受到良好的职业道德教育与训练，使其自身形成良好的内在品质，在以后的媒介工作中，就可能引导其成为一名坚持职业道德的合格媒介工作者。如果学校教育没有及时建立正确的媒介道德观，毕业后，学生们很可能受一些社会不良风气的影响，随波逐流，其并不牢固的道德壁垒很快就会被侵蚀。综合对武汉、长沙、广州、上海等高校的考察，我国高校对学生在媒介道德方面的培养、教育重视不够，也很不到位。很多高校的媒介道德教育流于形式，普遍以可有可无的选修课的形式进行。在具体教学过程中，教师教条式的刻板教学也未能收到应有的效果。而在新闻业发达的美国，20世纪90年代便有50%的新闻院校开设新闻道德必修课，对学生职业道德教育高度重视。哥伦比亚大学新闻学院认为给未来的记者应传授两件根本的东西：新闻工作的技巧和“道德”。日本的新闻道德教育则包括学生在校期间的精神教育和在职人员的入社教育，以培养记者强烈的责任感。而在我国的新闻学教育中，专门开设新闻道德课程的并不多，有关新闻职业道德的问题也只是在新闻理论、新闻采访写作等课程中有部分论述。① 在学生进入社会大门之前，还需要有一道门槛进行过滤。我国劳动和社会保障部职业技能鉴定中心制定了《职业道德全国统一鉴定试点考核办法》。该办法规定，从2003年起，凡参加国家职业资格全国统一鉴定考试的考生，都要在原有理论知识考试中加试职业道德考核部分。这一措施在制度上有利于提高我国传媒业整体职业道德水平。

仅仅是学校媒介道德教育是不够的。新闻传播院校学生毕业就业后，在工作岗位仍然需要自觉参加新闻媒介职业教育。加强专业技能知识的学习，坚守马克思主义媒介道德观，努力提高自身修养。但是，我国新闻媒介从业人员处于快节奏、高压力的环境中，整天忙于采访写稿活动，获得专门的学习机会微乎其微，甚至连互相交流的时间都很少。这很难适应新闻事业快速发展的需要，也不符合媒介道德发展的要求。因此，我们应当运用“学习曲线”的原理，将“学习性工作”与“工作性学习”结合起来，使媒介从业者树立正确的媒介道德观和精湛的专业技能。

我国媒介道德的现状和我国新闻事业的健康发展，迫切需要加强传媒业专业主义建设，强化媒介人员新闻专业主义精神的引导、培养和教育。鉴于市场竞争的压力，目前我国众多新闻单位主要立足于本单位利益来考核、管理从业者，把他们视为“单位人”而不是“行业人”，也就是说主要不是从新闻行业专业社区的行业规范和职业精神来管理从业者，而媒介从业人员也主要本着为单位负责而不是为行业负责的精神来从事专业工作，这也就必然导致我国新闻职业道德水准不高。为此，我们就应当加强新闻专业主义教育，让新闻从业者本着客观公正的精神报道新闻，为社会、为公众利益服务。专业主义精神的培养是引导媒介道德进入健康发展轨道的重要工程。

【作者简介】

莫梅锋，湖南大学新闻与传播学院副教授，武汉大学新闻与传播学院博士；

吴晓倩，武汉大学新闻与传播学院博士生；

秦志希，武汉大学新闻与传播学院教授，博士生导师，武汉大学媒体发展研究中心专职研究员。

---

① 蔡雯：《浅谈我国新闻传播教育与新闻人才培养》，《新闻实践》，2004年第10期。

跨文化传播的和谐理念[①]

薛晓峰 单波

跨文化传播指的是有着不同文化背景的人们之间发生的信息传播和文化交往活动，它主要包含三个层面的问题：其一，日常生活层面的跨文化传播，指分属于不同文化范畴的人们在日常的互动过程中彼此之间的沟通；其二，文化心理结构层面的跨文化传播，指基于不同文化的符号意义系统的差异和类同的传播的可能性与可变性；其三，上述两个层面形成的实际传播过程的矛盾、冲突和戏剧性的变化，由此传播过程决定的文化的融合和变异。在这三个层面上，跨文化传播的目的不在建立个人的文化主体性，而是形成从他者出发的相互理解的文化主体间性；不是像社会共同体理论那样，消除人的文化特性和差异性，分享共同性和社会共同体经验，也不是像某些后现代理论那样，强化个体文化身份的独特性和不可替代性，而是达成人与人之间彼此倾听、彼此宽容与理解的文化关系。跨文化传播所面对的特定问题是：在矛盾、冲突、差异、多元、焦虑等文化交往语境中如何建构和谐的传播？这一问题的动态性、丰富性以及对人性与人心的挑战性，无疑扩展了社会和谐的思维空间和思想张力。面对这一问题的人所形成的和谐理念也具有某种独特性，它涉及社会文化理想，但更多的是寻求理想贯通于文化冲突现实的动态和谐；它改变了传播效果对象化、客体化的模式，转而面对主体间的多元文化关系；它不像文化相对主义那样仅仅强调必须完全接受文化差异，而是积极推进有着文化差异的人之间的对话与协商；它导入心理学的观念，但并不致力于发现人类传播心理的普遍规律，而是通过感知人类各种文化精神表现形式，发现各种文化心理之间的微妙关系以及文化对话的可能性。

跨文化传播的和谐理念并不围绕一个单一的命题而展开，而是由其三个层面的问题架构的三个维度发散开去，即日常生活层面的跨文化传播的和谐理念、文化心理层面的跨文化传播的和谐理念、文化适应与融合层面的和谐理念。我们可以由此跨文化传播的和谐理念的多种内涵及其价值，找到在跨文化传播过程中推行和谐理念的路径。

1 日常生活层面的跨文化传播的和谐理念

在日常的文化实践中，人们总是在不停的感知、理解着世界，相互进行着意义表达，而意义表达又依赖着对“差异”的感知，这是因为：“差异”是意义的根本，没有它，意义就不存在；意义是在对话中通过参与者之间的“差异”而显示出来的。[②] 然而，人们对“差异”的感知又极具危险性，可以形成各种消极的情感、社会文化分裂以及对“他者”的敌意和侵犯。种族的差异和差异的种族化，是日常的文化交流中最使人困惑的问题。

---

① 本文是教育部哲学社会科学重大攻关课题《新闻传媒发展与建构和谐社会关系研究》（05JZD00026）第五子课题《构建和谐社会与新闻传媒的跨文化传播研究》成果的一部分。

② 【英】斯图尔特·霍尔：《表征：文化表现与意指实践》，徐亮、陆兴华译，商务印书馆2003年版，第236页。

在社会冲突不断的19世纪末20世纪初，社会学家们纷纷探讨群体内的意义分享，并试图把这种意义分享推扩到整个社会，建构伟大的公共体，西美尔（George Simmel）则另辟蹊径，把冲突看作是一种基本的社会形式，认为人类有一种“先天的攻击本能”，也就是他们有一种容易激发的对他人的敌意。① 他认为群体间的冲突增加了每个群体内权威集中的程度、社会团结的程度和拥有共同对手的群体联合的可能性，但同时降低了社会宽容的程度，而生活在不宽容的社会是人的致命危险。于是，他转而进入对个体间关系的普遍思考。在他看来，传播是社会生活的基本形式，社会由个体间的传播组成，某类传播在一段时间后变得相对稳固，并由此呈现出文化和社会结构，而文化和社会结构又反过来影响个体间的互动；当个体进入到一个群体中时，他必须放弃他的一些个性，与群体的普遍性保持一致，达成意义的分享，形成一定的文化价值系统。如此这般之后，群体的成员就不再用客观的标准看待彼此了，而是利用群体的文化“透镜”审视对方，这时，与一定文化系统相异的、不完全被群体成员接受的“陌生人”就出现了。或者说，我们所处的社会文化系统把成员的角色分配给了我们，把陌生人的角色分配给了“他者”。“陌生人”给我们带来了远距离视野的独特优势，并用不同的方式观察我们所处的社会文化系统，相对而言，他们不受约束，保持着进出这一系统的自由，可以越界生活在不同群体的边缘，并容易在交流中以对方的视角看问题。② 因此，“陌生人”有跨文化的视角，他在对某种符号形式作出识别时，不会立即将其与特殊的含义联系起来，而是理解它在不同文化语境下可能有的不同含义。

西美尔显然是将“陌生人”作为一个动态的概念来加以考察的，他让我们感受到传播是在社会距离不同的个体之间发生，这就打破了种族主义、社会分层、阶级等的褊狭，将人置于平等的地位，以“彼此都是陌生人”的眼光来关照传播和社会，同时也为跨文化传播设定了平等的基调。但是，在平等背后，西美尔也注意到，由于陌生人行为的不确定性和不可预知性，人们总是对陌生人带有疑虑，这种疑虑的极端后果就是仇外。那么，这种陌生人现象就会演变成社会问题，这显然不利于种族、文化间的和谐共存，也无法在每个人的内心中建立起和谐的平衡，西美尔的研究使人看到了跨文化传播中存在的具体障碍，并提示我们陌生人之间的沟通、协调是通向和谐的基础。

在传播技术越来越发达、传播产品越来越丰富的今天，我们对陌生人的形象的感知和对他者文化的认识，更多地还是依靠对声音、文字、电子技术生产的形象、音符甚至是各种物品所蕴含意义的理解。我们总是通过我们的表征系统（意义生产系统）去建构文化和世界，而这种建构一旦用符号建立了属于它的边界，就成了一种定型化的排他实践，并且通过不同的表征实践（学术、展览、文学、绘画，等等），生产出一种有关他者的形式，并深深地卷入权力的运作。③ 无论是有偏向的意义，还是定型化的排他实践，都可能导致文化的误读和冲突。此时，跨文化传播的纠偏式理念在于，如果我们不能赋予他者文化以同情性的理解和尽可能接近真实的认知，只是从自我出发并且依靠权力去表征他者，那么，跨文化的理解就成为了自我中心主义的言说，和谐就会离我们远去。

在日常生活中，我们一般能体验到，文化是一种生活方式，它使孤立的个人产生归属感，分享群体的共同经验，但是，跨文化传播的理性之眼总是从对冲突的特别关注中寻找文化间理解的途径，它对文化特性的独特理解之处在于，文化具有民族中心主义（ethnocen-

---

① 【德】盖奥尔格·西美尔：《社会学：关于社会化形式的研究》，林荣远译，华夏出版社2002年版，第190页。

② 【德】盖奥尔格·西美尔：《社会学：关于社会化形式的研究》，林荣远译，华夏出版社2002年版，第512-529页。

③ 【英】斯图尔特·霍尔：《表征：文化表现与意指实践》，徐亮、陆兴华译，商务印书馆2003年版，第261页。

trism）倾向①，即每一种文化都试图用自己的文化价值去观察和评价他者，特别是在文化冲突发生的时候，每一种文化都习惯于抬高自己的文化价值，以凝聚文化群体的信念，取得对他文化的支配权。他提醒人们警惕排他式的归属感和民族优越感。所谓排他式的归属感就是内集团通过夸耀自己和藐视外部的人来提升自己，个体不假思索地将内集团的价值视为完美的，并自动地运用它们去判断他人以及自己不熟悉的价值与行为，把具有这些价值与行为的人定义为外集团②；相应地，民族优越感表现为个人判断其他文化比自己民族的文化低等的度，它是人们将自己归属于内集团的结果。而对于所谓文化认同、群体认同，跨文化传播承认这体现着人的相互依赖、渴望精神与情感有所归依的本性，但问题是，人们同时又设定了心灵的“囚室”，通过划定自己的文化地盘、坚持自己的文化理念与生活方式的唯一至上性，制造着新的歧视、偏见与成见，从而使文化处于不间断的冲突与排斥过程之中。所有这些都妨碍了我们对与我们不一样的人的沟通与理解。

因此，跨文化传播理念指引着一条更冷静的和谐之路：交流的挑战不是忠实于我们的地盘，而是对别人抱原谅的态度，他们不可能像我们看自己一样来看我们。因为我们不可能彼此相同，也不可能你是我，我是你，所以我们的问题不应该是：我们能够交流吗？而是应该问：我们能够互相爱护，能够公正而宽厚地彼此相待吗?③ 也就是说，我们不应该以自我文化为中心来俯视他者，而是应消除文化意义上的“异教徒”的想法，在存在论意义上宽容他者，承认他者的存在权利，承认他者文化体系的价值。真正说来，占据我们心灵的跨文化传播的焦虑都与他者有关，因此，我们有必要从他者的角度考虑跨文化传播。如果我们转换观念，不是从自我出发，而是从他者出发，那我们就可能放松主体性视野的内在紧张关系，从各种角度观察文化，并在相互合作、保证相互的义务基础上获得各自的权利（right）。

由此，跨文化传播理念更多地指引人们去关注社会距离（social distance），体验在种族、民族、宗教、职业或其他变量上个体与他者缺乏亲密感的程度，使得人与人、群体与群体之间在积聚过高的敌意水平之前释放敌意，并创造出调解冲突的规范；同时，把生活在两个不同世界的边缘人（marginal man）作为观察的重心，以此理解文化的变异和融合，理解那些来自不同的文化背景、有不同的观念信仰的人们在互动的过程中如何说明和理解意义，消解人与社会的疏离感，如文化休克、隔膜、自我封闭、对立等不良情绪，侧重于发挥边缘人的双重乃至多重文化视角的优势，激发人的共同文化体验。但是，这并不意味着要走向文化同化，因为文化同化的作用并不能消除彼此的仇恨④，那些隐含在文化同化过程中的文化排他主义、一元主义行为和种族主义行为一样加深着彼此的误解，引发彼此的敌对。它依然反映了种族的不平等系统，并由社会内部成员共享的话语体系来维持、复制和巩固。⑤ 因此，对于人来说，要把学会欣赏和容忍多样性、复和性和文化差异真正落实到人的生活层面。

在上述意义上，跨文化传播理念发展出异质传播新思维。一般说来，传播效果理论倾向于认为，大多数传播发生在同质的个体之间，同质传播比异质传播更有影响，个体之间的有效传播能导致知识、态度和整个行为的更大同质。与此相对应的是，跨文化传播促使人们把目光转向处于不同文化背景的个体之间的异质传播，有效的传播是将异质的个体间的误解降

① Judith N. Martin & Thomas K. Nakayama, *Experiencing Intercultural Communication: An Introduction*, Mayfield Publishing Company, 2001. pp. 25-40.

② W. G. Sumner, Folkways, Boston, 1907, pp. 418.

③ 【美】彼得斯：《交流的无奈：传播思想史》，何道宽译，华夏出版社 2003 年版，第 251-252 页。

④ Seth J. Schwartz, Hilda Pantin, Summer Sullivan, Guillermo Prado, and José Szapocznik, Nativity and Years in the Receiving Culture as Markers of Acculturation in Ethnic Enclaves, *Journal of Cross-Cultural Psychology* 2006 37: 345-353.

⑤ Lena Karlsson. The Diary Weblog and the Travelling Tales of Diasporic Tourists. *Journal of Intercultural Studies*, Aug., 2006, Vol. 27 Issue 3, pp. 299-312.

低到最低水平，在各自保持自我的文化特性的背景下取得相互的理解。只能消灭个体间的差异、导致人的同质化的传播绝对是单向的、片面的传播，它最终使人接受同质化的控制。真正说来，一个有意义的传播是在社会文化距离程度不同的个体间展开的，其意义分享的过程永远是同质与异质双向呈现的过程。在这个有意义的传播过程背后，存在着一个跨文化伦理问题，即一个具有人文价值的跨文化传播应该体现为国家、民族、文化间的互动过程，并由于这种互动，每一个国家、民族，每一种文化都打破了片面性、局限性和对抗性，同时又能保持自我的发展特性，形成相互依赖、相互尊重、相互沟通的多极化、多样化格局，这时，跨文化伦理的意义在于：尊重人的文化个性和跨文化特性，促进文化的开放，促进文化表达方式的无限可更新性和无限多样性，抗拒文化的同质化；促进文化区域间的信息分享与意义分享，抗拒文化帝国主义的权力支配体系的形成，保护文化的多元化价值体系，从而使跨文化传播体现为人的目的。①

2 文化心理层面的跨文化传播的和谐理念

当归属于不同文化的人们走到一起，而他们相互感到“陌生”时，跨文化传播就开始了。在一般意义上讲，跨文化传播是触及人的心灵、表现人的文化心理的社会行为。所谓跨文化是指参与传播的人不只依赖自己的代码、习惯、观念和行为方式，而是同时也经历和了解对方的代码、习惯、观念和行为方式的所有关系，因此，跨文化包括所有的自我特征和陌生新奇性、认同感和奇特感、亲密随和性和危险性、正常事物和新事物一起对人的中心行为、观念、感情和理解力起作用的关系。

日常语言哲学家（如维特根斯坦、赖尔、奥斯汀、斯特劳森等）认为，尽管我们无法进入他心，检验他的经验是否在性质上与我的经验相同，然而这并不排除一种谈论“感觉”、“知道”等心理现象的公共语言，这种公共语言是可以比较的。现象学家胡塞尔明确地肯定他人意识的独立存在，而不是把他人看作是意识活动的构成物。存在主义哲学家萨特则宣称，他人跟我一样作为具有否定特征的纯粹意识而存在；他是一个生存主体而不是认识对象；我和他之间存在着一种互相限制对方的自由，却又恰恰意味着彼此都是自由的这种微妙关系。这些哲学思想内涵各不相同，但都批判了他心问题上的怀疑论和唯我论，为跨文化传播提供了根本性的价值观，即确认文化的差异性和多样性，它在精神分析学意义上的论点是，“他者”是根本性的，无论对自我的构造，对作为主体的我们，对性别身份的认同都是如此；我们的主体性是通过向来不完整的无意识与“他者”的对话，才得以形成的。② 确认文化的差异性和多样性的过程又是一个不断超越文化的过程，即不以自己所属文化群体的价值来判断其他文化群体的价值，反思自身的文化价值，民族中心主义向文化价值平等的方向转变。霍尔在七十年代出版的《超越文化》中提出，人类要走向跨文化传播，必须超越文化，而超越文化的重心在于“无意识文化”，也就是一种已潜入民族或个人的深层心理结构里的文化，一种“心中”的文化，一种已经与民族或个人行为模式浑成一体的“隐藏着的文化”，它像一张无形的网，把一个民族、一个社会、一个团体、一个人死死地套住了。在他看来，要解构这种“无意识文化”，不能仅仅进行尊重文化差异的空洞说教，还必须从文化交流过程中的感知、语境与文化心理表现、文化映象与记忆、文化的非理性力量等方面，解开人们的心结，感知人类各种文化精神表现形式，发现各种文化心理之间的微妙关系，找

---

① Shan, Bo, La communication interculturelle: ses fondements, les obstacles à son development, *Communication & Organisation*, juin, 2003.

② 【英】斯图尔特·霍尔：《表征：文化表象与意指实践》，徐亮、陆新华译，商务印书馆 2003 年版，第 239 ~ 240 页。

到文化对话的可能性。

跨文化传播的核心心理问题是"文化适应"（acculturation），它指由个体所组成，且具有不同文化的两个群体之间，发生持续的、直接的文化接触，导致一方或双方原有文化模式发生变化的现象。最初心理学家对这一现象进行研究的时候，得出了这样的"普遍规律"：对于新到一个文化环境中的个体来说，其文化适应的最后结果必然是被主流文化所同化；同时，个体受到主流文化的影响越多，原来民族文化对他的影响就相应地越少。这实质是单向度、单因素文化分析的结果。20世纪70年代以后的心理学家仅仅是对个体的文化适应策略稍做区分，就发现了整合（intigration）、同化（assimilation）、分离（separation）和边缘化（marginalization）四种文化适应策略，其中，文化心理向度也表现出保持传统文化和身份的倾向性以及和其他文化群体交流的倾向性。进一步，心理学家又看到了第三向度，主流文化群体与少数族群在相互适应过程中所扮演的角色，从而呈现出跨文化传播中的多样化心理表现。而文化适应研究的"融合模型"（fusion model）则直面跨文化传播的现实：文化适应中的个体实际上面对的是一种新的整合文化，而不是单一的主流文化，或者原有文化。① 这样，在文化交流中，就无所谓单一的模式和心理规律，而只有随文化的多样性与文化传播活动的丰富性而律动的心理过程了。

跨文化传播呈现的另一个核心心理问题是文化焦虑，而这种焦虑常常表现为文化身份焦虑。所谓文化身份（cultural identity）就是一个群体或个人自己承认同时也被他人承认的在文化上的位置。文化身份焦虑首先来自自我与文化环境关系的失衡，其根本原因是对主体性和文化主体的过分看重，主体性能够导引出行为主体的权利，却不能保证相互的义务，且易使人处于权利与义务失去平衡后的危险之中；文化主体有助于呈现自我文化的价值，但总是表现为单一文化视野，并隐含着排斥其他文化价值的看不见的暴力。要摆脱焦虑，必须回到文化的主体间性上来建构文化身份，使之处于动态的过程之中。美国文化学家斯图亚特·霍尔（S. Hall）说："我们先不要把身份看作已经完成的，然后由新的文化实践加以再现的事实，而应该把身份视做一种'生产'，它永不完结，永远处于过程之中，而且总是在内部而非在外部构成的再现"。② 这样，我们才能摆脱以控制为宗旨的虚假的整体性身份认同，让个人真正回到人与人的关系之中。只是问题在于，我们如何超越文化中心主义的心理障碍，依然有赖于我们自身的道德理性力量。

在个体跨文化心理层面上，如果缺乏对自我有效的管理和与他者沟通有效的符码，也无法到达和谐的状态。古迪昆斯特（W. B. Gudykunst）从陌生人的传播困境入手进行研究，认为动机因素、知识因素、技能因素这三组因素的非平衡交互作用，导致了陌生人面临传播情境产生焦虑和不确定性。当焦虑和不确定性高于最大限度时，就无法有效传播（例如因为我们过分关注焦虑或者不能预测陌生人的行为）；当焦虑和不确定性低于最小限度时，由于不在意发生的事情（焦虑小）或者过于自信所作预测（不确定小），也无法有效传播。③ 汀-图梅（S. Ting-Toomey）则关注到了每一种文化里都有某种用于协商的"面子"，这种"面子"，即自我的公众形象，是个体在群体生活中的最基本的符号资源。在跨文化传播中，如果没有采取"自我面子关切"和"他者面子关切"的协商式行为，文化间沟通的目的就很难达到。④

① 参见余伟、郑钢：《跨文化心理学中的文化适应研究》，《心理科学进展》，2005年第6期。

② 斯图亚特·霍尔：《文化身份与族裔散居》，载罗刚、刘象愚主编：《文化研究读本》，中国社会科学出版社2000版，第208页。

③ Gudykunst, W. B., Anxiety/Uncertainty Management Theory: Current Status. In R. L. Wiseman (ed.), *Intercultural Communication Theory*, Sage, 1995.

④ Ting-Toomey, S., Intercultural Conflict Styles: A Face Negotiation Theory. In Y. Y. Kim & W. B. Gudykunst (eds.), Theories in Intercultural Communication. Newbury Pk, CA: Sage. 1988, pp. 213-238.

3 文化适应与融合层面的和谐理念

在主体间性的关照之下，跨文化传播理论认为和谐的最高价值理念表现为文化融合。文化是在不断的发展变化之中的，和谐的跨文化传播表现为人类各种文化都通过对话而获得思想的新资源，进而开始某种文化的生成过程，文化融合就是在不同的文化观念、价值彼此影响、交流互动中实现人类文化共同发展的主要形式。这在一定程度上抛弃了民族偏见，在尊重各文化实体的差异性基础上以进取的姿态致力于将人类文化的发展提升到一个全新的水平。

一般说来，为了生存下去，我们会采取适应策略，即调整自己的个人准则来适应东道主文化，或者相互之间简单地尊重文化差异，这样一来，我们只是生存下来了，但还是不明白自己为什么要这样行事，克服不了文化间的内在紧张关系，不足以应对新的问题和挑战。为此，我们必须创造文化融合。融合是指个人在心理上开始将东道主文化的价值观念融入自身的价值系统，同时东道主文化也受到旅居者价值观的影响。其基本的和谐理念包括：

第一，伦理上的跨文化对话是可能的，因为伦理原则如同其他文化形式是人为地产生的、传播的，伦理原则既非天生固有也非写进形而上学的图式之中，如果伦理规范是由文化缔造的，那么同样可以根据新的问题而得到修正从而在跨文化的交往中获得新的视角。

第二，虽然不同文化中存在不可通约的规范，跨文化交流者仍可能融合各自文化中的价值观而创立新的规范。跨文化对话能有效地融合表面上不相容的看法，甚至会产生处理新问题的全新的概念和规范。

第三，那些了解到其他文化如何看待这个世界的人有着跨文化的头脑，这使得他们以多种文化的参考框架来判断。跨文化头脑的形成使得他们对人类和世界有着更广阔的看法。通过对他文化的移情作用，我们获得了对于这个世界的更客观的看法。反之亦然，来自其他文化的人在对话中可以从经验里通过移情作用理解不同的文化传统，但这并不意味着摒弃自身的文化传统和价值观，虽然在接触不同思考方式的过程中我们不可避免地反复审视自身的文化和价值观。从这样的思考中我们获得了更开阔的视野，并逐渐形成更开阔、更全面的世界观。

第四，按照贝勒特（Bennett）的描述，一个人获得文化融合的视角可分为6个阶段：否认，在早期“种族中心主义”（ethnocentric）阶段简直没认识到差异；防御，承认差异但认为一种文化比另一种优越；简化，采取表面的普遍主义（universalism）把差异估计得最小；接受，在后来的“种族相对主义”阶段，以一种简化的相对主义的方式接受了差异；适应，个人能够以其他文化作为参考框架；或融合，个人采用了双文化的视角，利用多种文化框架为参照。① 每个阶段都代表了一个更高层的变异了的应对跨文化差异的框架，在它的最终阶段个人通过在他们的思维方式中至少融合了一些观点和其他文化的价值观而获得了一种双文化视野。

第五，同化带来的一元化让文化失去了生命和存在的理由，因为只有在相互依靠和配合之中，各种文化才能展示出其最大的价值和意义。而如果采用“我们”与“他们”的尖锐对立的观点来维护自身文化，一方面会让个体为自己所遭遇的扭曲和伤害备感焦虑，一方面甚至会导致其演变成某种具有反现代反人类倾向的本土文化偏执狂。因此，无论是同化还是对抗，其文化后果都是我们所不能接受的，这样面对冲突的方法也悖离了跨文化传播的和谐理念。

第六，促进沟通、控制冲突、达到和平已成为当代跨文化传播的历史使命。和平并非意味着无冲突，实际上，差异性的存在先天地为传播活动（及人类其他活动，如政治、贸易、

---

① Richard Evanoff. Integration in intercultural ethics, *International Journal of Intercultural Relations*, July 2006, Volume 30, Issue 4, pp. 421-437.

外交等）设置了冲突的可能。但是，可能性同样不意味着必然性。人类应该通过自己的富于创造性的理性行为，实现“跨文化冲突的有效管理”，创建一个不同文化的人民都能和平共处的共同世界。传播学者大卫·卡尔（David W Kale）描述了作为跨文化传播伦理的和平所包含的三个阶段：最小和平、中等和平、最佳和平，他认为，只有当双方都像对待自己的目标一样认真考虑对方的目标时，最佳和平才能够达成。在传播方面，卡尔明确表示，通过破坏他人对于其自身观念以及人类精神的尊严和价值的方法进行传播，是不道德的。基于这样的理解，卡尔进一步提出了跨文化传播中全球化道德代码四原则，即：对不同文化的人采取自己希望得到的尊敬态度；尽可能准确地描述你所感知的世界；鼓励其他文化的人用他们独特的方式表达自己；努力寻找同其他文化的人的共同点。①

也就是说，只有在相互尊重的基础上尽可能表述自己并倾听他人的表述，在表述与倾听中寻找共同点，达成共识，跨文化传播活动才能回避冲突，达到和平。也只有这样，跨文化传播才能真正体现为人的目的，从而体现其本身固有的基本伦理诉求。

4 如何推行跨文化传播的和谐理念

跨文化传播理念事实上已成为自成体系的和谐理念体系，它认为一切都应该从我们自己做起，把和谐理念贯通到具体的行动，并且层层推扩为从个人、团体、社会到媒体、国家和国际社会的联合行动。

第一，个体：在日常生活中反思。

从某种意义上说，如何克服障碍去达成积极的跨文化传播的答案，就隐含在个体的积极反思之中。跨文化传播是一项日常生活实践，个体的反思必须立足于生活。比如：通过阅读民俗学、地理文化方面的书籍杂志，观看民俗方面的记录片（而非电影），了解其他文化的价值观并加以吸收，使自己拥有多元文化价值视野；记录自己与他文化群体的人交往的经历，反思是否做到了彼此尊重；观察本国报纸、电视、文学、电影等媒体对其他文化群体的呈现，在哪些方面扭曲了他者形象？是什么原因形成了这种扭曲？在跨文化团体（如跨种族家庭、社区、办公室、班级、球队等）进行调查，看文化交流成功与不成功的因素是什么；当文化冲突性事件发生的时候，看各种文化群体的人如何参与到冲突性事件之中，有什么问题是可以避免的？在此基础上，个体的跨文化传播能力就是处理文化差异与陌生、群体间冲突、生活中的文化压力等问题的内在能力，它是和谐理念贯通于现实的基础。每一个人都可以通过对文化特殊性、背景特殊性、文化普遍性的感知与学习②，了解交流对象的文化习俗、说话方式、文化价值观等基本文化信息，熟悉双方文化交流的历史与现实背景、交流对象的心理背景，寻找对所有文化来说都普遍存在的文化特征和行为，以此提高自己与他者和谐相处的能力。

第二，团体：建构“第三种文化”空间。

作为社会文化冲突的缓冲地带，跨文化团体着眼于联系边缘人（包括移民、少数族群、旅居者、跨文化生存者、亚文化群体等）意义上的人群，推进相互的学习和了解，整合其文化特点和价值观，建构“第三种文化”（the third culture）空间，使有不同文化背景和精神需要的人们可以积极建构他们的共同基础，批判现存的规范形成新的规范，最终融合不同文化的规范指导跨文化情形中个人的交往。同时，发展治疗跨文化精神疾病的社会服务，解

---

① Kale, David W. “*Peace as an Ethic for Intercultural Communication.*” In *Intercultural Communication: A Reader*. 9th ed., Larry A. Samovar and Robert E. Porter (ed.). Belmont, CA: Wadsworth, 2000, pp. 450-455.

② 【美】拉里·萨默瓦，理查德·波特：《跨文化传播》（第四版），闵惠泉等译，中国人民大学出版社2004年版，第336—337页。

除跨文化交流的精神压力。

第三，社会：推广跨文化伦理。

跨文化伦理是社会裂痕与冲突的黏合剂，其精髓在于人的道德精神要合于人的文化创造自由与文化选择自由，合于文化生态的多样性平衡和文化意义的共同分享，合于人的文化传播无限可循环性的要求，合于文化创造所内含的超越文化限制的精神。① 跨文化伦理的社会化将促进社会性道德意识的更新和社会道德准则的创新，丰富社会的道德资源。

第四，大众媒介：寻找跨文化的公共空间

跨文化的公共空间的最基本层面是跨文化的“共义域”，即跨文化交流双方共同的经验范围所构成的交流语境和背景。“共义域”越是广泛、完全，双方之间的了解和认识越是深刻、明晰、准确；而当“共义域”缺失或者不完全时，就会造成传播的不顺畅，误解和曲解也就由此产生。在跨文化传播中，由于传播者与所反映对象之间，共同的文化背景和经验范围严重缺失，使得两者之间的“共义域”超乎寻常的褊狭和缺失，因此难免出现曲解，造成误读。② 跨文化的公共空间的第二个层面是少数和多数的共同空间，即吸引少数族群同时又让主流受众感兴趣的表达空间。它让不同文化背景的人因公共兴趣而聚集，同时又展现同一议题的多样观点，消解群体间语言偏见（linguistic intergroup bias）③，避免使用更抽象的语言描述与刻板印象一致的行为，特别是当行为者是一个外部群体的成员的时候。

第五，国家与国际社会：建构开放的、非暴力的跨文化空间。

国家要在政策与法规层面不断清理文化封闭、文化歧视，铺设通向开放社会的道路，同时又要保护移民、少数族群、边缘人、亚文化群体的文化权利，保护文化的多样性和文化生态的平衡。

在实践和谐世界理念的语境下，国家要与国际社会共同建构跨文化传播的合作机制，创造促进人类和平生活、和谐共处的国际环境，其中最具现实意义的是在国家间推行跨民族主义（Transnationalism）。所谓跨民族主义指的是跨民族国家疆界的人们和机构的多种联系和交往。④ 它反映国际上国家间的联系，在许多情况下，它被用来指移民缔造和保留多股社会关系以及其定居地和出生地社会的联系。它基本的要素是移民同时认可祖国和东道国社会。跨民族主义被地理上的接近性和远程通信服务所推动，有些人认为它更可能在移民占相当比例的国家中产生。比如，融合的移民会看重文化的保持同时也与东道国社会接触，并且通过与出生地的联系扩展文化保持的方式。另一方面，那些把分类和跨民族联系结合起来的移民会退避三舍，退回到种族的小团体内。这种种族小团体与祖国有着多种联系，如，贸易公司、旅行社等，特别是他们遭到种族歧视或感到被同化的巨大压力时。跨民族主义给移民在新国度的生活提供了更广的选择余地。当他们的身份受到威胁时，移民有更多的机会和东道国保持距离。多种选择的可能性使移民在新的社会中更自在。

【作者简介】

单波，武汉大学新闻与传播学院副院长、珞珈学者特聘教授、博士生导师，武汉大学媒体发展研究中心专职研究员；

薛晓峰，武汉大学新闻与传播学院博士生。

---

① 单波、王金礼：《跨文化传播的文化伦理》，《新闻与传播研究》，2005 年第 1 期。

② Soek-Fang Sim. *Demystifying Asian values in journalism*, *Journal Of Communication*, March, 2006 - Vol. 56 Issue 1, pp. 429-432.

③ Bradley W. Gorham. News Media's Relationship With Stereotyping: The Linguistic Intergroup Bias in Response to Crime News, *Journal Of Communication*, March 2006 , Vol. 56, pp. 289-308.

④ Richard Evanoff . Integration in Intercultural Ethics, *International Journal of Intercultural Relations*, July 2006, Volume 30, Issue 4, pp. 421-437.

传播新技术与和谐社会的构建：挑战与对策[①]

石义彬　岳改玲　彭彪

1　传播新技术及其与社会之间的互动关系

随着信息与传播技术（ICTs）的迅猛发展和中国现代化进程的快速推进，互联网、数字电视、卫星电视、网络电视、数字广播、手机等新媒体在我们的社会生活中产生了越来越深刻而广泛的影响，这引发了包括新闻传播业在内的社会各界对传播新技术的热切关注。

其实，“传播新技术”中的“新”是一个相对的概念，它是与“旧”、“传统”等相比较而言的。相应地，“传播新技术”这个概念也不是封闭的，而是开放的，其内涵和外延处于不断的变化之中。但是，“从技术发展史和现实的技术过程看，技术发展的总趋势和方向，每一历史时期的社会主导技术，无论其形式还是内容，都存在着不可逆转的必然性。”② 有鉴于此，本文中所提到的传播新技术指的是继广播、电视之后出现的数字化技术、网络技术、多媒体技术以及光纤通信、卫星通信等技术。

传播新技术催生了众多的新媒体，今天我们所说的新媒体通常是指建立在计算机信息处理技术基础之上的媒体形态，比如互联网、数字电视、卫星电视、网络电视、数字广播、手机或其他数字终端。传播新技术与新媒体是两个容易混淆的概念，研究者也经常不加区别地使用它们。目前新媒体较流行的定义是，新媒体（new media）是一个宽泛的概念，是利用数字技术、网络技术，通过互联网、宽带局域网、无线通信网、卫星等渠道，以及电脑、手机、数字电视机等终端，向用户提供信息和娱乐服务的传播形态。③ 从这个意义上说，新媒体是传播新技术的直接体现。

传播新技术（新媒体）具有几大核心特征：数字化；网络化；交互式；个人化。其中，数字化是传播新技术的核心特征，它因此而衍生出传播新技术的其他种种特性。数字化将声音、图画、文本等全部转化成计算机可读形式，即变成了一组组由 0 和 1 组成的字符，将信息以编码形式加载其中。数字技术的本质特点是开放、兼容、共享，这是广电网、电信网、计算机网络互联互通的基础，也是媒介融合的基础。

对于高度依赖媒介化生存的当代社会而言，具有革命意义的传播新技术从来都是一柄双刃剑，它既可能成为一种整合社会的黏合剂，也可能化作一股分化社会的离心力。正是由于具有这些与以往传播技术截然不同的新特征，再加上其与社会各层面存在着复杂的互动关系，传播新技术对目前我国和谐社会的构建产生了巨大的冲击。这些冲击中包含有机遇也有挑战。一方面，传播新技术有助于构造和谐的传播系统，有助于优化社会结构，调节社会利

① 本文是教育部哲学社会科学重大攻关课题《新闻传媒发展与建构和谐社会关系研究》(05JZD00026) 第六子课题《构建和谐社会与传播新技术研究》成果的一部分。

② 韩小谦：《技术发展的必然性与社会控制》，中国财政经济出版社 2004 年版，第 2 页。

③ 匡文波：《2006 新媒体发展回顾》，《中国记者》，2007 年第 2 期。

益关系，创新交往方式，从而促进了社会的整合，给和谐社会的构建创造了机遇；另一方面，传播新技术也给社会结构、社会秩序带来了新的不确定性因素与风险因素。“拥有强大的现代传播技术的传媒，既可以促进受众的风险认知与社会的风险沟通，同时，也可能成为已有风险的动力和新风险的源头。”① 传播新技术对社会的整合力量与冲突力量同时运作，构成了目前我们和谐社会构建过程中社会环境的重要组成部分。

由于篇幅所限，同时也为了彰显问题意识，本文在初步揭示传播新技术特性的基础上，将着重关注传播新技术给和谐社会的构建所带来的挑战，并探索在传播新技术条件下构建和谐社会的对策。

2 传播新技术给和谐社会的构建所带来的挑战

2.1 传播新技术带来了社会结构上新的不确定性与风险因素

自从进入工业社会以来，人类在自然面前一路高歌，欢呼自己成了自然的主人。然而，积极发展的工具理性以及精密计算使得现代社会成为一个充满相对复杂性、不可预见性和不可控制性的系统，具有相当不稳定的结构，“风险”成为当代社会的制度性、社会性特征，具有结构性的产生机制。传播新技术的发展促进了风险社会的形成，其工具性、不确定性、复杂性以及其内在蕴涵的解放的潜力等都增添了社会结构中的风险因素。

第一，传播新技术的迅速发展及更新为当代已相当复杂的传播与沟通环境添加了变数。这些变化以及不确定性所带来的冲击效应本身也成为了社会风险的一部分。

第二，传播新技术的发展造就了信息爆炸的局面，信息超载与信息资源相对短缺现象同时并存。信息爆炸将带来十分严重的后果。由于人类处理与利用信息的能力的进步速度大大落后于社会信息生产与传播速度，形成信息生产与利用之间的落差，影响着人类对信息资源的进一步开发利用。同时，每个人或机构的信息负载量是有限度的，当人们接受的信息超过其所能消化的信息量时，往往会因压力过度而出现信息超载现象，从而造成财力、物力和精力的浪费。

信息本来是用以消除不确定性的，过量的信息却增加了人们的不确定性和不安全感。而且，信息超载又使人们面临新的信息匮乏。由于信息量太大，身处信息的海洋却找不到自己所需要的信息，致使社会信息吸收利用率反而下降，出现另一种意义上的信息短缺现象。

第三，社会风险因素增加，风险传播速度加快。德国社会学家贝克在20世纪80年代中期提出了风险社会思想，认为现在的突发危机不再是孤立的，在信息化和社会流动大大加快的社会，它的影响是全面且扩散的。当政府或传统主流媒体对社会风险事件采取一种过于敏感、不愿正视的态度，或者相关的信息发布和反馈措施严重滞后的时候，这些风险事件就会借助新媒体快速扩散开来。现代社会多元开放，以网络化状态交织的传播新技术带来了社会结构、组织之间高度的依赖性，各机构或社群之间的依存关系就随着信息的流向而建立起一个复杂的依存网络。这是一个通达全世界的网络，而各个社会组织、机构仅仅是这个网络上的单个接点。传播新技术造成了机构与机构之间、组织与个人之间相互依存关系的加深。

传播新技术的高速发展，加速了社会组织、社会结构的变迁，迫使当代工业、经济及社会文化面临重新再结构化的问题。在上层建筑层面，由于原有社会既有意义经常被冲击或置换，社会意义的解组和重构相对加快，社会基础结构呈现一种高度动态的趋势。这一切造成现代社会处于动荡之中，也使得现代社会中的风险更加难以预测和控制，因而可能产生更大的威胁。

---

① 黄和杰：《警惕传媒沦为风险制造者》，《新闻实践》，2007年第12期。

社会系统的高度复杂化，虚拟行为结果的巨大不确定性，再加上社会结构及组织之间日益加深的依存关系，使社会风险快速增加，破坏性也将呈几何级数增长。现代社会风险之所以产生：一是越来越个体主义化的社会使人们行为选择的不确定性极大化；二是高新技术的发展使得社会系统高度复杂化，从而使得社会风险快速增加。这样，社会复杂系统的每一个节点上，都可能由于个体行为的偏离而带给整个系统风险。① 而传播新技术网络化形成的无中心的拓扑结构（即所有节点都相互联结，而并非单线联结或核心式联结的方式）使得这种偏离或不确定性通过延伸而不断放大，并容易形成连锁效应。传播新技术本身虽有一定的相对独立性，但其发展与演进是依附于整个社会体系的。从系统理论的观察而言，一个社会沟通系统的自我演化，必定关联于其所依附的政治、经济系统。所以，由于传播新技术的发展，看来遥远的事件，也会带来对身边生活的影响。现代社会中风险的传播将可能超越群体、阶级、组织、社区、地区、国家等传统的社会屏障，在较短时间内威胁到传播新技术所涉及的每一个人。

2.2 社会控制的紊乱与重组

从传播新技术对人类社会的冲击来看，随着传播新技术的普遍应用，传统的社会控制手段将受到挑战。传统的社会控制手段整合了当今社会中军队、警察、监狱等国家机器以及法律、道德、宗教、风俗习惯及其他各种制度，是一种比较全面的社会控制体系。传统的国家控制都有着严格的时间和空间界限，而“因特网造就了一种新的生活方式，人们可以称它为电子游牧生活”。② 这样一来，互联网等新媒体就造成了控制对象的流动性与控制领域局限性的问题。另外，随着传播新技术把世界各地的人们联系在一起，地域文化让位于新型的多元的全球文化，原有的价值体系、信仰体系和道德评判体系将被打破，传统社会的社会控制基础被动摇，许多法律变得不合时宜，阶级、国家等观念将被改写。这些都给传统的社会控制体系带来挑战，造成了社会控制系统的紊乱。

首先，控制对象的流动性。传播新技术从未被任何单一团体所拥有或控制。传播新技术在技术层面上不存在中央控制问题，比如互联网络技术仅仅是一种以相互协议为基础，是无数的服务提供者和电信传播组织促成了网际运作。同时，网络化的特性使得任何采用新的传播技术的系统或结构都具有网络化逻辑，无中心的网络化结构决定了人的行为可能通过传播科技网络的延伸而无限放大，因而使行为的结果呈现不确定性。

其次，控制领域的局限性。传统的社会控制有着严格的界限，传播新技术的特点之一就是能超越时空的限制，从而有效地打破国家和地区之间的各种有形的和无形的壁垒。从技术层面讲，传播新技术是无国界的，人们完全可以借助互联网、手机等新媒体到处穿梭，而丝毫不会感到国家界限的限制。它们超越了传统的地域和时间限制，跨越了国界，很难将其纳入传统的社会控制体系。

再次，传统控制手段的不足。虽然国家和社会一直试图稳定和保持其对传播新技术相关领域的控制，但其控制手段的进步却明显地落后于传播新技术的发展步伐。仅就法律手段而言，要通过立法程序来遏制借助传播新技术进行的犯罪活动困难重重。法律控制的滞后性造成这一在日常社会行之有效的控制手段在虚拟空间的效果大打折扣。虚拟行为主体的匿名性带来的模糊性使得传统法律难以介入其间进行监督。再加上法律在本质上是反应性的，它只能对已经出现的问题进行事后的处理，很少能起到预防的效果。更重要的一点，法律反应的方式因为一些必需的繁复的程序而显得极其迟缓，最终使其很难应对瞬息万变的新技术所带

① 王攀：《从“熊猫烧香”看社会风险管理》，《羊城晚报》，2007年2月15日。

② 【美】阿兰·伯努瓦：《面向全球化》，选自《全球化与世界》，中央编译出版社1998年版，第18页。

来的问题。

如果说法律控制是一种硬性控制和惩罚性控制的话，那么道德控制则是一种软性控制和倡导性控制，它主要通过对生存状态的更高层次的倡导而非惩罚的胁迫产生控制功能。然而，由于虚拟身份、虚拟角色等大量存在，制造事故的主体是不明确的，有时根本无法寻找到造成损失的责任主体，所以造成的问题常常具有“去责任化”的特征。这些都动摇了传统道德约束的根基，所以在传播新技术应用领域，传统道德约束机制的效力大打折扣。

网络化以及非同步性使得传播新技术成为“自由的科技”。这种“自由的科技”作用于以下传播领域，并通过对传播领域内传播主体、传播方式等的变革挑战了社会控制手段。

传播新技术将大众媒介带入了“众神狂欢”的时代，越来越多的个人与团体拥有自己的传播媒介，享受着它带来的诸多便利。传播主体的多样化，致使消息来源控制、广告控制和自我控制等各种新闻传播控制手段都被大大地削弱。另外，分组交换技术改变了旧的传播拓扑结构，也就在一定程度上消解了传播控制力量，并大大动摇了大众传播过程中的信息“把关人”的地位。所以，特别是对于那些采用了传播新技术的新媒体，很难对其发出的信息进行真正有效的检查。

传播技术的发展使国内传播和国际传播的界限变得日益模糊，造成官方检查和管理上的困难。在当今传播新科技日益普及的情况下，单个政府确实越来越难在一国境内控制信息的传播，因为那些信息的源头往往在境外，不在他们的主权管辖范围之内。例如境外卫星电视节目越界传播、互联网上有害信息跨国传播等问题。这些传播方式最大的特征是其信息存在的形态不是物理的，而是以数字化形态存在，因而可以穿越一切物理障碍。因此，传统上对付物理形式信息的新闻检查面对新的数字化信息几乎毫无作用。

3 传播新技术条件下构建和谐社会的对策

3.1 建设和谐的传媒环境

传播新技术最直接的作用对象是传统媒介系统，在为其注入新的发展活力的同时，也对相对稳定的传统媒介系统形成了威胁与挑战。新媒体对传统媒体广告及受众市场的争夺以及媒介技术革新等多重因素的共同作用，使得媒体发展环境正面临着复杂的结构性转变。这些因素都在客观上刺激了媒介系统的适应性反应，增强了其系统的自组织适应能力。同时，大众传播媒介并不是完全自主的，而是一个制度性的操作机构，受到政治和经济等各方面社会因素的影响，要服从于各种规则、惯例，传媒发展的状况在很大程度上取决于其自身所处的发展环境。所以，在和谐社会构建的过程中，必须重视和谐的传媒环境的建设。

和谐的传媒环境是有容、有序，独立性与开放性并存，活力与秩序并重的媒介环境。和谐的传媒环境不仅要有利于新闻媒体自身的发展，同时也要能够给和谐社会的发展带来积极的促进作用。

传播新技术激发了媒体的活力。随着我国社会发展进程加快，社会阶层的变迁，利益主体的分化，受众需求的分化与多元化，加上消费时代受众传媒形态选择的多样化，受众对传媒的心理期待提高，这些都对媒体形成了无形的压力。为了生存，所有的媒体以及媒体组织都要积极应对新技术环境变化带来的挑战，传统媒体一方面要巩固和发展既有的优势，另一方面，传统媒介还必须积极吸收新技术的传播优势，以适应日新月异的传播环境。

传播新技术有助于形成开放多元的媒体结构，构建吸纳和融合不同意见、观点的公共平台。多元、多样是和谐的前提，社会如此，媒介系统也是如此。给多元意见提供自由竞争和碰撞的平台，乃是一定历史时期政治文明的具体体现。特别是在利益分化和社会阶层分化重组等力量的作用下，多元化和多样化成为我国社会现阶段各领域、各层面发展变化的普遍特点。随着个体意识的觉醒，人们政治参与、意见表达愿望增强。这在客观上要求具有多元结构且开放的媒介系统，即每一特殊群体特别是一些弱势群体和阶层都应该有相应的渠道来发出自己的声音，同时在坚持弘扬主流意识及主流声音的前提下，能够对社会上客观存在的多元意见和声音予以反映，并且促进不同意见的交流与碰撞，从而达到和而不同的境界。主流媒体与非主流媒体并存，传统媒体与新媒体同台竞技，将成为和谐社会的一道亮丽景观。可以想象，一个日益多元的社会，将会因一个多元而开放的媒介系统变得更加和谐。

总之，传播技术创新导致的媒介环境变革具有巨大的冲击力。当信息、媒介和通信技术融合在一起时，各项产业之间以及它们的产品之间的传统界限将会打破。只有构建和谐的媒介环境，建立良好的管理体制，才可能防止领域垄断，才能够保证有序竞争，才能够保证各领域之间的协作和健康发展。

3.2 建构预警机制，降低社会风险防范成本

传播新技术的作用不仅仅体现助力于创建和谐的媒体传播环境上，对于社会转型期发生的社会冲突，借助传播新技术网络化、瞬时性的优势，我们可以建立起机制完善、反应迅速的风险预警体系，防止冲突和危机对社会和谐稳定造成威胁。

和谐社会应该是一个风险最小、风险分配合理的社会，而过多的风险和风险的不合理分配必将影响社会的稳定，造成社会发展的危机。我国目前正处于社会转型期，社会转型与体制转轨的不期而遇是当前社会发展的最主要特征。社会转型在把现代性注入社会的同时，也引发了种种社会问题，成为社会风险的主要来源。然而，任何社会不稳定、社会风险都不会凭空发生，它们在爆发前都会伴随一定的征兆。为了把社会风险控制在一定范围之内，确保改革的社会成本与代价不超出社会的承受能力，维护社会的相对稳定，必须建立健全社会预警机制。

社会风险预警机制与传播、媒体是分不开的。社会风险预警就是要对危害公共安全的各种风险进行监控，以期提前发现威胁并告知管理者和公众及时采取措施规避，减少风险发生的几率。及时、迅速地察觉及传播风险信息是社会预警机制的核心要求，而在这一领域正好可以发挥传播新技术的长处。网络化的特点使得传播技术具有最敏锐的触觉，能够快速跟踪社会预警指标体系，及时察觉社会运行中可能出现的不和谐、不稳定因素。通过互动的信息传播平台还能实现对民意的监测，了解公众需求、情绪和意见，及时通过对客观信息和观点意见的同时传播尽可能满足公众多样化的信息需求。而瞬时性传播的特征能在第一时间内对出现的社会风险发出警报，以利于采取相应的政府干预和社会行动来化解风险，排除警情，保持社会运行的和谐与均衡。

科学的社会风险管理首先要树立尊重客观事实，尊重公众知情权的意识，积极主动、迅速及时地发布危机信息，形成一个全方位开放型的信息沟通网络，实现整个社会信息的充分告知。传统媒体、新兴媒体都要纳入危机信息发布体系中。在这个过程之中，新媒体以其迅捷的速度和低成本展现出传统媒体所不具备的优势。以手机短信传播为例，2005 年 3 月，在天津市发生的恶意牛奶投毒事件中，政府紧急部署移动运营商发送手机短信来传递信息，及时避免了危机的蔓延。

对于突发性的公共危机事件，仅有信息的传播是不够的，扭转危机需要危机主体甚至是全社会成员共同的参与和行动。公共信息平台在社会力量的动员中发挥着重要作用。传播新技术为公共信息平台的建设提供了直接的技术支持。借助公共信息平台，可以充分发挥资源整合、社会协同作用，将不同部门、不同地域、不同社会阶层动员起来，形成社会共识，共同应对社会风险。

3.3 加强媒介素养教育

媒介素养教育不仅有利于数字鸿沟的消除，透过对人们技术素养的培养，亦即对传播新

技术的再认识，还可以培养出拥有独立和理性的判断能力的个体，提升人类使用传播新技术的自主性，从而减少传播技术与人类社会之间产生的种种矛盾。所以，无论是在城市或是在欠发达地区，开展媒介素养教育，培养人们对传播新技术的解读和批判能力，以及利用传播新技术为个人生活、社会发展服务的能力，极具现实意义。

传播新技术发展的背景下，媒介素养构成已远不能用一般读写能力和一般媒介知识等标准来衡量，其构成的复杂性逐步彰显。传播新技术的发展给媒介素养教育增加了新的内涵。一方面，媒介技术进步带来了新的社会问题，媒介素养的内涵进行了有针对性的丰富和发展。同时，媒介文化也因为新媒体的出现而衍生出新的内容，需要对其进行重新认识；另一方面，过去我们只是强调自由主义观念带来的社会负面影响，强调公众应对媒介负面内容保持应有的警觉，而在全球化背景下，还涉及跨文化交流等方面的问题。媒介素养对我们来说还是一个比较新的事物，我国在尚未落实媒介素养初级内容、在一些基本素养尚不具备的情况下就面临了新的复杂局面，因此，媒介素养教育的任务十分艰巨。

开展传播新技术环境中的传媒素养教育，具体包括以下几个方面的内容：

操作设备技术方面的培养。使个人能够应用传播新技术处理资料和信息，并以此为基础增强个人解决问题的能力。这属于最基本的媒介素养教育内容；

增强应用信息的能力。培养个人对媒介内容的分辨与批判能力，使个人能够认识到社会生活、文化、政治、经济等因素对媒介的影响和制约，意识到媒介内容背后隐藏着的意识形态、权力关系以及利益关系，发展出自主性的解读。

信息伦理的培养。正当使用信息行为是很重要的。要注意学习与信息及传播等相关的道德、法律规范及案例。此外，还要注意培养信息协作与信息共享意识，树立信息共享、协力合作等观念。要能够和乐于与他人分享和共享信息，能够利用各种信息协作途径和工具开展广泛的信息协作，与他人建立经常的、融洽的、全方位的信息协作关系，如进行网上交互写作、开展网上讨论等。

正确认识过渡时期的信息失序现象。培养个人分辨和认识过渡时期信息失序现象的能力，增强对不良信息的免疫能力。加强个人的批判意识，增强信息选择能力、分析和质疑能力，以避免负面、不良信息的误读和误导，尽量减少其带来的伤害。特别要注意抵制不良信息对青少年产生的负面影响，培养青少年具有正确的人生观、价值观，能够自觉清除信息垃圾，避开有害信息。

3.4 完善传播新技术条件下的社会控制机制

社会控制是任何社会存在的前提，对传播新技术进行适当的控制是人类社会安全、文明、和谐的重要保证。传播新技术给传统社会控制带来的失范并非意味着社会就此要混乱下去，它只是表明传播实践对旧有的社会控制与管理提出了新的课题。传播新技术的突飞猛进和广泛应用使世界正在进入一个各国政府都在着手建立新的信息传播的规范，全球性的产业也通过建立自律准则和形式参与到新规则制定的过程之中。这种情况下，面向信息时代完善技术、法律、道德等社会控制手段，建立“新的传播秩序”，成了摆在各国政府和整个社会面前的紧迫课题。

综观传播新技术带来的各种各样的社会问题，它们得以产生必须依赖一个可能的技术环境。正是传播新技术提供的自由的使用环境，以及暗藏的技术缺陷，才引发了种种问题。对于因技术不完善或技术发展而引起的社会问题，首要的一个方面，便是通过技术的进步或技术的进一步发展来控制或解决。技术管理是指对涉及信息安全的领域进行管理，包括采用技术手段对信息系统、网络进行维护，保护用户权利及使用技术手段加强行政权的行使。由于信息活动的技术性很强，所以法律规范在这个领域内的有效实施必须借助于技术，通过技术才能预防某些危害或使危害减小到最低程度。

技术的步伐常常比法律和道德的步伐要急促得多，法律和道德方面通常很难跟上传播技术革命的迅猛发展，但是并不意味着法律和道德在传播新技术的控制领域无法发挥作用。

传统法律中有关信息传播的规范主要是对信息传播行为进行控制，因为个人化传播行为造成的影响相对比较轻微，所以个人化的传播行为通常被忽略。借助传播新技术，个人化的传播行为也可能会产生比较大的后果和影响，因此，在法律中加强对个人化的传播行为的控制成为必要。另外，虚拟空间是传播新技术条件下形成的与我们现实的生活空间完全不同的“空间”，虚拟性是其本质特征。传播新技术的发展给人们提供了一个新的活动空间，而目前传统的法律都是为了解决物理空间中的问题，它们所指向的都是处于特定时间和空间之下的人、行为或者物。所以，目前传播新技术带来的许多问题都与法律规范的缺失与控制不到位有关。

面对传播新技术的挑战，法律作为一种社会控制机制必然也必须做出一定的反应。虽然人们可以在网络及其他虚拟空间开展一些社会行动，但是人们的这些活动仍然处于日常生活的环境之中，仍然属于其每日传播活动的一部分。无论借助传播新技术所进行的交往活动如何具有匿名性，角色如何变化，其行为主体还是现实社会中真实的个人。在网上或其他虚拟空间扮演的角色只是人们所扮演的众多角色之一种。在日常社会完全可以通过立法、司法和行政管理等常规程序来对传播主体及其行为实施控制。所以，传播新技术对传统法律的这种挑战部分是技术性的，通过对现有法律进行修改或补充能够解决某些问题。但是，虚拟空间自身对传统法律的挑战则具根本性。其中不但要涉及许多技术性问题，而且还要涉及更深层次的理念性问题，甚至会完全改变我们现今所熟悉的法律的基本概念。仅仅将适用于物理空间中的法律照搬到虚拟空间中去，将不会具有多大的效力。① 所以，传媒法律法规应该与传播科技发展达致一种和谐、平衡，技术管理方面的内容应该是传媒法的一个重要部分。这就要求立法者中必须有通晓相关技术的人，能够从技术发展的角度思考我们的法律理念和法律概念，以使其合乎自由、公正、效率等原则的要求。

法律调整人们的外部关系，而道德支配人的内心世界和动机，且具有自控性。与立法相比，发挥道德的自我约束力量，迫使传播新技术使用者进行自律也会产生比较好的效果。Licklider 和 Taylor 早就有预见性地指出：这个计算机网络沟通系统，若要能继续维持其正常的运作，则其关键不在于依赖一个“有力的”类似中央政府的管辖机构的监督，而在于有赖广大人民群众（网络使用者）积极主动的共同努力维护。② 同样的，各种传播新技术的管理与决定权，将会落在基层使用者的身上。所以，先从自律做起，待一些原则、准则和规范成熟以后，再逐步发展成为法律，不失为传播新技术条件下法律建设的一条途径。

【作者简介】

石义彬，武汉大学新闻与传播学院副院长、教授、博士生导师，武汉大学媒体发展研究中心专职研究员；

岳改玲，武汉大学新闻与传播学院 2007 级博士研究生；

彭彪，武汉大学新闻与传播学院 2004 级博士研究生。

① 董炳：《网络时代呼唤网络法学》，《江海学刊》，2000 年第 4 期。

② 吴齐殷：《网民与非网民的社会意向》，http://www.chinesesociology.com/shxyj/shx200007/index.htm。

教育部人文社会科学基地重大项目——“西方传媒的社会控制”研究报告

主 持 人 语

单波

在新闻传播研究领域，“实际恶意”原则是一个老话题了，但它丝毫不因为“老”而失去思考的价值。相反，由于它涉及言论自由和新闻自由的基本问题，以及不断更新的案例所显示出的新问题，这使得它具有令人回味无穷的思想内涵和现实意义。这篇研究报告从新闻传媒的社会控制角度探究新闻自由作为工具性、制度性权利运行的过程及思想矛盾，并从思想的自由市场、公共讨论、不顾事实的社会成本、负面因素的修正等角度重新反思了“实际恶意”原则，展现了新的思维框架与路径，可以引发读者对这一老话题的重新讨论。

“实际恶意”原则的发展及其思想意义

单波　程曦

当新闻自由作为一种工具性、制度性权利而存在的时候，其社会控制意义主要体现在四个层面：其一，保证个人自我实现的方式；其二，获得真理的途径；其三，保证社会成员参与社会包括政治、决策的方法；其四，保持社会稳定与发展的手段。① 对此，西方思想家或理论家构筑着广阔的思想空间，而法学家们则不断回应着现实的矛盾与冲突，进行着新闻自由权与其他权利的配置，那些在案件审理、辩护与评论过程中流动的思想，构成了新闻自由思潮的重要面相。本文选取“实际恶意”原则的发展为案例来观察这一面相，是基于两方面的考虑：一方面，“实际恶意”原则是新闻自由发展的重要环节，生动地诠释着新闻自由的宪法保护，折射出有关言论自由和新闻自由的重大问题；另一方面，美国普通法的最基本理念是以过去的判例为依据来裁决案件，同时又使判例变成“活”的法律，法院可以接受、修正乃至取缔判例，自1964年“《纽约时报》诉沙利文案”后，审判过程中曾引用该案法律意见和“实际恶意”原则的联邦法院案件多达389宗（这一数字很可能还不完全），其中最高法院案件162宗、巡回法院案件227宗。② 围绕相关的重要案件，法官们展开争论并修正“实际恶意”原则，从中我们可以窥见在特定语境下新闻自由思潮的展开过程，并理解其中的思想意义。

1　“实际恶意”原则的起点：挑战政府享有的限制并处罚言论的权力

在美国，媒体批评政府、挑战政府享有的限制言论的权力是从出版商曾格（John Peter Zenger）办的《纽约周刊》开始的，而挑战政府对公开自己意见的人施以处罚的权力则是从曾格的辩护律师安德鲁·汉密尔顿（Andrew Hamilton）开始得到明确论证的。在那里我们可以追踪到“实际恶意”原则的起点：挑战政府享有的限制并处罚言论的权力。

1733年，《纽约周刊》面世时，纽约的政治空气可以用汉密尔顿的一句话概括：“在纽约，一个人可以非常随意地提及他的神，但是，当他说到他的总督时，就得十分小心了。”而且当时的法官坚称政府是一个神圣的东西，理应受到支持和尊敬。③ 进入反对派阵营的《纽约周刊》偏偏成了第一个宣传反对言论的报纸，它把对政府官员的主要攻击点集中在纽约总督科斯比（Governor William Cosby）身上，创刊第一期就揭露他企图通过操纵选举结果来压制民意。同时，它还把言论与出版自由的观念导入这块英属殖民地，其评论性栏目“加图来信”便有多篇论及言论与出版自由的文章。其中一篇这样写道：

---

① 【美】托马斯·I·埃默生：《言论自由在民主社会中的功能——言论自由传统理论体现了社会控制理论》，田培炎译，《国外社会科学》，1987年第1期。

② 此数据根据Findlaw网站(http://www.findlaw.com/)提供的相关案件搜索引擎得出。

③ 【美】迈克尔·利夫，米切尔·考德威尔：《摇摇欲坠的哭墙：改变我们生活方式的终结辩论》，潘伟杰等译，新星出版社2006年版，第205、237页。

为了让一个政府更好地服务人民，市民们必须享有言论与出版的权力和对政府行为的质询权。唯有见多识广的选民和市民才能选出合格的官员并指挥他们为公共利益服务，而使市民们了解一切的唯一途径就是提供一个让信息和言论自由流通的论坛。①

一年以后，政府当局下令烧毁周刊，并以印刷及出版煽动诽谤性言论为由逮捕曾格。而当时所谓"煽动性诽谤"（seditious libel）的含义是：企图通过发表挑起对政府不满的文字，或是以任何方式离间民众对政府的信任，使人民对公共官员和政府机关或被授予社会事务管理职能的官员产生反感。② 其怪异之处在于，不仅忽略虚假性作为诽谤的条件，把嘲弄或讽刺的语气包含在诽谤罪的认定之中，而且禁止以事实为诽谤的正当性辩护。相反，认为批评政府言论的真实性将导致公众对政府官员产生更深、更持久的蔑视，因此，陈述的真实性会使罪行更加严重。担任辩护的安德鲁·汉密尔顿对此提出挑战，认为虚假性是构成诽谤的主要因素，只有虚假的才可能导致中伤，而这两项加起来，才会构成诽谤。他的辩护主旨是，人民为了创造和维持一个"更好的"政府，有权对政府发表意见，甚至批评政府；一个出版机构应当具有对政府的行为进行真实性报道的权利，只有这样，市民们才能获得足够的信息来进行他们之间坦诚的政治对话，而这一点对于一个自由的国度来说是十分必要的。他试图使法官们注意，公众对政府官员的蔑视主要来源于权力的滥用、不公与压制：

当一个总督是根据神圣授权的目的，行使他们的委任状中授予的权力的时候，他所承担的工作要求并且值得人们尊敬和服从，但当一个总督不按照君主的授权，并且行事就好像他应当承担少于授予他所拥有的一切权力和荣誉的君主的责任，这便会导致人民审查并质询总督的这项权力、权威或职责，并且人们会把这些与他的行为比较，一旦他们发现总督的行为逾越了他的职权，或者在他的统治下做不到公正行事的话，迄今为止，他们经常也通过不履行自己的义务作为他们的回应，权力自身并不能使一个人受到爱戴。③

在此基础上，汉密尔顿并不寻求直接攻击煽动性诽谤的概念，他只是论证一个人有权以事实陈述来对抗一个腐败无能的政府，并以此成功地使曾格无罪释放。客观而论，这个案例在当时并没有对司法审判起到先例的作用，没有论证不受约束地对政府进行言辞攻击的权利，也没有改变煽动性诽谤的立法，但它呈现的事实是对诽谤指控的抗辩的观念对美国法律产生了深远的影响，对于"实际恶意"原则而言，它提供了两个条件：一是媒体和公众有批评政府的权利；二是指控为诽谤的陈述必须是虚假的。

汉密尔顿始终坚称控诉或抗议的权利是天赋的，强调权力的滥用是罪恶产生的重要原因，其辩护留下了洛克思想的痕迹。当时的美洲殖民地已有洛克的天赋人权思想，牧师们布道时把洛克的理论当做是支持其政治教义的主要内容，所谓自然权利和社会契约、政府受制于法律、有悖于法律的措施不具有合法性以及对非法措施的抵制权利，都是从《政府论》中而来。④ 这就为言论自由和出版自由的宪法保护创造了思想环境。

---

① 【美】迈克尔·利夫，米切尔·考德威尔：《摇摇欲坠的哭墙：改变我们生活方式的终结辩论》，潘伟杰等译，新星出版社 2006 年版，第 215 页。

② 【美】迈克尔·利夫，米切尔·考德威尔：《摇摇欲坠的哭墙：改变我们生活方式的终结辩论》，潘伟杰等译，新星出版社 2006 年版，第 218 页。

③ 【美】迈克尔·利夫，米切尔·考德威尔：《摇摇欲坠的哭墙：改变我们生活方式的终结辩论》，潘伟杰等译，新星出版社 2006 年版，第 235 页。

④ 【美】爱德华·考文：《美国宪法的"高级法"背景》，强世功译，三联书店 1996 年版，第 77 页。

根据詹姆斯·麦迪逊（James Madison）所做的详尽会议记录，1791年通过《宪法第一修正案》时，制宪会议只是不经意地偶尔提到了新闻出版，讨论时间也很短①，偏偏是在实行出版自由和言论自由的宪法保护上形成了毋庸置疑的表述："国会不得制定有关下列事项的法律，即：确立一种宗教或禁止信仰自由；限制言论自由或出版自由；或限制人民和平集会的权利以及向政府请愿的权利。"为什么会这样呢？其实，这份经典文献之所以能够顺利通过，一方面是因为它只用来限制联邦政府，各州仍然保有言论、出版领域的专属管辖权；另一方面，它所秉持的仍然是被尊为"普通法之先圣"的英国法学家布莱克斯通（William Blackstone）的观念——言论自由权是一种仅仅用来反对"事前约束"（prior restraint）的权利。也就是说，不得通过立法来阻止公民按其意愿发表文章，但是，如果公民发表的出版物具有进攻性或危险性，政府就有权在出版物发表以后惩罚他们。② 不仅如此，1798年颁布的《煽动叛乱法》（Sedition Act）反而意在惩罚对政府的批评，自那以后，关于第一修正案的解释和适用记录更是一片空白③，保留事后惩罚权的传统英国式言论自由也一直为美国主流思想所认同。到1917年，美国国会通过的《反间谍法》（Espionage Act），不仅禁止任何人从事间谍工作和阻挠征兵工作，同时也严禁可能妨碍军事成功的任何"不实言论"。由此，便有了第一次世界大战期间及战后高达1900件指控报纸、杂志、书籍发表反战言论的诉讼，其中，典型的案例是费城的社会党人申克（Charles Schenck）因发行传单抗议美国加入第一次世界大战而被判违反了《反间谍法》。当此案一路上诉到最高法院以后，才促使大法官们第一次思考煽动罪起诉是否违宪。1919年，霍姆斯（Oliver Holmes）大法官在代表最高法院撰写的判决意见中提出了"明确且即刻的危险"（clear and present danger）原则，认为这些传单在平时可能是无害的，受到宪法《第一修正案》的保护，但问题是，所使用的言论如果"具有制造一种明确且即刻的危险的性质，以致这些言论将会导致国会有权阻止的实质性恶果"，那就是违法的，因此，其结论是，这些看上去无伤大雅的传单对国会顺利进行这场战争的合法权利构成了真实的挑战，故而驳回申克的上诉。④ 几个月后，同样是面对散发传单反战的案例——艾布拉姆斯诉合众国案（Abrams v. United States），霍姆斯宣布本案的言论不能产生明显且即刻的危险，而且提出了"思想的自由市场"的观点，即相信真理的最佳检验标准是思想使自己在市场竞争中被接受或认可的能力，相信真理是他们的愿望能可靠地实现的基础。⑤ 这样一来，他一方面相信要在思想的自由市场中通过自由交流让时间纠正错误思想，另一方面又指出，只有在紧急状态让时间纠正错误思想这一做法变得极其危险的情况下，才可限制这种言论。这种有限的"思想的自由市场"的观点无疑是呼应了英国思想家密尔（John Stuart Mill）对思想自由和讨论自由的论说：

> "……迫使一个意见不能发表的特殊罪恶乃在于他是对整个人类的掠夺，对后代和现存的一代都是一样，对不同意于那个意见的人比抱持那个意见的人甚至更甚。假如那个意见是对的，那么他们是被剥夺了以错误换真理的机会；假如那个意见是错的，那么

① 【美】迈克尔·埃默里、埃德温·埃默里、南希·L·罗伯茨：《美国新闻史 大众传播媒介解释史》（第九版），展江译，中国人民大学出版社，2004年版，第80页。

② 【美】罗纳德·德沃金：《自由的法：对美国宪法的道德解读》，刘丽君译，上海人民出版社，2001年版，第278页。

③ Michael Gibson, The Supreme Court and Freedom of Expression from 1791 to 1917, Fordham Law Review, 1986, Vol. 55, pp. 267-272.

④ 参见【美】唐·R·彭伯：《大众传播法》（第13版），张金玺、赵刚译，中国人民出版社2005年版，第53页。

⑤ 【美】斯坦利·I·库特勒编著：《最高法院与宪法——美国宪法史上的重要判例选读》，朱曾汶、林铮译，商务印书馆2006年版，第299页。

他们是失掉了一个差不多同样大的利益，那就是从真理与错误冲突中产生出来的对于真理的更加清晰的认识和更加生动的印象。”①

那么，在一个自由的环境中，社会所能合法试用于个人权力的限度是什么呢？密尔总结的原则有两个：一是个人的行为只要不涉及他人的利害，个人就有完全的行动自由，不必向社会负责，他人也不得干涉；二是只有当个人的行为危害到他人利益时，个人才应当接受社会的或法律的惩罚。但是，在实际生活中，这两个原则是很难兼顾的。最高法院创制的第一个保护言论自由的方法具有明显的平衡策略味道，只是根据在一定环境下言论表达活动给现实秩序造成危险的性质来决定是否给予法律保护，只是把言论自由看做是一种根据结果来衡量的可克减的权利，这并不能让公众满意，因为一个具体表达是可能受到保护还是遭到禁止，公众无法根据“明确且即刻危险”的原则进行预测，大多数情况下他们就会倾向于明哲保身和保持沉默。事实上，这一原则并不能阻止冷战初期以及麦卡锡主义盛行的20世纪50年代政府对于所谓“危险性言论”的镇压，它一方面招致不能充分保护言论自由的批评，另一方面又引来不能充分保护至关重要的政府利益的指责。

到1948年，“明确且即刻的危险”原则在最高法院还占据主要位置的时候，言论自由哲学家米克尔约翰（Alexander Meiklejohn）在《表达自由的法律限度》一书中对它提出了批评，认为它仅仅是一种口头上的托词，纵容了为第一修正案所禁止的东西：剥夺表达自由的国会立法，破坏了公民自治。在他看来，宪法是人民自治的产物，与自治过程相关的表达必须受到《第一修正案》的绝对保护。基于这一观点，他将言论分为公言论（public speech）和私言论（private speech）两类，并主张给予一切的政治性言论表达活动以绝对的自由权利。在20世纪40年代末到50年代初的许多言论诉案中，被控告散布“危险性”或“颠覆性”言论的被告人常常会引用米氏的理论来为自己辩护，而米氏1955年在参议院听证会上的演讲也因对政府压制“危险性”言论的含蓄批评引起了国会的注意。② 虽然米氏的理论还没有给出区别某种表达的公共性和私人性的明确界定，但它把言论自由、新闻自由的宪法保护建立于民主自治的基础上，促使了观念的转变，不仅使所谓“危险性”或“颠覆性”言论的辩护有了依据，而且使诽谤法的宪法审查取得了观念上的突破，成了“纽约时报案”判决的重要思想来源。

然而，“危险性”或“颠覆性”的指控并不是新闻自由与言论自由所面临的唯一威胁，政府的事前约束或事后追惩也不是钳制言论的唯一手段，个人提起的诽谤诉讼同样可以限制在重大政治事宜上的新闻自由与言论自由。1931年的“尼尔诉明尼苏达案”（Near v. Minnesota）显示，明尼苏达州的一项法令规定，凡从事出版“恶意中伤和诽谤的报纸、杂志或其他期刊”者均妨害公安罪，州政府有权对其提起诉讼，禁止其出版此类报刊。这个案件说的是一张报纸因经常撰文攻击市政府官员，指控他们容许“犹太强盗”管理城市，而被判勒令停刊，最高法院接到上诉后，围绕明尼苏达州的这项法令是否构成对出版的事先约束而展开争论，最后以微弱多数（5:4）宣布该法律无效并推翻原判，认为该法令造成了事先约束的后果，对出版实行了违宪的限制。这就在美国最高法院历史上第一次触及了诽谤法所带来的新闻审查问题。当时的首席法官休斯（Charles E. Hughes）发表的判决意见表达了一种建设性的观点：对涉及政府官员不法行为的出版物进行事先约束是对宪法权利的践踏，政府官员的品质与行为应当允许公开在媒体上加以自由的品评，对于错误的指责，他们可以通过诽谤

---

① 【美】约翰·密尔：《论自由》，程崇华译，商务印书馆1959年版，第17页。

② 侯健：《译后记——米克尔约翰的言论自由理论及其影响》，见【美】亚历山大·米克尔约翰：《表达自由的法律限度》，侯健译，贵州人民出版社2003年版，第88-89页。

法加以自我救助，而不应该约束报纸和期刊的出版。① 其法理直接来自于英国18世纪的宪法学家布莱克斯通的新闻自由观，即“新闻出版自由对一个自由国家的生命力确实是非常重要的，但是这在于不对出版物预先加以限制，而不在于出版后对犯罪问题免加审查。每个公民都有一种无可置疑的权利把他的思想感情公之于众；禁止公民这样做，就是扼杀新闻出版自由；但如果公民发表不合适的、伤害的或非法的言论，他必须对自己的鲁莽负责”。② 当时休斯亦认识到布莱克斯通这一观点的缺陷，认为仅仅排除事先约束并非宪法保护的全部③，但限于案件的性质，他没有机会澄清事后惩罚的范围。

无论如何，“尼尔案”还是为加强新闻自由和言论自由的宪法保护打开了通道，“《纽约时报》案”的判决正是在这一点上援引“尼尔案”，继续解决新闻媒体所面临的政府官员的诽谤指控。本来，美国20世纪30年代劳工争取权利的斗争已经激活了言论自由，但麦卡锡主义阻止了这种自由权的进一步扩展，直到五六十年代的民权运动才又一次把言论自由权和新闻自由权提升到了新的高度，而沃伦法院顺历史潮流而动，使街头的“权利革命”得到最终的法律承认与合法地位，成为美国历史上第一个维护被压迫者和边缘人的法律地位的最高法院，据说这与沃伦法院的所有自由派大法官都出生于社会边缘有一定的关系。④ 1954年，沃伦法院在“布朗案”中做出第一个重要判决，宣布种族隔离违宪，从此，它开启了美国宪法史上独特而具有革命性的一章。该法院在种族关系方面发动了一场革命，扩大了宪法保障的“法律平等保护”的范围，推翻了不平等分配立法选区的做法，首次在宪法意义上承认隐私权，等等。⑤ 对于新闻媒体与普通公民而言，最为重要的是该法院引人注目地扩展了对言论和新闻自由的保护。

2 实际恶意原则的思想基点：“对公共问题的辩论应该是不受约束的、强健的和完全开放的”

“《纽约时报》案”的判决称得上是沃伦首席大法官领导美国最高法院期间（1953—1969）的杰作，它第一次使得州制定的关于诽谤的法律受到第一修正案的审查，被视为是开启了“当代新闻自由的宪法保护”的“里程碑式的判决”。⑥

民权革命引发了一位政府官员能否从批评其官方行为的人那里获得诽谤赔偿金的问题。当时，《纽约时报》等全国性报刊由于大力报道并最终促成《民权法案》的出台，随即成为白人种族分子仇视的对象。仅在阿拉巴马州一地，由地方官员或者州官员提起的、针对《纽约时报》的诉讼就有11起，索赔总金额高达560万美元；另有5起针对哥伦比亚广播公司的类似诉讼，索赔170万美元。反观《纽约时报》的处境，由于经济不景气和排字工人罢工的影响，当时的《纽约时报》正处于崩溃边缘，这笔巨额诽谤罚金将使其无法继续生存，从而丧失“开口说话”的能力。最为引人注目的是，1960年3月29日，民权组织“保

---

① 【美】唐纳德·M·吉尔摩、杰罗姆·A·巴龙、托德·F·西蒙：《美国大众传播法：判例分析》，梁宁等译，清华大学出版社2002年版，第48页。

② 【美】斯坦利·I·库特勒编著：《最高法院与宪法——美国宪法史上的重要判例选读》，朱曾汶、林铮译，商务印书馆2006年版，第445页。

③ 【美】唐纳德·M·吉尔摩、杰罗姆·A·巴龙、托德·F·西蒙：《美国大众传播法：判例分析》，梁宁等译，清华大学出版社2002年版，第47页。

④ 参见【美】埃里克·方纳：《美国自由的故事》，王希译，商务印书馆2002年版，第419页；【美】莫顿·J·霍维茨：《沃伦法院对正义的追求》，信春鹰、张志铭译，中国政法大学出版社2003年版，第13页。

⑤ 【美】莫顿·J·霍维茨：《沃伦法院对正义的追求》，信春鹰、张志铭译，中国政法大学出版社2003年版，第2页。

⑥ 【美】埃里克·方纳：《美国自由的故事》，王希译，商务印书馆2002年版，第420页。

卫马丁·路德·金暨争取南部自由委员会”（Committee to Defend Martin Luther King and the Struggle for Freedom in the South）在《纽约时报》刊登了一整版社论性广告，题为《关注他们高涨的声音》，对阿拉巴马州蒙哥马利市的官员和警察处理种族暴力事件提出批评，广告中含有一些完全或部分失实的陈述。阿拉巴马州蒙哥马利市负责警察工作的民选市政专员沙利文（L. B. Sullivan）提起诽谤诉讼，沙利文令陪审团相信，该广告指的是他本人。随后，蒙哥马利市地方法院陪审团基于严格的私人诽谤规则，判沙利文胜诉，并判《纽约时报》需要支付50万美元的赔偿金，阿拉巴马州最高法院维持了这一判决，其法理逻辑是，一旦“诽谤罪”成立，被告对已发表的文章不能提出答辩，除非他能说服陪审团，使其相信文章的内容完全是真实的。① 也就是说，批评政府的权利取决于批评所依据的事实的确切性。显然，在抗辩中只是强调那篇政治广告已被广告代理确认，时报不必再去验证该广告的准确性，或否认广告中有任何的言语提及了沙利文，已经无济于事。《纽约时报》转而在抗辩中直呈“实质诽谤”原则的弊端，认为当一份出版物批评某个政府机关的官方行为，而陪审团如果觉得这份出版物是在“意图”“损害”该机构最高领导的名誉，使之作为政府官员遭受“公众的蔑视”，那么，这位官员就有权在诽谤之诉成立的要件方面获得“推定成立”的优待并得到惩罚性赔偿。而出版物除非能够说服陪审团这份出版物的一切事实尤其是资料尽皆真实无妄，否则就无从为自己辩护。这种原则不仅免除了起诉方官员有关所受损害的举证责任，同时还使得恶意和虚假得以推定成立。适用这种责任规则就等于剥夺了新闻媒介的自由。②

《纽约时报》遂上诉至联邦最高法院。1964 年 3 月 9 日，沃伦法院的 9 名大法官一致同意推翻阿拉巴马州最高法院的判决。布伦南（William Brennan）大法官受托撰写本案裁定，并在裁定中确立了著名的“实际恶意”原则，即：禁止政府官员（public official）向有关其职务行为的具有诽谤性的不真实的言论索取损害赔偿，除非他能够证明这种言论具有“实际恶意”（actual malice），即明知虚假或“不计后果的漠视”（reckless disregard）真伪。用这一原则来考量，本案中对《纽约时报》不利的证据至多证明：它存在着未能发现虚假陈述的过失；但是，就宪法而言，这些证据不足以证明《纽约时报》的玩忽放任和实际恶意。相反，阿拉巴马州最高法院的主张使得一个人会因诚意地批评政府而遭受处罚，损害了宪法所保护的表达自由。③

从布伦南表述的最高法院意见来看，“纽约时报案”的判决重新界定了宪法第一修正案的理论前提，保障讨论公共问题的自由。从历史的角度看，“实际恶意”原则有两个突破点：第一，对公共事务和解决公共事务的人（公共官员）的讨论和批评同样受到保护；第二，涉及公共事务的言论并不因其失实就丧失了受保护的权利。也就是说，第一修正案不仅保护那些“冒犯”政府官员的、咄咄逼人的言论，甚至还保护那些存在事实错误的言论（《纽约时报》的那则广告就存在失实问题）。这一点无疑蕴涵了对新闻职业的同情理解：即便是那些拥有新闻自由权和监督政府权的新闻记者，如果他们时时处在对于因可能产生的失实而背负诽谤罪的恐惧之中，就不会充分发挥新闻自由权和监督政府权，甚至在恐惧中丢失自己的权利。那么，如何为保护那些存在事实错误的言论寻找方法呢？布伦南简要说明了这样一种思想原则：

---

① 【美】斯坦利·I·库特勒编著：《最高法院与宪法》，朱曾汶、林铮译，商务印书馆 2006 年版，第 448 页。

② Brief for the Petitioner, 376 United States Supreme Court Records and Briefs, 254-314（Vol. 12）, pp. 28-29.

③ 参见【美】唐纳德·M·吉尔摩、杰罗姆·A·巴龙、托德·F·西蒙：《美国大众传播法：判例分析》，梁宁等译，清华大学出版社 2002 年版，第 175-183 页。

我们是从全国人民所信奉的一个深刻原则作为背景来考虑本案的，那个原则就是：对公共问题的辩论应该是不受约束的、强健的和完全开放的，它可以包括对政府的政府官员的猛烈、尖锐、有时毫不留情的攻击。

陈述失实在自由辩论中是不可避免的，如果言论自由要有它生存所必需的“呼吸空间”，就必须保护它。①

联邦最高法院的法官们如此热心于保护对公共事务的批评，其思想依据当然不是抽象的自然法或理性法。如果说霍尔姆斯时代对第一修正案的解释和适用是建立在“思想市场”理论的基础上，那么“实际恶意”原则的确立则在很大程度上吸取了米克尔约翰关于言论自由和民主关系的理论。事实上，布伦南大法官 1965 年在哈佛大学发表演说时也承认了米氏理论对其裁定的影响。② 按照米氏的观点，公民只有充分、无畏地面对针对他们制度的一切辩护和一切批评，才适合于实行自治，公共讨论的自由是不可限制的，这是自治政府的基石。③ 而在《第一修正案是不打折扣的》一文中，这一观点又进一步表述为，对于公共问题作公共的讨论，以及有关这些问题的信息和意见的传播活动，必须享有不受政治代理人限制的自由。④ 米氏的理论在美国引起广泛的讨论，其中的一些话语还成了美国名言，而足以让米氏欣慰的是，他的话语不仅只是名言，而且是被吸纳到《纽约时报》案的判决之中，引发了美国对传统诽谤法的反省和改革。

与此同时，为了完整说明为什么要保护发生事实错误的言论，布伦南还援引密尔的话作为支持。他在判决书的脚注中写道：“即使一个错误的陈述也可能被看作是为公共辩论做出了一份有价值的贡献，因为它带来了‘从真理与错误冲突中产生出来的对于真理的更加清楚的认识和更加生动的印象’。”⑤ 其实，此处引述密尔的话更多的是具有给枯燥的法律文本以思想修饰的作用。我们应当看到，实际恶意原则在思维上沿袭了密尔的“伤害他人原则”，即对一个人自由的干涉只有在为了防止他伤害别人时才是正当的，引申而论，言论可以依据“它没有对他人构成伤害”的原则受到保护。此时“伤害他人原则”变成了“实际恶意”原则，扩展了对言论的保护力度。

历史地看，《纽约时报》案的判决，解除了沿袭几百年的诽谤法的不合理限制，将言论自由直接置于第一修正案保护之下。阿拉巴马最高法院对此案的最初裁决，几乎在各个方面都符合广为接受的普通法（本案涉及的是诽谤法）上关于诽谤、恶意、补偿及惩罚性损害赔偿和认可的辩护等要素的原则。所以正如法学家卡特（T. Barton Carter）等人所言，“阿拉巴马最高法院的裁决再清楚不过地说明了普通法对新闻自由构成的威胁”。⑥

最高法院特别强调：联邦宪法第一修正案对言论和新闻自由的保障，应该超越各州诽谤法规范的权力。由此，最高法院开始将诽谤纳入宪法范畴，使它成为宪法第一修正案所管辖的内容。事实上，不仅是诽谤，最高法院在裁定中还明确表示，“暴动”、“藐视”、“煽动”、“破坏和平”、“淫秽”、“招揽合法业务”和其他各种普通法中限制表达的词汇都必须接受宪法第一修正案的考量。由此，言论自由和新闻自由终于被直接置于第一修正案的保护

---

① New York Times Co. v. Sullivan, 376 U. S. 254. 84 S. Ct. 710. 11 L. ed. 2d 686 (1964).

② William Brennan, The Supreme Court and Meiklejohn Interpretation of First Amendment, Harvard Law Review, 1965, Vol. 79, pp. 11-19.

③ 【美】亚历山大·米克尔约翰：《表达自由的法律限度》，侯健译，贵州人民出版社 2003 年版，第 65 页。

④ Alexander Meiklejohn, The First Amendment Is An Absolute, *Supreme Court Review*, 1961, pp. 245-265.

⑤ New York Times Co. v. Sullivan, 376 U. S. 254. 84 S. Ct. 710. 11 L. ed. 2d 686 (1964).

⑥ 【美】T·巴顿·卡特，朱丽叶·L·迪，马丁·J·盖尼斯，哈维·祖克曼著：《大众传播法概要》，黄列译，中国社会科学出版社 1997 年版，第 50-51 页。

之下，这无疑是一个巨大的进步。

沃伦法院虽然在裁定中吸收了米克尔约翰的观点，但他们并没有走得和后者一样远。布伦南法官就一直旗帜鲜明地摒弃“绝对论者的华丽词藻”，并强调“必须在抑制新闻出版的后果和这种压制所满足的社会利益之间作出权衡”。① 具体到“《纽约时报》诉沙利文案”，面临权衡的两种利益是官员的名誉权和新闻媒体的表达权。

不过在利益权衡的标准和原则上，布伦南倒是毫不含糊，他引用1908年堪萨斯州“科尔曼诉麦克伦南案“（Coleman v. MacLennan）中的法院裁定来说明表达自由的优先地位：“这种讨论对国家和社会是如此重要，由此产生的好处是如此巨大，远远超过它给行为受到关注的个人所带来的不便——在此，偶尔可能给个人声誉带来的伤害需让位于公众利益，即使这种伤害可能是巨大的。”②

当然我们知道，表达自由的优先地位并不是绝对恒定和先验的，个人名誉权的价值同样为美国人所珍视。尽管不实和冒犯都不足以影响表达自由，然而一旦“实际恶意”得以证实，法院将会毫不犹豫地捍卫被诽谤官员的个人名誉和利益。

围绕新闻自由的宪法保护，沃伦法院的判决还改变“恶意”所指，变更举证方式；同时，将“不当行动”而非内容或结果作为限制要件，加强保护力度。

“恶意”（Malice）是美国普通法中一个由来已久的概念，但此“恶意”非彼“恶意”，“实际恶意”原则中“恶意”一词的内涵已经有了很大的变化。首先，普通法的“恶意”强调发言者对所针对主体的态度，即是否存在恶劣情感或加害意图；而“实际恶意”原则则强调发言者对客体（发表材料）的态度，即是否明知不实或全然不顾其真实性。相对于“自由心证”的主体间态度，这一改变无疑有益于加强对言者的保护。其次，普通法的“恶意”可以由陪审团查明，从被告表现中推出或由原告证明，“实际恶意”原则则强调必须由原告举证证明。那些动辄控告媒体诽谤并巨额惩罚性赔偿的原告，在这一原则面前当然要三思了。最后，原告在证明被告确有“恶意”时，并非符合传统民事案中的“优势证据”规则即可，而是必须提出“具有令人信服的明确性”的证据。这样就增加了诽谤诉讼原告的举证难度，从而在实体和程序两个方面完善了对媒介被告的宪法保护。③

回忆一下此前提及的“明确且即刻危险”原则：它的问题不仅在于概念的含混难以界定，还在于它本质上把言论自由看做是一种根据结果来衡量的可克减的权利，这样的保护基础不免脆弱。因为在特定的社会政治条件下，结果的严重性很可能会被肆意放大。“实际恶意”原则显然建立在另一个基础上，它既不以言论内容的失实为由剥夺对言者的保护，也不像“明确且即刻危险”原则那样以言论的结果作为是否对其进行保护的判断标准，而是旨在惩罚明知故犯或漠视真伪这样的“不当行动”。

值得注意的是，虽然9位大法官在该案中一致推翻了阿拉巴马州最高法院的原判，但他们对“实际恶意”原则的看法却并不那么一致。哥德伯格（Arthur Goldberg）和道格拉斯（William Douglas）两位大法官认为，“实际恶意”原则是“宪法给予公民和报纸一种‘有条件的特权’——免除责任限于那些针对政府官员的公务行为的无恶意的事实误述”。他们表示相信，“在公民和新闻行使公共批评的权利方面，宪法固有的保护超过了本法院提供的保护”。④ 不难看出，他们婉转地指出了“实际恶意”原则所提供保护的有限性。

---

① Justic William J. Brennan. Jr, Address at the Dedication for the S. I. Newhouse Center for Law and Justice (Oct. 17, 1979). In Rutgers L. Rev., 1979, 32: 173.

② 78 Kan. 711, 98 P. 281, 1908.

③ 邱小平：《表达自由——美国宪法第一修正案研究》，北京大学出版社2005年版，第180、181、192页。

④ New York Times v. Sullivan, 33 U. S. 254 (1964). 以下引文如无注解，均来自相关案件的案情摘要。

作为“第一修正案绝对论”（First Amendment Absolutism）的坚定倡导者和实践者，布莱克（Hugo L. Black）大法官的表述更为简洁明快：“联邦宪法……保护新闻自由免受破坏的唯一方法是：绝对豁免新闻媒体针对政府官员履行公务的批评。”道格拉斯也加入了布莱克的这一意见。他们遗憾地表示，联邦最高法院在使判决足以保证新闻自由不被破坏之前就止住了步伐。

3 实际恶意原则的发展：适用范围的扩展和限定及其问题

《纽约时报》案判决前的1962年，沃伦法院就在9位大法官中形成了以沃伦为首的5人自由派多数，他们把自己看成是美国自由主义精神的一部分，拥有一个共同的“活”的宪法观念：宪法的天才人物不是依靠一个静止的和已经逝去的世界中宪法可能具有的任何静态含义，而是使那些伟大的原则适应于解决现代问题和现代的需要。① 自然地，他们在寻求言论自由与新闻自由的宪法保护中不仅融入了自由主义的三大代表原则——个人或发言者至上、免于政府控制的自由以及承担风险，而且推动了这种宪法保护的动态发展。于是，我们可以发现，“实际恶意”原则在其适用范围的扩展和限定等问题上一直处于调适与争论过程中，主要包括从“公共官员”到“公众人物”、从诽谤到隐私、从“公众人物”到“公共利益”的扩展，以及对“实际恶意”原则的适用范围和“实际恶意”本身的进一步确认。

3.1 从“公共官员”到“公众人物”：“实际恶意”原则的泛政治化走向

1967年，合并审理的“巴茨和沃克案”（Curtis Publishing Co. v. Butts, Associated Press v. Walker）使“实际恶意”原则的适用范围从“公共官员”扩展到“公众人物”（public figure）。在“沃克案”中，美联社因报道退伍将军沃克带领暴徒攻击联邦官员而被控诽谤；巴茨则是被披露操纵球赛结果的佐治亚大学体育系主任。沃克和巴茨两人均无官职，但法官们认为，本案中传播信息的公共利益不亚于“《纽约时报》案”，沃克和巴茨作为公众人物，对公共问题和公共事务的言行和公共官员一样，常为公众关注，因此也应适用“实际恶意”原则。

法官们是基于美国政府和私人组织融合互动的政治现实做出这一扩展决定的。正如首席大法官沃伦（Earl Warren）所言，从20世纪30年代的大萧条和第二次世界大战以来，经济和政治权力日益融合，科学、工业和政府管理进一步结合，知识界、政府和商界高度互动。许多没有公职的个人也会投入解决重要的公共事务中，他们以其声望在整个社会关注的领域内活动。作为一个阶层，这些公众人物和公共官员一样在管理社会中常起到卓有影响的作用。他们一样影响着政策，一样容易利用媒体反击对他们言行的批评。因此，“新闻界不受阻碍地自由辩论公众人物投入公共事务，应和针对公共官员的自由辩论一样重要”。②

需要说明的是，这里的“公众人物”不仅指称那些作为“绝对公众人物”的“公共官员”（public figure for all purpose），以及那些因其身份而为大众关注的“有限公众人物”（limited purpose public figure，影视、体育明星等），还包括那些原来并不出名，但却因某件事引起公众注意的“非自愿公众人物”（public figures involuntarily，如一夜暴富的彩票获奖者等）。这无疑大大扩展了新闻自由的受保护范围。

对新闻界而言，这是一个令人愉快的决定。然而容易被人忽视的是，这个决定和它的理论依据其实并不那么匹配，无论是“《纽约时报》诉沙利文案”的法律意见，还是本案中沃伦大法官的阐述，强调的都是新闻自由对于民主政治的意义。但是看看上面这个宽泛的

---

① 【美】莫顿·J·霍维茨：《沃伦法院对正义的追求》，信春鹰、张志铭译，中国政法大学出版社2003年版，第199页。

② Curtis Publishing Co. v. Butts, Associated Press v. Walker, 388 U.S. 130 (1967).

“公众人物”标准，很多“绝对公众人物”或“有限公众人物”并不是因其政治地位，而是因其在某一领域引起的公众注意而知名的，例如明星和彩票获奖者，还有作家、艺术家等。那么，把“实际恶意”原则也套在他们头上合理吗？

宪法学者肖尔（Frederick Schaue）后来正是抓住这一点提出了他的异议：虽然不能就此认为这一裁决是错误的，但鉴于公众人物之间的区别以及他们和公共官员的区别，必须在表达权和名誉权发生冲突时确立不同的权衡标准——政治言论和非政治言论都应得到保护，而不是“实际恶意”原则所体现出的泛政治化倾向。①

更早建议放弃“实际恶意原则”的是我们在“《纽约时报》诉沙利文案”中就已经认识了的布莱克大法官，他看到的现实是针对新闻界的诽谤诉讼接连不断。由此布莱克建议用另一原则取而代之——第一修正案的意图就是让新闻界绝对免遭诽谤诉讼的骚扰。这也是他在许多类似案例中一以贯之的立场。不过，最终沃伦的意见还是在法庭上占了上风。

3.2 从诽谤到隐私：新闻自由权和隐私权的失衡

1967 年无疑是“实际恶意”原则发展历史上至关重要的一年。除了“巴茨和沃克案”外，“《时代》周刊诉希尔案”（Time Inc. v. Hill）也是一个经典案例，因为它是最高法院协调保护隐私和保护表达自由之间关系的第一个案例，并且同样适用了“实际恶意”原则。

本案被告希尔和他的妻子儿女曾于 1952 年被 3 名越狱罪犯扣为人质，脱险后一直拒绝在媒体露面。在类似题材的小说和戏剧推出后，《时代》周刊所属的《生活》杂志发文称希尔家庭经历的正是戏剧所描述的绝望炼狱，还要求送一些演员去希尔当年的住处体验生活。希尔称，这样的联系勾起了他们的不幸回忆，州法院也认同这一说法，并认定《时代》具有“实际恶意”，同时侵犯了原告的隐私权。

最高法院推翻了州法院的裁定，道格拉斯大法官在单独发表的附议中强调，一旦当事人由其无法控制的事件被推入新闻中，他和他家庭的活动就成为了公共事件，隐私也自然结束。②这就意味着个人主义道德所遵从的隐私权受到空前挑战。当初美国法学家华伦与布兰迪斯（Warren & Brandeis）提出“隐私权”（The Right to Privacy）概念，其主要目的在于维护个人的尊严和失衡权利，亦在于当个人或内部信息被新闻机构发表时为请求损害赔偿确立诉因，即不合理地披露令人难堪的私人信息、对个人空间的侵扰、带来错误印象的描绘、为商业的目的而擅自使用及侵犯公布权。早在 1940 年审理西迪斯诉 F-R 出版公司案（Sidis v. F-R Publishing Corp.）时，最高法院就给出了一个基本原则：如果一个人获得或被赋予所谓“公众人物”的身份，就可以允许对其私生活进行有限的监督。虽然它裁定即使西迪斯并不情愿得到公众的注意，也应允许人们关注他不寻常的成就与个性，但同时也认同华伦与布兰迪斯的观点：即使是公众人物也不应完全被剥夺其私人的一面。③ 可是，此时的最高法院却把卷入新闻事件的普通人的隐私也取消了，从而让自由的风险向普通人袭来。

布伦南在该案的判决中确立了这样的原则：如果报道具有新闻价值或涉及公共利益，但却显然不实或出于杜撰，则必须查明被告的实际恶意，才能支持当事人的侵犯隐私诉讼。对此，布伦南做出的法理解释是：“保障言论和出版不是仅仅维护政治表达或评论，同时也保护不同程度地将个人和公共官员曝光。曝光的风险是特别注重言论自由和出版自由的社会必不可少的一部分生活。”④

---

① Frederick Schaue, Special Issue: Defamation and the First Amendment: New Perspectives, Public Figures, William And Mary Law Review, 1983-1984, Vol. 25, pp. 917-920.

② Time Inc. v. Hill, 1 Med. L. Rptr. 1791. 385 U. S. 374, 87 S. Ct. 534, 17 L. Ed. 2d 456 (1967).

③ Sidis v. F-R Publishing Corp. 1 Med L. Rptr. 1775, 113 F. 2d 806 (2d Cir. 1940).

④ Time Inc. v. Hill, 1 Med. L. Rptr. 1791. 385 U. S. 374, 87 S. Ct. 534, 17 L. Ed. 2d 456 (1967).

由于“希尔案”跳出了“实际恶意”原则最初（也是主要）被用以协调的诽谤诉讼领域，所以在许多国内学者的论著中都看不到它的身影。但在美国，这却是一个相当醒目的案例。不仅因为它把“实际恶意”原则的适用范围扩展到了侵犯隐私诉讼中，更重要的是，它不像“《纽约时报》诉沙利文案”那样偏重于言论自由在政治层面的价值（对民主政治的意义），而是把公共利益和新闻性作为第一修正案的关注，从而明确了第一修正案的边际范围。而且我们知道，判断某一报道是否具有新闻价值，这是新闻界而非法院的专长，因此可以说，“希尔案”赋予新闻界以有力的宪法保护和相当的能动空间。

3.3 从“公众人物”到“公共利益”：新闻自由权的无限扩展与思想的分歧

在1971年的“罗森布鲁姆诉大都会媒介公司案”（Rosenbloom v. Metromedia）中，“实际恶意”原则的适用范围被继续扩展至包括引起公众兴趣的私人（大都会媒介公司所属电台报道罗森布鲁姆被没收了一批淫秽书籍），关注点也从原告的身份转向言论的性质。也就是说，只要被指控为诽谤的言论涉及“具有公共或普遍性利益的事务”（matter of public or general interest），那么不管原告是公众人物还是个人，都必须举证说明被告的“实际恶意”。

值得注意的是，在该案的审理过程中，法庭意见分歧严重。最高法院虽然认可了下级法院的裁定，但却无法达成一个多数意见。布莱克大法官继续坚持第一修正案禁止任何诽谤诉讼损害赔偿的观点，哈兰（John M. Harlan）则反驳说，要求新闻界对其行为负责，没有对新闻界施加任何额外或特有的负担。马歇尔（Thurgood Marshall）倒是认识到了巨额惩罚性赔偿对新闻自由的威胁，以及可能造成的新闻界自我审查的后果。他建议采取折中的方法，即取消惩罚性赔偿，把赔偿限制在原告的实际损害上，作为对新闻界不得诽谤的合理告诫。①

同样值得注意的是，布伦南大法官在此案中表现出思想观念的发展变化。似乎是受到了“希尔案”的影响，总之他修正了自己在“《纽约时报》诉沙利文案”中的泛政治化倾向，转而认为“宪法保障并不限于与建构负责任之政府有关的问题。……自由的新闻与出版不仅能促进政府担负起自己的责任，一般来说还有助于促进对于真理的认识，促进科学、道德和艺术”。在拓宽了“公共事务”的范围后，布伦南进一步认为，公共官员和公众人物并不一定比普通人具有更强的利用媒体纠错的能力，他们的回应能否发表都依赖于媒体是否对相关报道还持有兴趣。（一些学者把公众人物抵御侵害能力较强作为“实际恶意”原则的法哲学基础之一，但这种观点在“《纽约时报》诉沙利文案”中找不到文献依据，而布伦南的这番陈述更对其进行了反驳。）他重申了“《纽约时报》诉沙利文案”中的观点：“如果政府担心普通公民没有充分的能力对涉及他们的公开报道做出适当回应，那么应该做的是去保障他们作出回应的能力，而不是禁止公众讨论所关注的意见。”②

首席大法官伯格（Warren Burger）和法官布莱克曼（Harry Blackmun）参与了布伦南的这一意见，阐明了他们对新闻媒体运作现状的熟稔和保护新闻自由的决心，尽管他们依旧不能赞同布莱克的第一修正案绝对论；而通过哈兰和马歇尔的论述，我们则可以感受到他们将个人尊严和新闻自由放在同等重要的位置上，并且明确指出，新闻界不仅应该是“自由的”，同时也应该是“负责任的”。③

引人深思的是，此时，确立实际恶意原则时的一致同意不见了，参与审理该案的八位法官分成了五派意见，而任何一种意见的赞成票都没有超过三票。在针对诽谤问题和第一修正案的关系上，形成了三种想法：一是不断扩展实际恶意原则的适用范围；二是根据被诽谤者

① Rosenbloom v. Metromedia, 403 U. S. 29, 91 S. Ct. 1811, 29 L. Ed. 2d 296 (1971).

② Rosenbloom v. Metromedia, 403 U. S. 29, 91 S. Ct. 1811, 29 L. Ed. 2d 296 (1971).

③ Rosenbloom v. Metromedia, 403 u. U. S. 29, 91 S. Ct. 1811, 29 L. Ed. 2d 296 (1971).

的身份来确定有损他人的不实之词所能享有的宪法特权的不同水平；三是认为出版和广播媒体在诽谤问题上可以绝对地免责。①

3.4 “实际恶意”原则适用范围的限定

在“罗森布鲁姆案”审结后的3年时间里，新闻媒体面对有关诽谤的诉讼几乎享有了豁免权。此间，一些缺少自律的新闻媒体开始滥用“实际恶意”原则及其推论，出于狭隘的商业或集团利益考虑，揭短谩骂之事时有发生；而一些下级法院对“公众人物”的宽泛解释，也让一些实际上的平头百姓在受到诽谤、名誉受损时，求诉无门，痛苦不堪。在这样的背景下，最高法院不得不重新考虑“实际恶意”原则的适用范围和具体标准，1974年的“格茨诉韦尔奇公司案”（Gertz v. Robert Welch Inc.）显著限定了“实际恶意”原则的适用范围。

律师格茨受聘为一名施暴警察辩护，与此同时，当地的保守派报纸未经查证就报道说他本人也有刑事前科，格茨为此提起诽谤诉讼。上诉法院以“公共利益”原则适用“实际恶意”原则，然而最高法院却做出了相反的裁定，即“实际恶意”原则不适用非官员和非公众人物寻求赔偿的诽谤案，即使被指控为诽谤的陈述涉及公众关注的事务。格茨是芝加哥的著名律师、法学教授、民权领袖、文学社团的创办人，按照“《纽约时报》案”的判例规则，可以确立为公众人物，至少也是卷入诉讼案的人物，但判决书把他排除在公众人物之外：

> 我们不会因为一个公民参与了社区事务或职业活动就轻易认定他可以在某种意义上被视为公众人物，如果缺乏清晰的证据表明一个人享有普遍的声誉或恶名，以及对社会事务的广泛深入的参与，他就不应当被视为广义上的公众人物。此时，较有意义的做法是根据此人所参与的、导致名誉损害发生的特定公共事务的性质，及其参与程度来对他是否属于公众人物问题做出判断。②

对于这一点，美国律师布罗斯纳安（James Brosnahan）评价道，该案事实上严重背离了“《纽约时报》案”所强调的，对公共问题公开和自由辩论的原则。③

最高法院同时裁定，赔偿仅限于实际受损的范围，如果私人原告还要求法院对诽谤者处以惩罚性赔偿（punitive damages），则必须提出“实际恶意”的证据。④ 单纯从裁决上看，“格茨案”的倒退似乎并不严重，只不过是认可和强调了个人名誉和利益在诽谤法中的地位。然而与立场的微调形成鲜明对比的是法官意见的大相径庭。

毫不妥协坚持绝对论观点的布莱克此时已经退休，接替他的鲍威尔大法官（Lewis F. Powell Jr.）在“需要生龙活虎、不受限制的新闻界”和“纠正恶意伤害”之间举棋不定，最后以个人自我救济途径较少的旧调重弹来解释他所撰写的裁定。对于放弃“公共或普遍利益”标准的原因，鲍威尔的解释多少显得牵强：让法官们根据一时一事认定何种报道涉及公共利益，这对他们来说增加了额外的困难。同时他又认定，当普通人的名誉受损时予以补偿属于公共利益所在，应当适用一项不同的以普通人为考量的法律规则。为此，他重新解读了实际恶意原则：

---

① Gertz v. Robert Welch Inc. 418 U. S. 323. 94 S. Ct. 2997. 41 L. Ed. 2d 789 (1974).

② Gertz v. Robert Welch Inc. 418 U. S. 323. 94 S. Ct. 2997. 41 L. Ed. 2d 789 (1974).

③ James Brosnahan, From New York Times v. Sullivan to Gertz v. Welch: Years of Balancing Libel Law and First Amendment, Hastings Law Journal, 1975, Vol. 26, pp. 788-790.

④ Gertz v. Robert Welch Inc. 418 U. S. 323. 94 S. Ct. 2997. 41 L. Ed. 2d 789 (1974).

如果仅仅强调出版和广播等媒体的免责理由并不能证明这种裁决的正当性。免除媒体的责任有其理由，而在由公众人物所提起的诽谤诉讼中也体现出有限的政府利益，我们确信纽约时报案判例规则恰恰是两者调和的结果。

布伦南大法官很快驳斥了这一论调。他承认对公共利益的判断殊为不易，但他似乎愿意承担这样的繁难责任。因为就后果而言，要求新闻界对疏忽不实承担责任的州法显然更为严厉。

布伦南反复提及他对新闻界自我审查的担心。而如果按“格茨案”的裁定，在原告为个人时放弃“实际恶意”原则，恢复各州普遍实行的“合理注意标准”和“疏忽责任”，那新闻界的自我审查几乎是不可避免的，因为他们不得不在发表有关报道前斟酌成千上万的不确定因素，揣摩陪审团会如何判定新闻采编制度和合理标准。

怀特大法官（Byron White）对这种担心嗤之以鼻。他不无讽刺地说：“今日的新闻界已强势逼人。个人对新闻界提起诽谤诉讼，就能吓阻新闻界不敢发表事实真相，这简直匪夷所思。”怀特法官表示，他看不出削弱州的诽谤法就能增进新闻界就公共事务进行辩论的质量和数量。即使可以，这一倾向只会激起传播过程中新的、剧烈的不平衡。

如果说“《纽约时报》案”时的法官们大多还是就言论自由的结构性意义作泛泛的推理，此时布伦南和怀特的争执则显然已经深入到了新闻机构的机理，只是他们从新闻界现实表现的不同方面得出了自己的结论和判断。所以这不是主观立场的随意变动，而是社会现实激起的反弹。不过怀特显然忘记了“《纽约时报》案”法官们与麦迪逊一脉相承的宽容和明智：“任何事物的正当使用总是伴随着一定程度的滥用，新闻是再恰当不过的例子。”以新闻界的强势或部分媒体对权利的滥用为由侵削对他们的保护，怀特在这一点上未免有些偏激。

“格茨案”其实还反映了许多大法官对“实际恶意”原则的疑虑——以寥寥数语将几十个州实行了200年的诽谤法中的重要部分裁定为违宪，代之以一个使几乎所有诽谤诉讼原告都无法得到损害赔偿的严格标准，他们难免会心生疑窦。

以“格茨案”为标志，对“实际恶意”原则适用范围的重大调整基本告一段落，但这并不是一个终点。此后，最高法院一直在根据案情和社会现实情况不断调整自己的立场，例如1986年的“赫普斯案”就通过加强个人原告的举证责任，在很大程度上恢复了“《纽约时报》诉沙利文案”对新闻界的宪法保护。

3.5 实际恶意标准的执行：在表达自由和个人名誉间的艰难权衡

与“实际恶意”原则适用范围相关的问题是，“实际恶意”这一概念究竟如何界定？怎样的行为才算是“不计后果地漠视真伪”？努力明确“实际恶意”的标准是最高法院在界定其适用范围之外的另一项孜孜不倦的工作。当然，这两项工作在多数情况下是交织进行的，“巴茨和沃克案”就曾为如何衡量“不计后果的漠视”制定出了一条规则，即没有遵循在时间允许的情况下核实事实真相的这种职业上的谨慎原则。

1979年的“赫伯特诉兰多案”（Herbert v. Lando）裁定，允许诽谤案原告对消息发表者的编辑过程进行查证，以获得证明“实际恶意”的证据。怀特大法官在撰写这一裁定时，以避免干扰原告举证能力为由否认了新闻界所主张的有关编辑过程免遭查证的特权。

对此，布伦南提出了反对意见。他提醒道，分析时必须注意到被告是新闻界，新闻界在提供第一修正案保护的信息交流过程中发挥了举足轻重的重要作用。编辑特权并非仅仅属于被告个人，这一特权是在保护整个新闻界的运作。但是他随即话锋一转，认为是否保护编辑过程应视个案而定。如果原告能初步证明有关报道构成诽谤性不实，编辑特权就应让位。在本案中，他以其新闻机构的“言论角色”和“结构角色”理论来为自己看似矛盾的观点立论：新闻界在美国民主制度中具有独特作用，因此能以其“结构角色”得到第一修正案的特别保护；但是也正因为“结构角色”并非一种受到绝对保护的个人权利，一旦证据表明“实际恶意”有可能存在，这一保护就将随即被撤除。

一般来说，实际恶意的界定包括两点：一是明知虚假，即被告有意忽略已显示出虚假的迹象，并且以利用内容错误的出版物来对他人实施损害为动机；二是不计后果的漠视。寻找实际恶意的证据至少包括以下部分或全部要素：其一，一项捏造事实的报道，它是记者凭空想象的结果，却为警示读者；其二，有证据表明记者在发表报道之前知道内容的虚假性或对其真实性存有严重的疑虑；其三，有证据显示记者并无可信赖的信息来源切对报道中所指控之事进行独立调查；其四，以匿名或无法核实的电话作为信息来源。1987 年，布朗和威廉逊公司起诉哥伦比亚广播公司的新闻主持人沃特·亚格森（Walter Jacobson），后者在一则新闻评论中指责这家烟草公司为了使年轻人上瘾而将吸烟与“大麻、酒和性”联系起来，而 所有的资料显示，这是不存在的事实，而且其研究助理曾发现报道内容有误，但被忽视了。最高法院裁定亚格森发表了有关布朗和威廉逊公司的错误言论，同时其行为具有实际恶意，即包含了上述第二个和第三个要素。①

然而，抓到实际恶意证据的幸运很难降临受诽谤者一边，1988 年的《好色客》诉杂志诉福尔韦尔案（Hustler Magazine, Inc. v. Falwell）就是典型一例。福尔韦尔（Jerry Falwell）作为美国最有影响的福音布道者，建立道德多数派以引导人的操行为宗旨，对抗美国社会的五大罪恶：堕胎、同性恋、色情文学、人道主义以及破裂的家庭关系，公开批评弗林特（Larry Flynt）建立色情文学帝国，败坏社会道德。弗林特由此展开对福尔韦尔的一轮又一轮的攻击，最终借助一篇模拟的堪培利甜酒（Campari liqueur）系列广告，将他认为的福尔韦尔伪善的一面公之于众。《好色客》（Hustler）杂志刊登的广告以嘲弄性文章的形式出现，题为《杰里·福尔韦尔谈论他的第一次》，其中在一次虚拟的“采访”中，福尔韦尔谈到了他的“第一次”（既指酗酒的第一次，又有暗示性关系的第一次）：当时，他喝得酩酊大醉，与他的母亲在户外厕所里发生了乱伦行为。这篇模拟广告还暗示，福尔韦尔只有在酩酊大醉时才布道，最后还不忘写上一句话：“模拟广告，切勿当真。”福尔韦尔感到自己的人格尊严受到了公然侵犯，奋起反击，提起诽谤、侵犯隐私以及故意造成精神痛苦三项指控，而且他的律师古德曼（Norman Roy Grutman）从弗林特那里得到了对涉及实际恶意的关键性问题的承认，即弗林特承认他希望公众相信那篇模拟广告是对事实的陈述而非仅仅是“戏剧性”描写，承认他发布这则广告是出于对福尔韦尔进行个人报复的目的。眼看就要抓住实际恶意的证据了，但弗林特的辩护律师艾萨克曼（Alan L. Isaacman）轻巧地把这种指控挡了回去：

> 对言论自由应作广义解释，只有在很小的一部分情况下才可以对其进行限制。当一则针对某一公众人物的批评性评论出版后，无论它是如何让人无法接受，只要它并没有对这名公众人物造成实际的损害，这种言论就是应当受到保护的。就福尔韦尔这件事来说，没有人会合理相信弗林特的模拟广告中所揭示的内容是真的，因此，这位牧师唯一受到的伤害也不过是受到了一点情感上的痛苦。如果美国真正重视言论自由和出版自由，那么，不能仅仅因为愤怒而让言论者闭上嘴巴。②

艾萨克曼成功地证明，那篇模拟广告只不过表达了弗林特的个人观点——福尔韦尔是个伪君子，我讨厌他，这种冒犯性言论并没有表现为一种即刻的暴力威胁，也没有威胁到任何

① Brown & Williamson v. Jacobson, 14 Med. L. Rptr. 1497, 827 F. 2d. 1119 (7th Cir. 1987).

② 【美】迈克尔·利夫，米切尔·考德威尔：《摇摇欲坠的哭墙：改变我们生活方式的终结辩论》，潘伟杰等译，新星出版社 2006 年版，第 304-305 页。

人的人身安全，应该受到宪法第一修正案的保护。这使得首席大法官伦奎斯特在判决书中承认，一个炫耀着他全无瑕疵的个人记录和高尚的道德品质的候选人，并不能因为他的对手或者一位勤劳的记者提出相反的意见而大叫“犯规”。同时，也承认了艾萨克曼对实际恶意的否定：

> 纯粹一则模拟短文并不能让理性的读者认为它所说的是事实，因此它也不可能被认为是对事实的虚假陈述。陪审团清楚地裁决没有人会相信这则模拟广告是对事实的陈述，因为《好色客》的广告只是一种观点的表达和一则模拟短文。福尔韦尔并不能证明其中包含着任何事实，更不用说是虚假事实了。
>
> 如果法院允许公众人物仅仅基于一则“过分的”陈述而获得赔偿的话，那么陪审团就可以轻而易举地对他们不喜欢的被告作出不利裁决，而这将导致对第一修正案所保障的言论和出版自由权利的破坏。①

不过，最高法院还是谨慎提醒，并不是所有的言论都受到第一修正案的同等保护，此案的裁决并不必然适用于一个平民受到报纸攻击的情况。如果报道的对象只是一位安分守己的平民，那么，在言论自由及个人的名誉之间，法律更倾向于对一个人的名声给予更多的保护。与此同时，古德曼律师在为福尔韦尔辩护的过程中反思了言论自由的悖论，从而使人们有可能冷静面对实际恶意原则的负面效应：

> 言论自由并不能成为敌意和变态行为的防护屏障。言论自由是一项值得珍视的权利，但是它并不是没有限制的。有时应对言论自由作狭义解释，以更好地保护美国的创立者们在第一修正案的范围内所明确加以保护的核心观点和价值。②

古德曼并不是要保护公众人物免受任何批评，而是深感人性的弱点和权力的博弈使得言论自由常常成为卑劣目的的手段，因此，应当区分一种情况，当公众人物遭受恶毒的对手的攻击，而那些人的唯一目的就是为了贬损或诋毁他的话，这名公众人物应当受到法律的保护。然而，问题是一旦与政治权力场有染，谁能说得清公众人物绝对脱离了政治私心和权力欲呢？就拿福尔韦尔来说，他是具有道德使命感的基督徒，但他试图把基督教原教旨主义价值观融进政治，把同性恋称为“野蛮的畜生”，把艾滋病视为对罪恶进行惩罚的瘟疫，这一切又确实表明了他的伪善。为了对抗这种伪善，言论自由和新闻自由的保护就一刻也不能停止。只是当福尔韦尔的伪善遭遇弗林特的无赖时，无论谁胜出，都是对言论自由的反讽。

值得注意的是，在证实实际恶意的过程中，人们还是得到了一个自由媒介和自由心灵所需要承担的责任。在20世纪90年代轰动一时的“MMAR集团诉道－琼斯公司案”（MMAR Group, Inc. v. Dow Jones Co., Inc.）中，原告MMAR集团指控说，《华尔街日报》记者杰雷斯基（Laura Jereski）可能明知对其报道中的信息不实而执意发表它，而该信息的危害足以导致几个客户撤回其业务。1997年，德克萨斯州的一个大陪审团裁决《华尔街日报》向这家陷入困境的休斯敦证券交易公司支付2270万美元实际赔偿费和惊人的2亿美元惩罚性赔偿费，这是迄今为止最大的一项同类裁决。虽然后来由于MMAR集团的停业，赔偿数目降低了，《华尔街日报》又很快提起上诉，但媒介得到的信息是清晰的：诽谤如果能被证明，

---

① 【美】迈克尔·利夫，米切尔·考德威尔：《摇摇欲坠的哭墙：改变我们生活方式的终结辩论》，潘伟杰等译，新星出版社2006年版，第305-306页。

② 【美】迈克尔·利夫，米切尔·考德威尔：《摇摇欲坠的哭墙：改变我们生活方式的终结辩论》，潘伟杰等译，新星出版社2006年版，第304页。

就将受到严厉惩罚。①

在该案的审理过程中，三位被《华尔街日报》引作消息来源的证人都否认了报道中被安上自己名字的话语，路易斯安那州雇员退休保险系统的一位主管也起誓证明报道所言不实。正是基于包括上述证词在内的种种证据，经过长达两周的审理，法庭在 1997 年 3 月 20 日做出判定，认为《华尔街日报》在发表报道前应该明知报道不实，即具有“实际恶意”。②

对于这项巨额惩罚，许多关注者都认为并非偶然。诽谤法专家卢贝尔律师（Jonathan Lubell）就指出：“这一裁决反映了，公众日益认识到媒体应该为他们的行为负责。这个国家几乎所有其他的权力机构在犯错误时，都要对公众负责，而主流媒体却是责任最少的一类。这是一个信号，说明大多数美国人并不想继续这样下去。”③

民意测验为他的这一说法提供了佐证。1997 年发布的一项盖洛普民意测验结果显示，只有 17% 的美国人相信记者的诚实度和道德标准“高”或“相当高”；而在 1997 年 3 月由“自由论坛”组织（Freedom Forum）进行的一项调查也显示，尽管 80% 的被调查者认为媒体在自由社会中扮演了关键性角色，却只有 31% 的人信任报纸记者，信任电台谈话节目主持人的更是只有 14% 。④

面对这一裁决，新闻界投入了冷静的反思。《纽约时报》记者彼得森承认：“读一读原始的报道文章，以及维尔雷恩法官向陪审团做出的指控，我们就能理解，这个看上去太不近人情的裁决对于陪审团而言，其实是合情合理，甚至不可避免的。”“防止诽谤资源中心”（Libel Defense Resource Center）的执行主管巴龙也为媒体开出了规避巨额惩罚性赔偿的药方。她建议记者请最严厉的编辑和律师审查稿件，在报道时也保持残酷的诚实；要熟悉诽谤法的发展情况，鉴于不同州的判决依据不尽相同，在调职时还应迅速适应新的法律环境。⑤

这些策略无疑具有很强的实用性，然而对于新闻界而言，恐怕应该更多考虑的是，为什么诽谤诉讼居高不下？为什么公众对自己的信任度持续走低，乃至要用天价赔偿这种极端的方式来表达自己的不满？法律盾牌虽然强大，但是在确凿的事实和“实际恶意”面前，谁也挽救不了“走火入魔”的媒体从业者。

总体看来，明确并适时调整“实际恶意”原则的适用范围、清晰界定“实际恶意”原则的相关概念是这 40 余年时间里美国联邦法院一直致力于实现的目标。而从司法实践的总体效果来看，“公众人物”、“实际恶意”等具体概念的认定标准越来越明确，对新闻自由的保护和限制也相应地越来越容易操作。最高法院始终没能接受以布莱克大法官为代表的第一修正案绝对论，并因此始终在表达自由和个人名誉间艰难权衡，尽管权衡的结果未能尽如人意。但有一点是肯定的：最高法院明确以表达自由优先来协调各种利益的竞争。

3.6　放弃实际恶意原则?

值得一提的还有“哈特希尔诉《纽约时报》案”（Hatfill v. New York Times Co.），这是至今为止涉及新闻自由和诽谤诉讼的最新、也是最重要的案例，不过整个案情发展过程却呈

---

① 【美】迈克尔·埃默里、埃德温·埃默里、南希·L·罗伯茨著：《美国新闻史 大众传播媒介解释史》（第九版），展江译，中国人民大学出版社，2004 年版，第 668 页。

② MMAR Group, Inc. v. Dow Jones & Co., Inc., 987 F. Supp. 535 (S. D. Tex. 1997).

③ William Shea, Multimillion-Dollar Verdict Sends a Message of Greater Accountability, Freedom Magazine Volume 29, Issue 4, 1997.

④ William Shea, Multimillion-Dollar Verdict Sends a Message of Greater Accountability, Freedom Magazine Volume 29, Issue 4, 1997.

⑤ Sandra S. Baron, Law, the Media &... Libel Old Concerns Renewed, Columbia Journalism Review, September/October, 2000.

现一波三折、扑朔迷离的态势。

2002 年,《纽约时报》专栏作家克里斯托弗 (Nicholas Kristof) 撰写了一系列专栏文章,指责美国联邦调查局 (FBI) 未能就 2001 年夺取 5 人生命的炭疽邮件事件对前军方科学家哈特希尔 (Steven Hatfill) 展开彻底调查——此前美国联邦当局曾在调查中将哈特希尔列为“引人注目的人物”(a person of interest)。为此,哈特希尔向《纽约时报》和克里斯托弗提起了诽谤诉讼。2004 年,弗吉尼亚州地方法官希尔顿 (Claude Hilton) 曾认为文章准确反映了联邦调查局的调查情况,并未对原告形成诽谤,因此不予审理。2005 年 7 月 28 日,联邦法院第四巡回法庭 (the 4th U. S. Circuit Court of Appeals) 的 3 人审理小组以 2:1 的票数推翻了希尔顿的决定。在法庭上,负责撰写裁定的谢德法官 (Dennis Shedd) 甚至暗示,即使如早期的专栏文章那样,将哈特希尔隐晦地指称为“Z 先生”,也依然是一种潜在的诽谤。

这无疑是一个令人费解的裁定。巡回法庭在此似乎忘记了“实际恶意”原则,而是回归到用普通诽谤法进行裁决的老路上,而且即使以普通诽谤法的标准来衡量,这一决定也显得过于严苛。毕竟专栏文章的主旨并不在于指控哈特希尔,而是为了敦促当局将调查进行到底。无怪乎《纽约时报》发言人尤斯尼克 (Toby Usnik) 用新闻媒体的评论权对此予以回击:“我们继续相信,报纸必须可以就调查如何操作进行评论,尤其是像这样一项重要的调查。”①

2005 年 10 月 18 日,第四巡回法庭的全体法官打成了 6:6 的平手,案件回到位于弗吉尼亚州的亚历山大联邦法院。对于这两次判决,哈特希尔都表示满意,因为这意味着希尔顿法官的决定再次受挫,法院开庭受理之日为期不远。而要阻止这场注定耗时费钱的“战争”打响,《纽约时报》只剩下唯一的选择,那就是吁请联邦最高法院听审此案。然而,最高法院却在 2006 年 3 月 27 日做出决定,拒绝冻结此案,也不对此做出任何评论。但围绕该案的议论之声却始终没有平息。

最直接的异议来自第四巡回法庭持反对意见的法官们。威尔金森 (J. Harvie Wilkinson III Wilkinson)、迈克尔 (M. Blane Michael) 和金 (Robert B. King) 三位法官共同提出:“媒体当然不能将未经审判的人指认为有罪,但是,为公众提供有意义的报道同样是媒体的责任。这些专栏文章确实极富冲击力,可它们并未放弃法律所要求的必要平衡。……简而言之,我们认为被告只是在尽忠职守。他们的工作为联邦宪法所保护,我们也无意对弗吉尼亚州法中的‘灰区’进行解释来阻止他们行使自己的职责。……本案中公众有权知道的并不是一个窥人隐私、制造愉悦或是出于无聊好奇心的事件,炭疽邮件预示的生化恐怖主义是一个重要的公众问题。”②在反对意见的最后,他们意味深长地引用了来自“《纽约时报》案”的名言:“本应充当公众批评之喉舌的报纸从此都会蜷缩在畏惧和胆怯的阴影之下,而第一修正案所保护的自由无法在这样的气氛里继续生存。”

的确,正如上文提到的,此案最大的疑点就在于将审判依据从联邦宪法第一修正案转向州法,放弃了“实际恶意”原则,也放弃了自“《纽约时报》案”以来对涉及重大事务的不实言论、乃至非恶意损害性言论的宽容。所以在最高法院决定采取“不管”态度后,美联社以及其他 30 多家新闻机构联合敦促最高法院利用此案廓清对新闻报道言论自由的保护。③

耐人寻味的是,不久后的 2006 年 4 月 18 日,一贯行事保守的美国媒体监督机构——“媒介正确性”组织 (Accuracy in Media, 简称 AIM) 负责人金凯 (Cliff Kincaid) 在参加《纽约时报》年会时,就“哈特希尔案”向该报发行人苏兹贝格提出了这样的建议:“既然

---

① 4th Circuit Reinstates Bioterror Expert's Suit Against N. Y. Times, by The Associated Press, July 29, 2005.

② Hatfill v. New York Times, U. S. 4th Circuit Court of Appeals, 04-2561.

③ High Court Won't Halt Anthrax Libel Suit Against N. Y. Times, by The Associated Press, March 27, 2006.

在此案中《纽约时报》对哈特希尔的指认是错误的，你们不如与原告和解，这样也可为股东节约一些资金，继续战斗下去只会付出更大代价。……没有证据表明哈特希尔有罪，但是他已经丢掉了两份工作，他的职业生涯已经毁了。在我看来，像《纽约时报》这样伟大的自由报纸，应该不仅仅出于经济原因，同时也处于道德考虑，做出这样的表态：‘哈特希尔先生，对不起，我们错了。我们将尽可能把它纠正过来。”对于这段几乎涉及“实际恶意”原则带来的各种现实性问题的建议，苏兹贝格只用一句话将其终止：“谢谢你的观点。但我们不必在这里审判此案。”①

4 反思“实际恶意”原则

如前所述，实际恶意原则在保障新闻自由方面的贡献主要在于：重新界定宪法第一修正案的理论前提，保障讨论公共事务的自由；解除诽谤法的不合理限制，将言论自由直接置于第一修正案保护之下；在名誉权和表达权间权衡时，给予表达自由以明确的优先地位。但它在发展过程中也呈现出矛盾与冲突，人们在迷惑中对它产生厌倦感，甚至有了放弃的举动。这其中到底有什么值得我们反思的问题呢？归纳起来有以下四个方面。

第一，“实际恶意”原则能提供对新闻自由的保护吗？

实际恶意原则无疑是在形式上扩展了新闻自由，推进了自由主义的三大原则，即个人或发言者至上，免于政府控制的自由，以及承担风险。可是扩展和推进并不意味着保护，我们还必须进一步考察它是否有助于实现新闻自由的意义，即如本文开头所言，保证个人自我实现的方式，获得真理的途径，保证社会成员参与社会包括政治、决策的方法，保持社会稳定与发展的手段。

在“《纽约时报》诉沙利文案”的法律意见中，布伦南大法官引经据典阐明保护新闻自由的必要性。略举两例：“宪法（对言论）的保障之所以被造就，乃是因为：惟确保不受拘束之意见交流，人民要求的社会和政治变革才能因势而成。”② “政府需遵从民意，变革需遵循合法途径，为此，我们需要确保自由地进行政治讨论的机会——这样的机会事关国家安危——这是我们宪法体系的一个基本原则。”③这里更多地倾向于所谓消极自由，而消极自由的核心是个人，它假设当且仅当政府不干预时，个人才能自由地思考、评论和倾听各种意见，成功实现民主。可问题是，消极自由赋予潜在的发言者以自由的观念，却没有为他们提供表达意见的工具。如果说政府干涉是对消极自由的侵害，那么，当政府参与成为促进意见自由表达的必要条件时，政府的不作为反倒是对积极自由的一种侵害。

此时，新闻自由表现出坚固和脆弱的两面：对美国人而言，民主制度不容有损，因此新闻自由也不得被剥夺。但是，按照米克尔约翰的思路，新闻自由与民主自治绑在一起，泛政治化和工具主义性质就成了它的软肋。“希尔案”和“罗森布鲁姆案”中曾出现了修正泛政治化倾向的迹象。但是，综观适用“实际恶意”原则的案例，泛政治化的阐述仍然占了绝大多数。

从对民主政治有利这个工具主义的角度来论证保护新闻自由的必要性，这在“实际恶意”原则确立之初也许是必要的，它为的是防止州政府以诽谤为由打击政治批评意见。从这个目的出发，政治言论具有特殊作用的工具主义理由当然是恰切合用的。④ 同时，“实际

① AIM Confronts New York Times, AIM Report, June A, 2006.

② Roth v. United States, 354 U. S. 476, 484.

③ Stromberg v. California, 283 U. S. 359, 369.

④ 参见【美】罗纳德·德沃金著译：《自由的法：对美国宪法的道德解读》，刘丽君，上海人民出版社 2001 年版，第 286 页。

恶意”原则将对新闻自由的保护延伸到不实言论，同时假定纯粹的私人诽谤与新闻自由无关。为何无关？当然还是要用上面的论据来解释，因为它与民主政治关系甚微。在1979年的“沃尔斯顿诉《读者文摘》案”（Wolson v. Reader's Digest）中，“保守”的伦奎斯特大法官（William Rehnquist）再次指出：“个人并不仅仅因被卷入或牵涉到引起公众关注的问题就自动变成了公众人物。……诽谤案中的被告不能仅仅以某一事件具有新闻性，就要求适用《纽约时报》案。”①这段话再鲜明不过地揭示了“实际恶意”原则的脆弱与局限性。脆弱是因为在有些情形下它所诉诸的策略性目标可被说成是限制言论自由而不是保护言论自由（例如伦奎斯特的发言）；局限性是因为只是集中于保护政治言论②——新闻性和公共利益在此反而显得不那么重要了，这对“实际恶意”原则旨在保护新闻自由来说无疑是个讽刺。

实际恶意的创立者试图按照密尔、米克尔约翰的思想通过扩展新闻自由，形成思想的自由市场，增强人的独创性和个性。可是，我们看到的是，媒介资本在自由市场中扩张了逐利本性，所谓的思想的自由市场并不能确保所有的观点都可以表达出来，大众媒介按照新闻价值规律生产着新闻，过滤掉没有市场价值的信息后，出现话语与言论的偏向，正如费斯（Owen Fiss）所分析的：

> 一个私营的新闻媒体是不受政府经济控制的，这当然是好的一面，但它仍然会滋生其中的经济结构的控制。就像其他企业一样，报社、电视台或广播电台的产权所有者都在寻求最小成本和最大收益。简而言之，他们都期望赢利，而且他们对报道什么、如何报道的决定，在很大程度上会取决于这一赢利的期望。③

人们在这种压倒性的偏向面前变得无力抵抗，很明显，在这种情况下，自由市场的扩展倾向于减少而非增加独创性和个性。这样说来，实际恶意原则所要保护的思想的自由市场和新闻价值仅仅是保证了媒介的新闻自由，无法提供新闻、观点和言论的多样性（或者更多地提供伪多样性），也无助于新闻自由意义的呈现——保证个人自我实现的方式。同时，受制于媒介资本控制和市场的压倒性多数控制的媒介人士也难以获得自由选择、独立报道的道德力量，甚至丧失新闻自由的内在力量。

其实，从自由主义的立场来看，实际恶意原则对新闻自由的保护并不令人满意。在前文中我们已经看到了它的副作用，因为“实际恶意”的过于难以证明，为了适当平衡原被告的责任，所以允许原告对被告的新闻编辑过程进行查证——正是这一查证许可和由此带来的新闻界“自我审查”，令人始料未及地破坏了“实际恶意”原则的坚强护卫。

第二，实际恶意原则能保证完全开放的公共讨论吗？

实际恶意原则对公共问题的辩论所做的保证是：应该是不受约束的、强健的和完全开放的，它可以包括对政府的政府官员的猛烈、尖锐、有时毫不留情的攻击。这句在最高法院的年鉴中反复出现的短语得益于密尔和米克尔约翰的思想，前者的思想基点是，在一个开放的思想市场中真理将受到最好的保护，全面、自由的思想论辩最终将有益与社会；后者的理论基点是公民自治，认为给予言论自由绝对保护就是要保证全体公民能够获得必要的信息，以使之基于广泛的信息做出判断，而这样的判断是一个自治的社会赖以存在的基础。但是，理论的假设总是与现实存在着距离，并且难以解决来自现实的问题。

首先，实际恶意原则试图扩展免于政府控制的自由，但是，按照米尔的思想，仅仅防御

---

① Wolston v. Reader's Digest, 443 U.S. 157 (1979).

② 【美】罗纳德·德沃金：《自由的法：对美国宪法的道德解读》，刘丽君译，上海人民出版社2001年版，第284页。

③ 【美】欧文·费斯：《言论自由的反讽》，刘擎、殷莹译，新星出版社2005年版，第53页。

政府的暴虐还不够，还要防御得势舆论和得势感想的暴虐，其原因在于：

> 当社会作为集体而凌驾于构成它的各别个人时，它的肆虐手段并不限于通过政治机构而做出的措施。社会能够并且确在执行它自己的昭令。而假如它所颁的昭令是错的而不是对的，或者其内容是它所不应干预的事，那么它就是实行一种社会暴虐；而这种社会暴虐比许多种类的政治迫害还可怕，因为它不以极端的刑罚为后盾，却使人们有更少的逃避办法，这是由于它透入生活细节更深得多，由于它奴役到灵魂本身。①

实际恶意原则提供对于思想的自由市场的保护，但是这种保护并不一定提供获得真理的方式；相反，在市场化的情况下，还有可能使得势舆论和得势感想的暴虐得以通行，破坏公共讨论的形成，或者使公共讨论只具有空泛的形式。而且，根据实际恶意原则，法院现在要判断的是被告是否疏忽失职，而非这一批评性意见是否属实，这已远离密尔所说的只有对于真理的追求，被失实侵犯的人已被一句“不存在实际恶意”的判断弄得无可奈何，追求真理对他来说已成了一种嘲弄。如此一来，所谓完全开放的公共讨论便成为一种“不能承受之重”。

其次，公民自治假定公民有充分的理性，基于广泛的信息做出判断，这其实也是公共讨论的基础。实际恶意原则里所要辩明的无论是实际的恶意还是不计后果的漠视，都表明人性并不乐观，更重要的是，由于举证的困难，它无法处罚这种人性之恶，反而常常让“实际的恶意”或对虚假信息的“不计后果的漠视”蒙混过关，增加了人与人的不信任，以及公众对媒体的不信任。可以想见，失去信任的社会谈何完全开放的公共讨论？

另外，实际恶意原则赋予媒体以某种司法上的自主性，提供了公共讨论的可能性，但另一方面，也巩固了媒体的经济自主性，从而有可能使得市场的力量抑制媒体对公共问题的报道，正如费斯所分析的：“当政府的政策或某些候选人的立场有利于新闻媒体的经济利益时，处在市场压力下的新闻媒体可能就会羞于批评政府或某些公职候选人。在其他一些情况下，这种影响或许更加微妙：追求最大利润的简单期望会使新闻媒体淡化某些问题的严重性，这些问题本来应该被报道却不会被报道，原因就在于它们不能创造所期望的收入。”②

第三，如何降低在公共言论中可以不顾事实的社会成本？

布伦南大法官以“呼吸空间”这样富有想像力和说服力的理由将新闻自由的保护范围延伸至不实言论，其勇气、智慧和宽容无疑值得嘉许。然而，我们同样不能否认这一决定带来的副作用。

部分不负责任的新闻媒体滥用自由，而即使对这样滥用自由的媒体也很难从法律上予以制裁，因而事实真相得以澄清的机会也大大减少。这是一个显而易见的恶性循环。因此不少美国学者指出，“实际恶意”原则确立的司法程序实际上是强加了在公共言论中可以不顾事实的社会成本。③

认同这一意见的甚至包括当初参与确立“实际恶意”原则的怀特大法官。他在 1985 年的一个案例中表示：“出版者广泛接触读者，因此以虚假信息污染传播渠道，对个人名誉造成重大损害，给予这样的出版者以最大的保护，毫无意义。”④

公共信息流为虚假言论所污染、原告名誉和职业生涯可能为虚假言论所毁的“乖张局

---

① 【美】约翰·密尔：《论自由》，程崇华译，商务印书馆 1959 年版，第 4 页。

② 【美】欧文·费斯：《言论自由的反讽》，刘擎、殷莹译，新星出版社 2005 年版，第 53-54 页。

③ L. C. Bollinger, The End of New York Times v. Sullivan: Reflections on Masson v New Yorker Magazine, Sup. Ct. Rev. 1, 1991, pp. 6.

④ Dun & Bradstreet Inc. v. Greenmoss Builder's Inc., 472 U. S. 749 (1985).

面”，倒并不一定由“实际恶意”原则的哲学基础直接导致，它实际上反映了理想状态与现实状态的差别——在布伦南大法官所论述的理想状态中，新闻机构显然是对自己的行为有合理注意的，他假定他们并非有意失实。也只有在这个意义上，才能解释保护不实言论的必要性，因为新闻界可以通过自己的努力修正不实表达。令人遗憾的是，现实生活中的新闻界并非如此高度自律。

对新闻界来说，“实际恶意”原则所允许的细节查证带来了困扰，而原告这边的情况同样不如人意。一方面，原告很难通过证明“实际恶意”来恢复受损名誉；另一方面，冗长繁复的取证和审理过程使得诉讼费用显著上涨。如果说媒体还可以通过购买诽谤保险来应付，那么作为资金有限的普通个人的原告，则常常因此丧失了法律救济。① 同时，法官也不堪重负，每次受理一个与诽谤公众人物或触犯其个人隐私的案件后，法官们就要进行长时间的推敲和辩论，来决定原告是否在“实际恶意”原则所涉及的范围内，他是否需要承担这一原则所要求的举证责任。载荷了这样的司法负担之后，诽谤案的三方无疑都承受了“不能承受之重”，这实在不是一个令人满意的结果。

第四，如何通过修正减少实际恶意原则的负面因素？

事实上，多年来，美国的法官和学者们早已就此进行了广泛而深入的探讨，也提出了许多可资借鉴的修正方案。其中比较著名的包括安南伯格·华盛顿研究计划（Annenberg Washington Project on Libel Reform）、依阿华诽谤研究计划（Iowa Libel Research Project）等项目提出的相关建议。

考虑到大部分诽谤案原告的目的在于恢复名誉，那么正如加利福尼亚等许多州的州法所规定的那样，新闻媒体应该应允指控人关于印发撤回声明或刊登反驳报道的要求。如果媒体拒绝了这一点，指控人方可将其告上法庭。这一修改无疑可以大大减少诽谤案的数量，给予普通个人恢复名誉的机会。而对那些拒绝媒体和结合刊登反驳报道的建议、一意孤行要给予媒体严惩的原告来说，这一规定也会是个有效的约束。

在法庭上可以运用的方法则是“分步裁决”（step-by-step judgment）和“即决裁决”（summary judgment）。分步裁决意指如果原告仅要求媒体赔偿其实际损失，那么他只须证明媒体报道不实即可；如果他还想得到除此之外的精神赔偿，则必须证明媒体的“实际恶意”。至于除了使媒体破产之外毫无法律意义的惩罚性赔偿，则在被禁止之列。即决裁决则是美国法院已经较多采用的一项判决方法。它的意义在于避免耗时费钱的诉讼给原被告双方带来的打击，它的基本内容是，如果诉讼双方的辩论结果经法官认定后表明，原告无法举出“实际恶意”的可信证据，那么将不进入正式的审判程序，而以即决裁判或驳回起诉的方式来了结。

分步裁决和即决裁决的结合至少有三个好处：第一，可使令新闻界惴惴不安的惩罚性赔偿被废止；第二，司法程序大大简化，原、被告都不必再就此长期纠缠；第三，法院有机会就报道的失实做出认定，从而恢复原告名誉，怀特大法官所诟病的整体性裁决问题也就得到了妥善解决。

可能这套方法最大的问题就在于取消了对“不实言论”的保护，而这一保护正是“实际恶意”原则的功绩之一。不过一旦我们认识到这套方法和原始的“实际恶意”原则不同的基础，即判定“不实言论”的目的不在于惩罚新闻界，只在于澄清事实、恢复原告名誉，而且真实性本来就是新闻界的专业追求之一时，这套方法也就不再那么令人难以接受了。

包括法学家德沃金在内的许多人都支持上面的修正思路，也许在不久的将来，我们就能看到它作为“实际恶意”原则一个重要的“修正案”被广泛认可和推广。

---

① P. N. Leval, The No-Money, No-Fault Libel Suit: Keeping Sullivan in its Proper Place, 101 Harv. L. Rev. 1287, 1988, pp. 1288.

但是我们也必须认识到，法律绝不是保护新闻自由和防止其滥用的万验灵丹。总有一些问题在法律的镇守范围之外，例如虚假报道对公共信息流的污染，例如公众对这一现状产生反弹所导致的陪审团情绪化偏激的倾向。而这些问题要得到解决，无疑有赖于新闻界的自律以及与公众的良好互动。

综上所述，“实际恶意”原则的发展过程让我们看到了法律、媒体和公众多向互动的生动案例，看到了新闻自由的法律保护在曲折反复中努力发展前行，并不断走向坚强细致的过程。

这一过程当然还在继续。司法界对新闻自由同情的了解和实践护卫在不断深化，以新闻自由托底的活泼深刻的新闻报道在不断涌现，人们对新闻自由的丰富内涵和多重向度的认识也在不断发展。从某种意义上说，这或许就是“实际恶意”原则对新闻自由的最大贡献。

【作者简介】

单波，武汉大学媒体发展研究中心研究员、新闻与传播学院珞珈学者特聘教授；

程曦，武汉大学新闻与传播学院新闻学专业研究生。

下　卷

2007 年中国媒体发展专题研究报告

2007年我国传媒经济发展的八个关键词

陈刚　余建清

【摘　要】2007年是我国传媒经济发展政策性调整与传媒适应的关键时期，本文从传媒经济发展的制度性规制、政策调控，产业化运营中具有典型性或者具有突破性的事件以及传媒经济发展中的新走向等视角和价值标准，选择了八个关键词，从关键话语切入，梳理和呈现2007年我国传媒经济发展的状况，进而分析2007年我国传媒经济发展的阶段性特征和绩效。
【关键词】内容经济　受众经济　媒介融合　新媒体

2007年是我国传媒经济发展的重要一年，据清华大学媒介经济与管理研究中心的测算，2007年我国传媒产业的总产值为4811亿元人民币，比2006年增长13.6%，传媒产业的发展在产业规模、产业化程度、产业结构的调整与优化等层面都取得了显著的成就。本文从传媒经济发展的制度性规制、政策调控，传媒产业化运营中具有典型性或者具有突破性的事件以及传媒经济发展中的新走向等视角和价值标准，挑选了文化体制改革、整体上市、数字报业、多元化经营、整治虚假违法广告、选秀节目叫停、新媒体、媒介融合等八个关键词，从传媒经济发展的关键话语切入，回顾2007年我国传媒经济发展的概貌，梳理和分析2007年我国传媒经济发展的阶段性推进和发展路径。

1　"十七大"与文化体制改革：传媒经济发展的制度性框架与调控

2007年初召开的中国共产党第十七次全国代表大会（以下简称"十七大"）规划了我国未来五年甚至更长一段时期里政治、经济、文化、社会的发展方向，也为新闻传媒业包括传媒经济的发展确立了新的目标。报告在文化建设部分明确提出了"兴起社会主义文化建设新高潮"的战略部署。报告就推动社会主义文化大发展大繁荣提出了很多战略性思想，包括"在时代的高起点上推动文化内容形式、内容体制、传播手段创新"，"深化文化体制改革，完善扶持公益性文化事业，发展文化产业，鼓励文化创新的政策"，"大力发展文化产业，实施重大文化产业项目带动战略，加快文化产业基地和区域性特色文化产业群建设，培育文化产业骨干企业和战略投资者"，"运用高新技术创新文化生产方式，培育新的文化业态，加快构建安传输快捷、覆盖广泛的文化传播体系"，等等。

在"十七大"的宏观推动下，和传媒经济密切相关的文化体制改革在2007年获得了进一步的深入。2007年是《国家"十一五"时期文化发展规划纲要》颁布实施的第二年，在这一年里，国家就深化文化体制改革又陆续推出了许多新的举措。

在政策层面，2007年初，中央主管宣传和意识形态工作的政治局常委李长春就北京市的一份文化产业融资难、制约文化产业发展的资料作出批示，要求中宣部开展调研，探讨如何利用深圳创业板引进风险投资，解决文化产业融资问题。此后，李长春同志又多次讲话和作出批示，要求加快发展文化产业，加大力度建立文化产业领域的支柱型产业集团和上市公司。随后，在武汉琴台大剧院和知音传媒集团，李长春又多次发表讲话，强调深化文化体制改革，通过市场化、企业化运作水平，探索文化事业和文化产业发展的新路。

在政策实践层面，为落实指示，加快文化产业改革与发展，中央有关部门推出了三大政策举措：第一，推动文化产业（包括媒体）整体改制、上市。根据相关政策，以往我国媒体业多采用剥离经营性资产改制并上市的改革路径，而近几年实践证明，这种改革方式的各种后遗症十分严重，有关部门拟在继续进行剥离改制试点的同时，选择一些非时政类媒体，作为整体改制上市的改革试点。第二，鼓励媒体与文化产业集团跨媒体发展，尤其鼓励作为整体改制并上市改革试点的非时政类媒体集团跨媒体发展。第三，设立文化产业投资基金。中央有关部门将筹设基金会，募集以国有文化资产为主干的文化产业投资基金，在国有文化产业的改制和上市过程中扮演风险投资者角色。

同时为了加强文化体制改革中国有文化资产的管理和规范，2007 年 9 月，中宣部、财政部、文化部、广电总局、新闻出版总署共同签发了《关于在文化体制改革中加强国有文化资产管理的通知》，其核心内容有三条：第一，国有文化资产的监管工作由财政部负责，中央一级的归财政部监管，地方一级的由地方财政部门监管。在文化体制改革试点期间，已经对国有文化资产的监管方式进行了改革探索的，继续按照探索的模式进行，没有进行探索的，全部按照通知执行。第二，对五个部委在国有资产管理的界限进行划分，财政部负责资产监管，中宣部负责把握人事、宣传导向，并就文化体制改革过程中涉及国有文化资产的重大变动，包括股权变动、产权变动等进行重大把关。文化部和广电总局、新闻出版总署，协助财政部门监管各自负责领域的国有文化资产。第三，建立针对国有文化资产主要经营者的考核体系。

此外，中央有关部门还对文化体制改革过程中的“国有文化资产授权经营工作”也作出了明确规定。中宣部改革办相关负责人表示，国有资产授权经营，涉及一个媒体集团发展方向的问题，要明确两个原则：一是必须明确一个前提，媒体集团，特别是新闻媒体是意识形态性的，而不是单纯的经济集团，这个前提必须在实践中把握住，如果偏离了这个前提，授权经营是没有意义的；二是明确媒体搞授权经营的意义在于，具有意识形态属性的文化经营单位也必须在市场经济条件下自我发展和完善。探索国有资产授权经营问题，并不单纯是为了国有资产的增值，主要在于增前我们的文化竞争力和发展活力。

在我国，传媒经济的发展与文化体制改革密切相关，传媒经济发展对政策有强烈的依赖性。在此情况下，“十七大”以及文化体制改革对我国深化文化体制改革、创新传媒业的管理体制机制，推动新闻传媒包括传媒经济的持续发展和推进的框架、路径都做了初步的设定，而这是传媒经济发展的制度（体制）依赖突破的关键，“十七大”以及文化体制改革所设定的框架和路径，确定了 2007 年及今后我国传媒经济发展的制度性框架和调控，对传媒经济的发展具有决定性的意义和价值。

2　整体上市：传媒融资的政策突破与方向性调整

2006 年我国传媒资本市场可谓乏善可陈，这种状况在 2007 年有了一定的改观和松动，整体上市的探索成了 2007 年传媒资本市场最大的亮点。由于我国传媒业的特殊性，整体上市一直是业界和理论界关注和期待的重点，而关于传媒业上市融资政策的松动是在国家对文化产业开始从以往财税优惠的外推式支持，转向通过解决融资问题进行内生式推动的背景下产生的尝试。

中国证监会早在 2002 年颁布的《上市公司行业分类指引》中，就将“传播与文化产业”确定为上市公司的 13 个基本产业门类之一，这为文化企业上市融资提供了政策依据。但是，以往传媒业主要是通过经营和采编分拆、将经营业务剥离出来单独上市，在这种剥离上市的政策背景下，文化传播类企业虽然已经作为 13 类上市企业之一，但尚未形成独立的文化产业板块。此外，批准上市的文化传播类公司主营业务主要有发行、广告、印刷和广电传输四类，并不包括内容类，即还没有真正完全意义上的文化企业。同时，证监会认为剥离上市存在关联交易和同业竞争，对投资者不利。限于政策性规章和制度，传媒产业的分拆上市，实际上导致了产业价值链的被迫割裂，因此，整体上市对文化出版传媒业来说，就具有了异乎寻常的意义。

整体上市这一政策在2007年终于有了实质性的突破和方向性调整。2007年10月17日，新闻出版总署署长柳斌杰向媒体表示，“允许任何一家新闻出版传媒集团的整体上市，而不是局限于过去将报纸的采编业务与广告等商业经营剥离开来的做法”，中国已经完全放开地方报纸、出版集团、新闻网站在国内外上市，整体上市将令传媒企业对投资者更具吸引力。业内人士指出，柳斌杰的表态意味着中国传媒业的体制改革进入了一个新阶段。

随后，业界迅速做出反应：2007年11月，辽宁出版传媒股份有限公司的IPO申请正式通过中国证监会发审委审核，并于12月21日成功上市。辽宁出版传媒股份有限公司上市的意义重大，这是首家获得中宣部和新闻出版总署批准申请发行上市的出版企业，同时，最引人注目的还是其编辑业务与经营业务不再分拆而是合并打包整体上市，辽宁出版传媒股份有限公司成为中国第一家实现整体上市的出版类企业。与此同时，湖北日报传媒集团也明确表示，其已开展上市规划。上市公司国药科技发布公告，称拟以定向增发的方式，向湖北日报传媒集团定向发行A股股票，后者以核心传媒资产认购。增发完成后，湖北日报传媒集团将成为国药科技控股股东，公司主营业务也将变更为报刊出版和传媒经营。据集团高层人士称，如果定向增发成功，湖北日报传媒集团准备将除《湖北日报》外的子报子刊和网站等的编辑和经营业务整体上市。如果交易成功，湖北日报传媒集团就将成为报业中实现整体上市的第一家。

对于传媒业的整体上市，资本市场也反应强烈：辽宁出版传媒上市首日暴涨，收盘报19.93元，较发行价4.64元暴涨329.5%，远高于市场预期。2007年11月16日，广东九州阳光传媒股份有限公司（粤传媒）在深圳证券交易所正式挂牌上市，这是首家正式拿到国家新闻出版总署批文，并在境内主板上市的传媒公司，也是首家从三板成功转到主板上市的公司。粤传媒上市当天开盘价即涨至22.00元（发行价格7.49元/股），升跌幅为+193.725%。

传媒业的整体上市，不仅仅是一种政策的松动，更深的意义在于如果能真正实现整体上市，一方面可以消解以往传媒业分离上市的障碍与弊端，整合资源；另一方面，整体上市对于传媒业提升竞争力，充分利用金融资本市场以及深化产业化程度都具有里程碑的价值和意义。

但传媒业整体上市政策的松动，乐观之余，还需理性和谨慎地看待。传媒业无论是否将编辑业务打包上市，其上市方案均需通过行业主管单位、宣传部门和新闻出版总署三方的“前置性审批”，然后进入一般上市公司的审核程序。虽然证监会早已将“传播与文化产业”确定为13个基本产业门类之一，为传媒和文化企业上市融资提供了政策依据，但没有具体的实施措施。因此，在整体上市问题上，具体新政策出台前，应该还是会走“成熟一家上市一家”的个案和渐进式的推进道路。

3 数字报业：报业转型与经营模式的拓展

随着媒介生态和媒体竞争环境的变化，传统报业进入到了发展的转型期。在新技术条件下，能否抓住机遇，充分利用数字网络技术推动自身技术升级并大力拓展生存空间，是传统报业能否实现创新、走出困境、成功转型的关键。2006年新闻出版总署提出要大力发展数字报业，并启动了“中国数字报业实验室计划”。2007年，传统报业在朝着数字报业的目标又加快了步伐，数字报业成为报业发展中的亮点和热点。

数字报业的发展得益于主管部门的积极推动，2007 年新闻出版总署以中国数字报业实验室为核心先后召开 4 次会议，商讨数字报业发展中亟待解决的问题：

广州会议：2007 年 1 月 27—28 日召开，会议主题为“中国数字报业商业模式研讨会”。与会者认为，在数字报业商业模式的探索中，需要报业、广告业、IT 业、通信业等多个方面的配合，在广泛的合作中寻求共赢。

宁波会议：2007 年 3 月 3 日召开，这次会议确定报纸网站、手机报、多媒体数字报刊、数字化平台、手机二维码、电子商务、户外数字媒体、电子阅读器、移动采编系统等九大类数字报业项目为创新方向。

第一次北京会议：2007 年 5 月 31—6 月 2 日召开，会议围绕“数字报业新技术现状与应用前景”进行研讨。新闻出版总署报刊司有关人士在会上指出，数字报业实验室计划的第一阶段工作已告结束，第二阶段（2007 年 6 月到 2008 年 8 月）的工作开始启动。

第二次北京会议：2007 年 9 月 15—17 日召开，会议主题为“借奥运契机，发展数字报业”。

这些会议的召开有力地推动了传统报业向数字报业转型的发展进程，特别是 2007 年 5 月召开的第一次北京会议上，由中国数字报业实验室主持、业内专家评估确定的“首批中国数字报业创新项目”，共 9 类 45 个项目，正式对外公布，这标志着中国数字报业发展进程的进一步加速。

在主管部门的主导和推动下，各报业集团和报社也纷纷制定了自己的数字报业发展战略。解放日报报业集团制定了以 I-news（手机报纸）、I-mook（电子杂志）、I-paper（电子报纸）、I-street（公共新闻视屏）为内容的“4－I”战略。宁波日报报业集团提出了“一二三四十”的发展框架：一个中心——以客户为中心；两个基础——报纸的发展和数字平台的建设；三个阶段——2007 年是规划和起步阶段，2008—2009 年是成长阶段，2010 年以后是发展阶段；四个产品——网站、户外电子屏、手机报纸、电子阅读器；十个计划——体验计划、平台建设计划、人才培养计划、客户数据库建设计划、研发计划、市场营销计划、投资计划、培训计划、与其他单位的合作计划等。辽沈晚报社制定了“ES 工程”计划，其中“E”指数字化，“S”指服务，意思是为受众提供优质的服务，并由此衍生出“3E 法则”：Every Media（全媒体）、Every Platform（全平台）、Every Time（全天候）。

数字报业的转型与出现，不仅提升和拓展了传统报业的生存与发展的空间，而且对报业的经营即报业经济具有重要影响，体现在传统报业与数字报业的经营整合以及数字报纸的运营模式、商业模式和盈利模式等层面。目前，已有数字报纸开创了商业模式，如温州数字报纸较好地利用了温州人遍布全球的这一优势，其数字报纸系统在国内首次提供了数字报纸发行平台，实现了数字报纸网上销售，建立了生产制作、审核、发行、销售、支付和售后服务体系，属于国内首创。

目前，报业新闻网站、手机报、电子报等已经相当普及，但这种普及只是表现在凡是有能力的报业集团和报社几乎都开始建设数字媒体，而受众对报业新媒体的认识和接受程度并不高，数字报业还没有找到真正的传播模式和经营模式。因此，未来伴随数字报业经济的实践探索，对于数字报业经济的研究将会成为传媒经济研究的重要领域。

4 多元化经营：传媒集团化运营与完善产业链的关键

积极探索多元化经营是传媒实行集团化经营的内在需求和推动力，2007 年新闻传媒在深化体制改革、创新管理模式、积极探索多元经营的道路上又有新的突破，主要表现为传媒在实体经营和虚拟经济市场领域的积极探索和多种经营。这其中，浙江日报报业集团是一个典型的案例。

浙江日报报业集团成立以来，遵循“传媒控制资本、资本壮大传媒”的理念，积极推进管理集团化、经营企业化、发展多元化，大胆探索适应报纸质量两重属性产品特征和“两分开”要求的优化模式，形成了分线运行的集团宏观管理架构和“一媒体一公司、两分开一本账”的微观运营机制。从2006年起，集团就启动了国有资产授权经营，对非经营性资产进行封闭式管理，非经营性资产不承担经营风险；对经营性资产，集团公司通过有限出资形成产权纽带，对下属子公司实行专业经营、分级管理，在短期投资、房地产项目开发、高新技术产业股权投资等多个领域开展资本运营。

2007年7月23日，浙江日报报业集团有限公司通过浙江产权交易所拍卖出让了其所持有的一个福建房地产项目75%的股权，这是迄今为止浙江省新闻文化单位通过产权交易所进行的最大的一宗国有资产交易。通过这次交易，浙报集团公司在该项目上获净利1.8亿元人民币，年资金回报率超过480%，实现了国有资产大幅增值。专家分析指出，这次浙报集团福建房地产项目的成功转让，体现出浙报集团较强的资本经营意识和产业经营意识，在一定程度上标志着我国报业集团已经有能力驾驭较大规模的投资项目，并进行资本形态的自主转换，是我国报业集团经营能力大大提升的一个标志性事件。同时也说明，通过国有资产授权经营，使国有文化单位成为真正的市场主体，有利于实现国有资产的保值增值，增强我国文化事业的活力。

在资本市场的投融资方面，2007年8月3日和29日，浙报集团公司董事会先后决策：以每股8.3元的价格，售让900万股华泰保险股份；以每股7元的价格，认购350万股浙江华康药业股份。对于两个拟上市股改项目集团共投入1亿元人民币，作为集团中长期战略投资，上市后预计都将会有较好的市场表现。此外，浙报集团还通过下属的新干线投资公司进行股权投资，即积极寻找有意上市的企业，公司作为发起人投资入股，再将其运作上市，此后通过转让股权获利。据了解，新干线投资公司已投资2350万元人民币，通过增资扩股和股份收购方式成为浙江大力科技有限公司第二大股东，这是浙报集团第一批上市的4个项目之一。浙报集团通过新干线投资公司这一投资窗口，依托资本市场，根据不同阶段，完成了从打新股、买卖国债到委托理财再到房地产项目融资等持续盈利模式的转型。新干线投资公司成立5年来，已累计为集团创造效益1.8亿元人民币。

在实体经济领域和虚拟经济领域的多元化经营是2007年我国传媒集团在产业化经营上的重要表现，在实体经济领域的经营主要有内容生产、广告生产以及创办实体产业等，虚拟经济领域的经营主要有传媒利用金融资本市场（股市、债市、基金市场、金融租赁以及信贷市场等）的资本运作以及投资房地产、网游和品牌等无形资产的运作等。传媒多元化经营在实现资本和价值的积累与增值以及完善传媒业的产业价值链等方面都具有重要的意义。

5 整治虚假违法广告：传媒经济发展的理性与长效规范

从2007年1月1日起，新的《医疗广告管理办法》（以下简称《办法》）正式实施，明确了医疗广告发布前的审查制度，规定了医疗广告必须由省级卫生行政主管部门对广告内容进行成品审查，取得《医疗广告审查证明》后方可发布。同时规定，医疗广告不得出现医疗技术、诊疗方法、疾病名称、药物，保证治愈或者宣传治愈率，利用患者、卫生技术人员、医学机构、专家等名义和形象做证明的形式。禁止利用新闻形式、医疗资讯服务类专题节（栏）目发布或者变相发布医疗广告。与此同时，由国家工商总局、公安部、卫生部等11个部门2006年底联合制定的《违法广告公告制度》也与此《办法》配套施行。《办法》实施后不久，福建东南卫视和辽宁卫视就因继续发布违法医疗广告，涉嫌违反《办法》的相关规定，被国家工商总局、卫生部予以公告。

2007 年 1 月 30 日，虚假违法广告专项整治行动部际联席会议第二次全体会议在国家工商总局召开，会议确定，国家工商总局、中宣部、公安部、监察部、国务院纠风办、信息产业部、卫生部、广电总局、新闻出版总署、国家食品药品监督管理局、国家中医药管理局 11 个部门将联合整治虚假违法广告。随后，国家工商总局、中宣部等部门联合下发了《2007 年整治虚假违法广告专项行动部际联合会议工作要点》，强调要完善整治虚假违法广告部门联席会议制度，将其作为广告监管长效机制的重要内容固定下来。广播影视、新闻出版行政部门要加强对广播、电视、报纸、期刊的行业监管，建立和落实发布广告行为主管领导责任制、领导负责追究制、评比考核等制度，强化审查制度，并全面规范电视医疗资讯服务和电视购物节目的播出。同时，加大对利用固定形式印刷品广告从事非法出版活动的违法行为的查处力度。

2007 年 4 月 17 日，甘肃卫视、内蒙古卫视、陕西卫视、宁夏卫视、山西卫视、黑龙江卫视、天津卫视、河北卫视等八家电视媒体被国家工商总局、国家食品药品监督管理局指涉嫌违反广告法。这八家省级电视台卫视频道发布了一些以定购电话、货到付款等电视购物为形式的药品、保健品和化妆品广告。根据国家工商总局和国家食品药品监督管理局对 2007 年 3 月 26 日卫视频道的广告检测情况认定，这些广告违法现象较为严重。

2007 年 7 月 30 日，广电总局向各省、自治区、直辖市广播电视影视局发出《广电总局关于进一步加强广播电视广告管理工作的通知》，要求严格依法播放广告，坚决纠正违规行为，各级广播电视播出机构要严格执法、依规播放广告，凡属虚假违法、内容不良、格调低下的医疗、药品、性保健品广告和各类性暗示广告一律不得播出。

2007 年 10 月 29 日，《南国都市报》、《济南时报》、《文摘旬报》、《书刊报》因发布严重违法广告被处罚。工商部门依法暂停《南国都市报》、《济南时报》发布药品、医疗、保健食品广告业务 7 日，暂停《文摘旬报》、《书刊报》发布药品医疗广告业务 30 日。新闻出版总署随后责令该 4 报进行内部整顿，要求其主管、主办单位追究相关责任人和直接负责人的责任，并进行通报批评。

对虚假违法广告的整治一直是近年主管部门对传媒经营进行规制监管的重点。新的《医疗广告管理办法》以及对虚假违法广告的严厉整治从传媒经济的角度来看其影响是不言而喻的，尤其是对传媒的广告经营业务影响巨大，主要是因为对医疗广告的严格管理，使得医疗广告以及与医疗广告相关联的医疗保健品广告出现大幅度的下滑。

针对此，传媒可以考虑从两方面来规避风险增强经营的市场竞争力：一方面主动加强对虚假和违法广告严格把关的力度，规范广告经营活动，规避广告经营的政策风险，提升广告经营的形象和口碑；另一方面，积极探索多种经营，拓展经营和收益的边际，完善产业价值链，利润多元化，降低对广告经营的高依赖所带来的经营风险。据统计，我国报刊等媒体的收入结构中，广告收入占 70% 以上，有的甚至占 90% 以上，这样的收入和利润结构存在着高风险：一是因为广告投入是非常不稳定的；二是广告市场是相对有限的，而且近年来广告的增长率也曾全球性的下降趋势。当前，我国传媒产业发展缓慢的一个重要原因就是高依赖广告收入，融资渠道狭窄，产业资本积累低，投资能力较弱，传媒要做大做强必须渐进式地改变这种状况。

6　选秀节目叫停：内容经济与受众经济的双重规制

2004 年，湖南卫视在其王牌娱乐节目《快乐大本营》和《玫瑰之约》因为吸引力下降而陷入窘境之际，借鉴国外经验，推出选秀类节目《超级女声》，收视率暴涨。这档节目在勾起无数观众参与热情的同时，也因为主办方带来的丰厚收益而挑动了传媒业界的神经。出于对利益的狂热追求，中国电视界进而掀起了一股狂热的选秀风潮。海选、炒作、审丑、爆料这些词汇一时之间遍布大街小巷，人们高呼着“庶民的胜利”、“平民的狂欢”。一场又一场怀揣各种心思的“真人秀”纷涌而至，并在黄金时间展开“你方唱罢我登场”的激烈竞争，不仅严重同质化，而且更不乏恶意炒作和媚俗丑化，让观众连呼“收视疲劳”。有关主管部门也注意到了这一问题，不断出台一些规定，对选秀节目加以规范。

2007 年 3 月，国家广电总局针对选秀节目作出一系列规定，诸如跨省参赛选手年龄必须年满 18 岁，主持人不得有倾向性，要张扬主旋律等。3 月中旬，广电总局向全国所有上星频道下文，规定年内启动的选秀类活动播出时间不得超过两个半月，即 75 天。据了解，在 2006 年，全国三大选秀节目（“好男儿”、“梦想中国”、“超女”）在进入全国总决赛后纷纷靠拖延时间来一较高下，活动时间都在 4 个月以上，其中“超女”的周期最长，主办方凭此不仅增加收视率，还赚取大把短信费。广电总局的新规定出台后，相关人士分析指出，新规定将会对主办方的广告收益产生较大影响。

2007 年 4 月，国家广电总局批准“快乐男声”举办后，更是要求其涉及一些公益性内容，参赛曲目要积极健康，弘扬主旋律，尽可能不出现落选歌手泪流满面，亲友抱头痛哭，歌迷狂热呼叫等场面和镜头。从中不难看出国家广电总局为了遏制选秀节目的低俗化倾向，以及节目安排不当和“一夜成名”、“一唱成名”所引发的价值观扭曲问题所作的努力。

2007 年 8 月 15 日，国家广电总局下发通报，批评重庆电视台举办的“第一次心动”选拔活动存在严重违规行为，其“内容格调低下”，并要求立即停播。这成为我国第一档被停播的选秀节目。广电总局的通报指出，重庆电视台举办播出的群众参与的电视选拔活动“第一次心动”严重偏离比赛宗旨，热衷制造噱头炒作活动，在评委选择、比赛环节、评委表现、歌曲内容、策划管理和播出监管等方面都出现了重大失误，损害了电视媒体形象，产生了不良社会影响，广大观众反响强烈。除停播外，广电总局还要求重庆电视台对节目策划、审查把关、行政管理及相关人员作出严肃处理。

2007 年 9 月 20 日，广电总局又出台了一系列具体管理措施和细则，进一步规范群众参与的选拔类广播电视活动和节目，对节目播出的时长、周期、播出方式、细节设计、曲目选择、服装造型、主持人等各环节作出了细致的规定。

除此之外，国家广电总局还于 2007 年 8 月 23 日下文叫停了广东电视台女性整形真人秀节目“美丽新约”，要求各级广播电视播出机构一律不得策划、制作和播出群众参与的各类整容、变性节目。

内容经济和受众经济是传媒经济的核心，而选秀节目，从传媒经济的运营层面考察，在一定程度上，可以说是内容经济和受众经济的相对完美融合，整合了当前日益凸显的两种商业模式：“我（受众）消费，你（广告商等）付钱”和“我（受众）消费，我（受众）付钱（短信参与等）”。因此，以“超女”为代表的选秀节目自 2004 年在我国电视界落户生根以来，为传媒业界带来了非常巨大的效益，已经形成了相对完整的商业模式和产业链条。据中国社会科学院发布的文化蓝皮书显示，“超级女声”的产业链主要由节目制作商、节目品牌运营商、赞助企业、电信运营商和短信增值服务提供商以及娱乐包装公司等部分构成，这些企业都能在选秀活动中赚得“盆满钵满”。国家广电总局对选秀活动的规制，使选秀活动进入低潮，对这条产业链上的相关企业的收益将会产生直接影响，而对于制造选秀节目的我国电视媒体来说，这种影响更加明显。但从整体和长远视角看，对于规范传媒内容经济和受众经济的运营以及对传媒的公共性（社会责任）的强调等都具有深远的意义。

7 新媒体：传媒经济发展的新生力量

新媒体一直是近年来备受关注的热点和焦点，新媒体的迅速成长使我国传媒产业结构发生了很大的变化，同时新媒体为中国传媒产业规模的迅速扩张提供了强大的动力。2006 年移动媒体总收入达到888亿元人民币，网络媒体总收入为252亿元人民币，两项相加总和超过了1000亿元人民币，占到了我国传媒产业总产值的1/4。2007年新媒体增长的势头依然不减，在传媒产业中的比重增加到28.07%。

对新媒体关注和研究较早的蒋宏在《新媒体导论》一书中，将新媒体产业涉及产业领域分为6个：一是电信增值业务，主要是ICP、ISP 、IDC 、IPTV 和 SMS；二是传媒业，全球各国都已经将网络媒体纳入新型媒体管理体系；三是出版业，网络媒体、手机彩信和短信的有关内容已经成为新的出版内容和形式；四是娱乐业，尤其是网络和手机的游戏动漫、音乐、影像的快速发展，带动了网络和手机多媒体产品的消费；五是展示业，网络媒体数字媒体多媒体等和遥感技术的整合应用，进一步使展示技术得到提升和开发，使展示效果更加具有魅力；六是咨询业，e-教育、e-商贸、e -购物、e-银行、e-旅游等。这六个领域将是新媒体经济发展的重要领域。在2007年，新媒体涉及的这6个领域，都取得了相对显著的发展，其中IPTV（网络电视业）是一个亮点。2007年9月初，湖北日报传媒集团获得IPTV频道开办权，成为继上海文广集团、央视国际和南方广电传媒之后第四家获得IPTV执照的媒体，而湖北日报传媒集团是我国首家经国务院广播电视主管机构批准而得到视频媒体开办权的报业集团，受到业界的广泛关注。

而在IPTV的市场规模方面，截至2006年12月底，中国IPTV用户达到55万户，同期增长达到106%，预计到2009年，将会达到1453.9万户（数据来源：《2006—2007年中国IPTV市场研究报告》），快速增长的中国IPTV市场将会为运营商、内容提供商、设备制造商等提供巨大的市场机会。

可以预见，新技术、新媒体的出现，必将对传媒产业的发展，尤其是经营产生巨大的甚至是颠覆性的影响。这其中，新媒体的运营模式是关键，时代华纳新媒体的创始者保罗·萨根指出，针对新媒体的产业运营，如果想要发展成为一个成功的商业企业，就必须使其收入来源多元化。因此，在今后新媒体如何设定商业模式、运营模式和盈利模式，以及如何统一和调理这些模式，将是新媒体运营实践以及理论研究的重点。

8　媒介融合：传媒经济的技术法则

媒介融合是媒介发展的趋势之一，媒介融合不仅是传播形态、内容的融合，也是传媒经营的融合。2007年，媒体融合再度成为传媒经济领域中的重要话语。2006年12月31日，新闻出版总署印发了《新闻出版业“十一五”发展规划》。这是继《国家“十一五”时期文化发展规划纲要》发布后，具体指导“十一五”期间我国新闻出版行业发展的纲领性文件。《新闻出版业“十一五”发展规划》提出，随着信息、网络等技术的高速发展，各种媒体的界限越来越模糊，相互融合的速度越来越快，以高科技为主要手段和特征的现代内容产业的迅速产生和壮大，已经成为不可逆转的社会发展趋势。在此背景下，2007年，传媒产业内部跨媒体联盟、战略合作等媒介融合方面呈现出加强趋势：

2007年3月，Google宣布与“中国图书推广计划”达成合作协议，为其提供技术支持。

2007年4月，新浪网和成都传媒集团正式宣布成为战略合作伙伴，以期刊为起点，逐步延伸到新闻内容、市场活动、市场经营等多个领域开展合作。

2007年5月，百度与湖南卫视正式对外宣布，双方将以百度社区为依托，在跨媒体平台内容、产品品牌、互动电视制作等领域开展深层次的战略合作。

2007年8月，新浪网与陕西电视台达成战略合作伙伴联盟，这是新媒体与传统媒体优势互补的一次有益尝试。

2007年11月，内蒙古电视台经济生活频道与内蒙古日报社北方新报缔结战略联盟合作协议。

2007年12月，深圳广电集团与桂林广播电视机构合作组建“深桂广播电视合作体”，合办桂林人民广播电台旅游音乐和桂林电视台科教旅游频道，等等。

“技术的法则就是整合的法则”，技术是媒介融合的关键要素。在新技术对新媒介的催生以及与传统媒体的融合层面，中国传媒大学媒体管理学院院长昝廷全认为：“伴随移动终端设备技术的发展及即将到来的3G时代，为传统媒体提供了机遇和挑战。传媒融合成为大势所趋，信息技术将迎来‘大传媒’时代。所谓大传媒，就是高科技、传媒、通信三者结合，各形式媒体间交叉融合和传媒内部各行业交叉融合，如手机电视、数字报纸，等等。”

从传媒经济的角度看，媒介融合包括传统媒体与新媒体的融合如“报网互动”以及手机短信与报纸、电视、网络的互动服务、短信收费等，对媒介的内容生产、广告经营等都将产生巨大的影响；另外，媒介融合导致在技术层面向消费者价值选择转向，技术在媒介领域的创新、使用与扩散，使“我（受众）消费，我（受众）付钱”的受众经济被广泛开掘，且日益呈现增长趋势。

因此，关于媒介融合，今后的重点一是如何合理地突破政策壁垒，真正实现媒介融合；二是在经营层面，探索媒介融合后多元化的、有绩效的运营与盈利模式。

【参考文献】

[1]《传媒经济参考》，2007年第1—35期。

[2]《2007年中国传媒产业创新报告》，《传媒》，2008年第2期。

[3]《中国媒体发展研究报告》，2007年卷，武汉大学出版社。

[4] 昝廷全：《技术推动传媒整合》，《中国青年报》，2006年3月11日。

[5] 蒋宏、徐剑主编：《新媒体导论》，上海交通大学出版社，2006年版。

[6]【美】菲利普·M. 南波利著，陈积银译：《受众经济学：传媒机构与受众市场》清华大学出版社，2007年版。

[7] Sagan, Paul, Lecture in Exploring New Media , hosted by john V. Pavlik, Columbia University Center for New Media, November 21, 1996。

【作者简介】

陈刚，博士，武汉大学新闻与传播学院讲师，主要从事新闻与传播实务与传媒经济研究。

余建清，武汉大学新闻与传播学院2006级博士生。

传媒产业发展与国家力量主导
——全球化博弈框架中的现实选择①

梅明丽

【摘　要】中国的传媒产业一直在一种“特殊化”的框架下缓慢发展，意识形态的刚性控制导致了传媒产业发展过程中对国家力量的逆反心理。在全球化博弈的背景下，必须重新审视传媒产业发展中的国家作用。中国是一个现代化的后发国家，国家必须在启动和管理传媒产业发展中发挥关键作用——实现国家理性建构与市场自然演进的有机结合。国家有界理性是传媒产业市场之手的重要保证。

【关键词】传媒产业　全球化　国家主导

中国的传媒业和世界传媒市场从未直接交锋，狭囿于一国视界之内，所有的竞争和发展都按照划界而治的思路“从容”安排。这种自然垄断发展的状态，在中国成为国外传媒集团角逐战场的时候，依然没有改观。

无需用数字说明国际传媒集团和国内传媒集团实力之悬殊，这就是摆在中国传媒业面前的事实。当强势的实体与弱势的实体相遇时，就形成了一种非对称的利益矩阵。这个时候，若是按照某些现实主义者的说法，“国家最基本的目标就是为了防止别国在他们的能力对比中取得相对优势”。② 在这种被动博弈中，我们不得不面临更大的发展封锁和生存压力。

从宏观的国际化视角来看，无政府状态（anarchy）是国际政治的主要特征。国际上并不存在一个超国家的政权形式，来对各国的行为进行约束和强制实行某种法律。但是无政府并不等于“无组织”和“无秩序”。霸权国的存在使国际利益分配呈现更多的不公正结果，但是，道德上的谴责无济于事。真正的全球传媒市场正在出现，必然也有其自有逻辑和道德动力。作为国际传媒市场的博弈者之一，中国处于后发位置和边缘地带，经济上的相对落后和政治上的相对排斥，使这场博弈更加艰难。

从微观的国内环境来说，纵然经济学家对于国家产业和市场模型有无数的推算和假设，但是历史上根本不存在完全按假设运行的市场和现实。更何况，传媒产业的发展从来都不是一个单一的概念和环境。在这个过程中，政治、经济、文化等各种“权力”形式，在不同的力道上对其产生重要的影响。

在所有上述的博弈中，参与者对自身利益短视的追求往往会造成破坏性的后果。

正是在这样的局势下，中国传媒产业发展必须从国家战略利益和国际产业博弈的角度来重新思考发展路径和制度安排。我们必须构建一个全面和综合的框架来分析全球化语境和世界体系中的中国传媒业，必须从全球政治经济和世界历史的视野中来把握现有的传媒“市场—国家—世界”模式，并从中做出最优选择。

传媒产业基于理性分析和前瞻构建的国家行为，目的就是追求国家利益的最大化。其重

①　本文系教育部人文社科重点研究基地重大项目（项目号：04JJD860001）“中国传媒集团化发展与集团经营问题研究”成果。

②　K. N. Waltz, the State and War: A Theoretical Analysis, New York: Columbia University Press。

要性在于，不仅十分切合中国改革模式中渐进性、自主性、强政府的政治视角，而且更符合中国经济改革"理性超前"的战略取向。中国改革的实质是国家主导型的制度变迁，国家有意识地对未来做出安排。如果说在入世之后，对国内传媒业的壁垒和保护还在一定时期内存在，这给所有的传媒一个喘息的机会的话，出版业的开放和国外卫星电视的有限落地已经显露出严峻的竞争态势。

这是一个关键的抉择点：要么在短暂的保护期内裹足不前，逐步被侵蚀和消灭；要么在尚可防卫时采取必要的发展战略，构建并壮大本国产业的有利环境与之抗衡。

在利益的驱动下（主要是西方国家政治利益和经济利益驱动），进攻的态势绝不会放缓，是偏居一隅还是居安思危？这已经不是国内的传媒产业跨媒体跨地区的简单争论（这正是我们一段时期以来业界和学界聚焦的焦点所在）。

正如国际关系理论代表人物、新现实主义学派的开创者肯尼斯·沃尔兹所说："在无政府的国际社会中，自助（self-help）是必然的行动准则。"①

1 国家力量的战略定位——重新审视传媒产业发展中的国家作用

在自由主义的消极自由话语里，国家往往与权力的负面，即其压制性相关，而市场使人联系到解放。将市场自由模式理想化，并构建它与"宣传型政府"的二元对立仍是中国传播研究不可忽视的理论定势（赵月枝，2007）。显然这是一个隐含了简单的线性历史逻辑和机械的二元对立的框架性错误。指出市场逻辑的局限并不表示赞成完全的国家控制；反之，国家力量的主导并不是否认市场的自我运作。但是"对中国现行新闻管理体制的逆反心理在传播研究中的理论折射，都使这一定势根深蒂固"（赵月枝，2007）。看来首先得为"国家"力量正名。

1.1 国家角色：驾驭市场与提供规则

跳出传播学的这一思维藩篱，从整个世界经济体系的运转范围来看国家的作用，我们将会发现，国家主导的经济发展路径在世界大部分国家都或多或少地发挥了重要的作用。

东亚的成功，并非出于所采取的自由市场经济体制、灵活的市场机制、不受干预的私人企业活动和出口导向的产业政策，而是来自于政府对经济的强有力的干预。由此形成了理论界广泛关注的经济发展中的"国家学说"。在这里，国家的角色定位是发展功能与领导市场。政府不仅仅是一个担负发展功能的参与者，而且是作为一种制度的有效供给者和执行者。

这正是因为一个简单的道理，市场是资源最基本的配置方式，但是由于其内在的缺陷和失灵的可能，单靠市场是不会成功的。转型国家的经历也启示我们，建立有效的市场经济需要有权力制定和执行市场规则的国家。② 乔姆斯基直接指出，在出现全球化的市场经济之后，政府和决策层所发挥的中心作用比任何时候都更加明显。③ 更有学者指出，国际资本流动给国家整体及其内部阶层带来的既有喜又有忧，国家作为替代和制约市场的力量，在庞大

---

① 【美】肯尼思·沃尔兹：《国际政治理论》，胡少华、王红缨译，中国人民公安大学出版社 1992 年版，第 132 页。

② 【美】罗伯特·吉尔平：《全球政治经济学：解读国际经济秩序》，杨宇光译，上海人民出版社 2003 年版，第 366 页（Global Political Economy：Understanding The International Economic Order，2001，Princeton University Press）。

③ 【美】诺姆·乔姆斯基：《新自由主义和全球秩序》，徐海铭、季海宏译，江苏人民出版社 2000 年版，书名原文：Profit Over People。

的国际资本流动面前不得不用国家逻辑来抗衡市场逻辑。①

传媒产业“国家主导模式”，所提出的国家主导，不是传统的计划管理模式的回归，更不是对市场经济的一种背离，而是对中国传媒经济发展路径的一个重新解释和建构过程。我们推崇的是遵循市场经济模式下的国家能力的建构，主要针对的是我国传媒产业目前起点低、规模弱小的实际发展状况。

在这个层面上，国家在发展过程中担当着“驾驭本土及国际市场力量并将其引导至有利于国家经济的战略性角色”②，而非一种专制的象征。

在全球化时代，传媒产业的发展已经不是事关一个产业的发展而已，而是更多地关乎国家的“软实力”和国家未来的“文化竞争力”，对于传媒产业的发展和控制是每个国家都必须认真思考的战略领域。仅仅局限于一国的产业实际和产业发展轨迹，进行封闭式的、自我运作式的发展设计，显然在起点上就落后于人，缺乏全局的竞争眼光和有效的竞争战略，必然是低速低效的发展模式，那么如何实现抗击国外传媒集团冲击的最初发展目标呢？

1.2　中国传媒产业发展独特的规定性

中国的传媒产业发展有两个重要的现实背景：一是中国经济改革与转轨的大背景；二是国际传媒产业发展环境的大背景。

由于各国国情不同，国外的自由竞争的传媒产业发展模式并不适合我国的实际情况。我国传媒产业的特殊性不仅表现在传媒行业的意识形态属性上，而且表现在传媒产业的意识形态属性上。中国市场经济的建立过程和结果，是把市场经济纳入社会主义之中，而不是使社会主义在市场经济中消融；中国市场经济的特殊性不可能由市场经济的一般性提供，而只能来自社会主义制度的非外在的要求和规定。③

一个媒介体系是由一套共同的政治经济逻辑所联结。④ 在政府与市场之间的选择，既不是在理想的政府和有缺陷的市场之间进行，也不是在理想的市场和有缺陷的政府之间进行，现实中的选择实际上是在不完善的市场和不完善的政府之中以及在二者的各种结合之中进行的。⑤ 对于我国的传媒产业来说，起点低，规模小，难以和国外传媒产业抗衡，因此更需要在国家主导力量之下实现整合和发展。市场所呈现出的弱势状况决定了国家必须履行相应的职责——补充和增强市场功能。

作为国家信息安全和主权安全重要一环的传媒领域，其发展一直处于狭隘的发展视野和发展思路的局限下，处于行业壁垒和地域壁垒的辖制中，难以得到充分完整的市场发育环境和广阔的市场政策空间。从这个意义上来说，我国的传媒产业发展过程中一直存在的仅仅是一种“行政部门主导”，国家的战略整合和资源集中的力量优势并未发挥出来。

国家主导的发展模式，是处于经济起飞阶段和后发位置的国家，在参与世界经济博弈过程中的一个重要路径。世界上主流的“新自由主义”更多的体现出资本主义在全球扩张中的一种话语和思想控制。中国的传媒产业建立在喉舌基础上的多重属性安排，本身也体现了高度的特殊化：意识形态刚性的治理结构，这也是一种“非主流”。正是由于和西方国家截然不同的目标设计——社会主义市场经济——这种本质的规定性，决定了自主创新才是中国

① 华民等著：《不均衡的经济与国家——国家干预经济的目的和方法》，上海远东出版社 1998 年版，第 176 页。

② G. White (ed.), Development States in East Asian, London: Macmillan Press, 1988, 第 1 页。

③ 刘俊奇：《中国市场经济与政府经济职能论要》，《西南师范大学学报（人文社会科学版）》，2000 年第 1 期。

④ 【英】丹尼斯·麦奎尔：《麦奎尔大众传播理论（第 4 版）》，崔保国、李琨译，清华大学出版社 2006 年版，第 160 页。

⑤ 查尔斯·沃尔夫：《市场或政府》，中国发展出版社 1994 年版，第 5 页。

传媒产业发展的根本立足点。对主流的认同而不顾及现实的情境，这本就是一种“谬误”的研究思路，因此，着眼于“本土化”而放弃所谓的“主流化”，也许才是适合中国改革情境和中国传媒产业情境的选择。

由于意识形态的刚性控制，在传媒产业发展实践和研究历程中，一直对“国家”的地位处于一种无奈遵从的状态。“强意识形态，弱产业发展”的状态在现实中的表现就是体制的瓶颈和改革的惰性。也有学者提出国家控制和市场控制的双重压力造成传媒产业现实的发展危机。

针对这种疑问，改革中我们需要解决的问题首先是：谁是“国家主导”的直接受益者？“国家”的作用在何时何地应该强化或应该弱化？如何实现从“行政主导”到“国家主导”的超越？

意识形态刚性只是传媒产业国家作用的一个方面。为什么国家的作用在传媒领域一直以一种“弱化”的取向存在，这只是和“意识形态刚性”作用相反的一种对立反映。现有的“行政主导”模式代表的只是一种国家低层次的介入状态，并且存在相当程度的“调控俘获”，并不具备传媒产业长远发展的战略能力，也很难担当我国传媒产业发展的重任。

我们必须再次强调这样一个历史事实：一方面，国家可以通过引入市场关系重构自己，与之对应，市场不可能脱离国家权力孤立存在，它是政府和政治的产物。①

2 全球化博弈与传媒产业“去规管化”的实质

全球化改变了“时—空”活动，而这种改变与某种地域意识密不可分，同时改变的本身也产生了对照性影响力。在上述过程中，各种社会习俗和文化认同因素，他们在被“去疆域化”、“脱域”或者“非定位”的同时，又不断被“再疆域化”、“再嵌入”或者“再定位”。②

2.1 全球化也是一种“意识形态”

经济的政治化是全球化一个隐藏的逻辑，这种逻辑就是要将丰富多彩的世界文化和世界政治模式，强加上按照西方资本主义文明发展道路进行演变的所谓的经济范式，进而是政治范式之中。

美国模式的全球化，否定了世界上许多与美国模式不同的经济文化传统的合法性。美国的利益，实质上就是美国垄断资本利益，不是整个美国的利益。法国社会学家雷蒙·阿隆有一番话很精辟，他说：经济并不是以生产最大限度的财富为目的，经济的目的是解决人类根本的贫困问题，是保障尽可能多的人享有一种人的条件。用抽象的话说，一种有效的经济，并不必然是一种公正的经济。③ 美国的模式所鼓吹的就是一种“有效的经济”。但是对于像韩国、泰国、巴西等国家，取消了所有对外国投资的限制，却导致了当地企业的崩溃。当那些跨国大公司和民族国家的小生产者之间进行一种“平等武器”的竞争时，只会导致后者的大规模消亡。④ 在中国，最少国家保护的行业，最先被跨国公司渗透、合并和垄断。经济场的逻辑和集中化资本的力量，强行确定了有利于统治者利益的力量对比。正是在这种情况

① M. Beeson & R. Robison, Introduction: Interpreting the Crisis, in R. Robison, M. Beeson, K. Jayasuriya and H. R. Kim, ed. , Politics and Markets in the Wake of the Asian Crisis, London: Routledge, 2000。

② 内格斯、罗曼－维拉奎兹：《全球化与文化认同》，出自【英】詹姆斯·库兰、【美】米切尔·古尔维奇编，杨击译，《大众媒介与社会》（Mass Media and Society），华夏出版社 2006 年版，第 315 页。

③ Raymond Aron: Dix-Huit Lecons sur la societe industrielle,（工业社会十八讲）Gallimard Collection idees, Paris, 1962, pp. 80. 转引自河清：《全球化与国家意识的衰微》，中国人民大学出版社 2003 年版，第 12 页。

④ 出自布迪厄 2000 年 10 月 3 日在东京 Keisen 大学的演讲。

下，布迪厄指出，惟有国家才能够对抗跨国企业和国际金融机构。① 应当起来捍卫国家，尤其是国家的社会功能。

“全球化这个观念只是那些希望拆除福利体制、减少国家管制的自由市场主义者所散布的一种意识形态而已。”对全球化的本质，布迪厄进行了深刻的揭露，“全球化这个词是一个既具描述性又具规定性的伪概念。体现了最完整形式的普世性之帝国主义，是把自己的特殊性默认做普世的样板，将其普世化”，“经济全球化的目的就是贸易自由化：取消所有民族国家限制跨国企业及其投资的调节，换言之，世界市场是一种政治的创造”。② 如果把当前的时代理解成一个新自由主义的时代，而不是一个简单的全球化时代，那么这一时代就不再是一些无法控制的自然力量所作用的结果，而是资本主义制度下，斗争发展的最新阶段。③ 西方已经驱动了全球化的日程表，以发展中国家的代价确保它储存不均衡的利益份额。④

全球化对于传播政策的价值变化有着深刻的影响。根据库伦伯格和麦奎尔 2005 年在《媒体政策范式的转型：论一个新的传播政策范式》一文中所说，现代传媒政策前后连续有三大范式：第一阶段为传播产业政策的萌发阶段，政策重心在私人所有制，管制的目的在于促进竞争，反对垄断；第二阶段是传媒公共服务政策时期，规范和政治上的考虑多于技术方面，侧重国家利益，关注自由、多样性、问责性。第三阶段的基本特点是全球化快速发展，政府、跨国公司等共同主导着传播政策的变化，公司力求放松管制，政府逐渐从干预市场管制中退出。⑤

2.2　传媒产业“去规管化”的实质

布罗代尔将资本主义视为“反市场的制度”。他认为，对“去规管化”的鼓吹，结果只会导致跨国企业的垄断的出现，而不是促进自由竞争。因为私有市场的出现并不仅仅是为了提高效益，也是为了根除竞争。⑥

布罗代尔认为，历史上资本主义的关键因素并非是自由市场，而是垄断。伊曼纽尔·沃勒斯坦也说，没有国家制定切合现实的各种规例，资本主义活动根本不能有任何利润。国家干预是资本主义一个不可或缺的部分，与此同时，国家调控价格往往能够保障竞争，相反，非规管化的意识形态所起的效果，却是“根除竞争”。因此，问题不是要不要国家，而是“谁将是国家干预的直接受益者”。⑦

没有有效的国家，经济基础甚至都不可能存在。“没有一个运作良好的政府，私有产权也不可能带来效率。”⑧ 按照罗斯托的《经济增长阶段》理论，在经济增长的五个阶段中，对穷国经济发展最相关的是前三个阶段：传统社会、起飞前提条件出现和起飞阶段。其中起

---

① 出自布迪厄 2000 年 10 月 3 日在东京 Keisen 大学的演讲。

② 引自布迪厄 2000 年 10 月 3 日在东京 Keisen 大学的演讲。

③ 美国学者罗伯特·迈克切斯尼在 2000 年 10 月联合国教科文组织召开的讨论未来全球传媒发展方向的会议上发表了《全球传媒体系与新自由主义、文化帝国主义》的讲话。美刊《每月评论》在 2001 年 3 月号全文登载了该讲话内容。

④ 【美】斯蒂格利茨：《全球化的不满与争议》，《IT 时代周刊》，2004 年 10 月 20 日。

⑤ 库伦伯格、麦奎尔：《媒体政策范式的转型：论一个新的传播政策范式》，出自《国际传媒政策新视野》，金冠军、郑涵、孙绍谊主编，上海三联书店 2005 年版。

⑥ Fernand Braudel: Civilization and Capitalism 15th-18th Century Vol. II-The Wheels of commerce, New York: Harper and Row, 1982.

⑦ Wallerstein: "Capitalism: The Enemy of the Market?", in Unthinking Social Science, Polity Press, 1991，第 202-217 页。

⑧ 【波】G. W. 科勒德克：《从休克到治疗——后社会主义转轨的政治经济》，上海远东出版社 2000 年版，第 153 页。

飞阶段是社会历史中决定性的转变，是生产性经济活动达到一个关键水平并导致大规模和累进性的结构转变的时期。这个时期，国家主导的作用和经济起飞的要求是充分耦合的。发展中后进国的一个明显特征是：国家在开放经济中，为了实现经济快速发展，缩短现代化和传统经济向市场经济过渡的周期，其制度安排相对而言更加激进，国家的作用也更加明显。罗伯特·韦德就改革制度形式，促进经济发展提出了一个重要的观点，日本和东亚的“国家主导型”工业化和资本积累模式在“经济起飞”阶段是适合的，而美国经济中通过现有资本和国民储蓄的最佳配置实现收益最大化的体系比较适合已工业化国家维持经济稳定的要求。①

吉尔平也得出了相似的结论：“新经济理论及其对世界经济的影响使我得出了结论：政府及其政策现在或将来都对国际经济的运作举足轻重。尽管市场和经济全球化的重要性越来越大，但经济结果不仅取决于各种经济力量，而且取决于政府及其政策。”② 中国是一个现代化的后发国家，这种历史位置决定了政府在现代化过程中扮演着动员和组织的角色。特纳认为，私有化使得政府管制愈发地重要，政府在促进经济发展和社会转型的过程中更是举足轻重。政治恰恰是经济改革成败的关键所在。国家的许多能力确有加强而不是削弱的必要。③

近年来，在美国颂扬“解除控制”的好处已成时尚。据说，私人工业被从政府的干涉和控制中解放出来。实际上，这提供了一个机会，使原本已具有实力的公司能利用它们的强势地位在国内和国际市场中获得最大的好处，而不再负有任何种类的社会责任。实际上，这是政府施惠于最富实力的美国公司之一，使之能在美国全球势力的庇护下将业务扩展到海外。④ 国家政府、强大的利益集团和历史经验决定了经济的目的和市场发挥作用的范围。全球传媒体系并不是“自由市场”或自然法则的产物，而是一系列重大国家政策起作用的结果。⑤ 为了在新的世纪继续保持世界领袖的地位，美国抛弃了自己曾大力倡导的自由竞争和反垄断大旗，通过各种放松管制的手段，竭力催生“巨无霸级”的媒体。由于美国是一个传播大国，它的传播制度和产业结构的变化也将会对世界各国产生广泛的影响。⑥ 这项法律的通过，可以说为美国迎接信息高速公路和多媒体时代扫清了制度性的障碍。

2001 年 FCC 推出两项有深远影响的规定：一是允许媒体公司收购同一地点的报纸与广播台、电视台；二是取消收购全国有线电视台的上限。这一法规的影响，旨在进一步放宽所有权，促成更大规模的媒体整合。2003 年 6 月，FCC 出台了《规则制定报告安排及公告》明确放松所有权规则的程序、方法和内容。其中引起争议最大的是将电视全国观众覆盖率上限从 35% 调到 45%。

---

① Robert Wade, The Asian Debt-and-Development Crisis of 1997: Causes and Consequences, World Development26, 1998, No. 8 (August): 1535-1553.

② 【美】罗伯特·吉尔平：《全球政治经济学：解读国际经济秩序》，杨宇光译，上海人民出版社 2003 年版，第 161 页。

③ 弗雷德里克·特纳：《国家作用的变化：测量、机会与问题》，《国际社会科学杂志（中文版）》2001 年第 1 期。

④ 席勒：《信息与危机经济》，译自英文本《信息与危机经济》，美国阿伯列克斯出版社 1984 年版，出自《20 世纪传播学经典文本》，张国良主编，复旦大学出版社 2003 年版，第 468-485 页。

⑤ 美国学者罗伯特·迈克切斯尼在 2000 年 10 月联合国教科文组织召开的讨论未来全球传媒发展方向的会上发表了《全球传媒体系与新自由主义、文化帝国主义》的讲话。美刊《每月评论》在 2001 年 3 月号全文登载了该讲话内容。

⑥ 郭庆光：《21 世纪美国广播电视事业新构图——“1996 年电信法”的意义与问题》，《国际新闻界》，1996 年第 6 期。

对资本和利润的渴求是自由化的根源，因此，美国政府在信息和传媒产业政策上的屡屡松绑，正是为了使美国的资本在已经饱和的美国市场之外寻求更大的市场利益。建立在这种政策导向下的传媒所有权的集中，正是为了促成能够“吃小鱼”的大鱼诞生。这种放松趋势和技术融合的潮流最终使世界一些地区和全球市场被某些大型媒体集团控制，对传统的民族国家管理框架提出了挑战。

3　国家有界理性——传媒产业“市场之手”的重要保证

按照马克斯·韦伯的定义，国家是“在一定疆域内垄断了合法使用暴力权利的制度安排”。作为一种制度安排，国家本身也是在一定疆域内的行为主体博弈选择的结果。由于国家具有强制性、垄断性、规模经济以及国家理性一般要大于私人理性的特点，因此国家一旦形成，就能够利用这些优势，干预和推动制度变迁，对制度变迁发挥独特的举足轻重乃至决定性的作用。①

3.1　国家力量错位的市场危害

政府不仅是传媒规制的制定者，而且是传媒机构的主办者。执政党管理传媒、政府兴办传媒成为中国传媒业发展最显著也是最基本的特征。执政党享有对传媒重大事项的决策权，对资产配置的控制权，对宣传业务的审核权和对主要领导干部的任免权。由此构成了中国特色的传媒发展与管理体制。② 由于过去受到计划经济的束缚，我国传媒产业的改革一直以放开和开放为主要基调，而对国家保护和国家控制呈现比较消极的抵制。尤其是传媒产业处于国家的严格控制之下，意识形态刚性造成了对国家力量的泛化。中国传媒面临的一个现实困境就是发展目标不明，发展速度趋缓。

政治控制与经济开放之间的关系也导致了政治控制的循环和媒体改革的反复③。正是因为事业单位和企业单位迥异的双重属性，存在一定的不可调和性，我国的传媒产业在发展中，经常处于“变革—控制—再变革”的反复循环中，而传媒产业的定位却依然模糊不清。

我国的传媒产业的发展历程就是一系列矛盾释放和关系重构的过程组合。从开始的自下而上的自发改革、经营管理边缘突破，到中央开始掌握改革的主导权自上而下自觉改革以及开始触及新闻报道与体制这个核心，说明我国的传媒产业一直在最初的“二元运作机制”下，不断地寻求产业属性的逐步彰显和完善。但是一个无可否认的事实就是，当前中国媒体存在角色错位和身份危机，已陷入进退两难的境地。媒体原有的身份被解构和淡化，新的身份要求得到表达和尊重。在这样一个状况下，许多媒体在种种角色的矛盾和冲突中尝试着寻找平衡点，希望能找到一个具有整体性的主导身份来统领各种角色。④ 而政府作为管理者和市场参与者的双重角色使其在充当公正的市场仲裁者时进退两难。⑤ 正是因为“党的喉舌”、“经营实体”两种参照环境和价值取向的截然不同，导致了中国的传媒产业“一种因无法调和与分裂的元素而在某些人格中造成心理混乱”。

这种身份危机的出现，实际上涉及两个问题：一是政府对新闻媒体规制的问题，就是如何管理新闻媒体的问题；二是政府对自身在新闻改革过程中的定位问题，就是从什么地方下

---

① 华民等著：《不均衡的经济与国家——国家干预经济的目的和方法》，上海远东出版社 1998 年版，第 51 页。

② 彭永斌：《传媒产业发展的系统理论分析》，西南财经大学出版社 2004 年版，第 118 页。

③ 李金铨：《政治经济学悖论》，《二十一世纪》，2003 年第 6 期。

④ 邵培仁、邱戈：《重建和谐统一的“媒介身份”》，《青年记者》，2006 年第 13 期。

⑤ Yiu-Ming To：《中国》，出自【美】艾尔巴兰等，王越译，《全球传媒经济》第十七章，中国传媒大学出版社，2007 年版，第 221 页。

手管理传媒产业问题。但是，显然目前还没有找到解决中国传媒心理危机和身份危机的一个良方，这也是我国传媒产业政策摇摆的一个重要原因。“现在中央提出媒体分为两类，因为各种原因目前还没有分类管理，那为什么没有做呢？因为具体怎么做，情况不明，如何管理，没有具体的方式。①

中国对传媒领域实行严格的政府管制，不是因为西方经典管制理论中强调的起因“市场失效”，而是源自意识形态的需要和计划经济的惯性与本能。② 就目前中国社会发展的进程来看，对媒体进行的整顿与管理，有着强烈的政治学意义上的双重思考：防止媒体失控引发社会更大震荡；与此同时，注重政治改革的成本。③ 中国传媒领域现行的“游戏规则”从总体上说是按照将传媒业视为纯粹的上层建筑意识形态的理论构造出来的。因此，对于传媒如何履行舆论宣传工具的功能方面的保障是强有力的。但与此对应的是，对于传媒如何在产业化的道路上做强做大自己，却尚未提供一个可资利用的“腾挪空间”和与此相适应的游戏规则。④ 一个主要原因就是，传媒产业的意识形态功能被过分夸大了，认为控制了传媒就是控制了意识形态，控制了舆论力量，“媒介机构本身也意识形态化了”。⑤ 适度的监管是必要的，但是当监管无所不包的时候，就会扼杀创新，因为创新代表着一定程度的政治冒险。

3.2 看得见的手与看不见的手：理性、协调性的宏观管制

我们置传媒产业发展问题于历史为经、世界为纬的坐标上，从中国经济政治改革的历史背景、中国传媒产业化的历程入手，以国际社会竞争的复杂化、后发国家的竞争优势定位，力图找到适合目前中国传媒产业发展的可能性路径。

国家与市场之间不是二元对立、无法协调的，根据国家的形态和扮演的角色不同，国家既可能抑制或代替市场的功能，也可以扩张和补充市场的作用。发展中国家在经济发展中尤其要强调发挥国家的作用，因为一味地将经济运行和经济发展全权交给市场的自发竞争，不仅不适合本国发展的实际，在国际竞争中也将丧失经济发展的主动权。国家本身就是国际竞争力的主体和要素，国家也可以制造竞争力，为各个产业参与国际竞争提供动力和支持。

针对中国的实际情况，过渡形态的市场秩序混合性的特征，决定了强势政府的存在是必需的，因为过渡时期的市场从无序到有序并非能够自动实现，这个时候需要政府“有界理性”的延拓。中国改革是国家主导型的制度变迁，国家在经济增长中的理性构建作用主要体现在解决市场失灵、制定和实施经济发展战略，以及提升国家竞争力优势等方面。⑥ 在经济先进国家的制度变迁中，国家的作用一般是承认、规范制度变迁，在经济后进国家的制度变迁中，国家则承担着制度设计、规划与组织实施的职能。⑦ 中国市场经济注定具有自己的

---

① 李良荣、张大伟：《新闻改革与深化新闻改革——与李良荣教授访谈录》，《甘肃社会科学》，2007年第1期。

② 常永新：《我国传媒业政府管制改革的探索性研究》，2003年9月中国东西部传媒经济发展研讨会论文。

③ 孟建：《对中国电视业“大整合”的理论思考》，《广播电视大学学报（哲学社会科学版）》，2002年第2期。

④ 喻国明：《中国传媒业：洗牌、模式与规则再造》，出自《论媒介经济与传媒集团化发展论文集》，郑保卫主编，中国人民大学出版社2003年版，第25-38页。

⑤ 赵丽颖：《走出中国媒介产业发展的三个误区》，《当代传播》，2003年第2期。

⑥ 伍装：《国家经济秩序政策原理——秩序经济学引言》，上海财经大学出版社2006年版，第73页。

⑦ 华民等著：《不均衡的经济与国家——国家干预经济的目的和方法》，上海远东出版社1998年版，第37页。

特殊性而不同于资本主义。这种特殊性不仅在于政府干预的广度、深度为资本主义无法相提并论，而且在于政府对市场经济的建立与发展责无旁贷地要发挥主导作用。① 对于发展中国家来说，一个强有力的政府②是必需的。市场经济并不必然排斥强政府，这里的问题不在于要强政府还是弱政府，而在于它在何时何地应当强大或弱化。

正如政治经济学家所指出的，市场的逻辑是在最有效率、最有利可图的地方开展经济活动，而国家的逻辑是控制经济发展和资本积累的过程，以便增加本国的权力和经济福利。但是我们“没有必要在批判国家还是批判市场这样的非此即彼的伪问题中作选择”③，貌似矛盾的两者，在现实中必须找到耦合的关键，国家主导是以强力政府与高效市场的有机结合为前提条件的。

媒体产业需要一系列复杂的法律法规给这个“游戏场”下定义，同时也要给这个“游戏”制定规则。本质上，并非政府是否应该干预，真正的问题是政府应该怎样干预。由于公共利益和国家舆论控制的存在，“管得过死”与“放得太开”是两个极端并不适合传媒产业的发展，而从传媒事业单位向企业单位最终一跳，也不是解决问题的最好办法。因为不同类别的媒体政治属性程度不同，党报的意识形态属性就强于经济属性，但是娱乐类报纸等非核心领域的传媒产品更多的强调其经济属性而淡化其意识形态。我们没有理由把不同种类的服务放在一个体制之下，否则可能带来的是传媒产业所有层次运行的结构僵化和市场变形。

正是在这个层面上，在政治力量和资本力量博弈中缓慢前行的传媒产业，不可能走向完全的商业化，但是也不可能回归完全的政治控制，最终最理想的状态是，建立在功能归位基础上的媒体结构的完善，从而实现由“弱市场，强政府”，逐步走向“强市场，强政府”的双赢局面。

【参考文献】

[1] 赵月枝：《国家、市场与社会：从全球视野和批判角度审视中国传播与权力关系》，《传播与社会学刊》，2007 年第 2 期。

[2] 金冠军等主编：《国际传媒政策新视野》，上海三联书店，2005. 12。

[3]【英】安东尼·吉登斯，周红云译：《失控的世界——全球化如何重塑我们的生活》，江西人民出版社，2001. 9。

[4]【美】艾尔巴兰等，王越译：《全球传媒经济》，中国传媒大学，2007. 1。

[5]【美】曼瑟·奥尔森，李增刚译：《国家的兴衰——经济增长、滞胀和社会僵化》，

① 刘俊奇：《中国市场经济与政府经济职能论要》，《西南师范大学学报（人文社会科学版）》，2000 年第 1 期。

② 在政治学中，国家与政府是一对相伴而生的概念，有着非常紧密的联系，又存在一定区别。马克思主义国家学说中，国家是一种“自居于社会之上”的力量，是一种特殊的制度设计。政府有几层意思：政府是实现国家意志的机关；政府是国家公权的实际承担者；政府是一个服务机关。国家是政府合法性的直接来源。政府是国家主权合理存在的重要保证。政府存在的必要性就在于把抽象化的国家主权和政治理念具体化、操作化。由于国家对公民承担的责任主要是由政府来履行，因此在许多学者的著作中二者也是相同指向的。从政治学的角度来讲，国家属于政权范畴，政府则属于治权范畴。由此可见，政府可以被理解为国家政权的下位行政系统。国家与政府间的这种既同一又从属的关系，使我们很难将这两个概念加以明确区分，并单独加以使用。因此大部分情况下，本文中国家和政府两个概念在一定程度上有同一性。其中的一点差别是，政府责任主要是国家对内契约责任的一种表现形式。在国家作为国际活动主体的对外契约责任上，国家的概念更突出的是世界体系中的行为者意义。

③ 赵月枝：《国家、市场与社会：从全球视野和批判角度审视中国传播与权力关系》，《传播与社会学刊》，2007 年第 2 期。

上海人民出版社，2007. 3。
[6]【美】波特：《国家竞争优势》，华夏出版社，2002. 1。

【作者简介】

梅明丽，同济大学传播与艺术学院教师，武汉大学媒体发展研究中心博士，研究领域：媒介产业与媒介经济，广告学。

我国传媒企业上市融资缺陷问题研究①

王松茂

【摘　要】传媒企业上市融资可以借助资本市场的融资功能、资源配置功能和产权功能改善企业的融资结构、优化企业自我更新的机制、改进企业公司治理结构，整合传媒企业。本文总结了我国传媒企业自上市融资之始就始终困扰企业的规模性、结构性、形态性和功能性缺陷，阐释了这些融资缺陷问题出现的原因，并从制度体系建构的角度提出了缓解和解决这些融资缺陷问题的对策。

【关键词】传媒企业　资本市场　融资缺陷

现代资本市场已日益成为一个多层次、多品种、多结构的资源配置体系，资本市场功能的有效发挥，可以帮助企业优化融资结构、拓宽融资渠道，按照融资成本和风险进行融资决策，满足企业高成长而内生的投资需求，加速规模化和国际化进程，在实现融资功能的同时，借助于资本市场的制度规范和制约机制，上市公司能够实施规范改制、完善治理结构并激发活力，加速进入成熟健全的发展轨道；通过并购及资本市场的多层次融资功能，运用股权回购、兼并收购、清算等方式，可以帮助上市公司形成自我更新的优化机制，为企业重组、股权流动、多元融资、资产组合等提供必要的条件，实现资本增值。

我国资本市场的发展始于1981年，1984年7月开始股票发行试点，到1990年底，全国共发行股票45.9亿元人民币。进入21世纪以来，中国资本市场无论是从制度规范，还是市场规模和市值成长都实现了历史性跨越。资本市场规模不断扩大，交易日趋活跃，市场功能逐步完善，资本市场体系初步形成。截至2008年6月，沪深两市共有上市公司1577家，比1990年增长了150倍，总市值达到201271亿元人民币，比1990年的12.3亿元人民币增长了16000倍。

现代传媒产业是一个庞大的产业体系，由于我国庞大的传媒消费人口、消费需求和产业升级所带来的产业发展机遇，传媒业迎来了产业扩张的历史契机。随着资本市场的逐步完善，我国传媒产业借力资本市场探索产业扩张之路也在不断拓宽。在我国股票试点10年之后，1994年，上海东方明珠股份有限公司在上海证券交易所上市，这是我国第一家上市的传媒行业上市公司。中国证监会在2001年5月颁布的《上市公司行业分类指引》中，将传播与文化产业定为上市公司13个基本产业门类之一，其下含出版、音像、广播电影电视、艺术、信息传播服务5个大项。这个行业分类指引对于传播文化业究竟是不是产业、能否上市等问题给予了明确回答，对推动中国传媒业的产业化、推动传媒企业进入资本市场具有积极意义，传媒企业上市融资由此具备了基本的政策依据。但在我国资本市场的超常规发展的同时，传媒产业进入资本市场的步伐并没有与之同步，我国2007年传媒产业的总产值为

① 本文系教育部人文社科重点研究基地重大项目（项目号：04JJD860001）“中国传媒集团化发展与集团经营问题研究”成果。

4811 亿元人民币，占 GDP 比重 1.9%，① 沪深两市共有上市公司 1577 家，全部 A 股上市公司的收入已占 GDP 总量的 38.3%，但其中传媒类上市公司 37 家，剔除造纸等外围产业 24 家，传媒核心业务上市公司仅 13 家，2007 年传媒类上市公司的收入仅占行业总产值的 3.5%。由此可以看出，我国传媒产业进入资本市场的步伐不仅远远滞后于资本市场扩张的速度，而且滞后于传媒产业发展的速度。传媒产业进入资本市场的首要目的是融资，本文试图通过传媒企业上市融资问题探讨传媒产业进入资本市场的约束因素尤其是约束传媒企业资产证券化的制度性因素，以求探索加速传媒企业市场化、证券化进程的对策。

1 我国传媒企业上市融资的缺陷分析

自 1994 年开始，我国陆续有传媒类上市公司登陆资本市场，传媒类上市公司经历了传媒类上市公司产业代表性增强，从区域性、边缘性媒体逐步过渡到主流媒体、强势媒体，上市方式从早期主导的借壳上市转换为近期的 IPO 方式，上市地点从国内扩展到境外甚至国外，上市模式从分拆上市过渡到整体上市等积极的变化，表明我国传媒产业进入资本市场的深度取得了长足发展。但是与发达国家传媒类上市公司的融资规模相比，与传媒产业自身发展的要求和资本市场为传媒产业发展提供的可能性相比，与传媒类上市公司受投资者的欢迎程度相比，目前传媒产业进入资本市场融资仍然存在着诸多缺陷，这些缺陷制约着我国传媒的产业化进程和扩张速度。

1.1 产业规模性融资缺陷

资本市场的首要功能就是融资功能。融资规模直接反映出一个产业发展与资本市场的关联度，间接反映出资本市场传导产业政策的效果与力度。2007 年中国传媒产业的总产值为 4811 亿元人民币，同比增长 13.6%，增长速度高于 GDP 的增长速度。而在融资规模方面，传媒上市公司的融资规模在资本市场融资总量中的比重远远低于传媒产业在 GDP 中的比重。2007 年是上市公司 IPO 和再融资规模最大的一年，A 股上市公司通过包括公开增发、定向增发、配股、公司债、分离债、可转债等方式实现再融资 3538.73 亿元人民币，A 股 IPO 募资达 4466.94 亿元人民币，② 但仅仅两家传媒上市公司实现 IPO，其中出版传媒融资 64950 万元人民币，粤传媒融资 72430 万元人民币，占 IPO 融资规模总量的 0.3%，仅占融资总量的 0.17%。这种规模性融资缺陷不仅出现在 2007 年一年，传媒产业通过资本市场融资规模有限的问题始终存在，我国传媒类 13 家上市公司的数量和市值，始终无法与传媒产业在我国国民经济中的地位相匹配。

规模性融资缺陷限制了我国传媒产业充分利用黄金战略机遇期实现加速发展的空间。改革开放以来，特别是 2001 年 8 月 20 日中办 17 号文件《中央宣传部、国家广电总局、新闻出版总署关于深化新闻出版广播电视业改革的若干意见》出台以后，我国陆续出台了若干推动传媒产业化发展的政策措施，逐步放宽了国有资本对传媒产业投资的限制；2005 年出台《国务院关于非公有资本进入文化产业的若干规定》以后，我国逐步放宽了社会资本和外资投资传媒产业的限制；2006 年 9 月 13 日，《国家“十一五”时期文化发展规划纲要》出台，明确要求大力发展文化产业，繁荣文化市场、增强国际竞争力，充分利用资本市场这一融资渠道，支持传媒企业增强自身竞争能力成为传媒企业的可行之路。而传媒产业融资规模阻碍了传媒产业利用资本市场实现企业扩张的速度，资本市场作为资源配置的有效途径，并没有发挥其应有的传导传媒产业政策的功能。

① 王光平：《今年传媒产值达 5440 亿元，报业进入转型关键时期》，《中国证券报》，2008 年 4 月 3 日。
② 彭友：《再融资 3500 亿元创出新高》，《上海证券报》，2008 年 4 月 30 日。

此外，融资规模约束了传媒产业发展模式的转型。传媒产业在经历十余年的快速扩张以后，已经进入平稳发展期，规模经济的特征日益明显，成为一个具有较高必要资本壁垒的行业，产业发展动力逐渐从市场扩张驱动转变为组织变革驱动。在传媒产业总体规模相对稳定的条件下，企业规模扩张成为提高市场竞争力的有效途径，但是在融资规模和制度约束的条件下，传媒企业规模扩张所必需的资产重组的交易需求无法在融资规模的约束中求得突破，抑制了传媒企业融资和资产整合的需求。

1.2 产业结构性融资缺陷

传媒产业进入资本市场在实现融资功能的同时，可以借助资本市场的选择和甄别机制，支持优质传媒企业通过融资做大做强，实现市场择优配置资源的功能。在市场充分发挥资源配置效应时，盈利能力强、成长性高的传媒企业应该获得更多的融资机会和更高的融资额度。

在已有的传媒类上市公司中，上市公司的行业构成与传媒产业的成长性并不完全匹配。我国目前传媒类的上市公司主要集中在电视、图书出版、报纸、广告等行业，也就是传统媒体占据了大部分的上市额度。而在传媒产业的构成中，传统媒体由于受到新媒体的冲击，成长性逐渐趋弱，传媒产业的结构尤其是产值结构出现了显著的变化。传统的传媒行业，如图书出版、电视广告、报纸发行等降幅较大，2007 年传统媒体产值占传媒产业的比重已经下降到 71.93%，并在继续遭受侵蚀。与此形成鲜明对比的是，由于新媒体的自身技术和产业优势，新媒体业务产值呈快速上升趋势，2007 年移动媒体总收入达到 1053 亿元人民币，网络媒体总收入为 297 亿元人民币，两项相加总和达 1350 亿元人民币，占中国传媒产业总产值的 1/4，占比达 28.07%。目前我国成长性最好的传媒类公司主要集中在互联网、手机媒体、户外数字媒体和数字电视等新媒体领域，但大量的新媒体企业基本上都选择在国外上市，很难涉足沪深证券市场。

在已上市的各类传统传媒企业中，早期的上市公司也基本上归属于边缘性、区域性的传统媒体，各个领域的主流媒体和主导企业上市融资的比重偏小，即使申请上市融资，也只是传媒集团旗下分拆的小部分经营性资产，强势企业通过上市融资以扩张资源控制力，形成更大优势和更多利润的产业成长机制并没有形成。同时，传媒类上市公司的区域分布没有反映我国传媒产业发展的区域化特征，虽然我国传媒产业较发达的区域目前均有上市公司，但并不能反映传媒产业的区域化发展特征，更不能反映传媒产业区域间的资源配置，资本市场配置传媒产业区域间资源协作和集中的作用也没有充分发挥。

由于在传媒类上市公司的行业构成、企业规模构成和区域构成上的失衡，资本市场助推传媒产业发展的资源配置功能难免要打折扣，这样不仅无法吸引追求长期稳定回报的投资者进入，而且也很难发挥引导资金流向、优化资源配置的作用。在资本市场融资规模有限的条件下，资本市场无法为传媒产业中最需要资本同时又有投资回报作保障的企业提供充分的融资机会，而进行股权融资的传媒类企业公司则缺乏稳定的投资回报和成长空间，也无从反映资本市场的资源配置功能。

1.3 产业形态性融资缺陷

在文化产业中，传媒产业是其中产业链最完整、市场化程度最高、产业属性最强的一个代表性产业。完整的传媒产业形态包括内容生产、内容传播以及由此衍生的内容市场的注意力开发。在传媒产业的生产形态中，决定产业化程度和产业发展质量的关键在于内容生产的质量与影响力。因此，从产业形态的角度，传媒产业上市融资的重点应该是内容产品生产开发、传播领域。

从我国的传媒类上市公司行业构成来看，37 家上市公司中，造纸、设备制造等外围产业占24家，占比高达65%，涉足传媒产业相关业务的仅有13家，这些公司除少部分从事收费业务以外，多集中于印刷相关业务、广告业务、出版发行以及房地产，属于媒体的经营性资产，而且在这些经营性资产中，一部分是核心业务（采编、广告、发行、节目制作与传输等）所必需的资产，但大部分被非核心业务所占用，经营范围包括娱乐健康、五金家电、百货、服装、针织品、工艺术品、食品、金属材料、办公用品、装潢材料、房地产经营开发、室内外装修、物业管理、出租汽车公司等。虽然这种现象与传媒企业上市初期多数属买壳上市，或通过业务重组向传媒主业转型有关，但也有传媒类上市公司产业形态不完整的原因，导致不少传媒企业实施脱离传媒产业根基的多元化扩张，结果不仅没有收到规模经营的效果，反而陷入多元化的陷阱，累及主业的发展，祸及传媒类上市公司主营业务不突出，核心资产质量不高，赢利能力普遍不高，资金利用效率低下。

即使在传媒产业核心业务中，虽然大多数传媒业上市公司所依托的传媒集团都拥有庞大的资产规模、完整的产业链、成熟的业务结构和较强的盈利水平，但上市公司的优质资产较少，导致资产运作效率不高，不仅难以对投资者产生足够的吸引力，而且制约了传媒产业进一步融资的空间。以北青传媒为例，公司上市所募集的8.9亿港元资金中，迄今仍有7.5亿港元尚未动用。因政策限制，公司投资北京电视行业的计划一直未能实施；创办理财和时尚期刊、收购其他媒体的计划，也一直未有实质性进展。产业形态不完整导致北青传媒上市三年多始终未能解决成长性不足的问题。北青传媒2007年度业绩，公司广告收入下降逾10%，也是广告收入连续第三年出现大幅下降，净利润同比下降51.5%。① 这一现象普遍存在于内地传媒类上市公司之中，由于产业形态不完整导致企业经营难以展现良好的成长性。

1.4 产业功能性融资缺陷

资本市场提高了传媒企业产权的证券化程度，打破了实物资产的凝固和封闭状态，使传媒资产具有流动性，削弱了生产要素行业间转移的障碍，通过企业间产权的流转，可以有效整合产业的集中度，提高传媒产业在国际上的竞争力。

目前，我国传媒产业市场集中度低，市场份额分散，企业综合竞争力较弱。受传媒管理体制的影响，传媒产业发展存在严重的条块分割的现象，跨行业、跨媒体、跨区域投资存在诸多的限制条件，出现传媒产业产权结构单一的结果。在我国资本市场处于上升周期的趋势中，媒介企业同样存在较强的融资亢奋与冲动，在近几年间，多数传媒类上市公司都采用定向或非定向增发、配股、发行可转换债券等方式计划或者实施股权融资，但是传媒业具有充裕的现金流和较强的盈利能力、资产负债率较低，反映出传媒类企业资本结构失衡，多数上市公司的企业资产质量不高，需要通过发行股票走出困境，即上市解困，将企业的经营风险通过上市从大股东向中小股东转移。

由于传媒企业上市融资的战略意图并不清晰，特别是资本市场的产权流转功能被抑制，传媒企业尚无法有效利用资本市场的深度，有效利用各种金融创新品种，通过产权流转加速企业间的整合，提高传媒产业市场集中度，推进传媒的跨媒介、跨行业和跨区域经营，特别是拓展新媒体业务等，加速产业整合。

2 传媒企业上市融资缺陷的制度原因

中国传媒产业的发展出现在市场化变革的宏观背景下，是以产业化为核心和主轴展开的。传媒企业上市融资的缺陷问题，也是在传媒产业化发展与产业化制度框架建构之间的磨合、冲突、试错、纠偏中出现的，折射出我国传媒产业化渐进性的制度转型之惑。

---

① 《北青传媒收入锐减薪，两名前雇员卷入经济案件》，中国新闻出版网，2008年4月26日。

2.1　传媒产业双重属性与资本市场单一规则的错配

传媒产业是一个具有意识形态和产业双重属性的产业，长期以来，传媒一直被赋予单一的意识形态的属性，产业属性受到一定的压制。在传媒的产业化发展中，虽然遵循产业化的逻辑，我国传媒产业部分领域和环节引入了市场机制，但产业化进程滞后于资本市场对企业上市融资的规则要求，特别是传媒产业投资主体单一、融资结构单一的状况难以适应资本市场的规则。

在目前，我国对传媒业尤其是新闻传媒仍实行严格的行业准入和许可制度。最初新闻传媒由国家主办经营，不吸收外资和私人资本。即使有融资的必要，也限制在新闻出版广播影视部门范围内融资，其经营部门可以有限责任公司或股份有限公司的形式，在保持控股的条件下，吸收国有大型企事业单位的资金，但投资方不参与宣传业务和经营管理。在党报、党刊、电台、电视台等重要新闻传媒经营部分剥离转制为企业以后，在确保国家绝对控股的前提下，允许吸收社会资本，但国有资本必须控股51%以上。因此传媒企业大多以国有独资、绝对控股甚至是事业单位形式存在。随着传媒产业化进程加快，传媒的产业属性逐步得到强化，但是在意识形态属性和产业属性并不完全重叠的条件下，传媒产业化发展的制度框架无法完全实现传媒产业发展多目标的相容，而在产业发展目标存在冲突时，制度设计的重心倾向于舍弃、放慢产业化进程，而资本市场的单一目标在于优化资源配置，提高资金运行效率，资本市场制度建设难以实现与传媒产业发展的同构。在传媒产业发展的制度框架与资本市场规则出现冲突时，我们采取了渐进式的制度变革方式，不制定具体的传媒企业上市融资规则，传媒企业的上市资格、程序、渠道等在符合资本市场规则的同时，要经传媒主管部门的前置性审批，走"成熟一家上市一家"个案推进的道路，从目前已上市的传媒类上市公司来看，以IPO方式融资的歌华有线、北青传媒、新华文轩、出版传媒等上市公司均属于主管部门特批上市的类型。在传媒类上市公司缺乏稳定地进入资本市场的制度通道时，资本市场的规则同时为传媒企业提供了扩张的缝隙，在既定的资本市场规则中，传媒类上市公司自发地通过借壳或通过业务重组上市融资，借以规避资本市场规则与传媒产业制度框架之间的冲突，但这样不仅造成传媒类上市公司业务构成的多元化，借壳或重组带来主业经营的高风险性，也间接导致了我国传媒类公司上市序列中出现从弱势媒体到强势媒体、从边缘媒体到主流媒体的反向融资现象。

2.2　传媒产业二次销售与资本市场企业边界的错位

根据资本市场的规则，作为一个利润主体，企业的资产应该完整，主体业务边界明晰，人员、资产、财务独立，拥有核心竞争力，上市公司与控股股东不存在同业竞争，也就是说，上市公司应该拥有完整的产业链。如果产业链不完整，也就意味着该上市公司的利润生成机制存在缺陷，不可避免会出现上市公司和控股股东及其下属企业之间的关联交易以及同业竞争问题，导致上市公司的业务经营出现风险。

在不同类型的产业盈利模式中，传媒产业中的多数核心产业形成了独特的二次销售盈利模式，也就是第一次销售媒介产品，第二次销售受众，由第二次销售的利润即广告收入支持或者补贴第一次销售的成本。二次销售其实是一种交叉补贴的机制。从成本补偿的角度，二次销售也就是利用互补性的产品之间的联系实行综合定价，二次销售的收入补贴以一次销售出售产品而带来的损失。这种盈利模式的关键在于业务来源的收入的稳定性，取决于业务被替代的可能性。交叉补贴战略要取得成功，核心产品和经营产品之间的关联必须足够紧密，而业务的关联性要求上市融资的前提条件是产业链条的完整性。

二次销售的盈利模式决定了传媒企业运营上具有很强的"依附性"，即企业利润依附于上产业核心业务——传媒内容，由于传媒产业属于事业单位、企业化管理，只能将经营性资产和业务剥离改制成企业申请上市，上市的只能是经营性资产。为了实现上市的目标，我国传媒企业通过剥离与分拆方式将传媒的非核心业务与资产——传媒边缘性经营业务与资产注入到传媒上市公司，但出现了采编系统与经营系统的冲突、股份制子公司与作为控股股东仍旧保留事业身份的传媒集团之间严重的内部关联交易。

博瑞传播、赛迪传媒、北青传媒、新华传媒、新华文轩、粤传媒等多家传媒企业在沪、深、港三地上市，但均是将经营业务从编辑业务中剥离出来单独上市，把内容生产剥离，只允许经营性资产上市，不仅人为地割裂了传媒业完整的产业链，也导致传媒类上市公司的经营业绩难以体现出其应有的持续稳定的发展态势。从2007年传媒上市公司的业绩分析，在2007年度，传媒类上市公司在收入增长的情况下仍有4家公司业绩下滑，13家上市公司收入增速既明显低于行业增速，也明显低于全部A股公司的增速，2007年，传媒行业13家上市公司实现主营业务收入173.19亿元人民币，同比增长5.26%；实现归属母公司的净利润21亿元人民币，同比增长49.84%；加权平均EPS 0.26元人民币。① 对比全部沪深A股公司收入同比增长25.02%、净利润同比增长49.3%、EPS 0.42元人民币的成绩，传媒行业的收入增幅明显偏低，净利润增幅则基本同步，EPS也明显偏低。即使分离资产重组、主业转型等因素带来的负增长，业绩增速仍然很低。割裂产业链完整性的分拆上市也被戏称为“没有厨房的餐厅”，损害了传媒类上市公司的核心竞争优势。

2.3 传媒企业单一产权结构与资本市场企业多元治理的冲突

上市公司的质量是保障资本市场接纳传媒类企业容量扩张的基石。资本市场的运作规则要求传媒企业建立规范的现代企业制度。其典型特征为所有权与经营权的分离。规范的现代企业制度有助于产权的多元化，形成有效的运行机制、完善法人治理结构，建立以产权为纽带的资产关系。

虽然传媒企业上市的首要条件是实施股份制改造，设立股份制传媒企业。然而中国传媒类上市公司的股份制改造并不充分，存在单纯为股份制而股份制的问题，甚至将文化产业体制改革中的“事改企”与“独转股”的股份制改革与传媒上市辅导、上市融资同步乃至同时进行，导致传媒类上市公司的激励约束机制不健全，治理功能出现缺陷，不能有效地降低股权代理成本，出现内部人控制等问题，无法形成有效的监督和制约，上市公司考核不是以经营能力和经营业绩为依据，而是以非经济指标来考核和评价，导致沪深两市传媒类上市公司存在质量低下、经营业绩整体下滑的问题。

随着投资主体的多元化以及民营资本的参股，股权结构作为利益主体之间关系的制度安排，对治理结构的形成起着决定性的作用，我国传媒企业的股权结构会日益复杂，如何应对股权分散化和流动性的特征，形成有效多元治理结构，仍然是提高传媒类上市公司质量的重要任务。

3 纠正传媒上市公司融资缺陷的制度建构

2007年10月17日，国家新闻出版总署署长柳斌杰表示，作为新闻出版行业全面改革的一部分，中国已经完全放开地方报纸、出版集团的国内外上市。允许新闻出版传媒的整体上市，而不是局限于过去将报纸的采编业务与广告等商业经营剥离开来的做法。柳斌杰发言以后，已有13家传媒企业获批成为中央文化体制改革工作领导小组办公室和国家新闻出版总署首批推荐企业，江苏凤凰出版集团等10余家出版机构提出了上市计划。东方网、新华

---

① 戴春荣：《奥运与资产注入推动08年继续快速增长》，中信建投：传媒行业年报和季报综述，2008年5月12日。

网、人民网等，湖北报业集团、宁波日报报业集团、电脑报等均在筹备公开募股。① 主管部门的态度和传媒企业的积极运作，将通过资本市场独特的引导、示范和带动作用，释放出传媒产业投融资制度变革的空间。在传媒企业进入资本市场步伐加速的战略环境中，进一步完善我国传媒类上市公司融资的制度与规则建设，也成为决定传媒企业上市融资规模和相关功能发挥的重要一环。

3.1　修正传媒企业资本市场融资的功能定位

传媒业的双重属性内在决定了其产业发展目标的多元化，在传媒的意识形态属性或者公共品属性尚没有形成完善的供给机制的条件下，多元化目标仍然是传媒产业不能推卸的责任，但是为推进传媒产业进入资本市场的步伐，应进一步修正传媒产业进入资本市场的功能定位，借助于资本市场逐步完善的规则，推进传媒产业发展的制度性战略架构，通过资本市场中一些特殊的安排，比如“黄金股”等制度设计，解决传媒公共性与产业属性的冲突，缓解传媒企业整体上市与两分开的矛盾，疏通分拆上市与产业盈利模式的障碍。通过建立传媒产业发展的分类管理机制，解决传媒产业发展中市场机制与公共性冲突的矛盾，理顺传媒企业进入资本市场的顺序，防止传媒产业发展中借公共属性损害市场机制的问题，树立通过资本市场促使资金向最有效率、最有竞争力的传媒企业流动的理念，制定传媒产业进入资本市场发展战略，建立适应资本市场规则的企业规则以及监管体制，最终建立一个规范、竞争、无歧视性、高效率的媒介资本市场。

3.2　完善传媒企业资本市场融资结构

完善传媒企业资本市场融资结构具有多方面的含义：首先，完善传媒类上市公司类型和比例所组成的上市公司结构，通过加快传媒产业各领域主导企业股份制改造，在文化体制改革的宏观背景下，通过资本市场的制度豁免，建立传媒企业上市融资的绿色通道，解决上市公司结构与产业结构不匹配的类型结构失衡；其次，完善传媒类上市公司融资品种结构，资本市场是一个包含多金融品种的市场，传媒企业应突破现有的单纯股权融资的局面，充分利用资本市场的各种金融创新品种，通过债券融资、长期商业票据市场，特别是适应传媒产业特性的金融创新品种，例如知识产权资产化等金融工具，提高传媒企业利用资本市场的深度，强化产业发展与资本市场的关联度，提高资本效率；最后，我国正在完善多层次的资本市场，特别是中小板和创业板的陆续推出，对于目前传媒产业中绝大部分的规模较小的企业而言，既是一种融资机会，同时对于成长性极强的新媒体企业而言，也是进入多层次资本市场的极好机会。

3.3　提高传媒类上市公司质量

目前我国传媒类上市融资出现的各种问题，均与传媒类上市公司质量不高有关，提高传媒类上市公司的质量是解决融资缺陷问题的实质性路径，而要提高传媒类上市公司的质量，需要从两个方面着手：首先，进一步完善传媒企业整体上市的规则，加快整体上市的速度，目前我国主要传媒企业的核心资产优良，盈利能力在各个产业均居于领先地位，通过传媒企业核心资产的整体上市，解决两分开造成的产业盈利模式割裂缺陷，提升上市公司的质量；其次，完善传媒类上市公司的公司治理结构，特别是针对传媒类企业知识生产密集、知识人才密集、知识结构多样化的产业特征，利用资本市场的规则，建立兼容期权激励、声誉激励等手段的复合多元的激励机制，克服企业经营的短期化、代理人化的问题，促进上市公司经营业绩的持续发展，提高传媒类上市公司的质量。

---

① 《2008 年一批文化企业将上市，创意借资本“起飞”》，《人民日报》，2008 年 2 月 2 日。

【参考文献】

[1] 中国证监会，中国资本市场发展报告，中国金融与出版社，2008 年 2 月。

[2] 吴晓求，中国资本市场：从制度变革到战略转型，中国人民大学出版社，2007 年 4 月。

[3] 孔淑红，中国资本市场效率与监管研究，清华大学出版社，2006 年 12 月。

[4] 海通证券，传媒行业：寻找平面媒体的投资机会，2007 年 12 月 27 日。

[5] 谢耘耕：《传媒资本运营》，复旦大学出版社，2006 年 7 月。

[6] 邹德文、张家峰、陈要军，中国资本市场的多层次选择与创新，人民出版社，2006 年 3 月。

[7] 宋琳，资本成本缺位与我国资本市场功能缺陷，厦门大学博士论文，2006 年。

[8] 路林丽，中国企业整体上市问题研究，山东商业会计，2007 年第 1 期。

[9] 胡志勇、王首程、李祥伟，我国传媒上市公司经营绩效剖析，广州大学学报，2007 年第六卷第 1 期（2007 年 1 月）。

[10] 张乐，我国资本市场的功能缺陷及其矫正，金融经济，2006 年第 16 期。

【作者简介】

王松茂，博士，武汉大学新闻与传播学院副教授，主要从事媒介经济学的研究。

2007 年以来中国媒体上市时机的主要影响因素研究
——以新闻出版业为例

刘友芝　陶大坤

【摘　要】2007 年 10 月以来，在党的十七大报告“推动社会主义文化大发展大繁荣”精神的指引下，传媒管理层对编辑业务上市的政策限制得以解禁，辽宁出版传媒有幸成为首家整体上市的传媒企业，新闻出版企业整体上市的梦想将成为现实。在“整体上市”传媒投融资政策的鼓舞下，一批新闻出版集团、报业集团加快了其上市筹备的步伐。本文着眼于这一现实情形，从整体上分析了影响这一批拟上市新闻出版企业 2008 年上市时机的主要因素：2008 年中国 A 股市场低迷行情的利空影响因素；传媒板块“利好”与“利空”的共同影响因素。由此得出两点预测分析结论：一是对 2008 年中国新闻出版企业的上市时机作了预测判断，2008 年能否上市，时机是否成熟，应是 2008 年中国 A 股市场以及传媒板块两个层面诸多“利好”与“利空”影响因素力量对比与博弈的结果，具有一定的不确定性；二是揭示了中国媒体企业的一般理想上市时机。

【关键词】新闻出版企业　上市时机　中国 A 股市场　“利空”因素　“利好”因素

据初步统计，自 2007 年 10 月以来，已有包括重庆出版集团、中国电影集团等 13 家文化公司获批成为中央文化体制改革工作领导小组办公室和国家新闻出版总署首批推荐企业。另外，江苏凤凰出版集团借壳 ST 耀华，湖北日报报业集团参与国药科技重组，电脑报、宁波日报报业集团、湖南出版集团、江西新华发行集团、安徽新华发行集团等文化企业都在积极准备公开募股，筹备上市。目前，只有辽宁出版传媒有幸成为第一个撞线者。① 其中，在这批拟上市的文化企业中，以新闻出版企业为主导。对于雄心勃勃准备上市的新闻出版企业而言，2008 年能否如愿以偿地成功实现其上市的预期目标呢？我们认为，尚存在着较大的不确定性，它将是 2008 年中国 A 股市场以及传媒板块两个层面诸多“利好”与“利空”影响因素力量对比与博弈的结果。

1　2008 年中国 A 股市场低迷行情的利空影响因素

纵观中国上市公司的发展历程，我们可以发现，中国上市公司的命运与中国宏观经济尤其是资本市场的发展态势、行情息息相关，中国传媒娱乐板块上市公司的上市运作也概莫能外。在 1994 年以来已上市的 13 家传媒娱乐股中，真正涉及传媒主营业务的主流传媒概念股仅有 8 家，他们上市的时机耐人寻味：1999—2000 年有三家传媒主流媒体——电广传媒、博瑞传播，赛迪传媒，当时的股市行情较好；而在 2000—2004 年的 5 年时间里，没有一家传媒股在中国内地上市，主要原因是这几年中国股市行情不好，尤其是 2001 年 4 月到 2005 年，中国 A 股市场处于漫漫熊市背景之下，因而连借壳上市的传媒股都没有；但在 2006—

① 《新闻出版总署开闸新闻出版集团角逐首轮 IPO》，人民网，2007 年 10 月 23 日。

2007 年，中国股市牛气冲天，借此东风，有 4 家传媒股上市，其中，华闻传媒借“燃气股份”上市，解放日报报业集团借“新华传媒”上市，广州日报报业集团的粤传媒借“九州阳光传媒”上市，辽宁出版集团的“出版传媒”更是将编辑业务与经营性业务打包整体直接上市。

由此看来，传媒企业上市时机与中国资本市场的行情状况密切相关。因而，中国媒体现阶段以及未来能否上市的最大权重影响力因素应是中国 A 股市场的整体行情。

1.1 多重利空因素引领中国 A 股市场大盘转入熊市的长期调整期

支撑资本市场现实繁荣的重要因素是投资者对资本市场的现实信心。然而，自 2007 年 10 月以来中国境内外资本市场的多重利空因素，在中短期内冲击着投资者对于中国 A 股资本市场的市场信心，以上证指数为例，自 6124 点展开大幅度调整以来，仅仅数月时间，大盘已被腰斩，杀跌之烈，历史罕见，最低点曾经达到 2700 多点，并且 A 股市场出现“三破”现象：“破发”、“破净”、“AH 股估值倒挂”。这意味着自 2005 年底由“熊”转“牛”以来的中国 A 股“牛市”正遭遇着重新回归“熊市”的系统性市场风险，大大冲击了投资者对中国 A 股市场的信心。追根溯源，主有源于以下几方面原因：其一，国内外宏观经济层面的多重利空因素，如海外次贷危机冲击、高通胀、宏观紧缩、雪灾、地震交织在一起，导致公众对中国 A 股上市公司业绩逐级走低的心理预期。对于 A 股上市公司经营业绩逐级走低的预期在国家统计局 2008 年 3 月 27 日公布的有关数据中也得到了一定的印证：2008 年 1 ~ 2 月，全国规模以上工业企业共实现利润 3482 亿元人民币，同比增长 16.5%。分析人士认为，该增速远远低于 2007 年 1 ~ 11 月的 36.7%，并且仅相当于 2005 年二季度紧缩周期中的水平，或暗示中国企业的盈利情况正出现拐点。宏观经济层面对于中国 A 股股市更为致命的打击，恐怕是由于目前国内高通胀和企业利润下降同时出现而担心中国经济当前及未来可能出现“滞胀”局面，使得市场预期呈现出显著的恶化趋势；其二，“限售股解禁流通”成为令中国 A 股股市长期的供小于求的矛盾发生逆转的最大利空事件，使当前中国 A 股股价发生系统性的暴跌，成为直接将中国 A 股市场拖入新一轮“熊市”的“导火线”，2008 年 8 月至 2009 年 5 月间更大规模的解禁高潮将成为影响中国股市未来 3 年运行与发展的最大的权重影响因素，“限售股解禁流通”问题如果不能从根本上得到有效的解决，中国 A 股流通市场将陷入新一轮长期熊市的困境之中；此外，外资大量流出以及市场机制缺失，管理层对巨额融资缺乏必要的态度与措施等因素也在短期内极大地改变了现阶段中国 A 股市场的资金面，“流动性困境”加剧了中国股市转“熊”的步伐和程度。

1.2 短期“利好”因素：2008 年中国 A 股市场存在一定的反弹行情

进入 2008 年以来，尽管中国 A 股市场多重利空因素冲击着 A 股资本市场的市场信心，但还存在着短期的“利好”因素令市场在二季度将有一个周线级别的反弹：一是北京奥运会将于 2008 年 8 月在北京举行。纵观曾经举办过奥运会的国家和地区，奥运会举办当年，都会对该国的消费需求、投资需求和出口需求产生巨大的拉动效应，并会给当地经济的发展带来强劲的增长动力。与此同时，奥运会的举办还会给当地的股市行情带来一定的涨幅，根据长城证券的分析，在时间序列上，奥运会举办城市所在的国家，股指在奥运前一年全部上涨，幅度在 14.39%—96.74%；奥运会举办当年只有一届举办国股指下跌，其余均为上涨，涨幅在 2.8%—69.54%；举办后第一年全部都上涨，涨幅在 0.28%—54.2%。① 与之类似，2008 年奥运会在中国的举办，将会有力地促进我国经济的增长，并带来股指上涨的动力和预期。二是基本面。2008 年上市公司的业绩增长最为保守的估计也有 30% 以上的增长，而

① 佚名：《奥运会与股市上涨》，http://finance.sina.com.cn/stock/blank/ayzygs.shtml。

大盘当前的估值不足21倍，因而本年度上市公司的业绩估值处于合理范围，必然会引发大规模的投资资金入市。三是资金面。相比2008年一季度，二季度的限售解禁压力较轻，资金压力趋缓，由于本币升值加速，外流的国际游资也有二度进入的条件，目前点位对前期逸出资金已有了较大的吸引力。四是政策面。目前，尽管管理层还没有拿出有力的措施救市，但管理层对大市下跌的忧虑之情是日见焦虑的，可以预料，未来一段日子里，管理层对股市"利空"将会更为审慎，万不得以的情况下不会再出台"利空"消息。五是技术面。目前大盘周线、月线正呈加速下跌态势，技术面有改变当前恶劣趋势的愿望，中国A股市场在2008年二季度有望出现一定的反弹行情。

1.3　中国股市未来行情：整体的低迷行情难以从根本上得到扭转

关于中国股市未来行情的估计，目前存在两种不同的判断：一是基于长远的较为乐观的判断。从长期来看，中国经济良好的基本面是"利好"前景的重要基础。由于中国经济的整体发展并没有出现任何衰退性信号，而政府的宏观调控从长期看更有利于中国经济的长远发展，中国经济的战略性空间广阔，更有利于中国消化全球经济的不稳定因素。中国经济良好的基本面必然会带动资本市场出现较好的投资机会。① 据《中国证券报》信息数据中心统计，截至2008年3月28日，已披露的近半数的上市公司年报显示，2007年上市公司的净利增幅逾四成，上市公司业绩保持平稳增长为市场走牛奠定了基础；二是基于现实A股市场的悲观判断。中国资本市场资深专家韩志国预言，中国股市现阶段乃至未来一个长时期所面临的"利空"压力，将远比2001年中国股市发生"牛转熊"转折时所面临的"利空"打击更为剧烈也更为严重，由于2008年8月是全年大小非解禁的高峰期，将有4200多亿市值的大小非要在奥运期间解禁，因而在这种背景下，2008年奥运期间的"利好"行情也会大打折扣。

2008年4月20日，中国证监会正式对外公布了《上市公司解除限售存量股份转让指导意见》。据此，证监会对上市公司股东解禁限售存量股进行了明确规定，即预计未来一个月内公开出售解除限售存量股份的数量超过该公司股份总数1%的，应当通过证券交易所大宗交易系统转让所持股份。这一规定的出台，在一定程度上缓解大小非解禁高峰期过于集中导致中国股市供求失衡的现实困境，但不能从根本上化解大小非解禁过程中出现的诸多连锁反应的制度瓶颈问题。

我们认为，从现实角度来看，倘若中国资本市场管理层没有寻求到大小非解禁的长期解决之道，并采取切实有力而有效的根治措施，中国股市未来的行情，将是"利空"压力超过"利好"前景，因而中国A股大盘整体的低迷行情难以从根本上得到扭转。

1.4　基于A股市场基本层面的判断：2008年中国媒体上市的整体概率不大

目前，A股二级流通市场的低迷行情必然影响到A股一级发行市场的上市运作，一些资深专家甚至谏言：海外企业A股上市必须停止，内地企业的IPO上市必须暂停；停止一切形式的股权再融资，把上市公司再融资的主要方式转到债权再融资上来，以彻底改变中国股市沉疴已久的"圈钱"模式。② 当然，由于资本市场的基本功能——融资功能不会从根本上改变，2008年A股资本市场不会完全停发新股，但由于弱市背景的影响，证监会将会严格限制上市公司牌照数量。事实上2008年3月中旬到4月中旬，新股发行停顿近一个月。在2008年即便有幸获取上市牌照，失去投资者信任的A股二级流通市场也不利于新股上

---

① 高山：《大小非未疯狂减持 市场弱势因信心不足》，http://www.sina.com.cn，2008年4月1日。

② 袁名富：《中国股市重演黑色星期一 专家谏言出组合拳救市》，htpp://www.stockstar.com,2008年3月18日。

市，可能遭遇“跌破发行价”的市场风险，持续了两年多的新股发行狂欢局面将在新一轮熊市中终结。在此市场背景下，一批雄心勃勃准备上市的新闻出版企业的上市计划可能被“搁浅”。因而，总体而言，2008 年中国媒体上市的概率不大，其上市的具体时机应是中国 A 股市场重新转暖之时。

当然，在现阶段中国 A 股弱市背景下，仍不排除极少数新闻出版企业的结构性上市机遇：在 2008 年二季度 A 股反弹行情出现时，不排除少数个别已完成上市辅导程序的优质新闻出版企业有望借这波短暂的反弹行情被证券监管层“择优上市”从而部分地实现登陆 A 股市场的愿望；弱市背景下，对于正着手“借壳上市”的新闻出版企业，如江苏凤凰出版集团借壳 ST 耀华，湖北日报报业集团参与国药科技重组，无疑是增加了降低收购“壳资源”成本的机遇，从而有利于这些媒体通过“定向增发”收购这些“壳资源”而间接实现登陆 A 股市场的愿望。

2 传媒板块“利好”与“利空”的共同影响因素

2008 年新闻出版企业的上市时机除了在宏观层面受中国 A 股市场低迷行情的很大影响外，也受到来自 A 股市场传媒板块自身微观层面的影响。作为中国资本市场的特殊行业板块——传媒板块，2008 年诸多“利好”与“利空”因素共同影响传媒上市运作的时机。

2.1 多重“利好”因素利于新闻出版企业的上市运作

尽管现阶段中国 A 股市场的大盘低迷行情，从整体上影响着新闻出版企业的上市进程，但不可否认 2008 年中国 A 股市场行情也存在着反弹的机会，在反弹过程中，必然有一些行业板块会受到投资者的特别关注甚至受到追捧。我们认为，在 2008 年，传媒板块存在着一些“利好”因素，可能会引起投资者的关注，从而有利于新闻出版企业的上市运作。

2.1.1 新闻出版企业改制，为其先行上市创造了基本条件

根据我国 2006 年 5 月 8 日正式实施的《上市公司证券发行管理办法》，拟上市公司上市前必须有着 3 年连续盈利记录的企业历史，对于拟上市的国有企业还要完成股份制改造，才有基本资格进入上市程序。自 2001 年 10 月以来，我国传媒业的一系列体制改革，如中办发 17 号文、国办发［2003］105 号《文化体制改革试点中经营性文化事业单位转制为企业的规定》文件的发布，使我国经营性文化事业单位转制为企业有了基本的政策保障，而在传媒企业改制过程中，市场化改革较早的以图书出版业和报刊业为核心的新闻出版业，无疑也走在了传媒企业改制的前列。新闻出版业的“转企改制”，主要包括两个层次：一是“事转企”，它是指在计划经济体制下新闻出版单位由事业体制迈向市场经济的过程中，一部分经营性的事业单位要转制为企业，而“事转企”的方式主要有两种类型，即“整体转制”和“剥离转制”。目前，除人民出版社以及少数民族出版社等少量出版社保留事业身份外，大多数新华发行集团和出版社或出版集团整体转制为了出版企业。而报业集团的“转企改制”以“剥离转制”为主、“整体转制”为辅。报业集团的“剥离转制”主要始于 2004 年，《大众日报》、《新华日报》、《河南日报》、《深圳特区报》4 家试点报业集团和一些非试点报业集团进行“剥离转制”，即将报业集团的经营性资产与新闻采编业务分离，以经营性资产成立报业集团有限公司。目前，一批报业集团已经成立或酝酿成立集团有限公司，而《北京青年报》，特别是《中国证券报》、《中国保险报》、《电脑报》等报社属于报业“整体转制”。二是“独转股”，已经转制为企业体制的新闻出版单位，由单一的国有企业转变为股份制多元企业体制，就是由单一的国有制转变为股份制。2002 年 7 月新闻出版总署下发的《关于新华书店（发行集团）股份制改造的若干意见》，促进了新华书店的股份制改造。目

前，上海、四川、浙江、江苏、辽宁、江西、安徽等新华发行集团实行股份制改造，辽宁、安徽、江苏、重庆等出版集团在完成整体“事转企”的同时，积极促其“独”转“股”，许多报业集团也在完成剥离“事转企”的基础之上谋求股份制改造，为筹备上市做好了较为充分的准备工作，为新闻出版企业的先行上市创造了基本条件。

2.1.2　多重“利好”因素使传媒板块受到A股市场投资者的青睐

新闻出版业率先的企业改制，扫清了新闻出版企业先行上市的基本障碍，但新闻出版企业能否进一步创造吸引A股市场投资者对传媒板块的特别关注基本追捧呢？我们认为，基于以下多重“利好”因素，传媒板块有望受到A股市场投资者的青睐。

- 垄断经营优势：吸引着投资者对传媒板块的特别关注

中国传媒的特殊性所形成的严格的传媒管理体制，给传媒板块带来了垄断经营优势：首先，“条块分割”的政策壁垒，使中国传媒形成了法定的“行业垄断”与“地域垄断”经营优势。其次，传媒创办需有“主管单位”与“主办单位”的限制性规定，使业外资本尤其是业外非国有资本事实上难以进入传媒经营领域，使业外资本进入传媒经营领域的市场准入受到了严格限制，尽管2001年17号文发布以来的一系列政策法规，使业外资本也可以合法地进入传媒经营领域，但要求以传媒国有资产控股为前提，传媒板块依然享有政策保护带来的较强的垄断经营优势，这种垄断经营优势无疑吸引了投资者对传媒板块的特别关注，对传媒板块充满了遐想与期待。

- 北京奥运会：新闻出版产业的成长性“利好”因素

新闻出版业的企业改制，只是为上市创造了基本条件，而2008年北京奥运会则给中国新闻出版产业带来了成长性“利好”影响。奥运会是全球媒介事件，能产生最大的注意力经济，奥运会的举办，将对传媒广告收入起到强力的拉动作用，奥运会的注意力经济效应会大幅提升传媒的广告价值，据摩根士丹利预测，2007年中国广告市场的增幅为15%，预计达到2000亿元人民币。受惠于北京奥运会的带动效应，2008年中国广告市场将出现一个增长高峰，较2007年大幅增加25%，达到2450亿元人民币。① 随着中国广告市场“蛋糕”的做大，报业也将从中分得一杯羹。同时，2008年北京奥运会期间，新闻出版管理部门实施奥运出版工程，对涉奥出版物在选题、书号以及相关审批等方面给予特殊政策支持，组建了奥运图书编辑中心，占尽地利的北京出版社出版集团已累计出版奥运图书近百种②，种种措施将会带动一批有纪念意义的奥运题材出版物的出版、印刷、发行，奥运出版产业链的形成，将会成为新闻出版企业新的利润增长点。这种成长性将使拟上市的传媒板块可能受到投资者的重新青睐，从而有利于加快新闻出版企业的上市进程。

- 传媒整体上市的政策解阀：2008年A股市场上的亮点

在2007年党的十七大之前上市的传媒上市公司都是通过剥离与分拆方式上市的，但上市后的传媒板块却由此出现了一系列经营管理上的问题，其中以“北青传媒”最为典型，也使中国传媒只能“分拆上市”而不能“整体上市”的政策受到了一定的质询。2007年，“传媒整体上市”的政策终于得以解阀。2007年10月15日，胡锦涛总书记在十七大报告中提出要“推动社会主义文化大发展大繁荣”。两天后，国家新闻出版总署署长柳斌杰在以十七大代表的身份接受《光明日报》、人民网、英国《金融时报》等媒体的采访时表示：“中国政府将支持出版机构、报业企业和官方骨干新闻类网站上市，并不再要求它他们将编辑业

---

① 《奥运效应或可提升媒体广告产业2450亿》，新华网-传媒在线，2007年7月4日。

② 王坤宁：《北京市局对涉奥会出版物给予政策支持》，中国新闻出版网-中国新闻出版报，2008年4月3日。

务与经营业务拆分，而是鼓励整体上市，以‘体现产业的整体性，减少关联交易’。”① 政府放开新闻出版资本市场的信号由此可见。伴随着传媒管理层对编辑业务上市政策限制的解阀，新闻出版企业整体上市的梦想将成为现实。在“传媒整体上市”投融资政策鼓励下，新闻出版集团、报业集团更坚定了上市的信心，已经上市的传媒公司更是谋求“整体上市、注资发展”，不仅有利于传媒企业改制的深化，而且将有效地解除之前上市传媒企业普遍存在的产业链被割断、关联交易过多等系列问题所导致的传媒经营业绩缺乏核心资源支持的政策障碍，增强投资者对传媒板块的市场信心，同时作为整体上市的特殊垄断经营的行业板块，将吸引投资者的特别关注。“传媒整体上市”将成为2008年中国A股市场上的一大亮点，其政策解阀使2008年新闻出版企业的上市之路“柳暗花明又一村”。

- 创业板：新闻出版企业上市融资的新平台

2008年4月，《首次公开发行股票并在创业板上市管理办法》得以公布，估计最早6月底前将有首批公司登陆“创业板”，首批规模将为60—70家企业。这无疑将激起出版传媒相关企业特别是与网络有关的出版传媒企业的无限遐想，同时也为传统媒体的网络出版企业开辟了一个新的融资渠道。

由于创业板的上市门槛要比中小板低，例如，中小板上市公司上市前的总股本要求不低于3000万元人民币，而创业板的上市公司发行后的总股本才要求3000万元人民币，因而，与在中国A股市场上的中小板上市相比，新闻出版类企业登陆创业板更为容易，创业板的主要上市对象就是高新技术企业。在创业板上市融资，已经被成长中的网站、网络游戏公司以及有创投概念的新闻出版企业“看中”。在2008年1月底召开的全国出版工作会议上，中宣部文化体制改革和发展办公室有关人员在小组讨论时指出，要搭建文化产业融资平台，解决银行贷款难的问题；要列出文化企业上创业板的名单，加快文化企业上市，用超常规措施推动文化产业的发展。在2008年的全国人大和政协会议上，全国人大代表、河南日报报业集团党委书记、董事长、社长朱夏炎提出，国家必须从战略上给予主流网络媒体的发展以超常规的财政支持和政策优惠，优先扶持和切实推动文化单位包括报业集团、重点新闻网站的上市融资步伐，并将其上市纳入即将推出的创业板名单范围，以市场化手段提升文化单位的整体竞争实力。②

2.2 多重“利空”因素影响新闻出版企业的上市进程

2008年，传媒板块也存在着一些“利空”因素，使传媒板块受到资本市场上某些负面“噪音”的影响，使投资者对资本市场上传媒板块的认同度下降，此前基于新闻出版业的企业改制及其垄断经营优势、北京奥运会、整体上市的政策解阀、创业板的推出等“利好”因素的存在而使投资者对传媒板块特别关注甚至追捧的激情大大减低，从而影响2008年新闻出版企业的上市进程。

2.2.1 新闻出版企业改制上市先天不足

如前所述，传媒上市的首要条件是成立由传媒国有资产控股的具有独立法人资格、独立自主经营的传媒股份制公司。然而，由于中国传媒的特殊性，为了达到上市融资的目的，纵观已有的中国内地传媒上市公司，我们看到，绝大多数传媒上市公司都是通过剥离与分拆方式将传媒的非核心业务与资产——传媒边缘性经营业务与资产注入到传媒上市公司以达到“规避政策限制、改制与上市融资”等一举多得的效果，某些传媒上市公司甚至是将传媒的

① 杨彬彬、周琼：《文化体制改革魔方转动》，《财经》，总第197期。

② 卓宏勇、王莹：《创业板：新闻出版业上市融资的新平台 网游希望大》，《中国新闻出版报》，2008年4月3日。

"事改企"与"独转股"的股份制改革与传媒上市辅导、上市融资同步乃至同时进行，可谓效率极高。但是这种操之过急的上市操作方式却存在种种先天不足，给传媒公司的上市与上市后的经营带来种种隐患和不利影响：一是已剥离上市的传媒股份制子公司与作为控股股东而仍旧保留事业身份的传媒集团之间不可避免地存在着严重的内部关联交易，从而造成不良后果，一方面，由于关联交易比例太高，要么达不到上市的目的，上市公司与母公司的关联交易比例不得超过30%，要么无奈地选择日后可能带来沉重经营包袱的"借壳上市"方式；另一方面，作为控股股东而仍旧保留事业身份的传媒集团无疑会延缓甚至制约已上市的传媒子公司建立与完善以现代企业制度为核心的公司治理结构与治理机制。二是传媒经营具有很强的"依附性"，即依附于上游核心产业链——优质传媒内容源头的支持，而剥离上市，使上市后的传媒子公司在传媒经营上犹如"一家没有厨房的餐厅"，传媒原有的经营优势难以彰显，已上市传媒子公司与其他不具有垄断经营优势的一般性竞争性广告公司、发行公司、印务公司别无二致。因此，传媒改制与上市的先天不足，造成投资者对传媒板块的认同度不高，势必影响已上市传媒子公司在资本市场上的良好形象。

2007年，"传媒整体上市"的政策解阀，成为解决"分拆上市"导致的经营管理问题的"政策信号"。但2007年底作为首只"整体上市"的传媒股——辽宁"出版传媒"，其上市后的经营表现状况，还需拭目以待。同时，我们认为，"传媒整体上市"的效果还需要进一步的配套政策提供有效保障，"操之过急"可能"适得其反"，有鉴于此，我们认为，大多数新闻出版企业未来"整体上市"的实际进程将可能被延缓。

2.2.2　传媒上市公司的运营效果不佳

- 在资本市场上的整体经营业绩表现不佳

近年来，传统"条块分割"政策壁垒使传媒享有的经营垄断优势正在受到传媒技术变革的严重挑战，层出不穷的新媒体分流传统报刊业、图书出版业的读者群，报业的广告市场份额也受到新媒体的不断蚕食与瓜分，加之传媒自身经营结构的单一化使传媒主营收入和利润增长的增幅下降，而新闻出版企业的管理体制与经营机制固有的障碍所导致的不规范竞争和粗放经营也使传媒经营成本急剧上升，在这一降一升中，使得近几年来已上市的传媒企业在A股市场上的整体表现并不佳。以处于2006年与2007年"牛市"背景下的已上市传媒企业的经营业绩来看，据Wind资讯的统计结果显示，目前A股上市的10家传媒公司中，2006年的总收入为111.94亿元人民币，平均同比增长12.82%，其总收入不到传媒类总收入的3%，同比增速也低于行业整体近20个百分点。

2006年度深市主板采掘业上市公司每股收益为0.543元，在整体业绩高速增长的同时，传播与文化产业、信息技术产业由于市场竞争激烈、相关公司缺乏核心技术竞争力，已连续两年整体亏损。其中，传播与文化产业以平均每股亏损0.185元人民币列深市主板各行业末位，信息技术产业平均每股亏损0.124元人民币列倒数第二位。① 而据中信建投的统计分析，2007年上半年，传媒上市企业实现主营业务收入42.65亿元人民币，同比增长10.7%，远远低于A股市场22.7%的平均增幅。另有数据显示，从1999年证监会行业分类中明确列出"传播文化"板块以来，传媒板块的增幅就一直没有摆脱处于所有板块后五位的窘境。已上市的传媒企业经营业绩不佳，客观上会降低人们对传媒企业上市表现的预期，还可能减少人们的认同感和认购热情，这些都不利于传媒企业的上市申请。

- 在资本市场上的运作状况表现不佳

2005年10月，北青传媒在上市九个月后，就爆出其六名高管因为信息披露不实、存在关联交易和涉嫌违规而被捕的丑闻，其股票也急挫下跃，后被停牌。曾经风光无限又被誉为

---

① 《2006年报：七成公司实现业绩增长》，《中国证券报》，http://www.jrj.com,2007年4月27日。

"内地传媒第一股"的北青传媒缘何在上市不到一年的时间里就出现这么多的问题？长期关注北京青年报社的中国人民大学传媒管理研究所所长宋建武在北青传媒上市初就曾指出其三大硬伤：第一，北京青年报社作为北青传媒的控股股东，自身并不是一个企业，也没有得到国有资产经营授权；第二，北青传媒和北京青年报社之间有关联交易；第三，产业链被人为割裂。难怪在上市后，中银证券在发表报告时就以"一家没有厨房的餐厅"来形容北青传媒，并给予该公司"跑输大市"的评级。

由于我国资本市场的上市公司数量稀少，因而即便是处于连续3年经营亏损面临退市的ST股也具有较大的价值，即拥有再融资的资格。然而，通过借壳上市的传媒上市公司，借壳上市后多年，再融资却屡遭失败。其主要原因首先是与传媒上市公司和其控股股东（传媒集团）之间的关联交易比重过高有关，而且与传媒板块类上市公司整体经营业绩不佳有关。例如，博瑞传播2000年度和2002年度两次配股方案均未获证监会核准，2004年增发6200万新股申请未获证监会审核通过，也与两公司关联交易比重过高有关。博瑞传播直到2007年才成功完成配股。"借壳上市"最失败也最有警示意义的是赛迪传媒，2000年9月8日，赛迪传媒借ST港澳股成功地实现了借壳上市，然而具有讽刺意味的是赛迪传媒在7年后，却遭到来自拟上市公司青岛中金的资产重组以实现其借壳上市的愿望，尽管这一重组计划未能最终实现，但自2005年以来，赛迪传媒传媒业务收入已经连续两年下滑，有消息称，目前有关金融机构已经将赛迪传媒列为慎审单位。可见传媒上市运作是一把"双刃剑"，存在着潜在的被收购风险。

已上市传媒公司资本运营效果不佳的事实，势必造成A股市场上投资者对传媒板块的认同度不高，降低此前投资者对传媒股的关注热情，并影响后续传媒股的上市运作。

2.2.3 2008年新闻出版企业的经营业绩受到双重"利空"因素的影响

- 2008年宏观经济层面带给报业广告经营的"利空"影响

目前，广告收入仍是报业收入的主要来源，而报业广告经营对一定时期的宏观经济环境与状况具有强烈的依附性，一定时期的宏观经济环境与状况甚至成为传媒广告收入的"晴雨表"。而2008年宏观经济层面存在一些不利于报业广告经营的"利空"因素的影响，将会抵减北京奥运会带给报业广告经营的"利好"作用：一是2008年宏观经济增幅下滑将抵减北京奥运会给中国广告总量增幅效应。有研究表明，自1982年以来，中国广告增长的四个周期与中国经济增长的四个周期基本重合，尤其是进入2001年以来，不仅周期的长短基本一致，而且广告周期的起始点也惊人一致。这表明中国广告经营额与中国GDP之间存在正相关关系。① 而2008年受美国次贷危机的影响，在国内稳中偏紧的宏观调控政策指导下，我国经济发展有可能出现高位趋稳、小幅回落的态势。在2008年的"两会"上，温家宝总理在政府工作报告中指出，我国国民经济和社会发展的预期目标是国内生产总值增长8%左右。这意味着2008年我国GDP增幅将比2007年11.4%的增幅下滑3个百分点。而受2008年宏观经济增幅下滑的影响，2008年传媒广告总量增幅也必将出现下滑态势，这一"利空"因素会冲减一部分因受惠于北京奥运会而带给2008年中国广告总额的增幅效应；二是2008年从紧的货币调整政策对传媒业的房地产广告经营将直接产生不利的影响。为防止高通货膨胀，2008年，央行将采取从紧的货币政策，引起银根紧缩。而房地产业是资金密集型产业，金融业支持的程度也就决定了房地产业的市场发展程度。房地产市场对金融业支持的依赖不仅体现在房地产供给端的开发商要从银行获得大量的信贷资金，而且作为房地产需求方的投资者对货币政策也十分敏感，也需要银行信贷资金的支持。实施从紧的货币政策后，由于资

---

① 资料来源："1976-2004年中国广告增长周期与GDP广告增长比较图"，《中国媒体发展研究报告》（2005年卷），武汉大学出版社2006年版，第232页。

金的缺乏，房地产的开发将会受到抑制；与此同时，消费者个人的住房按揭贷款也会大量减少，市场住房需求将可能缩减，这些对房地产业的发展都会产生不利影响。伴随着房地产业的趋冷，与之密切相关的房地产广告投放将会减少，而房地产历来是我国传媒广告收入来源的第一“大头”，由此带来的将是传媒业广告收入的锐减。

- 纸张涨价带给新闻出版企业巨大的经营成本压力

在报纸、图书的生产成本中，纸张成本大概占到了60%—70%，纸张价格上涨对新闻出版企业的影响显而易见。但从2007年第四季度开始，由于新闻纸供求关系紧张，行业供应缺口增大，国内新闻纸价格开始大幅上涨，目前已从2007年第三季度的每吨4500—4600元涨至2008年3月份的每吨5450元，涨幅超过13%。尤其是2008年，新闻纸从2008年1月的4850元/吨暴涨至2008年3月的5450元/吨，相当于每吨每月涨200元，涨幅创5年的最高纪录，而每年我国新闻纸用量多达几百万吨，据中国报业协会透露，2007年我国新闻纸用量约为350多万吨，估计2008年会有8%的涨幅，约为380多万吨。① 由此可见，2008年报业企业将承受巨大的生产成本压力。纸张价格持续攀升，给国内新闻出版企业带来巨大的经营压力。知情人士透露，以报业竞争比较出名的武汉媒体为例，十多年来，江城各家报纸基本都坚持着每份0.5元的零售价格。以48个版为标准，每份报纸的印刷成本最低约1元，加上采编和发行成本，每份报纸的成本在1.4元左右，而零售价仅为0.5元。“也就是说，每卖出一份报纸，就要亏损0.9元，这给报纸的发展带来剧痛。”② 重压之下，传媒业不得不提价自救。然而，在面临网络媒体的替代性竞争影响的时代，提价背后使报业经营面临着很大的经营风险，首先是发行风险，报纸提价势必导致报纸发行量的下降，也连带影响报纸的广告经营，从而也影响报纸的收入和利润，这对于正经受房地产和汽车投放广告下降而收入锐减的报业来说可谓雪上加霜。纸张涨价同样也给图书出版企业带来经营压力，从2007年10月开始图书用纸价格就陆续飙涨，轻型纸从2007年初的5800元/吨—6100元/吨，涨到2008年的6900元/吨—7100元/吨，图书出版用纸每吨上涨1000元以上，推动图书价格的上涨，却导致图书发行量的下降。

3 结语：中国媒体企业的一般理想上市时机

综上所述，2008年中国媒体企业能否上市，时机是否成熟，应是上述2008年中国A股市场以及传媒板块两个层面诸多“利好”与“利空”影响因素力量对比与博弈的结果，具有一定的不确定性。如果“利好”因素占上风，2008年中国新闻出版企业还是有机会上市的，如果“利空”因素占上风，则2008年中国新闻出版企业上市的可能性就比较小。

从上述分析中，我们可以窥探出中国媒体企业的一般理想上市时机：

第一，在证券市场向好的情况下发行股票往往较容易。证券市场受到许多复杂的因素影响，特别是受到宏观经济走势影响较大。在证券市场行情向好的情况下，投资者投资热情高涨，发行股票数量较多，募集资金数额也较多，拟上市传媒企业抓住这一时机发行股票相对容易；反之，在市场行情趋淡的情况下，传媒企业发行股票难度加大。

第二，证券市场上传媒板块成为市场追逐的热点时容易发行股票。一般而言，当一个行业预期业绩向好并且近期内有多家企业上市时，这个行业就容易引起投资者的注意，在行业个股涨势良好的示范效应下，行业内公司上市就会得到投资者的青睐，此时上市，就容易得

① 《纸浆飙涨迫新闻纸价格涨幅创5年最猛纪录》，《新京报》，http://www.sina.com.cn,2008年4月2日。

② 《纸浆飙涨迫新闻纸价格涨幅创5年最猛纪录》，《新京报》，http://www.sina.com.cn,2008年4月2日。

到追捧。因而，当证券市场上传媒板块成为市场追逐的热点时，拟上市传媒企业容易发行股票。

第三，传媒公司的财务状况和经营业绩处于较佳状态时，良好的业绩记录和预期的股利增长是投资者最终追求的目标。公司财务状况和经营业绩体现了公司的资产运作情况、债务偿还能力以及盈利水平和现金流量等诸多方面的问题。当传媒企业的经营业绩和财务状况良好时，就比较容易通过监管部门的审批，传媒企业上市也就相对容易。

【参考文献】

[1] 谢耘耕：《传媒资本运营》，复旦大学出版社，2006 年版。

[2] 王丽娅：《企业融资理论与实务》，中国经济出版社，2005 年版。

[3] 陈佳贵主编：《2008 年中国经济形势分析与预测》，社会科学文献出版社，2007 年版。

[4] 金宇：《2008 年文化传媒行业投资策略》研究报告，中国国际金融有限公司研究部，2008 年版。

[5] 曾兰平等：《中国传媒产业经营模式》，载《中国媒体发展研究报告》（2005 年卷），武汉大学出版社，2006 年版。

[6] 崔保国主编：《2007 年：中国传媒产业发展报告》，社会科学文献出版社，2007 年版。

[7] 王永亮：《传媒方家——高层权威解读传媒》，中国传媒大学出版社，2005 年版。

[8] 罗建华：《在转制中释放生产力——中国报业集团年度观察》，杭州网，2005 年 5 月 11 日，10：26：56。

[9] 郭全中：《传媒集团的上市策略》，《青年记者》，2007 年 12 月。

[10] 位华玲、韩超：《我国企业整体上市问题研究》，《财经界》，2007 年第 6 期。

[11] 王鸿涛：《北青传媒香港招股上市的思考》，《中国记者》，2005 年第 2 期。

[12] 辰目：《对传媒改制与上市问题的提醒》2008 年第 1 期。

【作者简介】

刘友芝，武汉大学新闻与传播学院副教授、博士，主要从事媒介经营与管理研究。

陶大坤，武汉大学新闻与传播学院 2004 级本科生，南京大学新闻与传播学院 2008 级硕士研究生。

基于需求相似理论的内容产业对外贸易战略选择①

聂　莉

【摘　要】内容产业作为一个新的产业形态，在中国刚刚萌芽发育，但作为数字化背景下最具发展前景的产业方向，其反映了经济全球化进程中的产业结构变革趋势。当前，中国内容市场的巨大需求与内容生产匮乏之间存在反差，对外内容产品贸易近年来连续出现严重逆差，由此，本文对林德的需求相似理论进行了扩展，建立了一个当前背景下中国内容产品对外贸易的理论模型，进而提出我国内容产业对外贸易战略的现实选择。

【关键词】需求相似理论　内容产业　对外贸易战略

1　问题的提出

在数字技术高速发展的今天，内容产品的传输渠道被极大地开发，不再成为稀缺性的资源，多元的传输平台使内容产品生产更为大规模与多样化、消费者的内容需求结构发生改变，更为重要的是，技术推动下的媒介融合，使渠道过剩内容短缺，引致巨大的内容市场需求，使内容创造者成为新媒体产业的核心，而内容产品成为整个文化产业的价值所在，内容将取代渠道成为新媒介产业乃至文化产业的价值点，内容产业便逐步孕育而生了。

虽然内容产业作为一个新的产业形态，在中国刚刚萌芽发育，但作为数字化背景下最具发展前景的产业方向，其反映了经济全球化进程中的产业结构变革趋势。一方面，内容产业与综合国力、信息安全有着密切关系；另一方面，内容产业的兴起也反映了文化产业、媒介产业与信息产业的产业融合。内容产业作为“依托内容产品数据库，自由利用各种数字化渠道的软件和硬件，通过多种数字化终端，向消费者提供多层次的、多类型的内容产品的企业群”②，是一个以创意为核心、以数字化为主要表现形式的新型产业群，它具有基础性、高成长性、正外部性等特征，英国、加拿大、日本、韩国、澳大利亚等都由政府出面规划了相关产业发展战略，内容产业已经成为政府调整经济结构的杠杆之一。

环顾全球，内容产业的重要性不但得到了众多国家和地区的认可，而且在许多信息技术发达的国家，数字内容产业已经成为支撑国民经济发展的又一个重要支柱。根据世界信息产业报告，美国的数字内容在信息产业中的销售额比例接近50%，而以信息产业为代表的新经济正是美国增长模式的支柱所在；从英国的情况看，内容创意产业产值仅次于金融业，是第二大产业。有学者估算，全球创意产业每天创造的产值高达220亿美元。③

因此，对中国而言，内容产业战略理应成为与新的经济形态密切相关的国家级战略。

---

①　本文系教育部人文社科重点研究基地重大项目（项目号：04JJD860001）“中国传媒集团化发展与集团经营问题研究”成果。

②　赵子忠：《内容产业论——数字新媒体的核心》，中国传媒大学出版社2004年版。

③　《内容产业：正在崛起的新经济力量》，《人民邮电》，2006年6月14日第8版。

而当前，我国内容市场的巨大需求与内容生产匮乏之间的反差令人堪忧，内容产业还非常稚嫩，数字压缩技术的使用使得以往只能传输50套模拟频道的网络传输容量一下子扩张到500套，同时数字化技术能将广播、电视、电影、报纸、杂志以及图书、互联网等多种类型的传播形态整合为一体的标准化的信息传播形态，只需要通过任一终端即可输出信息，因此内容传输的渠道呈几何级数增长，从而引致巨大的内容需求，这使内容短缺的状况更为加剧。比如，我国现有的电视节目制作数量只能满足数字电视频道的1/4甚至1/5，内容已成为电视频道专业化的最大瓶颈。中国目前拥有广播电视节目制作和发行机构1000多家，电视剧制作机构120多家，规模不等的电影制片机构100多家，以及电影故事片厂30多个，但影视内容生产的能力却难以满足国内市场需求。①

正因如此，我国的内容产品贸易出超严重。与工业品贸易长久以来的顺差形成鲜明对比的是，中国对外内容产品贸易近年来连续出现严重逆差：根据中华人民共和国新闻出版总署《2005年全国新闻出版业基本情况》显示，2005年，中国进口期刊10736.73万美元，出口期刊228.87万美元，进口占出口的比例为46.91倍；进口电子出版物1737.15万美元，出口电子出版物35.06万美元，进口占出口的比例高达49.99倍；2005年中国进口期刊版权749万美元，出口为2万美元，进口占出口的比例为374.50倍；而在软件、电视节目方面，中国则完全是进口，出口为零。

在文化内容贸易地理结构上，这种贸易逆差更是惊人。以2004年为例，中国对美国的图书版权贸易逆差为290:1，对英国也达到了127:1，而中国内容产品在美国市场上的份额微小到可以忽略不计。② 每年中央电视台与为数众多的省市电视台大约需要500小时的电视节目，但实力最雄厚的中央电视台大约有30%的节目需要进口。在中国文化贸易的产品结构中，出口的文化产品一半以上是游戏、文教娱乐和体育的设备及器材，被认为是世界上文化硬件出口的第二大国，而文化内容和文化服务等软件方面的出口则少得可怜。正如英国前首相撒切尔夫人所说：“今天中国出口的是电视机，而不是电视节目和思想观念。”

正是在这样一个背景下，中国的内容产业虽然在全球数字技术革命的推动下产生了需求动力和可能的供给能力，使内容产业成为整个文化产业中最具重大经济价值的核心，并随着全球产业结构的变迁在不久的将来会成为战略主导产业，但目前国内内容市场的巨大需求与内容生产间存在着巨大的反差，由此带来对外贸易中的严重逆差。对此，寻求当下中国内容产业对外贸易的合乎现实的理论依据，并基于此提出有效的对外贸易战略显得格外迫切，也很有现实意义。

2 需求相似理论在内容产品贸易上的扩展模型——一个我国内容产业对外贸易战略的理论依据

2.1 需求相似理论的基本内容

需求相似理论又称偏好相似理论或重叠需求理论，是瑞典经济学家斯戴芬·伯伦斯坦·林德于1961年在其论文《论贸易和转变》中提出的。

林德认为国际贸易是国内贸易的延伸，产品的出口结构、流向及贸易量的大小决定于本国的需求偏好，而一国的需求偏好又决定于该国的平均收入水平。这基于以下三方面的原因：一是一种产品的国内需求是其能够出口的前提条件，或者说，出口只是国内生产和销售

① 魏婷、夏宝莲：《中国影视文化贸易逆差形成的原因及对策分析》，《经济问题》，2008年第1期。

② 蒋晓梅：《中国对外文化贸易的现状、原因与对策》，《辽宁工程技术大学学报（社会科学版）》，2007年第3期。

的延伸。企业不可能去生产一个国内不存在扩大需求的产品。二是影响一国需求结构的最主要因素是平均收入水平，高收入国家对技术水平高、加工程度深、价值较大的高档商品的需求较大，而低收入国家则以低档商品的消费为主，以满足基本生活需求，所以，收入水平可以作为衡量国与国之间需求结构或偏好相似程度的指标。例如高尔夫球在欧美是普及运动，但在发展中国家却不是代表性需求。三是如果两国之间都有共同需求品质的情形，我们称其为存在重叠需求。两国消费偏好越相似，则其需求结构越接近，或者说需求结构重叠的部分越大。重叠需求是两国开展国际贸易的基础，品质处于这一范围的商品，两国均可进口和出口。

平均收入水平越高，对消费需求的质和量越会提高；平均收入水平越高，对先进的资本设备需要越高。因此两国人均收入相同，需求偏好相似，两国间贸易范围可能最大。但如果人均收入水平相差较大，需求偏好相异，两国贸易则会存在障碍。若两国中一国具有某种产品的比较优势，而另一国没有对这种商品的需求，则两国无从发生贸易。因此，各国应当出口那些拥有巨大国内市场的制成品，即大多数人需要的商品，一国在满足这样一个市场需求的过程中，可以从具有相似偏好和收入水平的国家获得出口该类商品所必需的经验和效率，具有相似偏好和收入水平的国家之间的贸易量是最大的。基于该理论，企业首先应选择国内市场巨大的产业进行出口贸易，同时最有可能发生在偏好相似的国家之间（往往是相邻国家市场），因此，国际化经营往往表现为渐进式。渐进式国际化经营的产业往往是国内外需求偏好相似的产业，根据林德的理论，国际贸易被视为国内贸易的延伸，因此产业一开始往往表现为国内经营，待国内市场饱和后或因偶然机会（被动地）才向外延伸到国际市场，根据需求偏好相似原则，首先选择的是相邻国家市场，而后才是全球市场。①

2.2 一个需求相似理论的扩展模型——在内容产品贸易上的应用

上述的需求相似理论是针对20世纪“二战”后工业品国际贸易的现实而提出的一个现代国际贸易理论。当时发达国家间的贸易远远超过发达国家与欠发达国家之间的贸易，这不符合要素禀赋理论（即H-O模型），因此被林德进行了修正与补充，解释发生在发达国家之间的产业内贸易，即制造业内部的一种水平式贸易。因此，可以说重叠需求理论是对要素禀赋理论的发展和完善。

需求相似理论由两个基本理论组成：需求基础论与需求相似论。需求基础论强调一个国家的某种工业制成品要成为潜在的出口产品，首先必须是其在国内有广泛的需求；需求相似论则强调，重叠需求是国际贸易产生的一个独立条件，两国之间的需求结构若是越接近，则两国之间进行贸易的基础就越雄厚。当两国的人均收入水平越接近时，则重叠需求的范围也就越大，两国重复需要的商品都有可能成为贸易品。如果各国的国民收入不断提高，则由于收入水平的提高，新的重复需要的商品便不断出现，贸易也相应地不断扩大，贸易中的新品种就会不断地出现，所以，收入水平相似的国家，相互间的贸易关系就可能越密切；反之，如果收入水平相差悬殊，则两国之间重复需要的商品就可能很少，贸易的密切程度也就很小。

如果我们把这一理论扩展一下，可以发现它在当今中国的内容产品的国际贸易中可能更为适用。

首先，随着中国经济的持续增长，国民可支配收入的增加，恩格尔系数下降，国内对文化内容产品、精神消费的需求激增，使内容产品具备潜在出口品的可能，这与需求基础论完全吻合；其次，如果说影响工业品需求结构的主要因素是平均收入的话，而对内容这种特殊产品而言，至少还要增加一个很重要的因素——文化因素。这是因为内容产品带有很强的文

① 傅江景：《国际贸易理论与政策》，中国财政经济出版社2002年版，第173页。

化性与符号性，而文化差异会使内容产品的消费产生不容忽视的文化折扣：任何文化产品的内容都源自于某种文化，因此，对于那些生活在此种文化之中以及对此种文化比较熟悉的受众有着很大的吸引力，而对那些不熟悉此种文化的受众的吸引力则大大降低。由于文化差异和文化认知程度的不同，受众在接受不熟悉的内容产品时，其兴趣和理解能力等都会大打折扣。

这也就意味着影响内容产品的需求结构的主要因素除了收入之外，还有文化，因此在扩展需求相似理论时，必须考虑。可以说收入是影响内容消费量的基本因素，而文化是影响内容消费偏好的根本因素，由此需求结构相似与重叠不是简单的收入接近而导致的需求相似，而是文化的同根同源与文化价值的认同所引致的需求相似。这是内容产品需求相似理论最为特殊之处。

基于上述分析，同样从偏好相似和重叠需求的角度出发，把工业品重叠需求扩展为对文化的认同一致，我们对需求相似理论进行扩展。

两个假设条件：（1）需求结构不同的假设（或称消费者行为假设）。假设在一国之内，内容需求由消费者的收入水平与文化价值认同所决定。不同收入阶层和不同文化背景下的消费者偏好不同，但如果消费者处于同一文化背景下，则其偏好也相同。一般情况下，一国对符合该国文化大众化口味的内容产品的需求量最大，则其成为代表性需求。（2）两国需求重叠的假定。厂商根据消费者的收入水平与内容需求结构来决定其生产方向与品质，而生产的必要条件是对其产品有效需求的存在。如果两国的文化差异小，则两国的内容需求结构也必定相似；反之，如果两国的文化差异很大，则他们的内容需求结构也必存在显著的差异。

在此基础上，贸易按照以下流程进行：一国人均收入水平提高——对精神消费尤其是高品质内容产品的需求增加（恩格尔定律）——带动本国内容产品生产增加，结果使产量的增加超过了需求的增长，从而有能力出口——对于这类产品，只有文化价值相近的国家才会有较多的需求，因而出口对象国是文化折扣最小，文化价值能够得到认同，因而内容需求相似的国家，这样就使得两国间内容产品贸易量增大。这表明，文化相近的国家之间存在着内容产业内贸易的基础与可能。我们用以下图像来进一步表明文化因素对内容产业贸易形态和方向的影响。

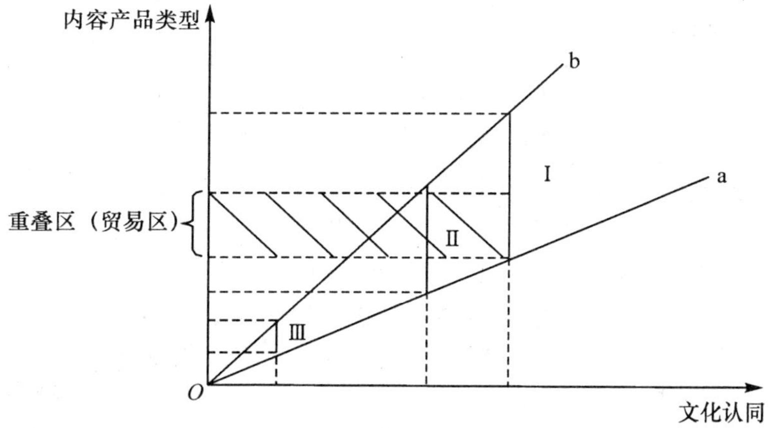

由上图我们看到，Ⅰ国与Ⅱ国的文化差异小，存在内容产品需求结构的重叠区域，有在内容产业内贸易的可能，而Ⅲ国与它们的文化价值认同差距很大，几乎没有相似的内容产品消费类型，因此也不存在内容产业内贸易的可能。

3　基于需求相似论的我国内容产业对外战略选择

由以上对工业品产业内贸易的需求相似理论向内容产业内贸易需求相似理论的推论，我们得出这样的结论：文化交流国之间收入水平、文化精神价值引致的内容产品需求结构越相似，则相互交流的倾向就越强烈，内容产业贸易就越大。而国际文化内容交流与贸易的热点区域也主要集中在文化亲近国和内容需求相似国之间，它们往往在向对方出口某种内容产品的同时又进口这类产品。这为当前背景下我国内容产业对外发展战略提供了非常有益的理论依据。中国遵循这一原则，可在内容产业对外战略上分三步走：首先稳定并占领大中华文化内容市场，接着培育和发展亚洲文化内容市场，进而逐步进入甚至融入世界市场。

（1）文化亲缘性市场是中国内容产品走出去的第一步。

在当前的研究中，文化亲缘性的术语被用来描述受众对地方产品的偏好，以及某一节目吸引国际受众的潜力。在传播学领域，文化亲缘性首先被考虑为一种重要的“新闻因素”，记者根据它来决定什么是值得注意的东西，只有和受众具有关联性、亲近性的新闻素材才能引起他们的关注和兴趣。另外，文化亲缘性也被用于解释电视节目的选择和喜好。Zaharopoulos 将处在同一文化语言市场或地理文化市场作为文化亲缘性的一个前提。① 对于中国对外文化贸易的文化亲缘性市场而言，要考虑语言与地理两个方面。从文化语言市场方面看，新加坡等以汉语为官方语言的国家，以及世界华文地区都应该作为我们的文化亲缘性市场；从地理文化市场方面看，东亚、东南亚等与我国接壤的地区也应该是我们的文化亲缘性市场。由于历史、地理、语言等方面的原因，文化亲缘性市场与中国文化有着天然亲和力，中国的内容产品在这些地区遭受的文化折扣程度较低。

（2）在中国内容产业仍处于起步阶段的情况下，采用各种有效策略，努力降低文化产品的文化折扣，尽量消解文化差异，从弱小、边缘逐步打入主流国际市场，是我们当下的现实选择。具体可以从以下三个方面着手：

一是选择文化折扣度低的内容产品类型作为对外贸易的主打产品。比如影视方面，我们应以动作片、武侠片为龙头，带动其他动作类产品“走出去”。中国文化产品最早在商业上取得成功的是动作类电影，当前能在好莱坞立足的也只有成龙、李连杰等动作明星，以及唐季礼、吴宇森等动作片导演。李安的《卧虎藏龙》在奥斯卡大放光彩，全世界票房收入达到 1 亿多美元。

二是借用异质文化消费者熟悉的形式打造内容产品。借助自己熟悉的他国文化外壳与形式，融入中国的内容，能大大降低文化折扣度。甚至这些内容产品会对国外消费者产生某种新鲜感，成为他们接受该产品的强大驱动力。

三是在内容生产与商业运作上更为国际化。在本国文化不被国外消费者深入了解的情况下，在产业化的宏观语境下，只有坚持本土化与国际化结合的内容产品生产策略才能吸引国外消费者。只有在融资方式、生产制作、发行渠道以及消费方式等方面趋同，我国的内容产业才能够壮大。只有在思想观念、主题、类型、方法等方面趋同，我们的内容产品在进入国际市场时才能够减少“文化折扣”的重创，增强其在国际市场上的竞争力。

（3）内容产业真正的对外战略目标绝不能仅止于被动地走出去、被动地寻求已有的文化相似市场，而是要以此为突破口，最终冲破传统的认同地域，建立更为广阔的认同空间，最终使蕴含深厚民族文化的中国内容产品在世界贸易格局中占据其应有的位置。

需要指出的是，降低文化折扣的根本目的并非简单地迎合国外消费者的口味，并非只是满足西方观众的东方化想象，而是为了扩大中国文化的影响力。文化折扣度低，文化差异才

① 闫玉刚：《“文化折扣”与中国对外文化贸易的产品策略》，《现代经济探讨》，2008 年第 2 期。

能消解，内容需求结构才能拉近。在中国文化产品“走出去”的初期，我们所采用的策略应该是以本土文化为“原点”，兼纳国际化的诸多元素，生产出既具有本土化内容又与国际化接轨的文化产品。只有在认同与接受的过程中才能真正实现内容产业对外贸易发展的目标。正如邵培仁先生所说：“坚守中庸、合和、谦逊、非侵略性的文化传统，高举和平、和谐、善良与同情这些具世界性广泛认同的文化旗帜，尊重文化差异，不急功近利，寻求文化能量的自然释放与中国元素的自然表达。”在内容产业对外战略的选择上，确实如此。

本文提出的中国内容产业对外贸易战略是在当前产业发展阶段的现实选择，需求相似理论在内容产业贸易的扩展理论是否完全与现实吻合尚有待检验，但基本的思路是符合现实的。

【参考文献】

[1] 赵子忠：《内容产业论——数字新媒体的核心》，中国传媒大学出版社，2004年版。

[2]《内容产业：正在崛起的新经济力量》，人民邮电，2006年6月14日第8版。

[3] 魏婷，夏宝莲：《中国影视文化贸易逆差形成的原因及对策分析》，《经济问题》，2008年第1期。

[4] 蒋晓梅：《中国对外文化贸易的现状、原因与对策》，辽宁工程技术大学学报（社会科学版），2007年第3期。

[5] 傅江景：《国际贸易理论与政策》，中国财政经济出版社，2002年版。

[6] 闫玉刚：《“文化折扣”与中国对外文化贸易的产品策略》，《现代经济探讨》，2008年第2期。

【作者简介】

聂莉，广东金融学院副教授，经济学硕士，研究方向为媒介产业与媒介经济。

传媒体制改革"两分开"的路径选择①

冉华　王润珏

【摘　要】"两分开"是我国文化体制改革的重大制度安排，传媒体制改革被置于这一制度安排的总体框架之中。"事业与企业两分开"的制度设计是对我国原有传媒体制改革思路的承袭和发展。实践层面，随着出版发行领域和非时政类报刊体制改革的顺利推进，传媒集团体制层面的"两分开"成为目前文化体制改革的最大难点。"两分开"的实现路径应是层级的、渐进的，最终应在对公益性传媒与经营性传媒进行分类的基础上，形成由国家传媒、公共性传媒和商业传媒组成的合理媒介结构。

【关键词】文化体制改革　传媒体制改革　"两分开"

"两分开"是我国文化体制改革的重大制度安排，传媒体制改革被置于这一制度安排的总体框架之中。然而，传媒作为文化产业特殊部类的特异性，却使得传媒"两分开"的体制改革遭遇多重困境。一方面，传媒迫切需要通过体制改革获得更大的发展空间，但现行混合体制下实现"两分开"比较困难；另一方面政府对可能发生的媒介控制力削弱充满忧虑。因此，需要检讨的是，什么是文化体制改革"两分开"制度设计的核心内涵？什么是符合中国传媒发展现状的"两分开"路径？

1　文化体制改革"两分开"制度设计的基本框架

中国的改革始于1978年。其后数十年中，经济体制改革、政治体制改革、文化体制改革层递铺开，国企、医疗、金融、教育、文化等诸多领域均被纳入中国社会整体性结构变迁的设计框架。"改革"同样也成为贯穿1978年至今中国传媒发展历程的重要议题之一。

中国传媒现行的体制与结构源于中国传媒的特殊属性。体制改革之前，政治属性是中国传媒的唯一属性；"意识形态的宣传工具"、"党和人民的耳目喉舌"是传媒在中国社会结构中的基本定位；党和政府行使着对传媒的绝对领导权。从单一宣传功能到多元功能的彰显，从完全政治属性到多重属性的认可，1978年至今，中国传媒体制改革历经20多年的艰难探索。

文化体制改革始于2003年。2003年6月，全国文化体制改革试点工作会议在北京召开。会上首次将"文化产业"和"文化事业"作为两个概念区分开来，确认两者共同构成文化建设的重要组成部分，从而实现了文化产业理论的重大突破。会上还确立了第一批文化体制改革的试点地区和单位：北京、上海、广东、浙江等九个省市为综合性试点地区，35家新闻出版、公益性文化事业、文艺创作演出、文化企业单位具体承担试点任务，其中新闻出版系统21家（8家新闻单位、7家出版社、6家发行单位），占总数的2/3。由此可见，

① 本文系教育部人文社科重点研究基地重大项目（项目号：07JJD860214）"文化体制改革与中国传媒产业发展"成果。

新闻出版领域的体制改革是此次文化体制改革的“主体”，传媒体制改革已作为重心被纳入文化体制改革的总体框架进行设计。2003年12月，国务院办公厅出台《关于文化体制改革试点中支持文化产业发展的规定》、《关于文化体制改革试点中经营性质文化事业转制为企业的规定》。以此为标志，文化体制改革正式启动，以文化体制改革为背景的第三次中国传媒体制改革序幕拉开。

根据改革设计，21家新闻出版试点单位分别从不同层面进行改革尝试：7家出版集团（出版社）和经营性的2家报社（《计算机报》、《中国证券报》）以体制改革、机制创新为主，进行从事业体制向企业体制转变的试点；6家发行集团作为已经和正在转制的企业，主要以建立现代企业制度、培育新型市场竞争主体为目标，进行股份制改造，加快现代物流、连锁经营系统建设的试点（即改制）；4家党报报业集团和2家综合类报社，主要以机制创新、增强活力为主，进行事业、企业两分开的试点（即“两分开”）。

此次改革强调，以“政企分开、企事分开、产权明晰、责任明确”为原则进行体制创新尝试。国家新闻总署和国务院办公厅相继发出了《关于印发〈新闻出版改革试点工作实施方案〉的通知》、《文化体制改革试点中支持文化产业发展的规定（试行）》和《文化体制改革试点中经营性文化事业单位转制为企业的规定（试行）》等文件，并出台了一系列促进以“事业与企业两分开”为核心的文化体制改革的政策与措施。2003年中共中央政治局常委李长春发表讲话时强调，要以创新体制、转换体制、面向市场、增强活力为重点，抓好经营性文化产业的改革和发展，推动我国文化事业和文化产业走上良性循环、健康发展的轨道。

从改革思路来看，文化体制改革“事业与企业两分开”制度设计是对我国原有传媒体制改革思路的承袭和发展。

20世纪80年代，“事业型单位、企业化管理”的传媒运作方式的提出与实施是我国现代传媒发展史上第一次意义重大的体制突破，它促使传媒广告业务迅速复苏并高速发展，传媒自办发行和多元化经营尝试出现。同时，此次改革也使“事业”、“企业”两种属性在传媒内部混生，混合体制初现。20世纪90年代，随着传媒经济属性的凸显，“采编与经营两分开”成为传媒改革实践探索的核心，它促使传媒企业的经营理念、运作机制发生了重大转变。全国范围内传媒集团的组建和经营性资产剥离上市是这一时期传媒领域最引人注目的动作。

当前，中国传媒发展的现实对文化体制改革制度设计提出的要求是：一方面，对中国传媒的制度设计基于社会转型这一特定历史背景和中国社会特定的结构方式之中进行，是通过理论与实践的反复试错来探索符合中国传媒发展规律的制度体系，这也就决定了我国的传媒体制改革只能采用渐进的改革路径。因此，文化体制改革的制度设计应保持与现有传媒体制的连续性，力图实现新旧制度的平稳过度和对接，尽可能地降低改革风险和改革成本。

另一方面，随着传媒产业化的不断深入，体制弊端日益凸显。体制内利益分配矛盾、体制外资源配置低效、普遍存在的“寻租”和“搭便车”现象使得现行“混合体制”的负外部性不断扩大。长期以来，无市场主体的商业化发展已使传媒、政府和社会资本都深陷体制之困，传媒在事业与企业、政府与市场之间进退维谷，其现状是既有传媒体制内的政策微调已很难激发传媒更大的潜力；同时，能否促使传媒产业迅速成长并具备抵御外资入侵能力已成为关乎国家文化安全的重要命题，深层改革成为必需。

我们认为，“文化产业”和“文化事业”两个概念的提出是一种理论突破的实现；从宣传与经营“两分开”到“企业与事业两分开”，再到公益性事业与经营性产业“两分开”，文化体制改革的“两分开”制度设计框架逐渐清晰。而“公益性事业”和“经营性产业”这一传媒类型的划分，使得从本质上实现对传媒的“混合”体制的突破和单纯属性传媒的建立成为可能。这一基本框架的确立为我国文化产业结构调整提供了改革的方向，也为传媒务，是传媒集团核心竞争力的来源，是经营业务开展的基础。从长期来看，完全脱离采编业务的经营业务将丧失竞争优势，做大做强难以实现。在媒体的实际操作中，两种业务也并未实现真正意义上的“分开”。“采编与经营业务的剥离”在实际运行中仍然普遍存在着剥而不离、分而不开的情况，而由“剥离”导致的大量关联交易的出现正是“采编与经营两分开”的硬伤。因此，如何实现报业集团和广电集团体制层面的“两分开”是目前文化体制改革的最大难点。

3 传媒体制改革“两分开”的路径选择

党的“十六大”把文化单位划分为两大类：一类是公益性事业，即为社会提供公共事业服务；另一类是经营性产业，即生产文化产品，绝大多数可以通过市场实现它的价值。抓好公益性文化事业的改革和发展，与抓好经营性文化产业的改革和发展同样重要，两手都要硬。与此对应，传媒中的“公益性”部分和“经营性”部分也应该逐步分开，承担不同的功能。

真正的“两分开”应由运作机制层面最终走向体制层面，“两分开”的实现路径也应是层级的、递进的：由采编业务与经营业务的分开，到时政类传媒与非时政类传媒的分开；再到公益性传媒与经营性传媒的分开，以及事业化运作传媒与市场化传媒的分开，从而实现对不同传媒的分层和分类管理。因此，“区别对待、分类指导、循序渐进、逐步推开”是传媒改革由运作机制层面走向核心体制层面的过程中应遵循的原则。

传媒体制改革是一个渐进的过程。在这个过程中，可以逐步实现对专业类媒体、非时政类新闻媒体等非宣传核心领域的媒体从整体上实行集团控制下的整体企业化转制，导入现代企业制度，建立企业法人。对于公益类、时政类等核心传媒，应建立党委领导下的事业法人治理结构。

根据改革设计，在新闻领域，报刊改革将分三步走，国有企事业单位主办的非时政类报刊在第一阶段完成改革，第二阶段是行业协会等社会团体主办的非时政类报刊，第三阶段是部委所办的报刊；力争三年建立新体制的基本框架，重塑市场主体和培育战略投资者；要进一步通过改革创新和企业重组，在中国培育出数家年销售额超过百亿元人民币的大型出版传媒集团公司，在国内外文化市场上真正发挥主导作用。

事实上，传媒体制改革的推进、实现公益性事业与经营性产业的“两分开”并不是传媒体制改革的最终目标，能否实现对符合我国社会现实的合理传媒结构的建构也是检验传媒体制改革成功与否的重要标准。

检讨中国传媒体制变迁，政治与经济的博弈贯穿始终，不同时期的制度安排均是政治与经济相互妥协的产物，或体现为市场取向，或体现为政治取向。在此过程中，公众的力量始终缺位。检视中国传媒的现时态，混合体制下，政治力量借助资本力量继续控制传媒的发展，并进一步加强其控制的合法性；资本力量逐渐成为传媒改革的重要力量，借助政治力量的保护获得丰厚的市场回报。政府、传媒都是现行体制的既得利益者，缺乏改革动力。同时，政府作为不完全理性人，同样具有“经济人”的特征，是一个利益主体，政府并不总是代表公众的利益。即使在我国，政府与公众之间也不可避免地会发生利益的冲突。而在既有的媒介结构中，政府是公众的代表。那么，这也就意味着，中国改革特殊转轨期，公众的立场和利益在传媒结构中的缺失时有发生。

传媒处于公众与政府之间，理应成为公众参与社会政治、公共事务，以及政府与社会公众进行信息沟通的信息平台。公众是政府、传媒、公众三角结构中重要的一极，也应当是传媒发展和传媒制度变迁中的重要力量。2007 年，“基本公共服务均等化”这一概念第一次被写入了党的十七大报告，这意味着政府要为不同区域的社会公众提供基本的公共物品和服务，包括教育、卫生、文化、公共基础设施、生态环境、社会保障等。满足公众基本知情权、参与权、监督权的公共性传媒当属其中。

文化体制改革“两分开”的制度安排，基于对传媒意识形态属性与经济属性的关照，在此基础上，可以通过设立公共性传媒来实现传媒的公共性。合理的传媒结构应该由国家传媒、公共性传媒和商业传媒构成。在完成经营性传媒与公益性传媒“两分开”的基础上，进一步从公益性传媒中实现“国家传媒”与“公共传媒”的“两分开”，进而形成以政府、传媒、公众三者利益为取向的国家传媒、商业传媒、公共传媒，使我国传媒的组织结构和利益格局在“两分开”的制度安排下得以进一步完善。

至此，传媒体制改革“两分开”的实现路径已经清晰：（1）宣传与经营两分开。由此实现传媒内部的专业化分工。（2）采编资本与经营资本剥离。由此实现体制内采编业务与经营业务按各自不同规律分开运行。（3）时政类传媒与非时政类传媒两分开。由此实现行业内不同传媒类型的区分，并分别进行事业体制下的制度改革和转企改制。（4）公益性事业与经营性产业“两分开”。由此培育真正意义的传媒市场主体，并实现社会效益与经济效益的兼顾。（5）事业性媒体中国家媒体与公共媒体“两分开”。由此构建国家传媒、公共传媒、商业传媒这一合理媒介结构，兼顾政府、公众和传媒三者利益。

需要强调的是，根据不同类型传媒的性质和功能，差异化资源补偿机制设计是合理传媒结构得以建构的重要保障。国家传媒是由政府强力控制，作为国家管理社会的工具，其资源消耗补偿应由国家承担；商业性传媒则以商业利益为取向，按照市场规律运作，在市场中实现产业的高速发展；公共性传媒是非官方非赢利的传媒机构，主要是向社会公众提供公共信息服务，并作为公众共同使用的信息平台，其资源消耗的补偿主要来源于作为纳税人的社会公众，以及社会建构的社会公共服务体制，以此保障公共性传媒公共服务宗旨的实现。

2008 年 5 月，新闻出版总署署长柳斌杰表示，新闻出版改革要有大突破，政府将进一步完善宏观环境，加大对改革的支持力度和推动力度，加快高校出版改革步伐，推动部委出版单位按不同类型兼并重组转企改制。他同时强调，要进一步解放思想，转变观念，大胆探索，大胆实践，什么体制适合发展就用什么体制，什么机制管用就用什么机制，在改革创新中走出一条有中国特色的发展之路。新闻出版改革总体部署也进一步明确：三年内基本完成体制改革，打破地域、行业限制，形成统一开放有序的大市场格局。① 可以预见，传媒领域实质性的改革将在未来三年内全面推进；以“两分开”的制度框架推进的改革将进入深水区；合理传媒结构的形成值得期待。

【参考文献】

[1] 冉华、梅明丽：《中国传媒产业发展的现实困境——兼论文化体制改革背景下的传媒体制改革》，《武汉大学学报》，2007 年第 6 期。

[2] 张金海、李小曼：《传媒公共性与公共性传媒——兼论传媒结构的合理建构》，《武汉大学学报》，2007 年第 6 期。

[3] 李良荣：《当前中国传媒业新闻改革的若干特点》，《采写编》，2005 年第 1 期。

【作者简介】

冉华，武汉大学新闻与传播学院教授、博士生导师，主要从事传播理论与媒介发展研究；

王润珏，武汉大学媒体发展研究中心博士生。

① 新闻出版改革时间表路线图确定，http://www.gapp.gov.cn,2008 年 7 月 8 日。

中国传媒改革现状的制度分析①

耿蕊　余晓莉

【摘　要】本文是对中国传媒改革现状的一个制度分析。文章通过对传媒体制改革30年的制度回望，指出文化体制改革“两分开”的制度安排由于触及到了传媒的核心制度——产权问题，传媒的体制改革遭遇到了改革主体位移、制度供给不足的现实困境。同时，文章还从传媒制度创新的供需双方——政府和传媒入手，结合我国传媒的特殊属性，分析了当下我国传媒改革现实困境背后的制度原因，并在此基础上试图探求我国传媒体制改革的方向和路径，旨在为我国传媒改革的体制创新和制度变迁提供一个多维的视角。
【关键词】传媒体制　制度变迁　路径依赖

传媒改革是文化体制改革的重中之重，传媒改革的好坏直接影响着文化体制改革的成败。由于本次改革直指传媒的核心制度产权，传媒改革遭遇了前所未有的改革主体位移、制度供给不足等困境。这些困境背后的制度原因是什么，能否借鉴以往传媒改革制度创新的经验，以及如何从制度变迁的角度推进文化体制改革背景下的传媒改革，这些都是本文所力图回答的问题。

1　文化体制改革背景下的传媒发展现状

2002年11月，党的十六大提出文化体制改革的发展战略。2003年，我国文化体制改革进入试点阶段，文化体制改革的序幕正式开启。2006年1月，中共中央、国务院下发《关于深化文化体制改革的若干意见》，标志我国文化体制改革正式进入全面推进阶段。

从中央关于文化体制改革最初的制度设计来看，是将传媒的改革也纳入其总体的制度框架内的，进入2003年文化体制改革试点的35家试点单位中，新闻出版系统有21家，其中包括4家党报报业集团，4家经营性报社，7家出版集团（出版社）和6家发行集团，比例占总数的60%。

在中央关于文化体制改革的总体部署下，全国573家出版社中，除保留人民、民族语言、盲文等出版社作为公益性事业单位外，其他出版机构率先实行整体转制，成为经营性出版单位；其他文化领域，如艺术院团、发行集团、电影公司等，尽管改革的步伐不尽一致，或快或慢，或紧或缓，但改革都是在“两分开”的制度安排下积极向前推进的。

进入文化体制改革试点的8家传媒机构，最初的改革也是在“两分开”的制度安排下进行的。如大众日报、新华日报、河南日报、深圳报业等4家党报报业集团，改革的最初设想是在科学划分宣传业务和经营业务的前提下，把从事业体制中剥离出来的广告、印刷、发行、传输部分和其他产业等经营部分组建为企业，进而实现事业、企业“两分开”。而对于

① 本文系教育部人文社会科学重点研究基地重大项目（项目号：07JJD860214）“文化体制改革与中国传媒产业发展”成果。

试点的4家经营性报社则作为非时政类传媒的代表和专业类传媒的典型，改革的目标设计是进行转企改制，重点是完善法人治理结构，建立规范的现代企业制度，加快产权制度改革，进而实行投资主体多元化。但是，我们却注意到一个事实，这些参与改革试点的传媒机构，在进行不同的改革尝试后，悄然发生着改革回缩。无论是单独成立媒体经营公司的模式，还是报业集团实行各子报编委会负责各自的办报，其广告、发行等由集团统一经营，党报报业集团的改制还仅仅停留在形式意义上的尝试，都没能按照真正意义上的现代企业管理标准完成政企分开、政事分开、转企改制的任务，这与当初改革的设想是有出入的；而“北青事件”及其上市融资后的大量资金闲置等硬伤都使非时政类传媒的资本运营一时间停滞下来。

与此同时，大的传媒集团实现资本联姻所作的跨地域扩张的尝试，也在《新京报》、《第一财经》之后沉寂无声。广播电视媒体更是鲜有重大改革措施而一仍其旧。“传媒领域的变革仍在进行，然而已经从原有的‘边缘性突破’重新回到体制内的制度设计；传媒仍在有限的扩张中，却已经从跨区域、跨媒体的扩张尝试，重新回到内生型增长的旧有路径；传媒仍在继续发展着，其所沿袭的依然是以传媒产品经营为基础的传统发展模式。”① 尤其值得注意的是，传媒的体制改革，似乎回到了原有体制内基于业务分工的宣传与经营“两分开”，而非文化体制改革公益性事业与经营性产业的“两分开”。

于是，一个重要问题出现了：目前传媒的改革是否应该纳入文化体制改革的总体框架？如果应该纳入，文化体制改革应该如何进行，且如何深入？相较文化体制改革，传媒体制改革是否有其某种特异性？如果有，传媒体制改革应建立何种改革目标，又应遵循何种合理的改革路径？或者换一种说法：文化体制改革“两分开”的制度设计，是否适用于传媒体制改革？适用当如何，不适用又当如何？这是本文对中国传媒改革现状进行制度检视力图回答的一个根本性问题。

2 传媒体制改革30年的制度回望

对我国传媒改革30年作一制度回望，或许有助于加深我们对目前传媒改革所遭遇的制度困境的认识。中国传媒自1978年以来，从产业发展的角度考量，先后经历了三次重大的制度变迁，一次是肇始于1978年的媒介产业化发展的制度安排，一次是以广州日报报业集团组建为标志的媒介集团化发展的制度设计，一次便是本次文化体制改革背景下的传媒体制改革。

媒介产业发展的制度安排，改变了传媒单一的政治与意识形态取向，确立了传媒“事业单位，企业化管理”的混合型与二元运作机制，催生了中国传媒产业。集团化的制度设计是在中国传媒产业化基础上发生的，进一步促使中国传媒走向规模化发展道路，进一步促使媒介经济的快速增长。这两次重大的制度变迁，对中国传媒产业的发展意义重大。

需要明确的是，这两次重大的制度变迁，都是一种自下而上的诱致性制度变迁，都是基于制度需求者传媒与制度供应者政府双方利益的共同制度选择。

1978年，在中国实现由以阶级斗争为纲向以经济建设为中心工作重心转移的背景下，中国传媒发展表现出对资本的巨大渴求，于是发生了以《人民日报》为代表的首都8家新闻机构联名向中央财政部打报告，要求实行“事业单位，企业化管理”。关于中国传媒的产业发展，学者们一致认为，其根本动因在于传媒对市场利润追逐的市场动机。这仅是问题的一个方面，而另一方面，当其时中国刚刚结束长达十年之久的“文化大革命”，中国经济几近崩溃的边缘，国家财政处于极度困窘，无力以足够的财政补贴来支撑传媒的运作，更谈不

---

① 冉华、梅明丽：《中国传媒产业发展的现实困境——兼论文化体制改革背景下的传媒体制改革》，《武汉大学学报》，2007年第6期。

上促进传媒的发展。正是在这一背景下，“事业单位，企业化管理”混合型体制与二元运作机制，便成为政府与传媒基于各自利益的共同制度选择。

研究者也常常用规模经济与范围经济来解释中国传媒的集团化发展。如果说“为了实现规模经济，从交易费用中获益，将外部性内在化，降低风险，进行收入的再分配，无论是自愿的还是政府的安排都将要被创新”① 的说法还比较笼统和模糊，那么“搭建规模化的销售平台，实现规模经济，是媒介集团天然的经济特性”② 的观点就十分清晰和明确地指出了追求规模经济是传媒集团化的根本动因。的确，对利润的追逐是资本的天性。当中国传媒经过10多年的产业化发展，实现一定资本积累的时候，更有了对市场利润最大的追逐，这符合传媒作为“经济人”的理论假设。我们还应看到，我国传媒在10多年的产业化进程中，无论数量和规模都获得了迅猛发展，政府对传媒的社会管理与控制的问题同步发展。所以，又有学者对中国传媒的集团化发展提出另一种解释，认为政府是出于加强对传媒的社会管理与控制，提升管理的效率，同时降低管理的社会成本所做出的政策安排。这正好说明，中国传媒的集团化发展，是政府与传媒基于各自利益所作的又一次共同制度选择。

所谓诱致性制度变迁，是来自基层的改革主体，基于对获利机会争取的动因，自发倡导、阻止和实行的一种自下而上的制度变迁。它不仅具有改革速度和路径的可控性，更由于激励机制的持久作用和改革收益外溢性以及改革主体的受益性，而具有源源不断的改革动力以及改革的不可逆性。③ 1978年至2002年，近25年间中国传媒的产业化与集团化发展的两次重大制度变迁，都鲜明体现出诱致性制度变迁的上述特征。

尤需特别指出的是，这两次重大的制度变迁，从传媒体制层面来看，只能视为一种“边缘性突破”。尽管意义重大，但未能涉及传媒体制的核心，未能突破“党管传媒，党管干部”的制度底线。换言之，它只是一种体制内的传媒运作机制的制度创新。而且，这种制度变迁，不仅没有违背甚至是符合制度供应者政府的利益的。说它是政府与传媒基于各自利益所作的共同制度选择是不错的，说它是政府与传媒基于各自利益所实现的一种制度“合谋”，也无不可。关于此点，当另作专文予以讨论。正因为如此，这两次重大的制度变迁，除了作为改革主体的传媒具有强烈的改革欲望，持续不断的改革热情，并不断收获改革的利益外，作为制度供应者的政府也积极参与其中，并在这两次重大的制度变迁中，不断获取制度外溢性的收获，而加大对改革引导和扶持的力度。中国传媒在短短的25年间获得迅猛发展，产业能量得到极大的释放，是有着深刻的制度安排原因的。

3 路径依赖与制度困境

文化体制改革“两分开”的实质，是实现公益性文化事业与经营性文化产业的“两分开”，直指制度的核心——产权制度的改革。这深深触及到了中国传媒改革最敏感也是最难突破的一个问题。在这个敏感和棘手的问题上，不仅以往激情饱满的改革主体、制度需求者——传媒表现出了改革动力不足，改革主体位移的现象，就连制度供应者——政府在制度供给方面也是顾虑重重，举棋不定，出现了严重的制度供给不足。

作为制度需求者的传媒，在文化体制改革中凸显了诱致性制度变迁的一个累积效应——较强的路径依赖。根据著名经济学家D. 诺斯提出的路径依赖理论，一个有正反馈机制的体系一旦在外部性偶然事件的影响下被系统所采纳，便会沿着一定的路径发展演进，而很难为

① 【美】R. 科斯，A. 阿尔钦，D. 诺斯等著；刘守英译《财产权利与制度变迁——产权学派与新制度经济学派译文集》，上海人民出版社2003年版，第275页。

② 何维、唐弦：《报业集团规模经济的实现路径》，《青年记者》，2008年第8期。

③ 卢现祥主编：《新制度经济学》，武汉大学出版社2004年版，第177页。

其他潜在的甚至更优的体系所取代。① 传媒作为以往改革的主体，在文化体制改革中迟迟不见动作，这刚好侧面印证了传媒依赖以往的发展路径在文化体制改革的十字路口上正面临着向左走、向右走的选择。

传媒基于自身已获得的改革收益考虑，如果按照既有的路径发展，既能继续得到政策上的优惠，又能持续获得以往改革的收益；但是如果按照现在公益性事业和经营性产业“两分开”的改革路径发展，依然充当改革的急先锋，那么改革的成本和风险问题使得传媒担心丧失以往改革的既得利益和政府资源，因此不敢率先试错。换句话说，从路径依赖的角度考察，传媒以往的发展路径不管是好是坏，是优是劣，由于“惯性”的力量，都使其对“事业单位，企业化管理”的混合型体制和二元运作机制已经产生了路径依赖，并且在发展的过程中这种路径和方向正在得到不断的“自我强化”，即使这种发展路径和轨迹随着中国传媒产业市场化和资本化的深入而逐渐显现出低效率或非绩效，那也很难在短时间内有所改变。所以，在本轮体制改革中传媒的态度已经非常明显，即“由于它既保留了事业的待遇，又享有企业的好处，已经形成的‘刚性’利益格局使得绝大多数单位至今不愿意转企”。② 至此，我们的基本诊断是传媒作为产业化和集团化制度创新中的改革主体，在其基本制度需求得到解决后，满足于既得利益的现状和分配格局，缺乏对制度的进一步需求。因此，在文化体制改革背景下，对于“两分开”的制度安排，传媒改革的动力已慢慢减弱，改革的热情也随之降温，更进一步地说，传媒也已经从改革主体的位置上逐渐消退，出现了改革主体位移的情况。

以往传媒改革的主体传媒丧失了改革的动力，再加上文化体制背景下的传媒改革直指产权制度，这些因素使得本轮的传媒改革不可能像以往那样按照诱致性制度变迁的轨迹推进，即由来自基层的改革主体进行推进，因此，文化体制改革背景下的传媒改革将由以传媒为改革主体的诱致性制度变迁转向以政府为改革主体的强制性制度变迁。

政府作为制度供给者，一方面认为“两分开”是传媒体制改革的必然趋势；另一方面又担忧传媒产业发展的商业取向会造成对政治意识形态取向的冲击与解构，担忧“两分开”与既存“党管干部、党管媒介”的体制相冲突。因此，政府在本轮传媒体制改革过程中既要扮演制度供给者，又要充当改革主体的尴尬身份，使其陷入了裁判员和运动员的两难境地。

我们看到，政府在文化体制改革问题上的总体思路是十分明确的，但涉及传媒改革却往往举棋不定，缺乏明确的制度安排，甚至时相矛盾。作为文化部类的特异性，我国的传媒既是一种战略资源，又是一种公共资源，而且由于我国传媒“事业单位，企业化管理”的双重属性，使得制度的制定者在考虑传媒业的经济属性时，更要关注其意识形态属性，传媒既关系到信息、文化和国家安全，同时又关系到社会控制的问题。因而，我国政府既期待传媒通过进一步深化改革获得更大发展，但在对未来改革收益尚不明确的情况，政府又不想打破现有的利益格局，也不愿承担因改革而增加的成本风险，于是就出现了传媒体制改革制度供给明显不足的现象。

另外，政府作为本次传媒体制改革的主体，从最核心的制度安排即传媒产权制度着手，对现存传媒体制内的各种既得利益集团做出相应的利益调整。这种具有存量革命性质的改革对制度安排的力量比较大，有着减少试错成本、更替作用大和推动力强的特点。政府在传媒体制改革中，通过命令或法律等手段对传媒产权做出制度安排，这样既能够较快、较好地保证传媒产权制度的安排和运行，又能避免传媒核心制度供给不足或者制度需求缺口过大的现实问题。但是，我们也不得不正视强制性制度变迁具有破坏性大、社会震荡强、风险高的缺

---

① 卢现祥主编：《新制度经济学》，武汉大学出版社2004年版，第177、168页。

② 齐勇锋：《文化体制改革难点探析》，《中国经贸导刊》，2007年第5期。

陷。“历史证明：一切改革都从观念更新开始，最后都将遭遇制度壁垒。如果制度能够顺势创新，那么改革将会继续向前，否则，改革就会毁于一旦。制度安排，才是改革的落脚点。”① 因此，如何克服强制性制度变迁的缺陷和不足，来推进和深化传媒体制改革，如何选择适合传媒作为特异性文化部类的改革路径，就成为我们所关注的问题。

4　文化体制改革背景下传媒改革的终极目标与渐进路径

目前我国对于“事业单位，企业化管理”的混合型体制和二元运作机制的看法，学界有两种分歧意见，一种意见认为，传媒的意识形态属性和产业经济属性是“事业单位，企业化管理”的传媒运作机制长期存在的理由，传媒是一个特殊的文化改革部类，其敏感度可能仅次于政治体制改革②；另一种意见则认为，对于这种过渡性的、很不规范的，同时也缺乏法律依据的事业集团体制形态，有必要依据文化体制改革“两分开”的总体改革思路，实现传媒体制与运作机制的改革。

我们认为，“两分开”既是文化体制改革的必由之路，也是文化体制改革的终极目标。传媒的体制改革必须纳入文化体制改革的整体框架之下，在“两分开”的制度安排下，伴随文化体制改革的推进而逐步深化。这场始于 2003 年的文化体制改革，历经 5 年的发展和实践，其难点和困境日益集中在传媒的体制创新和制度变迁上。传媒体制“两分开”的制度安排与我国传媒以往的多限于体制内的制度创新有所不同，国家明确了要区别对待传媒的公益性事业和经营性产业。公益性事业要实行国家事业体制，享受政策扶持；经营性产业要面向市场，按照现代产权制度和现代企业制度的要求深化体制机制改革。公益性传媒与经营性传媒“两分开”的制度安排既是对当前传媒的混合型体制和二元运作机制的一种制度创新，又是对阻碍传媒生产力进一步发展的一种大胆改革。在传媒产业发展的进程中，无论是技术决定论还是制度决定论，不可否认的是，制度作为一种生产力大大地解放和促进了传媒业的生产和发展。本着凡是阻碍传媒生产力发展的体制、观念和思想就必须对其进行改革，凡是有利于传媒生产力发展的体制、观念和思想就必须大力发展的态度，我们认为，触及到传媒产权改革的“两分开”的制度创新不仅势在必行，而且迫在眉睫。利益分配矛盾、资源配置低效以及普遍存在的“寻租”和“搭便车”现象使得现行传媒混合型体制和二元运作机制的负外部性不断扩大，而“产权的基本功能是引导在更大程度上实现外部性的内在化的动力”。③ 因此，对于传媒产权改革而言，其最大的意义就在于克服和避免传媒的外部不经济和“搭便车”的问题。从这个意义上来说，政府和传媒在传媒产权改革的攻坚战中，对推动和深化传媒改革是责无旁贷的。因为只有理顺了传媒体制改革的关系，才能推进整个文化体制改革的进程；只有攻破了传媒体制改革这块坚冰，才能真正丰富和完善文化体制改革的内涵。

但是，由于传媒的特异性又决定了传媒体制改革不可能一步到位，因此在改革路径的选择上、速度的推进上以及进程的把握上我们必须慎之又慎。文化体制改革背景下的传媒体制改革虽然是以政府为改革主体的自上而下的强制性的制度变迁，但是在这个过程的不同阶段和不同时期里，强制性制度变迁也往往会体现出一些诱致性的特征。其中，渐进式就是诱致性的一个典型特征。一直以来，无论是在传媒产业化的制度变迁中，还是在传媒集团化的制度创新中，我国的传媒体制改革遵循的是一种演进式、分步走的渐进式的改革路径，通过上下合作、局部推进、双轨过渡、试点实验的方式来逐步推进传媒的整体改革，具有在时间、

① 李良荣：《当前中国传媒业新闻改革的若干特点》，《采写编》，2005 年第 1 期。

② 陈季冰：《文化体制改革中需要处理好的几个关系》，《东方早报》，2006 年 2 月 10 日。

③ 盛洪主编：《现代制度经济学》上卷，北京大学出版社 2003 年版，第 82 页。

速度和顺序选择上逐步推进的特点。因此，渐进式制度变迁依然是本次传媒体制改革必须坚守的改革路径。这既是对传媒强制性制度变迁减震的有效途径，也是传媒作为特异类文化部类进行改革的必然需求。传媒强制性制度变迁的诱致性，是以政府为改革主体来安排传媒改革的制度创新，在传媒产权制度变迁轨迹上坚守渐进的性质，通过局部试点再进行全面推广，同时在产权制度和其他配套制度的安排上也要有先有后，以避免不必要的制度震荡。更明确地说，首先是推动专业类和非时政类传媒的整体转制，其次是在对传媒集团内部推进"宣传"与"经营"剥离的过程中，实现经营性传媒与公益性传媒的"两分开"，即对现有传媒集团进行体制改革，而不是仅仅停留在对其运作机制的制度创新上，这既是我国传媒体制改革中的最大困境，又是传媒体制创新的终级目标。

【参考文献】

[1]【美】R. 科斯、A. 阿尔钦、D. 诺斯等著；刘守英译《财产权利与制度变迁——产权学派与新制度经济学派译文集》，上海人民出版社2003年版。

[2]【美】道格拉斯·C. 诺斯著，陈郁、罗华平等译：《经济史中的结构与变迁》，上海三联书店、上海人民出版社1999年版。

[3] 卢现祥主编：《新制度经济学》，武汉大学出版社2004年版。

[4] 樊纲：《渐进改革的政治经济学分析》，上海远东出版社1999年版。

[5] 张军：《制度、组织与中国的经济改革》，上海财经大学出版社2004年版。

[6] 盛洪主编：《现代制度经济学》上卷，北京大学出版社2003年版。

[7] 王永亮：《深化文化体制改革的开枰谋局》，《中国报业》，2006年第3期。

[8] 徐晓谷、何天华：《文化体制改革给媒体带来什么》，《新闻记者》，2005年第8期。

[9] 张金海、黄玉波：《从"部分剥离"走向"整体转制"——当前中国传媒产业体制改革趋向初探》，《新闻大学》，2006年第3期。

[10] 江昀：《我国传播业的制度变迁》，《担待传播》，2005年第2期。

[11] 戴元初：《中国传媒产业规制的解构与重构》，《青年记者》，2006年第2期。

[12] 林兆丰：《新闻改革：超越边缘突破——中国传媒集团化进程的制度分析》，《传播学论坛》，2002年第1期。

【作者简介】

耿蕊，武汉大学媒体发展研究中心博士研究生，长沙理工大学文法学院教师；

余晓莉，博士，武汉大学新闻与传播学院讲师。

互联网在乡村社会的扩散与应用：以湖北省为例①

强月新　张明新

【摘　要】互联网在中国大陆扩散和应用的区域性差异应引起学者们更多关注。本研究综合采用量化和质化的实证方法对互联网在湖北乡村社会扩散和应用的历史与现状予以描述和解释，重在以质化的观察和访谈法发掘认知和使用互联网的乡村居民个人的主体性经验。研究揭示出在显而易见的城乡二元结构背后，即使在“乡村社会”内部亦存在着令人瞩目的乡/镇与村间的“二元结构”。至今互联网仍被乡村居民视为“高科技”的新兴事物，人们普遍对其持有正面认知与态度，如感知形象和感知易用性较高；然而人们对互联网的感知有用性和感知需求却较低，至于感知流行则因人而异。本研究还揭示出在乡村社会，人们使用互联网的浅表化特征，以及互联网应用中的代际差异甚至代际冲突现象。

【关键词】互联网　乡村社会　扩散　使用

互联网的出现及迅速扩散或许是20世纪末及21世纪初人类社会最为壮丽的景观之一，有学者指出，未来的世界由此而被定义为“时间、空间和信息的三维世界”。中国大陆自1994年联入全球互联网后，网络便迅速渗入并不断改变着国人的日常生活。由于历史和现实的诸种原因，在我国当前互联网的扩散与应用主要集中于大中城市，互联网在中国大陆的这种扩散和应用的区域性差异，已为部分学者观察到（郑素侠，2007）。当前我国大陆有关互联网的研究，绝大多数皆在城市社会展开（如金兼斌，2001；Zhu & He，2002）。尽管不少学者对互联网在乡村社会的采用现象已有关注（如Chao，2006；王锡苓等，2006），但这些研究以个案分析为主，探讨互联网在乡村地区的发展模式（如著名的“黄羊川模式”）及对社会结构所产生的影响。至于互联网在乡村社会如何被采纳，包括采纳的历史、现状与前景（Zhang，2006a），以及互联网如何被乡村居民所使用，譬如使用互联网的动机、现状和影响，尤其是以乡村居民个人的生活经验予以阐释之，极少为学者们所注意。

本研究的目的在于综合采用量化和质化的实证方法，对互联网在我国乡村社会②扩散和应用的历史与现状予以描述和解释，尤其重在以质化的观察和访谈法解析互联网在乡村社会

---

① 本研究受教育部2006年度“新世纪优秀人才计划”（课题名称：新媒介在我国农村地区的扩散、使用及影响研究）和2007年度湖北省社会科学基金项目“互联网在湖北农村地区的扩散研究”（项目批准号：07079 012-092543）支持，特此鸣谢！

② 在CNNIC（2007）《2007年中国农村互联网调查报告》中，“农村居民”指每周在农村居住4天及以上的居民，至于“农村”的概念，该报告未明确界定。本研究采用农村社会学对于“乡村”或“农村”的界定方法。在中国大陆，“农村”与“城市”的划分标准一般有3个：其一是人口的聚居数量，以2 000人为界；其二是职业，即农业人口与非农业人口之比例，以50%为界；其三是行政管理标准，县（市）人民政府所在地，不论人口多少皆是当然的城市或城镇（韩明谟，2001）。基于研究的便利和实际情形，本研究采用第三个即行政管理标准，该界定方法亦为众多学者所采用。故所谓乡村是指由乡（镇）与村两种社区构成的社会生活范围。

这一交通和通信基础设施建设相对落后、民众教育程度和经济收入偏低的欠发达地区，人们对于互联网怀有什么样的认知、态度与情感，人们采用互联网的历史、现状、前景与影响因素如何，人们使用①互联网的形态和偏好如何，以及由于互联网的使用而带来何种社会影响。我们的资料搜集重在采用质化方法，而对于资料的整理和分析则重在归纳；在研究实施过程中所采用的问卷调查，主要目的在于描述面上情形，为整个研究提供分析背景。本研究所采集的实证资料，亦在于发掘认知和采用互联网的乡村居民个人的主体性经验，以及他们在认知和采用互联网的行动中有着何种感受并从中获得意义。

1 新兴传播技术在乡村的扩散与应用：历史脉络与理论视野

互联网在乡村地区的扩散，可被视为一个乡村传播研究的课题，而乡村传播研究源自乡村社会学的研究，后者发端并发展于19世纪后半叶的美国。当时经历了南北战争的美国面临着大量的农村和农民问题，由此各种有关乡村问题的研究产生和发展起来。特别是随着19世纪60年代以来大量“赠地学院”的出现，乡村社会学的研究蓬勃开展。尤其是20世纪三四十年代以来，美国的农业技术突飞猛进，多种农业技术的创新使得美国农业的亩产和人均产量空前增长；然而一个在发展中令人关注的问题是，农民们并不积极地采用创新成果。因此，当时对于有关农业创新技术采用的研究，被农村社会学家们很快地意识到（Lowery & Defleur，1995）。

其中，最令人关注的是“二战”期间，衣阿华大学的两位学者瑞安和格罗斯对杂交玉米种子在衣阿华州两个社区的扩散的研究，该研究被视为早期乡村传播研究的典型案例。此前乡村社会学家们已意识到，在创新技术的采用过程中，人的问题是一个重要的研究领域，传播是必不可少的重要因素（Lowery & Defleur，1995）。中国传播学者李红艳认为：“这一研究不仅仅对科学技术创新的扩散模式进行了初步探讨，而且对于人类传播类型在乡村社会中的运作状况及其有效性进行了初步的考察。”此种研究取向和思路演变为此后的发展传播学的路径，其“学科视野更多的放在如何利用现代传播媒介手段来促进社会发展”（李红艳，2006）。这成为此后有关乡村传播研究的宏观指导思路。事实上，现代大众媒介在人们日常生活中的全面渗透，使得人们已无法忽视其与社会、政治、经济、文化领域的互动，传播与发展的核心命题正是立基于此。

至于本研究的框架，在宏观层面我们采用知名传播学者Lin提出的传播和信息技术采纳研究的“典范模型”，如图1所示。在这一模型中，“系统因素”指技术采纳所处的社会系统的影响，包括政策、产业、法规、市场等，这些因素皆为社会层次；“受众因素”主要指技术采纳和使用主体的人口因素，以及人格和个性特质等；“社会因素”为技术采纳过程中采纳者以外的其他个体对采纳者的影响，如技术代理人、意见领袖等；“使用因素”是使用动机和使用方法；“技术因素”指技术的特性，包括相对优越性、复杂性、易用性等；“采纳因素”指采纳的类别，如采纳、潜在采纳、不采纳等。

该模型对于处在一定社会系统的个体采用新兴的信息传播技术的程度，从系统、技术、社会、使用和受众五个方面的因素予以分析。在我们的研究中，这些因素可能都起着作用，可能对于不同的个体、不同的因素所起的作用有别。来自系统、技术和社会的影响因素毋庸置疑，来自受众个体的影响因素更是我们分析的重点，该模型中的“使用因素”亦在本研

① 此处需要对“使用”做一界定。《2007年中国农村互联网调查报告》指出，“网民”指过去半年内使用过互联网的6周岁以上中国居民。本研究中，使用或应用互联网的乡村居民，即“网民”，我们的界定方法与上述报告一致。同时本研究中还考察互联网在乡村家庭层面的扩散现象，即家庭拥有一台或一台以上计算机并将其联网。

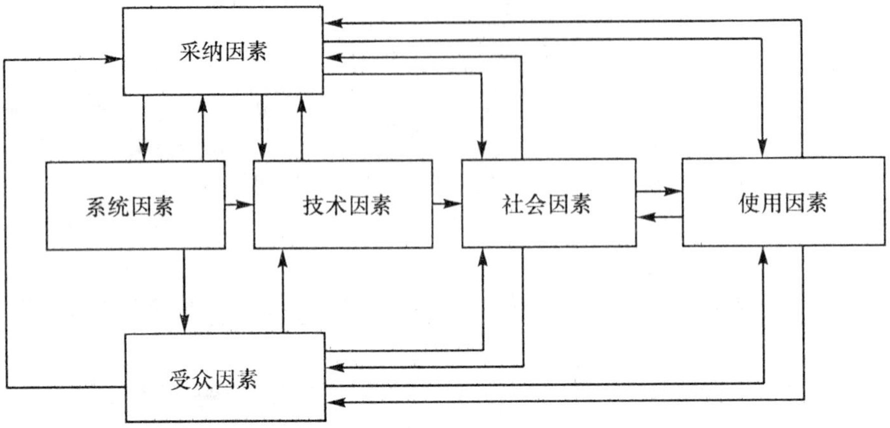

图 1　新兴信息传播技术采纳研究的典范模型

究的考虑之列。很显然，乡村居民使用互联网的既有经验，可能在很大程度上影响到其在未来是否会采用这一技术。在本研究中，上述各理论概念成为我们在实地调查之前所形成的主题，引导整个研究展开。自然，作为质化取向为主的研究，我们在实地调查之后对数据资料予以分析归纳，一方面用以细描乡村居民从感知到使用互联网的这一过程，开掘其主体性经验；另一方面也导出相关结论，并阐述其政策和社会涵义。

2　研究设计

本研究所采用的资料采集方法，主要是问卷调查、访谈和观察。研究者分别在湖北省的西部、中部和东部共选取了 8 个乡镇，其中分别有 3 个乡镇在西部和东部，2 个乡镇在中部，这些乡镇分别在郧西、枝江、当阳、潜江、荆州、咸宁、孝感、黄石。这些乡镇被选中，除地理位置之外，另外一个主要原因在于其经济发展程度分别能代表湖北省东、中、西部的平均水平；其中 2 个乡镇的经济水平较好，2 个较差，其余 4 个处于中等水平。大多数乡镇的总人口在 3—5 万，其中居住于乡镇中心的人口比例约在 20%—30%。

问卷调查主要采用入户方式。研究者及其助理到达这 8 个乡镇后，分别在当地的乡镇居委会和随意选取的一个村落，随机发放 100 份问卷，以从整体上了解乡村居民对互联网的采纳情形。问卷主要包括 3 个方面：（1）个人互联网使用经验；（2）家庭互联网采用现状；（3）个人信息。问卷共回收 735 份，有效回收 704 份。在下面的分析中，我们主要采用 SPSS for Windows 统计软件对量化资料做描述性的统计分析。

在调查实施过程中及其之后，研究者及其助理亦实施了多次访谈，共成功访谈 15 人，其中男性 8 人，女性 7 人。选取受访者的标准主要包括：性别、年龄、职业、居住区域、受教育程度、网络使用经历。研究者尽量以这些主要标准涵盖最广泛的被访者群体。访谈日期从 2008 年 2 月 8 日至 3 月 15 日。访问的具体方式包括面访和电话访问，研究者及其助理在访问之中及其后进行了笔录。不论面访还是电话访问，一次访问时间在 0.5—1.5 小时。为保护受访者隐私，我们在以下论述中皆以一个英文字母开头的代号指称每位被访者。为更全面了解互联网在乡村社会的扩散和使用情形，我们还在上述乡镇的网吧里观察，以了解人们的互联网使用形态、偏好等，并探索其使用的动机及其带来的可能影响。实地观察的时间在 2008 年 2 月 18 日到 2 月 25 日。

由于本文的研究问题是相对开放式的，故对于所有质化资料的分析，采用的是归纳方法。定性研究数据分析的主要作用是把事物、人和事件及其相关特性进行分类；而在分析结果的展示形式上，Miles & Huberman（1994）认为叙事文本是定性数据最常见的报告形式，尤其是详细的描述。至于具体的叙述策略，最常见的方法是用叙事性段落来陈述分析结果，可以按照事件年表顺序进行论述，或是对几个主题进行细节论述，或是交互式主题的论述（克雷斯威尔，2007）。下文中我们正是如此对质化资料进行分析和组织及对研究结论予以呈现的。

3 研究发现

3.1 乡村居民对互联网的认知、态度与情感

尽管在20世纪90年代后期，互联网已开始进入乡村地区，但至今互联网仍被人们视为“高科技”的新兴事物，人们普遍对其持有正面的认知与态度，这与此前的相关研究结论一致（Zhang，2006a）。即使不少乡村居民在其生活和工作中应用互联网的可能性很低，但他们仍对互联网拥有热情并心存向往，觉得如果有朝一日能用上网络，则是一件很光荣的事情。访谈中有多位受访者表达了这一观点。

知名传播学者Rogers（1995）将创新事物的特征归纳为有用性、形象、易用性、相对不利性、相符性等几个层面。以此为框架，我们发现，几乎所有的受访者皆认为，上网对自己和家庭是有好处的，有着好几年网龄的B先生是政府工作人员，他认为：“上网可以看新闻，就不需要等到晚上新闻联播开始的时候了。还有，在网上能免费看电影，下载歌曲，也可以浏览论坛，很有意思，以前没有想到有这些不错的东西，尤其是很多年轻人，他们从网上得到了很多乐趣，他们尤其喜欢聊天，感觉生活很丰富。不过，我年纪大了，不喜欢在网上和人说话。”

家里能够上网，是家庭经济实力的一个标志。如果家里收入不稳定，且没有一定的积蓄，一般不会花钱买了电脑还每年花钱联网。故在2000年左右少数家庭开始牵入网线的时候，家庭上网很能够提升家庭的“形象”和社会地位，甚至出现了如B先生所说的情形：“现在的新婚夫妇就不像以前结婚买彩电、冰箱、金银首饰了，现在都是把它（电脑）作为一种时尚。”至于上网的“易用性”，此前研究发现，有关互联网的知识的缺乏，是制约乡村居民上网的一个重要因素（Zhang，2006a），本研究亦证实了这一结论。至于“相对不利性”，主要体现在部分青少年沉迷于网络游戏和网络聊天上，而这一点令不少家长担忧；但对于孩子已在读中专或大学的家庭来说，则已经不再是一个问题。

乡村居民如何认知自己对于互联网的需求和互联网在本地的流行状况？就“感知需求”而言，绝大多数受访者表示，不论是自己还是身边的朋友和邻居，对于网络并没有什么实际的需求可言。一位受访者D先生说，当初自己的几位朋友，是为了在网上查找香港地下六合彩的信息而联网，后来不买六合彩了，因此家里就不再上网：“上网其实并没有很明显的用处，基本上我们不上网也感觉不到什么不对劲的地方；相反，不上网了还能不买码（香港地下六合彩——笔者注），晚上还早些睡，至于要看新闻，听收音机、看电视、看报纸其实是一样的。”

至于“感知流行”，则呈现出明显的地域差别，凡居住在乡镇中心地带的受访者，皆认为自己周围很大比例的家庭都已联网，有的甚至认为“好像没有什么家庭不上网”；而居住在村社里的受访者，他们普遍认为自己身边好像没有什么家庭联网，因为网线根本就没有进村。唯一的例外就是一位受访者F表示，村子里一位从外地打工回来的年轻人带回了一台电脑，他要上网的时候直接接上家里的电话线，但是，“听说很贵的”。

3.2 互联网在乡村扩散的现状、前景与影响因素

问卷调查的结果表明了同在乡村地区，乡镇中心和村社之间所存在的明显的“数字鸿

沟”。如表1所示，就互联网和家庭电脑扩散的现状而言，当前在乡镇中心，两者的扩散比例为18%和22%，而在村社里这两个比例仅达2%和4%。问卷中我们问道：“请问您家里是否准备在今后6个月内购买电脑”、“请问您家里是否准备在今后6个月内上网”，计入回答为“是”的受访者，则成为我们预测今后家庭电脑和互联网在乡村地区扩散的根据，倘若我们的预测准确，届时互联网在乡镇中心的扩散比例将为23%，而在村社里则为4%。

表1　　互联网和家庭电脑在乡村地区的扩散现状与前景

	现状（2008年2月—实际数据）		前景（2008年8月—预测数据）	
	互联网	家庭电脑	互联网	家庭电脑
村社	2%	4%	4%	7%
乡镇中心	18%	22%	23%	30%

Note：N = 704.

多数已经上网的受访者，是在近2年之内上网的。从图2可知，从2006年到2008年，不论是互联网还是家庭电脑，其扩散曲线有明显的上升趋势，这实际上是经典的创新扩散论中S曲线的拐点，意味着即将迎来高速增长的阶段。但需要注意的是，图2只是对这两种新兴传播媒介在乡镇中心区域扩散历史的描述。此前我们在湖北省10个县市乡村地区的便利抽样调查表明（Zhang，2006a）表明，在2006年2月，互联网和家庭电脑的扩散率分别为6.0%和9.60%，现在的数据则再次印证了这一结论。

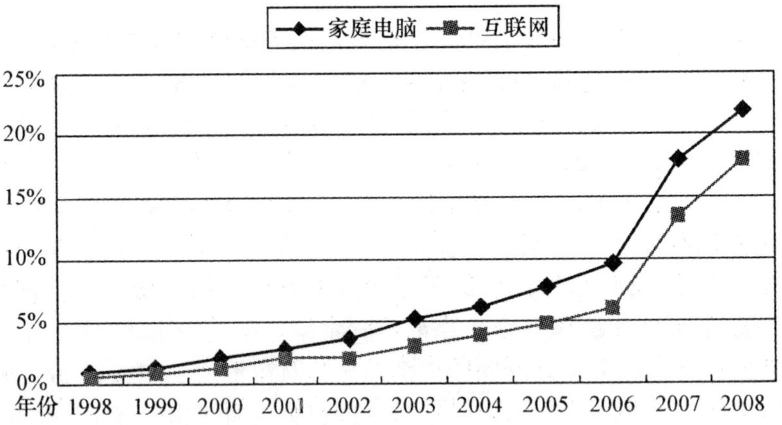

图2　互联网在湖北省乡镇家庭的扩散历史

值得注意的是，尽管有许多乡村居民在尝试着接受互联网这种新兴的事物，但也有少数家庭在将家里的电脑上网之后，而不再继续上网。大凡家庭上网者或拥有电脑者，该家中除了经济条件较好（年收入在2万元人民币以上且相对稳定）之外，一般还有着以下可能性中的一种或多种：（1）有孩子在上大学或中专/大专；（2）家庭成员有从事商业、医生、教师、公务员职业；（3）家庭中有年轻人或中青年成员。但以上条件满足之后，也并不必然意味着该家庭就会采用电脑上网，还有很多其他主客观的影响因素，比如没有需要、没有时间上网、害怕影响孩子的学习和生活、上网花费过大、邻居都没有上网、感觉自己对电脑的了解太少、觉得上网只是年轻人做的事情、担心电脑或网络设备出了问题太麻烦等。比如一位家中从事水果种植业的I女士就表示：“感觉上网没有什么实际用途，每年花这么多钱在这上面不值得。你看我这不是过得挺好的吗？干吗折腾这东西？我就弄不懂年轻人都赶这个时髦有什么意思。有了时间还不如看看电视，多睡会觉，打麻将也好。”

3.3 乡村居民的互联网使用：形态、偏好与影响

尽管在乡村地区的乡镇中心，互联网的扩散率仅为18%，但34%的乡村居民已有使用互联网的经验，这部分人群即是本研究中的“乡村网民”。与CNNIC（2007）的发现类似，我们的调查也表明，凡有网络使用经验的乡村居民，大致有着如下特征：年轻、男性、未婚。从职业上看，学生，尤其是中小学生，是乡村网民的主体，占47.2%。其次是医生、教师、公务员、商业等职业的从业者，占34%。人们上网的地点，一般是在家里或网吧，在工作场所上网的可能性很小。在固定的办公室里从事相关工作的人极少，即使在办公室里从事文职等工作，使用电脑且已联网的可能性也较小，一般仅有重要岗位才有此条件。

相对于在家里上网而言，乡村网民更多在网吧上网。在本研究中的8个乡镇，每个乡镇都有网吧，最多的Y镇，有13家正式营业的网吧，经济实力最弱、互联网发展程度最低的Q镇，有2家网吧。总体来看，8个乡镇平均有4家网吧。研究者在实地考察中发现，这些网吧平均拥有15—20台电脑，一般情况下，约有60%的机位有人上网。尽管国家对于未成年人上网有着严格的限制，但在乡村中这一措施并未得到有效执行。上网人群中，最小的孩子年仅6岁。J女士为我们讲述了她的所见所闻所思所感：“我们这里的网吧大多是在2001年后开办的，主要赚学生的钱。很多孩子逃课上网，父母也管不着，偷家里的钱上网也是常有的事情。其实，很多父母也不是完全害怕孩子上网本身有什么危害，但害怕和不三不四的小混混搅到一块，要是那样就很麻烦了。”

中小学生在网吧上网，一个值得关注的问题是，他们的网上活动一般都是聊天、看电影和玩游戏，而在这其中，接触色情信息也令人忧虑。现场观察发现约有30%左右未成年的孩子在浏览色情网页、观看色情视频，或逗留于交友网站。我们找到一个正从网吧里出来的孩子，他14岁（即被访者M），正在读初三，看得出他是刚刚上完通宵网的，我们问他上网主要是做什么，他回答：“看电影聊天。”看得出来，孩子们从网吧里面得到了很多在家中或学校里得不到的乐趣。当然，我们也遇到一个同样正在读初中的女孩N，她16岁，据她说，自己的同学中，男生上网的比例比女生要高很多，感觉男生好像基本上都会上网，“他们都是成群结队的去网吧，女生嘛，觉得去那里不好，也害怕遇到坏人”。至于她本人，家里没有电脑可上网，也从没有去过网吧。

至于乡村社会的非学生网民群体，大致可分为两类：一类人是在家里上网，他们大多家庭条件不错，居住于相对发达的乡镇中心，年龄介于20—40岁，男女比例差别不大，生活颇为安定，他们上网的主要目的包括这样几个方面：（1）浏览网页，寻找自己关心的相关信息，看新闻，登录网络论坛，有的还写博客，登录别人的博客；（2）看电影，下载歌曲；（3）玩网络游戏（如斗地主、下棋等），聊天。另一类人则是家庭条件相对较差，主要是居住于村社地区的年轻人，以男性为主，年龄在18—30岁，他们上网主要是为了聊天、看电影、玩游戏。

互联网在乡村地区应用的影响，已开始为此前的相关研究所关注，譬如关于青少年学生迷恋网络而与家长发生冲突，进而成为乡村社会中“代沟”冲突的新源头问题，而有些思想比较先进的村民已经开始利用网络寻找商机，甚至进行炒股（连水兴，2007）；有的学者也指出互联网的应用可能造成新的社会结构性不平等（Zhang，2006）。我们发现，互联网在乡村地区的应用，其积极的影响力尚未得到充分发掘；相反，其负面的影响已显露出来。在某种程度上，这是由于互联网在乡村地区的应用，尚处于浅层所致。CNNIC（2007）的报告亦曾指出，乡村居民的互联网使用，距离深层应用还很远。在我们看来，所谓“积极的影响”包括促进工作或学习、获取有利的生活信息、寻找商机、获得积极的娱乐享受等；而“消极的影响”则包括令乡村年轻网民贻误工作、由网络聊天导致的家庭矛盾、青少年

的网络沉迷以致引发代际冲突、网络色情等。我们在调查中亦发现了不少消极影响的实例。

当然，我们在调查中也遇到像 M 小姐这样的情形，她的工作从使用网络的过程中受益不少。M 小姐年方 22 岁，在鄂东某市一家乡镇医院工作，她的网龄比较长，约 7 年，她的网络技能不错，用她的话说，因为很善于从网上寻找资料，因此很多工作中的问题，她通过网络就能解决，尤其是有时遇到同事甚至领导解决不了的问题，大家都找她。她有时在网上查找信息自己解决，自己解决不了的，她与大学同学联系，向他们求救。不过她还说："能将网络用到自己的工作中来，在我们这样的地方，还是为数不多的；毕竟只有像我们这样，需要专业知识，才需要注重网络资源，不然就没有这个必要了。对于一般人而言，有电脑后就是方便玩，没有蛮大的现实作用，打发时间呗。"

4　讨论与结语

任何一种新兴事物、观念或者行为，在不同的社会系统中，其被个体感知、理解和采用或拒绝的情形可能迥然相异。基于此种思路，以及互联网在我国大陆城市和乡村社会发展的巨大落差，本研究以量化和质化结合的方法，解析互联网在乡村社会扩散和应用的历史、现状与前景，并对互联网在乡村社会应用的影响予以探讨。论述的出发点是乡村居民主体性的日常生活经验，故本研究着重采用访谈和观察相结合的质化方法。在田野调查过程中，研究者以其亲历的事实，对当前我国乡村地区的互联网发展有着切身的感受。

CNNIC（2007）在其《2007 年中国农村互联网调查报告》中指出，互联网在我国乡村/农村的普及率为 5.1%；与此不同，我们发现在乡村地区的乡镇中心，这一比例达到 18%，而在偏离乡镇中心的村社这一比例为 2%，整体上看，互联网在乡村家庭的扩散率为 5.6%。除去调研地域的差别，对于"乡村"定义的差异可能是重要原因。CNNIC（2007）的报告明确指出，农村居民是指每周在农村居住 4 天及以上的居民，而至于"农村"是什么，CNNIC 则无定义。我们采用乡村社会学的经典界定，即行政管理的标准，县市人民政府所在地之下的乡（镇）与村两种社区构成的社会地区，划定了我们理解"乡村社会"的空间范围，"在这种界定下的乡村便是我们视野里的乡村"（李红艳，2005）。实际上我们此前多个相关的乡村传播研究课题（如 Zhang，2006a；Zhang，2006b；Wei & Zhang，2008）皆采用了这一标准，从而使得前后的研究结论具有可比性和可累积性。

不可否认，城乡社会的"二元结构"问题体现在多个领域，至于互联网的发展当然亦不例外。城乡互联网发展的落差令人关注。CNNIC（2007）的报告指出，在 2007 年 6 月农村网民规模达到 3741 万人，在农村 7.37 亿农村居民中，互联网普及率为 5.1%；同期城镇网民规模达到 1.25 亿人，互联网普及率已达到 21.6%。然而，在这种显而易见的城乡二元结构的背后，即使在"乡村社会"内部，亦存在着另一个令人瞩目的乡（镇）与村之间的"二元结构"。正如本研究所揭示的，在乡镇中心，互联网在家庭的扩散率为 18%，而在非乡镇中心的村社，这一比例仅达到 2%。当然，其中包含着基础设施建设不足的因素，但我们的调查揭示，即使抛开这一因素，跨越这种乡（镇）与村之间的鸿沟，却非近期之内可以实现。因此，考察我国的数字鸿沟现象，宏观而言，学者们以城乡"二元结构"作为起点，但倘若加以细致解读，则应以"大城市—中小城市—乡镇中心—村社"这种阶梯状的考察为更佳。值得关注的是，在乡村地区的乡镇中心这一层次上，互联网在家庭的扩散率已达 18%，如以经典的创新扩散论（Rogers，1995）的观点，互联网在此该系统中的扩散，已处于即将"起飞"（take-off）的临界阶段，可以预料，在不久的将来，互联网在我国农村的乡镇会迎来其发展的高速增长期；但在远离乡镇中心的村社，其扩散即使要达到起飞的临界点，亦还有很长的一段路要走。

现代社会进程的急剧发展，使得"代际差异"（焦润明，2003）现象愈加凸显。本研究中这一现象亦得到明显体现。不同的代际，尤其是年轻人和他们的长辈，对于互联网这一新鲜事物的感知、理解和态度，存在着显著的差异。这种差异还体现在他们如何使用互联网，以及如何在使用互联网中获得乐趣和满足上。此种差异甚至成为乡村社会中“代际”冲突的新源头（连水兴，2007），值得乡村社会研究者的关注。

本研究的发现之一是在乡村社会人们使用互联网的浅表化现象。事实上，CNNIC（2007）的报告中对此已有描述。它具体表现为：农村家庭上网比例偏低，网吧是农村网民极其重要的上网场所，网民较多地将互联网作为娱乐工具，使用互联网作为生活工具的比例较小。互联网浅层使用的背后，是青少年学生由于滞留网吧而贻误学业、误交网友等；对于成年人而言，对于互联网的浅表化使用，其不良后果是时间的浪费、家庭矛盾的凸显等。人们对任何新事物的接受和应用，皆有从陌生到熟悉的过程，互联网自然也不例外。纵观互联网在大城市中年轻一辈人中的使用情形，也正是有着从浅层应用到深层应用的过程。不难想象，在当前乡村社会，由于互联网的扩散才处于初始阶段，人们的互联网使用仍为浅层应用。当然，采用何种措施改善人们的互联网使用状况，增强其互联网使用的效率，值得相关决策部门关注。

【参考文献】

[1] 韩明谟著：《农村社会学》，北京：北京大学出版社2001年版。

[2] 焦润明：《代际理论与中国近代思想文化史研究》，《史学集刊》，2003年第4期，第40-47页。

[3] 金兼斌 著：《我国城市家庭的上网意向研究》，浙江大学出版社2002年版。

[4] 李红艳：《关于乡村传播与新农村建设的几点思考》，《中国农业大学学报（社会科学版）》，2006年第3期，第77-80页。

[5] 连水兴：《在传统与现代的张力下：转型期乡村社会的媒介形态与观念研究》，“媒介新生态与电视发展”两岸三地学术高峰论坛宣读论文，2007年11月，福建福州。

[6] 约翰·W. 克雷斯威尔著、崔延强译：《研究设计与写作指导：定性、定量与混合研究的路径》，重庆大学出版社2007年版。

[7] 王锡苓、李惠民、段京肃：《互联网在西北农村的应用研究：以“黄羊川模式”为个案》，《新闻大学》，2006年第1期，第61-65页。

[8] 张明新：《我国农村居民的互联网采纳之探索性研究》，《科普研究》，2006年第2期，第8-18页。

[9] 郑素侠：《互联网在中国大陆扩散的区域性差异》，《国际新闻界》，2007年第2期，第55-59页。

[10] 中国互联网络信息中心：《2007年中国农村互联网调查报告》。2007年9月24日取自：http：//www. cnnic. net. cn/html/Dir/2007/09/07/4769. htm

[11] Chao，N. P. （2006）. Farmers' Internet Access and Usage in Western China：A Case Study. Paper presented at The 4th Chinese Internet Conference：China's Internet and Chinese Culture，July，2006，Nanyang Technological University，Singapore.

[12] Lin，C. A. （2000）. A paradigm for communication and information technology adoption research. Paper presented to the 35th Anniversary International Conference of ‘Communication Fronties in the New Millennium’，The Chinese Univerisity of Hong Kong，July，2000.

[13] Lowery，S. A.，& Defleur，M. L. （1995）. *Milestones in Mass Communication Research：Media Effects* （3rd edition）. New York：Longman Publishers.

[14] Rogers，E. M. （1995）. *Diffusion of Innovations* （4th edition）. New York：Free Press.

[15] Zhang, M. X. (2006a). Chinese Rural Residents' Adoption of and Attitude toward the Internet: An Exploratory Research. Paper presented at The 4th Chinese Internet Conference: China's Internet and Chinese Culture, July, 2006, Nanyang Technological University, Singapore.

[16] Zhang, M. X. (2006b). The Present Situation and Analysis of Mass Media Use & Media Credibility in Countryside of Mid-China: The Case of Hubei Province. China Media Research, 2 (4), 37-47.

[17] Wei, L. & Zhang, M. X. (2008). The Adoption and Use of Mobile Phone in Rural China: A Case Study of Hubei, China. Telematics and Informatics, 25 (3), 169-186.

[18] Zhu, J. J. H. & He, Z. (2002). Perceived characteristics, perceived needs, and perceived popularity: Adoption and use of the Internet in China. Communication Research, 29 (4), 466-495.

【作者简介】

强月新，武汉大学媒体发展研究中心副主任，武汉大学新闻与传播学院副院长，教授、博士生导师。研究领域：新闻传播实务、传媒经济与媒介市场。

张明新，武汉大学新闻与传播学院讲师。研究领域：新媒体与社会、传媒经济研究。

网络媒体十七大专题报道评析

洪杰文　汪贝

【摘　要】本文从中央重点新闻网站、地方重点新闻网站和综合非新闻单位网站（商业网站）中选取25家网站，对它们的十七大报道专题进行述评，总结了网络媒体对于十七大报道的成功之处和需要进一步改进的地方，为网络媒体对重大政治新闻事件的专题报道和未来的专业发展提供参考。

【关键词】十七大　网络媒体　专题报道　新闻网站

2007年，中国互联网又走过了不平凡的一年。如果以1987年王运丰教授的第一封电子邮件①为中国互联网的起点，那么2007年刚好是20周年。

网络媒体在2007年的重大事件和重大主题的报道中，对党的十七大的报道无疑是具有"里程碑"意义的不可抹杀的一笔。党代会第一次通过网络进行现场直播，从中央到地方的重点新闻网站，包括新浪、搜狐、网易等主要商业门户网站在内都推出了相应的专题报道，信息全面，报道形式多样。正如国务院新闻办公室副主任蔡名照所总结的那样："十七大网上宣传为互联网新闻宣传工作写下了浓墨重彩的一笔，成为我国互联网新闻传播事业发展史上一个重要的里程碑。"②

1　网络媒体十七大报道特色与创新

我们通过对人民网、新华网等9家中央重点新闻网站，以及千龙网、东方网等10家地方重点新闻网站和新浪、搜狐等6家商业门户网站十七大报道专题的考察分析发现，2007年网络媒体十七大报道具有以下特色和创新：

第一次，首次对党代会进行网络现场直播，时效性强。2007年10月15日十七大开幕，人民网、新华网、中国网、央视国际4家中央重点新闻网站以大型Logo或闪标放在最突出、最显著的位置，现场直播了大会开幕式和胡锦涛同志所作的报告。其他中央和地方重点新闻网站、主要商业网站均以头条整体链接上述图文直播。海内外亿万网民收看了现场直播。为确保现场直播清晰流畅，各网站均成立前方直播报道组和大本营后方支持组，建立了采、编、审、发一整套流程机制，并对有可能出现的网络或通信信号中断等问题制定了应对预案，使得现场直播如期顺利进行。除了直播，许多网站还开通了人大代表在线访谈栏目，如人民网的"嘉宾访谈"，央视国际的"十七大代表面对面"，中国网的"中国访谈"和"代表风采"，南方网的"南方连线十七大直播室"等，邀请党代表或政界要人作客演播室，就

① 中国互联网网络信息中心. 中国互联网发展大事记（1987—2006），http://www.cnnic.net.cn/html/Dir/2003/10/22/1001.htm。

② 蔡名照：《在第七届"中国网络媒体论坛"开幕式上的演讲》，http://forum2007.youth.cn/kms/index.htm。

十七大热点问题展开网民与代表或政府官员间的讨论。

第二，表现形式多样化，图片、音频、视频、Flash、电子杂志等多媒体手段得到充分运用。图片、音频、视频的信息表现形式被大范围应用，几乎所有网站都有图片报道和视频栏目，Flash 也见于动漫小故事、拼图游戏、地图导航、成就展示等多个方面，比如国际在线的“十六大以来执政理念演进路线图”精美地展示了科学发展观和和谐社会建设两个发展阶段图；新华网各地网上成就展的 Flash 地图，点省份名即可进入相关频道页面；腾讯网用 Flash 展示党代会的历次历史，设计精美且有新意。各大网站还相继推出了不同专题各有特色的电子杂志，比如人民网的“十七大双刊”，主刊是精华集锦，副刊是话题讨论，互为映照；新华网的“网言日刊”汇集网民言论；国际在线的“英雄之声”以电影原声方式再现赵一曼、刘胡兰等优秀共产党员形象；网易的“网上成就展”展现十六大以来中国的巨变。

第三，互动性更强。博客、RSS 等 Web2.0 技术的运用，论坛、手机等多种参与形式使得网民与媒体互动性增强；网络与报纸、广播、电视等传统媒体间的良好互动，优势互补，形成整合传播联动之势。比如人民网强国博客开通 22 名十七大代表个人博客，总访问量接近 10 万人次，并以“记者博客”代替传统的记者现场手记等，很好地利用了博客的个性化，方便评论留言；新华网的网民博客充分调动网民的积极性；中国网的专家博客对十七大报告和相关信息做精英式解读。

手机媒体的引入更是本次党代会报道的一次全新尝试和一大亮点。大会期间，人民网推出的“我看我的十七大”大型手机互动专题编发新闻 700 多条，日均访问量近 20 万人次，手机网民寄语 8 万条。新华网“十七大手机报”每期发行 3000 万份，累计播发 1 亿多份，读者短信留言 6 万条。央视国际手机电视视频报道覆盖 4000 万手机无线网民，总访问量达 4790 多万人次。特别是在新常委与媒体见面的现场直播中，央视国际手机电视直播流量达 396 万人次，在开幕式直播中的访问量也达 63 万人次。新浪、搜狐也分别在 WAP 首页突出位置开设了“十七大报道专区”，新浪在手机新闻中心固定推荐十七大专题，每天向新浪手机用户推荐十七大重要新闻。搜狐的手机十七大专题报道开设 5 个常态栏目，并制作了“移动的大会议厅”，实时滚屏播出动态新闻。会议期间新浪、搜狐推送手机新闻 3873 条、图片 924 幅、视频 7 条。①

第四，信息资源的深度挖掘，特色整合和主题创新。党代会报道作为重大政治新闻事件报道本身存在很多局限性，比如商业门户网站没有采访权，地方重点新闻网站资源有限，无法做现场报道，只有 5 家中央重点新闻网站有直播权。因此，很多新闻，尤其是重要新闻信息只能转载自人民网和新华网这样的权威网站，而像党史资料、党代会资料、党内法规、党建巡礼这样的背景资料基本也是相同的。面对大量同质化信息，各大网站，尤其是地方网站和商业网站纷纷在信息的特色整合上下功夫，从不同视角出发安排整理信息资源，做出特色。对地方新闻网站来说重点是地缘亲近性，而对商业网站来说则是通过信息重组进行特色解读。

2　中央重点新闻网站——全方位综合报道

人民网、新华网、央视国际、中国广播网、中国网、国际在线、中国日报网（环球在线中文网）、中青网和中国经济网 9 家中央重点新闻网站往往有着地方重点新闻网站和综合性非新闻单位网站所没有的强大资源优势，这包括《人民日报》、新华社、CCTV、China Daily、《经济日报》这类传统媒体的品牌影响力、丰富的信息和人力财力优势，以及国务院

---

① 召讯：《互联网为十七大铺上红地毯》，http://media.people.com.cn/GB/22114/46419/110713/6563610.html。

新闻办和共青团这样的政治优势、十七大直播权、采访权等政策优势。这些优势在十七大这类重大主题新闻事件报道中尤为明晰，它们因此成为其他新闻网站重要的信息源，成为国内外网民和媒体重点关注的对象，成为舆论引导和对外宣传的重地。在本次十七大网络专题报道中，上述网站亦充分利用和整合了其资源优势，树立了特色，进行了全方位、多角度、多媒体的综合报道，充分发挥了十七大网上宣传主阵地作用。

2.1 人民网、新华网——彰显大网风范

人民网和新华网这两个网站尽管所属传媒集团背景不同，但在传媒影响力、公信力和实力等各方面来说不相上下，势均力敌，同作为中央重点新闻网站的领军者，它们常常以“对手”身份亮相。在十七大专题报道中，人民网和新华网的报道独家且全面，信息更新及时，背景资料详实，互动性强，图片、音频、视频、手机等多媒体技术手段“齐上阵”，充分体现了其作为综合权威新闻网站的实力，但也各有侧重。

2.1.1 人民网——互动贴近

人民网(www. people. com. cn)对十七大的报道主要是在“贴近”和“互动”上下功夫。① 采用Flash动画、blog、视频、电子杂志等网民喜爱的多媒体表现是形式上的贴近，突出网民关注的热点问题、展示有关十七大的趣闻轶事等是内容上的贴近。

而人民网十七大报道的互动性则主要体现在三个层面：

一是会上与网上内容互动。这实际上是将媒体的信息和网民的信息相结合，是Web2.0时代重视个人言论的一个突出体现。比如“网上议报告”栏目，从代表审议报告、专家解读报告、网民热评报告等方面选取记者和媒体、网民的相关稿件，着力体现会上和网上内容的互动。

二是网民与媒体互动。这一点表现尤为突出，人民网发挥强国论坛的影响力，牵手中国移动和中国联通，开展“手机强国论坛大型联合访谈”，设置了“对党说句心里话”、“假如我是党代表”、“手机话我家”等多个互动栏目。其他如独创直播页面中开设网友同步评的互动功能，使网友在观看直播报道的同时可以参与评论，并实现网友间的互动交流。参与党史党建知识竞赛的闯关问答，尝试网络拼图游戏这样寓教于乐新颖独特的栏目设置也极大调动了网民积极性，得到了广大网友的热烈参与。

三是媒体间互动。首先是《人民日报》和人民网之间良好的报网互动，其次是它也同时注重其他媒体的相关报道。比如前面提到的“花絮”栏目，还有“党报头条汇”栏目，选择了从中央到地方共35家党报，按日期排列的头条，并设各地党报查询，既丰富了信息，又以地域贴近性吸引各地网民，且搜索方便。

2.1.2 新华网——采用多种报道手段

新华网(www. xinhuanet. com)在十七大专题报道中，综合运用中、英、法、俄、西、阿等6种文字，图片、音频、视频、直播、访谈、调查、论坛、博客、电子杂志、短信、彩信、网报、网刊、手机报、Wap、列车滚屏、户外大屏幕等18种报道手段，80余个栏目立体播报十七大盛况，发稿15000余条，音频和视频53.5小时，受众覆盖200多个国家和地区②，宣传力度和影响极大，仅户外宣传这一项，它就利用全国近200辆列车、28个省市

---

① 姚晓晨:《网络媒体成为十七大报道的生力军》, http://news. sina. com. cn/c/2007-10-21/064514132485. shtml。

② 侯召迅、孙文鹰:《网络媒体十七大报道亮点及今后一个时期的报道》, http://media. people. com. cn/GB/40628/6604282. html。

20000 辆公交车、5 个省市的广场大屏幕同步播发十七大“新华网快讯”，日均受众人数突破 7000 万人次，将十七大声音传遍千家万户。① 在手机媒体上，新华网主推手机报。大会期间，新华网“十七大手机报”每期发行 3000 万份，累计播发 1 亿多份，读者短信留言 6 万条。据中国移动公司统计，新华手机报创造了党代会宣传报道史上的三个“最”——发行量最大、读者留言最多、出报时间最快。

从专题页面设计上看，导航非常清晰，分为图片篇、视频篇、访谈篇、手机篇、互动篇、资料篇、授权发布篇、文字篇八个部分，条理清楚、特色分明。图片篇中将图片按大会、代表、记者和场外分类，还设图表、漫画系列，很有特色。资料篇则重点展现十六大到十七大 5 年间的重要会议、文献汇编、辉煌成就和经济社会发展系列报告，重点突出。

互动方面，新华网携手新浪，推出“十七大专题调查”，就“网民眼中的十七大”、“五年成就”和“展望未来”三个方面进行网民互动调查。它还“不断根据十七大进展，精心设置议题，积极引导网民讨论。其中‘对党说句心里话’、‘唱支网歌给党听’等系列网上互动活动，引起网民极大兴趣”。对于手机和论坛所收集到的网民言论，除了在相应栏目如网民博客、网民寄语、网友贴图、网民诗选、网民热议和相关专题中展示外，它还将其集合制作成电子杂志——网言日刊，共 11 期，可见其对网民言论的重视。

2.2 央视国际、中国广播网——视频、音频平分秋色

央视国际与中国广播网，一个是中央电视台网站，一个是中国人民广播电台网站；一个拥有丰富优质的视频资源，一个是中国最大的音频广播网站。它们不仅报道全面，而且充分利用其所属传统媒体的资源优势，打造出了各自的音画特色。

2.2.1 央视国际——视频联盟

在十七大的报道中，央视国际(www.cctv.com)实现了“五大突破”：首次聚合 7 家 P2P 系统和 2 家海内外 CDN 服务商，实现超大规模的全球化多语种网络视频直播；首次实现中、英、西、法 4 个语种现场图文实时报道，首次实现人民大会堂现场图文直播和嘉宾访谈；首次实现网络、手机、电视三大平台联动报道；首次推出中国第一个视频手机杂志；向用户实时推荐十七大重大新闻视频资讯，带来全新的视听体验，确保传播效果最大化。

栏目设置上，除了滚动消息、评论访谈、代表风采录等常规栏目外，还设有“十七大网上视听间”集合相关视频，“CCTV 全景报道”提供央视节目指南，实现台网互动，更成立了全国电视台网络“视频联盟”——聚集浙江、北京、苏州、重庆、内蒙古、辽宁、广西、上海、甘肃、山西、山东、成都、天津、江苏、荆州等 54 个省市地区视频资源，结成“十七大视频新闻链播”；链接南京电视台网、徐州淮海网、荆州视线、温州广电网、无锡太湖明珠网、秦皇岛北戴河声屏网 6 家电视台网站；联合乐讯网、掌讯通、空中网、泡泡网、3G 门户等 20 家无线媒体成立中国第一个时事报道“无线联盟”，推出 CCTV 手机电视、无线视频 WAP 专题网站和中国首个视频手机杂志，最终实现了网络、电视台、手机三方强大视频互动。

2.2.2 中国广播网——播网互动

中国广播网(www.cnr.cn、www.cnradio.com)是中国最大的音频广播网站。十七大期间，中央人民广播电台《新闻和报纸摘要》节目每天与中国广播网互动——《新闻和报纸摘要》节目预告中国广播网网上十七大精华，中国广播网同天推出《新闻和报纸摘要》节目同一

---

① 召讯：《互联网为十七大铺上红地毯》，http://media.people.com.cn/GB/22114/46419/110713/6563610.html。

主题音频、视频、图文、电子杂志报道，同时在论坛、博客、跟帖留言、网络评论上延伸深化十七大报道主题，形成网台互动的宣传合力。①

栏目设置上，“倾听十七大”推出普通话、闽南话、广州话三个版本的音频，满足不同网民的方言需求，内容则涉及新闻和报纸摘要、代表访谈、十七大相关述评等多个方面。百姓纪事则以极具中国风情的红色设计，以图文、博客、影音、论坛、日记五个栏目将网民互动内容加以整理分类，展现了十六大以来普通百姓生活的点点滴滴和对十七大的殷切期望与寄语。电子杂志《身边 · 十七大特刊》共 10 期展现 5 年来的成就，关注社会热点，选登网友评论，有声有色。

2.3　中国网、国际在线（音频）——多语种，外宣重地

中国网（www. china. org. cn/ www. china. com. cn）是国务院新闻办领导，中国外文出版发行事业局（中国国际出版集团）管理的国家重点新闻网站，是用简体中文、繁体中文、英文、法文、德文、日文、西班牙文、阿拉伯文、俄文、韩文和世界语 10 个语种 11 个外文版对外发布信息的“超级网络平台”，其读者分布在世界 200 多个国家和地区。而中国国际广播电台的国际在线（http：//www. cri. cn）则已发展成为由 43 种文字、48 种语言音频节目组成的中国语种最多的网站。这两个以多语种为主要特色的网站在十七大报道中发挥了非常重要的对外宣传，树立形象，汇集反馈海外舆论的作用。

以中国网为例，它推出拥有 10 个语种和独立域名的十七大专题网站，在此次十七大报道中可谓独树一帜。中国网每天都有大量独家稿件，这些稿件不仅选题独到，而且针对性强，从而有效地引导境内外网民的阅读。比如英文版编译了《中国的民主与政治进步》等 5 篇独家稿件，俄文版发布了题为《中国在信息透明和服务媒体意识方面正越来越跟国际接轨》的稿件，日文版编译了《日本记者：采访党代会是了解中国最好的机会》等文章，德文版用讲故事的形式介绍妇女代表的感人事迹，宣传党的执政理念，并借外国记者的积极评价树立我党良好的形象。

国际在线网站则用 35 种语言向海外报道十七大，向海外网民提供 10 种语言的音频直播。100 多个国家的受众收听了国际在线网站十七大开幕式直播，160 多个国家的受众来信来电 10 万多封次，包括斯里兰卡总理在内的 3.5 万个国外听众发来祝贺音频。丰富、高效的网上外宣取得了良好的效果，在国际社会引起强烈反响。② 2007 年 4 月和 6 月，分别在中国联通和中国移动平台上线的 CRI 手机广播电视亦独家推出“十七大多语种新闻”和“环球资讯广播直播频道”，免费用英语、俄语、德语、西班牙语和日语为在华外国人和前来采访十七大的外国记者提供十七大新闻，让他们随时收听十七大的最新消息。国际在线还推出了“外国网民看十七大”的专题，以“我看十七大”问题征集和“国外网民对中国认知度”调查栏目专门针对外国网民进行互动，极具特色。

2.4　中国日报网、中青网、中国经济网——各具特色

作为国内最大的英语门户网站的中国日报网（www. chinadaily. com. cn）英文资讯内容丰富，信息全面，评说独树一帜。在十七大专题报道中，中国日报网“中外论坛”在大会期间参与人次达 683 万人，接收英文帖文 52 万条，其中 77% 来自境外。其“重要讲话”、“人事任免”、“热点解读”、“海外参考”等栏目设置突出的不是新闻的实效性，而是具有

① 孙光海、戴仓超：《网络媒体十七大报道 重装上阵》，http://news. xinhuanet. com/newmedia/2007-11/21/content_7120890. htm。

② 召讯：《互联网为十七大铺上红地毯》，http://media. people. com. cn/GB/22114/46419/110713/6563610. html。

网民针对性的信息的实用性；在首页“5 年成就展示”中，它独设了“5 年来重大外交成果”，分为积极参与国际事务、与邻国关系、与发展中国家关系、与西方国家关系四个部分，并设有民间外交、专家看中国外交、海外看中国外交的评论区，这是其他网站所没有的。同时，它还发挥了其英文优势，创新开设的“词解党代会”专题，从十七大报告中挑选出 350 条词汇，节选新闻热词，配上详细的英文对照解释，经外国专家语言把关，在中国日报网和国内 5 个语言学习网站广泛推广，激发了世界多个国家语言学习者对中共十七大的浓厚兴趣，是非常好的英文学习资料。

中青网(www. cycnet. com)作为国内最大的青少年门户网站和共青团所属青少年网站的骨干网则充分展现了其“教育性”的主题特色。它的十七大专题内容非常全面，新闻、成就、理论、党建、报告关键词报道、历史回顾等和十七大相关的方方面面几乎都涉及了，对于青少年来说，是一个非常好的十七大“知识库”。如“红色记忆”、“时代先锋”、“永远的丰碑”这样的栏目回顾革命史，缅怀英烈，歌颂新时代英雄，很有教育意义，而“共青团活动”、“我与祖国共奋进”、“青年共产党人”、“党的关怀”、“高举团旗跟党走”、“团的成长”则具有鲜明的“共青团”风格。而它的在线电子杂志《新音乐长征路》，则从音乐这一个独特的视角关注十七大，提供音乐视听，兼具流行文化，是一个不错的创新。

中国经济网(http://www. ce. cn)作为以经济报道和经济信息传播为主的网络媒体，在十七大的专题报道中，尽管报告、解读、视频、代表风采、党建巡礼、背景资料、论坛互动等该有的栏目和信息都有，但缺乏特色。

2.5　问题与反思

总的来说，中央重点新闻网站在十七大报道中充分扮演了主流媒体的角色，积极创新，从新闻的原创性、权威性、及时性，到信息的全面性、纵深性、多角度性，再到表现手段的丰富性、互动的积极性，都堪称重大政治新闻事件报道中值得借鉴和学习的典范。

尽管如此，中央重点新闻网站对十七大的报道还是存在一些不尽如人意的地方。这主要体现在两个方面。

一是对网民需求估计不足，流量激增使得多媒体报道尤其是视频直播表现差强人意。据报道，新华网、人民网、中国网、央视国际等多家中央重点新闻网站的直播技术支持商 ChinaCache的直播平台在十七大期间服务的网站点击量超过 14 亿次，是平时日访问量的 10—15 倍，其中海外浏览量超过 9000 万次。尽管 ChinaCache 称其直播平台的服务能力不仅可以支持在互联网上每天 90 亿次的 PageView（页面浏览），也可以支持 500 万人同时在线访问网站的内容①，但就笔者亲身所感来说，十七大视频直播的流畅效果时好时坏，画面质量仍有待提高；视频直播连接较困难；一些在线电子杂志制作精美却极难打开。

二是十七大专题报道内容和形式的同质化倾向。从内容上来说，党史资料、十六大以来的辉煌成就展、代表风采和网友留言是上述所有新闻网站都有的，少有特色。从形式上看，视频、博客、电子杂志这些创新的表现手段因各网站均可见，且分散于大量的图片和文字报道中，反而失去了应有的光彩。而当作为本次报道亮点之一的手机媒体的互动参与都出现在主要重点新闻网站的页面上，且手机用户留言与论坛留言内容上未见较大差异，留言也少有分类和解读的时候，原本的亮点也黯然失色。应该说，将新华网、人民网、中国网、央视国际这样的重点新闻网站的十七大专题单独拿出来，都令人惊喜，但将它们排列在一起时，同质化的创新与特色也就丧失了其应有的意义。这一问题不仅仅体现在中央重点新闻网站对十七大的综合性专题报道上，对于缺乏原创新闻的地方新闻网站和商业门户网站而言，情况亦

---

①　CDN 技术为十七大网络直播提供支持，http://news. xinhuanet. com/newscenter/2007-10/25/content_6946121. htm。

然。诚然，这与党代会报道本身的特殊性有关，但另一方面，一个不容忽视的问题是，那些极易复制的、建立在开放的网络技术基础上的创新，对于新闻网站而言并不能成为其打造自身特色的永久利器，回归到新闻本身才是新闻类网站真正的生存之道。

3 地方重点新闻网站——发挥地方优势

截至2007年3月，全国共有25家地方重点新闻网站①，本文选取了比较有影响力的北京、上海、天津、湖北、山东、河南、广东、湖南、浙江、黑龙江10个地区的重点新闻网站作为考察对象，分析地方网络媒体十七大报道的特点。相较于中央重点新闻网站的“大手笔”、“大投入”和“大制作”，这些地方网站媒体资源有限，多媒体表现力、互动性和影响力远不及中央重点网站；同时，在重大政治事件的报道方面，由于政策和体制等原因，新闻不得不以转载为主，时效性不够强。但它们充分利用所属媒介集团的新闻资源，积极整合过往专题信息，并与地方特色相结合，积极创新，亦有可圈可点之处，具体表现在以下几个方面。

3.1 突出地方特色

如前所述，对于十七大党代会这样的重大会议新闻报道，地方新闻网站一来没有现场采访权，二来没有能力也没有必要如同中央重点新闻网站一样做全国范围内的“大而全”的报道，三来网民会直接上中央重点新闻网站看现场直播和实时新闻报道。所以，贴近地方，关注身边这一中央重点新闻网站无法顾及的“地缘亲近感”，成了地方重点新闻网站的“杀手锏”。这一点主要体现在以下两个方面：

一是汇聚地方特色。中央重点新闻网站上会有关于全国各地的新闻，但一般依照时间排序，比较分散，而很多地方网站就将这些分散的新闻集合起来，比如北方网特设“天津团要闻”和“聚焦天津”栏目，关注天津代表团的动向和十七大期间与天津相关的新闻，尽管信息量不是很大。

更常见的一种方式则是在如“代表风采”、“党建巡礼”这样的非新闻类信息上进行地方性整合。比如荆楚网专题首页上的“荆楚先锋”、“京鄂连线”、“代表心声”、“十七大代表风采（湖北籍）”、“文明楷模”、“优秀党员风采”、“中部崛起”、“辉煌5年”这些栏目都与湖北密切相关，展现了湖北代表和湖北5年来的变化。大河网的“河南成就展”、“和谐河南”、“百姓纪事”、“欢乐中原”、“文化中原”等栏目极具豫地风情。东北网的“百姓眼中的和谐”、“图说龙江发展”、“和谐龙江评论”、“共建和谐龙江”等栏目也结合了地方特色。

二是充分利用自有资源。如果仅靠转载大网站的新闻，地方新闻信息量是极少的。而这些地方重点新闻网站背后地方强势媒体的资源，则成为开拓本地特色的一个强有力的支撑。比如千龙网“代表风采”的视频报道来自BTV，东北网视频来自黑龙江卫视，东方网“评论解读”转载了兄弟媒体《文汇报》、《解放日报》、《瞭望》等有关的评论、社论，还有东方网自写的“东方评论”等。浙江在线则以《浙江日报》的内容为依托，结合十七大和地方热点，开设了“创新创业之歌”、“走进矛盾破解难题”、“节能减排”三个特色栏目。

除了利用传统媒体资源，网站本身也有着丰厚的资源积累。比如荆楚网的“东湖网友看荆楚”和东北网的“东北网评”，浙江在线的“浙江喜迎十七大、网友共话十七大”以及大河网的“对党说句心里话、唱支网歌给党听”等栏目互动热烈；东方网在“辉煌成就展示”中则充分利用了其过往专题——2002年世博会申办成功，2003年战胜非典，2004年西气东送，2005年保持党员先进性，2006年青藏铁路通车；北方网则在显要位置设有“中共

① 数据来源：http://chinanews.dahe.cn/，已批准从事登载新闻业务网站。

天津市委九届二次全会”和“学习贯彻十七大 求真务实谋发展”的专题链接，其他相关专题内容亦十分丰富；千龙网亦在“和谐社会2003—2006年成就展”部分整合了过去的专题资源，丰富了信息。

3.2 合作创新

所谓合作是指地方新闻网站与传统媒体、网站之间等的媒体合作、资源共享，尤其在视频资源和新闻资讯方面，几乎所有新闻网站下面都有合作媒体的图标链接，甚至是专题链接。比如荆楚网链接了新华网、人民网、网易、湖南在线等相关专题页面。

所谓创新则是地方网站在自身资源有限的情况下所做的在互动性、实时性、原创性等各方面的尝试，如千龙网联手宣讲家网、中国社会科学院世界社会主义研究中心和六间房网推出“第一时评”这档网络热点话题视频节目，解读热点，促进和谐互动访谈，设文字直播和网友评论。北方网则对新闻发布会和记者招待会进行文字版的实时报道，文章下面亦可直接评论，并设相关文章链接。红网推出“红网记者跑十七大”的原创新闻栏目。东北网开设“来自黑土地的声音——十七大特别报道”的特色专题，采用文字、图片、视频等多种形式，围绕“党建篇”、“发展篇”、“民生篇”三个主题展现黑龙江代表的风采。

3.3 深度解读

深度解读这一特色应该属于广东传媒下属的南方网。在其他地方网站绞尽脑汁进行会议报道时，南方网推出了“高举旗帜，科学发展——学习贯彻党的十七大精神”。它摒弃了在会议报道上时间和原创的劣势，转投“对十七大精神的学习和贯彻”怀抱，形式不求多样，但内容上抓住热点，角度新颖，深度解读，互动性强，特色鲜明，可谓高人一筹。

3.4 存在的问题

综观地方重点新闻网站可看出，地方重点新闻网站在互动性和多媒体呈现上明显不足，但这并不是主要问题，主要问题是明知资源不足，却不挖掘特色，反而追求多样化，比如东北网的“博下生辉”，其中只有两篇播客链接，那么这样一个栏目设置是否必要呢？互动是非常重要的，但是对于以宣传为主的“党代会”报道而非以传递舆情为主的“两会”报道来说，地方新闻网站在政治上并不占优势，论坛人气也一般，那么它们在互动问题上花过多的精力是否物有所值？还有关于党史资料部分，所述9家中央重点新闻网站都有这些资料，而且中文搜索引擎也很容易查到，那么到了地方新闻网站是否还有必要详尽罗列呢？

这是我们的一些思考，有待商榷，但下面所述如链接混乱这样的“硬伤”则是地方新闻网站尤其应该予以注意的。如千龙网“专家评述”栏目会链接到“代表声音”的二级页面，等等，这是很明显的错误，如果不是人为疏忽，则说明地方新闻网站在“信息构建(IA)”方面应给予重视。

4 综合性非新闻单位网站（商业网站）——信息整合与创新

像新浪、网易等这类商业网站虽然没有十七大会议的相关采访资格，但商业网站仍把社会效益置于首位，浓墨重彩地报道党的十七大。

如果仅从专题页面和栏目设置上来看，商业网站的信息量和表现力上并不输给中央重点新闻网站，然而尽管门户网站有着庞大的用户群，但在政治新闻报道上，不同于有传统媒体资源支撑和政策扶持的新闻网站，这些商业网站缺乏原创新闻，无法实现网站用户与会议代表等的有效互动，也缺乏新闻单位网站的权威性，它们在很大程度上是一个信息集成者，仰赖的是媒体间的合作与信息共享。创新对它们而言尤为艰难。我们选择了新浪、搜狐、网易、Tom、腾讯、中华网这6家国内知名综合性非新闻单位网站的十七大专题报道作为考察对象，它们都页面精美，新闻、评论、背景知识视频等相关方面的信息全面，注重与媒体尤其是与中央重点新闻网站间的合作，信息整合方面颇具特色，但互动性大多不够突出。商业网站十七大报道的具体报道特色主要表现在以下几个方面。

4.1 媒体间合作密切

根据国务院新闻办公室、信息产业部2005年9月25日联合发布的《互联网新闻信息服务管理规定》：非新闻单位不得登载自行采编的新闻信息，这里的新闻信息是指时政类新闻信息，包括有关政治、经济、军事、外交等社会公共事务的报道、评论，以及有关社会突发事件的报道、评论。① 可以想见，如果没有媒体间的合作和授权的新闻转载，这些商业门户网站要组织报道十七大是根本不可能的。

三大门户网站新浪、搜狐、网易十七大专题首页链接显示各有13家、21家和28家合作媒体。除开新闻信息的文字和图片转载，新浪视频专题部分的视频源自其合作伙伴央视国际、SMG上海文广、江苏广电总台、湖南卫视、齐鲁电视台和中广网。搜狐“十七大辅导报告专区”视频则来自宣讲家网。Tom联合新华网开通“新华－Tom十七大直播直通车”，页面会直接链接到新华网的“直播访谈”二级页面。

不仅是直接转载，还有商业网站和新闻网站间的合作创新。以网易为例，它联合CCTV的“经济半小时”，选取“以经济视角看十七大”的独特事件；合作人民网，利用其特色“手机强国论坛大型联合访谈”和“记者/代表博客”，弥补自有互动资源不足；牵手中国，网联合推出“寄语十七大”和“票选流行语”互动栏目。搜狐同样牵手中国网，策划四大专题：“铭刻在党史丰碑”记录党史重大事件、“十七大花絮”报道精彩会场内外、“中国共产党波澜壮阔86载”和“中国网十七大特刊”解读十七大报告。

4.2 特色创新

在信息独家性和时效性很难突破的情况下，商业网站在信息表现、信息整合和组织自有资源等方面多有创新，策划了许多有意义的栏目。

新浪设计了电子杂志《足印》（从党的一大到十六大）和动画《中共党史》，采用文字、图片、音频、动画等多媒体技术，向网民讲述党的辉煌历史，展现先辈们的丰功伟绩；“治党理念”栏目页面精美，充分利用了以往的专题资源，以科学发展观、和谐社会、社会主要荣辱观、四个坚定不移、执政能力建设、共享共建、新农村建设和建设创新型国家八个关键词划分主题，每个主题分为精华、解读和背景三个部分，并链接到不同专题页面；特别策划“时代群英谱”，投票选出网民心目中最可爱的共产党员，并公布投票结果；整合新闻制成“十七大每日简报”，包含视频和文字，特设专题内信息关键词检索和日期查询。

搜狐的“近看党的代表大会制度”板块将这种知识性背景资料分为“选举法规范人事遴选”、“组织法确立‘主席团’地位”、“公报法实现党务公开”和“出现‘新面孔’是历史规律”四个部分进行深度解读，而不是简单罗列信息。旁边还设有“十七大开放力度将超往届”和“中共对会议民主独特理解”的文章摘要和链接，安排合理。

网易的“票选流行语”在开展活动的同时对结果进行分析，推出“全国人民票选5年来最受关注的流行语”、“各地最热流行语”和“最受关注流行语排行”，并对这些流行语进行深度解读，文章来自各传统媒体与网站。“头版十七大”栏目则集合十七大期间各报头版报道，二级页面分为当日头条和该报简介，与网易媒体库资源相结合。创新开设“党员信息港”和“网上党校”，实际上也是一种背景资料的分类重组。尤其是“党员信息港”分为

---

① 参见《互联网新闻信息服务管理规定》第二条、第五条、第十六条规定。

名站导航、党员必读、实用网站和政府网站导航四个板块，内容涉及从高层动态、党建聚集、人事任免这样的新闻资讯到思想汇报、学习辅导、理论知识、常见写作等应用信息，还设搜索，对于如何成为一个“网络时代的好党员”来说非常实用。

腾讯也特别策划了“永远的丰碑”和“红色足迹”两个栏目，前者结合图片、文字等形式展现各个时期优秀共产党员的事迹；后者所谓追寻那“红色的足迹”实际上是红色旅游线路推荐，分为革命圣地线、缅怀英烈线、长征转折线三个部分，从旅游这个兼有娱乐和平民化的视角切入，颇有新意。而“记者前线日记——我在记录十七大”栏目则集合了各媒体记者的手记，但是只有 11 家纸媒和大河网的内容，信息量不大。

4.3 压力

应该说商业网站对十七大的专题报道颇有“带着镣铐跳舞”的意味，在不得自行采编时政性新闻的政策压力下，商业网站通过媒体合作、信息重组和技术优势走出了自己的一条特色之路。商业网站在这次党代会报道的“网络盛宴”中的“高调”一方面彰显了其长期形成的门户网站的品牌影响力，另一方面则体现了综合性非新闻单位网站对于新闻报道的重视。然而，随着采编政策的放宽、网络版权问题的明确和新闻单位网站品牌、技术、市场运作等方面的发展成熟，这些以新闻为主打的商业门户网站能否在机遇与挑战中保住自己的特色、找到合适的定位，仍值得观察和期待。

5 结语

网络媒体在十七大政治新闻报道中的“大放异彩”无疑表明了主流意识形态对网络大众传播功能和媒体性质的肯定。另一方面，这样一种从中央重点新闻网站到地方新闻网站再到各大门户网站的“红色权威报道”和“同心协力”也似乎透露出一种给曾经是混乱、虚假新闻和虚幻世界代名词的网络重新正名的意味，作为大众媒体的互联网在信息传播方面似乎不再只是快捷、全面、互动性强，同时还较权威，值得信赖。网络媒体不再是一种边缘性的传播渠道，它的迅猛发展，它与其他媒体的积极互动，它与现实的不断交融冲突正在将它渐渐纳入主流媒体的行列之中。

“2007 年 1 月 1 日，人民网、中国网创建 10 周年。11 月 7 日，新华网创建 10 周年。这标志着中国新闻媒体在 20 世纪 90 年代中后期第一波创办的网站已经走过十年。”中国社科院的资深传媒专家闵大洪在人民网《2007 中国网络媒体盘点》① 中如是写道。十年，中国人最喜欢的一个数字，长到可能人事皆非，短到许多错误还可以挽回。对于逐渐步入正规的网络媒体而言，下一个十年才是必争之地。无论是迫在眉睫的 2008 年北京奥运会的媒体竞争，还是逐步推进的新闻网站试点改革和上市之路；无论是 Web2.0 技术新环境下的分众传播、自媒体兴起，还是网络管理的逐步加强、网络学术研究的专业化和深入化；无论是网络与传统媒体间的竞争融合，还是市场开放下的国际竞争加剧、内容创新日益严苛，都给中国网络媒体带来了机遇与挑战。对中国网络媒体十七大报道专题进行评析，总结网络媒体对十七大报道的这场“盛宴”，展现中国网络媒体现状，目的在于为网络媒体对重大政治新闻事件的专题报道和未来的专业发展提供参考，希望能对网络媒体的将来有所裨益。

【作者简介】

洪杰文，武汉大学新闻与传播学院网络传播系副教授，主要从事网络传播研究；

汪贝，武汉大学新闻与传播学院 2007 级传播学方向研究生。

---

① 闵大洪：《2007 中国网络媒体盘点》，http://media.people.com.cn/GB/40606/6709913.html。

因特网与公众外交传播

林　婕

【摘　要】 在信息时代，公众外交正在取代传统外交的某些职能，信息交流技术，尤其是因特网技术在对外事务中越来越广泛的应用正改变着外交政策制定的过程、形态和决策，中国必须适应这种转变。因特网是外交的双刃剑，一方面它比历史上任何信息交流技术都有力地加强了政府外交的能力；另一方面它可能会削弱和挑战政府在对外事务中的权威。信息时代外交形态的改变，因特网对外交事务的影响，都是本文讨论的焦点。
【关键词】 因特网　公众外交　外交散化　非政府组织

20世纪90年代，连绵数十年的冷战终于结束，复杂的国际环境已经变得日渐多种多样。这很大程度上要归功于跨国观念的萌芽。敌对国家，恐怖主义，有组织犯罪，环境问题，人口控制，毒品交易，核武器、生物武器和化学武器的扩散，以及其他议题进入了我们的对外政策议程。很明显，传统的倾向于语言学、政治学、历史学和经济学的外交训练已经不足以帮助外交人员应付新的国际事务了。现代国际政治模式不再完全处于政府和外事官员们的控制下，而成了跨国集团、非政府组织乃至于个人挥舞旗帜的舞台。因此，外交"需要与民间社会进行互动，而不仅限于外国政府。这是一个更加有活力的世界，传统的治国艺术与越来越多的跨学科议程相结合"。① 公众外交正在取代传统外交的某些职能，信息交流技术，尤其是因特网技术在对外事务中越来越广泛的应用正改变着外交政策制定的过程、形态和决策，中国必须适应这种转变。

1　从传统外交向公众外交的过渡

世界各国对于外交的定义很多。萨道义说："外交是运用智力处理独立国家的政府之间的官方关系，有时也推广到独立国家和附庸国家之间的关系；或者更简单地说，是以和平手段处理国与国之间的事务。"② 我国学者也认为："外交是主权国家对外行使主权的官方行为，是一国捍卫本国利益和实现其对外政策的重要手段……从事外交活动的不仅是专职外交人员和外交机构，还包括国家和政府首脑多种方式的直接参与。"③ 由此可见，传统上，典型外交中政府间的官方关系是外交的焦点，大使和大使馆常常是一个国家表达其国家利益和

① Casimir Yost, Speech at the Information Age Diplomacy Symposium, Washington, D. C., 6 April, 2001. http:// www.ndu.edu/ndu/nwc/Public/SymposiumWebsite/casimir_yost.htm.

② 【英】萨道义：《外交实际指南》，中国人民外交学会编译室译，世界知识出版社1959年版，第1页。

③ 黄金祺：《什么是外交?》，北京：世界知识出版社2004年版，第6页。

意见的主要场所。民族国家作为全球舞台上主权、独立的代表，外交官传达着国家利益。① 然而，信息革命动摇了传统国家体系的基础，对外政策规划、外交的方式以及全球政治意识觉醒给现代外交带来了意义深远的改变。② 信息时代大量信息和交流技术（ICT）的改进和革新颠覆了对外政策和外交管理的方式。外交官和政府首脑等官方代表不再是国家间唯一的对话者，现在，全世界民众、团体间直接的对话和信息交换每时每刻都在发生。③ 以信息交流为手段，以影响他国公众思想为目的的公众外交就成了信息时代各国外交的重点。

公众外交一词最早源于1965年塔夫兹大学弗莱彻法律与外交学院爱德华·R. 默罗公众外交中心的建立。公众外交定义甚多。在美国国务院的《国际关系术语词典》中，“公众外交”被定义为“政府主办项目，旨在告知或影响他国公众的观点”。④ 达成这些目标的方式包括发行出版物、图片、文化交流、电视以及网络技术等，但绝不仅限于此。汉斯·N. 塔奇将公众外交定义为：“发展美国对外政策实施的海外交流环境的政府官方努力，其目的是减少美国与别国复杂关系中的误感与误解。”⑤可见，公众外交与作用于政府关系的传统外交不同，它是一种利用媒体等信息交流手段，影响他国公众思想、观点、价值观的外交形式。

公众外交不同于传统外交。这是一个透明概念。外交过去由政府精英们闭门操控。如今，由于信息与交流技术的发展，外交官不再能进行完全的由政府官员做主的秘密外交，公众外交不仅由政府处理，还有跨国集团、非政府组织和个人的参与。而且这种参与不再仅仅局限于外围，这些力量已经在国际交往中获得了合法的声音，并将重新定义对外事务的重心。政府的束缚在公众外交中逐渐减弱，公众外交允许多样性观点的聚合，代表私人意见的个人和组织成了官方观点的补充。

外交的另一个变化是对外政策议程的超国家化。全球化和相互依存的加强给外交带来了更多的跨国观念。诸如难民的转移、世界健康的难题、气候变化和跨国犯罪等都是现在外交讨论的首要焦点，而不是像过去那样，仅局限于国家安全和各自国家的利益。

在旧的模式中，公众外交只不过是国际公众关系的一种补充形式——在政府已经完成外交协商和决策，对外公布最终的政策法案之前最后的修饰打扮，向公众做无足轻重的通报。但在过去10年的网络世界中，当人们期望对外政策信息更精确、即时的时候，这种看法就不恰当了。

这种转变正是由信息交流技术的发展，尤其是因特网的勃兴带来的。就像霍华德·钦科塔在他的《后现代外交与新媒体》中所说的：“在外交领域，没有比公众外交和公众事务受因特网技术影响更大的了——在传统外交中他们被认为是外交的外围。”⑥

2 作为外交工具的网站

Internet起源于20世纪60年代末美国政府发起的名为ARPA网的研究项目，进而发展

① *Equipped for the Future: Managing US Foreign Affairs in the 21th Century*, Washington D. C.: The Henry L. Stimson Center, 1998, pp. 3-4.

② See R. P. Barston, *Modern Diplomacy*(Essex, UK: Longman, 1988); Joseph E. Jones, *Unofficial Diplomats*, New York: Columbia University Press, 1977.

③ Walter Wriston, “Bits, Bytes and Diplomacy,” *Foreign Affairs* 76, No. 5(Sep/Oct 1997), pp. 175.

④ US Department of State, *Dictionary of International Relations Terms*, (Washington D. C.: US Department of State Publication, 1987), pp. 85.

⑤ Hans N. Tuch, *Communication with the World*(New York: St. Martin's Press, 1990), http://www.publicdiplomacy.org/1.htm.

⑥ Howard Cincotta, “Post-Modern Diplomacy and the New Media”, 33.

为相互连接但又自成体系的全球网络。① 1995 年，不足 1000 万人在使用网络。而今天，全球有 66.5 亿互联网使用者。②

"网"这种信息交流方式的基础不像旧的无线电通信，其中心不是由权威的私人公司或政府垄断权力掌控，也不是由使用者的唯一观点所决定。实际上，它是一种有能力绕过大多数关闭它的企图的分散媒介。毫无疑问，它已经从根本上改变了人们交流的方式，并将继续这种改变。网络的流行来自其不受时间和空间的限制，传递信息的能力。这种在线虚拟社会的便利表达方式将人们连接起来，进行无限的信息分享。同样的，环球网向全球使用者提供了创建自己的多媒体信息的能力。环球网可以将文本、图像、音频以及视频统一到用户的电子网页上，网页可以被其他亿万用户储存和下载到个人电脑上。在 TCP/IP③ 和因特网 E-mail几乎通用的基础上，环球网运作名为 HTTP④ 的强大软件平台。有了这些性能，使用者可以通过整个因特网，探究自选的，端端相联的多维网络。

数量庞大的，不经筛选的信息提供者的数量不断增长，这种趋势不可阻挡。因特网技术改变了全球经济，改变了政治和商业制度，改变了国家对外政策的目标，以及实现这些目标的方式。最终，信息（约瑟夫·奈和欧文说的"软实力"的一种⑤）已经成为了一种重要的评判国家力量和影响力的标准。软实力的应用，在有的情况下表现为信息力量，并进一步延伸为政府将有价值的信息资源公开地存储在因特网上，表明特殊的政策或行动倾向的能力。在信息社会中，信息"取代了军备和货币财富，成为了国力的首要来源"。⑥

没有因特网，公众外交就不能有效地履行职责，这一点在外交实践中已经越来越明显。网站就像"计算机传单"⑦，并已成为公众外交中最必不可少的方面。而网络的分散性、廉价、便捷和海量信息的特点也必将改变现代外交的内容、形态和参与者。如今大多数国家已经有了国家网站，"并且与更确切的政府、单独部门，以及政府和一些非政府实体的网站相链接"。⑧ 网站给外交官提供了一种与公众交流的非凡工具。⑨ 公众外交的外交官因此将网站作为追求主动外交的一种基本工具。

Whitehouse. gov 是世界上最著名的政府网站之一，每日的点击率达到 300 万人次。⑩ 从

---

① Mike Rosner, "The Internet: Trends and Standards," *Working Paper*, CSAI Department, University of Malta, January 2002.

② NUV 网络调查始建于 1997 年，以监控、详述、分析 Internet 的关键事件而闻名。见 http://www. nua. com.

③ TCP/IP 代表传输控制协议/网际协议。这是因特网传输控制的标准程序。

④ HTTP，即超文本传输通讯协议，指的是软件将存储在因特网其他位置的文件或音频、视频程序与电脑设备上的网站链接起来的能力。

⑤ "软实力"一词最早是由哈佛大学约翰·F. 肯尼迪行政学院院长约瑟夫·奈提出的。它是与代表国家"硬"的或强制力量的军队和军事力量的"硬实力"相对应的。

⑥ Richard O. and Florence M. Mason and Mary J. Culnan, *Ethics of Information Management* (Thousand Oaks, Calif.: SAGE Publications, 1995): xvi。

⑦ "计算机传单"(cyber-leaflets) 这个词是阿利森·格林所创。过去，广泛的公众外交使用传单来阐述美国的政策、观念、价值观，等等。现在，个人通过访问 USG 网站就可以在线找到并观看以往在传单上或小册子上传递的同样的信息。

⑧ Dr. Dietrich Kappeler, "Websites as Instruments of Diplomacy", http:// www. diplomacy. edu/Web/conference2. htm.

⑨ Stefano Baldi, "What People Expect from the Sites of Diplomatic Missions" http:// www. diplomacy. edu/Web/conference2. htm.

⑩ Declan McCullagh, "America's First Homepage: A Case Study of Whitehouse. gov," speech at the Second International Conference on Web Management in Diplomacy, Malta, 1-3 February 2002. http:// www. diplomacy. edu/Web/conference2. htm.

2007年1月1日到2008年2月26日，中国外交部的访问量总计1172686275人次，其中2008年2月的点击率达到了123551767人次。而2007年2月为102435865人次。① 很明显，各国已经意识到，从现在起，外交已经是网站间的战斗了。

网络为迅速收集和选出有新闻价值的信息提供了可能。媒体可以在信息时代的外交，尤其是在公众外交领域中发挥更大的作用。媒体的成长营造了一种透明的环境，让政府感到了向国内外公众迅速陈述对国际事务的应答的压力。美国国务院国际公众信息的前协调员杰米·梅茨尔向我们阐述了公众外交和媒体之间合作关系的微妙平衡。他提出了一种"包含广泛的信息交合"的战略，强调了公开性倾向的重要性。② 现在，没有任何信息可以完全保密，没有任何决策可以满足所有利益集团和利害关系。为了让消息起到有利于对外政策制定和宣传的效果，公众外交必须是一种联合行动，首先在媒体上发布信息，并且用因特网适当地加以推广，以达到外交目标。③

3　因特网对国家外交力量的影响

在研究中我们发现，因特网对国家力量具有双重影响，一方面它比历史上任何一项信息交流技术都有力地加强了政府的力量；另一方面它可能会削弱政府，挑战政府在外交中的传统权威地位。

因特网对政府外交力量的巩固可以归纳为三点：

第一，因特网改变了传统外交方法，交流更加快捷、廉价和频繁。由于直接的即时信息分享和实时交换的访问，人们可以用更少的时间，完成更多的外交交流。

第二，因特网提高了公众外交的运作效果。公众外交是否成功由告知、影响、吸引国际受众的能力来衡量。因此，接触的人越多，成功的几率就越高。在传统的报刊、图书、广播电视、图书馆等信息交流方式下，有限的预算相当程度上妨碍了这种外交努力。如今，公众外交开始利用因特网技术主动出击。因特网为公众外交提供了无限的向外接触的能力、散布新闻和文件的方式，以及广泛的链接。

第三，因特网给世界政治带来了更多的透明度。信息交流技术的快速发展和大规模扩散大体上改变了工业化国家的民众获取新闻和信息，确定个人和群体身份，管理资源，学习、工作、购物、参与市民社会和政府事务等的方式。④ 此外，由于媒体可以更多和更快地获取信息，他国政府和特殊利益集团就可望有权力影响政策。⑤

因特网技术让现存的公众外交运作突然简单化和扩展了。因特网通过网页、E-mail、流动视频、电子出版物等传播数据与图像的能力为政府提供了发布消息的最强大的媒体。而且因为拥有无数信息通道和分散的传播方式，这一媒体可以十分轻易地渗入通常由政府严密控制的领域，使得敌对国家对思想的控制越来越困难。

因特网为现代外交提供了一种费用小，但行动迅速，可以组织、协调和聚集大量情报的信息交流工具。不过，因特网并不是外交的万能药，在给政府外交带来福音的同时，它还分

---

① http://www.fmprc.gov.cn/chn/

② Jamie F. Metzl, speech at the Carnegie Endowment's Lecture Series Entitled, "Winning Hearts and Minds: Propaganda and Public Diplomacy in the Information Age," Washington D. C., 27 November, 2001.

③ Allison S. Greene, *US Diplomacy In the Age of The Internet*, Doctor of Philosophy International Studies, Old Dominion University, Dec. 2003:101.

④ Project Description of the Carnegie Endowment's, "Information Revolution and World Politics Project," January 1999.

⑤ Allison S. Greene, *US Diplomacy In the Age of the Internet*, Doctor of Philosophy International Studies, Old Dominion University, Dec. 2003, pp. 177.

散了原属于政府的外交权力。对外政策议程的跨国化、外交参与者的多样化等趋势被因特网放大了，政府必须考虑更广泛的观点、影响和更多参与者的意见。

传统的交流模式多是基于等级、垄断和信息的向上流动，而网站技术不同，它要求灵活、分权和技术的专门化。因特网可以快速和直接地传递信息或传播思想，而不需要通过一个有不同意见的中间人。这鼓励了非政府力量介入外交事务，比如国际组织、非政府组织、企业、个人和其他与外交部和传统外交渠道直接互动或从中分离出来的私人实体。

因特网拥有被理查德·所罗门称为"对外政策表达的分散影响"的能力。① 因特网给政策制定过程介绍了新的支持者，改变了对外政策发布的程序。根据学术界、企业、非政府组织等通过网络力量承担传统外交作用的状况，这一现象有个新词："外交散化"。②

网络是分散的，这就是为什么它们给以政府为中心的统治集团带来挑战的原因。它们由"在制度和社会结构中占据相似位置，创造了对现存社会框架有依赖、民主化、放大的新的团体关系的个人相互连接起来的装置"组成，③ 而且信息交流技术的扩散，尤其是因特网快速克服了一度限制网络发展的经济和物质障碍。

杰米·梅茨尔将散化的网络描述为"自我优化"。盖埃诺则主张，"领土主权不再是神圣不可侵犯的"。④ 世界政治已经从以前的主权权力的二元世界变成了网络权力的三元世界。"民族国家的完整性、权力和安全受到了来自高处的跨国公司，以及来自底层的网络利益团体不断变换的联盟的挑战。"⑤ 二者都在向民族国家施加政治压力，以使之"遵从网络社会的标准"。⑥ 这种全球和区域利益的分散融合的动态演变被罗西瑙称为"碎融化"。⑦ 他将这一概念定义为"碎化和融合并置的过程，发生在组织、团体、国家和传统体系内部和之间，这些体系实质上是互动的和有机的链接"。⑧

罗西瑙的"碎融化"等于是将政治权威从国家手中分散开来，赋予作为国际事务重要参与者的非政府实体获得了更多的优势。这些新的参与者主张国际力量无需官方的承认，也不必受到国家的抑制。⑨ 伴随信息交流技术的革新，因特网的普及，"参与者们可以经常影响国家政策"。⑩ 这样的外交散化意味着非政府参与者通过使用因特网获得了介入国际、国内事务管理的能力。非政府参与者更多地利用因特网访问信息，提出目标，对外交官和其他政策制定者施加压力或发挥影响。他们可以很容易对国家政府官员提供的信息进行查证，并要求官员们做出公开解释。随着对外事务透明度的增强，保持政府信息可信性和连贯性变得更困难了。政府的政策制定者和外交官们不得不调整政策制定的程序。传统外交的职能与实

---

① Richard H. Solomon, "The Internet and the Diffusion of Diplomacy," Speech at the USIP Virtual Diplomacy Conference, Washington D. C., 1 April 1997, pp. 1.

② Sheryl J. Brown and Margarita S. Studemeister, "Diffusion of Diplomacy", *Net Diplomacy: Beyond Foreign Ministries*, Virtual Diplomacy Series, No. 14, USIP, August 2002, pp. 24-29.

③ Metzl, "Network Diplomacy".

④ Jean-Marie Guehenno, *End of the Nation State*, Minneapolis: Minnesota University Press, 1995.

⑤ Brown and Studemeister, "Diffusion of Diplomacy", pp. 25.

⑥ Ibid.

⑦ See Rosenau, "'fragmegrative' Challenges to National SecurityA", *Understanding U. S. Strategy: A Reader*, edited by Terry Heyns, Washington D. C.: National Defense University, 1983. For a more recent and elaborate formulation, see Rosenau, "New Dimensions of Security: The Interaction of Globalizing and Localizing Dynamics", *Security Dialogue* 25 (September 1994).

⑧ James N. Rosenau, "States, Sovereignty, and Diplomacy in the Information Age". Paper presented at the Virtual Diplomacy Conference, Washington D. C., 25 February 1999, p. 6.

⑨ Brown and Studemeister, "Diffusion of Diplomacy", p. 25.

⑩ Ibid.

践变得越来越受到“便捷和多种多样的信息涌动和碎化动态途径”的影响。① 外交运行的舞台、工具和参与者都被要求能够适应更顺畅、反应更快捷、更能满足全球公众的信息配置需求的要求。这种环境中的外交是为所有在全球范围的仲裁、商谈、调停中发言和行动的人或以任何方式表达这些公众的多样性观点的人所共享的。我们不禁要问，外交向非政府参与者分散和扩展的趋势还将继续吗？因特网在其中会发挥作用吗？毫无疑问，答案是：是。

外交散化的另一个含义是原本在对外政策和外交决策的制定中影响不太明显的国内因素开始变得越来越重要。国内和国际政策的相互渗透导致了外交环境的“政治化”。外交协议签署的过程经常涉及与国际谈判相关的国内支持者间的持续对话。“这意味着需要协调的关系由官僚关系内部的横向协调发展为社会关系内部的竖向协调。”② 实际上，对外政策中“对外”这个词有些模糊。在新的世界事务环境中，对外政策不再局限于外国因素。由国内外问题所织成的大网使得“对外政策”被称为“全球政策”可能更合适。③

另外，实时电视和数字交流时代引发了对政治的直观期待。技术鼓励媒体养成了将麦克风推到政治家眼前，24 小时不间断地要求他们给出新意见的习惯。允许“公众和媒体更多地干预对外政策议程设置和商谈”，④ 因特网的实时性和信息访问的开放性有效地缩短了政策制定的期望时间。因而，政治人物在更多的压力下，被要求对世界事务做出迅速反应。

因特网对政策形成、执行和协调的第三项挑战是“信息超载”，信息的泛滥会淹没有用信息。不仅是国际事务参与者进行政策制定的过程变复杂了，而且从无用的、误导的或故意误报的信息中找出有价值的信息的基本活动也变复杂了。

信息超载的问题使得政策制定者处于一种信息比以往多，但分析时间比以往少的境遇，草率的分析可能无法得到准确的结论。外交官们有句老话说，时间在外交官的一边。仓促地决定可能降低政策的质量。外交中拖延的战略重要性就像沃伦·P. 施特勒贝尔所说的：“和在新闻工作、战争中不同，速度在外交中并不是一种优势。速度是敌人——仓促的决定会锁上最初的互动，缩小商谈的空间。在新闻工作和战争中，速度是不可取代的，但在外交中就不必了。”⑤ 但因特网恰恰就是加速了外交政策的制定过程。

显然，因特网及其能力对于加大透明度、增加连通性、提高全球相互依存都有所贡献。最终，它导致了外交散化，允许非政府参与者在外交事务和政策制定中发挥更重要的作用。新的信息环境使得外交官和政策制定者们面临信息超载和加速决策制定过程的挑战，而且国内和国际政策之间的界线消失了。结果，政策制定者们不得不发展一种更具包容性的方式来适应新的世界现实。

4 外交中的网站管理

那些为公众外交工作的人有着深切的感受，如果他们提供的信息不确切，其可信度就将受损。公众外交的意图是介绍自己的国家状况及其价值观、理念和政策。含糊不清和不可靠的信息反而会产生反效果。“真实是最好的宣传，谎言则反之。要劝服别人就必须是可信

---

① Rosenau, “States, Sovereignty, and Diplomacy in the Information Age”, pp. 19.

② Joseph S. Nye, Jr., *Bound to Lead*: *The Changing Nature of American Power* (New York: Basic Books, 1990), pp. 188.

③ See James N. Rosenau, *Along the Domestic-Foreign Frontier*: *Exploring Governance in a Turbulent World*, Cambridge: Cambridge University Press, 1997.

④ “Program on Communication and Society”, *The Annual Review of Communications and Society*, Queenstown, Md.: The Aspen Institute, 1990, pp. 73.

⑤ Warren P. Stroebel, Late-breaking Foreign Policy: The News Media's Influence on Peace Operations, Washington D. C.: US Institute of Peace Press, 1997, pp. 108-109.

的，要可信就必须可靠，要可靠就必须真实。就这么简单。”①

有影响力的网站是有效网站管理的产物，网站管理因此在公众外交中变得十分重要。网站管理是“一种多学科行为，它集合了技术、绘画设计和信息管理”，② 对网站上的信息的内容和性质同样重视。其成功常常是外交官、IT 专家以基本的市场贸易的方法联合起来，互动与合作的产物。

可惜的是，当因特网在公众外交中的作用越来越重要的同时，网站管理的技术知识却在很多情况下并不受到足够的重视。很多外交人员在没有充足的预备知识和经验的情况下进入了这一不属于国家控制的领域，他们只能以摸着石头过河的方式发展网站。这种方式在网站发展的早期阶段是足够了的，但随着网站获取信息的要求不断增长，信息使用量不断增加，我们越来越要求一种专业的、可靠的方式。③

公众外交其实是一种市场销售方式，它所促销的商品名为国家的形象、政策、价值观、理念。传统外交官没有接受过市场销售的训练，但公众外交领域却对“出售”的概念非常看重。通过因特网，我们如今可以在任何地方，通过网站树立国家品牌，并出售该国价值观及其外交政策。④ 美国公众外交和公众事务副部长夏洛特·比尔斯曾讨论过公众外交中的销售方式，她说：“对于我们的产品（美国理念、价值观、政策等）而言，重要的是，它们必须被销售出去。我们不能设想，有人会自信到捡起我们的网站，复制它、摧毁它，然后走人。我们正在学习使用通栏大标题 、与其他网站链接等现代销售工具。”⑤

政府公众外交网站的另一要素是互动性。网站拥有向使用者提供与网站使用者、管理者以及网站本身互动的能力。公众外交可以利用 E-mail、消息栏和在线会议等传播工具来进行传统的交流工作。

单纯从理论和技术上来看，现代网络上的信息流通是无法控制的。但是由于外交事务的特殊性和政府作为主要信息源的地位，外交网站的管理并非不可行。

那么在公众外交中我们需要怎样的网站管理呢？联合国国际计算机中心主任爱德华多·格尔布斯坦将网站管理的效果归结为三大基础因素——内容、功能性和可用性。⑥

首先，网管和内容的制作者不仅要保证信息是最新的和可信的，而且要提供其他相关网站的链接。我们不妨以号称“第一政府网站”的美国 www. firstgov. gov 为例。这是一个信息丰富的资源库。2003 年初，美国政府的网页数就多达 3500 万页，而且内容涵盖了有关市民、企业和政府之间的信息和服务，也包括各种公开的统计数据，这些信息都汇总到了 www. firstgov. gov 这个门户上。除此之外，网站对于时效性强、常用的信息资讯和服务，设置了专门栏目，“Top Request” 按照用户的点击率、使用情况进行统计，将最为常用的主题单列出来，并动态排序，用户可以快捷地获取这些热点资讯和服务。同时，它还是一个完整

① Edward R. Murrow gave this quote during a speech at a May 1963 testimony before a Congressional Committee.

② Jovan Kurbalija, Director of Diplo Projects, “Diploweb Methodology for Diplomatic Websites” Speech at the Second International Conference on Web Management in Diplomacy, Malta, 1-3 February 2002. http:// www. diplomacy. edu/Web/conference2. htm.

③ www. diplomacy. edu/Web/conference2. htm.

④ Allison S. Greene, *US Diplomacy in the Age of the Internet*, Doctor of Philosophy International Studies, Old Dominion University, Dec. 2003, pp. 102.

⑤ Charlotte Beers, speech at the National Press Club. Washington D. C., 18 December 2002. http://www. state. gov/r/us/16121. htm.

⑥ Eduardo E. Gelbstein, “Content, Functionality and Usability: A Website's Success Factors,” Speech at the Second International Conference on Web Management in Diplomacy, Malta, 1-3 February, 2002. http://www. diplomacy. edu/Web/conference2. htm.

的、开放的政府网站体系。firstgov 整合了全美各级政府已建立的2.2万多个政府网站，可以搜索到的网页超过5100万个。

其次，功能性必须满足外交的特殊需要，例如访问的安全性、加密、讨论论坛和其他互动能力。由于网络的脆弱性，网站很容易受到黑客和病毒的攻击，作为涉及国之大事的外交网站必须将安全性视为重中之重。现在维护网络安全的最有效、最常见的手段是正确配置防火墙、入侵检测设备。通过以防火墙为外交网站的安全方案配置，能将所有安全软件（如口令、加密、身份认证、审计等）配置在防火墙上。如果所有的访问都经过防火墙，那么，防火墙就能记录下这些访问并作出日志记录，同时也能提供网络使用情况的统计数据。当发生可疑动作时，防火墙能进行适当的报警，并提供网络是否受到监测和攻击的详细信息。另外，我们还可以通过利用防火墙对内部网络的划分，实现内部网重点网段的隔离，从而限制局部重点或敏感网络安全问题对全局网络造成的影响，防止内部信息的外泄。

如前所述，在公众外交中，民众的参与和目标公众的反馈意见是外交政策制订的重要依据。因而，互动性是外交网站必不可少的。当前，政府外交网站增强互动性的形式主要有政府信箱、在线解答、电子邮件订阅、论坛和留言板、网上调查等五种。

最后，网站的可用性依赖于终端使用者在组织、表演和导航领域的满足度。利用网络和计算机技术，建立外交决策模拟系统的设想也是可行的。这种做法已经在美国一些重要研究机构运用。例如，www.diplomacy.edu 网站的模拟系统就拥有自己的数据库可以设定各种变量和场景。建立这一系统的目的主要有两个：一是建立外交决策的预测和预替机制，加强应急应变能力；二是培训外交人员，使他们不必经历外交剧变，就可拥有较稳定的心理素质，掌握系统的工作方法，能够从容应付未来各类危机的挑战。

尽管信息时代已经来临，然而直到最近因特网这种现代化技术作为一项外交的重要能力才得到了广泛关注。显然，尽管因特网在外交上有不利之处，但占优势的是积极面，它在“充分修正外交表达、磋商、便利、报告和协商”① 上拥有优势。因此，中国必须继续发展和调整其外交战略，以因特网运作为基石的“数字外交”将成为日后中国公众外交的重要形态。

【参考文献】

[1] Equipped for the Future: Managing US Foreign Affairs in the 21th Century Washington D. C.: The Henry L. Stimson Center, 1998.

[2] R. P. Barston, *Modern Diplomacy* Essex, UK: Longman, 1988; Joseph E. Jones, *Unofficial Diplomats* New York: Columbia University Press, 1977.

[3] Walter Wriston, Bits, Bytes and Diplomacy Foreign Affairs 76, No. 5 (Sep/Oct 1997).

[4] US Department of State, *Dictionary of International Relations Terms*, Washington D. C.: US Department of State Publication, 1987.

[5] Mike Rosner, “The Internet: Trends and Standards” *Working Paper*, CSAI Department, University of Malta, January 2002.

[6] Joseph S. Nye, Jr. and William A. Owens, America's Information Edge, Foreign Affairs 75, No. 2 (March/ April 1996): 20. See also Daniel F. Burton, Jr. The Brave New Wired World Foreign Policy, No. 106, 1997.

[7] Joseph S. Nye, Jr. *Bound to Lead: The Changing Nature of American Power*, New York:

① Jeffrey Cooper, Speech at the Information Age Diplomacy Symposium, Washington D. C., 6 April 2001.

Basic Books, 1990。

[8] Richard O. and Florence M. Mason and Mary J. Culnan, *Ethics of Information Management* Thousand Oaks, Calif: SAGE Publications, 1995.

[9] Allison S. Greene, US Diplomacy in the Age of the Internet, Doctor of Philosophy International Studies, Old Dominion University, Dec. 2003.

[10] Allison S. Greene, US Diplomacy in the Age Of the Internet, Doctor of Philosophy International Studies, Old Dominion University, 2003.

[11] Sheryl J. Brown and Margarita S. Studemeister, Diffusion of Diplomacy, NetDiplomacy: Beyond Foreign Ministries, Virtual Diplomacy Series, No. 14, USIP, August 2002.

[12] Jean-Marie Guehenno, End of the Nation State, Minneapolis: Minnesota University Press, 1995.

[13] Program on Communication and Society the Annual Review of Communications and Society, Queenstown, Md: The Aspen Institute, 1990.

[14] Warren P. Stroebel, *Late-breaking Foreign Policy: The News Media's Influence on Peace Operations*, Washington D. C: US Institute of Peace Press, 1997.

[15] [英] 萨道义:《外交实际指南》，中国人民外交学会编译室译，世界知识出版社 1959 年版。

[16] 黄金祺:《什么是外交?》，世界知识出版社，2004 年版。

[17] http: //www. zdnet. com

[18] http: //www. nua. com

[19] http: //www. publicdiplomacy. org

[20] http: //www. alliance-exchang. org

[21] http: //www. wired. com

[22] http: //usinfo. state. gov

[23] http: //www. diplomacy. edu

[24] http: //www. fmprc. gov. cn/chn/

[25] http: //www. bbs. fmprc. gov. cn

【作者简介】

林婕，博士，武汉大学新闻与传播学院教师，主要从事新闻史研究。

中国电视谈话类节目中公共领域私人化现象透视

刘　娜

【摘　要】电视谈话节目作为一种新的节目形态在中国悄然兴起。这种在西方被称作“脱口秀”的节目以一种崭新的传播理念和耳目一新的形式受到了大众的广泛欢迎。中国电视谈话节目在当今社会不仅仅是作为一种传播的方式和手段而存在，同时它作为一种社会现象，正日益引起大众文化及传媒研究者的注意。中国传媒作为特定意义上的公共领域，出现私人化的话语空间值得深思和研究。本文试图运用哈贝马斯的公共领域理论及其私人领域的概念，对中国电视谈话节目中公共领域的私人化现象进行分析。

【关键词】中国电视　公共领域　私人化

德国当代最重要的哲学家、社会理论家哈贝马斯从“公众”与“私人”的描述开始，从根源探寻其逻辑和意义关系。当发生于家庭之外的新闻事件与家庭经济相联系时，私人个体开始对公众事务产生浓厚兴趣。哈贝马斯从黑格尔那里借用了“公民社会”的概念。公民社会是生产和交换的场所，最初被人们称为“经济”，当然它也包括社会的一些其他机构，但是它的存在形成了与国家相区别的部分私人领域。公民社会的运行遵循其自身的规律，它也能够通过公共领域来呈现其对国家的利益。哈贝马斯强调在公共领域中传媒的批判作用，这有别于强调政治分歧的早期出版业，也不同于传媒的商业化发展趋势。①

1　“公共领域”与“私人领域”

“公共领域”是与“私人领域”相对立的概念。西方社会的“私人领域”形成于 18 世纪初叶。其形成必须具备三个条件：私人财产所有权的确立；人生自由的获得；个人主体意识与独立意识的获得。西方资本主义生产方式确立后，市场经济原则成为整个社会运行的基础，造就了一种追求自由、民主、平等的文化意识和社会观念，“私人领域”在资本主义社会应运而生。而“私人领域”在中国出现同西方有所区别。它在中国出现较晚，原因也很复杂，是与中国特殊的历史政治特点相联系的：中国传统社会不具备“私人领域”出现的条件，在传统儒家大一统思想影响下，中国传统社会具有家国合一的特点，国家政治原则是家庭血缘关系中所包含的伦理原则的放大和上升，国与家结构相同、功能相似，即规范个体，整合社会。

在现代社会以前，“私人领域”和“公共领域”是泾渭分明的，后者主要用于讨论公共事务。在哈贝马斯看来，随着公众由主要依靠阅读书籍（文学）变为依靠画报、杂志、广播、电视等现代传媒来进行沟通，文学公共领域消亡了，“随着文化批判的公众逐渐转变成文化消费的公众”，“公共领域”本身在消费公众的意识中被严重地私人化了，这主要表现

---

① Jürgen Habermas, *The Structural Transformation of the Public Sphere*, Boston: Beacon Press, 1989, pp. 60.

在原来高高在上的公众领域变成了发布私人生活故事的领域，以电视为代表的当代电子传媒在这一点上表现得特别突出。电视媒体的发展促进了具有自己特点的两种类型事件的出现，即经过媒介转换或参与的公共事件和私人事件。学者徐丛青在《论“私人话语”适当回归私人领域》一文中将其归纳为：第一，中心意识形态控制的削弱，私人话语才可能在公共领域的大众传媒中出现。第二，社会结构的变化，使“公共领域”与“私人领域”相互渗透，媒体传播作到了“私人领域”。第三，世俗化潮流消解着神圣，使一些极端属于“私人领域”的话题毫无顾忌地搬到大众传媒中。第四，商业化因素使媒体为了收视率而越来越需要私人性的暴露来吸引人们的注意力。第五，大众传媒中引进了人际传播形式，有利于增强传播效果，但也把一些不愿让别人知道的隐私暴露出来。① 自20世纪70年代末以来，中国社会所有制由完全公有制到公私并存，国家控制的放松，宽松的环境与市场经济的确立，使私人意识得以进一步张扬。私人话语向大众传媒的扩张水到渠成。刚刚起步的当代中国“私人领域”主要表现在社会劳动领域，交换、流通领域，家庭生活、休闲娱乐这三个领域。但随着隐私写作和隐私文学的流行，私人话语开始向大众传媒渗透，“私密话题”或“隐私倾诉”、“非常隐私”等就在媒介上衍生与繁盛。②

2 电视谈话类节目中的“公共领域”

“谈话节目”（TalkShow），英文原指西方广播电视中一种以谈话为主的节目形式，由主持人、嘉宾和观众在谈话现场一起谈论各种社会、政治、情感、人生话题，一般不事先备稿，脱口而出。哈贝马斯认为，大众传媒既是“公共领域”的组成部分，也是“公共领域”的一种内在机制，然而，大众传媒却又最终颠覆了“公共领域”。在此情境下，文化工业对“公共领域”的消解包括四个方面的内容：公众的消失、公共交往的消失、批判的消失以及批判对象的消失。谈话节目的出现，可以说在某种程度上达到了“公共领域”重建的条件之一，形成社会能够认同的普遍利益。这主要体现在谈话类节目的话语空间上，主持人用商讨的态度、平和的语气讲话，并且尽量制造一种和谐的谈话气氛，就像平时几个人聊天一样，最终达到受众对社会集体利益的认同。在当代，媒体越来越关注普通人的生存状态，而在以图像为主要传播特性的电视中表现得更为突出。从传播效果的角度看，电视的生命在于对人的关注：关注各种各样的人的命运，关注人内心的不同感受以及他们的深层心理状态，关注与他们生活相联系的社会大背景的变迁等。“脱口秀”节目正是在这样的背景下产生的，普通大众终于在媒体上听到了自己的声音。它开创了双向交流的模式，使受众拥有了话语权。在中国，谈话节目虽然起步较晚，但颇有后来居上之势，几乎所有电视台都以不同方式创建了这档节目。自从1996年中央电视台的《实话实说》播出，引发了中国电视的谈话浪潮。实际上，改革开放后中国电视界经历了五种形态：20世纪80年代后期的综艺浪潮，90年代早、中期的记录浪潮，90年代中、后期的游戏浪潮，同时，谈话浪潮和电视直播也随之出现。③ 这期间，中国正处在由计划经济向市场经济过渡的转型期。社会转型期不但提供了想要表达自己的人群，更提供了可供讨论的鲜活话题。人们在各种谈话中获得了思想的交流，使得思想的多元性在这种形式之下得到了共同的表达。当代媒体的这种平民化倾向，中心权威的“独白样式”话语越来越被各种“对话式”话语所替代。

虽然哈贝马斯的重点集中在对于资本主义社会“公共领域”的批判，但是从另外一方

① 徐丛青：《论“私人话语”适当回归私人领域》，《现代传播》，2002年第3期。

② 郭小平、蔡凯如：《私密话题：当代中国私人话语向大众传媒的扩张》，《新闻大学》，2003年第6期。

③ 马昌豹：《电视消费与公共论坛》，《声屏世界》，2002年第3期。

面也可以看出，“公共领域”其最初存在的意义是市民阶层发表观点、与私人空间相对的公共空间，体现了相当的政治理性和社会的民主性。① 在谈话节目中思想的自由表达，便是社会民主性的进一步体现。而且随着传媒业的进一步开放，政治话题的敏感性和不可触及性逐渐降低，人们已经初步开始在媒介中发表关于体制、制度的各种看法。在这里，社会的“多元”首先就表现为多种声音的呈现——官方的声音、学者的声音、名人的声音和普通人的声音。而在历史的过程意义上看，普通人总是最严重的失语者。在专制下的国家，在政治民主程度不高的国家，是绝对没有普通人的讲台的。现在普通人的声音能够在社会舞台得到呈现，无疑是社会的一个巨大进步。

越来越多的人愿意在广播和电视中谈论几乎所有的事情，包括他们自己的痛苦和心灵创伤。电视和广播的谈话节目已经成为影响我们思想和行为的一种权威。这个日益数字化的地球村把人们集合在一起。只不过与以往社区集会议论公众事务不同，他们更为关注个人生活中的难题，对悲剧、丑闻、人际关系等，都表现出前所未有的兴趣。从这一点来看，“脱口秀”这种节目兴起的重要的社会原因就在于，在工业社会或者后工业社会，人们的话语空间被分割得越来越小，大众有要求沟通和倾诉的欲望，迫切需要一个公共的话语空间，一个“公共论坛”，谈话节目本质上是一种“公共空间”或“公共论坛”。在中国，谈话类节目之所以在20世纪90年代中期后产生，既是中国社会政治文化进步的必然，也是中国社会政治文化进步的一个突出标志，它给了我们一种新的认识，信息的交流不再是一种简单的咨询传播，还融入了人们情感的交流。我们过去更多的是在强调“个体”意义上的交流，达到所谓的信息共享，却忽略了更加本质的问题，社会需要交流，以证明各生命群体的存在与价值显现。谈话类节目在一定意义上实现了这种社会化的大交流。通过大众传播媒介提供的交流形式，实现一种多元化的沟通，这也是人们所感受到的谈话类节目特别有价值的地方。

从世界范围来看，“脱口秀”是一种符合当代电视节目发展趋向的节目样式。当代社会中“公共领域”私人化的趋势和电子媒介平民化的特质使得这类节目的产生有了客观的必然性；与此同时，大众不满足于它们在现代社会中所拥有的越来越小的公共空间而强烈渴望进行交流和沟通的愿望又为它提供了主观上的某种必然性。虽然中外“脱口秀”的兴起究其根本都离不开这两点原因，但又因为中西具体社会语境的不同，中国“脱口秀”的发展轨迹必然会呈现出自身独特的风貌。

3 中国电视谈话类节目中的“私人话语”

中国媒体上最典型的“私人话语”形式是“隐私倾诉”。中国纸质媒体上的“隐私倾诉”类栏目开始于1997年5月底《中国青年·青年周末》周五版上安顿的“口述实录”。此后类似的新闻样式成为各都市类报纸与广播电视晚间节目的常态。在这类新闻样式中，记者的角色由话语霸权的主控者退隐为倾诉对象的忠实记录者或倾听者，其所涉的话题包括“情感故事”、“真挚友谊”、“心理困扰”、“成长历程”、“婚外恋”、“两性健康”乃至“同性恋”等敏感话题。如果将私人话语的范围仅局限于“隐私倾诉”，其范围显然过于狭窄。事实上，目前国内流行的各种电视谈话节目中，也出现了许多“私人领域”的话题。我国电视谈话节目中“公共领域”与“私人领域”的边界日益模糊表现在电视情感类谈话节目的兴起，其中的事件原先发生在私人的领域，但通过被大众传播记录、报道与传播获得了公共性。因此，情感类电视谈话节目是以电视为媒介，以“情感”为核心，以人物为主打的一种谈话节目形态。从中央电视台的《艺术人生》到《对话》，从凤凰卫视的《鲁豫有约》到湖北台的《往事》、湖南台的《真情》等。这些节目大多是以人的情感为主线，以情绪性

① 潘知常、林玮：《大众传媒与大众文化》，上海人民出版社2002年版，第176页。

的谈话和生动感人的故事来展现情感的美好、人生的变幻。许多私人事件，包括爱情、婚姻和家庭等各个方面的情感或故事，都大量存在于电视媒体的“公共领域”中，使“公共话语”和“私人话语”呈现融合的趋势。作为“公共领域”的谈话节目中出现“私人话语”，有其合理的逻辑。如对传媒而言，一部分“私人话语”进入谈话节目，无疑扩展了谈话的内容，有利于增强节目对生活的反映能力，加强传媒节目与受众之间的亲和力。对受众而言，在急剧变化的社会生活和日渐增加的生活压力下，也希望媒体充当泛专家系统的角色，作“私人领域”的公共鼓励者和咨询服务者。

中国电视谈话类栏目中有很多社会热点或重大话题，但也有不少选题关注的对象往往只是一个人、一个家庭，说的是一些家事，暴露的是嘉宾个人的生活隐私、情感世界。目前火爆屏幕的情感征婚类谈话节目，还有风头正劲的情感倾诉类节目，以湖南卫视的《真情》、江苏台的《情感之旅》为开端，节目中，心态各异的倾诉人通过屏幕将个人的隐私大白于天下，换来的同样是观众各不相同的感慨。从本质上来讲，“脱口秀”这种节目形式都是通过建立一种全国性或地域性的谈话系统来实现它作为“公共领域”的功能，当代电子媒介的平民化性质造成了这种公共空间的私人化。从某种程度上讲，“脱口秀”是当代大众传媒社会作用的一个缩影。“脱口秀”的价值并不在于是否能够彻底地解决那些不断困扰人们的问题，而在于将这些问题公开化。谈话节目把普通人的悲欢展现出来，让人们知道不仅仅是自己在饱受磨难，别的人也同样在恼怒和痛苦、挣扎和奋斗，从而使人们平静下来，以一种平常的心态来对待生活、对待现实。

从中国这几年谈话节目的发展趋势看，电视谈话节目有向人际间自然地面对面谈话方式回归的趋势，同时引进轻松、平和的群体现场交谈形式，是一种从技巧到观念上更贴近生活、融入大众的表征。同时现场观众的参与性、介入性增强，现场成了观众宣泄情感的公共论坛，使更多意欲发言的电视观众各自寻找到了一种替代性满足。公共领域与私人领域界限的模糊，不等于两者之间界限的消失。人们之所以想在“公共领域”中表达自己的私人情感，无非是认为大众传播领域为我们个人情感的表达多提供了一个通道，但是他人真的能与我们分享吗？事实上，人类的私人体验其实只会由当事人自己去咀嚼与体味，没有经过提炼就拿到大众媒介上说，非但不会获得同感和理解，而且如果涉及隐私内容，例如一些媒体不恰当地把普通百姓及其私人事件从“后台”推到“前台”，把处在“私人领域”的人不加保护地强行曝光于媒体，其中所涉及的隐私内容、价值观念、伦理道德，包括面子问题等，就会或多或少地使当事人处于一种“被监视”与“被控制”的强大公众压力下。另外，在商业利益的驱使下，一些情感谈话类的节目已经变成了“以猎奇为动机，以窥视为目的，以隐私为依托，以媚俗为结果”的荧屏秀场，其态度的诚信度以及内容的真实性正受到越来越多的人的质疑。更有甚者，一些媒体在当事人并不侵犯公共利益的情况下，滥用偷录偷拍，侵犯公民的隐私，给当事人带来伤害，这种话语霸权超出了媒介的职业界限，是新闻媒体社会角色的错位，往往沦落到媒体暴力的边缘。这种“窥视”因为媒体的展示而具有最大程度的合法性与合理性，在无形之中帮助观众摆脱来自窥视行为的道德压力之余，也在客观上悄然助长了受众的集体窥隐欲。① 这在哈贝马斯所批判的“私人领域”的公开化中有所体现，他指的公开化是由统领“公共领域”的大众传媒，借助巨大的渗透力量，使一部分人的私生活作为消费文化的组成部分而公开。这种公开在满足公众知情权的同时，也服务于媒体自身的商业利益。它一方面迫使被报道者身不由己地卷入公共视野和媒体漩涡；另一方面在发展过度的情况下，则将媒体导向无谓的明星轶闻追逐之中，以过量的名人琐事充斥公共空间，导致人们对公共事务的冷漠。另一种情况是“公共领域”对“私人领域”的侵吞，如现代政治法律制度对于家庭事务的干预力度的加强，“公共领域”借助公共舆论对私

① 陈文敏：《对大众传媒私密化倾向的反思》，《新闻传播研究》，2007年第3期。

人生活的猎奇性关注等。

从中国情感类谈话节目的发展可以看到，私人家庭与感情一旦进入电视媒体，就已经被商品经济有效地建构到消费循环之中。当这些情感故事大量地挤占了理性运作的有效空间时，不仅妨碍了公众成熟所必需付出的努力过程，也使得情感类谈话节目为了吸引受众和收视率，其态度的诚信度以及内容的真实性受到越来越多的人的质疑。此外，私人情感的持久曝光也会使自由的内心世界和丰富的情感状态面临险境，特别是对于成长发育期，人生观逐渐成熟的青少年受众。因此，如何在“公共话语”空间之中求得情感与理性的平衡也是当今情感类谈话节目不可忽视的问题，不应专注于情感的宣泄，更应该加强对理性的培养和维护，后者也正是我国社会生活所必需的品质。当然，谈话类节目会有不同层面的要求，包括谈话的话语选择等。一档好的谈话类节目，能够给观众一些启示，引起对于社会生活中的某一现象的重视。在绝对意义上，任何个体的需求都是很难满足的。所以，如果想真正达到社会需求的广泛性，对中国电视谈话类节目也应该有一种更深刻的理解，以达到哈贝马斯向我们呈现的“公共领域”的重建。

【参考文献】

[1] 徐丛青：《论“私人话语”适当回归私人领域》，《现代传播》，2002 年第 3 期。

[2] 郭小平、蔡凯如：《私密话题：当代中国私人话语向大众传媒的扩张》，《新闻大学》，2003 年第 6 期。

[3] 马昌豹：《电视消费与公共论坛》，《声屏世界》，2002 年第 3 期。

[4] 潘知常、林玮：《大众传媒与大众文化》，上海人民出版社 2002 年版。

[5] 陈文敏：《对大众传媒私密化倾向的反思》，《新闻传播研究》，2007 年第 3 期。

[6] Jürgen Habermas, *The Structural Transformation of the Public Sphere*, Boston: Beacon Press, 1989.

[7] Williams, *Raymond*, *Culture*, London: Fontana, 1981.

[8] Williams, *Raymond*, *Communications*, London: Penguin, 1962.

[9] Williams, Raymond, *The Long Revolution*, London: Harmondsworth Penguin, 1971.

[10] Williams, Raymond, “The Growth and Role of the Mass Media”, in Carl Gardner, ed., *Media*, *politics and culture*, *a socialist view*, Basingstoke: Macmillan, 1979.

[11] Williams, Raymond, Television, *Technology and Cultural Form*, London: Routledge, 1990.

【作者简介】

刘娜，英国伯明翰大学文化研究学博士，武汉大学新闻与传播学院副教授。主要从事中西方文化研究，中西方广播电视研究。

超越"选秀"：2007年中国真实电视的转型

张　卓

【摘　要】中国学界对于真实电视（Reality TV）的讨论经历了三次高潮：2000年前后的"道德批判"，2005年的"民主畅想"，以及2007年的"政策调控"。在某种意义上，2007年是中国真实电视具有转折意义的一年，一方面"选秀"节目盛极而衰，国家广电总局出台了一系列政策控制、规范选秀节目，电视选秀在节目制作上进入低潮期。另一方面，学界和业界对真实电视的关注与研究却掀起高潮，这一次的关键词锁定于"娱乐化"。这促使真实电视另辟蹊径，新的节目样式陆续登场。本文将结合2007年中国电视选秀节目的具体案例，比较分析代表性节目近3年的总体走向，从电视选秀中的政策调控，娱乐至死的隐忧与反思，以及真实电视的全面登场等层面观照2007年中国真实电视的转型。

【关键词】选秀　真实电视　娱乐化　转型

如果说20世纪八九十年代，谈话节目（talk show）是欧美电视的宠儿，那么从20世纪90年代末至今，则是真实电视（Reality TV）① 独领风骚的10年，它不仅在全世界范围内引发了新一轮的收视奇迹，而且已经超越电视节目本身，成为一个媒介事件、一个文化现象，引起了业界、学界及各相关领域的热烈讨论。

中国对于真实电视的讨论经历了三次高潮：第一次是"道德批判"。2000年前后中央电视台"地球故事"播出了美国CBS制作的"幸存者"（Survivor），学者开始关注这一节目形态，此番讨论集中在节目的文化差异与道德影响上，对其表现出的"窥私欲"、"金钱至上"、"尔虞我诈"等负面价值观忧心忡忡；第二次是"民主畅想"。2005年"超级女声"火爆全国，收视率一再创新高，综观这一时期的讨论，"庶民的胜利"成为叫好者最强有力的支持。"海选"这个曾用来形容中国乡村干部选举的名词，被借用于"超女"的初选，似乎让人顺理成章地将"超级女声"看作乡村民主的"娱乐版"。②从"海选"渲染出的亲和力，到现场大众评委的投票权，再到短信投票反复建构的"参与想象"，给予了现场观众和电视受众对权利的想象，使"民主"、"民选"这些原本属于政治领域的严肃词汇以轻松而娱乐的方式进入学者与受众的关注视线，消解了政治与娱乐之间的对立，超越了娱乐的自身局限，引发了多元而广泛的联想。第三次是"政策调控"。2007年选秀节目呈现出一番特别的景象，先是湖南卫视"快乐男声"难产③，后有

---

① Reality TV也被翻译为"真人秀"。

② 刘擎：超女强化了生活世界的成功神话. 见 http://www. star. news. sohu. com/20050818/n240268104. shtml。

③ 与其他卫视相比，湖南卫视在2007年3月20日才获得国家广电总局的批文，期间困难重重，且根据《批复》，活动名称由湖南广播电视局提交的"快乐中国超级男声"改为"快乐男声"。

重庆卫视“第一次心动”被禁①，国家广电总局出现了一系列政策控制、规范选秀节目，电视选秀在节目制作上进入低潮期。但与此同时，学界与业界对真实电视的关注与研究却掀起又一次高潮，这一次的关键词锁定于“娱乐化”。在某种意义上，2007 年是中国真实电视具有转折意义的一年，一方面“选秀”节目盛极而衰，另一方面真实电视另辟蹊径，新的节目样式陆续登场。

1　盛极而衰的电视选秀

以美国福克斯（FOX）公司的“美国偶像”（American Idol）② 为代表的选秀节目在欧美国家已经经过了近十年的考验，其收视率和观众人数逐年上升、稳定增长，而中国选秀节目刚刚起步，却在短短三四年的时间里迅速衰退、举步维艰。

具体比较而言，“美国偶像”从第一季开播至今，观众人数从 990 万上升至 3 770 万，收视率从排名 30 上升到第 1 名（详见表 1）。国内的选秀节目以湖南卫视的“超级女声”、“快乐男声”，东方卫视的“我型我秀”和中央电视台的“梦想中国”为例，“超级女声”2005 年最高收视率为 11.5%，2006 年平均收视率为 2.2%，2007 年“快乐男声”平均收视率下降为 1.6%③；“我型我秀”2005 年平均收视率为 0.8%，2006 年平均收视率为 1.1%，2007 年平均收视率下降为 0.6%④；“梦想中国”2005 年平均收视率为 2.9%，2006 年平均收视率为 1.8%，2007 年停办（详见图 1、图 2、表 2）⑤

据央视—索福瑞的调查数据，虽然平民选秀依然是省级卫视的制胜法宝，但收视率的整体下滑已是毋庸置疑的事实。2005 年 8 月全国 12 大城市收视率调查显示，“超级女声”在 9 个城市的收视率排行中跻身前 10 位，其中，除上海排在第 8 名外，其余的八大城市，“超级女声”收视率均进入前 3 名，更有 4 城市名列榜首。而 2007 年电视选秀中仅有“快乐男声”进入了排名前 30 位的综艺娱乐节目，其“终极决战”以 3.35% 的收视率排名第 21 位。

---

① 2007 年 8 月 10 日重庆卫视“第一次心动”男生组 15 进 10 的比赛直播时，一名叫代闯的选手买下了评委柯以敏的一枚戒指，当场转送给同为评委的杨二车娜姆，这一举动引起柯以敏强烈不满，竟在电视直播中当场痛哭，场面一度失控。国家广电总局 8 月 15 日全国通报重庆电视台“第一次心动”严重违规行为，通报认为，“第一次心动”比赛环节设计丑陋粗糙，评委言行举止失态，节目设计缺乏艺术水准，内容格调低下，演唱曲目庸俗媚俗。重庆电视台对现场转播极不负责，对现场混乱不堪的局面未作任何有效处理，任其随意表现，放弃了播出机构的责任。

② “美国偶像”于 2002 年 6 月 11 日首播。每周二晚 7 点至 8 点的一个小时为选手的表演时间，周三晚 8 点开始播出专家点评并决定淘汰哪位选手，节目长度为 32 分钟。偶像系列的原创是 2001 年英国制作的“流行明星”（Popstars），这个节目还发行到新西兰，并推出了一个少女组合 True Bliss。2001—2003 年英国独立电视台（ITV1）播出“流行偶像”（Pop Idol），旨在寻找出英国最好的年轻歌手。为了维护节目的原创性，“流行明星”和“流行偶像”的节目制作方达成协议，在向其他国家出售节目版权时附加上一个条款——禁止当地的此类节目以“流行”（pop）冠名，因此后来 30 多个国家制作的这一类型的电视节目，大多以“偶像”命名，如“美国偶像”（American Idol，2002）、“加拿大偶像”（Canadian Idol）、“印度偶像”（Indian Idol）、“澳大利亚偶像”（Australian Idol.）、“新加坡偶像”（Singapore Idol）等，被统称为“偶像系列”。

③ 吴凡：《2007 年全国综艺娱乐节目收视分析》，《收视中国》，2008 年第 2 期。

④ 2007 年收视率数据来自 http://www.taihainet.com/news/pastime/ylds/2007-07-16/148557.shtml。

⑤ 主要数据与图表来源：http://www.answers.com/american + idol? cat = entertainment; http://www.hunantv.com/news/performance/200538165607.htm；陈晓洲：《万花筒还是烟花弹——2006 电视娱乐选秀的 Q&A》，《收视中国》，2007 年第 1 期；http://www.oursee.com/zix/jiaod/2007917/111969397.html。

2 电视选秀中的“政策调控”

2007年从“快乐男声”难产，到“第一次心动”被禁，国家广电总局在其官方网站上颁布的一系列相关通知、公告明确地表现出对电视选秀节目控制与管理的加强。下面略举一二：

2007年1月，国家广电总局局长王太华在全国广播影视局长会议上表示，广电系统将把净化荧屏视频、坚决抵制低俗之风作为宣传管理的重点，加强对法制类、娱乐类特别是选秀类节目的管理，确保健康向上、有益无害。①

2007年2月27日，国家广电总局发布《关于群众参与的广播电视直播节目必须延时播出的通知》，要求所有群众参与的电视直播节目一律延时20秒以上播出。群众参与的广播直播节目，如果与当地电视台直播同一活动，需与电视台同步延时20秒以上；如果单独直播，需延时6秒以上。②

2007年8月15日，国家广电总局向各省、自治区、直辖市广播影视局、新疆生产建设兵团广播电视局、中央三台、中国教育电视台下发通报，批评重庆电视台举办播出的“第一次心动”选拔活动严重违规行为。认为“第一次心动”比赛环节设计丑陋粗糙，评委言行举止失态，节目设计缺乏艺术水准，内容格调低下，演唱曲目庸俗媚俗。重庆电视台对现场转播极不负责，对现场混乱不堪的局面未作任何有效处理，任其随意表现，放弃了播出机构的责任。责令其立即停播。③

2007年8月23日，国家广电总局向各省、自治区、直辖市广播影视局、新疆生产建设兵团广播电视局、中央三台、中国教育电视台下发通知，禁止策划、制作和播出群众参与的各类整容变性节目。要求自《通知》发出之日起，各级广播电视播出机构一律不得策划、制作和播出群众参与的各类整容、变性节目（包括涉及变性的新闻、专题、访谈等各类节目），正在制作、播出的必须立即停止。④

2007年9月20日，国家广电总局出台一系列具体管理措施和细则，进一步规范群众参与的选拔类广播电视活动和节目，包括活动的审核与报批、活动的举办数量与持续时间、节目环节的设计，以及选手的台风、语言、发型、服饰，等等。⑤

……

如果说2007年以前选秀类节目的遍地开花是市场力量的作用，那么2007年的选秀节目明显地注入了更多的行政干预。这一方面表明对这一节目形式的关注已经从民间、市场，扩散到了官方；另一方面也标志着电视选秀节目必将结束过度市场导向的暴利时代。

3 “娱乐至死”的隐忧与反思

与2004年“超级女声”的微澜不惊，2005年“超级女声”的收视飙升，2006年电视选秀风云迭起相比，2007年的选秀节目明显陷入了尴尬之地，一方面收视平平，另一方面

① http://ent.xinmin.cn/star/2007/01/12/130834.html
② http://www.sarft.gov.cn/articles/2007/02/27/20070914165147430589.html
③ http://www.sarft.gov.cn/articles/2007/08/15/20070911120138360544.html
④ http://www.sarft.gov.cn/articles/2007/08/23/20071009162846310117.html
⑤ http://www.sarft.gov.cn/articles/2007/09/21/20070921114606210182.html

甚至还成为"娱乐"、"庸俗"，甚至"恶俗"的代名词——

> 2007 年第 33 期《中国新闻周刊》封面故事：《恶俗秀》；
> 2007 年第 34 期《三联生活周刊》封面故事：《全民娱乐运动失衡》；
> 2007 年 12 月 13 日新华网专电：《2007："选秀"节目步入歧途》；
> 2007 年 8 月 20 日《人民日报》：《叫停"心动"电视选秀何去何从》；
> 2007 年 8 月 27 日《扬子晚报》：《今年选秀三大"俗"》；
> ……

如此种种，不一而足。2007 年的选秀节目导致了新一轮"娱乐至死"的隐忧。忧虑之后需要深思的是"什么是娱乐化"？"娱乐 = 娱乐化"吗？

真实电视之风行已经成为电视娱乐化的主要表现。欧美国家如此，中国亦如此。2007 年对选秀节目"娱乐化"、"庸俗化"的讨伐达到一个高峰。"在这里，一切公众话语都日渐以娱乐的方式出现，并成为一种文化精神。我们的政治、宗教、新闻、体育和商业都心甘情愿地成为娱乐的附庸，毫无怨言，甚至无声无息，其结果是我们成了一个娱乐至死的物种。……为我们提供纯粹的娱乐是电视最大的好处，它最糟糕的用处是它企图涉足严肃的话语模式……然后给它们换上娱乐的包装。"① 尼尔·波兹曼（Neil Postman）的经典名言为批判者提供了有力的佐证。但仔细研读，众多批评者都忽略了波兹曼先生提及的一个重要前提，提供娱乐是电视最大的好处，真正的危险并不是娱乐本身，而是将一切严肃的话语包裹在娱乐的外衣之下。换言之，电视的娱乐功能无可厚非，"娱乐化"才是万恶之源。

在这个意义上，"娱乐"与"娱乐化"之间并不能简单地画上等号。娱乐节目为大众提供娱乐是大众传播功能的体现与实践，而"娱乐化"旨在消解严肃，如果仅就电视节目而言，对娱乐化的批判则直指新闻、财经等严肃类节目。因此，将"娱乐"等同于"娱乐化"，将选秀斥之为娱乐化的罪魁祸首，实有避重就轻、避实就虚之嫌。当然，就"娱乐"本身而言，道德底线不可逾越。

中国电视选秀节目遭遇"娱乐化"的批判，一定程度上在于其专业主义的缺失。"专业主义"一是指选秀节目设置的专业性、选手表现的专业性，以及评委的专业性。在上文提及的三大选秀节目中，"超级女声"、"快乐男声"是相对纯粹的唱歌比赛，而其他的几个节目既可以比舞蹈，也可以比演唱，还可以比表演，目的性不太明确。相比之下，欧美节目专业化程度较高，如"美国偶像"只选歌手，（已有参赛者获得格莱美大奖，到目前为止节目的评委人选与人数一直未做任何变动），"美国超模"（America's Next Top Model）评选模特，"天桥骄子"（Project Runway）评选服装设计师，另外还有专门的舞蹈比赛、烹饪比赛，等等。这种专业性并不意味着我们要制作出另外一档 CCTV 青年歌手大奖赛，但是相对的专业性、专门性必不可少。"专业主义"的另一个意涵体现在电视制作上，真实电视的"真实"绝不意味着简单的同期声加长镜头，也并不等同于粗制滥造和毫无修饰。实际上，西方的真实电视不但拍摄手法极其专业、制作精良，而且在节目设计上非常注重细节。例如，曾获得艾美奖的"极速前进"（The Amazing Race）和"幸存者"每一季都会选择远离西方文化、充满异域风情的拍摄地方，比如婆罗岛、非洲、泰国等。在拍摄中，航拍、摇臂、水下摄像等专业手法颇为常见且恰到好处。客观而言，经过三四年的摸索，在节目制作上 2007 年的中国选秀节目已经有了较大进步，如"快乐男声"在主题策划、栏目配合上已远远超过前几年的"超级女声"。但随着观众的成长，专业主义是中国电视选秀目前亟待加强的重中之

① 尼尔·波兹曼：《娱乐至死》，章艳译，广西师范大学出版社 2004 年版，第 207 页。

重，也是让“娱乐”远离“娱乐化”指责的可行之举。

4 “真实电视”全面登场

2005年湖南卫视“超级女声”掀起选秀热潮，2006年各种选秀节目达到200多个①，2007年“第一次心动”引发激烈讨论，一时间选秀节目成为业界和学界议论最多的话题，“选秀”一词也成为街头巷尾的流行用语。在西方电视研究中，这一类型的节目被归属为“真实电视”；在中国，“选秀”在很大程度上成为了“真实电视”的同义词。事实上，西方学者对“真实电视”的界定远远不止“选秀”所能概括。

“真实电视一种无剧本的、戏剧性或幽默性的电视节目类型，纪录真实事件，由‘普通人’而非专业演员出演。虽然这一类型的节目在早期电视中就以其他的形式出现过，但以当前的形式流行开来大约是在2000年前后。批评者说‘真实电视’这个词并不确切，因为这类节目常常会改变真实，它们通常把参与者放到一个充满异域风情的地方或非正常的情境下，有时会有幕后的操纵者训练参与者以特定的方式演出，而且在屏幕上播出的是经过剪辑和后期制作的版本。”② 具体而言，真实电视在形式上具有以下几个特征：（1）无剧本的真实故事；（2）非专业演员的“普通人”以真实身份出现在节目中；（3）预先设置的、超常规的节目情景与规则；（4）冷眼旁观式的纪录风格。在表现手法上，真实电视是对其他节目类型的延伸与混合（extend and mix），是对节目形态的一次颠覆与重构，它是一个名副其实的“混血儿”——在拍摄技法上，冷眼旁观式（fly-on-the-wall）的纪录风格、隐藏得无处不在的摄像机是其标榜“真实”的基本保证。在剪辑上，戏剧性元素的运用和故事线索（storyline）的建构又处处显露出人为操控的痕迹，这既包括每一集结束时留下的悬念，拍摄场景的异域风情，也包括在投票环节时刻意营造的神秘和紧张氛围，等等。在节目构成上，真实电视综合运用了游戏节目对比赛场景、游戏规则的设置，谈话和新闻节目中对参与者的采访，以及戏剧中的独白和旁白。进一步细分，真实电视包括纪实风格类（Documentary-style），如特殊生活环境秀（Special living environment）、明星真人秀（Celebrity reality）、职业活动纪录（Professional activities）等；淘汰/游戏类（Elimination/Game shows），包括约会竞赛（Dating-based competition）、求职竞赛（Job search）、胆量挑战（Fear-centric）和体育竞赛（Sports）等；自我提升/改造类（Self-improvement/Makeover），翻新装修类（Renovation），约会真人秀（Dating shows），及愚弄式真人秀（Hoaxes），等等。

被中国观众称为“选秀”节目、“美国偶像”式的才艺表演秀（talent show）只是众多真实电视亚类型中的一个。“梦想成真”是对这一类节目的最佳概括。由于制作相对简单，引发的道德争议相对较少，这一类型是被中国电视“克隆”最多的一种。“美国偶像”成功后，其制作人西蒙·考威尔（Simon Cowell）和肯·沃里克（Ken Warwick）在2006年6月又推出一档同类型的真实电视节目“美国天才”（America's got talent），但在这个节目中，“才艺”得以更为宽泛地界定，不再局限于唱歌或演艺，而是力图寻找一些热闹的和新奇的才能，口技、杂技、打响指、驯兽等难以登上大雅之堂的“雕虫小技”、民间杂耍都可以在这里一展伸手。

由此可见，无论是在理论上，还是在实践中，真实电视都是一个比“选秀”更为宽广、更为丰富的概念，它是一种“跨类型”（cross-genre）的节目形态。2007年随着“选秀”节目的衰退，中国陆续出现了一些与西方真实电视更为接近的电视节目或栏目。例如，“快乐

① 王小峰：《选秀的终结》，《三联生活周刊》，2007年第34期，第37页。

② http://en.wikipedia.org/wiki/Reality_tv

男声”的衍生节目“男生学院”借鉴了“老大哥”（Big Brother）①的拍摄手法与创作理念，东方卫视的“舞林大会”、“明星大练冰”，湖南卫视的“名声大震”、“舞动奇迹”等将明星才艺表演与淘汰/游戏两种形态有机结合，湖南卫视推出的“瘦身魔方”将自我提升/改造类的“减肥真人秀”带入了中国观众的视野。在这个意义上，2007 年是中国电视从单一关注“选秀”转而全面制作“真实电视”的开始。大型活动与常规栏目的有机结合、明确分工，还原了真实电视“跨类型”的本色。

2007 年中国电视选秀的特殊景象带来的直接思考在于，欧美的真实电视，作为中国选秀节目的原始模仿对象，这个给予中国电视无限借鉴源泉的节目模式今后还会有多大的影响力？中国娱乐电视节目应该如何发挥“想像力”创造持续发展的奇迹？主宰中国电视未来的是政令还是市场？电视选秀同质化现象严重，造成受众市场的分散；恶性竞争，导致专业主义品质的下降已是不争的事实。国家广电总局频频发出的行政禁令固然能在一定程度上、在一定时期内抑制电视节目庸俗化带来的负面影响，但政令终究只能事发而制，不能防患于未然，只能治标，不能治本。当某些电视人高呼“收视率是万恶之源”时，不妨转念思之，水能载舟，亦能覆舟，在选秀节目有限的市场中，“优胜劣汰、适者生存”的自然法则同样适用，当某一档节目在残酷的收视率竞争中遭遇惨败之后，或者鸣金收兵，或者改头换面、卷土重来，市场会成为一把最公正的标尺。在这个意义上，市场或许比政令具有更强大的制衡力量。但愿超越“选秀”窠臼之后的中国真实电视能在力求多元化、多样性的理念下，摆脱同质化的怪圈。

表 1　**“美国偶像”1—6 季播出及收视情况**

季	开播		结束		播出时间	收视率排名
	日期	观众（万）	日期	观众（万）		
1st	2002/6/11-12	990	决赛表演：2002/9/3	1 869	周二 9：00PM	#30
			决赛评判：2002/9/4	2 277	周三 9：30PM	#25
2nd	2003/1/21-22	2 650	决赛表演：2003/5/20	2 567	周二 8：00PM	#5
			决赛评判：2003/5/21	3 424	周三 8：30PM	#3
3rd	2004/1/19-20	2 856	决赛表演：2004/5/25	2 513	周二 8：00PM	#2
			决赛评判：2004/5/26	2 884	周三 8：30PM	#3

① “老大哥”系列最早的版本 1999 年 9 月由荷兰电视公司 Endemol 制作。每一季的节目持续 15 周以上，通常是 12 个参与者共同生活在一个为节目特制的房子里。他们居住的房间非常简陋，除了必需的热水、家具和有限的食物外，其他一切奢侈品都被禁止。这个房子的任意一个角落都被摄像机所监视，同时禁止参与者与外界有任何接触：没有电视、收音机、网络等，也不允许写任何东西。但可以与心理专家进行私人交谈。每一周由参与者和观众一起进行一次投票，淘汰其中的一个参与者，最后被留下的一个成为赢家，获得一笔奖金。“老大哥”节目的名字来自英国著名小说家、记者埃里克·布莱尔（笔名乔治·奥韦尔）1949 年写的小说《1984》（*Nineteen Eighty-Four*）。这部小说中第一次用到了“老大哥”这个词，以及“老大哥正在看着你”（Big Brother is watching you），原意是指压制性的政权制度，后来被引申为指对个人隐私的侵入。

续表

季	开播		结束		播出时间	收视率排名
	日期	观众（万）	日期	观众（万）		
4th	2005/1/18-19	3 358	决赛表演：2005/5/24	2 805	周二 8：00PM	#1
			决赛评判：2005/5/25	3 027	周三 8：00PM	#3
5th	2006/1/17-18	3 553	决赛表演：2006/5/23	3 178	周二 8：00PM	#1
			决赛评判：2006/5/24	3 638	周三 8：00PM	#1
6th	2007/1/16-17	3 770	决赛表演：2007/5/22	2 950	周二 8：00PM	#1
			决赛评判：2007/5/23	3 070	周三 8：00PM	#1

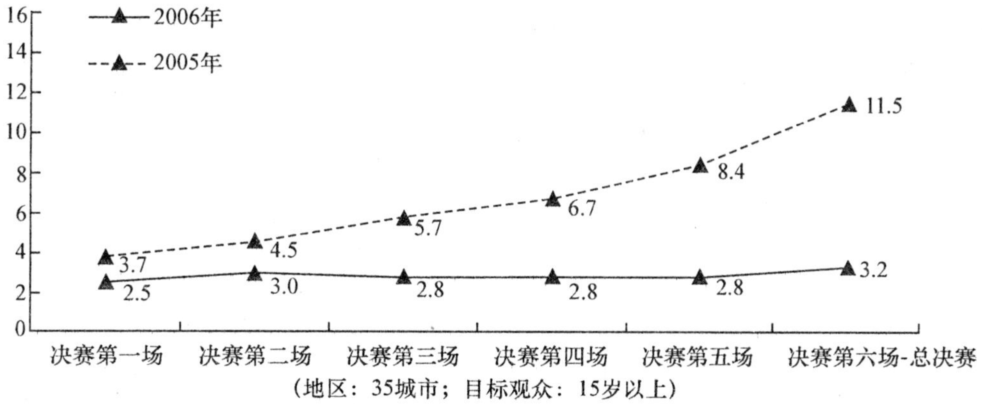

图 1 “超级女声”全国总决赛 2005 年、2006 年收视率

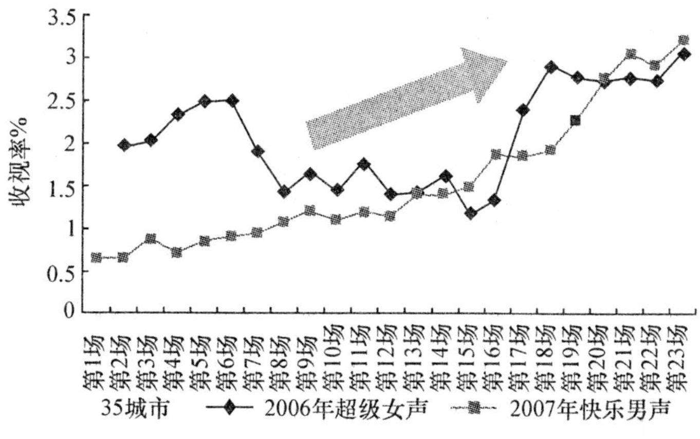

图 2 2006 年“超级女声”与 2007 年“快乐男声”收视对比

表 2　　**2005—2007 年三大选秀节目收视比较**

		收视率（%）	收视份额（%）
超级女声	2005	4.1	11.1
	2006	2.2	6.4
快乐男声	2007	1.6	—
我型我秀	2005	0.8	1.9
	2006	1.1	2.8
	2007	0.6	—
梦想中国	2005	2.9	6.7
	2006	1.8	4.4
	2007	停　办	

【作者简介】

张卓，博士，武汉大学新闻与传播学院副教授，广播电视系副主任，主要从事广播电视研究。

从文艺片到商业片——中国电影市场化发展考察

周茂君 姜云峰

【摘 要】按照国家政策与行业开放程度，中国电影体制改革经历了纯粹的计划体制、市场化酝酿、市场化破冰和市场化发展四个时期。在这一转折过程中，中国电影凸显出娱乐倾向，实现了电影本质属性的回归；在制片、发行、放映领域成功进行了市场化运作的尝试；中国电影成功实现向企业化运作转型，初步形成了国有资本、外资、民营资本三足鼎立的市场格局。但与此同时，中国电影市场化发展还不充分，彰显出其体制变革不彻底之弊。因此，进一步推进中国电影的市场化改革，这是繁荣中国电影的唯一选择。

【关键词】中国电影 娱乐倾向 市场化运作 市场格局

中国电影诞生于1905年，与世界电影相比仅仅晚了10年。① 但如今却远远落后于世界电影，不仅落后于美、英等发达国家，就是与印度等发展中国家相比也存在较大差距。这其中的原因固然是多方面的，但根源在于体制的落后。受计划经济体制的影响，过去我们一直视电影为纯文化事业，回避甚至否认其经济属性，这就使得电影本身丧失了市场化发展的内推力，当政府按市场经济原则对电影实行“断奶”政策时，旧体制的弊端立刻暴露无遗。

在由计划体制向市场体制转轨的过程中，中国电影经历了一个凤凰涅槃的过程。纵观这一过程，我们吃惊地发现电影体制的改革和传媒体制的改革呈现出惊人的一致性：二者都紧跟国家政治体制、经济体制改革的步伐，都是在经济利益的驱动下由行业内部率先发出市场化、产业化的呼声，都经历了一个资本与政治博弈的过程。

市场化、产业化带动了电影本质属性的回归，这场大变革经历了一个怎样的过程？给电影行业带来了什么？市场化、产业化过程中又出现了哪些问题？这是本文要讨论的。

1 蹒跚起步：中国电影体制变革的历史回顾

和其他行业一样，我国电影行业的体制变革也经历了一个漫长的过程。从中华人民共和国成立后到1980年发出第一波市场化的呼声，从市场经济体制确立到加入WTO，我国电影体制改革已经走过了几十年的风雨历程，这一历程大致可以分为以下四个阶段：

1949—1978年——纯粹的计划体制时代。在这一时期，受高度集中的计划经济体制的影响，国家对电影实行指令性的管理，在中央设置电影局（后划归广电总局管辖），下辖各处、科、室管辖全国的电影事业。该体制的特点是：电影从属于政治，题材、内容、数量均由政府指定；运作上国家统购统销，由财政部拨款专项用于电影生产；管理上政企合一、按

① 1895年12月28日法国卢米埃尔兄弟在巴黎卡普辛路14号大咖啡厅地下室放映世界上第一部电影，这一天被公认为世界电影诞生日；中国第一部电影《定军山》拍摄于1905年，由丰泰照相馆投资、著名京剧演员谭鑫培主演。

行政区域条块分割。这种高度集中的计划体制在特定时期是适应电影事业的发展的，但随着改革开放的深入，它不适应市场的缺陷日益突出，电影体制改革的呼声愈加强烈。

1979—1991 年——市场化的酝酿期。1978 年 12 月党的十一届三中全会做出了把工作重心转移到经济建设的轨道上来的决策，这为电影体制改革提供了契机。1980 年 7 月 14 日，北京电影制片厂厂长汪洋上书中央书记处，要求改变中影集团统购统销的发行模式，第一次就电影体制问题发出了改革呼声。此后国家政策也出现松动，1985 年 1 月，电影局在广州召开电影体制改革座谈会，提出简政放权、政企分开的建议。这一时期的改革基本是自下而上的，是电影行业内部出于生存压力的无奈之举。但由于对市场经济姓“资”还是姓“社”问题的不明晰，国家对于电影行业市场化还心存犹豫，所以这一时期市场化进程极为被动也很缓慢。直到 1991 年，电影业还是受计划支配，每年电影生产的类型、数量还要受到广电部的严格规定。尽管如此，这一时期的酝酿和探索非常有价值，是日后大刀阔斧式改革的前奏。

1992—2001 年——市场化的破冰期。1992 年邓小平视察南方发表讲话和中共十四大的召开，确立了社会主义市场经济体制，同年中央做出《关于加快发展第三产业的决定》，认定电影业为第三产业。在这种大环境下，中国电影业开始了市场化的破冰之旅。1992 年广电部颁布《关于当前深化电影行业机制改革的若干意见》，明确提出了改变中影公司统购统销的发行体制，从发行上打开了电影产业化的缺口；1995 年 1 月发布的《关于改革故事片摄制管理工作的规定》则在制片方面打破了垄断；随后颁布的《关于支持企事业单位和个人投资改建电影院的通知》、《外商投资电影院暂行规定》，允许民间资本和外资建设、改造电影院。自此，电影行业从制片、发行到放映三个重要环节全部向市场开放，虽然在很多细节上还带有浓厚的计划经济时代的痕迹，但这一时期改革的力度是空前的，为电影行业的市场化奠定了基础。

2002 年以后——市场化发展时期。随着加入 WTO 后国家对外资承诺的兑现，中国电影业的市场化进入到一个全新时期。2002 年中共十六大明确提出要深化文化体制改革、大力发展文化产业，这为电影体制改革指明了方向。随后颁布的《行政许可法》把电影业定位为可经营的文化产业，电影业经济属性的明晰与产业属性的确立为其市场化、产业化发展奠定了法理基础。

在向市场化转型过程中，中国电影业的根本性变化在于，对电影的本质、功能有了更全面的认识，电影的生产、流通和消费也逐渐摆脱了国家指令性计划，按市场规律来运作。

2 娱乐倾向——电影本质属性的回归

作为工业时代的产物，电影从一开始就是作为大众文化出现的，其服务于普罗大众的属性和强烈的视觉冲击力决定了电影娱乐至上的特性。但是，长期以来，我们把电影作为宣传事业，过分地强调其政治教化功能，这是对电影本质的一种扭曲。电影的市场化，从本质上说就是依靠市场的力量，把电影从政治教化的桎梏中解放出来，实现电影娱乐属性的回归。

2.1 功能变革：由教化功能转向娱乐功能

早在 20 世纪德国心理学家闵斯特伯格在论述电影时就指出：“相对于把娱乐和消遣带给大众的基本任务而言，电影通过传播信息和知识以补充学校、报纸、图书馆的功能，毕竟是第二位的。”可见从电影诞生之日起，娱乐就是其本质属性，当然这并不意味着电影就不适合表现严肃的东西，所谓的娱乐也不仅仅是指逗人发笑的喜剧，而是说电影适合用轻松的方式呈现出来。而在过去时代，国内的电影过分强调教化功能，电影制作者关注的是“说什么”，在电影中加入了过多的意识形态的东西，而对“怎么说”不够重视，枯燥的说教把许多希望通过电影获得身心放松的人拒之于门外。

1988 年，全国电影市场进一步萎缩，1/3 左右的电影发行企业亏损，迫于市场压力，电影制片迅速走向娱乐化，当年生产电影 158 部，娱乐性较强的影片占全年电影生产的 80%左右。大势所趋之下，一向以艺术片为追求的第五代导演纷纷拍摄娱乐片新作——张艺谋拍出《代号美洲豹》，周晓文拍出《最后的疯狂》，田壮壮拍出《摇滚青年》，黄建新拍出《轮回》等，大陆电影创作出现了第一个娱乐片高潮。但那一时期对于电影功能的认识还不够清晰，追求娱乐被认为是堕落，《神秘的大佛》更是被主流媒体指责为“要钱不要脸，低级庸俗，迎合观众不健康情绪”。① 在行政力量的干预和媒体的指责下，大陆电影创作史上的第一次娱乐化浪潮戛然而止了。

1994 年美国分账大片首次引入中国，好莱坞电影强烈的娱乐性和观众热烈的反应给国内电影制作者以强烈的震撼，关于娱乐化的问题又被重新提上了日程。许多导演对于电影的娱乐性也不再遮遮掩掩，冯小刚就曾多次表示：影片要抓住观众的兴趣点，多一些这方面的心智，才可能好看，才能被观众接受。他在电影中对现代性的通俗、幽默化的宣泄，喜剧明星加漂亮女性的固定组合，大社会荒诞背景下的小人物调侃，喜剧风格的适量注入，共同构成了电影高度的娱乐性。

2002 年张艺谋拍摄首部武侠大片《英雄》，把电影娱乐化推向了又一个高潮，此后娱乐性强的影片成为了国产影片的主流。下表是 2002—2007 年票房前两位的国产影片：

年份	2002	2003	2004	2005	2006	2007
电影	英雄 天脉传奇	天地英雄 手机	十面埋伏 功夫	无极 神话	满城尽带黄金甲 夜宴	投名状 集结号

这些影片虽然质量良莠不齐，但与那些枯燥说教的影片相比，显示出较强的娱乐性，在很大程度上实现了电影本体功能的回归。

2.2 价值取向：由政治取向走向市场取向

自 20 世纪 50 年代后的相当长时间内，电影被纳入到国家政治生活的轨道。在革命战争年代，这种价值取向对于宣传党的政策、凝聚人心是有积极意义的。在高度封闭、文化消费品极度匮乏的情况下，其弊端不明显。但进入新时期以后，当人们的价值观、消费需求呈现出多元化，其选择权越来越大的时候，这种“政治挂帅”价值取向的弊端马上就暴露出来，国产电影成为了枯燥政治说教的代名词，很多人望国产电影而生畏。

日益萧条的市场迫使电影工作者开始关注市场需求，迈出第一步的是冯小刚，1997 年他拍摄的《甲方乙方》以 300 万元人民币的投资获得了 3 000 万元人民币的票房，取得空前的成功。冯小刚由此总结出来的经验是：“要拍一些观众看后觉得很新鲜、很有意思，简单说是出其不意、有创造性的东西。”顺着这个模式，他相继推出了《不见不散》、《大腕》、《手机》等贺岁片，并且都获得了极大的成功。

有电影人总结冯小刚成功的原因，认为他敏锐地捕捉到了转型时期中国人的“梦”，而他的电影就是给观众圆这个梦，《甲方乙方》是明星梦、房子梦；《不见不散》是出国梦；《大腕》是发财梦……这种说法虽然不太准确，但也反映出冯小刚善于揣摩观众需求的特点。

---

① 张江艺：《新时期中国电影市场化进程》，《电影艺术》，2005 年第 2 期。

“冯小刚模式”在电影界引起了巨大反响，了解市场需求也逐步成为共识。采用大明星、大制作迎合观众需求成为电影赢利的法宝。近年来即便是主旋律电影也开始向市场靠拢。1998 年《红色恋人》邀请张国荣与好莱坞巨星出演，做到了革命英雄主义与言情片的统一；1999 年《黄河绝恋》则完成战争片与民族英雄主义精神的统一。① 这些电影有着主流意识的内容，但在制作上又吸收商业片的做法——引入明星制，讲究叙事技巧，注重视听语言的创新性，被业内人士称为“新主流电影”。

总的来说，中国电影在市场化的过程中经历了从“政治本体论”到“市场本体论”的转变。观众想看什么，想看谁演，电影公司就拍什么，就找谁演，这种以观众为中心的价值取向已成为中国电影业的共识。

3 操作模式：市场化运作的成功尝试

电影是一种耗资巨大的特殊产业，在制作、发行、放映各领域都需要先进的技术、巨额资金的支持，这一特性决定了电影必须讲究投入产出比。但在计划经济时代，我们过分强调电影的政治属性，忽略甚至否认其经济属性，使得电影企业成为国家的行政事业单位，这就造成了电影与市场的脱节。

电影体制改革的关键就是按照现代企业制度的要求，在制作、发行、放映上按照市场规律来运作电影。

民营影视公司的加入使得电影市场化运作成为可能，1997 年颁布的《故事电影单片摄制许可证试行办法》打破禁区，允许民间资本进入电影制作领域，这实际上默认了电影的产业属性。民间制作公司完全按照市场要求设置机构，在电影制作中实行企业化运作，为电影由行政事业型转向企业型确定了方向。

1997 年紫荆城影业投资拍摄贺岁片《甲方乙方》，采取了系统的营销策略——拍摄前实行项目论证、评估投入产出比，并首次采用了大明星、大宣传的策略，首映式宣传三周，观众见面会 70 次，新闻发布会 20 多场，主要演员前后到 21 个城市宣传。这种全新的营销方式取得了巨大成功，仅北京一地就取得了 1 100 万元人民币的票房（全国 3 000 万元人民币），为电影行业上了生动的一课。继紫荆城影业后，出身于广告公司的王中军兄弟创办华谊兄弟公司，以更完美的营销方式进入电影业，该公司与冯小刚的合作堪称绝配，从 2001 年至今拍摄的电影部部大获成功。此后，新画面、世纪英雄等电影公司相继崛起，以成熟的商业运营模式将中国的电影业推进到一个营销时代。

3.1 资金来源：多元化市场融资

在计划经济时代，电影的制作、发行、放映所需的经费主要来源于国家财政划拨（是无偿拨款而不是投资），这种国家划拨的方式固然保障了重大题材影片的经费来源，但也造成了电影行业经费的紧张，资金不足成为制约中国电影业发展的最大障碍。

在这种情况下，运用市场融资就成为必然。当前中国电影融资渠道按照行业性质可以分为：电影行业内资本（境内外电影公司、各类电影基金、电影频道）和行业外资本（境内外银行贷款、风险投资等）。近年来行业外资本投资的比例日益增加，在国产大片中经常可以看到银行、风险投资商的身影；按照资本性质可以分为：国有资本、民营资本、外资。2006 年共有 270 家影视机构参与电影投资，其中民营资本、外资占了 75%，在数量上占绝对优势，下图是 2006 年获得许可证的影片投资构成图。②

① 尹鸿：《1999 中国电影备忘录》，《当代电影》，2000 年第 1 期。

② 《中国电影投融资发展状况与趋势》，http://www.indus.chinafilm.com/200710/1843651.html。

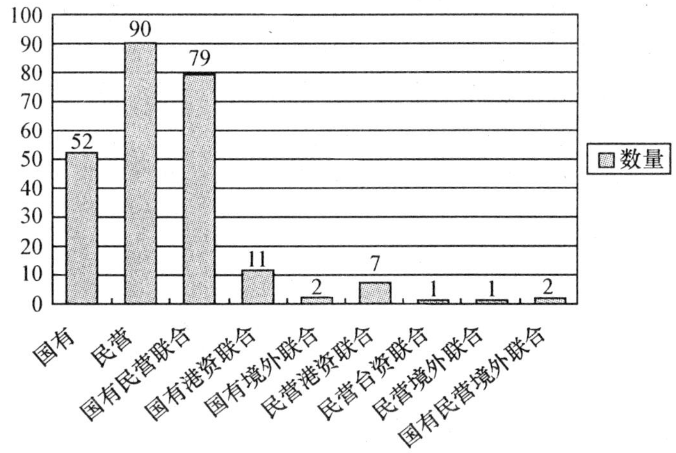

随着电影融资政策的进一步放开，跨行业、跨国界的融资成为当前电影融资的趋势，2007年开拍的电影《赤壁》的融资方来源于5个国家、8个行业，巨额的资金保障了影片的大制作。此外，植入式广告也成为电影融资的重要来源。2003年冯小刚的电影《手机》就把这种特殊的电影融资方式运用到极致。它依靠自己特殊的题材从中国移动和摩托罗拉公司获得了超过2 000万元人民币的“赞助”。依靠植入式广告进行融资，这种方式尽管早有先例，但在电影中如此明显地以企业广告赞助的方式作为主要融资渠道还是非常罕见的，而且这些软性广告并没有制约影片的内容表现，这为电影获得企业赞助提供了借鉴。

总的来说，中国电影融资方式经历了一个从单一政府拨款到多元化市场融资的过程，融资渠道的多样化为电影的发展提供了资金保障。

3.2 发行放映环节：自主发行、综合营销

在计划经济时代，电影发行由中影公司一手包办，采取“中影公司采购——省级发行公司——市级发行公司——县（区）发行公司”的四级发行模式。这种多环节的流通体制给电影业造成了诸多负面影响。首先是发行机构臃肿，1996年在编的发行人员多达20万余人，庞大的发行队伍降低了效率，也成为电影业的沉重包袱；其次是过多的流通环节也稀释了有限的利润，引起了制片厂和放映公司的不满。

1992年《关于当前深化电影行业机制改革的若干意见》明确提出了改变中影公司统购统销的发行模式，吹响了发行体制改革的号角。电影发行上的改革经历了一个过程：制片厂首先是绕过中影公司，直接与省（直辖市）级发行公司接洽，后又绕过省级公司直接将电影拷贝发送到市发行公司，最后干脆绕过市发行公司直接发行到电影院。

与此同时，影院改革也同步进行，各地影院相继成立放映公司，完成由事业型向企业型的改制，影院的营销水平大为改观，在引进什么样的影片，什么时候放映，影片如何宣传方面，影院有了较大的自主权，也有了科学的规划，特别是随着档期概念的成熟和院线制的建立，影院的营销水平还在逐步提升。

随着竞争的加剧，终端制胜的原理同样适应于电影市场，未来的影院的议价能力和话语权将更大，放映环节的改革将进一步深入。

3.3 以院线制为核心的综合配套改革

在发行放映领域，尽管《关于进一步深化电影行业机制改革的通知》允许制片单位直接将影片发行到任何一级发行机构乃至电影院，但在实际操作过程中却出现诸多问题，中国地域广阔、影院众多，制片单位一个一个地与之联系可行性不大。

院线制的出现解决了这一难题，院线以资本或供片为纽带将众多影院捆绑在一起，其基本作用是减少流通环节。1995 年上海电影制片厂与 23 家影院以签约的方式组建了国内第一个具有院线性质的发行渠道——上海东方影视发行公司，当年即取得两个亿的票房收入。此后各地借鉴上海经验，逐步形成了以城市电影为主体，以行政划分为单元的院线机制，如湖北的“银兴”、辽宁的“东北”、北京的“新影联”等。院线使得电影的统一规划和管理得以实现，对观众具有巨大的拉动作用。下图是院线运行模式图：①

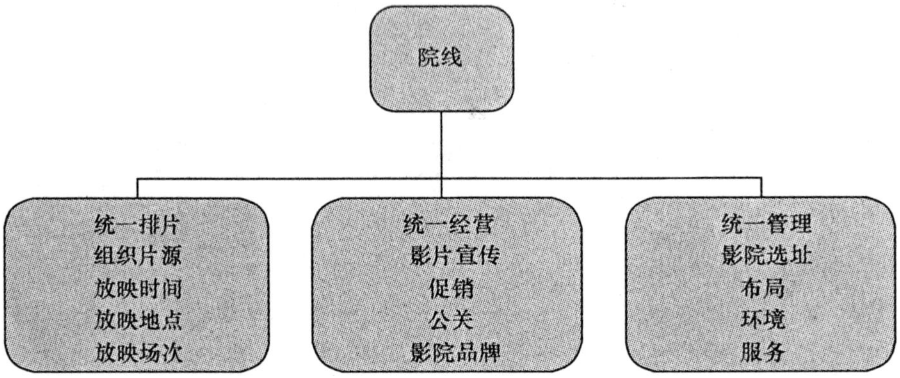

鉴于院线制的作用，2001 年广电总局和文化部颁布《关于改革电影发行放映机制实施细则》，提出深化了以院线制为核心的发行机制，并以行政命令的方式限期各省迅速组建院线，否则将停供进口分账影片，显示出政府对于院线改革的决心。

经过近半年时间的准备，2002 年 6 月 1 日，全国 23 个省（市）的 30 条院线正式挂牌营业。近年来，院线建设的速度和规模日益扩大，下辖影院和银幕数量越来越多，下表是 2002—2007 年电影院线发展情况：②

年份	院线	下辖影院	银幕数
2002	30	872	1 581
2004	36	1 188	2 396
2005	37	1 243	2 668
2006		1 325	3 034
2007		1 427	3 527

4　市场格局：国有、民营、外资三足鼎立初步形成

在相当长一段时间内，国家对电影实行垄断，政府是唯一的参与者。制作上由 16 家国营电影制片厂包办，发行上由中影公司统购统销，放映上由隶属于各地文化宣传部门的影院承接。这种国家包办的方式彻底排斥了市场机制的作用，使得电影行业丧失了活力。

电影的市场化是一个官退民进的过程，从 1995 年起，国家对电影业颁布了一系列政策、规定，在制作、发行、放映领域对民营资本、外资敞开了大门，最终由国有企业包打天下变

① 黄升民、周艳：《中国传媒市场大变局》，中信出版社 2003 年版，第 310 页。

② 2002 年数据引自弘石：《关于中国电影产业发展中的若干问题的思考》，《当代电影》2003 年第 3 期，2004 年以后的数据来源于国家统计局。

为国有、民营、外资三足鼎立，见下表：

年份	国家政策	政策内容	影响与效果
1995	《关于改革故事影片摄制管理工作的规定》	允许社会法人联合拍片。	打破原来16家电影制片厂垄断制作的局面，省级电影制片厂赢得了影片出品权。
1997	《故事电影单片摄制许可证试行办法》	允许民间资本参与电影制作。	紫禁城影业率先公开参与电影制作，1997年推出《离开雷锋的日子》，取得超千万的票房，尝到甜头的紫禁城影业随后又投资拍摄了《甲方乙方》、《不见不散》、《没完没了》等影片，成为电影制作业的一支生力军。
1998	《关于支持企事业单位和个人投资改建电影院的通知》	国家奉行谁投资谁受益的理念，允许民营资本进入放映领域。	湖南邵东县几位私营企业主投资建设了第一家私人影院，产权归投资方所有，此后，民间资本纷纷投资建设改造影院。
2000	《外商投资电影院暂行规定》	允许外资进入放映领域，由不允许外资控股转为允许资在不超过75%股权的前提下控股影院。	时代华纳购买上海徐家汇影院49%的股份。
2003	《电影制作、发行、放映经营资格准入暂行规定》	制作上民营企业获得独立制片资格；发行上民营企业结束代理发行的尴尬局面，正式取得发行牌照。	西影华谊、北京新画面影业公司和保利博纳成为发行市场的主宰。
2003	《中外合作摄制电影片管理规定》	允许外资以合资的形式进入电影制作领域。	索尼影视、哥伦比亚广播制作公司纷纷投资中国电影制作，2003年由外资参与合拍影片数量达到42部。
2004	《内地与香港关于建立更紧密经贸关系的安排》	香港电影从此不再受进口配额限制。	该协议降低了港片进入内地的限制，掀起了合拍片的浪潮，2004年内地与香港合拍片票房达到两个亿，占当年总票房收入的1/4。

随着国家政策的放开，民营资本、外资成为电影市场的主体，在制片上，辉煌一时的国有老电影制片厂体系逐渐崩溃，原来的四大王牌电影制片厂北影、长影、西影和上影产量不到原来的1/10，而民间机构、外资机构拍摄的电影数量逐年上升，成为中国电影市场举足轻重的力量。下表是2000—2007年国有/社会资本出品电影数量：①

① 数据来源：2005年以前的数据来源于弘石：《关于中国电影产业化发展进程中若干问题的思考》，《当代电影》2006年第6期；2006年以后的数据来源于国家统计局资料。合拍片以最大投资主体属性归类。

年份	总量	国有制片厂出品数		非国有投资方出品数	
		数量	百分比	数量	百分比
2000	91	68	75%	23	25%
2001	88	69	78%	19	22%
2002	100	66	66%	34	34%
2003	140	91	65%	49	35%
2004	212	112	53%	100	47%
2005	260	88	34%	172	66%
2006	330	82	25%	248	75%
2007	402	94	23%	308	77%

在发行上，民营、外资公司依托其灵活机制，领跑于发行市场，保利博纳、华谊兄弟等成为领头羊。下表是2006—2007年最有影响力的国产电影发行公司：①

排名（按票房）	发行公司	发行数量	发行影片
1	保利博纳	13	投名状　门徒　铁三角　伤城　导火线……
2	华谊兄弟	3	集结号　天堂口　心中有鬼
3	中影	5	投名状（与保利博纳联合）　天下第二
4	香港安乐	5	色戒　不能说的秘密
5	新画面	1	满城尽带黄金甲（跨年发行）
6	新华展望	2	落叶归根　连环局
7	盛时图华	1	大电影
8	中华横	2	爱情呼叫转移　面纱
9	上海思远	1	合约情人
10	香港骄阳	1	双子神偷

在放映环节，民间资本、外资成为影院建设的主力军，2006年全国新增的82家影院、366块银幕全部由外资和民间资本建设。中国电影市场初步形成了国营、民间机构、外资机构三足鼎立的局面。

民间机构、外资进入电影市场的影响是巨大的。由于这些机构拍片的主要目的就是赢利，因此很重视迎合市场需求，这反过来又推动了中国电影的市场化进程。

5　市场化不充分：彰显中国电影体制变革不彻底之弊

在由计划体制向市场体制转轨过程中，中国电影产业经历了阵痛，也为此付出了惨痛的代价。随着改革的深入，以2002年为界，国产电影开始转暖，并显示出强劲的增长态势，下图是1998—2007年国内电影票房收入情况：②

① 尹鸿、詹庆生：《中国电影产业备忘录》，《电影艺术》，2008年第2期。
② 数据来源于国家统计局公布的数据。

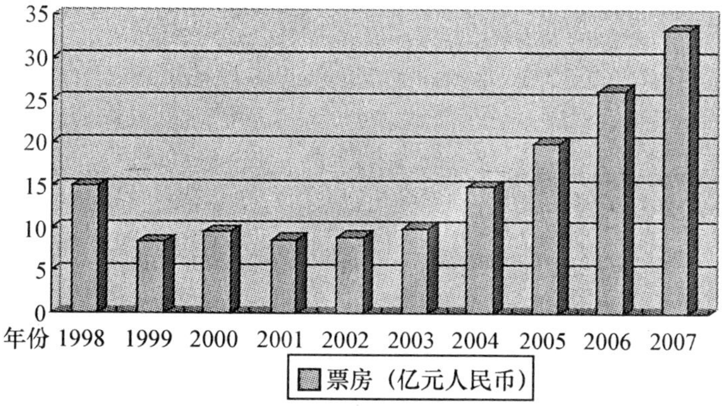

但在市场化进程中，中国电影业也出现了许多新情况、新问题，彰显出由于体制变革不彻底而带来的种种弊端，主要表现在：

其一，类型同质严重。2005 年票房前十位的国产电影中，武侠、功夫电影占了 4 部,① 2006 年这一类型的电影增加到 5 部。② 同期美国市场前十名票房的电影中，不仅有《碟中碟 II》、《超人归来》这样的动作片，还有《达芬奇密码》这样的悬疑电影、《海神号》这样的灾难电影和《加菲猫》这样的动画电影，相比美国市场而言，国产影片在类型上过于单一。

其二，档期不合理，缺乏科学合理的规划。国庆以前大制作电影少，而此后特别是到贺岁档期，多部大制作一拥而上争抢有限的档期，造成了资源的内耗。在 2006 年的“五一”档期，国产电影中仅两部《茉莉花开》、《理发师》对抗国外大片，暑期档仅一部中等制作的《龙虎门》上映,③ 但到了贺岁档，多部大片呈现出撞车之势，《墨攻》、《云水谣》同期上映，《伤城》、《满城尽带黄金甲》同期上映。④ 如此多的影片集中在如此短暂的时间，这与“五一”档期和暑假档期青黄不接的状况形成鲜明的对比，凸显出国产影片档期不合理之处。

其三，电影相关产业落后，缺乏大电影的概念。在电影业较为发达的国家，票房收入一般只占电影全部收入的 1/3，而在我国，影片收入的绝大部分要靠票房，最具有商业价值的后电影产品开发等仍是有待开垦的处女地。

其四，产量大，放映少，电影有“影”无踪。国产电影虽然数量上去了，但大量电影拍摄出来后没有进入影院，用某个制片人的话来说就是直接从片场拉进仓库。2005 年国产电影数量达到 260 部，只有 90 多部在主流院线上映过，这其中还有些影片放映了一天就因为没有观众被撤了下来，因此观众真正能在主流电影院看到的只有 30 多部。

其五，进口多，出口少，严重入超。1995—2001 年，我国进口美国影片 134 部（61 部进入主流影院播放），但同期美国几乎没有进口一部中国电影在其主流影院放映。1997—1998 年，我国仅向海外销售影片 269 部（次），销售总额 4848. 66 万元人民币，而同期日本影片出口总额达 9556. 2 万美元。

其六，大片叫座不叫好，艺术片叫好不叫座。《英雄》、《无极》等大片虽然赚足了票房，但输了口碑，而艺术类影片《青红》、《三峡好人》虽叫好声一片，但在票房上却屡遭滑铁卢。

---

① 分别为《无极》、《神话》、《七剑》、《情癫大圣》。

② 分别为《满城尽带黄金甲》、《夜宴》、《霍元甲》、《墨攻》、《龙虎门》。

③ 《疯狂的石头》暑期表现也非常出色，但属于黑马类型的影片。

④ 刘帆：《在 55% 之后：追问中国电影市场》，《现代传播》，2007 年第 3 期。

以上问题是当前中国电影市场化过程中最主要的问题，但其根源恰恰在于市场化不充分，电影从业者缺乏对观众心理需求的深层次把握。至于影片中暴力泛滥等并不是市场化的错，市场经济本身是法治经济，这些不好的东西恰恰反映的是电影法治的不健全。

要改变以上问题，关键要深化中国电影体制改革，进一步推进电影市场化的进程。国家要进一步放开电影业的政策限制，以更开放的心态迎接市场化的浪潮，同时抓紧制定相关法律，维护良好的市场环境；电影从业者也应该更透彻地了解市场，在选题、策划、编剧时按市场规律来做，故事结构、人物设置、情节安排处处从观众的角度出发，体会观众的感受，拍摄出观众愿意看、喜欢看的电影。如此，中国电影业才能在经历体制变革的阵痛后走上市场化、产业化发展的道路。

【参考文献】

[1]【美】巴里·利特曼：尹红等译：《大电影产业》，清华大学出版社2005年版。

[2]【美】格里格雷·古德尔著、高福安等译，《独立制片》，北京广播学院出版社2004年版。

[3]【美】大卫·普特南：《不宣而战》，中国电影出版社2001年版。

[4]【美】周星：《中国电影艺术史》，北京大学出版社2005年版。

[5] 黄升民、周艳：《中国传媒市场大变局》，中信出版社2003年版。

[6] 刘立宾：《中国广告猛进史》，华夏出版社2004年版。

[7] 许道明、沙似鹏：《中国电影简史》，中国青年出版社1990年版。

[8] 骆思典：《全球化时代的华语电影：参照美国看中国电影的国际市场前景》，《当代电影》，2006年第1期。

[9] 周茂君：《我国传媒产业经营政策及影响》，《武汉大学学报（人文科学版）》，2001年第2期。

[10] 熊澄宇、雷建军：《作为传媒的电影和作为产业的电影》，《当代电影》，2006年第1期。

[11] 陈静、劭培仁：《中国后电影产业分析》，《企业经济》，2005年第4期。

[12] 陆亮：《2006中国电影报告》，《电影》，2007年第1期。

[13] 谭政、冯小刚：《我是一个市民导演》，《电影艺术》，2000年第2期。

[14] 王韵：《2005年贺岁市场分析》，《影视艺术》，2005年第1期。

[15] 马智、冯小刚：《要特别注意观众喜欢什么》，《电影艺术》，1998年第3期。

[16] 冯小刚：《商业片的灿烂还需要一二十年的实践》，《电影艺术》，2000年第4期。

[17] 冯小刚：《我是内地的异类》，《江南时报》，2000年10月19日。

[18] 齐馨：《“商业+电影”的营销潜规则》，《财经时报》，2004年7月17日 。

[19] 丁一岚：《院线变革，理性出手，潮起潮落》，《中国电影报》，2006年1月12日。

[20] 朱玉卿：《发行：大浪淘沙 识“市”务者胜》，《中国电影报》，2007年1月11日。

【作者简介】

周茂君，武汉大学新闻与传播学院副教授，主要从事广告传播与媒介经营管理研究；

姜云峰，武汉大学新闻与传播学院传播学广告传播方向2007级硕士研究生。

我国报业的数字化历程与发展战略

李卓钧　董少伟

【摘　要】实现数字化转型是我国报业发展的必然趋势。本文阐述了报业数字化的内容和特征，回顾了报纸与网络等媒体融合的历程，分析了报业数字化转型的原因，提出媒介创新将使我国报业迎来新的春天。
【关键词】报业数字化　媒介融合　数字媒介

2006年12月13日，在《广州日报》大洋网成立7周年之际，由大洋网、广州金蟾软件研发中心和香港权智集团三方合作推出的《广州日报移动数字报纸》在《广州日报》印务中心举行了隆重的启动仪式。至此，广州日报报业集团正式成为国内首家提供移动数字报纸的报业集团。市民日后可以通过购买一个相当于1/8版《广州日报》大小的电子阅读器，从网上快速下载电子版报纸，随身携带，离线阅读。

这是一个具有划时代意义的事件，因为它标志着在这个以信息处理技术和传播技术的迅猛发展为特征的数字化时代里，我国报业的数字化取得了又一项重大进步；同时也昭示着我国报业发展的一种普遍趋势。

1　报业数字化的内容和特征

关于报业数字化的含义，目前尚无统一的界说，但以下两位研究者的解释可以帮助我们认识这一事物。

著名的网络传播研究者闵大洪认为：报业数字化包括两个方面，一是利用数字技术改造本身传统的生产方式，包括印前、印刷、发行、管理等各个环节；二是利用数字技术重塑报纸出版业的行业边界和业务形态，推动多元传播格局下报纸出版方式和报业经营模式的转型①。通常将后一方面，即报纸内容通过新的介质（如光盘、电信网、广电网、互联网等)、新的终端传播（如计算机、手机、PDA、阅读器、显示屏等）的传播形态，又称为"数字报业"。

辽宁日报传媒集团副社长刘景来对报业数字化是这样表述的："它是以信息技术、编码技术、网络技术、通信技术、视像技术等数字技术的应用为标志的新兴报业；是对传统报业进行技术改造、结构重组、模式创新的现代报业；是建立在数字化、网络化、时空化平台上的全媒报业。""数字报业的内容是数字报业概念、内涵、本质的逻辑载体和实际构成。数字报业是用数字技术改造和装备传统报业，其内容包括'内容数字化、形态数字化、流程数字化、手段数字化'四个组成部分。内容数字化是通过编码技术和计算机技术将报业新闻信息转换为用数字技术进行识别和处理的数字形式的内容。内容的数字化是报业数字化的

① 闵大洪：《中国数字报业实践在全球报业的领先意义》，2007年6月1日，来源：人民网。

基本前提和重要基础。形态数字化是将报业数字内容表现为与数字技术相对应的数字文本、数字视频、数字语音、数字图片、数字动漫等存在形态。形态数字化是内容数字化的载体，是数字化内容的表现形式。流程数字化是用数字技术处理新闻信息的采集、编辑、排版、传输、发行、交互、阅读、存储、检索等全过程。流程数字化是数字报业的关键，是内容数字化与形态数字化的技术要求和必然结果。手段数字化是应用网络传输技术、数据存储技术、基础平台技术和移动终端技术等数字工具实现对报业信息的处理与管理。手段数字化是数字报业的技术标志，是内容、形态、流程数字化的装备支持。”“数字报业是网络、电视、广播、通信、手机、报纸‘六位一体’的新媒体。数字报业通过现代数字技术将网络即时性、电视直观性、广播覆盖性、通信快速性、手机便携性和报纸信息性的六大特征‘化’为一体，从而形成了令人全新感觉的数字报业新媒体。”①

与传统的报业相比，数字报业具有自身独特的特征：

第一是数字化。这是数字报业区别于传统报业的最鲜明特征。数字化报业是用数字技术改造和装备传统报业。它不仅实现了采编、印刷环节的数字化，而且实现了发行渠道、表现形态等环节的数字化。就表现形态而言，数字化表现为超文本化，其具体表现是不同文本之间的超链接和信息形态的多媒体形式。超链接打破了传统报纸单一文本的内容限制和线性阅读的阅读模式，使读者能够在多个文本中作自由的联结和方便的检索；而多媒体的信息呈现形式更是打破了印刷媒体单一文字、图片的静态文本呈现形式，将音频、视频的动态信息呈现形式和文字、图片融为一体，使读者在“读报”时感受到前所未有的生动和丰富。

第二是全时性。所谓全时性是指网络新闻不仅要最大限度地保障对个别事件的新闻报道的时效性，而且还要作为一个“全天候”的媒体，在一切新闻报道中争取最强的时效性，同时保证对新闻事件的全程关注。② 数字传输技术和网络通信技术的应用改变了新闻业务的时间观。数字报业不仅继承了传统报业新闻报道时效性的观念，而且不断更新，从定时更新、及时更新、实时更新（以文字直播为主要形式），到全时性的观念，将新闻的时效性观念发挥到了“极致”。

第三是互动性。数字报业改变了传统报纸单向的大众传播模式。在数字报业的平台上，受众随时可以参与到大众媒介的传播中来，从而实现传者和受众的互动。

第四是共享性。传统纸媒生产的产品不仅可以实现报网之间的信息共享，而且可以通过多种传播平台进行传播。同时受众也可以多种数字终端来接收信息。

第五是全球性。数字报业打破了传统报纸时间和空间的限制，使世界上只要有条件接入互联网的人成为其“读者”，这样就扩大了报纸的知名度和影响力。

上述这些特征，使数字报业能以独特的魅力带给读者全新的阅读体验。

2　我国报业数字化的发展历程

我国报业的数字化进程最早是从排版印刷工艺环节的革命开始的，即用计算机激光照排系统和平版胶印代替了 400 年以来占统治地位的铅排铅印。我国报业从 20 世纪 80 年代中期开始使用这一新技术。③ 但是，真正意义上的报业数字化是在我国接入互联网以后，传统报业与互联网相融合，报业形态发生了彻底的数字化革命。根据媒介融合的程度和广度不同，可将我国报业数字化的发展历程分为三个阶段：

① 刘景来：《数字报业是“六位一体”的新媒体》，http://www.cnci.gov.cn/news/media/20071120/news_11022_p1.htm。

② 彭兰：《中国网络媒体的第一个十年》，清华大学出版社 2005 年版，第 183 页。

③ 闵大洪：《数字传媒概要》，复旦大学出版社 2003 年版，第 12 页。

（1）网络版（电子版）阶段：这一阶段的主要特征是借鉴。1994年中国迈入互联网世界的大门。互联网在中国的诞生给报纸的发展提供了新的发展空间。1993年12月6日《杭州日报·下午版》通过该市的联机服务网展望咨询网进行传输，从而拉开了中国报纸电子化的序幕。① 1995年1月12日《神州学人》周刊通过互联网发行。《神州学人》是我国第一家走上互联网的媒体。1995年10月《中国贸易报》电子版走上国际互联网。1997年1月1日《人民日报》网络版正式在互联网上出现。之后，各种报纸纷纷在网络上占领一块阵地。报纸借鉴网络的优势，纷纷建设网络版，是报业数字化发展历程的第一个阶段。这种探索对报业发展有开创的意义。但是在这个起步阶段，网络版只是印刷版的电子化，还没有充分发挥网络的优势，报纸和网络融合的程度非常低，融合的范围也很有限。

（2）报网互动阶段：这一阶段的主要特征是互动。由于新浪网等商业媒体涉足新闻，网络媒体之间的激烈竞争促使了报纸网络版纷纷改版，进一步探索报业的数字化发展问题。2000年8月21日人民网以崭新的姿态出现在互联网上。传统媒体以"改版"为契机，进一步与网络融合。各大新闻网在融合之中，更新了新闻业务观念：在加强时效性上，实现由定时更新、及时更新到实时更新、全时更新的转变；在表现形式上，开始运用声音、视频等多种媒体表现新闻作品，使新闻更有吸引力和感染力。最重要的是各大新闻网改变了过去那种单向被动的大众传播模式，非常注重受众的反馈，增强受众的参与意识，形成媒体与受众的积极互动。同时，印刷的报纸和新闻网站之间不仅可以共享新闻资源，而且可以优势互补，相互促进。

（3）拓展新型接收媒体阶段。报纸与互联网的结合，从接收方式上讲，还只是将纸质版面的阅读变为计算机屏幕的阅读，印刷媒体固有的方便、随意的阅读优势是后者所不及的。2004年7月18日《中国妇女报》推出了全国第一家手机报——《中国妇女报·彩信版》，报业开始和手机融合，利用手机移动传播、携带便利、使用方便、高度普及的优势，使报纸获得全新的传播渠道。2006年12月13日，《广州日报》推出《广州日报移动数字报纸》，开创出新的读报形式。2006年《全国报纸出版业"十一五"发展纲要》明确提出数字报业发展战略，大力发展数字报业，实现报业核心竞争能力与信息网络传播技术的深度融合。中国数字报业的进程跨入一个新阶段。其标志和特点是"政府政策主导"、"组织形式创新"、"报界整体推进"。在这个阶段，报纸与数字媒体融合的程度更深，而且融合的范围更大，我国报业数字化进入一个新的发展阶段。

3 我国报业实现数字化转型是必然的趋势

我国报业实现数字化转型是一个必然的趋势，它是由基于数字传播技术发展所带来的整个媒介生态的变化所决定的。"传播媒介的形态变化，通常是由于可感知的需要、竞争和政治压力，以及社会和技术革新的复杂相互作用引起的。"② 其数字化转型的基本原因可以归结为以下两个方面：

3.1 外部原因

第一，数字技术和网络技术的发展成为报业数字化转型的直接推动力。数字技术是运用"0"和"1"两位数字编码，通过电子计算机、光缆、通信卫星等设备，来表达、传输和处理所有信息的技术。数字技术一般包括数字编码、数字压缩、数字传输、数字调制与解调等技术。数字成像技术使DC、DV走进千家万户；数字传输技术使电视走进"高清时代"；激

① 闵大洪：《数字科技纵横》，警官教育出版社1998年版，第199页。

② 【美】罗杰·菲德勒：《媒介形态变化：认识新媒介》，华夏出版社2000年版，第19页。

光照排大大提高了报纸的印刷质量和效率……同时，网络技术和通信技术的发展促成了互联网的出现和发展。新媒介的产生在社会中会产生新的行为标准和方式；新的媒介技术创造了新的传播环境，而这种环境又影响着人们的生活方式和思维习惯。可以说，以数字化和网络化为特征的技术的飞速发展已经改变了传统报业的生态环境，直接推动传统报业的数字化转型。

第二，受众对信息的多样化的需求成为报业数字化转型的根本动力，它决定着发展数字报业的现实价值。报纸的基本功能是通过提供新闻报道满足受众的信息需求和精神文化需求，否则，受众就会流失，报纸就无法生存。但传统报纸是一种单向的大众传播模式，因为受版面和出版时间的限制，所以传统报纸只能满足大众的共同需求，而不可能满足某些人的特定需求。然而随着社会变革的加剧和社会联系的增强，受众对信息的需求与日俱增。同时，社会群体的分化，新的社会阶层的出现，一方面造成受众的“碎片化”，另一方面也造成了受众对信息需求的多样化。特别是网络的出现不仅给受众提供了海量的信息供其自由选择，而且使受众可以通过搜索引擎检索新闻或者根据自己的兴趣爱好定制新闻等方式来满足个性化的需求。为了更好地满足受众的需求，传统报纸就要与网络融合发展电子报纸、与手机融合发展手机报纸。报纸只有借鉴其他媒体的优势，才能更好地发展。

第三，媒介市场的激烈竞争也成为报业数字化转型的一个诱因。在市场经济条件下，市场在资源配置中发挥基础性作用。市场机制通过调节资源在各行业之间的分配，从而实现企业的优胜劣汰。每一个传媒企业都在市场的环境下运作，自负盈亏。在这样的情况下，为了争夺新闻资源和受众，为了占有更多的广告市场份额，报纸、广播和电视媒体之间展开了激烈的竞争。网络媒体的出现不仅分流了传统媒体的一部分年轻受众，改变了广告市场的格局，而且使媒介市场的竞争更加激烈。为了在激烈的媒介市场竞争中立于不败之地，报业就必须采用新的数字技术，积极与新兴的数字媒体融合，推进报业数字化转型，从而提高其核心竞争力。

第四，政策法规的支持成为报业数字化转型的有力保障。中共十七大报告提出要深化文化体制改革，发展文化产业，运用高新技术创新文化生产方式，培育新的文化业态，加快构建传输快捷、覆盖广泛的文化传播体系。同时，《全国报纸出版业“十一五”（2006—2010年）发展纲要》明确提出了发展数字报业的战略目标。在国家政策的大力支持下，报业将取得长足的发展。

3.2 内部原因

虽然技术、受众、行业竞争和政策法规等因素为报业的数字化转型提供了前提条件，但是最根本的驱动力还是来自报业内部。我国传媒体制的变革打破了长期以来旧的观念，实现了传播观念由“宣传本位”向“新闻本位”的转变。尤其是在信息时代，人们对信息的需求与日俱增。报纸需要更新传播观念，坚持“信息本位”，以人为本，强化服务意识，提供信息资讯，满足人们的信息需求。传播理念的转变使数字化转型成为报业的一种内在需要。与网络等新兴数字媒体相比，尽管报纸有自己的固有优势，如原创的内容、专业的采编队伍和成熟的赢利模式等，但是报纸毕竟是诉诸于文字和图片来表现内容的单向大众传播。相比而言，网络具有传统报纸无法比拟的独特魅力——全球性、交互性、海量性、即时性、小众化、多媒体性，等等。特别是以个人化、人性化、社会化为特征的 Web2.0 技术的发展，让所有人向所有人的传播成为现实，博客让人人成为“记者”，播客让每一个人做生活的“导演”……这种全新的传播模式给人们展示了一种崭新的传播图景，让人们的新闻需求能得到更好的满足。

除了传播观念的转变和报纸对自身劣势的认识，更重要的诱因来自对经济效益的追求。在激烈的传媒市场竞争中，报业为了追求利润的最大化和成本的最小化，必然要借鉴新媒体的优势，在融合中扬己之长，补己之短，增强其核心竞争力，从而在传媒行业中取得优势地位。

综上所述，报业的数字化转型是技术、受众、市场等多种因素共同作用的结果。也正因为如此，数字化转型成为数字时代报业发展的必然趋势。

4 媒介创新将使我国报业迎来新的春天

报纸从诞生的那一天开始就一直在发展之中。在数字时代，技术诱因、市场诱因和受众诱因的共同作用促成我国报业的数字化转型。从20世纪90年代起，报纸与网络结合，我们经历了计算机阅报、手机阅报、电子阅读器阅报等不断创新的阅报形式。这些都是报业和其他媒介融合的结果；也正是这些创新，使报业的发展迎来了一个新的春天。运用于报业的这些新媒介的发展还只是媒介创新过程中的一个阶段，数字传播技术的发展将使新的媒介层出不穷。电子纸的出现就是一个例子。所谓电子纸，是对“像纸一样薄、可擦写的显示器”的统称。电子纸可以随时下载即时新闻、电子报纸、文档，也可以随身携带大量文件材料，用手写笔进行修改和批阅。电子纸的应用和推广将掀起纸媒载体、信息技术和数字出版新一轮的革命。随着网络融合、内容融合和终端融合的进一步发展，为了共享内容，报业将与网络进一步融合，为了拓展渠道，报业必将大力发展 i- news（手机报）、i- mook（电子杂志）、i-paper（电子报纸）、i- street（公共新闻视屏），等等。2006 年 8 月，“中国数字报业实验室”开始启动。报纸网站、手机报、多媒体数字报刊、数字化平台、手机二维码、电子商务、户外数字媒体、电子阅读器、移动采编系统将成为数字报业项目的创新方向。实践永无休止，探索永无穷期。在媒介大融合的时代，我国报业将与时俱进，不断创新，向着“服务至上”、“全媒体”、“全平台”、“全天候 ”的数字媒介的目标迈进。

【作者简介】

李卓钧，武汉大学新闻与传播学院教授，主要研究领域为新闻理论和网络传播；

董少伟，武汉大学新闻与传播学院研究生，研究方向为网络传播。

中国广告产业核心竞争力的消解与重构

张金海　廖秉宜

【摘　要】本文运用核心竞争力理论阐述了广告产业核心竞争力的内涵及特点，文章在分析欧美广告产业两次重大升级提升核心竞争力的基础上，指出置身于全球经济一体化的中国广告产业在第一次产业升级不是很充分的情况下，正面临第二次产业升级的重大机遇和挑战，而“泛专业化”已经严重消解中国广告产业的核心竞争力。本文主张通过广告公司价值链的集聚与张大重构广告产业核心竞争力，从而形成不可替代的竞争优势。
【关键词】中国广告　广告产业　广告公司　核心竞争力

2008年，是中国广告业恢复发展的30年，30年来中国广告业获得了巨大的成绩，形成了110多万人的广告从业大军，广告经营额超过1 700亿元人民币，占国内生产总值的比重近1%。这是值得每个中国广告人骄傲的。但是，在广告业繁荣的背后却隐藏着深层的危机，“泛专业化”已经严重消解我国广告产业的核心竞争力。本文旨在对中国广告产业核心竞争力消解的原因及危害进行深层解读，并借鉴欧美广告产业两次重大升级的成功经验，重构中国广告产业的核心竞争力。

1　核心竞争力理论

1.1　核心竞争力的概念及其特征

企业核心竞争力的思想可以追溯到亚当·斯密、阿尔弗雷德·马歇尔等的微观经济理论。1776年，亚当·斯密在《国富论》中提出企业内部劳动分工决定企业的劳动生产率，进而影响到企业的成长。① 而企业核心竞争力理论强调企业之间的能力分工，企业内部的能力分工决定企业的成长。1925年，马歇尔提出了企业内部各职能部门之间、企业之间、产业之间的“差异分工”，并指出这种分工直接和各自的技能与知识相关。1959年，伊迪斯·彭罗斯发表了《企业成长论》一文，她从分析单个企业的成长过程入手，对企业拥有的能够拓展其生产机会的知识积累倾向给予高度重视，特别强调了企业成长过程依赖于企业内部的能力资源。此外，乔治·理查德森在1960年发表的《信息与投资》和1972年发表的《产业组织》、理查德·尼尔森等在1982年出版的《经济变革成长论》、普拉哈拉德和加里·哈默尔1990年在《哈佛商业评论》上发表的《公司的核心竞争力》等，都极大地推动了企业核心竞争力理论的发展。②

① 【美】亚当·斯密著：《国民财富的性质和原因的研究》，郭大力译，商务印书馆1979年版，第31页。

② 参见徐向艺、谢子远：《核心竞争力理论及其对当代企业管理理念的影响》，《文史哲》2005年第1期，第155页。

事实上，在经历了20世纪60—70年代多元化经营的高潮阶段后，西方企业界出现了反对多元化的呼声，各大公司在进入80年代以后纷纷调整经营战略，表现出业务的“归核化”趋势，着手清理企业的非核心业务，强化核心业务，注重培养企业的核心竞争优势。1990年，普拉哈拉德和哈默尔发表的《公司的核心竞争力》一文，第一次正式提出了核心竞争力的概念，他们认为核心竞争力就是“企业内部的积累性学习，尤其涉及如何协调多种生产技能和整合多种技术流的问题”。① 他们的理论和方法在东西方学界和业界迅速传播，被称为“西方管理学最前沿理论、最尖端武器之一”。② 在核心竞争力概念提出后，科斯勒、克雷因、斯多克、伊万斯、舒尔曼、提斯等学者为此作出了较大的贡献，形成了现在影响较大的核心竞争力学派。国内学者王毅等（2000年）对国外企业核心竞争能力主要代表人物及其理论观点作了系统梳理，主要包括整合观（不同技能与技术流的整合）、网络观（各种技能及根据其相互关系所构成的网络）、协调观（卓越资产、认识能力、程序与常规、组织结构、行为与文化的协调配置）、组合观（企业战略管理能力、企业核心制造能力、企业核心技术能力、企业核心营销能力、企业组织/界面管理能力的组合）、知识载体观（用各种知识载体来指示员工、技术系统、管理系统、价值与规范）、元件—构架观（元件能力与构架能力）、平台观（用户洞察力、产品技术能力、制造工艺能力、组织能力）、技术能力观（专利份额与显性技术优势）等。③ 尽管企业核心竞争力理论目前尚无统一而严密的理论体系，不过在一些主要问题上已经达成了初步共识：（1）企业本质上是一个能力集合体；（2）能力是对企业进行分析的基本单元；（3）企业拥有的核心竞争力是企业长期竞争优势的源泉；（4）积累、保持、运用核心竞争力是企业的长期根本性战略。

理解核心竞争力的内涵，有四个重要的关键词，即资源、能力、整合与协调、价值。核心竞争力是指企业整合和协调各种资源（包括物质资源、技术资源、人力资源、知识资源、财务资源与组织资源等）与多种能力（包括生产能力、管理能力、营销能力、技术能力、员工能力等），能够创造并提升买方价值，所形成的一种确保本企业在市场竞争中获得竞争优势与可持续发展的独特能力。它并不是指某项单独的能力（如生产能力或营销能力），而是企业多种具有竞争优势的能力集合体。

核心竞争力具有多方面的属性，如价值性（能满足市场需求）、复杂性（拥有一群应用不同技术的个体和具有竞争优势的知识体系）、不可见性（不易识别）、难于模仿性（不易被复制）、持久性（比单独的产品寿命更长）、独占性（其优势仅能被拥有者利用）、不可替代性（不能被可选择的竞争力替代）、优越性（明显地要优越于其他企业拥有的相似的竞争力）、延展性（将竞争优势扩散到本企业其他产品或服务）、异质性（是一个企业独一无二的，其他企业不具备的或至少是暂时不具备的）、动态性（从长期来看，它是发展变化的）。④

1.2 广告产业核心竞争力的内涵

广告产业是指代理广告业务或提供相关营销传播服务的广告公司与承揽并发布广告的广告媒介在同一市场上的相互关系的集合。广告产业的主体是广告公司和广告媒介，其中又是

---

① Prahalad C. K & G. Hamel. *The Core Competence of Corporation*. Harvard Business Review, 1990 (3): 68。

② 邬义钧、胡立君：《产业经济学》，中国财政经济出版社2002年版，第272页。

③ 参见王毅、陈劲、许庆瑞：《企业核心能力：理论溯源与逻辑结构剖析》，《管理科学学报》，2000年第3期，第27-28页。

④ 盛小平、孙琳：《企业核心竞争力理论透视》，《经济问题探索》，2006年第11期，第81-82页。

以广告公司为主导，它是衡量广告产业发达和成熟程度的重要指标，广告公司的创新发展将直接推动中国广告产业升级。

所谓广告产业的核心竞争力，就是指广告公司整合与协调各种资源（包括媒体资源、客户资源、消费者资源、知识资源、人力资源、技术资源、资金资源与组织资源等）与多种能力（包括营销传播咨询能力、市场调研与分析能力、广告策划创意能力、设计制作能力、媒体计划与购买能力、公关服务能力、促销服务能力、互动行销能力、体育行销能力、娱乐行销能力以及组织管理能力等），从而为广告主提供高度专业化的营销传播服务，由此形成的一种能够确保广告公司在广告市场竞争中获得竞争优势与可持续发展的独特能力。

广告产业的核心竞争力可以是单方面能力，如在广告运作的某个领域（广告策划创意、广告设计制作、广告媒体计划与购买、广告效果监测与评估等），或在营销传播的某个方面（广告、公关、促销、事件行销、互动行销等），或在某个行业形成核心竞争优势（房地产行业、化妆品行业、汽车行业等）；也可以是整合多种能力，在整合营销传播领域形成核心竞争优势。

对于广告产业核心竞争力的理解，主要应集中在两个方面：一是广告公司作为智力服务型公司，高度专业化的营销传播服务是广告产业核心竞争力的根本；二是市场环境和传播环境是不断变化的，广告公司需要适时调整自己的业务领域满足广告主营销传播代理的新需求。

广告公司的核心竞争力具有以下六个方面的重要属性：

（1）异质性。

美国学者迈克尔·波特教授在《竞争优势》一书中，指出竞争战略的选择由两个中心问题构成，第一个问题是由产业长期盈利能力及其影响因素所决定的产业的吸引力，它是由五种力量共同作用的结果，即新的竞争对手的入侵、客户的侃价能力、供应商的侃价能力以及现存对手之间的竞争，这就是著名的“五种竞争力量模型”；第二个中心问题是决定产业内相对竞争地位的因素，它在五种力量模型的基础上，提出了赢得竞争优势的三种基本战略方法，即成本领先战略、标新立异战略和目标集聚战略。① 标新立异与目标集聚战略，实际上就是一种产品差异化和市场差异化战略，它能够形成企业的核心竞争力。广告公司的异质性（或差异化）是建立在专业化基础之上的，它能够形成广告公司的核心竞争力，增加新广告公司进入的成本，提高进入壁垒，淘汰行业内低效益的广告公司，从而有利于形成良好的市场竞争格局。

比如，某广告公司在房地产广告代理方面具有核心竞争力，该公司定期通过大量的市场调研，对全国或区域房地产市场状况和消费者情况都有着深刻的洞察，新的广告公司若想进入该领域，市场调研成本也必然在其进入成本之列，而且该公司形成的竞争优势，对广告客户产生强大的吸引力，也使得客户资源逐渐向该广告公司集中。

（2）价值性。

“独特性如果对买方没有价值，就不可能经营歧异性。一个成功的标新立异企业找到创造买方价值的途径，使获得的溢价大于增加的成本。”“一个企业通过两种机制为买方创造他们需要的价值，这种价值是一种合理的溢价（或者是在一种相同价格上的优惠），即降低买方成本，提高买方的效益”。② 对于广告公司而言，其差异化经营是能够给广告

---

① 【美】迈克尔·波特：《竞争优势》，陈小悦译，华夏出版社 2002 年版，第 1-11 页。

② 【美】迈克尔·波特：《竞争优势》，陈小悦译，华夏出版社 2002 年版，第 134-135 页。

主创造价值的，这也是形成广告公司核心竞争力的必然要求。广告公司差异化的经营、专业化的服务以及服务价值的提升等，有助于大大提高其经营效益，增加广告主的“转换成本”①，即增加广告主从选择某一广告公司代理其业务转换到另一广告公司那里时所遇到的一次性成本。事实上，转换成本越高，广告主更换广告公司的可能性就越小。因而，对于广告公司来说，提高转换成本，也是增强广告公司竞争力，提高广告主品牌忠诚度的重要途径。

以化妆品企业为例，A企业选择某家广告公司代理其广告业务，广告公司投入费用开展市场调研与分析，这部分费用实际上已包含在广告服务费中，企业与广告公司之间由于信息不对称，双方之间发生交易成本和管理成本。如果广告主选择更换广告公司，就存在转换成本与市场风险的问题。广告公司的代理能力越强，广告主的转换成本越高，也就越不会轻易更换广告公司，否则从经济上是不划算的。

（3）不可替代性。

广告公司的核心竞争力，或是因为拥有优势媒体资源，或是能够提供更专业化的营销传播服务，或是在不降低专业服务水准的前提下价格更优惠等，是在其长期的经营运作中逐渐形成的相比较竞争对手更具竞争优势的资源和能力。核心竞争力提高了其他广告公司进入该领域的壁垒，增加了新进入者的进入成本和市场风险，具有不可替代性。

比如，在户外媒体代理领域，像分众传媒（中国）控股有限公司、江苏大贺国际广告集团有限公司、海南白马广告媒体投资有限公司、云南昆明风驰传媒有限公司等，已经构筑了很高的进入壁垒。拥有户外媒体资源及专业化的服务能力等，就是它们不可替代的核心竞争力。除非有大资本进入，否则这些公司可以确保其垄断地位而获取更多收益。

（4）延展性。

核心竞争力是形成广告公司强势品牌的重要构成元素。一个强势的广告公司品牌必然拥有强有力的核心竞争能力，这种核心竞争能力也是被广告主所广泛认知和认可的，具有强大的辐射效应，广告公司可以将其竞争优势扩散到本公司的其他领域。

比如，某广告公司在代理化妆品广告方面具有很强的专业服务能力，通过对化妆品市场的调研和女性消费者心理的洞察，该广告公司积累了大量的一手资料，其专业代理能力也获得较高的行业代理声誉，因而也就形成在化妆品广告代理方面的核心竞争力。这时，广告公司若要扩大规模，一是可以考虑向化妆品企业营销传播咨询、市场调研、促销、公关、互动行销、娱乐行销、事件行销等业务领域延展；二是可以考虑向其他女性用品行业延展，如女性服饰、女性保健用品、食品饮料等行业。这种延展与广告公司的核心竞争力具有很强的关联性，对于广告公司而言，一方面可以节省其进入的成本，降低进入的壁垒；另一方面也可以利用原有的资源和能力，提高其在新业务领域和行业市场的专业服务能力，也更易获得广告主对其价值的认同。

（5）持久性。

广告公司的核心竞争力一旦形成，便具有持久的影响力，能够为广告公司带来品牌客户，提高广告公司的营业额和利润率。比如，一些运作成功的大型广告公司的核心竞争力长盛不衰，在历史的磨砺中显示出持久的韧性。究其原因，就是广告公司的核心竞争力已深深扎根于组织体系之中，融入广告公司的文化和管理模式之中。

---

① 【美】迈克尔·波特：《竞争战略》，陈小悦译，华夏出版社2002年版，第9页。

（6）动态性。

“经典战略管理实质上是组织对其环境的适应过程以及由此带来的组织内部结构化的过程。”① 广告公司的核心竞争力具有动态性，其组织也需要随着市场环境和传播环境的变化而重新结构化。比如，传统的营销传播环境下，广告一直是广告公司的核心业务，也是广告公司最引以为傲的。然而，由于营销传播环境的改变，传统广告的作用日趋式微，一些营销传播公司如咨询公司、市调公司、促销公司、公关公司、媒介购买公司等开始受到广告主的青睐，一些大型的广告代理公司在提高广告专业服务能力的同时，必然要思考转型，以期形成新的核心竞争力。

2 欧美广告产业的两次重大升级

2.1 从单纯的媒介代理到综合型的广告代理

早期的广告代理，是应媒体自身发展的需要，以媒体代理者的身份而出现的。大众化媒体发展最早的是报纸。具体来说，早期的所谓广告代理本身从属于报业。其中一部分为报业自身的广告业务员直接面对营销主即广告主销售报纸版面；一部分则为社会人员受雇于报业，代表报业向营销主推销版面。此时期为广告代理业的“版面销售时代”。随着社会经济的发展，企业广告活动日趋频繁，早期广告代理的缺点和局限很快暴露出来。原先受雇于媒体、专为一家媒体作版面推销的雇用推销人员，也同时推销起多家媒体的广告版面，成为自主的媒体版面或时间的掮客。② 这种广告代理，虽具有独立经营性质，但在职能上仍保留媒体业务代表的性质，只是单纯的媒介代理。

由于市场的扩展和日益繁杂化，企业之间竞争的加剧，企业营销意识与广告意识的不断增强，单纯的媒介代理已经很难满足广告客户的要求，由此广告代理从单纯的媒介代理向不仅是独立的而且是多样化的专业代理演进。19 世纪 60 年代广告业进入一个独立的专业化代理时代，其重大标志之一就是具有真正意义的广告代理公司的出现。第一家具有现代意义的广告代理公司是 1869 年在美国费城创建的艾耶父子广告公司，该公司不仅从事报纸广告的媒介代理业务，并且向广告客户提供文案撰写、广告的设计与制作、媒介的建议和安排等方面的服务，甚至还开展市场调查，为客户提供广告宣传用的资料。此后，不同规模却同类型的广告代理公司相继涌现。

事实上，早期的广告代理业主要还是负责媒介代理业务，广告策划、创意及制作等服务还只是广告代理公司在提供媒介代理服务时的副产品，这一时期的广告代理收费模式也只是根据广告主的媒体投放量提取一定比例的佣金（即佣金制），这一制度保证了广告代理公司的经营收入，从某种程度上推动了广告产业的独立化和规模化发展。独立化发展的广告产业要想获得更大的发展空间，必然要实现服务的专业化。推动广告代理的专业化发展有两个方面的原因：一是广告代理公司寻求自身竞争优势的内在动因；二是企业为实现营销战略目标对广告代理公司服务专业化提出更高要求的外在动因。广告代理由此经历了从早期单纯的媒介代理走向全面服务的综合广告代理的过程，为企业提供包括市场调查、广告策划、广告创意、广告设计与制作、媒体计划与购买、广告效果测定等在内的广告运作领域的代理服务。整个 20 世纪上半叶，服务专业化成为广告代理公司的核心任务，尤其是一些广告大师更是有力地推动了这一进程，如霍普金斯、拉斯克尔、罗瑟·瑞夫斯等。1910 年，广告文案写作服务已经成为广告代理公司服务的标准内容。20 世纪 60 年代开始的“创意革命”更是使

① 邬义钧、胡立君：《产业经济学》，中国财政经济出版社 2002 年版，第 259 页。

② 张金海、程明：《广告经营与管理》，高等教育出版社 2006 年版，第 66 页。

"创意服务"成为广告专业服务的重要服务项目。20世纪70年代，广告策划成为广告的标准内容。

广告产业的第一次重大升级具有两大特点：一是广告公司的核心业务集中在广告代理服务领域；二是广告代理的专业化服务水平不断提升。广告公司此时期将广告代理作为其最核心的业务也是有其市场背景的，此时期被称为广告的"强效传播时期"，市场环境和传播环境比较单纯，广告在企业营销手段中占据突出地位。广告代理公司由此不断发展自己的广告策划、创意及制作实力，从而保证为企业提供专业化的广告代理服务。

2.2 从综合型广告代理到整合营销传播代理

在新的营销传播环境下，任何单一的营销传播手段都不可能成功执行营销，全球广告代理业正经历第二次重大转型，即从综合性广告代理到整合营销传播代理。此次战略转型是新营销传播环境下对广告代理公司提出的更高要求。传统营销传播环境下，广告具有强大的功效，并且成为一种主导的营销传播手段，此时期单一的广告传播手段就可以实现企业的营销目标。但是，随着营销传播环境的改变，任何单一的营销传播手段都已不可能成功执行营销，广告进入"有限效果时期"，此时期出现了很多专业的代理公司，如管理咨询公司、公关公司、媒介购买公司、促销公司、市场调查公司、网络营销公司和事件行销公司等，瓜分和蚕食广告代理业的利润，广告代理业的核心业务策划创意和媒介购买的利润受到极大挤压。以美国为代表的欧美广告业发达国家率先看到这一趋势并成功实现战略转型，将产业经营的领域由广告服务拓展到企业整合营销传播的多个领域，包括企业管理与营销咨询、公关、媒介购买、促销、市场调查、网络营销、事件营销等。

如果用经济学的交易费用理论来解释，整合营销传播服务的成本低于企业选择多个单一型代理公司的成本。而且从传播效果上来说，整合营销传播服务也更利于企业整体形象的推广。因而，以美国为代表的欧美广告业发达国家的广告公司都在不断进行业务重组和产业价值链重构，并且在全球范围内进行扩张。

Duncan和Everett（1993）的调查发现，有一半以上的被访广告公司承担了一种以上的营销传播职能。为了更好地整合各种不同的营销传播工具，西方许多传统广告公司都已经对自身的组织结构进行了不同层次的改革，开拓出不同形式的整合型组织。① 营销传播代理收入已成为广告集团收入的重要构成。宏盟集团2006年的财务报告显示，2006年宏盟集团广告收入占集团经营收入的42.8%，增长了6%；客户关系管理收入占集团经营收入的35.9%，增长了13%；公共关系收入占集团收入的10.1%，增长了10%；专门代理收入占集团收入的11.2%，增长了3.7%。② 法国阳狮集团2006年的财务报告显示，2006年广告收入占集团经营收入的44%，专门代理及营销服务收入占30%，媒介代理收入占26%。③ 2007年5月，美国《广告时代》杂志发布的最新统计数据显示，2006年全球广告集团各项业务收入构成中，广告收入占36.4%、直效行销占13.1%、互动行销占13.0%、公共关系占11.0%、媒介代理占10.0%、销售促进占8.8%、医疗保健传播占7.6%（见图1）。从跨国广告集团的业务构成来看，除广告之外的直效行销、互动行销、公共关系、媒介代理、销售促进、医疗保健传播、客户关系管理等已经成为公司经营收入的重要构成，这些大型的跨国广告集团实质上就是整合营销传播集团。广告代理业从综合型广告代理向整合营销传播代理的战略转型，适应了新的营销传播环境下企业对广告公司的新要求，成为广告代理业新

① 何佳讯、丁玎：《整合营销传播范式下的西方广告公司组织变革》，《外国经济与管理》，2004年第1期，第44页。

② 数据来自宏盟集团（Omnicom Group）2007年1月发布的公司，2006年财务报表。

③ 数据来自法国阳狮集团（Publicis Group）2007年1月发布的公司，2006年财务报表。

的核心竞争力。

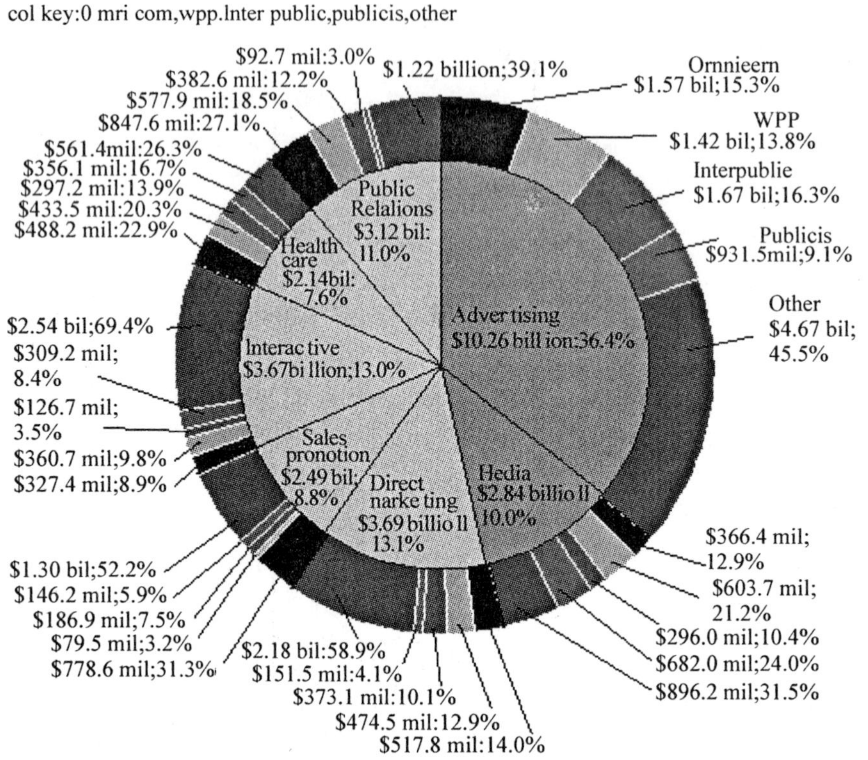

图 1　2006 年全球广告集团收入中各业务领域所占份额图

3　“泛专业化”严重消解中国广告产业核心竞争力

1993 年，美国西北大学唐·E. 舒尔茨教授等在其《整合营销传播》一书中，首次提出整合营销传播（IMC）的概念，并系统阐述了它的运作规律。这一理论的提出，引发了市场营销观念和广告传播观念的深刻变革。

20 世纪 90 年代初，整合营销传播理论开始在中国导入并获得热捧。整合营销传播理论的核心内涵是：“以消费者为核心重组企业行为和市场行为，综合、协调使用各种形式的营销传播方式，对准一致的目标，通过各种不同的传播渠道，传递一致的营销信息，树立一致的品牌形象，实现与消费者的双向沟通，与消费者建立长久的密切关系，有效实现营销传播效果的最大化。”① 国内也有学者在总结舒尔茨理论观点的基础上提出整合行销传播的内涵包括五个方面，即以消费者为中心、以资料库为基础、以建立消费者和品牌之间的关系为目的、以“一种声音”为内在支持点、以各种传播媒介的整合运用为手段。② 事实上，关于整合营销传播理论是否作为一种成熟的理论形态国内外学界目前还存在争议，但毋庸置疑，“整合”的概念确实已经得到了学界和业界的广泛认可。

广告公司整合营销传播代理的转型有其特定的市场背景。

一是中国经济自 1997 年以来由短缺进入富裕，买方市场形成，中国企业迫于环境的改变，已经或正在转变经营理念，从以生产者、产品或销售为中心，逐步走向以消费者、营销

---

① 张金海：《20 世纪广告传播理论研究》，武汉大学出版社 2002 年版，第 142 页。

② 丁俊杰：《现代广告通论——对广告运作原理的重新审视》，中国物价出版社 1997 年版，第 33-35 页。

为中心，实现结构调整与体制创新，企业也开始更加重视营销传播手段的整合。

二是媒体和广告主本身的强势地位，以及广告公司之间的残酷竞争，使得广告公司策划创意费和媒介代理费严重缩水，有些公司甚至打出“零代理”的口号招揽客户。我国广告公司当前在专业代理公司、强势媒体和企业的多重挤压下，正面临极大的生存挑战。广告公司向营销传播领域的业务扩展，适应了广告主对整合营销传播代理需求的新变化，一方面可以增强广告公司对广告主的市场影响力，寻求新的市场盈利点；另一方面也可以避免广告公司对媒体的过分依赖。

可以说，广告代理业的战略转型已经成为必然的趋势，即广告公司由传统的广告代理领域拓展到整合营销传播代理领域。但是，从广告公司的层面来说，实现战略转型面临两方面的困难：“第一，广告公司推行整合营销传播服务，由于需要兼顾多方面范畴，亦未必能做到样样皆通，样样皆精。第二，对广告公司而言，要提供整合营销传播，做到全面及专业化兼备，不但要招揽更多的各方面专业人才，更要重新作出公司架构上的配合，便需要大量人力、物力和资金。”①

正是由于广告公司在从传统领域向整合营销传播代理领域拓展的过程中没有实现相应的组织变革和相关人才的储备与培养，也造成了广告公司服务的泛专业化现象，广告公司的核心竞争力在逐步消解。核心竞争力具有不可替代性，传统广告公司把“创意”作为其核心竞争力，具有无可替代性，而在泛专业化背景下广告公司几乎所有业务（如市调、公关、促销、媒介代理、互动行销等）都是可替代的。泛专业化实质上是非专业化，广告公司以为自己什么都能做，但其实什么也不能做到很专业，由此也引发广告主对广告公司专业代理能力的信任危机。

4 中国广告产业核心竞争力的重构

4.1 市场评估与广告公司能力评估

自20世纪90年代以来，整合营销传播一直成为企业界、广告界和学界关注的焦点话题之一。从企业的角度来看，单一的营销传播手段已经无法成功执行营销，企业开始重视多种营销传播手段的整合，以期实现营销传播效果的最大化；从广告公司的角度来看，传统的广告代理正遭受极大挑战，顺应广告主营销传播需求的变化，由传统的广告专业代理广告公司向整合营销传播型广告公司的转变成为很多广告公司的一种选择；从学界的角度来看，研究整合营销传播理论，探讨整合营销传播在中国的执行等话题，自然也成为学者们关注的重要课题。

但是，客观来分析，整合营销传播在中国存在明显过热的现象。我们可以看到，这些年整合营销传播理论的介绍与推广是热热闹闹，但却鲜有成功的案例。主要原因在于我们缺乏对整合营销传播的正确认识。事实上，整合营销传播的运用和执行也是需要具备一定的条件的。舒尔茨教授等（1993年）明确提出，“组织结构本身即是整合行销传播的障碍”②，他们的研究主要还是从企业的角度来看待整合营销传播的执行，并提出首先要从组织结构整合着手。此外，整合营销传播的执行需要有完备的资料库，需要分众市场的普遍存在、媒体的高度多样化以及科学的市场细分及媒体细分手段，还需要有传播效果测定技术的支撑，以便及时了解消费者反馈，建立消费者与品牌之间长期的密切关系等。由此，引发我们对三个问题的检视：一是企业是否真正需要广告公司提供整合营销传播代理；二是广告公司是否有能

① 陈欢：《重新审视整合营销传播》，《中国广告》，2002年第1期，第37页。

② 【美】唐·E. 舒尔茨等：《整合行销传播》，吴怡国等译，中国物价出版社2002年版，第218页。

力执行整合营销传播；三是如果企业真正需要整合营销传播代理，广告公司采取何种结构模式服务广告主。可以说，我国企业和广告公司正是长期在这三个问题上没有科学的评估，导致它们对整合营销传播的过分热衷，很多并不具备实力的广告公司纷纷向整合营销传播代理公司转型，引发广告公司的泛专业化与核心竞争力的消解。

（1）市场评估。

市场评估主要解决企业是否真正需要广告公司提供整合营销传播代理的问题，它主要包括行业市场评估、企业评估、媒介市场评估、目标消费者评估。行业市场评估主要分析行业市场的分众化程度、竞争对手的营销传播战略等；企业评估重点考察企业是否有相应的整合组织来执行整合营销传播以及企业是否具有整合营销传播所需的资金；媒介市场评估则是对媒介的分众化程度、媒介受众的构成及特点等的评价；目标消费者评估主要涉及目标消费者的消费心理、媒体接触等方面的考量。

（2）广告公司能力评估。

广告公司能力评估则是解决广告公司是否有能力执行整合营销传播代理的问题。它主要是广告公司对自身优势资源和核心能力的评估。整合营销传播代理需要广告公司拥有专门领域的高度专业化人才，然而，即使拥有各个领域高度专业化的人才，广告公司没有相应的组织结构来整合公司内部的资源，也很难成功执行整合营销传播。我们认为，广告公司提供整合营销传播代理，需要重点考量两方面的因素：一是广告公司是否拥有各个营销传播领域的高度专业化人才；二是广告公司是否有为企业提供整合营销传播代理的组织结构，这一组织结构是否可以实现对公司内部和外部资源的有效整合。

4.2　广告公司价值链的集聚与张大

在解决上述两个问题之后，广告公司需要重点思考的即是如果企业真正需要整合营销传播代理，广告公司采取何种结构模式服务广告主。

这里我们引入“价值链”的概念对广告公司经营开展研究。迈克尔·波特教授认为，每一个企业都是用来进行设计、生产、营销、交货以及对产品起辅助作用的各种活动的集合。所有这些活动的集合就构成了企业的价值链，包括基本活动（内部后勤、生产经营、外部后勤、市场营销、服务）、辅助活动（企业基础设施、人力资源管理、技术开发、采购）以及在此基础上产生的利润。一个企业的价值链和它所从事的单个活动的方式反映了其历史、战略、推行战略的途径以及这些活动本身的根本经济利益。① 广告公司作为服务型企业，其价值链表现为广告公司为广告主提供广告或其他营销传播服务所开展的各项基本活动（如市场调研、策划创意、设计制作、媒体计划与购买、广告效果测定与广告战略调整、以及其他营销传播服务）和辅助活动（如广告公司基础设施、人力资源管理、财务管理等）的集合，这些活动最终能为广告公司带来利润。传统广告公司的价值链模式见图2。

传统的广告公司价值链主要集中广告专业代理领域，很少涉及营销传播的其他方面，如促销、公关、网络行销等。然而，随着企业营销传播环境的改变，企业对整合营销传播代理需求的增长也促使广告公司必须转型，从而延长或加宽广告公司的价值链。但是，在广告公司的转型过程中，并不是所有的广告公司都需要转型或者说都有能力转型，这就需要广告公司对自身能力和组织结构进行评估。对于很多中小型广告公司而言，可以集聚价值链，在某些专门的领域发展自己的核心竞争力，成为大型综合型广告公司的下线公司，未尝不是一个明智的选择。而对于国内一些大型的外向型广告公司而言，则可以张大价值链，转型成为一种必然的选择。

---

① 【美】迈克尔·波特：《竞争优势》，陈小悦译，华夏出版社2002年版，第36-37页。

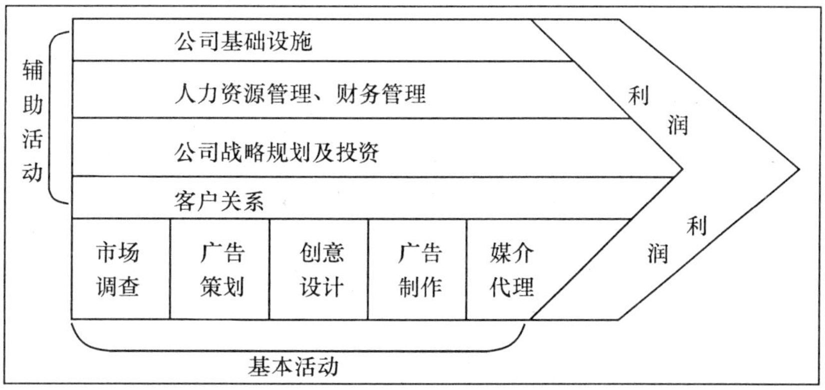

图2　传统广告公司的价值链

那么，一些大型的外向型广告公司如何通过价值链的张大，实现企业整合营销传播的代理？跨国广告公司发展的轨迹为我国广告公司的发展提供了有益的启示。广告公司的战略转型主要有以下三种途径：（1）自身机体上增设营销传播职能部门，如果客户需要使用多种营销工具，就无需从外部寻找专业营销服务机构合作，可以交由一家代理商统一完成，例如，FCB Worldwide 公司就曾经在其全面服务型广告公司中增设了促销和直销部门；（2）新组建或并购专业的营销传播公司。许多大型广告公司近年来都积极地收购其他类型的传播服务公司。例如，WPP 集团在 2002 年大约进行了 40 次收购交易，涉及公关、咨询和医疗保健传播等领域，在进军新市场的同时以收购的方式来增强服务市场的业务能力。①（3）与其他专业营销传播公司建立战略联盟。广告公司执行媒体广告的工作，帮助客户制定总体战略，并决定采用哪些营销手段，而公共关系、直销和促销等活动则外包给联盟公司。整合工作则由广告公司的客户团队承担，即协调各个专业代理机构以确认信息、形象和时间安排等是否得到有效的整合。广告公司到底采取上述何种方式，则视广告公司自身的实力和公司的总体战略目标而定。

但是，无论采取上述何种方式，实现整合营销传播的目标是关键，这就需要广告公司进行组织变革。组织变革可以在广告公司内部展开，如消除传统的层级制组织观念，以团队合作方式将各种“营销专才”编成“客户价值管理团队”。也可以整合集团内部其他公司的人力资源，组建营销传播团队。法国第一大广告传播集团哈瓦斯下属的两个公司就曾作过这方面的努力，哈瓦斯的广告公司灵智大洋公司，就曾与市场服务机构精实整合营销公司，充分利用双方的优势，成立“品牌小组”，为客户提供度身定制的广告代理、市场调研、公关活动、品牌推广和营销渠道管理等系列服务。

中国广告产业目前正在经历的第二次产业重大转型是更高层次的战略转型，它必将改变广告代理公司传统的代理地位（即仅限于企业营销传播战略和策略建议及执行的服务角色），直接进入企业的决策层面，真正参与企业决策。

【作者简介】

张金海，武汉大学媒体发展研究中心主任，武汉大学新闻与传播学院教授、博士生导师，研究领域：广告学、媒介产业与媒介经济。

廖秉宜，武汉大学新闻与传播学院讲师，广告学博士，研究领域：广告学、媒介产业与媒介经济。

① 何佳讯、丁玎：《整合营销传播范式下的西方广告公司组织变革》，《外国经济与管理》，2004 年第 1 期，第 47 页。

中国广告业与社会和谐发展的冲突及其影响因素分析

吕尚彬　钱广贵

【摘　要】中国广告业与社会和谐发展的冲突主要表现在三个方面；一是广告业与经济自主发展要求之间的冲突；二是广告业与媒介发展的冲突；三是问题广告不断涌现，与社会和谐的发展模式之间的冲突。导致中国广告业与社会和谐发展的冲突发生的主要因素，分布在广告行业环境系统的外环境、内环境、本体等多个层次。社会结构转型与广告行业的互构、作为市场主体的企业社会责任的缺乏、西方广告的强势进入与引导等是主要的外环境因素；广告业发展路径选择的局限、国家广告产业发展政策制度供给不足、不良媒介推波助澜、广告主所属产业问题的映射、广告传播规制的相对松弛、广告受众媒介素养的缺失等是重要的内环境因素；本土广告公司高度分散、高度弱小、专业化程度较低，外资系广告公司对中国本土文化的忽视，广告代言明星社会责任与法律责任缺失，广告产业协调和行业自律机制的不完善，广告专业人才中企业领袖与专业自信的缺乏等因素是主要的本体因素。

【关键词】广告社会冲突　影响因素　行业外环境　行业内环境　行业本体

1　中国广告业与社会和谐发展的冲突及其主要表现

中国广告市场自1979年重开至今，持续高速发展，规模不断膨胀。30年来，作为广告产业市场主体的广告经营单位从十几户上升为172 615户；广告从业人员从约1 000人猛增到超过110万人；广告产业总值从1 000万元人民币左右上升到1 740.962 5亿元人民币，增长了1 600多倍；占国民生产总值（GDP）的比重，也从最初的0.025%上升为0.71%。①仅仅以产值计算，我国广告产业规模已经位居世界第三，并且还具备较大的发展潜力。专家预测，如果按照我国广告产业总值年平均增长率14.2%来计算，预计到2011年，中国广告产业总值将达3 055亿元人民币，将成为全球第二大广告市场。②

在过去以GDP指标增长为主导观念的长期发展过程中，广告产业推进了社会主义市场经济的发展，实现了自身的产业积累和运行机制的构建、产能产量规模的扩张。但与此同时，广告业与社会发展之间的冲突也开始显性化。尤其是在构建和谐社会的语境下，广告业的发展与社会发展之间的不和谐现象日益突出，矛盾冲突不断发生，问题广告层出不穷。这已经成为影响社会和谐和制约广告业持续发展的重大问题。

所谓广告业与社会和谐发展之间的冲突，或者叫广告社会冲突，主要指的是广告业的结构、活动与社会和谐发展要求、目标范式之间的矛盾与冲突。无论是广告产业内在的结构问

① 现代广告编辑部：《2007年中国广告业统计数据报告：中国广告业增长10.68%》，《现代广告》，2008年第3期。

② 罗以澄、张金海、单波主编：《中国媒体发展研究报告（2007年卷）》，武汉大学出版社2007年版，第482页。

题与中国本土经济、产业发展的要求之间的不相适应，还是层出不穷的问题广告对于社会文化、法律、生活方式的危害与消解，都属于这一冲突的范畴。

就广告传播的现实来看，广告业发展与社会和谐之间的冲突，主要表现为以下几个方面：

一是广告业与经济自主发展要求之间的冲突。这一冲突表现在广告产业外资主导的格局制约民族产业的发展与自主品牌的传播。我国广告业外资主导的格局，已经发展成为产业的结构性危机。尤其是2005年底中国广告市场完全开放之后，跨国广告集团开始了在中国广告市场新一轮的扩张态势，加速并购中国的本土广告公司，严重挤压本土广告公司的生存空间。中国广告产业正面临外资主导的威胁，这并非危言耸听。① 截至2006年5月，全球五大广告集团在华合资广告公司有38家，其中，WPP集团19家，奥姆尼康集团5家，IPG集团6家，阳狮集团5家，电通集团3家。②在2006—2007年，外资广告公司加大了并购与扩张的步伐，并且不再满足于以往合资公司的参股模式，加大投资规模，增强投资的战略性，加强对控制权的要求。除传统广告业务外，营销服务、新媒体、医疗保健等正成为跨国集团的投资重点。与外资广告公司大规模、强势扩张形成鲜明对照的是，本土广告公司高度分散与高度弱小。例如，2006年本土广告公司数量高达125 703万户，是在华外资广告公司总数的253倍，在数量上占有绝对优势，但营业额仅为外资公司的9.8倍；户均营业额仅有103.5万元人民币，仅为外资公司的3.88%。③ 在国家自主经济建设背景下，高度分散与高度弱小的本土广告企业难当自主产业推广与自主品牌传播的历史重任，与中国自主经济建设的内在要求构成极大的冲突，可能严重影响国家经济安全和产业安全。从全球广告产业的发展历程我们可以看到，一国广告产业的发展与本国经济发展有直接互相促进的“同构”关系。欧美的跨国广告集团都是伴随跨国企业的全球化而走向全球市场，日韩跨国广告集团的发展同样天然联姻。跨国广告集团和媒介购买集团不仅挤占了中国本土广告企业的生存空间，更重要的是他们往往与跨国公司联姻，垄断中国的传播市场而服务于跨国公司在中国市场开拓的需要，挤压中国的本土企业发展空间。在中国，由于本土广告公司的高度分散与高度弱小，民族企业与本土广告公司的关系就显得非常脆弱。另一方面，我国的产业发展正面临着从“世界工厂”向自主研发、创建自主品牌转型的临界点上。与跨国公司天然联姻的跨国广告公司，不可能承担起中国产业转型的自主产业推动与品牌传播的使命；产业的转型与自主品牌的崛起，要求本土广告传播企业能够形成与之相匹配的传播能力。中国品牌要走向世界，应当依托本土的大型跨国广告公司来操作，国家自主品牌跨国传播战略应当由中国自己的大型广告公司来支撑。目前，海尔、华为等一批中国品牌已经开始走上国际舞台，联想、TCL等一批中国企业已迈出国际并购之路，急需中国自己的具有国际竞争力的本土广告集团为其提供国际市场的传播服务。

二是广告业与媒介发展之间的冲突。这一冲突集中表现为广告产业外资主导的结构性危机影响媒体安全。这里涉及两个方面的媒体安全：第一，外国资本对于媒介的影响。隶属于跨国广告集团的跨国媒介购买集团携巨资介入中央级和省市级媒体的可经营性资产的运营，使我国的信息传播技术和资本开始受制于人。目前，国际资本已经开始大举进入中国的可经营性资产运营领域，如参与媒体节目的制作，买断媒体版面和时段等，将会极大地影响媒体的经营自主权，进而影响节目内容的编播和导向功能的发挥，由此对大众媒介的公信力产生

① 参见陈永、张金海等：《中国广告产业将走向何方?》,《现代广告》, 2006年第7期。

② 罗以澄、张金海、单波主编：《中国媒体发展研究报告（2007年卷）》，武汉大学出版社2007年版，第484页。

③ 罗以澄、张金海、单波主编：《中国媒体发展研究报告（2007年卷）》，武汉大学出版社2007年版，第482页。

较大的影响。“以中国最早成立的专业媒体代理公司实力传播为例，1996 年实力传播进入中国即达到 18 亿元人民币的营业额，1998 年达 25 亿元。从 2001 年开始，实力传播的年营业额已经超过 50 亿元，2003 年、2004 年分别以 24%、21% 的速度持续增长。2005 年营业收入高达 20 亿元，而在国内媒体中，只有少数报社的广告收入可以超过 10 亿元。如果我们把 10 亿元的广告购买金投放在北京、上海和广州报业市场上，那意味着实力传播在当地的版面购买量会对一家报社当年的广告收入产生非常大的影响。”① 目前，广告仍然是媒体最重要的生存资源，除了一些中央级的广电强势媒体或省级卫视、省级报业集团之外，中国大多数媒体自身的资本与广告资源还是非常有限的。大型媒介购买集团携巨资以更低的折扣购买媒体资源，大大压缩了媒体的利润空间，将使得媒体无力投入更多的资金用于媒体发展。第二，在具体的广告运作中，必然会涉及许多企业的商业机密和信息。我国大型国有企业和行业领导企业在广告上对跨国广告公司的别无选择的严重依赖，无疑会造成事关国家安全的核心商业机密信息的泄漏，对国家经济安全构成威胁。

三是问题广告不断涌现，与社会和谐的发展模式之间构成了较大的冲突。广告传播与社会和谐的冲突至少表现在四个层面：在社会消费层面，广告传播的信息非对称性，张大诱导功能，导致对消费者权利的侵犯。作为沟通社会生产与消费之间的中介，广告本身是为了消除市场信息不对称而存在的。但是，在整个社会的转型期，由于工具性限制和人们在利用广告过程中不断张大其诱导功能，使得广告又在不断地强化信息不对称，进而导致虚假广告泛滥，广告产业的负外部性张扬，广告的公信力不断丧失，传播效果逐渐减弱。在社会文化层面，存在一定的对社会主流意识形态的消解，对社会核心价值观念的消解的现象。广告作为社会文化符号，整体地传达着某些重要的意识形态信息，例如，对消费主义文化的张扬，对中产阶级的生活方式的粉饰，对个人消费欲望膨胀的激发，对传统文化的贬抑，对女性的性别歧视等。这些与社会主义核心价值体系和道德观念发生直接冲突，或者直接解构。在社会结构层面，广告强化了社会分化，扩张了社会冲突。广告信息传播的基本机制是市场细分与目标市场的定位。市场细分的原理是把整体市场区隔为运用不同指标体系分割的各个亚市场。广告主只对那些具有消费话语权、资本话语权的购买能力较强的受众感兴趣。在社会结构分层分化的背景下，使用市场细分战略的广告传播既回应社会阶层日益分化的现实又强化社会阶层的差异，成为社会分化加速器和贫富悬殊放大器。在社会生活方式层面，广告不仅是孵化人的物质欲望，而且放大人的物质欲望。基于诱导功能的广告宣扬消费主义生活方式，引导人们追求不断被制造出来的、被刺激出来的欲望的满足，使人总是处于一种“欲购情结”之中，无止境地追求物质欲望的满足与拓展。

2　导致中国广告业与社会和谐发展的冲突影响因素分析

中国广告行业与中国社会发展冲突，是一个典型的复杂性问题，其影响因素广泛多样。导致这一冲突影响的发生，虽然广告行业本身难辞其咎，但更不能忽视行业内外环境的各种因素的影响。如果导入产业生态理论来揭示这些因素的话，我们必须考量广告行业在社会系统中存在的几种主要联系，整体地观照广告行业的生态环境系统。广告行业的生态环境系统，从结构上看，至少存在着行业外环境、行业内环境、行业本体三个层面的互动与影响。行业外环境，主要是由社会及其政治、经济、文化、法律等因素，与他国广告行业等因素构成的，处于产业环境外层的，与行业发生互动影响的环境因素；行业内环境，指的是与广告行业关联程度较高，并且直接作用于广告行业的相关因素构成的环境因素；行业本体，指的

① 陈永、张金海等：《中国广告产业将走向何方？——中国广告产业现状与发展模式研究报告》，《现代广告》，2006 年第 7 期。

是构成广告行业的核心影响因素构成的行业自身。中国广告行业发展与中国社会发展冲突的生成，既受到行业外环境的制约，又受到行业内环境的影响，还受到行业本体的作用。广告行业生态环境的三个层面，相互影响，导致了这一冲突的发生。

2.1 广告产业外环境要素的制约

从广告产业的外环境来看，社会结构转型与广告行业的互构、作为市场主体的企业社会责任感的缺乏、西方广告的强势引导等因素对于广告产业与社会发展的冲突的生成，是制约广告行业发展与社会发展形成冲突的主要外环境因素。

首先，社会结构转型与广告行业的互构。30 年的改革开放过程中，中国社会经历总体性社会的分化和社会结构的重组。改革尽管是从经济体制领域开始，但这种改革触及并解构的恰恰是总体性社会的社会结构。分权和分化的双重切割，是促进中国社会进入社会转型分化性社会主要机制。所谓“分化”，是指社会控制范围的缩小而导致的社会生活领域的重新界定；所谓“分权”，是指行政领域的决策权由过去的最高部门和极少数人集权转向基层部门也广泛地享有决定自身发展与处理事件的权力。分权和分化交织，使中国的总体性社会在很短的时间内发生解体，整个社会被切割成无数的片断，甚至原子，也可以称为社会的碎片化。尽管改革的过程还在继续，但社会阶层的结构雏形已经初显。中国社会科学院的相关调研表明，中国社会已经分化并形成了十大阶层。① 虽然社会阶层的形成、分化、解组、重新整合仍然在进行过程之中，但“中国社会已分化为十大社会阶层，凡是现代化社会的基本构成成分都已具备，现代化的社会阶层位序已经确立，一个现代化社会阶层结构已经在中国形成”。② 广告行业与社会转型之间是一种互相建构的“互构”关系：一方面，在社会转型当中，社会分化机制作用于广告活动，使之成为社会改革与转型话语的一部分、一个载体或者一个形象图谱，因此，“五彩斑斓的广告形式里面既有个人想象的无意识力量，也有被打上标签的市场理性，更有社会分化的演变轨迹”。正是这种社会转型演变轨迹，使“广告形象在消费大众当中所产生的认同作用，暗示了社会关系的转型”。③ 另一方面，依据市场细分技术而实施的广告传播活动不间断地细分社会成员，并寻求社会成员的差异化特征，天然地追逐具有消费话语权、资本话语权的社会高端阶层。因而，“广告信息在为消费行为鸣锣开道的同时，有可能在象征意义上助长了社会分化和社会示范，加剧了社会落差和两极分化”。从广告与社会转型的互构关系出发，可以说“广告话语和实践伴随或加速了社会的再组织，成为中国社会转型的一种媒介”。“通过广告所辐射出来的媒介文化，成为一种社会调解和社会转型的赌注”。④

其次，作为市场主体的企业社会责任的相对缺乏。尽管米尔顿·弗里德曼关于“企业的责任就是使利润最大化”的观点，从 20 世纪 70 年代开始，已经不再是西方国家企业发展的主导观点，但这一观点在目前的中国仍有较大的市场。加之企业的天然逐利性与市场监管的乏力，导致相当一部分企业只重视企业的盈利，但忽视企业作为“社会公民”的责任，其中包括忽视其照章纳税的法律责任，忽视其诚信经营确保商品货真价实的责任，忽视其“利益相关者”利益的个体责任，忽视其真诚维护消费者利益、坦诚与合作商联合的市场责任，忽视其公共责任等。例如，仅仅是企业不诚信，假冒伪劣商品屡禁不绝，而造成的消费者福利损失每年在 2 500 亿 ~2 700 亿元人民币，占 GDP 比重的 3% ~3.5%；相当一部分企

---

① 陆学艺主编：《当代中国社会阶层研究报告》，社会科学文献出版社 2002 年版，第 9 页。
② 陆学艺主编：《当代中国社会阶层研究报告》，社会科学文献出版社 2002 年版，第 5 页。
③ 陈卫星：《传播的观念》，人民出版社 2004 年版，第 301、302 页。
④ 陈卫星：《传播的观念》，人民出版社 2004 年版，第 299、302 页。

业因商品造假和打假难度过大，以至于难以为继，岌岌可危。① 至于频频发生的食品安全恐慌、民工荒、特大矿难事故、严重的环境污染等问题，更是折射出企业社会责任的极度缺失。即使是一些发达国家的“企业公民”，在中国市场上，也可能以“适应中国市场特点作出的调整”为借口，弱化其责任。例如，2006 年商务部研究院跨国公司研究中心发布的《2006 跨国公司中国报告》表明，当年中国媒体至少对哈根达斯“脏厨房”事件、卡夫饼干含转基因成分风波等 12 起跨国公司弱化公司责任事件提出批评。② 缺乏社会责任的企业，以广告作为市场竞争的基本战略，就可能成为忽视广告传播责任的广告主，成为虚假广告信息的策源地。

最后，西方广告的强势影响。我国广告产业与经济的对外开放的节奏与传播全球化的渗透进程相平行而发展，因而一开始就采用以对外开放与市场主导为取向的产业政策。在这种产业政策的引导下，以西方发达国家为代表的国际广告引领了中国广告产业 30 年的发展历程。或者，换言之，我国的广告产业仅仅使用了 30 年时间，走过了西方发达国家一个多世纪的现代广告历程。问题是国际广告的总体价值取向与和谐社会构建之间是错位的。这种错位体现在：其一，那些消费时尚、代表消费潮流的广告虽然具有传播现代文明、移风易俗的正面意义，但它也会引导受众关注个人利益、企业利益而忽视社会的全面进步，造成个体理性与社会整体理性之间的矛盾。其二，西方发达国家市场上广泛运用的定位理论、市场细分技术和差异化营销策略在中国社会的运用，一方面是对中国日益分化的现实的回应，另一方面也强化了中国社会阶层分化的现实，造成那些以强化各自利益群体身份的阶层塑成型媒介大行其道，那些可以使这些群体超越狭隘的立场进行相互沟通对话的社会塑成型媒介日渐式微。以推销高档产品为主的国际广告推动了这种转换，高档杂志、数字电视、楼宇广告、电子商务、直接邮购等分众传播广告媒介在中国的影响越来越大。其三，国际广告作为一种“软力量”，把阶层不平等的意识形态观念推到中国。

2.2　广告行业内环境要素

影响冲突产生的广告产业内环境因素，主要有广告产业发展路径选择的局限、国家广告产业发展政策制度供给不足、不良媒介推波助澜、广告主所属产业问题的映射、广告传播规制的相对松弛、广告受众媒介素养的缺失等方面。

第一，广告产业发展路径选择的局限。作为一个后发外启型现代化国家，我国的广告行业沿袭美国自由竞争背景下的独立产业发展模式，沿袭自我积累的、渐进式产业发展路径。这种路径的特点是：国家产业支持和控制较为宽松和自由；在市场的发育过程中，既要建构市场要素、市场主体，又要建构产业链条；市场主体在残酷的自由竞争中自生自灭；产业整体缺乏规划与引导，并没有获得国家战略性信息产业的应有地位。自我积累、渐进式发展的路径在全球广告产业刚起步时采用，固然是一种有效的路径，甚至在我国广告市场重开之时，对于广告市场主体的自由发育，对于广告产业从依附性产业逐步成为独立化、专业化产业，应该说不失为一种有价值的路径选择。不过，这种路径选择，有两个重要的市场前提：一是市场相对独立，较少地受到其他同质强势市场的影响；二是要求有比较严密而又规范的广告市场游戏规则与之匹配。前者强调的是产业本身能够独立发展，没有外来市场入侵者，后者突出的是产业具有一定的进入和退出、运行、评估的规则。如果仅仅是“摸着石头过河”，只注重市场的选择机制，缺乏相应的规则和制度供给，就可能导致市场内部问题丛生。众所周知，在对外开放的背景下，中国的广告市场较之于大众传媒市场本身，开放的步

① 黄乐桢：《企业应该承担的》，《中国经济周刊》，2005 年第 41 期。

② 刘世昕：《部分跨国公司在华逃避社会责任》，新浪网新闻中心，http：//news. sina. com. cn/c/2006-2-17。

骤和力度，都要大得多。如果说，大众传媒市场国家作为战略性产业领域给予了严密的控制和和强力的支持的话，广告市场的开放度则要大得多。在全球化传播的语境下，强大的竞争对手已经不可能允许广告产业和本土广告公司通过自我积累与发展来逐步壮大。特别是从2005年12月以后，根据中国政府的"入世"承诺，外资可以在中国设立独资广告公司，与此同时外资系广告企业掀起了新一轮强势扩张的冲击，使本土广告产业的生存环境进一步恶化，导致中国广告产业结构性危机进一步彰显。

第二，国家广告产业发展政策制度供给不足。中国广告产业占GDP的比重一直不足1%，产业地位低微，归口管理部门不清，导致政府在广告产业发展中事实的缺位和产业发展政策制度供给严重不足。虽然从20世纪90年代中后期以来，由于广告自身工具性功能的限制以及广告诱导功能的不断扩张致使广告传播的信任度整体下降，虚假广告、违法广告大行其道，企业广告成本急剧上升，引发了广告产业的危机，政府加大了产业制度资源的供给力度。但是，迄今为止并没有形成能够对行业整体进行规制的制度体系，仅仅是形成了"头疼医头、脚疼医脚"的局部政策调整框架，没有建构起覆盖整个广告行业市场的制度体系。

第三，不良媒介推波助澜。部分不良媒介往往只注意广告收入的获取，忽视媒介自身的传播责任，成为问题广告的载体。问题广告在媒体刊播的广告中，数量十分惊人。例如，2005年中国教育电视台自查撤换违法广告，达到当年广告总量的33%。① 同时，仍有少数媒体广告违法率继续居高不下，如2007年第二季度，文摘类报纸和都市类报纸，擅自发布"未经审查的药品、医疗广告，宣传医院中药制剂或处方药，广告内容宣传有效率、治愈率，使用患者名义证明疗效，以新闻形式发布药品、医疗广告；保健食品广告夸大产品功能，宣传增强性功能的功效"。②

第四，广告主所属产业问题的映射。广告产业在整个国家的产业体系中，只是一种中介性产业。广告主的强势资本，迫使广告产业的市场主体"摧眉折腰"，违规运作。广告产业所体现的无序、混乱、夸张和失实以及造成的巨大社会负面影响和恶劣的社会形象和评价，在一定程度上，也可以说是国民经济和产业发展存在的问题的一种表征。广告主所属行业的问题，必然要投射到广告行业之中。以保健品行业为例，北京市工商局2007年发布的一次监测报告显示，市场上99.99%的保健品广告都涉及虚假、违法广告传播。保健品行业的虚假、违法广告泛滥，直接反映出这个保健品行业的无序。据国务院发展研究中心发展战略和区域经济研究部完成的专项研究显示，我国保健品产业存在以下问题：市场发育不足、知识产权落后、管理体制不顺、整体信誉不高③。这些问题导致保健品生产企业重营销轻实力，重传播轻产品质量，广告宣传往往言过其实，"概念炒作"的现象比比皆是，使保健品在消费者中出现信誉危机，以至于给保健品产业带来毁灭性打击。

第五，广告传播规制的相对松弛。我国的各级工商行政管理局已经建立了广告监管中心，负责广告发布前的审查和发布监管，以及事后处理。不过，广告监管相对松弛的问题依旧比较严重。广告监管的松弛至少有三个方面的表现：一是广告发布前的审查不严格，二是广告监管的被动执法，三是对于问题广告处罚力度过低。就广告事前审查不严格来看，存在着严重的审查疏漏，或者审查形式化的问题。一个不争的事实是，目前大众传媒中刊播的大量的问题广告，大多是通过了"合法"的广告审查。尤其是对于一些虚假广告，省级以上

---

① 《中国教育台撤下违规广告 占在播总量的1/3》，《北京青年报》，2005年5月16日。

② 《国家工商行政管理总局2006年第一季度违法广告公告》，中国广告监管网，http://ggs.saic.gov.cn/bgt/bgt.asp。

③ 《我国保健品产业现状不容乐观》，休闲养生网，http://www.xxju.net/article/200703_23/30_2102082430.htm。

媒介发布之前，广告主或者广告代理公司都通过各种途径取得了工商行政管理部门广告监管中心出具的“合法”证件。广告一旦走上了大众传媒，需要广告监管中心负责“事中控制”。但事实上在问题广告发生以后，广告监管部门往往被动执法。广告监管部门的解释是“因为人手不足，所以要等到新闻媒体先做了调查、揭露以后，才去查处，这叫被动执法”。① 而在处罚环节，基本处罚手段是两种：一是对媒体“停止刊播”，二是对广告主或者广告公司“罚款”。但不管是罚款，还是停止刊播，总体上处罚力度过低，致使违法成本过低而问题广告屡禁不绝。

第六，广告受众媒介素养的缺失。受众的广告素养是媒介素养的重要组成部分，是指广告受众使用和解读广告信息所需要的知识、技巧和能力，这是受众解读广告、思辨广告、欣赏广告进而利用广告提高生活质量、完善自我、重建社会广告文化品位的素质。长期以来，我们重视了广告产业人才的专业素质的提升，但忽视作为广告受众的国民广告素养的培育，导致广告传播主体素养的非均衡发展，使受众成为广告传播活动中的绝对弱势主体。普通大众，对广告缺乏了解，缺乏识别，不善利用。他们“面对问题广告，难以维权；面对低俗广告，难以抗辩。”② 尤其是问题广告大行其道，开始成为主导性消费话语和观念表达的时候，面对铺天盖地而来的问题广告，受众可能成为“沉默的大多数”。受众的沉默，不只是影响广告与媒介公信力的降低，更重要的是导致产业基础的崩溃，导致广告产业与社会发展的冲突将难以有效遏制。

2.3 广告行业本体要素的影响

影响广告业与社会和谐的冲突发生的行业本体因素主要有本土广告公司高度分散、高度弱小、专业程度较低，外资系广告公司对中国本土文化的忽视，广告代言明星社会责任与法律责任缺失，广告产业协调和行业自律机制的不完善，广告专业人才中企业领袖与专业自信的缺乏等因素。

首先，本土广告公司高度分散、高度弱小、专业程度较低。本土公司的分散与弱小表现在：一是数量众多，但经营规模与效益低下。例如，2006 年本土广告公司数量高达 125 703 万户，是在华外资广告公司总数的253 倍，在数量上占有绝对优势，但营业额仅为外资公司的9.8 倍；户均营业额仅为103.5 万元人民币，仅为外资公司的 3.88%。③ 二是低水平的广告作业程式性活动投入，与高度分散互为表里。广告作业中的程式性活动主要是指来自营销战略与计划制定、消费者生活形态与心理行为研究、媒体调查与收视研究等过程中的作业技术、程序或方法的使用过程与活动。这里涉及大量的数据采集、分析、整理等活动，涉及成熟的以及新近发展的技术、方法、设备等的使用。“由于低水平的程式性投入，因此，产业呈现出发散的局面，同时，作业质量与水平也比较低下。”④ 在一定意义上，正是程式性投入过低，导致市场的集中度较低，企业的规模较小，进而导致其专业服务核心竞争力的缺乏。例如，在广告传播领域存在一种“创意过度”的倾向，表现出本土广告公司专业传播核心竞争力的极其缺乏。一些引发社会冲突的问题广告，往往具有离开企业或品牌的广告战略而过分注重符号表达层面的过度创意的趋势。广告创意人员，对营销战略、品牌核心价值、诉求重点、终端渠道等环节，知之甚少，或者根本不知，只在广告符号的图像或者文字上“异想天开”，试图抓住受众的注意力。这与十几年以前，广告创意概念导入中国广告业

① 方舟子：《虚假广告何以听之任之》，《长江商报》，2008 年 4 月 21 日 A02 版。

② 南平：《广告素养教育：让公众参与监督和发展》，《中国广告》，2006 年第 12 期。

③ 罗以澄、张金海、单波主编：《中国媒体发展研究报告（2007 年卷）》，武汉大学出版社 2007 年版，第 482 页。

④ 史学军：《产业特征、组织创新与本土代理的挑战》，《广告大观（理论版）》，2006 年第 2 期。

界之时，在“创意”的普及方面的误导有关。当时，进入广告产业领域的主要是一批没有经过广告专业训练的美工师、文学青年等。大体上是美工师做创意，文学青年写文案，但他们的“创意”并不是基于专业的程式化活动要求的东西，而仅仅是脱离营销策略和传播核心信息的“视觉游戏”或者“文字游戏”，仅仅在不同媒介的具体执行点子上下功夫。其结果是，脱离基于广告战略的创意核心概念的具体内涵，而一味地从文字层面或图像要素上图解概念，形成一些脱离产品、广告主、竞争者、消费者互动关系的执行点子。这样的完全脱离广告的程式性作业要求的“创意”，不仅诱发不同程度的观念冲突、文化冲突，而且轻则导致目标消费群体对于相关品牌或产品的厌恶，重则导致品牌形象的坍塌和企业竞争优势的丧失。

其次，外资系广告公司对中国本土文化的忽视。近年来，几个著名的国际品牌跨文化传播失败的广告案例，如丰田霸道的“中国狮”向汽车行礼、立邦漆“盘龙滑落”、耐克“恐惧斗室”等，都表现出外资系广告公司在“国际化战略，本土化执行”的时候，对于中国文化的不尊重而导致传播的失败和文化冲突、文化身份抵抗的发生。例如，2004 年 9 月份的《国际广告》杂志第 48 页，刊登了一则名叫“龙篇”的立邦漆广告作品。画面上有一个中国古典式的亭子，亭子的两根立柱上各盘着一条龙，左立柱色彩黯淡，但龙紧紧地攀附在柱子上；右立柱色彩光鲜，龙却跌落到地上。本来，这则广告只是一篇论文的案例作品。当期《国际广告》杂志发表了一篇题为《7 + 的创意，持续的激情》的文章，介绍世界顶级广告公司——李奥贝纳全球广告评审会的评选标准、操作规程及创意管理。其中，引用了李奥贝纳广告有限公司广州分公司为立邦涂料广东有限公司生产的“木器清漆”设计的《龙篇》广告。作品的介绍文字写道：“因为涂抹了立邦漆，龙就滑了下来。立邦漆的特点非常戏剧化地表现出来。”虽然，李奥贝纳公司辩解说，《龙篇》并不是一个完成的作品，只是创意稿之一，但这件作品还是被送往美国芝加哥全球创意作品评审委员会（GPC）参加评选。GPC 对这则广告创意的评价是：“这是一个非常棒的创意……这种表现方式在同类产品的广告创作中是一种突破。结合周围环境进行贴切的广告创意，在这一点上这幅作品是非常完美的例子。”GPC 给这则广告创意的等级评定为 8.3 分，经 GPC 评审得到 8 分以上的作品通常能在国际广告赛中赢得大奖。中国的网民和读者认为，这则广告戏弄了中华民族的图腾。著名广告人叶茂中说道：“我对此感到非常厌恶！也许你的创意的确有独到之处，拿到国外去也能得奖，但是这种靠戏弄中华民族象征来取悦评委的行为是中国广告人的耻辱。”①

再次，广告代言明星社会责任与法律责任缺失。虽然明星代言仅仅是广告符号表现的策略之一，广告产业与社会冲突发生的主因并不是代言明星，但明星往往因其在受众中的巨大影响力，可能放大或扩张冲突的效应。名人代言的问题广告的问题点主要是明星为虎作伥，“忽悠”消费者。这类广告大多是一些证人证言广告，明星以产品的消费者、使用者、推荐者角色来证明产品或者服务的功效与特征。明星们根本没有吃过、没有用过、没有体验过广告中的产品，但在广告中就变成了用过、吃过、体验过，而且效果神奇。这类明星的代言行为，实际上是与广告传播者合谋欺诈。这类广告之所以屡禁不止，从明星的角度看，一是明星自身唯利是图，二是广告法律制度缺乏对于明星代言广告的相关规制。按照中国现行广告法的规定，发现虚假广告问题，有关部门只能对广告经营者、发布者等进行有限度的处罚，广告代言人不必承担连带行政责任或者法律责任。换言之，一旦代言的广告存在虚假宣传，明星们并不需要担负任何行政或法律责任，至多是降低了公信度、美誉度而已。

复次，广告行业协调和行业自律机制的不完善。首先是行业协调机制不完善。迄今为止，我国并没有形成完善的广告产业评估体系和广告公司评估体系。就广告产业评估体系来

---

① 邹建锋：《立邦漆广告创意缘何起风波》，人民网 http://www.people.com.cn/GB/14677/2004-09-30。

看，目前的评估指标体系，过于粗疏和单一化。例如，广告经营单位的规模经济状况、创意与服务能力，以及产业主体的进入和退出壁垒、服务差异化、市场集中度等，也都属于广告产业评估的范畴，但目前的评估中并没有涉及。① 但与此同时，广告市场竞争程度和规模经济状况、广告市场集中度、广告公司一体化战略行为、广告公司的市场绩效评估、广告产业与其他产业关联程度、广告产业的区域分布状况、广告产业竞争力状况等指标则考虑较少。就广告公司评估而言，评估指标体系也存在诸多问题，主要表现在以单纯的业绩评估代替其他指标或是以广告公司获奖情况来评估广告公司整体实力等。无论是评估的范围，还是评估的深度，都很不够，并没有涵盖广告公司的资质、业绩、影响力和社会效益等内容。例如，我国广告公司普遍存在经营规模小、经营水平低、市场竞争力比较弱的问题与产业组织对广告公司的资质评估与认定的空缺不无关系，对广告公司的社会效益评估，几乎是一个空白。其次是行业自律机制不完善。我国也曾形成了广告自律方面的制度，例如，1994 年中国广告协会第四次会员代表大会通过了《中国广告协会自律规则》，中国对外贸易广告协会也制定了《中国对外贸易广告协会会员关于出口广告工作的自律守则》，等等。不过，由于缺乏实施行业自律的主体，缺乏行业内部的非政府组织，缺乏对于行业自律的监督和制衡机制，导致这些自律制度所起的作用微乎其微，大体上只是一般的号召作用，使行业自律制度形同虚设。我国的各级广告协会，实质是工商行政管理机构中的广告行政管理机构，并不是真正意义上的行业自律组织。它们既不代表广告主，也不代表广告公司和广告媒体，更不代表广告受众，因而对于广告行业的相关利益主体，并没有自律意义上的约束力和影响力。2005 年 11 月 27 日中国广告主协会成立，具有非政府行业自律组织的特征，但到今天为止也只能对有限的部分发起会员单位（中国房地产集团、中国化工集团、中国电信、中国移动等 70 多家单位为首批发起会员）提出自律要求，而不可能影响到大量的广告主。因此，自律主体与机制的缺位仍旧是一个十分严重的问题。

最后，广告专业人才中企业领袖与专业自信的缺乏。虽然我国已经有 110 余万广告从业人员，但在本土广告公司的人才队伍中，还存在两大问题：一是缺乏企业领袖；二是广告职业人缺乏职业自信。作为广告企业所有者的企业领袖，对于公司的发展和壮大至关重要，其经营理念和发展战略也直接影响了公司的市场经营行为——广告代理、策划及创意。广告企业领袖，正是具备熊彼特所谓的一种“创造性的破坏”和伟大野心的“企业家精神”的创业者和企业家，而不是仅仅在广告领域只为商业利润而奋斗的“商人”。正是这样一种企业家的精神和野心，才使他们在企业经营中保持一种创新性的、扩张性的、注重公司信誉、追求企业品牌的行为和理念，而不是完全丧失专业的立场和长远的追求，成为不良商人和市场的仆奴。中国很多的成熟产业领域都出现了高瞻远瞩、雄心勃勃的企业家领袖。非常遗憾的是，经过近 30 年的发展，中国广告产业领域“创意大师”和“艺术大师”众多，但真正能够称为“广告企业家”的领袖人物基本没有。作为广告管理者、经营者和创意人的广告职业人，应该秉承一种专业的自信、自觉和自律。所谓专业的自信，是指能够有一种追求通过智慧和创意打动目标消费者、形成传播效果和营销目标的自信，坚守自己的专业水准和追求，而不能因为是客户代理而对客户毕恭毕敬、人云亦云，成为客户意见的传声筒；所谓专业的自觉是指广告人需要认识到，作为现代社会最具影响力的广告，其不仅仅是行销产品、塑造品牌，而更应传达和塑造人们的生活方式、消费理念和价值观念，其社会影响和效应不可忽视，不能当作一种简单的“商业行为”和“商品生产”而对待；所谓专业的自律是指在广告具有巨大的社会影响力的前提下，广告人应该充分认识到广告伦理、广告职业道德和广告法制的遵从对于社会、对于受众、对于广告自身的巨大价值和意义，而不能肆意滥用社会大众的信任，夸张欺骗、违法乱纪。

---

① 张金海、廖秉宜：《我国广告业评估体系的合理化建构》，《中国广告》，2006 年第 4 期。

【作者简介】

吕尚彬，博士，武汉大学新闻与传播学院教授，武汉大学媒介发展研究中心副主任。主要学术领域：媒介发展战略、广告传播。

钱广贵，武汉大学新闻与传播学院博士生，华中农业大学广告与传播学系讲师。主要学术方向：媒介经营管理、广告传播。

试论产业融合背景下的广告产业升级

黄迎新

【摘　要】本文用产业链理论分析了当前中国广告产业面临的危机，指出产业升级是化解危机的唯一出路。在全球产业融合背景下，技术融合、组织融合和需求融合为广告产业同上下游产业之间的融合奠定基础，使广告产业升级成为可能。文章最后提出广告产业升级的对策：广告公司经营战略转移——从“小创意”走向“大创意”；广告公司业务重心转移——从“拉客户”到“知识库建设”；广告公司的壮大路径——产业链一体化整合。
【关键词】产业链　产业融合　广告产业　产业升级

中国广告业的恢复将近30年了，从1979年的一片空白发展到今天的1741亿元人民币（2007年广告经营总额），名列世界第三，可以说已经创造了一个奇迹。但是，仔细审视中国广告业的发展现状，形势并不令人乐观。有两个指标值得我们特别关注。其一，广告经营额的年增长率指标。1997—2007年的10年里总体趋势是呈下滑状，特别是从2003年开始连年下滑，从2003年到2006年依次为19.44%、17.24%、12%、11.07%，2007年达到历年最低点10.68%。其二，广告经营额占GDP指标。自2003年开始，广告经营额占GDP指标一路下滑，从2003年到2006年依次为0.92%、0.79%、0.777%、0.751%，2007年达到近8年来的最低点——0.706%。目前学术界对2003年以来中国广告业的下滑趋势有不同的判断，或称其是“拐点”，或称其是“高速发展过程中的正常回落”。不过，近些年来中国广告业的徘徊不前，折射出中国广告业高速发展背后的深层危机，却不是我们的“盛世危言”。清醒面对现状，敏锐洞察先机，正确提出对策，才能化解当前广告业发展的困局。

1　从产业链理论问诊广告产业危机

1.1　产业链理论的基本内涵

产业链的思想来源于亚当·斯密关于企业内部分工的论断，马歇尔把企业内部分工扩展到企业与企业之间，强调企业间分工协作的重要性，成为产业链理论的真正起源。荷利汉（Houlihan，1988）认为产业链是从供应商开始，经生产者或流通业者，到最终消费者的所有物质流动。史迪文斯（Stevens，1989）将产业链看作是供应商、制造商、分销商和消费者连接在一起组成的系统，其中贯穿着物流和信息流。这些观点都重在强调“产品链”在“产业链”中的作用。迈克尔·波特提出企业“价值链”概念，并且指出整个产业价值链包括供应商价值链、企业价值链、渠道价值链、买方价值链等，除买方价值链外，其他环节可能有多个企业价值链。① 此外，国外一些学者还提出“知识链”，例如美国学者Shin M、

① 【美】迈克尔·波特著：《竞争优势》，陈小悦译，华夏出版社2002年版，第36-52页。

Holden T、Schmidt RA 提出的知识链模型包括五种主要活动（知识获取、知识选择、知识生成、知识内化和知识外化）和四种辅助活动（知识测量、知识控制、知识合作、知识领导）。① 1997 年，鲍德温（Baldwin）和克拉克（Clark）在《哈佛商业评论》发表《模块时代的经营》一文，指出模块化时代的产业链同传统的产业链相比，基本的产品技术、价值链模式、知识管理模式都发生了根本的改变，模块化的产业链以功能性的分工为基础，呈现网络状产业关联，关联方式也不再是传统产业链的有形关联，而是知识关联、知识实力者主导标准的制定、主导产业链的知识整合。② 以上学者关于产业链的论述为我们深入分析广告产业现状提供了理论武器。

1.2　广告产业的价值链

我们首先来分析一下广告产业的价值链构成（图 1）。广告产业价值链由 4 个相连的环节组成：（1）广告主价值链；（2）广告公司价值链；（3）媒介单位价值链；（4）受众价值链。

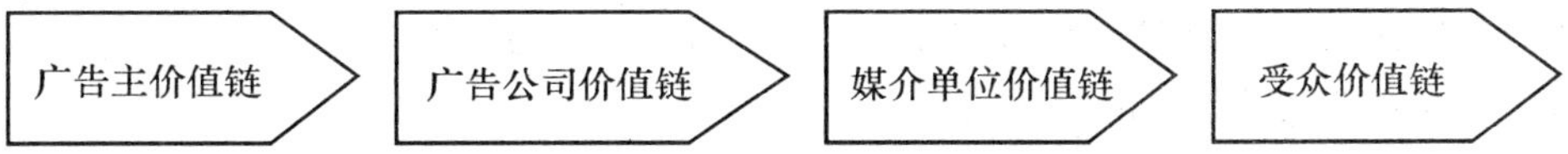

图 1　广告产业价值链

在广告产业价值链中，广告公司的价值链由基本活动价值链和辅助活动价值链构成（图 2）。前者包括市场调查、活动策划、创意设计、制作和媒介发布等环节，后者包括公司基础设施、人力资源管理、技术开发、客户关系等环节。每个环节都带来一定的利润，但最重要的两个环节是创意和媒体发布。广告公司的生产和再生产都依赖于广告代理费，其把全部价值都投入到广告产业价值链中。同时它也是一个中心环节，将上游的广告主价值链和下游的媒介单位价值链联结起来。可以用一句话总结：广告公司兴，则广告产业兴；广告公司衰，则广告产业衰。

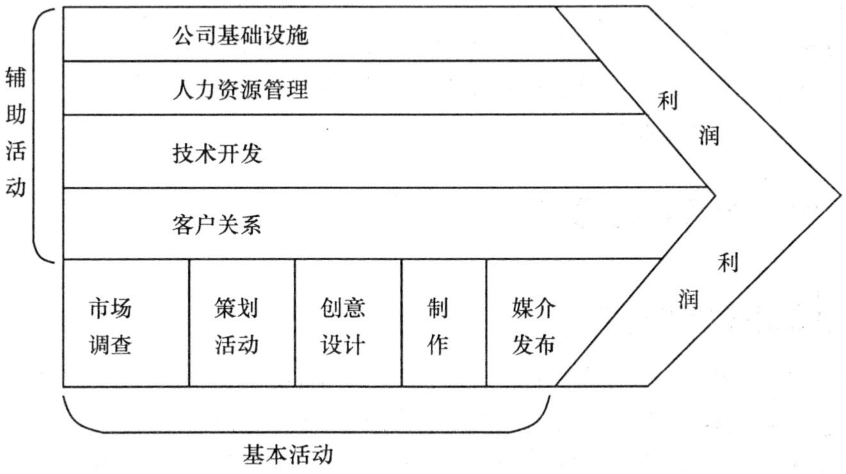

图 2　广告公司价值链

① 芮明杰、刘明宇、任江波：《论产业链整合》，复旦大学出版社 2006 年版，第 37 页。

② Baldwin, C. Y. and Clark, K. B. (1997), Managing in an Age of Modularity, HBR, 75(5), pp. 84-93.

1.3　从产业链看广告产业危机

在广告产业链中，广告公司价值链最为重要，但从目前发展状况看，广告公司遇到的麻烦最大。从图2可知，广告公司价值链的价值来源主要靠创意和媒介发布两个环节。但目前这两个环节同时遇到麻烦。

创意环节的麻烦有二。第一，广告主广告预算的删减导致创意成“无米之炊”。20世纪90年代后，整合营销传播成为新的管理范式，大众媒介广告的投入减少，其他营销传播工具的投入增加。勒文森（Levinson，2001）说：“在美国，25年前75%的营销预算投放在广告上；今天，50%投放到贸易促进，25%投放到消费者促进，不到25%投入到广告。”① 中国的一项调查显示，广告主对“传统媒体广告投放在企业营销活动中地位下降”这一说法的同意率，2003年是39.7%，2004年、2005年分别为48.9%、48.4%，较之2003年提升了近10%②。第二，创意效果风光不再。过去广告创意很容易说服、诱导消费者采取行动，但现在的消费者越来越理性，任何花招都难以瞒过消费者的眼睛，广告进入“艰难的说服”阶段。阿尔·里斯在《公关崛起，广告衰亡》一书中说：“夸大的言辞和过多的数目是造成广告有效性下降的因素。可是可信度是最根本的问题。无论广告的创意多好，无论媒介是多么地合适，可是就是没有办法产生可信度。”③

媒介发布环节也遇到新问题。过去媒介代理费一直是广告公司的一大利润点。但随着媒介购买公司在中国的崛起，媒介代理利润空间日益萎缩。自1996年第一家媒介购买公司实力媒体（Zenith Media China）成立，至今大大小小的媒介购买公司多达数百家，其中全球四大广告集团（WPP、IPQ、Publics、Omnicom）均已在中国成立了媒介购买公司，像Publics旗下的博睿、WPP旗下的群邑是国内数一数二的媒介购买公司。这些媒介购买公司凭借雄厚的资金实力，通过大批量从媒介手中购买而获得优惠折扣，进而形成媒介资源垄断，例如2004年中央电视台黄金时段招标结果，44亿元人民币招标额的90%以上被媒介购买公司购买。本土广告公司不得不打“零代理”、“负代理”来应对媒介购买公司的挑战。

由此可见，广告公司价值链的两个最大利润点遭受损失。在产业链上游，广告主对广告投入的减少导致创意环节价值减少；在产业链下游，媒介购买公司生吞活剥，导致广告公司媒介代理价值减少。广告公司的利润空间大大萎缩，导致广告公司生存艰难。这又直接导致整个广告产业链危机四伏，这也就是近年来两大广告经营指标连续下滑的根本原因。广告产业必须做出新的调整、新的改变。

2　广告产业升级可行性分析

2.1　产业融合时代的来临

从20世纪70年代开始，通信技术的革新（光缆、无线通信、宇宙卫星等的利用及普及）和数字技术的快速发展，首先在通信传播业内部（通信、邮政、广播、报刊等领域）形成技术融合。随着西方政府放松经济性规制，行业间进入壁垒降低，导致同一产业内部不同领域之间和不同产业之间的融合现象进一步加剧。1978年，美国麻省

① Levinson, J. C. (2001), Integrated marketing, executive excellence, Provo, Vol. 18 No. 11, pp. 9-10.

② 《2005年度中国广告主调查专项报告》，《现代广告》，2006年第1期。

③【美】阿尔·里斯、劳拉·里斯著：《公关第一，广告第二》，罗汉、虞琦译，上海人民出版社2004年版，第79页。

理工学院（MIT）媒体实验室主任尼葛洛庞蒂（Negronponte）用三个重叠的圆圈来描述计算机、印刷和广播三者的技术边界，认为三个圆圈的交叉处将成为成长最快、创新最多的领域。20世纪80年代末，日本学者提出1.5产业、2.5产业的概念，1.5产业是指农业与制造业相融合的那部分产业，2.5产业为第二产业与第三产业相融合的那部分产业。1997年欧洲委员会“绿皮书”（Green Paper）对产业融合的定义是“产业联盟和合并、技术网络平台和市场等三个角度的融合”。① 格林斯腾和汉纳（Greenstein and Khanna，1997）将产业融合定义为“为了适应产业增长而发生的产业边界的收缩或消失”。② 日本产业经济学家植草益2001年给产业融合下的定义是：“产业融合就是通过技术革新和放宽限制来降低行业间的壁垒，加强行业企业间的竞争合作关系。”③ 我国经济学家周振华对以上西方学者提出的“产业整合”定义进行总结：“产业融合（convergence）是在信息化进程中发生的一种新经济现象，随着信息技术的发展及广泛运用，特别是互联网的形成和成熟，于20世纪90年代首先在电信、广播、电视和出版部门出现固定化产业世界的模糊与消失的融合现象。”④ 但是很多学者认为，产业融合不应该仅仅局限在信息传播业中，例如我国学者胡汉辉把产业融合发生在产业的边界和交叉处，并分为产业渗透、产业交叉和产业重组三种形式。⑤ 于刃刚对“产业融合”的定义是“产业融合是指不同产业之间的传统边界趋于模糊，甚至消失的现象”。⑥ 由此可见，产业融合最初是技术融合的产物，随着政策放宽和经济竞争加剧，如今在许多不同产业间形成边界模糊和消失的现象，都可称为是产业融合，可以说一个产业融合时代已经来临。

2.2 广告产业与上下游产业融合的可能性分析

2.2.1 技术融合是广告产业与上下游产业融合的基础

广告本质上是一种营销信息传播行为，技术是广告传播的根本保障。从古至今，每一次技术革命都会引发广告生存形态和传播形态的变革。今天传播技术是以数字技术为主导，在传播方式上，“推”的模式被“拉”的模式取代。以“推”为主要方式的大众媒介广告向以“拉”为主要方式的分众互动广告方式转化，搜索引擎、博客、BBS、QQ、Email、RSS等传播手段成为新的广告形式，而手机视频广告、网络电视广告、楼宇视频广告、交通移动广告、手机报纸、网络广告、网络报纸等诸多新的广告形式显示着媒介技术融合带来的“共生型广告”兴旺。总之，数字技术改变了传统的广告产业。

在广告产业的上游，各个企业普遍实行技术革新，大量高新技术得以运用。汤姆·科林格说：“新的、经过重大改进的技术也已诞生，用于支持这些计划，出现了客户识别卡、智能卡、信用卡搭售、POS读卡机、个性化的统一资源定位器（URL）等。此外，还有无数为市场微观主体制造的工具，从企业资源计划工具（ERP）到中间设备技术，用于让所有这些技术协同工作。此外还有针对特定问题的工具，比如：营销自动化、呼叫中心自动化、电子

① European commission, Green Paper on the convergence of the telecommunications media and information technology sectors and the implications regulation, http://www.ispo.ece.be, 1997。

② Greenstein S. and Khanna, T.,(1997). What Does Industry Mean? [A], See in Yoffie, D. B. (ed.): Competing in the Age of Digital Convergence, Boston, 1997, pp. 201-226。

③ 【日】植草益：《信息通讯业的产业融合》，《中国工业经济》，2001年第6期。

④ 周振华：《信息化进程中的产业融合研究》，《经济学动态》，2002年第6期。

⑤ 胡汉辉、邢华：《产业融合理论以及对我国发展信息产业的启示》，《中国工业经济》，2003年第2期。

⑥ 于刃刚等：《产业融合论》，人民出版社2006年版，第11页。

邮件回复管理、销售队伍自动化、网站个性化工具等。"① 总之，在企业战略管理系统中，包括客户关系管理（CRM）、数据库管理系统（DBMS）、营销信息系统（MIS）等都依赖技术作为基础。

在广告产业的下游，传媒集团对技术创新更敏感，许多媒介设备快速升级换代。像电脑、数码照相机、数字打印机和激光照排系统等使数字印刷设备取代机械印刷设备，数码摄影机、非线性编辑系统、数字电视机、机顶盒等成为数字电视内容生产设备，光缆和通信卫星成为数字信号传输媒介。

广告产业及其上下游产业都进行了技术革新，以数字技术为代表的高新技术得到普遍的应用。技术融合为三方产业融合奠定了基础，使广告产业升级有了技术上的保障。

2.2.2 模块化网络结构是广告产业与上下游产业融合的组织基础

传统的产业链是线性的结构，而在知识经济时代，产业链变成模块化的网状结构。模块化最初起源于产品的设计，后来扩展到产品的生产，最后发展到一个产业链的组织方式。我国学者芮明杰指出："模块是指可组成系统的、具有某种确定独立功能的半自律性的子系统，可以通过标准的界面和其他子系统按照一定的规则相互联系而构成的更加复杂的系统。"② 模块化仍然强调分工，但这种分工更强调模块的知识含量。由此，从前的产品链现在由知识链取代，从前的线性联结现在由网络联结取代。系统中的每一个模块都是一个集成，相对独立，但又不断与模块之外的模块和环境进行着物质、能量和信息的交流。

信息化进程中的产业融合大大推进了产业结构从劳动密集型为主到资本密集型为主再到技术、知识密集型为主的演进进程。在今天"模块化"时代，制造业、广告业、传媒业各自形成众多的模块，这些模块打破以往的产业界限，并且相互联结成网状结构。这就是说，模块之间的联系并不是简单的线性关系，而是纵向和横向的关联交织在一起。例如，企业网站是一个知识丰富的模块，模块需要企业、广告设计公司、专业技术公司共同配合完成，这样的企业网站就成为一个相对独立但并不封闭的模块，不断与外界发生着互动和交流。模块化组织结构是密集型知识经济的产物，依靠良好的资源重组和配置，极大地提高生产效率和竞争能力。模块化使产业边界日益模糊，使跨产业之间形成产业融合。

2.2.3 产业间的融合需求是广告产业与上下游产业融合的驱动力

"融合"、"整合"是当今战略管理的主旋律。"兼并收购"、"集团化"、"强强联姻"、"战略结盟"、"联合营销"、"整合营销传播"、"定牌生产"、"特许经营"、"共同研究与开发"、"业务外包"、"产业集群"、"产业整合"、"产业融合"等术语的出现和流行，证明目前产业之间、企业之间和企业内部对"融合"的需求。

企业过去只是把广告公司当作业务代理者，现在越来越多的企业把广告公司看作是关系密切的战略伙伴。广告报酬费用制度改革可以体现这种变化。过去比较流行15%的"佣金制"，现在多数企业改变为"服务费制"或"定金制"，甚至还有些企业使用捆绑在一起的"绩效报酬制"，这种变化说明企业有与广告公司融合的需求，在企业内部"模块"中给广告公司留有一席之地。

媒介单位过去也只把广告公司当成媒介版面或时段的"掮客"。但是现在媒介单位与广告公司结成更紧密的关系。媒介单位希望与广告公司融为一体，双方在节目定位、内容设计、节目制作、节目营销、广告经营等方面共同开展工作。

---

① 【美】道恩·亚科布奇、博卡·卡尔德著：《凯洛格论整合营销》，邱琼、王辉锋译，海南出版社、三环出版社2007年版，第16页。

② 芮明杰、刘明宇、任江波：《论产业链整合》，复旦大学出版社2006年版，第6页。

3 产业融合背景下的广告产业升级对策

通过以上分析，我们认为在全球产业融合的背景下，广告产业与其上、下游产业的技术融合、组织融合和需求融合为广告产业的产业升级打下了基础。走出传统广告产业的固有经营模式，打破广告产业与其他产业的界限，在产业融合中实现产业结构调整，是目前广告产业走出困境的唯一出路。基于此，本文提出以下三个对策。

3.1 广告公司经营战略转移：从“小创意”走向“大创意”

“小创意”是指广告活动或广告作品的创意，这是传统广告产业的一大赢利点。这种“小创意”也是专业分工的产物。1986 年中国广告联合总公司提出“以策划为主导，以创意为中心，为客户提供全面服务”的口号，标志着中国广告产业对自身的定位。1996 年中国广告界从戛纳铩羽而归，进一步刺激了国人“以创意为中心”的思想。但正如前文分析的，在产业融合背景下，这种“小创意”的思维方式已经不能带领广告产业走出困境，因此必然将发展方向定为“大创意”。所谓“大创意”，是指产业创意，这就是说，广告产业突破以往“画地为牢”的界限，主动与其他产业融合，从而实现产业创意的战略转移。20 世纪 90 年代，美国把广告纳入到“版权产业”，英国把广告纳入到“创意产业”，实际上是对广告业的重新定位。从“创意”到“创意产业”，不仅仅是话语的转换，也是思想观念和实际业务的战略转型。从“小创意”走向“大创意”，符合产业融合的发展趋势，能够开拓上、下游产业的利润空间，是广告产业实现产业结构调整和产业升级的必由之路。

3.2 广告公司业务重心转移：从“拉客户”到“知识库建设”

过去，广告公司的生存压力逼迫广告公司的业务重心放在“拉客户”上，因此才有“零代理”、“负代理”现象。但这种生存模式始终是被迫无奈的选择。在产业融合背景下，广告公司应该把工作重心转移到“知识库建设”上。如前文所述，上游和下游产业之所以有同广告产业融合的需求，并非是广告公司出色的创意能力，而是广告公司有着更丰富的市场知识。但是目前广告公司在市场知识的储备上远远不足以支撑其产业链延伸。许多企业抱怨广告公司对产品、市场和消费者的知识不如自己，而许多媒介单位觉得广告公司对媒介特点、媒介受众、传播效果的知识很贫乏，这极大阻碍了广告公司向上、下游产业的拓展。在模块化网络结构中，是知识元素把不同的元素集成系统，不同产业之所以能够融合，正在于不同产业的知识聚合。因此，从现在起，广告公司应大力建设“知识库”，这是一个长期的积累过程，需要组织结构、技术能力和战略思想的高度统一。“知识库”应该包含两大部分：上游知识库和下游知识库。上游知识库包括行业数据库、市场数据库、政策数据库、产品数据库、顾客群体数据库、渠道数据库、消费行为数据库、流行文化数据库等；下游知识库包括媒介数据库、受众数据库、媒介接触数据库、传播效果数据库、节目数据库等。一旦广告公司拥有的知识远远超过广告主和媒介单位，就不是广告公司“拉客户”，而是客户拉广告公司了。

3.3 广告公司的壮大路径：产业链一体化整合

广告产业的壮大归根结底依赖于广告公司的壮大，而目前广告公司的现状是高度分散、高度弱小。在产业融合背景下，广告公司的快速壮大可以通过产业链一体化整合来完成。产业链一体化整合包括两大方式：产业链水平整合和产业链垂直整合。产业链水平整合包括两种形式：一种是进行水平合并，即通过广告公司之间的兼并和收购形成大的广告集团；另一种是建立横向联盟，例如形成广州 4A、上海 4A、北京 4A 等组织。产业链水平整合的目的是加强市场集中度，形成规模经济。产业链垂直整合也包括两种形式：一种是前向垂直合并，另一种是后向垂直合并。前向垂直合并是指与上游产业的合并，后向垂直合并是指与下游产业的合并。“在日本和韩国，广告公司或依托媒体，或依托企业，与媒介和企业形成一个稳固的产业共同体，从而有效地抵制了跨国广告公司的市场侵入，迅速实现了本国产业的升级。”① 日韩经验是产业链垂直整合的典范。产业链垂直整合的作用是整合不同产业的资源优势，形成范围经济。总之，广告公司通过产业链一体化整合，增强自身的竞争实力，最终完成广告产业的升级。

【参考文献】

[1] 王克岭、郑钢：《基于价值链理论的产业升级模式初探》，《经济问题探索》，2006年第12期。

[2] 柳旭波：《产业融合对产业结构理论的新发展》，《长白学刊》，2006年第2期。

[3] 吕拉昌：《关于产业整合的若干问题研究》，《广州大学学报（社科版）》，2004年第8期。

[4] 蔡宇：《关于产业链理论架构与核心问题的思考》，《统计与决策》，2006年第9期。

[5] 张金海、廖秉宜：《由创意“广告”走向创意“产业”》，《广告人》，2007年第2期。

[6] 张金海、黄迎新：《 广告代理的危机与广告产业的升级与转型》，《广告大观（综合版）》，2007年第6期。

[7]【英】约翰·霍金斯著：《创意经济：如何点石成金》，洪庆福等译，上海三联书店2006年版。

[8] 马健：《产业融合论》，南京大学出版社2006年版。

[9] 苏东水主编：《产业经济学》（第2版），高等教育出版社2005年版。

[10] 芮明杰主编：《产业经济学》，上海财经大学出版社2005年版。

[11] 范鲁斌：《中国广告25年》，中国大百科全书出版社2004年版。

[12] 张金海：《广告经营学》，武汉大学出版社2004年版。

[13]【美】唐·舒尔茨、海蒂·舒尔茨著：《整合营销传播——创造企业价值的五大关键步骤》，何西军、黄鹂译，中国财政经济出版社2005年版。

【作者简介】

黄迎新，中南民族大学文学与新闻传播学院副教授，武汉大学新闻与传播学院2005级博士生，主要研究广告学。

① 陈永、张金海等：《中国广告产业将走向何方》，《现代广告》，2006年第7期。

广告素养理论研究及其社会行动的进展

周丽玲　周璐　周宇博

【摘　要】本文追溯了广告素养理念及实践发展的背景，回顾并整理了广告素养涵义与教育内容的历史变迁，并对其社会实践的推动力量和教育效果的实证研究状况作了重点阐述。本文的主要目的在于，对国外和中国港台地区有关广告素养的现有理论研究和社会实践成果进行初步的考察和介绍，理清广告素养概念和社会行动的发展脉络，为广告素养研究在我国的发展提供一定的借鉴。
【关键词】广告素养　媒介素养　广告素养教育　效果

近年来，国内学术界等开始关注一个新的理论和实践命题：广告素养与广告素养教育。① 这一概念和实践行动源自西方，从属于媒介素养研究及媒介素养运动，在世界上很多国家和地区已经得到学术界的关注和各种社会力量的推广。本文旨在对这一领域的理论研究和实践进展状况作一梳理和评论，研究资料主要来源于1990年以来学术界有关广告素养和广告素养教育的中英文研究文献，以及相关公民行动组织、学术团体和政府机构网站所发布的广告素养信息。

1　背景：媒介素养的兴起和发展

广告素养的理念与社会实践的发展离不开媒介素养运动。早在20世纪30年代，媒介素养的基本理念即已出现，当时电影的色情及暴力内容引起了社会精英分子的注意，一些学者和教育工作者提出了“文化素养”的概念，呼吁社会（尤其是青少年）抵制不良文化的影响。② 历经数十年的发展，媒介素养的概念内涵和教育实践都有了很大变化。

鉴于各方人士对媒介素养的多样性理解，美国于1992年召开全国媒介素养精英会议，并促成与会者对媒介素养做出了一个共识性的定义：一种获取、分析、评价和传播各种形式信息的能力。而一个具有媒介素养的人应能“解析、评价、分析和产制印刷媒介和电子媒介信息”。③ 这一定义已具有多元素养的观念，被广为引用。

2000年以后，媒介素养进一步朝“释放”和“赋权”的方向发展，更关注于参与式的社区行动。④ 媒介素养教育亦由“对抗媒介”的目的逐渐发展出“与媒介共生”的理念，

---

① 参见张金海：《广告素养与广告素养教育》，武汉大学未来网电子海报，http://manage. future. org. cn/article_view. php? id = 29789,2007年5月25日。

② 参见卜卫：《论媒介教育的意义、内容与方法》，《现代传播》，1997年第1期。

③ William G. Christ, W. James Potter. Media literacy, media education, and the academy,. *Journal of Communication*, 1998, 48 (1), 5-15.

④ 台湾学者吴翠珍对这两个概念进行了解释：“释放”是指个人在心智上能够穿透媒体所建构的迷障，不被媒体左右；“赋权”指的是个人有自主能力去分辨、选择、评估媒体及其内容，进而透过理性的思考与对话，去影响、督促媒体改善内容，乃至培养公民产制创意的、良性的、教育的信息。转引自张开：《中国首届媒介素养教育国际研讨会综述》，《现代传播》，2004年第6期。

由分析、批判的教学法转而更为关注参与式的教学法，即通过亲身参与媒介制作来认识传媒、表达意见，甚至塑造传媒文化、影响媒介产业。需要说明的是，媒介素养理念与教育模式虽有新旧之分，但并不存在全然替代的“进化”性质，各种理论主张和教学法仍并存于很多国家和地区。①

无论是出于媒介素养教育在保护儿童和成年人免受媒介不良影响方面的作用，还是出于其在培育“民主社会公民所需的基本能力”② 方面的潜力，媒介素养教育都是一种对现有传播生态的积极干预，它的提出隐含了承认这样一个现实：我们无法期望媒介自身会采取多少措施来根本改变媒介的运作现实，只有转而从教育公众入手，通过改变这个传统的“信息接收终端”获取、分析、评价和使用媒介信息的能力，促成媒介内容和媒介影响力的改变。媒介素养教育甚至被作为与立法监管和业界自律并立的三大传媒监管方法之一，受到不少国家的关注。2000 年，在多伦多举办的传媒教育国际高峰会，与会的国家多达 55 个，当中既包括了传媒发达的先进国家如英国、澳大利亚、加拿大、美国及北欧诸国，也包括了第三世界国家如印度、菲律宾、阿根廷及墨西哥等。③

回顾媒介素养历史悠久的国家，不难发现广告素养之所以会在媒介素养中占据一席之地，无非出于两方面的原因：一是广告作为一种媒介内容所产生的文化品味、价值观和公众意识操控问题；二是广告作为一种媒介运营机制而导致的对媒介的潜在操纵和商业化。早在 20 世纪 60 年代，广播电视与广告和商业的结合，令其成为流行文化的主要传播平台，由此打破了人们认为广播电视是“无害的消遣品”的最初印象，其潜移默化的力量甚至惊动了美国政府，如军医总署就曾出面委托学者研究电视对青少年的影响。④ 正因为如此，在很多媒介素养组织所给出的广告素养内容及教学资源里，对说服性信息的警惕意识培育和防御、拆解广告的方法得到了强调。

2 简要回顾：广告素养涵义与教育内容的历史变迁

国外对广告素养的理论研究，有的是直接使用“广告素养”或“广告媒介素养”的概念，但同时还有很多研究文章仍然使用的是“媒介素养”的概念，因为媒介素养可以包含前者。在此情形下，国外对“广告素养”并没有像对“媒介素养”那样进行诸般概念上的争辩和讨论。

对广告素养，一种具有代表性的定义是仅指“对广告背后的说服意图的更好理解”，这种定义暗含的假设是成年人和孩子们一样都需要被“事先警告”，以促进其对说服性传播的认知防御。⑤ 这一定义虽然界定的内容很狭窄，但却是 20 世纪最常见的广告素养教育实践内容。

在 20 世纪七八十年代，美国针对不同年龄层的对象开展了不同主题的媒介素养教育项目，其中关于广告素养的教育主要集中于对“信息的劝服意图”的辨识。比如美国西南教育发展实验中心所主持的儿童电视素养项目，其广告素养的学习目标即为“了解并辨识广

---

① 香港学者李月莲就曾结合香港的媒介素养教育实践，认为“批判模式”的传媒教育仍有其实际应用价值。参见李月莲：《传媒教育：一个新兴知识领域的探索》，《新闻学研究》，2006 年 7 月号。

② Center for Media Literacy. Vision and Mission. http://www.medialit.org/about_cml.html,2007-4-2。

③ 参见李月莲：《香港传媒教育运动：“网络模式”的新社会运动》，《新闻学研究》，2002 年 4 月号。

④ 陈世敏：《媒介素养的基本概念》，见周典芳、陈国明主编：《媒介素养概论》，台湾五南图书出版公司 2005 年版，第 9 页。

⑤ Austin, E. W., and Johnson, K. K. Effects of General and Alcohol-Specific Media Literacy Training on Children's Decision Making About Alcohol. *Journal of Health Communications*, 1997, 2(1): 17-42. Eagle, L. Commercial media literacy: what does it do, to whom-and does it matter? *Journal of Advertising*, 2007, 36(2): 101-111.

告的心理影响”；由纽约公共电视台于1978年开发的适用于初中生的电视素养教材《批判性的电视观看》，“电视的劝服意图”是其十大单元主题之一；美国远西教育研究发展实验中心在得到教育部1988年的41万美元拨款后，发展出一套适合高中生的电视批判观看技巧训练课程，该课程所强调的五大能力之中同样包含有“能辨识电视信息的劝服意图”；由波士顿大学开发的成人电视批判观看训练课程涵盖了大学生、教师和家长三种目标对象，此项计划出版的《电视素养》一书也包含了“了解劝服性的节目与倡导短片”、“了解广告的结构”这样的主题。①

不过，自20世纪80年代媒介素养教育受到文化研究和批判理论的影响以来，以英国为代表的一些国家在媒介素养教育课程中也融入了意识形态和符号学的分析，相应地广告素养教育的内涵也由单一的说服意图辨识，扩展至更多的涉及理解、分析和评价的议题。以英格兰区域普通证书教育中的电视研究课程内容为例，在“解构影像”的框架之下，其训练内容包含了“检视广告及电视语言中的内涵意义与外延意义”子项。② 近些年来在英国等欧洲国家得到推广的广告素养项目 Media Smart，其教育主张同样强调“了解”、“评价”及“批判性方法”的概念。③

在广告素养教育内容发生扩展的同时，一些学者提出了广告素养的新定义。如 Young 在学术界对媒介素养的一般定义框架之下，将广告素养界定为“分析、评价和生产各种形式及各种媒介上的说服性信息的能力”。④ 这一定义实际上体现了20世纪90年代以来整个媒介素养观念的内在变化，即崇尚多元素养，并接受了文本多义、“主动的受众”、文化研究和接收分析等新的传播学理念和方法，将素养教育的过程看作知识建构的过程，并有着培育民主社会所需的公民行为能力的潜质。

此外，在多媒体与网络技术迅速发展的背景下，有人提出“建构”广告的观点，认为广告素养并非“简单的信息解码”，如加拿大一个教育部门的顾问 Nancy MacDonald 认为，广告素养教育应要求孩子们不只会拆解广告，学习的要旨是建构。⑤ 西英格兰大学教授 Lynne Eagle 认为对广告素养的很多现有讨论都只局限在传统媒体的广告上，他提出广告素养还应关注新兴的电子媒介和混合媒介，这些媒介形式已使广告、信息和娱乐之间的界限越来越模糊，只有这样，才能使广告素养内容适用于广泛而多样化的广告现实。⑥ 加拿大的一个公共法人组织的负责人 Stephen Abram 专门讨论了网络时代背景下的广告素养教育所需要特别关注的新现象，如搜索引擎里隐藏的广告、广告点击率计费制对网民的商品化、网上登记注册制度所由此带来的潜在营销以及网络游戏里的产品植入式广告。⑦

3 聚焦：广告素养社会实践的推动力量

目前广告素养教育的推广，在机制上基本依托于更大范围的媒介素养教育，学校、家

---

① 参见吴翠珍：《媒体素养中的电视素养》，《新闻学研究》，1996年5月号。

② 参见吴翠珍：《媒体素养中的电视素养》，《新闻学研究》，1996年5月号。

③ Media Smart. Key principles of media literacy. http://www.mediasmart.org.uk/media_literacy/key_principles.html, 2008-3-10.

④ Young, B. Does food advertising influence children's food choices? A critical review of some of the recent literature. *International Journal of Advertising*, 2003(22), pp. 441-459.

⑤ Martin, K. Building critical consumers. *Marketing Magazine*, 2004, 109(2), pp. 13.

⑥ Eagle, L. Commercial media literacy: what does it do, to whom-and does it matter? *Journal of Advertising*, 2007, 36(2), pp. 101-111.

⑦ Abram, S.. K-12 Information Literacy: Preparing for the Dark Side. *MultiMedia & Internet@Schools*, 2007, 14(4), pp. 25-28.

长、教会、社团、政府、媒介、企业界等各种力量都纳入了媒介素养教育的大体系。不同国家和地区，其媒介素养和广告素养教育所借重的推动力量也不一样。比如我国的香港地区和台湾地区都是从20世纪90年代开始推广媒介素养，但两者的推广模式却并不全然相同。香港在1997年之后媒介素养教育发展迅速，参与的学校和各种民间组织数量众多，成为“网络模式”的新社会运动，具有“自下而上”的草根性质。① 而台湾则在一批先行者的推动下，促成其有关部门于2002年制定了《媒介素养教育政策白皮书（草案）》，正式将媒介素养教育纳入学校教育体系，从而结合政府、学术和民间三者的力量共同推广媒介素养教育。②

推动广告素养教育实践的机构和组织大体上可分为三类：一是民间团体和组织，二是产业界，三是政府机构。

3.1　民间团体和组织

各类民间团体和组织，包括高校学术团体和个人在内，是推动媒介素养和广告素养教育的重要力量。

北美最重要的媒介素养机构之一——媒介素养中心，即为非盈利性的民间组织。它起源于《媒体与价值观》杂志，该杂志创办于1977年，是美国一个研究生院项目的成果。目前媒介素养中心的参与成员有学校教师、社区领袖、家长、政府、社会人士代表等，该中心通过自己的杂志和网站向各方面供应相关的教学资源。广告素养是该中心的重要关注点之一，在网站上设有“广告与消费文化”专区，截至本文作者访问的时间，该专区上放置的“文章和报告”共计35篇，按文献的议题，我们对之做了如下分类（见表1）：

表1　　**媒介素养中心（CML）“广告与消费文化”专区文献③**

议题的分类	标　题	文献数量
广告与消费文化	美国的许愿书贩卖美国梦 克隆消费文化 市场的偶像 我们的嗜好文化 向女性兜售嗜好 品牌就是我们：广告是怎样运作的 永远的效法：儿童是怎样学习消费主义的 图像文化的兴起：美国梦的重新建构 通过电视探寻意义 客厅里的图画 出发点：我的父亲曾经是个推销员 广告，是真的有效抑或只是个神话	12

① 参见李月莲：《香港传媒教育运动：“网络模式”的新社会运动》，《新闻学研究》，2002年4月号。

② 参见周典芳：《世界各国媒介素养教育的现况》，见周典芳、陈国明主编：《媒介素养概论》，台湾五南图书出版公司2005年版，第177页。

③ 资料来源：CML“Advertising / Consumerism”专区，http://www.medialit.org/focus/adv_home.html，2008-3-10。

续表

议题的分类	标　题	文献数量
广告与媒介	你值多少钱？观众也是商品 妇女杂志不会打击他们的衣食父母（广告主） 电视和消费 被收买的心灵：广告，电视和美国文化 电视是如何运作的 从哪里来，到哪里去	6
广告文本拆解	怎样分析一则广告——发现广告中的隐藏信息 致命的劝服：酒类广告中让你信服的七个秘诀 最性感的广告：怎样看透软营销 广告中的美女与野兽 当创造力不足的时候，什么令广告变得更加糟糕	5
广告与儿童、性别、种族、少数族群	电视上的食品信息与儿童饮食 广告中的男性形象 广告让黑人女性陷入两难处境 少数派：广告仍然在描述一个全白人社会 癌症：一种机会均等的疾病 反对广告对老年人的歧视	6
广告与政治	政治广告的三个阶段 政治广告中的 Bill Moyers Tony Schwartz：创造政治丑闻的人 媒介形象为利益而推销战争 军事营销：征兵应该像卖肥皂一样吗 处置军事广告	6

上述文章以较为通俗易懂的方式，对广告进行了详实而全面的文本拆解和意识形态解构，在总体上对广告表达的乃是一种明显的批判观念和防范心态。这种取向在有高校背景的广告素养组织中是比较有代表性的。

例如，台湾地区政治大学传播学院的媒体素养研究室成立于 1999 年 12 月，直接隶属于其所在学校，以政治大学传播学院为主要服务对象，同时包括其他大学的学者、媒体教育推广者、教师和学生，并通过其网站和开发的教材，举办研讨会、演讲、座谈会、种子教师训练营等活动，服务于主管和关心媒介素养的政府、社会团体与基金会、媒体实务界人士和一般公民。由该研究室开发制作的“媒时间”广播节目教案，分期讨论了虚假广告如何出笼和青少年品牌消费观的问题。① 在台湾地区近年推出的一本媒介素养教育参考教材中，与广告素养直接相关的“媒介与消费文化”一章由慈济大学传播学院的教师所撰写，② 内容包括广告与消费社会、广告业的运作和生产（包括广告与媒介工业的关系）、广告的夸大不实、名人代言，乃至广告中涉嫌侵犯人权等问题的探讨。③

---

① 资料来源：http：//www. mediaed. nccu. edu. tw/page1. php，2007-3-21。

② 值得一提的是，慈济大学传播学系创立于 2001 年，在当年该校就将“媒介素养概论”定为通识教育中的核心课程，为全校大一新生的必修课。

③ 参见周典芳：《媒介与消费社会》，见周典芳、陈国明主编：《媒介素养概论》，台湾五南图书出版公司 2005 年版，第 179-212 页。

扎根于北美的“广告克星”是具有更强的新社会运动性质的民间组织，由一个国际性的非盈利性媒体基金会经营，定期发行的《广告克星》杂志主要揭发广告的不实之处，反讽与说明商业营销手法。杂志以加拿大为基地，不过有 2/3 的读者是在美国，杂志期发行量为 12 万份。该基金会也经营网站，合作伙伴有“地球之友”和“绿色和平”组织，其目的是在改变现有的商业媒体所导致的生态和社会文化现象，而出版的《广告克星》杂志也同样在根本上是一份生态学杂志。①

“广告克星”除了特别关注像“世界无车日”和“无政府主义设计”这样的活动外，还发起组织了一些公众运动，如“无购买日”和“关掉电视周”等。“广告克星”曾要求在加拿大三家主要的电视网出资刊播其“无购买日”和“关掉电视周”的活动宣传广告，但遭到广播公司的拒绝，之后，“广告克星”以广播公司拒绝播放民众生产的广告为由将其告上法庭，但在 2008 年 2 月 18 日，法庭判决“广告克星”败诉。②

参与广告素养教育活动的除了各类学术团体和社会团体以及基金会外，还有个人。近年来活跃在加拿大媒介素养领域的 Debbie Gordon，原为广告公司的一名广告执行人员，后来她成立了一个民间性组织 Mediacs，专门从事对儿童的广告素养教育工作。Gordon 的广告素养组织受到一家公司 Unilever 的资助，后者不要求她任何回报。Gordon 进入数百个课堂开设媒介素养的工作坊，包括的主题有：营销和广告如何运作，“酷”的感觉是如何被制造出来的，媒介如何操纵身体意象、制造性别的刻板印象，酒精饮料广告背后的真相等。③

3.2　产业界

广告素养教育一个颇为引人注目的现象就是，它得到了广告主和商业媒介的资助，这不仅体现在其可能对一些由高校和民间力量开展的广告素养教育项目给予资助，而且还表现为直接成立相关组织，开展广告素养教育的项目。

加拿大的儿童营销广告主协会（CCA）就是一个颇有影响的广告素养教育组织，包括可口可乐、百事可乐、麦当劳、雀巢这样的全球知名企业都是其成员公司，截至目前，该组织共有 23 家成员公司（即以儿童为重要对象的广告主），同时拥有 52 家合作企业（含广告公司）和 43 家合作广电媒体。该组织从 1990 年即开始从事有关儿童生活的挑战性问题的社会沟通活动，主题包括防止滥用药物、防止虐待儿童、儿童安全、媒介素养、健康有活力的生活方式以及对付欺凌、胁迫等非常多样化的内容。④

产业界的积极参与，加上与像加拿大健康协会这样的非政府组织和专家们的联手，令 CCA 的活动对加拿大广告素养教育起到了很大的推动作用，同时该组织所开发的教学资源为不少北美和欧洲国家的媒介素养组织所使用。2004 年 10 月，CCA 发起了一项名为“儿童万岁”的活动，专门讲解健康饮食、身体运动和媒介素养，旨在帮助从幼儿园到八年级的儿童“吃得聪明、运动得更多和知晓媒介”，这一活动在全国范围内进行了电视播出，得到了家长、教育工作者和社区项目的支持。在过去 10 年里，CCA 开发了大量有关媒介素养的电视节目内容，为广告素养教育提供了很多颇有价值的学校和家庭教学资源，其媒介素养节目“电视与我”（TV& Me）已成为加拿大各省、各地区学校的推荐教学资源。⑤

另一个著名媒介素养项目 Media Smart，最初发源于英国，后来扩展至德国、荷兰、比

① 参见 About Adbusters. http://www.adbusters.org/network/about_us.php,2008-3-8.

② 参见 Adbusters Demands Access to Airwaves. http://adbusters.org/blogs/Adbusters_Demands_Access_to_Airwaves.html,2008-3-15.

③ Martin, K. Building critical consumers. *Marketing Magazine*,2004,109(2),pp.13.

④ 参见 http://cca-kids.ca/about_who/,以及 http://cca-kids.ca/about_what/index.html,2008-3-15.

⑤ 参见 Cathy Loblaw, A Homegrown solution, Marketing,2006.111(1),17.

利时和更多欧洲国家，其媒介素养教育活动几乎以广告为唯一关注点，主要以提高儿童的批判性思考能力为目标，使用的教学材料与 CCA 相仿或直接从 CCA 的教材中采纳。Media Smart 的项目在英国已为 20% 的小学所使用，预期将扩展至 40% 的覆盖率。① 其网站是英国第一次特别设计给 6～11 岁学童在学校和家庭中使用的关于媒体素养教育（侧重关注广告素养）的影音和文字教材，主要面向儿童、家长和教师。

与前两个项目相比，新西兰的一个由产业界发起的广告素养教育项目 Willy Munchright 则要简单得多，它主要通过做一些电视广告，使用一些由电视台捐赠的时段进行传播，改进儿童营养、健康的饮食习惯。该组织没有像 CCA 和 Media Smart 那样提供正规的、成体系的教学材料，也完全没有项目的具体目标，只是很一般地宣称“以卡通的形式向年轻人提供直接坦率的信息，以鼓励健康的饮食习惯”。实际上，该项目的电视广告所使用的卡通形象就是由麦当劳公司所设计和使用的卡通人物，只不过在新西兰的这一项目中隐去了麦当劳的标识，并带有新西兰本地口音。②

与那些由高校或社会非营利机构所开发的广告素养教育的关注点不同，由商业性机构所提供的教学资源，往往限于具体的实用性消费和广告知识，而很少有对广告的意识形态分析和社会文化批判，重点针对的是儿童和青少年的学校教育和家庭教育。

3.3 政府机构

到目前为止，由政府部门来推广媒介素养教育的实例并不多见。英国通信管理局（Office of Communications，OFCOM）是将媒介素养教育定为主要工作目标的少有个案。③

OFCOM 是一个独立的监管机构，直接归口英国国会，在 2004 年 OFCOM 发表的关于自身在促进媒介素养方面的工作报告中，总结了该机构在三个方面的主要工作：（1）调查研究；（2）广泛联系，建立伙伴关系；（3）专题研究。④ 在 OFCOM 的官方网站上，在“给消费者的建议”一栏，设有“媒介素养”专题。广告是 OFCOM 给予高度重视的一大议题。

4 有待研究的问题：广告素养教育的效果

随着媒介素养教育的发展和理论研究的深入，对教育效果的检验成为学界媒介素养研究的一大重点。广告素养教育效果亦成为其中的一个检验领域，在这方面产生了一些研究成果。

有若干实证研究得出了支持性的结论，即通过广告和媒介素养教育项目，被试者（通常是儿童和青少年）对广告的说服意图有了更好的理解。例如，Hobbs 和 Frost 认为媒介素养训练能刺激严格的思考，从而在接受了媒介素养培训后，学生们能够辨别广告中的信息是否全面或者错误。Valkenburg 和 Cantot 也报告，媒介素养减轻了广告和电视观点对于儿童的喜好和饮食习惯的负面影响。⑤ Yates 的效果研究表明，在课堂上实施的专门旨在加强孩子

① 参见 Eagle, L. Commercial media literacy: what does it do, to whom-and does it matter? *Journal of Advertising*, 2007, 36(2), pp. 101-111.

② 参见 Eagle, L. Commercial media literacy: what does it do, to whom-and does it matter? *Journal of Advertising*, 2007, 36(2), pp. 101-111.

③ 陆晔：《媒介素养教育中的社会控制机制——香港媒介素养教育的目标和特征》，《新闻大学》，2006 年第 1 期。

④ OFCOM. Ofcom's Strategy and Priorities for the Promotion of Media Literacy-A statement. http://www. wwww. radioauthority. org. uk/consult/condocs/strategymedialit/ml_statement/, 2008-3-10.

⑤ Livingstone, S., Helsper, E. J. Does advertising literacy mediate the effects of advertising on children? A critical examination of two linked research literatures in relation to obesity and food choice. *Journal of Communication*, 2006, 56(2): 560-584.

们对商业信息的批判性和质疑态度的素养教育活动，确实让孩子们对产品做出了“更好的决定”。① 还有 Austin 等人的研究也表明，广告素养教育削弱了青少年关于大多数同龄人都吸烟的信念，强化了他们对广告技巧的理解。②

但是，正如有的学者所指出的，揭开媒体如何被建构的面纱并不能改变消费者的媒体消费习惯，似乎也不能带走媒体消费的娱乐性，何况广告依然还在受众的社会身份形成和强化方面扮演着重要角色，对广义环境发生着持续影响，其间的交互作用无疑是很复杂的。批评者指出，目前教育者和政策制定者的媒介素养教育方法都太过简单化了，至于效果检验，也有人质疑这些方法只能检验短期效果而不能检验长期效果，而且对儿童、青少年和成年人的认知水平差异没有给以足够重视和考虑，对儿童和青少年面对广告信息时的真实状况和众多影响因素也缺乏深入研究。③ 另外，对说服意图的了解并不必然就会激起抵抗它的能力，这一点也早就为学术界所认同，但却没有体现在广告素养教育效果的实证检验当中。

对广告素养教育效果的质疑还包括更深层面的对其理论基础和目标的质疑。狭义的广告素养定义所依托的理论基础便是“防疫理论”，该理论将媒体接触视为天生具有“疾病”的成分，并认为使人们对媒体内容和广告具有免疫力是可能的，这种非批判性的理论视点正是商业机构赞助媒介素养活动的驱动力和理论根据。④ 他们标榜企业的社会责任，并号称通过这种方式可以有效减低广告的社会危害。正因为如此，目前国外这种防御性的广告素养教育得到了很多广告主、广告公司和商业媒体等商业势力的支持。

正如凯丽·巴查尔格特所说，媒介素养并不是一组有用的技能，媒介素养内涵也不是依据某社团或政府的利益来界定的。⑤ 广告素养教育广为商业性机构所赞助和开展，其动机受到了很多人的质疑。有人批评产业界只不过是在解决一项由他们自身所引发的问题，之所以会主动投身广告素养活动，不过是想以此来挡开政府和社会可能会对他们采取的更严厉的限制性措施，而且这一点也已为产业界人士所公开承认。也就是说，产业界的积极作为，不过是种种压力下的变通之术，所谓有社会责任感的“企业公民”，无非是想让自己活得更长久。在这些企业对儿童和公众开展广告素养教育的同时，引发“疾病”和社会问题的根源并没有消失。

此外，Hobbs 还指出这种活动也符合媒介经营者的利益，他们支持这种活动是想减少对媒介可能存在的负面影响的批判。Considine 愤然指出，媒介素养教育已经成为各种利益集团用来粉饰自身的工具。但也有学者对这种质疑提出质疑：假如现有的这些由商业机构赞助的广告素养教育项目确实是以自利为主要动因，那么，这样就必然会导致这些活动成为错误的吗？如果这些活动能抵消营销活动对儿童的某些害处，那么又该如何评价这些项目呢？⑥

---

① Yates, B. L. Media literacy and attitude change: Assessing the effectiveness of media literacy training on children's responses to persuasive messages within the framework of the elaboration likelihood model of persuasion. Ph. D. , University of Florida, 2000.

② Austin, E. W. , Pinkleton, B. E. , Hust, S. J. T. & Cohen, M. Evaluation of an American legacy foundation. *Health Communication*, 2005, 18(1), 75.

③ 参见 Eagle, L. Commercial media literacy: what does it do, to whom-and does it matter? *Journal of Advertising*, 2007, 36(2): 101-111.

④ Eagle, L. Commercial media literacy: what does it do, to whom-and does it matter? *Journal of Advertising*, 2007, 36(2): 101-111.

⑤ 【英】凯丽·巴查尔格特著，张开译：《媒介素养与媒介》，《现代传播》2005 年第 2 期。

⑥ Eagle, L. Commercial media literacy: what does it do, to whom-and does it matter? *Journal of Advertising*, 2007, 36(2): 101-111.

5 结论

广告素养理论研究及社会行动的进展，有赖于学界、产业界、政府和各类民间团体的共同推动。有学者曾提出权力因素可能对媒介素养教育形态的影响问题，① 即不同性质的团体和机构，在推进广告素养运动的过程中，可能会重新型塑广告素养的面貌，对广告素养的定义、目标和内容进行符合自身利益的界定或修改。在对广告素养教育效果的讨论里，已经体现了学者们对此问题的关注。当然，目前的关注焦点是放在由产业界资助的广告素养教育项目上。不过，政府、学术团体和个人，以及宗教组织等各种社会团体，实际上都存在着这种可能。

这一状况也提示对广告素养进行更深入的理论研究的重要性。这既包括对广告素养的相关实证研究，也包括对广告素养的目标、定义和理论基础等问题的进一步研究和讨论。

不过，尽管目前在对广告素养教育的有效性究竟如何这一点上，学术界仍然持非常谨慎的态度，各种实证研究的结果都还有待进一步检验，但从整体趋势上看，不少国家和地区还是在积极推动广告素养和媒介素养教育的普及——尽管其真实效果是不甚明确的，它有可能沦为利益集团的工具，它的推广需要给予很大的投入，而且在短期内还很难显出成效。

最后，广告素养和媒介素养是深植于现实需要的理论主张，相应地，对它们的定义和推广方式也需对应具体国家和地区的实践背景。现有的实践就已经展示了广告素养和媒介素养的多元内容和不同推广渠道。诚如英国媒介素养研究者 Buckingham 所说："不同国度应拥有不同的符合其国度政治、经济、文化制度的媒介素养力量和教育模式。"② 而发展各国自己的媒介素养教育及推广模式的前提，便是需要有结合本土现实背景的理论研究和实证调查。

目前，广告素养研究在我国大陆才刚刚起步，对国外和港台地区的已有理论研究和社会实践成果都非常缺乏考察和引介，对这一理念所牵涉的相关理论命题和实践问题都还有待认识，更缺乏本土化的试验性调查。中国广告产业的改革发展已步入第三十个年头，而广告素养理念是有可能为我国广告行业的发展与社会管制以及广告效果的研究，提供一个新的视点和实践方向的。我们认为，广告素养研究有可能在我国的广告学研究中开辟出一个新的领域，其研究成果不仅可以为我们理解有关广告与社会的问题提供新的分析工具，而且可能影响并型塑现实中广告的面貌。

【参考文献】

[1]【英】凯丽·巴查尔格特著，张开译：《媒介素养与媒介》，《现代传播》，2005 年第 2 期。

[2] 李月莲：《传媒教育：一个新兴知识领域的探索》，《新闻学研究》，2006 年 7 月号。

[3] 李月莲：《香港传媒教育运动："网络模式"的新社会运动》，《新闻学研究》，2002 年 4 月号。

[4] 陆晔：《媒介素养教育中的社会控制机制——香港媒介素养教育的目标和特征》，《新闻大学》，2006 年第 1 期。

[5] 吴翠珍：《媒体素养中的电视素养》，《新闻学研究》，1996 年 5 月号。

[6] 张开：《中国首届媒介素养教育国际研讨会综述》，《现代传播》，2004 年第 6 期。

① 陆晔：《媒介素养教育中的社会控制机制——香港媒介素养教育的目标和特征》，《新闻大学》，2006 年第 1 期。

② 转引自张开：《中国首届媒介素养教育国际研讨会综述》，《现代传播》，2004 年第 6 期。

［7］周典芳、陈国明主编：《媒介素养概论》，台湾五南图书出版公司 2005 年版。

［8］Austin，E. W.，and Johnson，K. K. Effects of General and Alcohol-Specific Media Literacy Training on Children's Decision Making About Alcohol. Journal of Health Communications，1997，2（1），pp. 17-42.

［9］Eagle，L. Commercial media literacy：what does it do，to whom-and does it matter? *Journal of Advertising*，2007，36（2），pp. 101-111.

［10］Livingstone，S.，Helsper，E. J. Does advertising literacy mediate the effects of advertising on children? A critical examination of two linked research literatures in relation to obesity and food choice. *Journal of Communication*，2006，56（2），pp. 560-584.

［11］Martin，K. Building critical consumers. Marketing Magazine，2004，109（2），pp. 13.

［12］Potter，W. J. Theory of media literacy：a cognitive approach. London：Sage Publications，Inc，2004.

【作者简介】

周丽玲，武汉大学新闻与传播学院讲师，博士生，主要研究领域为广告效果、媒介效果与广告产业；

周璐，武汉大学新闻与传播学院本科生，主要从事广告实务与理论研究；

周宇博，武汉大学新闻与传播学院本科生，主要从事广告实务与理论研究。

关于《广告法》修订的讨论误区①

徐卫华

【摘　要】虽然《广告法》修订讨论盛况空前，各方基本达成了"《广告法》的修订迫在眉睫"的共识，但这场讨论却存在着三个误区，即行政中心主义、制定法中心主义和立法中心主义。《广告法》存在的问题只是我国广告监管体制问题的"冰山一角"，在这些深层次的体制问题得到廓清与解决之前，《广告法》的修订必须"缓行"。
【关键词】《广告法》　行政中心主义　制定法中心主义　立法中心主义

《中华人民共和国广告法》（以下简称为《广告法》）于1995年2月1日正式实施以后，修订《广告法》的呼声就随即出现，并一直不绝于耳。根据中国期刊全文数据库检索结果，东北师范大学赵瑞琦和王景斌（1995）最早撰文讨论《广告法》的问题，并提出了完善措施;② 张蕾（1996）则系统地调查了《广告法》存在的问题，并提出了相应的完善对策。③ 进入21世纪以后，有关修订《广告法》的讨论迅速升温。特别是在《广告法》实施十周年之际，以《中国工商行政管理》、《现代广告》、《广告大观》等专业期刊为平台，《广告法》修订的讨论更是盛况空前，各方基本上达成了"《广告法》修订迫在眉睫"的共识。④ 但是，冷静地审视《广告法》修订的讨论，笔者发现其中仍然存在着一些误区。这些误区不仅影响《广告法》修订讨论的深入，而且可能影响中国广告业的健康发展。

1　误区：行政中心主义

在此，"行政中心主义"特指两层面含义：一是指《广告法》修订的讨论由工商行政管理部门主导，并未充分表达广告行业的要求与呼声；二是指《广告法》修订响应了工商行政管理部门的部门利益，并未真正关注行政相对人（广告从业者）的权利。

虽然，《广告法》修订讨论吸引了广告学界与业界的广泛参与，但我们仍然不难发现国家工商行政管理总局在这场讨论中的主导作用。2005年国家工商行政管理总局广告监管司与中国工商学会《中国工商管理研究》期刊社联合开展了"纪念《广告法》实施十周年"有奖征文活动，以总结《广告法》实施十年来全国各级工商行政管理机关开展广告监管的工作经验，进一步探讨广告监管的理论和实践问题；国家工商行政管理总局广告监督管理司

① 本文为湖南省教育厅科学研究项目《广告行业组织的功能重建——我国广告监管体制改革研究》的阶段性成果。

② 赵瑞琦、王景斌：《〈广告法〉存在的问题及其完善》，《经济纵横》，1995年第11期。

③ 张蕾：《京市报告〈广告法〉过程中的有关问题及其对策》，《新闻与传播研究》，1996年第4期。

④ 屈建民：《修改〈广告法〉迫在眉睫》，《现代广告》，2006年第6期。

司长屈建民撰文指出，随着广告行业的发展，新的经营方式、新的发布媒体、新的发布方式不断出现，亟需纳入《广告法》的调整范围，《广告法》有待进一步修改、完善。① 从2006年1月开始，屈建民司长与全国几十个省市级工商部门广告主管领导一起进行全国《广告法》修订的系列座谈会，围绕“虚假广告和误导广告的界定”、“比较广告管理”、“网络广告监管”、“广告中的知识产权保护问题”、“广告信息披露制度”等突出问题进行共同研讨，对食品、医疗、化妆品及网络等广告法律监管力度相对薄弱的经营行为进行法制完善，使行政处罚制度化、法律化，并试图提案制订一部适应我国市场经济、具有可理解性和可执行性的《广告法》。② 同时，国家工商行政管理总局还委托《现代广告》杂志，组织国内广告学者就《广告法》修订问题进行专题讨论，并在2006年的《现代广告》上发表了国家工商行政管理总局副局长吴凡署名的文章《中外广告监管体制比较研究》。③

可见，《广告法》修订的讨论中充斥了“政府话语”。这种话语彰显了工商行政管理部门的利益，体现了非常鲜明的“官本位”特点，立足于政府相关职能部门，依重于政府相关职能部门，来全面监督管理广告行为。④ 吴凡副局长明确表示，“与广告管理有关的行政部门，对行业管理方面还未到位”，“需要进一步加大行业管理部门的职责”，因此必须“尽快修改《广告法》，建立便捷而有效的司法处理程序，给违法行为人予以强有力的民事和刑事处罚，使违法行为人付出惨重的代价，有效地打击虚假违法广告”。⑤

众所周知，行政权力天生具有扩张的动力。近年来，随着市场经济的发展，行政部门的“部门利益”问题日益显现，其特征之一即是“部门利益法定化”。⑥ 所谓部门利益法定化，是指某些行政部门利用其掌握的国家立法资源，在协助国家制订法律法规时，过分强调本部门的权力和利益，力图通过立法来维护、巩固和扩大本部门的各种职权；同时尽可能地减轻和弱化本部门应当承担的责任与义务。⑦

现行《广告法》本已显现出一定的“部门利益”倾向。具体而言，《广告法》在赋予工商行政管理部门广告监管权的同时，却并未明确界定其广告监管的职责、义务、法律责任，而是单向地设定行政相对人（广告从业者）的义务，忽视了行政相对人（广告从业者）的合法权利，如享有行政部门信息咨询服务的权利、自主合法进行广告经营活动的权利、对广告管理机关的管理行为有监督权、知情权，等等。⑧ 因此，在工商行政管理部门主导下，《广告法》的修订可能再次响应其部门利益的需要，强化“政府独大”的广告监管体制。

诚然，当工商行政管理部门的“部门利益”符合广告行业的现实需要和公共利益时，这种“部门利益”具有一定的合理性；但是，当监管部门的责任和义务，或者说行政相对人（广告从业者）的合法权利始终被有意或无意地回避时，那么工商行政管理部门的“部门利益”就显得可疑起来。

对此，学者们表现出了一定的警惕。北京大学刘国基表示：“虽然很遗憾本次（2006年）‘两会’没有处理国家工商总局的《广告法》修订倡议，但是我们暗自庆幸，深深感觉这未必是坏事——因为根据目前各方面显示的材料，我们广告业界可能尚未针对修订议题论

① 屈建民：《修改、完善〈广告法〉强化广告监管法制化建设》，《中国工商管理研究》，2005年第3期。

② 刘国基：《冷静审视广告法修订争议》，《广告大观》（综合版），2006年第6期。

③ 刘凡：《中外广告监管体制比较研究》，《现代广告》（学刊），2006年第4期。

④ 马中红：《在中国谁能管广告建构具有中国特色的广告监管体系断想》，《中国广告》，2006年第12期。

⑤ 刘国基：《冷静审视广告法修订争议》，《广告大观》（综合版），2006年第6期。

⑥ 江涌：《警惕部门利益膨胀》，《瞭望新闻周刊》，2006年第10期。

⑦ 刘伟：《扼制行政立法“部门利益”倾向的几点设想》，《人大研究》，2004年第5期。

⑧ 程明、程东明：《我国广告法规与执法体系矛盾辨析》，《现代广告》，（学刊），2006年第4期。

证清楚，而且工商管理部门主导修订的方向也可能焦点模糊。”① 显然，这种“学者话语”隐含着对行政相对人（广告从业者）权利的关注，只可惜语焉不详、应者寥寥，未能成为《广告法》修订讨论中的主流。

2 误区：制定法中心主义

虽然“学术话语”与“政府话语”存在着一定的差异，但却基本上沿用了“官方话语”的相同路径，即“制定法中心主义”。在此，“制定法中心主义”特指过分强调制定法而忽视行规等民间法的倾向。

一般而言，制定法也可称为国家制定法，或国家正式规则，是指享有立法权的国家机关按法定的权限和程序制定的各种法律规范性文件的总和。② 而行规即行业规范，是指特定行业的行业规约和经营惯例的集合，是维系行业组织的制度保证，是规范和协调行业行为的重要工具，是行业经营的行为准则，在性质上属于自律规则，对行业成员具有契约上的效力。③ 行规可以被理解为一种广义的习惯法，在性质上属于“民间法”的范畴，是与国家制定法相对应的“非正式制度”。宽泛意义上的“法”即包括了制定法和习惯法。④

事实上，社会的多元化动摇了“制定法中心主义”，促使了“制定法万能神话的破灭”，使人们跳出“法律出自国家”的思路，从社会的立场来观察和思考对社会真正有用的法，即“活”法。这时出现了市民社会中的“非国家法”——行业规范。在一些法律未入之地或时段，民间法（包括行业规范）具有很大的调适作用。这是因为行业规范等民间法建立了一套自己的科学的评判标准，因而当制定法缺失时，行业规范等民间法就成为制定法的替代法，并成为人们处理争议和评判行为的标准。⑤ 而且，即使行规等民间法与制定法强制性规定发生冲突时，亦并不当然无效，立法者和司法者必须在一定范围内承认这种偏离制定法轨道的行规等民间法的效力。⑥

作为制定法的《广告法》，只是规范广告内容与广告活动、维护广告市场秩序的路径之一，而行规等民间法则是另外一种补充性路径，具有国家制定法无法替代的功能与作用。事实上，相对于制定法而言，我国广告业行规等民间法的缺失显得尤其严重。因此，《广告法》的修订必须摆脱“制定法中心主义”的误区，明确广告行业组织的合法地位，重点扶持广告行业组织，培育广告行业行规等民间法，建构起自治与法治相结合的多元复合治理机制。

3 误区：立法中心主义

在制定法中心主义的背后，《广告法》修订的讨论还弥漫着“立法中心主义”的“迷信”。“长期以来，法治理想追求的着力点在‘立法’，热衷和寄望编纂完美无缺、流传万世的法典，以供执法者、司法者永久地适用于瞬息万变的现实和千差万别的案件。这种思路和立场可以恰当地称之为‘立法中心主义’。”⑦ 换句话说，我们对立法存有一种迷信：当社

---

① 屈建民：《修改、完善〈广告法〉强化广告监管法制化建设》，《中国工商管理研究》，2005年第3期。

② 曹勇：《浅谈制定法的局限及其补救措施》，《重庆师专学报（社会科学版）》，1998年第1期。

③ 曲彦斌：《行会史》，上海文艺出版社1999年版，第75页。

④ 喻中：《制定法与习惯法之间的潜规则——可供阅读的另类秩序》，《现代法学》，2001年第10期。

⑤ 季秀臻：《行业规范与制定法之互动关系探析》，《市场周刊》，2005年第12期。

⑥ 鲁篱：《行业协会经济自治权研究》，法律出版社2003年版，第184页。

⑦ 曾德军：《从立法中心主义到司法中心主义的转变：关于法治另一条道路的思考》，《求索》，2007年第6期。

会出现一个新问题时，总是指责法律的滞后，首先想到的总是制定法律，创制规则，甚至在许多情况下，似乎立了法问题就解决了，从而忽视了日常法律的实施与执行，使得法律并没有能够真正落到实处。①

"广告业并非完全欠缺规则，问题缘于法律常常被束之高阁，缘于审查和查处的不作为或作为不够。"② 因此，相对于条文的完善而言，《广告法》的执法问题相对更加严重：政府有关部门对广告活动的规范和治理缺乏明确具体的方案，仅凭部门意志和主观经验实施决策；广告管理存在着"长官意志"，存在着一定的随意性，使管理部门超越自身的管理权限，对广告管理进行过多的行政干预；广告行政管理过于强调行政效率，而忽视对于消费者权利和行政相对人（广告从业者）权利的保护；当然也存在着广告管理部门之间管理"缺位"、不到位，执法不严，甚至"不作为"和"寻租行为"等。这些执法问题已经成为造成广告秩序混乱的原因之一。

正如国务院总理温家宝所言："天下大事，不难于立法，而难于法之必行。"当前，最重要的不仅仅是立法，更重要的是执法。美国法学家伯尔曼认为："法律必须被践行，否则它将形同虚设。"因此，《广告法》修订的讨论还必须走出"立法中心主义"的误区，认真研究《广告法》的执法问题，以真正做到"有法可依，有法必依，执法必严，违法必究"，促进广告业的健康发展。

事实上，希望通过修订《广告法》来解决我国广告业所有问题的想法，无疑是幼稚的。《广告法》存在的问题只是我国广告监管体制问题的"冰山一角"，它勾联着许多深层次的体制问题，而在这些问题得到廓清与解决之前，《广告法》的修订必须"缓行"。

【作者简介】

徐卫华，湖南师范大学新闻与传播学院广告系讲师，武汉大学新闻与传播学院2005级博士生，主要从事广告学、媒体发展研究。

---

① 林舒：《立法、执法与法治观念》，《山东大学学报（哲社版）》，2003年第4期。

② 本刊专题部：《新〈广告法〉，千呼万唤何时出》，《广告大观》（综合版），2006年第6期。

论广告文化与社会文化冲突问题

程明　周亚齐

【摘　要】以大众文化形态出现的广告文化，作为一种文化现象，对社会的影响远远超过了它作为单纯的经济活动的影响。正如任何一种历史或文化的进步都伴随着不可避免的负面影响一样，广告文化作为一种商业文化，在消费领域里作用于消费文化，其自身带有一些与生俱来的“先天不足”，与社会文化的冲突在某种程度上极容易发生，甚至具有一定的不可避免性，主要表现在：广告文化颠覆了社会价值，极易造成对“社会正统意识形态”的“消解”；广告文化是人的“灵魂的麻醉剂”，容易导致人的异化；时尚化助长了广告文化成为一种霸权话语；跨文化传播中的“广告文化殖民主义”等。本文试图从广告文化与社会文化冲突表现分析入手，正视广告文化冲突问题，彰显不足才有望弥补，并指出进行广告文化批判的重要意义，同时主张广告与社会文化的和谐，减少广告与社会文化的冲突问题，避免广告文化的负面影响，从而更好地促进社会文化的建设。
【关键词】广告文化　社会文化　冲突

事物总是具有两面性的，广告也不例外，“正复为奇，善复为妖”。广告传播对社会的积极作用自不待言，然而，正如工业革命既造福于人类，又给人类带来了大气污染等威胁一样，任何一种历史或文化的进步都伴随着不可避免的负面影响。波特提出了他的解释：“虽然广告拥有深远的影响力，但相对于宗教或教育，其运作并无社会目的与社会责任——除非它能自制而免于侵犯社会规范。我所争论的，是广告缺乏社会目的以平衡其社会影响力。”

以大众文化形态而出现的广告文化，作为一种商业文化，在消费领域里作用于消费文化，其自身带有一些与生俱来的“先天不足”。于是，围绕这些“先天不足”，广告文化冲突问题也就产生了。

1　广告文化颠覆了社会价值，造成了对“社会正统意识形态”的“消解”

约翰·伯杰说，“广告等于某种哲学体系。它用自己的一套说法解释一切”，而在“它对大千世界作出解释”的过程中，形成了广告所特有的价值规则和行为标准，人们在接触和运用广告的时候，也就意味着某种程度地接受了这种规则和标准。

“今天，最现实的，最能够深入物质本质的商业眼睛，是广告。它取缔了思索需要的空间，尽其所能的让物质撞入我们的眼帘，真正的广告也是用电影佳作的迅疾方式把物质砸向我们。”① 在大众文化理论看来，广告利益最大化的生存原则决定了它在现实中不可超越的宿命，那就是广告的物欲狂欢的本性。

① 刘北成：《本雅明思想肖像》，上海人民出版社 1988 年版，第 176 页。

广告的这种物欲狂欢的本性，必然助长了消费主义的盛行。在消费社会里，广告极力地鼓吹人们大胆消费，超前消费，在广告中始终不遗余力地宣扬这样的文化价值观：不消费就不是一个完整意义上的现代人，这必然在无形中助长了整个社会的消费风气，成为另外一种意义上的驱动机制，亦即所谓的消费主义。消费主义价值观的核心价值是：我消费，（所以）我存在。人们在消费中发现自我，确定社会身份，取得社会认同，人们还在消费中寻找人生的方向，更习惯了用物质的占有来标量生命价值的高度。这种以物欲的内容为基本诉求，以各种“利益的承诺”和“利益的诱惑”为手段，加上广告这种经常地、大量地、反复地传播所形成的压倒性的影响力，极易造成整个社会的物欲横流、“消费至上”的社会心理和价值追求。

一些职业批评家认为：“广告提倡了一种物质享乐的生活方式，因此对人们的价值观有不良的影响。”“广告鼓吹我们购买更多的汽车、更多的 CD、更多的衣服、更多我们所不需要的废物，正在摧毁我们‘公民民主’的精髓，代之以自我导向的消费民主。”

广告传播者为谋求和实现尽可能大的商业利润，往往在商业利润原则的指导和利润诱使的驱动下，滋生利润至上、“唯利是图”的拜金主义，不惜牺牲其他效益而一味追逐经济利益。“金钱也能生出一种专制主义，决不会比政治专制主义宽厚和温柔。这种专制主义可以轻而易举地统治舆论和习俗，给不太贫困者强加贫困感，给不太财迷者强加以财欲。”①当这种广告文化在当代社会中极度泛滥时，必然干预和入侵正常的社会价值判断机制，从而导致受众的社会价值判断被误导和扭曲。而被误导和扭曲的价值观念，极易造成对“社会正统意识形态”的“消解”。我们必须对此有足够清醒的认识。

2　广告文化是人的“灵魂的麻醉剂”，从而导致人的异化

异化是一种关于人类因职业活动和社会的原因而导致精神与本体相分离、与现实相分离的理论。现代的大众文化（包括广告）试图掩盖或补偿人的社会生活和个人生活中的不足时，这样的现代社会也就使人成为非人，使人异化了。

从符号学的角度来看，广告中最常见的修辞与叙事技巧是意义的“嫁接”。按照波德利亚对于大众消费的理解，消费不仅仅是一般意义上的物质实践，一个物品决不是被当作一种单一意义上的消费对象，作为需要的满足，它不过是消费的前提，并不是消费本身要成为消费的对象，必须把物当作一种符号，符号的意义在于建立差异，通过符号把符号所代表的东西区别开来，并与他人形成差异。在这里符号的能指并不重要，重要的是它的所指。波德利亚把符号学方法与政治经济学方法结合起来批判性地解读广告，认为“产品本身并非首要的兴趣所在，必须在该产品上嫁接一套与该产品没有内在联系的意义才能把它卖掉”。②“商品拜物教中最重要的就是挖空商品的意义，藏匿真实的社会关系，通过人们的劳动将社会关系客体化于商品中，然后再使虚幻的、符号的社会关系乘虚而入，在间接的层面上建构意义。生产已被掏空，广告重新填充，真实在虚幻的遮掩下已经无影无踪。”“只有当生产的社会意义消失后，市场的社会意义才能显现出来。皮囊中空的商品形式，终归需要有某种意义加以填充，而不管那个意义有多么肤浅。”③

符号成了物本身，人们消费的不是商品及其所蕴涵的价值，而是符号。符号与影像，影像与真实隔着两层：符号遮蔽了真实，影像遮蔽了符号，这就形成了幻觉文化。

“幻觉没有本原，没有根基。从而把人们在消费的过程中的人与物之间的‘占有’关系

---

① 韩少功：《海念》，海南出版社 1994 年版，第 124 页。

② 【美】马克·波斯特著：《第二媒介时代》，范静晔译，南京大学出版社 2000 年版，第 146 页。

③ 【美】苏特·杰哈利著：《广告符码》，马姗姗译，中国人民大学出版社 2004 年版，第 61 页。

转化为‘炫耀’关系，并从‘实在’向‘虚空’堕落。于是，被疯狂消费的不是物，更不是凝聚在商品中的劳动，而是幻觉。”① 美国社会学家里斯曼说，历史上存在三种引导方式：与农业社会相对应的传统引导，与工业社会相对应的内在引导，以及与后工业社会相对应的他人引导。他人是一种无法通过传统继承，也无法通过个人认同来把握的陌生的力量，一种无法逃离的牵引的力量。“广告主要不是作用于现实，而是作用于幻想。”② 现代广告作为一种制造幻想和构建欲望的实践，不就是在强化他人引导的力量吗？

广告不仅是人类欲望的孵化器，还是人类潜在愿望的放大器。广告总是通过各种方式作用于人的无意识的欲望。理查德·奥曼说：“也许所有广告都包括或者意味着某种意识形态。它们试图让观众做或者相信符合广告商利益的一些事情。观众与广告商默契的地方是关于优裕生活和美好的社会等笼统的观点或形象。正如很多人说过的，广告作为一个整体传达某些重要的意识形态信息：商品能够解决所有的人类问题；商业在满足‘我们的’最深切的需求；美国人的生活方式基本上是良好的；尽管总是存在着问题，但是这些问题将通过商业与消费者的相互合作得以解决——解决问题就是进步。”③

广告文化对经济利益的追求、对人的感官欲望的满足以及对现存意识形态的顺从，鲜明地揭示出了广告文化本身所出现的异化。幻觉文化的形成，“新型狂想症”的症候，以及“被操纵的意识”等，意味着人的主体性、反抗性的丧失和社会反抗力量的衰落，广告的异化效应难以避免，因此，当今社会陷入了一种不合理的单向度的状态中，而人们也处于一种被异化的状态。

3 时尚化助长了广告文化成为一种霸权话语

广告文化是一种时尚文化，如果说“精英文化”以其特有的理论形态和观念形态，作为社会指导意识，深刻影响着人们的世界观和人生观，那么“大众文化”则以其大众传播内容和大众传播方式，极易造成一种时尚。因其此种独特的社会作用，西方传播学“法兰克福学派”的学者们，把“大众文化”称为“社会水泥”。

广告最有利于制造时尚，时尚的本质乃是“从众”，即在短时间内生产出许多人的行为方式上的趋同。趋同就是复制，不但是产品的复制而且是生活乃至意识形态的复制。时尚是时兴、时髦与时狂的三位一体，流行趋势的即时性、短暂性和动感性，决定了时尚造成的就是速生速朽的“梦幻”价值，而文化市场则通过时尚的迅速换代来形成一个个消费高潮。

在时尚问题上，广告传播的作用显得尤为突出和重要。只要我们稍加留意就会发现，市面上所有的时尚商品，几乎都与广告有关。哪里有什么样的广告，哪里就会发生相应的时尚。广告和时尚，就像一对连体双胞胎，相互影响，休戚与共。进而言之，如果说时尚本身就具有一种极大的随从性，那么，广告所造成的消费时尚和生活时尚，更常常是非理智的，甚至说不清道不白，具有情绪上和感觉上的更大盲从性。这就是人们常说的，商业广告传播在消费时尚和生活时尚问题上的“呼啦圈”效应。联合国的一份报告《多种声音一个世界》指出：广告作为一种交流形式，已被批评为对人的感情施加影响，把人的现实情况简化为固定的框框，利用人的急切心情以及运用密集劝说的技巧达到相当于操纵的地步。时尚刺激消费本能，广告文化充分利用消费本能，从而形成一种话语的霸权，对受众进行统一管辖和

---

① 谢中山：《广告与幻觉》，蒋原伦等主编：《媒介批评》第一辑，广西师范大学出版社2005年版，第187页。

② 【英】约翰·伯杰著：《视觉艺术鉴赏》，戴行钺译，商务印书馆1994年版，第176页。

③ 【美】理查德·奥曼：《广告的双重言说和意识形态：教师手记》，王广州译，见罗纲、刘象愚编：《文化研究读本》，中国社会科学出版社2000年版，第405页。

指挥。

广告对时尚的影响，主要表现在消费行为和生活方式上，进而影响到人们的消费观念和生活观念。这里有几个问题需要正视：一是时尚人数上的众多性；二是时尚的随从性和盲目性；三是人们对时尚的非意识形态认识，尤其是对消费行为时尚与生活方式时尚的非意识形态认识，总以为消费与生活方式，不过是人们物质生活的一种满足和需求，而与社会的精神生活，与精神的崇尚和追求相距甚远。也正是因为如此，从消费现象考察，时尚制造公众趣味，在于以某个诱惑点为原动力，向公共空间无限扩张，最终达到垄断态势。广告文化的价值手段就在于同化，以时尚的梦幻方式炮制消费迷惑与认同，从而成为一种霸权话语。

4　跨文化传播中的"广告文化殖民主义"

20 世纪 90 年代以来，在全球经济一体化和全球文化一体化的背景下，跨文化传播的问题成为发展传播学重点关注的问题。

经济发展是可以实现以"世界市场"为主要形式的全球化的，因为经济发展的客观要求就是实现一种真正的世界范围内的商品和资金的自由流动。然而"无论全球化的经营者们（跨国公司或经济公民）如何不厌其烦地告诉我们，他们所推进的全球化是经济全球化，但全球化的过程本身就带有跨国公司自己以及他们母国的文化烙印。"① 世界是全球的，但人们的生活却是本土的；跨国企业所有的商业活动都是全球化的，但所有的市场都是地方化的。跨国企业寻找的是市场，传播的是信息，宣传的是产品，然而其目标对象却是处于与本国文化环境迥异的、特定文化环境中的消费者，因此，跨国企业在全球化的商业传播推广中实施跨文化传播策略有其自身的根据和充分的理由。全球化的、多元文化的世界需要跨国企业敏锐地了解各个国家的文化，并能够利用跨文化传播的能力来取得竞争优势，跨文化传播也理所当然地成为全球化商业的"中心话语"之一。

跨国公司往往把自己的营销传播活动解释成先进文明的施予，"西方国家至今津津乐道于推销认为是自己专利的某种宗教、文化、思想、政治、经济模式并引以为道德荣耀，同时又每每怯于承认在这推销（征服）过程中为其他文化带来的惨重代价，怯于为此而忏悔而检讨，而收敛而自行修正，人们就不能不点出：在这荣耀的道德光环内部，隐藏着巨大的黑洞"。② 跨国广告以其雄厚的资金和先进的制作工艺将创作文本在各种媒介上连篇累牍地推出，构筑了一个个"梦幻般的王朝"，使得受众沉迷于跨国广告所营造的情境之中，并以此来预设自己追求的目标。

我国改革开放以来，西方文化的传入，在意识形态领域，有理论形态的各类学术思想的"西风东渐"；在大众文化领域，主要有电影、电视等娱乐形态，自然也包括广告传播。对普通大众来说，对美国文化的具体体认与感知，更多来自电影、电视，还有广告。20 多年来，伴随万宝路、可口可乐、百事可乐、百威、耐克、阿迪达斯、麦当劳、肯德基等广告的大量涌入，我们在逐步接纳其商品与服务的同时，更具体感知到了美国文化中英雄主义的狂热崇拜，个人主义的极度张扬，以及粗犷、奔放、自由、热烈而不失幽默的民族精神，还在不知不觉中接受到其中所传扬的某些生活观念和行为方式，譬如对高品质生活的追求，对物质享受的膜拜等。特别是在中国加入 WTO 后，使中国越来越融入到全球化浪潮之中，借助广告、品牌、营销等各种方式和手段的力量，发达国家的消费观念和生活方式不可避免地对中国产生了"示范效应"。

广告传播的符号功能和商品的符号价值解释了商品如何与其实际效用渐渐失去直接联

---

① 杨伯溆：《全球化：起源、发展和影响》，人民出版社 2002 年版，第 339 页。

② 易水：《告别主义》，《读书》，1995 年第 8 期。

系，转而成为消费者象征性需求的满足者和标志，“使广告的概念包含了社会传播的语义，并承担了一系列复杂的社会职能。广告惯用的逻辑是“填补缺失”，一方面，广告使人们对他们已有的东西不满意；另一方面，广告提供他们想要而又没有的东西。像这样，跨国广告很容易激发人们难以实现的消费愿望，使人们因意识到他们所没有的东西而引起不安、不快活和受挫感。有许多贫困国家用法律限制播放来自西方的精美儿童用品广告，理由是免得让“买不起这些用品给孩子的父母们看了伤心”。当这种自卑和不满形成一种社会共同心理时，无疑会产生发展中国家的人们对自己现存状态的不满以及由于无法改变这种现状而造成郁悒的消极影响。

由于广告传播在国际传播或称之为跨文化传播中所充当的特殊的角色，所发挥的特殊作用，再一次将广告传播与社会文化的关系，在更宏阔的时空背景下，凸显在我们面前，同时跨文化传播中的这种“广告文化殖民主义”倾向，不能不引起我们的警惕。正如彼得·德鲁克所警告的：“明天的商业挑战与其说是技术上的挑战还不如说是文化上的挑战。就像任何其他商业现象一样，文化也必须得到妥善处理。”

我们认为，作为一种文化现象的广告，对社会的影响远远超过了它作为单纯的经济活动的影响。“广告文化是商业色彩最浓，目的最明确的一种文化形态，是一种地地道道的‘肯定文化’，它的存在就是要在现行体制内谋求利益的最大化。”①广告文化与社会文化的这种冲突在某种程度上极容易发生，甚至具有一定的不可避免性，因此广告文化批判就具有了重要的意义。批判性的思维能使我们摆脱现实的束缚，在体制之外以更超然的态度来观察广告文化现象，并为合理的广告文化生态的建立和广告文化生态的重构保持必要的思想和社会的张力。广告文化批判不等于对广告文化的全盘否定，其目的在于通过批判的手段对广告文化加以整饬，恰恰在于广告文化的进步。彰显不足才有望弥补，如何使广告文化健康、有序地发展是我们的追求。

当今时代，我们提倡和谐社会，我们同样主张广告与社会文化的和谐，减少广告与社会文化的冲突问题，避免广告文化的负面影响，从而更好地促进社会文化的建设。

【参考文献】

[1] 韩少功：《海念》，海南出版社 1994 年版。

[2]【美】马克·波斯特著：《第二媒介时代》，范静晔译，南京大学出版社 2000 年版。

[3]【美】苏特·杰哈利著：《广告符码》，马姗姗译，中国人民大学出版社 2004 年版。

[4] 蒋原伦等主编：《媒介批评》第一辑，广西师范大学出版社 2005 年版。

[5]【英】约翰·伯杰著：《视觉艺术鉴赏》，戴行钺译，商务印书馆 1994 年版。

[6] 罗纲、刘象愚编：《文化研究读本》，中国社会科学出版社 2000 年版。

[7] 易水：《告别主义》，《读书》，1995 年第 8 期。

[8] 刘泓：《广告社会学》，武汉大学出版社 2006 年版。

[9] 贺雪飞主编：《文化视角下的广告传播》，中国教育文化出版社 2004 年版。

[10] 张殿元：《另一种声音：文化批判语境下的广告传播解读》，《新闻与传播研究》，2003 年第 4 期。

【作者简介】

程明，武汉大学新闻与传播学院副教授，博士，主要从事广告学与媒介经营与管理研究；

周亚齐，武汉大学新闻与传播学院 2007 级研究生。

---

① 张殿元：《另一种声音：文化批判语境下的广告传播解读》，《新闻与传播研究》，2003 年第 4 期。

后　　记

《中国媒体发展研究报告》已是连续7年出版了。其间2003年卷与2004年卷为合刊。

承蒙诸多作者的恩赐，更承蒙读者诸君的厚爱，2007年《中国媒体发展研究报告》入选CSSCI来源集刊。本次入选CSSCI来源集刊的新闻传播类全国仅两种。这是对我们多年来所作努力的最好褒奖，我们倍为珍惜。

本年度报告依然沿袭定制分为上、中、下三卷。上卷的中国媒体发展年度“扫描”与年度研究“述评”，为本编辑部约请相关专家撰写，附录的相关资料，也为本编辑部组织采集。中卷为国家、教育部人文社科重大研究项目的专题报告。复旦大学李良荣教授，中国传媒大学黄升民教授，上海大学戴元光教授，武汉大学罗以澄教授、单波教授，都是国内新闻传播领域的著名学者，他们不吝赐稿，我们深为感激，备感荣幸。下卷则为中国媒体发展年度热点问题的多类专题报告，刊发的论文均采取匿名评审。

当我们将一年一度的中国媒体发展研究报告呈现读者的时候，尽管我们非常努力，却总是常怀不安。我们愿以加倍的努力，回报读者，回报对本年度报告以鼎力支持的所有师长与同仁。

谨此。

张金海

于武昌珞珈山

2008年8月1日

图书在版编目(CIP)数据

中国媒体发展研究报告.2008年卷/武汉大学媒体发展研究中心,武汉大学新闻与传播学院,武汉大学“新闻传播与媒介化社会”创新基地主办.—武汉:武汉大学出版社,2008.11
ISBN 978-7-307-06621-2

Ⅰ.中… Ⅱ.①武… ②武… ③武… Ⅲ.传播媒介—发展—研究报告—中国—2008 Ⅳ.G219.2

中国版本图书馆CIP数据核字(2008)第164314号

责任编辑:詹 蜜 责任校对:黄添生 版式设计:支 笛

出版发行:**武汉大学出版社** (430072 武昌 珞珈山)
(电子邮件:cbs22@whu.edu.cn 网址:www.wdp.com.cn)
印刷:武汉中远印务有限公司
开本:880×1230 1/16 印张:30 字数:840千字 插页:3
版次:2008年11月第1版 2008年11月第1次印刷
ISBN 978-7-307-06621-2/G·1248 定价:48.00元
